Fault Diagnosis Technology of Railway Switch Machine

铁路道岔转辙机故障诊断技术

黄晋英　罗 佳　等著

化学工业出版社
·北京·

内容简介

本书面向科学发展前沿与工程迫切需求，以铁路道岔电液式转辙机及其关键部件柱塞泵为研究对象，按照“结构-技术-实例-系统”的逻辑主线，简要介绍铁路道岔转辙机故障诊断研究背景、意义及发展现状，基本结构原理和故障模式。基于转辙机油压信号和柱塞泵振动信号，重点研究信号处理、深度学习、迁移学习、连续学习、多特征信息融合等基础理论和核心技术，涵盖了特征提取、智能故障诊断、寿命预测等主要研究方法，最后形成基于道岔转辙机的故障诊断管理系统。所述内容兼具前沿性、创新性与工程实用性。

本书结合了作者团队在铁路道岔转辙机故障诊断领域积累的十几年研究成果与最新进展，适合从事系统智能故障诊断工作的技术人员阅读，也可作为高等学校相关专业师生的参考用书。

图书在版编目(CIP)数据

铁路道岔转辙机故障诊断技术/黄晋英等著．—北京：化学工业出版社，2024.4

ISBN 978-7-122-44985-6

Ⅰ.①铁…　Ⅱ.①黄…　Ⅲ.①铁路-道岔转辙机-故障诊断　Ⅳ.①U284.72

中国国家版本馆 CIP 数据核字（2024）第 043971 号

责任编辑：金林茹　　文字编辑：张　宇　袁　宁
责任校对：宋　玮　　装帧设计：王晓宇

出版发行：化学工业出版社
（北京市东城区青年湖南街 13 号　邮政编码 100011）
印　　装：北京盛通数码印刷有限公司
787mm×1092mm　1/16　印张 19¼　彩插 4　字数 520 千字
2024 年 5 月北京第 1 版第 1 次印刷

购书咨询：010-64518888　　售后服务：010-64518899
网　　址：http://www.cip.com.cn
凡购买本书，如有缺损质量问题，本社销售中心负责调换。

定　　价：158.00 元

前言

随着我国铁路的高速发展，列车的运行速度、运行里程以及运行密度也在不断增加，铁路交通运行过程中的安全问题日益凸显。铁路道岔转辙机作为转换列车行进方向的关键铁路信号设备，其安全状况直接影响铁路交通正常运转。目前，我国铁路运行监测系统通过对转辙机进行定期检修和设天窗点维修手段来保证转辙机安全可靠地运行，但这种传统的方式工作量大、工作效率低，开箱操作还有可能由于人工操作失误带来更大的安全隐患，所以依靠人工经验对转辙机进行故障识别，很容易因为经验问题引起故障漏判和错判。因此，应用数据分析处理技术实现道岔转辙机智能故障诊断对铁路长久运营发展意义重大。鉴于工程迫切需求与智能运维优势的双重驱动，笔者团队萌生了将多年研究成果撰写成书分享给更多读者的想法，本书正是在这样的背景下诞生的。

本书的研究对象是 ZYL* 道岔转辙机设备和关键部件柱塞泵，使用的全部数据均来自于某铁路局电务器材公司提供的现场微机检测系统采集的实时工作状态下的实验数据。在此基础上，探究人工智能理论的新思路、新方法，开展对铁路道岔转辙机故障诊断技术的研究。本书具有以下特点：

① 针对铁路道岔转辙机故障诊断这一热点问题，汲取国内外该领域的最新研究成果，总结笔者近年来利用信号处理和深度学习方法在电液式转辙机故障诊断应用方面的研究成果，内容具有先进性和新颖性。

② 章节内容衔接连贯，简单易懂。本书共 9 章。第 1 章为绪论，概述了铁路道岔转辙机故障诊断研究背景及意义、研究进展，总结了铁路道岔转辙机故障诊断存在的问题与发展方向。第 2 章对电液式道岔转辙机及关键部件柱塞泵的基本结构、工作原理进行分析，并阐述其工作过程。第 3 章为电液式转辙机故障诊断实验及油压信号特征分析提取，介绍了电液式转辙机故障实验平台及三种故障工况下油压信号采集原理，通过油压数据曲线分析道岔转辙机转换过程，并对油压信号特征提取方法及故障状态监测进行相关研究。第 4 章是电液式转辙机关键部件柱塞泵故障诊断实验及振动信号特征提取分析，介绍柱塞泵故障诊断实验平台，对柱塞泵振动信号时频分析和特征提取方法进行研究。第 5 章是电液式道岔转辙机及柱塞泵智能故障诊断，基于机器学习和深度学习两方面，构建常用智能诊断模型，实现转辙机和柱塞泵的故障诊断。第 6 章是基于信息融合的柱塞泵故障诊断，将多传感器信息融合技术应用于故障诊断领域中。第 7 章是基于连续学习的柱塞泵类增量故障诊断，将连续学习与元学习相结合，构建可以不断适应数据在时间方向分布变化的在线故障诊断模型，并将它应用于柱塞泵故障诊断。第 8 章是柱塞泵剩余使用寿命预测，综合应用多尺度并行设计和轻量化的图神经网络，将多传感器采样条件下的新模型用于柱塞泵的寿命预测。第 9 章引入目前发展迅速的知识图谱技术，构建基于知识图谱的电液式转辙机故障诊断管理系统。

③ 面向应用，实用性强。本书结合转辙机常见故障类型和实测数据分析，提出故障特征提取和诊断的解决方案，方法思路独特，形成的故障诊断管理系统满足企业需求。

近年来，笔者有幸获得山西省重点研发计划（项目编号 201903D421008）、山西省自然科学基金（项目编号 201901D111157，202203021211096）和山西省回国留学人员科研项目（项目编号 2022-141）的资助。结合这些项目，针对铁路道岔电液式转辙机故障诊断中存在的一些关键问题，笔者对特征提取、多特征融合、迁移学习、连续学习、深度学习等技术进行了探索研究，并取得了一些研究成果。

本书由中北大学黄晋英统稿并撰写第1章，中北大学罗佳撰写第2、4章，中北大学刘思远撰写第7、8、9章；山西电子科技学院杨喜旺撰写第5章；太原师范学院李红梅撰写第3、6章。本书是研究团队集体智慧的结晶。团队研究生马健程、常佳豪、张建飞、蔡波、赫婷、高佳鑫、王智超、何宗博、胡孟楠、徐晓燕等对本书的编写做出了重要贡献。本书的汇稿和校稿得到了全体团队成员的鼎力支持和大力帮助，在此深表感谢！

由于本书涉及的内容广泛且多学科交叉，其中很多关键技术、方法和应用仍处于发展和完善阶段，同时由于笔者水平有限，书中难免有不妥之处，敬请各位专家与读者批评指正。

著者

目录

第1章

绪论

1.1 铁路道岔转辙机故障诊断研究背景及意义

近几十年，我国经济发展突飞猛进，高铁新线、铁路运营里程、铁路旅客发送数量、铁路货运量等都有大幅度提升，铁路交通发展呈现出欣欣向荣的态势。铁路交通从“四纵四横”朝着“八纵八横”的方向快速发展并取得重大成就。国家铁路局公布的“十四五”规划中，计划进一步推动铁路交通向更高质量发展，并加快铁路交通创新工作。

随着现代社会铁路交通的高速发展，铁路交通中的安全问题显得愈发重要，人们也越来越多地关注到铁路安全保障领域，对保证列车安全、可靠、平稳地运行提出了更高的要求[1]。铁路信号设备是铁路系统中的自动控制装置，是列车安全运行、高效调度的重要保障。道岔转辙机作为铁路信号设备的重要组成部分，在铁路交通中起着转换道岔位置、防止外力转换道岔、监测道岔位置及道岔处于“四开”位置时报警提示等作用。道岔转辙机的工作状态与铁路运输安全息息相关，但由于其长期处于室外，工作环境恶劣且动作频繁，转辙机发生故障的频率大大提高，极大影响着列车的运行安全[2]。同时，道岔转辙机还是一种复杂的机械设备，组成结构包括多个不同类型的零部件，故障现象、故障原因、故障位置等故障要素信息之间存在错综复杂的关系。道岔转辙机内部一个位置发生故障，可能会引发其他故障，导致道岔转辙机故障诊断技术难度越来越大。

在先进计算、数据科学、传感与通信等技术的有力加持下，全球的工业体系逐渐开始从自动化向数字化、网络化、智能化方向转型与产业升级，以迎接工业4.0的浪潮。随着德国“工业4.0”“美国工业互联网与人工智能战略”“日本制造业白皮书与互联工业”等规划的相继提出，智能制造将成为我国未来强国战略的主攻方向，逐渐打破“智慧与机器的边界”，实现关键机械设备的长期可靠运行。为紧跟时代步伐，在国家层面，工业和信息化部、国家标准化管理委员会联合发布了《国家智能制造标准体系建设指南（2015年版）》，提出了智能制造标准体系框架，框架包括“基础”“安全”“管理”“检测评价”“可靠性”5类基础共性标准和“智能装备”“智能工厂”“智能服务”“工业软件和大数据”“工业互联网”5类关键技术标准以及其他在不同行业的应用标准[3]。2017年，中国工程院将智能运维作为新一代人工智能在制造业应用的重点发展方向之一[4]。2022年，中国机械工程学会与中国振动工程学会在太原组织召开了两年一届的“全国设备监测诊断与维护学术会议”，以推动行业进步与发展。为应对新一轮的工业革命并响应国家号召，基于状态的维护（condition-based maintenance，CBM）和预测与健康管理（prognostic and health management，PHM）的技术成为不同行业转型方向中的重点。

目前，我国的铁路系统虽然处于世界领先水平，但产业智能化的程度还有很大的进步空间，其中围绕铁路安全可靠运行更成为智能化发展的核心趋势。因此，未来针对铁路的智能运维将以工业大数据分析为基础，通过先进的智能算法，对铁路道岔转辙机设备进行智能故障诊断，实时掌握设备的健康状态信息，为设备的智能运行维护提供依据，促使其向自动化、信息化、数字化、智能化前进，最终保障铁路信号设备安全高效服役。综上所述，对道岔转辙机进行故障诊断的研究至关重要。

1.2 铁路道岔转辙机故障诊断技术研究进展

机械故障诊断通常包括信号获取、特征提取和故障识别与预测。现阶段，故障诊断领域方法众多，国内外学者就此开展了大量的研究工作，在信号处理与特征提取方面[5-10]、基于知识推理方面[11-16]和识别分类与智能决策[17-23]方面取得了很多成果。虽然这些研究成果大部分是关于轴承和齿轮箱的故障诊断，但对于铁路道岔转辙机具有重要的参考价值。道岔转辙机硬件较为复杂且长期暴露在野外，传感器极容易受到外部环境的影响（雷电、暴雨、暴风雪等）而导致传感器传送数据不准确或失灵，故障诊断难度加大，仍然存在许多问题值得深入研究。随着大数据和人工智能的发展，智能化的道岔转辙机故障诊断方法将成为研究热点。

1.2.1 基于解析模型的方法

解析模型的故障诊断方法主要思想是：利用采集的信号或者估计出系统的物理参数，在运行状态下通过重构的方式来表达系统的状态，利用参数的变化以及故障之间存在的各种联系，实现对故障预测、定位、定量和定性分析[24]。Roberts 等[25]建立多项式数学模型对铁路系统点位机进行故障诊断。Zattoni[26]建立线性定常模型描述铁路转辙机不同故障下的工作状态，运用 H2 范数准则对转辙机的早期故障进行预测。Pedregal 等[27]建立 UC 模型来描述道岔运行状态，利用相关性分析来判断道岔所处状态，从而实现道岔的故障诊断。钟志旺等[28]提出一种基于概率潜在语义（PLSA）的道岔故障特征提取方法，结果证明了该方法的有效性。戴乾军等[29]建立动态粒子群算法优化 HSMM 模型，并将该模型用于铁路转辙机的故障诊断研究，结果证明了模型的有效性。参考文献［30］采用状态空间系统模型并结合递归滤波算法、主成分分析法（PCA）对信号进行预处理，接着构建特征集对铁路相关部件故障进行识别分类。Eker 等[31,32]学者建立了铁路转辙设备故障预测模型，展开对相关设备的故障预测研究工作，证明了该模型的有效性。

基于解析模型的故障诊断方法主要有两大优点：运算速度快、训练样本少。但其对所诊断系统模型的准确度要求较高，而高速铁路道岔转辙机类型较多，对应的许多参数也会存在差异，如果要建立较为精准的道岔转辙机数学模型则会非常困难，所以选择该方法进行故障诊断首要考虑增强其泛化能力。

1.2.2 基于信号处理的方法

随着传感器以及计算机技术的发展，对于设备的特征信号采集变得越来越容易，因此，基于信号处理的诊断方法也被广泛应用于道岔转辙机的故障诊断中，其核心思想是采集某种信号并进行特征提取，接着应用小波分析等信号处理方面的知识来判断出当前设备的运行状态。近年来，针对道岔转辙机的故障诊断问题，国内外许多研究人员纷纷开展研究并取得了丰富成果。如 McHutchon 等[33]学者提出应用频谱分析方法对道岔转辙机动作曲线进行分析，结果证明了所提方法的可行性和有效性。Guo 等[34]提出一种用于道岔信号中时频域信息提取的混合特征提取方法，完成道岔故障检测的特征提取部分。孔令刚等[35]利用小波分解对道岔转辙机的功率曲线进行处理，计算各小波系数的平方和构建特征集，实现道岔转辙机的故障诊断。魏文军等[36] 提出将集合经验模态分解（EEMD）用于道岔转辙机的功率曲线分解，然后计算每个模态分量的样本熵，最后采用模糊聚类分析算法完成转辙机的故障模式识别。陈晓玥等[37] 提出基于无失真端点极值化的经验模态分解（UEE-EMD）的滚动轴承故障诊断方法，UEE-EMD 通过交叉取样策略和端点极值化策略从源头上抑制端点效应的产生，利用本征模函数截头去尾从结果上屏蔽端点效应，保证了滚动轴承故障特征提取的准确性。Letot 等[38] 在不同温度下对转辙机相关轴的速度和扭矩数据均值、离散度进行分析，将所得结果作为计算转辙机可靠性和剩余使用寿命的指标，结果证明了该方法的可行性。综上所述，基于信号处理的故障诊断方法在一定程度上均取得了不错的效果，能够保证故障诊断结果的可靠性。

1.2.3 基于人工智能的方法

随着人工智能技术的快速发展，特别是专家系统、知识工程、模糊逻辑、支持向量机(SVM)、神经网络和深度学习在设备故障诊断技术中的广泛应用，国内外专家学者已经将人工智能应用于道岔转辙机故障诊断中，均取得了一系列成果。2014 年，Asada 等[39] 把铁路道岔转辙机的功率信号作为研究对象，利用小波变换提取特征参数并构建特征向量集，运用支持向量机（SVM）分类器完成转辙机不同故障状态的识别分类。2016 年，Vileiniskis 等[40] 对原始信号进行预处理，计算获得特征参数值并建立特征数据集，运用单类支持向量机完成对铁路系统早期故障的预测。田健[41] 结合 ZYJ* 型高速铁路道岔实际运行过程的数据，应用模糊神经网络开展故障诊断研究，实验结果表明，误差比较小。Atamuradov 等[42] 建立道岔故障诊断专家系统，提出一种区别道岔正常运行状态和故障状态的故障诊断方法。程宇佳[43] 将核主成分分析法（KPCA）、Fisher 及支持向量机（SVM）相结合对核方法进行了优化研究，利用 S700K 型提速道岔的实际运行数据进行验证，结果表明该方法诊断效果较好，准确率与以往算法相比较得到了一定的提高。孙孟雷[44] 结合功率信号特征提取和神经网络等技术，进行了道岔转辙机故障诊断方法的研究。Mo 等[45] 提出了一种基于开关机电流曲线的铁路岔路突发故障的检测和诊断方法，实验验证该方法可以准确地识别转换过程中的岔槽故障状态，故障位置诊断的精度率高于 98%。Ou 等[46] 提出了一种基于不平衡数据和基于贝叶斯的道岔在线故障诊断方法，实现了增量式学习和可扩展的故障识别。陈海欢[47] 以 ZYJ7 型电液式道岔转辙机为研究对象，在转辙机电流曲线为时间序列数据的基础上使用 LSTMs 对转辙机进行故障诊断，并建立基于 LSTMs 的故障诊断模型。单九思[48] 从深度学习新领域出发构建了一个基于深度学习的高精度铁路道岔故障诊断系统。李新琴等[49] 针对故障数据的不平衡性，采用 ADASYN 数据合成方法合成少数类别样本，采用 TF-IDF 对文本进行特征提取与向量转化，提出基于组合权重的深度学习集成方法，通过实验分析证明深度学习集成是一种能够有效提升道岔故障诊断模型分类性能的方法。施聪[50] 提出一种基于图像处理和深度学习的道岔转辙机动静接点状态检测技术，在采集大量道岔转辙机动静接点图像的基础上，利用神经网络深度学习方法，对机器进行大量的训练，找出检测点的特征参数；再结合图像处理方法，得到所需的测量参数；同时结合智能手机应用程序，实现对道岔转辙机动静接点的实时检测。

综上所述，众多专家学者将人工智能的诊断方法应用于铁路道岔转辙机的状态监测和故障诊断，一方面推动了人工智能技术在机械设备故障诊断领域的快速发展，更重要的是为提高道岔转辙机的安全性、可靠性研究提供了理论指导。

1.3 铁路道岔转辙机故障诊断存在的问题与发展方向

目前，对于铁路道岔转辙机故障诊断的研究主要还是获取转辙机运行过程中的数据，将这些数据进行预处理和特征提取，最后使用识别分类算法对故障进行诊断。这些研究在故障诊断领域已经有了非常成熟的理论和方法，相关技术也为道岔转辙机故障诊断提供了新思路和新方法，但是仍然存在许多科学问题亟待解决，作者认为有以下几个方面需要进一步研究与探讨。

① 转辙机故障参数的研究较为单一。现有的道岔转辙机故障诊断大多是使用转辙机运行过程中的电流和功率数据，通过各种工况下数据的不同表现展开对转辙机的故障诊断。但是转辙机在运行过程中还有许多其他运行参数，例如振动信号、油压信号等不同种类的传感器信息。不同参数对转辙机故障的表现程度不一样，所以应该探究基于转辙机其他运行参数的故障诊断和多传感器信息融合技术，提升故障诊断模型的稳定性和泛化能力。

② 现有方法在特征提取方面的局限性。对于道岔转辙机故障诊断特征集的构建，主要是对现场采集的原始数据进行简单的预处理，计算一些较为简单的故障特征参数，可能导致原始信号在某一时域或频域的变化信息（或者在局部突变处的变化信息）通过已有的故障特征提取方法不能够较好地反映出来，所以在对转辙机故障数据特征提取时应该充分考虑这些方面。

③ 无法充分利用历史故障的多元信息。在道岔转辙机故障维修领域，存在着海量的设备故障及维修记录的文本数据或相关描述性信息，其中隐藏着大量的道岔转辙机故障领域相关知识，多数以非结构化数据形式存在。在大数据时代，充分使用这些数据可以发挥巨大的作用[51]。

④ 先进智能化技术的集成不足，工程化和系统化的程度较低。针对道岔转辙机智能运维技术的研发需要多学科交叉融合，尤其是一些符合工程应用实际的智能化技术，如迁移学习、连续学习、知识图谱等，能够很好解决目前铁路系统工程现场的一些常见问题，所以有必要让这些智能化技术实现产业化。

⑤ 目前没有对道岔转辙机故障诊断领域内的相关知识进行有效组织，建立统一且完备的道岔转辙机故障知识库。

本书接下来以作者团队的最新研究进展为基础，以道岔转辙机和关键部件柱塞泵为研究对象，围绕大数据驱动的铁路道岔转辙机智能故障诊断面临的挑战，从结构机理及故障模式、信号分析及特征提取、人工智能故障诊断、类增量学习、寿命预测、多传感器信息融合、故障诊断系统等方面阐述铁路道岔转辙机智能诊断领域的科学问题、应用难题及最新研究成果[52~59]，为读者开展相关理论及应用研究提供参考。

参考文献

[1] Hamadache M，Dutta S，Olaby O，et al. On the fault detection and diagnosis of railway switch and crossing systems：An overview [J]. Applied Sciences，2019，9 (23)：5129.

[2] 李刚．铁路信号监测技术发展与展望 [J]. 铁道通信信号，2019，55 (S1)：154-161.

[3] 工业和信息化部电子科学技术情报研究所．2015 年影响智能制造的十大政策 [J]. 新型工业化，2015，5 (12)：34-36.

[4] 新一代人工智能引领下的智能制造研究课题组．中国智能制造发展战略研究 [J]. 中国工程科学，2018，20 (04)：1-8.

[5] Huerta-Rosales J R，Granados-Lieberman D，Amezquita-Sanchez J P，et al. Vibration signal processing-based detection of short-circuited turns in transformers：A nonlinear mode decomposition approach [J]. Mathematics，2020，8 (4)：575.

[6] Mariela，Cerrada，Vinicio R，et al. Multi-stage feature selection by using genetic algorithms for fault diagnosis in gearboxes based on vibration signal [J]. Sensors，2015，15 (9)：23903-23926.

[7] 黄晋英，潘宏侠，毕世华，等．基于双谱熵模型的故障模式识别 [J]. 兵工学报，2012，33 (06)：718-723.

[8] 李东，刘广璞，黄晋英，等．基于 EEMD-SVD 与 SVM 的轴承故障诊断［J］. 机械设计与研究，2019，35（06）：123-127.

[9] 尹学慧，黄晋英，张占一，等．Envelope 函数与 Chebyshev 滤波的滚动轴承故障诊断［J］. 组合机床与自动化加工技术，2019（04）：116-119+128.

[10] 蔡波，黄晋英，杜金波，等．基于 MEEMD 多特征融合与 LS-SVM 的行星齿轮箱故障诊断［J］. 中国测试，2021，47（09）：126-132.

[11] Galagedarage Don M，Khan F．Dynamic process fault detection and diagnosis based on a combined approach of hidden Markov and Bayesian network model［J］. Chemical Engineering Science，2019，201：82-96.

[12] Amin M T，Khan F，Imtiaz S．Fault detection and pathway analysis using a dynamic bayesian network［J］. Chemical Engineering Science，2019，195：777-790.

[13] 陈元元，刘广璞，黄晋英，等．裂纹对齿轮副疲劳寿命的影响研究［J］. 煤矿机械，2022，43（03）：23-26.

[14] 郝德琛，李华玲，黄晋英．小波包分解和改进 ResNet 行星齿轮箱故障诊断方法［J］. 传感器与微系统，2022，41（08）：116-119+123.

[15] 罗佳，黄晋英．基于小波包和神经网络的行星齿轮箱故障模式识别技术［J］. 火力与指挥控制，2020，45（04）：178-182.

[16] 陈帅，黄晋英．基于 RCMDE 与概率神经网络的滚动轴承故障诊断［J］. 制造业自动化，2022，44（05）：218-220.

[17] Kim S，Choi J H．Convolutional neural network for gear fault diagnosis based on signal segmentation approach［J］. Structural Health Monitoring，2019，18（5-6）：1401-1415.

[18] 雷亚国，杨彬，杜兆钧，等．大数据下机械装备故障的深度迁移诊断方法［J］. 机械工程学报，2019，55（07）：1-8.

[19] 冀树伟，杨喜旺，黄晋英，等．基于特征复用的卷积神经网络模型压缩方法［J］. 计算机应用，2019，39（06）：1607-1613.

[20] 张安安；黄晋英；冀树伟；等．基于卷积神经网络图像分类的轴承故障模式识别［J］. 振动与冲击，2020，39（4）：165-171.

[21] Li H M，Huang J Y，Yang X W，et al. Fault diagnosis for rotating machinery using multiscale permutation entropy and convolutional neural networks［J］. Entropy，2020，22（8）：851.

[22] Luo J，Huang J Y，Li H M. A case study of conditional deep convolutional generative adversarial networks in machine fault diagnosis［J］. Journal of Intelligent Manufacturing，2020，32（2）：407-425.

[23] Liu S，Huang J，Ma J，et al. SRMANet：Toward an interpretable neural network with multi-attention mechanism for gearbox fault diagnosis［J］. Applied Sciences，2022，12（16）：8388.

[24] 张凯．基于神经网络的铁路道岔故障智能诊断研究［D］. 西安：长安大学，2016.

[25] RobertsC，Dassanayake H，Lehrasab N．Distributed quantitative and qualitative fault diagnosis：Railway junction case study［J］. Control Engineering Practice，2002，10（4）：419-429.

[26] Zattoni E. Detection of incipient failures by using an H2-norm criterion：Application to railway switching points［J］. Control Engineering Practice，2005，14（8）：885-895.

[27] Pedregal D，García F，Schmid F. RCM2 predictive maintenance of railway systems based on unobserved components models［J］. Reliability Engineering and System Safety，2003，83（1）：103-110.

[28] 钟志旺，唐涛，王峰．基于 PLSA 和 SVM 的道岔故障特征提取与诊断方法研究［J］. 铁道学报，2018，40（07）：80-87.

[29] 戴乾军，陈永刚，陶荣杰．基于动态 PSO 优化 HSMM 的转辙机 PHM 模型研究［J］. 铁道标准设计，2018，62（09）：174-178.

[30] Fausto Pedro García Márquez，Isidro Peña García-Pardo. Principal component analysis applied to filtered signals for maintenance management［J］. Quality and Reliability Engineering International，2010，26（6）：523-527.

[31] Eker O F，Camci F，Kumar U. SVM based diagnostics on railway turnouts［J］. International Journal of Performability Engineering，2012，8（8）：289-298.

[32] Eker O F，Camci F，Guclu A，et al. A simple state-based prognostic model for railway turnout systems［J］. IEEE Transactions on Industrial Electronics，2011，58（5）：1718-1726.

[33] Mchutchon M A，Staszewski W J，Schmid F. Signal processing for remote condition monitoring of railway points［J］. Strain，2005，41（2）：71-85.

[34] Guo Z，Hao Y，Wei D，et al. A hybrid feature extraction method for fault detection of turnouts [C]. 2017 Chinese Automation Congress (CAC)，Jinan，2017：540-545.

[35] 孔令刚，焦相萌，陈光武，等. 基于 Mallat 小波分解与改进 GWO-SVM 的道岔故障诊断 [J]. 铁道科学与工程学报，2020，17 (05)：1070-1079.

[36] 魏文军，刘新发. 基于 EEMD 多尺度样本熵的 S700K 转辙机故障诊断 [J]. 中南大学学报 (自然科学版)，2019，50 (11)：2763-2772.

[37] 陈晓玥，耿明，陈鹏展. 一种基于 UEE-EMD 的滚动轴承故障诊断方法 [J]. 华东交通大学学报，2019，36 (05)：74-81.

[38] Letot C，Dersin P，Pugnaloni M，et al. A data driven degradation-based model for the maintenance of turnouts：A case study [J]. IFAC PapersOnLine，2015，48 (21)：958-963.

[39] Asada T，Roberts C，Koseki T. An algorithm for improved performance of railway condition monitoring equipment：Alternating-current point machine case study [J]. Transportation Research Part C，2013，30：81-92.

[40] Vileiniskis M，Remenyte-Prescott R，Rama D. A fault detection method for railway point systems [J]. Proceedings of the Institution of Mechanical Engineers，Part F：Journal of Rail and Rapid Transit，2016，230 (3)：852-865.

[41] 田健. 基于模糊神经网络的高速铁路道岔故障诊断方法研究 [D]. 北京：北京交通大学，2015.

[42] Atamuradov V，Camci F，Baskan S，et al. Failure diagnostics for railway point machines using expert systems [C]. IEEE International Symposium on Diagnostics for Electric Machines，Power Electronics and Drives，Cargese，France，2009：1-5.

[43] 程宇佳. 基于核方法的高速铁路道岔故障诊断 [D]. 北京：北京交通大学，2016.

[44] 孙孟雷. 基于神经网络的道岔转辙机故障诊断方法研究 [D]. 成都：电子科技大学，2020.

[45] Mo X M，Fang Y，Yang Y G. Method on the fault detection and diagnosis for the railway turnout based on the current curve of switch machine [J]. Applied Mechanics & Materials，2013，427-429：1022-1027.

[46] Ou D X，Ji Y Q，Zhang L，et al. An online classification method for fault diagnosis of railway turnouts [J]. Sensors，2020，20 (16)：4627.

[47] 陈海欢. 基于深度学习的电液式道岔转辙机故障诊断研究 [D]. 成都：西南交通大学，2019.

[48] 单九思. 基于深度置信网络的铁路道岔故障诊断系统的研究与实现 [D]. 石家庄：石家庄铁道大学，2017.

[49] 李新琴，张鹏翔，史天运，等. 基于深度学习集成的高速铁路信号设备故障诊断方法 [J]. 铁道学报，2020，42 (12)：97-105.

[50] 施聪. 基于图像处理的道岔转辙机动静接点状态检测技术研究 [J]. 城市轨道交通研究，2020，23 (S2)：149-152.

[51] 杨连报. 铁路事故故障文本大数据分析关键技术研究及应用 [D]. 北京：中国铁道科学研究院，2018.

[52] 王智超，杨喜旺，黄晋英，等. 基于 ITD-SDP 图像特征和 DSCNN 的道岔转辙机故障诊断 [J]. 铁道学报，2023，45 (05)：65-71.

[53] 杨喜旺，黄晋英，高佳鑫，等. 一种道岔转辙机故障诊断知识图谱构建方法 [P]，中国专利，202210397421.7

[54] 中北大学，高佳鑫. 基于知识图谱的道岔转辙机故障诊断系统 V1.0. [S]. 中华人民共和国国家版权局 (No. 2021SR1921726).

[55] 中北大学，何宗博，杨喜旺. 基于深度学习的铁路道岔故障诊断系统 V1.0. [S]. 中华人民共和国国家版权局 (No. 2020SR0567595).

[56] Liu S，Huang J，Ma J，et al. Class-incremental continual learning model for plunger pump faults based on weight space meta-representation [J]. Mechanical Systems and Signal Processing，2023，196：110309.

[57] 赫婷，黄晋英，胡孟楠，等. 基于 KPEMD 与 INFO-SVM 的柱塞泵故障诊断 [J]. 中北大学学报 (自然科学版)，2023，44 (03)：216-221+228.

[58] 张建飞，黄晋英，吕阳，等. 基于 CBAM-ResNet 的轴承剩余寿命预测 [J]. 中北大学学报 (自然科学版)，2023，44 (4)：360-365，396.

[59] 杨喜旺，王智超，黄晋英，等. 基于可视图特征与 CatBoost 的转辙机故障诊断 [J]. 中北大学学报 (自然科学版)，2024，45 (1)：58-65.

第2章

道岔转辙机及关键部件

随着轨道交通的发展，道岔技术也在不断地进步，随之而来的是道岔的机械结构也变得更加复杂，更是在不同的环境中工作，所以其维护周期长，加之例如天气、地质变化等因素影响，维护变得更加困难。这也是近年来道岔故障频率增加，故障种类增加的主要原因。本章将对道岔转辙机及关键部件柱塞泵的基本结构、工作原理进行介绍，并阐述其工作过程。

2.1　相关概念

铁路道岔是一种将列车从一条轨道转换至另一条轨道的特殊装置，通常部署于线路所、车站等。当使用道岔实现轨道线路的会合或分离时，需要专门改变道岔位置的转换设备，这种设备就是铁路道岔转辙机。铁路道岔转辙机作为一种基本的道岔转换装置，在道岔转换中担当重任，其健康状况直接关系到道岔是否能正常完成规定的转换任务，并影响铁路交通运输任务的执行。常见的铁路道岔转辙机的类型可以分为电动式道岔转辙机和电动液压式转辙机。目前，我国铁路使用较多的转辙机类型有 ZD6 系列、ZD9 系列、S700K 型和 ZY（J）系列电动转辙机[1]。本书主要以 ZY（J）系列转辙机为研究对象。

2.1.1　道岔

每一个车站或线路所均有若干条轨道线路，每两条线路的交会处均由道岔连接，由道岔实现轨道线路的会合或分离。当列车（或车列）需由一条轨道线路转至另一条轨道线路时，就必须改变道岔的位置，为改变道岔位置所需采用的设备称为道岔转换设备。道岔转换和锁闭设备是直接关系行车安全的关键设备[2]。

2.1.2　液压道岔

液压道岔是使用电动液压转辙机牵引的电动道岔。

电动液压转辙机是 20 世纪 80 年代在我国出现的新型道岔转换设备，它适应了新型道岔的发展趋势。液压转辙机使用液压传动，用液体作为工作介质，主要以其压力进行能量的传递。ZYJ7 电动液压转辙机 1997 年通过铁道部（现国家铁路局）技术鉴定，被指定为唯一提速道岔配套的国产转辙机。

2.2　道岔基本结构

铁路道岔作为列车改变运行轨迹的关键系统，它可以实现列车从 A/B 股转入 B/A 股，基本结构如图 2-1 所示。根据图 2-1 可知，道岔由三大部分组成，依次为转辙器、连接部分、辙叉及护轨[3]。基本轨、尖轨和转辙设备共同构成转辙器。基本轨固定不动，尖轨可以移动。转辙设备主要由转辙机、锁闭装置、表示装置、动作杆件、表示杆件和连接部件等组成。转辙器的作用是通过不断移动尖轨来改变尖轨所处位置，从而使得列车沿不同路径行驶。辙叉的刚度和强度都非常高，这些优点使得列车在通过两条轨道的交界处时不易出现问题，能够正常驶过。护轨控制列车车轮的运动方向，使得列车能够在既定轨道上安全行驶，避免列车脱轨可能造成的严重后果[4]。

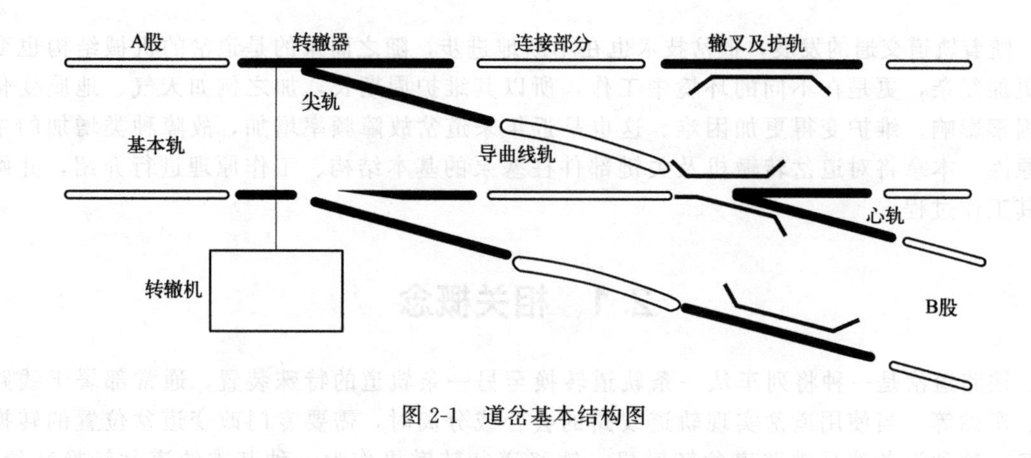

图 2-1 道岔基本结构图

2.3 转辙机基本结构及原理

国内使用最多的改变道岔位置的机械转辙机是 S700K 型和 ZYJ* 型。S700K 型和 ZYJ* 型是两种驱动方式不同的转辙机，前者采用电动方式驱动，后者采用电动液压方式驱动，但二者在铁路道岔终端位置处进行锁闭均采用外锁闭方式。外锁闭装置被广泛应用于铁路道岔系统是由于其本身具有如下几个优点：能够确保铁路尖轨与基本轨二者之间正常完好接触；能够有效减少各个结构在接触时它们之间存在的阻力；采用锁钩结构能够提高道岔动作的安全性、可靠性；能够缩短不同结构之间的接触距离，降低设备的磨损[2]。

电动液压式道岔转辙机通过电机提供原始动力，使用液压油为介质来进行能量的传递。电动液压式转辙机的核心是液压传动装置，其由三个主要的单元构成，分别为油泵、执行单元以及控制元件。转辙机油泵的作用为将电机产生的机械能转换为油压；转辙机中的执行单元用于油泵的反向转换，将油泵的能量转换为驱动设备的机械能；控制单元则主要控制设备驱动时设备内的液压油的压力、流量、流向等以改变设备运行状态。电动液压式道岔转辙机具有传动装置易于布置、传动装置轻巧、调速范围大、易于过载保护、使用寿命长和可以高度自动控制的优点，同时较电动式道岔转辙机也存在传动效率低、易受环境温度变化影响、制造与运维成本高以及对污染敏感等缺点[2]。本书以 ZYJ* 型电液式转辙机为研究对象，其具有整体重量轻、传动效率高等优点。

2.3.1 基本结构

ZYJ* 型电液式转辙机由主机和副机（SH6 型转换锁闭器）两部分构成[5]，二者之间靠油管进行连接，在道岔工作过程中，共用一套动力系统。主机、副机结构示意图如图 2-2、图 2-3 所示，对应部件名称如表 2-1、表 2-2 所示。

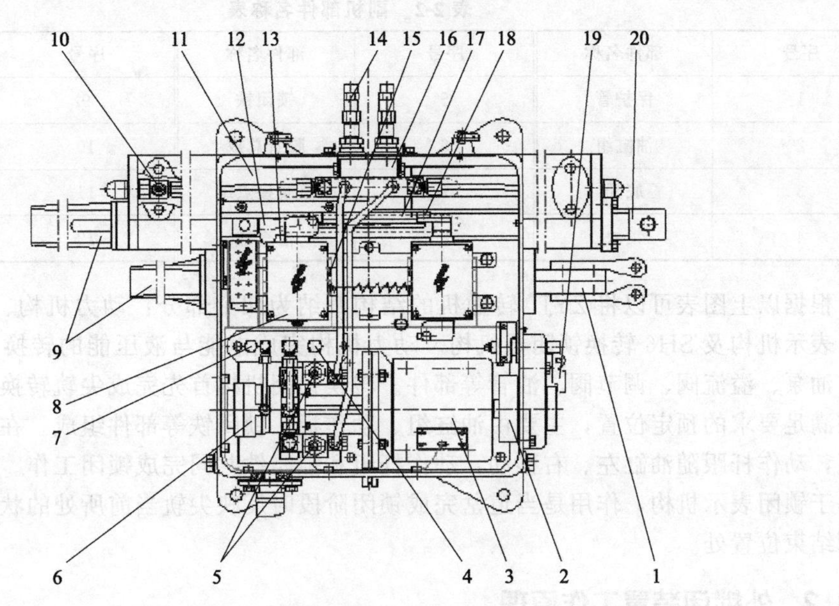

图 2-2　ZYJ* 转辙机主机结构图

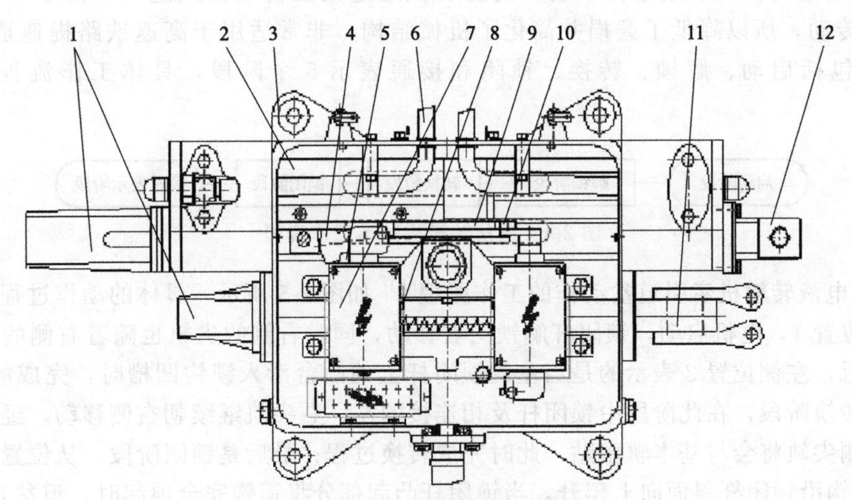

图 2-3　ZYJ* 转辙机副机结构图

表 2-1　主机部件名称表

序号	部件名称	序号	部件名称	序号	部件名称
1	锁闭杆组	8	接点组	15	锁闭铁
2	惯性轮	9	保护管	16	空动缸组
3	电机	10	一动调节阀	17	动作板
4	注油孔	11	油缸组	18	滚轮
5	溢流阀	12	锁块	19	遮断器
6	油泵	13	锁闭铁	20	动作杆组
7	油标	14	二动调节阀		

表 2-2 副机部件名称表

序号	部件名称	序号	部件名称	序号	部件名称
1	保护管	5	锁闭铁	9	动作板
2	油缸组	6	胶管总成	10	滚轮
3	底壳	7	挤脱接点组	11	表示杆组
4	锁块	8	检查柱	12	动作杆组

根据以上图表可以将 ZYJ* 转辙机的结构归纳为四个部分：动力机构、转换锁闭机构、锁闭表示机构及 SH6 转换锁闭器机构。动力机构完成电能与液压能的转换，此过程涉及电机、油泵、溢流阀、调节阀、油管等部件。转换锁闭机构首先完成尖轨转换，然后把尖轨锁闭在满足要求的预定位置，主要由油缸组、动作板、锁闭铁等部件组成。在液压油的推动作用下，动作杆跟随油缸左、右移动，动作杆组和锁闭铁共同完成锁闭工作。接点组、表示杆组属于锁闭表示机构，作用是当道岔完成锁闭阶段时反映尖轨当前所处的状态以及将尖轨锁闭到结束位置处。

2.3.2 外锁闭装置工作原理

ZYJ* 道岔转辙机采用电机驱动，道岔转换通过液压传动方式进行。由于取消了减速器和齿轮传动，所以降低了磨损并简化了机械结构，非常适用于高速铁路提速道岔区段。道岔转换包括启动、解锁、转换、锁闭和接通表示 5 个阶段，具体工作流程如图 2-4 所示。

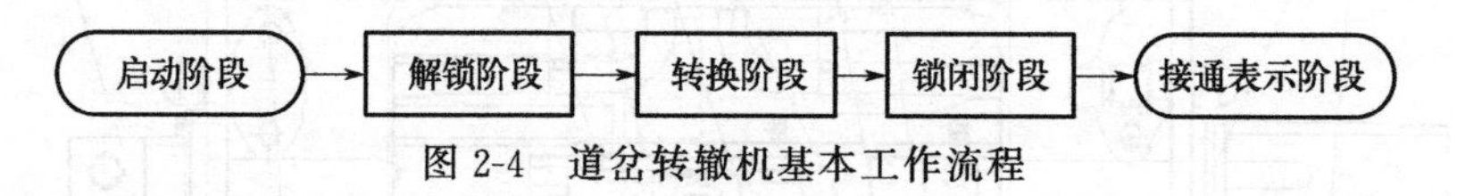

图 2-4 道岔转辙机基本工作流程

ZYJ* 电液转辙机牵引道岔动作的工作原理[2] 如图 2-5 所示，具体的动作过程可以描述为：左侧位置 1，电机启动，锁闭杆解锁向右移动，同时右侧的尖轨也随着右侧的锁钩向密贴方向靠近，左侧位置 2 表示的是当左侧锁闭杆上的凸台滑入锁钩凹槽时，完成解锁阶段；紧接着是转换阶段，在此阶段中锁闭杆及相连接的左、右尖轨继续朝右侧移动，经过一段时间后，右侧尖轨将会与基本轨密贴，此时完成转换过程；最后是锁闭阶段，从位置 3 到位置 4，右侧锁钩沿锁闭杆斜面向上爬升，当锁闭杆凸起部分将锁钩完全顶起时，道岔开始锁闭，即位置 4 到位置 5，左侧尖轨继续向右并移动至规定开口，道岔转辙机完成整个的动作过程。

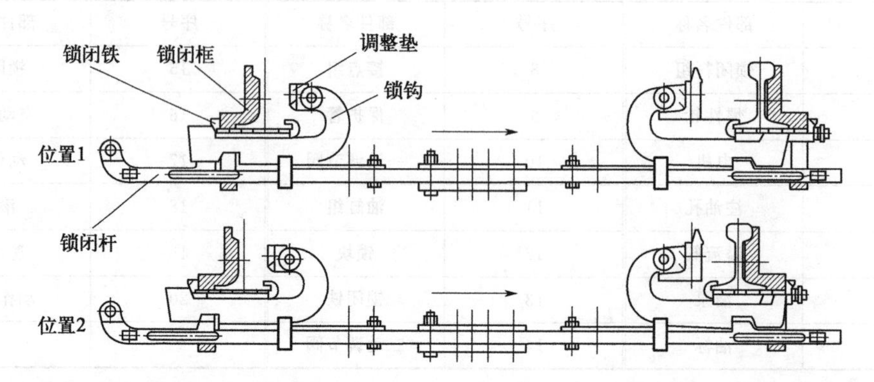

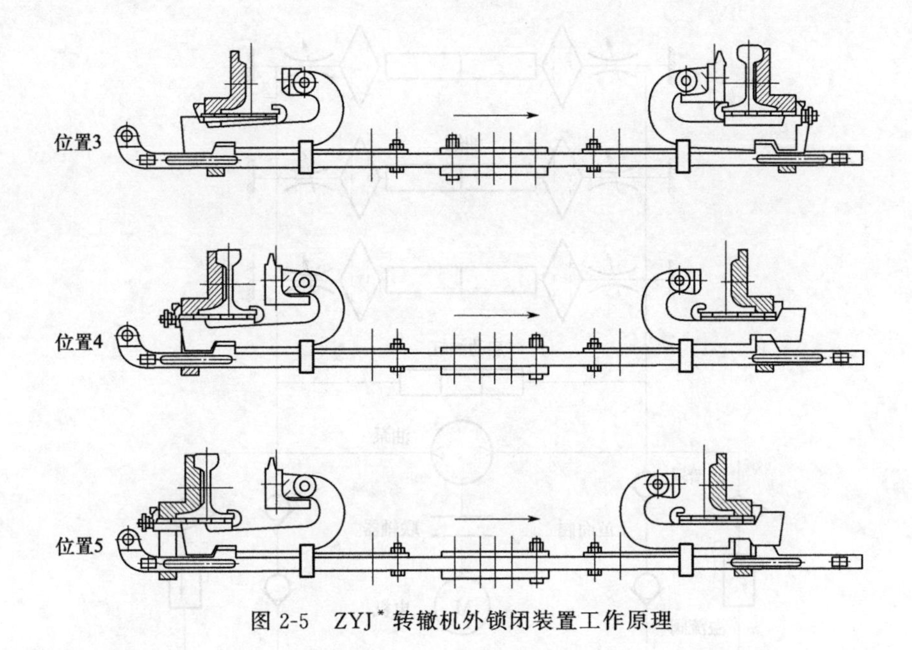

图 2-5　ZYJ* 转辙机外锁闭装置工作原理

ZYJ* 道岔转辙机推动道岔完成转换的过程，主要由钩式外锁装置完成，该装置主要由锁闭杆、锁闭铁、锁闭框、调整垫和锁钩等部件构成，其结构见图 2-6。

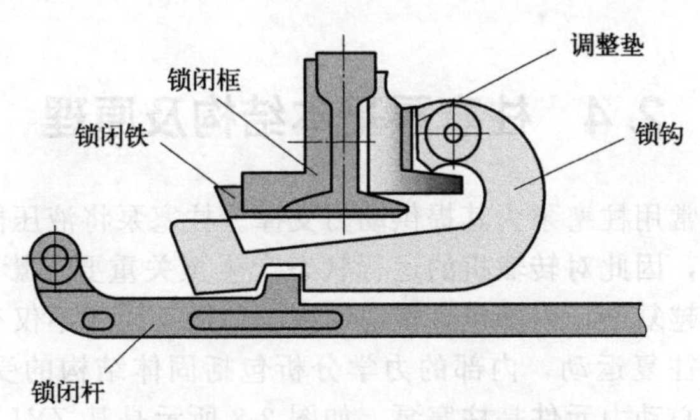

图 2-6　道岔转辙机钩式外锁闭装置

2.3.3　液压系统工作原理

本节将通过图 2-7 来说明 ZYJ* 道岔转辙机液压系统工作原理。假设油泵在电机的带动下开始逆时针旋转，从油箱右侧吸入油，泵出的油使油缸左腔压强增大，而相对应的油缸右腔压强变小，油缸的左、右腔形成压差。由于油缸组中活塞杆固定不动，所以油缸向左移动。当油缸向左动作到位停止动作时，接点系统断开启动电源，接通新的表示电路。当因故不能到位时，泵从右边单向阀吸入油，泵出的油经左侧滤油器和溢流阀回到油箱。同理，油泵顺时针旋转，油泵从油缸左侧吸入油，泵入油缸右侧，油缸向右移动，到达终端停止动作时，油泵从左侧的单向阀吸入油，泵出的高压油经右边的滤油器和溢流阀回到油箱。另外，为了改善交流电机启动特性，与油缸并联了启动油缸。主机和副机液压油进出油缸处加装了流量调节阀，用于调节主机和副机在转换道岔时实现近似同步动作。

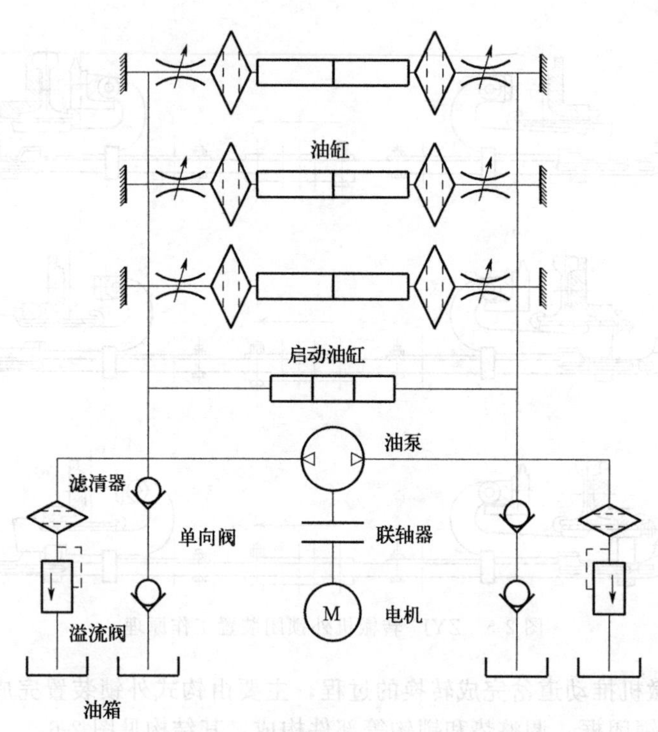

图 2-7 ZYJ* 道岔转辙机液压系统工作原理图

2.4 柱塞泵基本结构及原理

铁路道岔转辙机中常用柱塞泵为其提供动力支撑。柱塞泵将液压能转化成动能为转辙机完成转换工作提供动力，因此对转辙机的运行状态产生至关重要的影响。随着技术的发展，柱塞泵结构也变得越来越复杂，内部包含多组摩擦副，运动模式不仅有整体部件随主轴的旋转运动，还包括柱塞的往复运动，内部的力学分析包括固体结构的受力分析、流体力学分析。电液式转辙机中核心动力元件是柱塞泵，如图 2-8 所示是某 ZYJ* 高铁电液控制道岔转辙机所用的斜盘式轴向柱塞泵，其寿命高，工作性能稳定。本书中针对柱塞泵内部故障频发的缸体、配流盘、柱塞开展故障诊断研究，3 个部件的位置关系如图 2-9 所示。表 2-3 为转辙机柱塞泵主要性能参数。

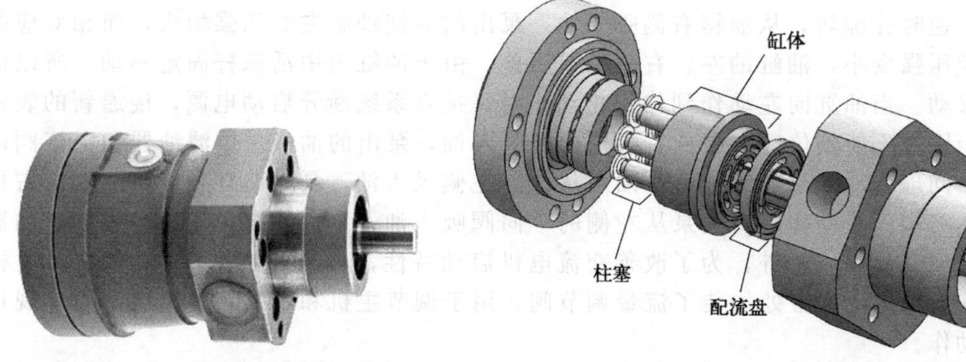

图 2-8 ZYJ* 转辙机柱塞泵示意图　　图 2-9 部件位置关系图

表 2-3　转辙机柱塞泵主要性能参数

性能指标	性能参数
柱塞数	7
排量	2.1mL/r
转速	额定 960r/min
压力	额定压力:12MPa
使用寿命	在转速为 960r/min,出口压力为 12MPa,每 15min 换向一次的条件下,连续工作 2400h 后,设定压力不应低于标定值的 95%,容积效率不应小于 88%

转辙机轴向柱塞泵主要组成部分包括：泵体、传动轴、柱塞、配流盘、回程盘、弹簧、斜盘、滚动轴承、缸体等组成，如图 2-10 所示。

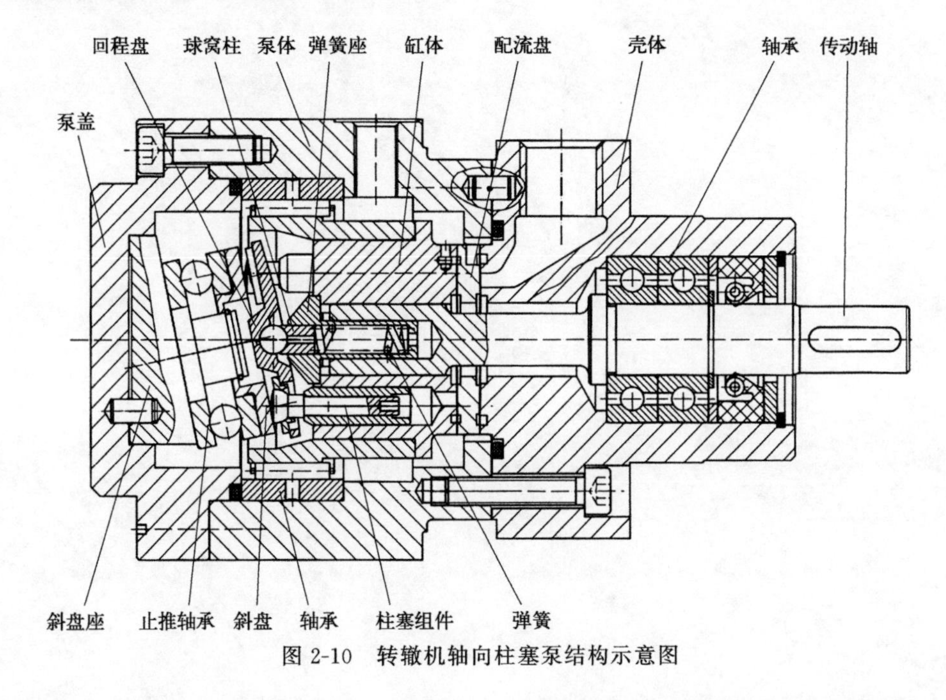

图 2-10　转辙机轴向柱塞泵结构示意图

结构特点：传动轴通过键连接与缸体相连，并在电机输出轴的驱动下进行旋转，7 个柱塞均匀分布在缸体中，且在缸体内可以轴向滑动。柱塞球头与斜盘之间成点接触，将 7 个柱塞分别穿过回程盘，回程盘周围孔部用垫碗拖住柱塞头部。回程盘在滚珠-弹簧系统提供的压力下与斜盘面紧贴。斜盘与柱塞泵轴线间存在一定角度，固定在柱塞泵一端端面上，并在中间安装推力球轴承，可以缓冲部分轴向力。配流盘通过定位槽固定在柱塞泵右端面上，对称分布两个月牙槽配流通道，分别与泵的进油管路及排油管路相连，在缸体内柱塞泵配流盘做相对滑动，使油液在旋转过程中通过月牙槽配油通道进、出柱塞腔。

工作原理：柱塞在柱塞缸内进行轴向的往复运动，柱塞缸体与转动轴之间通过键连接，并在电机的驱动下进行旋转运动，同时在斜盘的作用下柱塞在缸体内做往复运动。当柱塞从缸体中伸出时，柱塞腔内部容积增大，形成部分真空，油液经过配流盘月牙槽，进入柱塞腔内部，同时腔体底部被配流盘密封。当柱塞被斜盘压进柱塞腔时，底部的容积减少，油压升高并通过配流盘月牙槽从柱塞腔内排出。当电机带动传动轴持续转动时，柱塞泵内 7 个柱塞腔将持续不断进行吸油和排油工作，从而将电机传递的机械能转化为油液的液压能。

参考文献

[1] 郭进．铁路信号基础 [M]. 北京：中国铁道出版社，2010.
[2] 《ZYJ7 液压道岔设备维修与故障处理》编委会．ZYJ7 液压道岔设备维修与故障处理 [M]. 北京：中国铁道出版社，2014.
[3] 李婉婉．基于 LSTM 的提速道岔故障预测研究 [D]. 兰州：兰州交通大学，2020.
[4] 何攸旻．高速铁路道岔故障诊断方法研究 [D]. 北京：北京交通大学，2014.
[5] 杜冠杰．浅析 ZY (J) 7 型电液转辙机转换过程中的故障判断及处理 [J]. 科技与创新，2020 (08)：114-115＋117.

第3章

转辙机故障诊断实验及油压信号特征提取

转辙机是控制道岔位置转换的关键部分，其功能的好坏直接影响道岔转换的效率。目前现场主要通过分析信号集中监测系统中的电流曲线或功率曲线，对转辙机的动作过程进行监测。由于电流数据或功率数据仅能反映电路电流的相关特征，得到的分析结果略显不足，因此本章通过采集转辙机的油压数据对道岔系统进行相关分析。

本章分为三部分内容，首先结合道岔转辙机工作原理，理论分析道岔转辙机转换力、油压及运行状态三者之间的关系，并对转辙机正常工作过程中的油压信号进行分析；其次介绍了道岔转辙机故障实验平台及三种故障工况下油压信号采集原理，针对人为设置的三种故障模式对应的数据特征和故障原因，通过油压数据曲线分析道岔转辙机转换过程，为故障特征参数的提取提供了重要理论参考；最后开展道岔转辙机油压信号特征提取方法及故障状态监测的相关研究。

3.1 转辙机工作过程原理分析

3.1.1 道岔转辙机敏感参数分析

(1) 转换力分析

通过前面第 2 章对 ZYJ* 道岔转辙机的结构和工作原理的分析，可知道岔转辙机将机外获得的电能转化为液压能，从而带动动作杆做直线运动，产生的推拉力称为转换力。转换力与转辙机在做功过程中需要克服的相关阻力相对应，在此过程中所产生的阻力主要来源于三个方面：动作杆运动时产生的阻力、尖轨的转换阻力、带动锁钩解锁和锁闭所要克服的阻力[1]。

① 动作杆运动产生的阻力。主要与动作杆在运动过程中所需要的转换动力存在很大关系，当动作杆移动时产生的阻力增大，则相对应的转换力也就随之增加。一般来讲，道岔转辙机正常状态下工作所需要的推拉力即为液压系统提供的额定压力。

② 尖轨的转换阻力。当转辙机动作杆进入转换阶段时，尖轨在水平移动过程中会与滑床板之间产生一定的摩擦阻力，称之为尖轨的转换阻力。在转换过程中，当尖轨与滑床板间存在异物或产生的摩擦力较大时，则相对应的道岔转辙机输出力也会发生明显的变化。

③ 带动锁钩解锁和锁闭所要克服的阻力。当列车正常行驶需要转向时，转辙机开始工作带动道岔左右移动，确保尖轨与基本轨能够正常解锁或锁闭，这时转辙机需要克服尖轨与锁钩之间的固定作用力，而锁闭结构在解锁和锁闭阶段的松紧程度直接影响到相关阻力的大小。

综合上述分析，根据道岔转辙机的工作原理可知，道岔在整个动作过程中的转换力大小与转辙机实际工作状态有较大关系。

(2) 转换力与油压关系分析

根据道岔转辙机的工作原理，转辙机动作时的作用力来源于液压泵提供的液压能，通过带动动作杆来控制道岔的运动。液压泵提供转换动力，根据连通器原理，可得到如下关系式[2]：

$$F=A\times P\times 10^2 \tag{3-1}$$

式中，F 为液压缸产生的推力或者拉力，N；A 为活塞受压面积，cm^2；P 为液压油压力，MPa。由式(3-1) 可知，ZYJ* 道岔转辙机液压油压力与转换力表现为线性关系。

(3) 油压与运行状态分析

通过上述对 ZYJ* 道岔转辙机输出作用力和油压之间的关系的介绍可以看出，在一定的环境和条件下，两者呈现出一定的线性关系，油压大小能够定性反映输出力的变化。而 ZYJ* 道岔型转辙机的各个零部件寿命和机械强度等于其所受最大拉力乘以相应的安全系数，所以，ZYJ* 道岔转辙机的油压变化可以正确体现出其运行状态的变化。

3.1.2 道岔转辙机工作过程油压信号分析

转辙机正常工作时其转换油压数据曲线如图 3-1 所示，该曲线大致可以分为五个阶段，依次为：启动（T_1）、解锁（T_2）、转换（T_3）、锁闭（T_4）、接通表示（T_5）。油压曲线作为道岔转辙机工作状态的一种外在表现形式，可以通过观察曲线中出现的不同峰值与转换时间来反映五个不同的阶段。

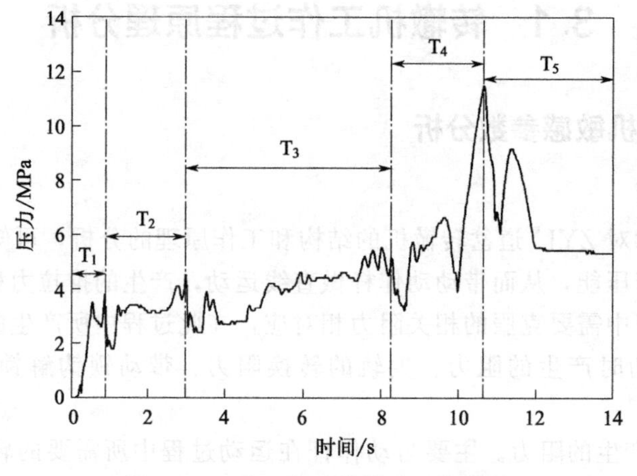

图 3-1 正常工作时转换油压曲线图

启动、解锁阶段（T_1、T_2）：电机启动，通过联轴器带动油泵工作，液压油通过油泵后将会变为高压油进入液压缸。解锁刚开始时，道岔的动力元件（油泵）需要克服外界较大的阻力来带动液压缸左右移动，所以在曲线中可以看到一开始油压上升速度比较快，此过程为道岔转辙机的内锁解锁阶段。当达到内锁解锁过程所需的压力后，会出现一个峰值并有一点小的波动，即表示内锁解锁完成。同时液压缸也需要推动外锁闭装置启动解锁，这时油压会有一个小幅下降随后继续上升，当再次出现油压峰值时，表示外部解锁完成。在整个解锁过程中，可能由于一些其他外部环境因素的影响，如道岔转辙机各个零部件之间润滑性差或设备磨损、线路老化或油管轻微渗油等，油压会出现一些微小波动。

转换阶段（T_3）：在转换过程中，所受阻力相对解锁阶段要小，所以当解锁完成时，油压会有一个小幅下降。道岔正常工作时，尖轨在滑床板上平稳运行、密贴，油压曲线整体会趋于稳定。而图 3-1 中的转换阶段油压曲线呈现出上升趋势，波动范围相对较小，说明尖轨在运动过程中受到外部阻力影响，但是整体来讲不影响道岔转辙机的正常转换。

锁闭阶段（T_4）：由于道岔转辙机包括 1 个主机、2 个副机，所以在锁闭过程中，油泵需要克服的阻力也会出现 3 个不同的峰值，油压曲线将会出现 3 个波峰，分别与一动、二动、三动锁闭相对应，曲线整体呈现上升趋势。锁闭刚开始，达到外部锁闭所需的压力，即出现一个峰值，紧接着二动、三动锁闭，完成外部锁闭之后内锁闭立即开始，当再次出现油压峰值时，说明内锁闭结束。如果锁闭时间过长，说明道岔尖轨在锁闭过程中遇到较大阻力导致锁闭困难，可能是锁钩结构过紧，油压曲线会出现一个较大幅值。

接通阶段（T_5）：曲线的末端出现“小尾巴”，说明道岔电路接通表示。表示阶段是检测道岔尖轨是否运动到规定的终端位置。如果道岔转换到位，则液压缸停止工作，油压会逐渐下降，表现形式为液压缸左、右腔两侧压力达到平衡，即完成道岔的整个转换过程。

3.2　非现场道岔转辙机故障模拟实验

3.2.1　道岔转辙机故障模拟实验平台介绍

基于道岔转辙机故障模拟实验平台进行相关的研究，该实验平台为某铁路局电务器材公司提供，书中研究用到的全部数据均来源于该实验平台与现场微机监测与采集装置。实验台由 ZYJ* 道岔转辙机（主机）和两台副机组成，三者通过油管相连接。道岔类型为提速道岔，实验现场如图 3-2 所示，图 3-3 为实验设施图。

图 3-2　实验现场

从图中可以看出，研究使用的实验平台包括了模拟铁路轨道、电液式道岔转辙机、转辙机监测与控制系统、振动信号动态数据采集系统、振动加速度传感器，可以模拟实际铁路运行环境。

3.2.2　模拟故障设计

实验设计 4 种工况状态，包括正常状态和三种人为设置的故障状态：道岔卡阻不解锁、道岔卡阻不锁闭、转换过程中存在异常阻力。图 3-4 展示了道岔转辙机的三种模拟故障。在心一杆和锁闭铁之间人为加入异物造成不锁闭或不解锁，在尖轨和基本轨之间夹入异物造成异常阻力。

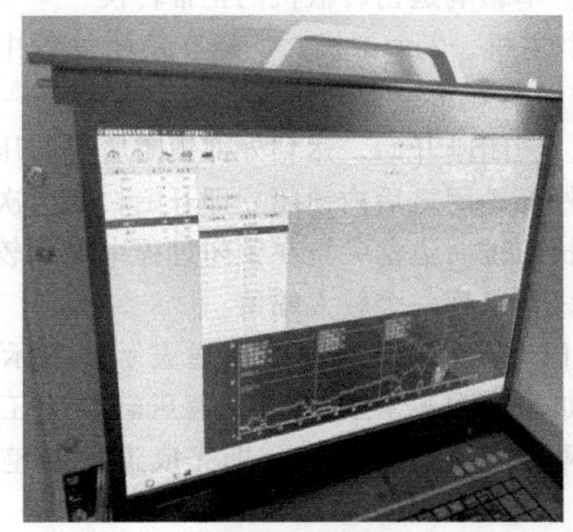
(a) 监测控制系统界面

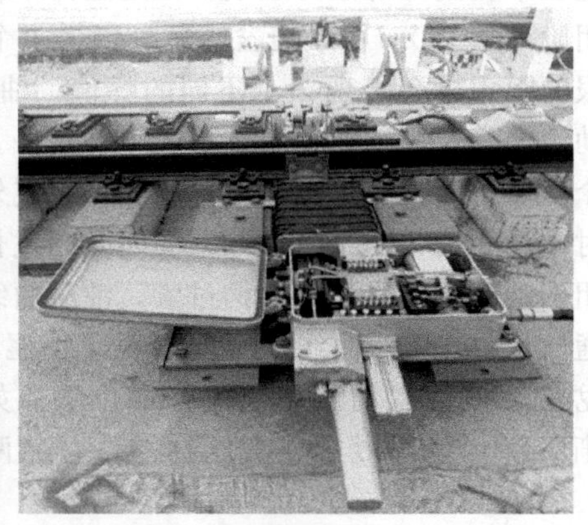
(b) 转辙机

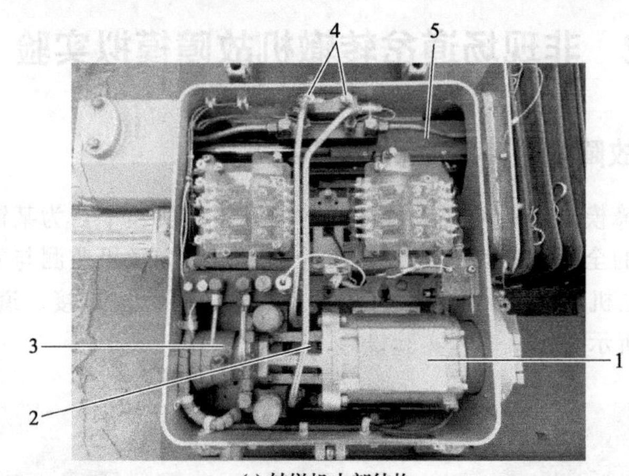

(c) 转辙机内部结构

1—三相交流电机；2—联轴器；3—油泵；4—油压传感器；5—液压缸

图 3-3 实验设施

3.2.3 转辙机油压数据采集

道岔监测与控制系统内置了油压传感器和缺口传感器，油压测点布置在能够较好反映实际油路系统工作状态的液压缸左、右油腔上（分别安装 1 个油压监测传感器，如图 3-4 所示），可以实时监测和采集道岔转辙机工作过程中的油压信号，并将测试数据保存到相应的数据库。

实验过程中外置了振动加速度传感器（安装在泵等关键部位），作为辅助传感器，采用外接的动态数据采集系统采集转换过程中泵等部位的振动加速度信号，但两套采集系统无法实现同步。

根据实验需要，采集道岔转辙机正常状态、道岔卡阻不解锁、道岔卡阻不锁闭、转换过程中存在异常阻力四种状态下的油压数据，为简化不同状态名称，以下统一用 G_1、G_2、G_3、G_4来代替。在实验过程中，首先采集道岔转辙机正常状态下的压力信号，测量精度为 0.1MPa，微机监测系统每隔 0.02s 对油压数据进行采集（采样频率为 50Hz），然后依次设置道岔转辙机的模拟故障，连续采集三种故障状态下的油压信号。故障描述如表 3-1 所示。

(a) 道岔卡阻不解锁

(b) 道岔卡阻不锁闭

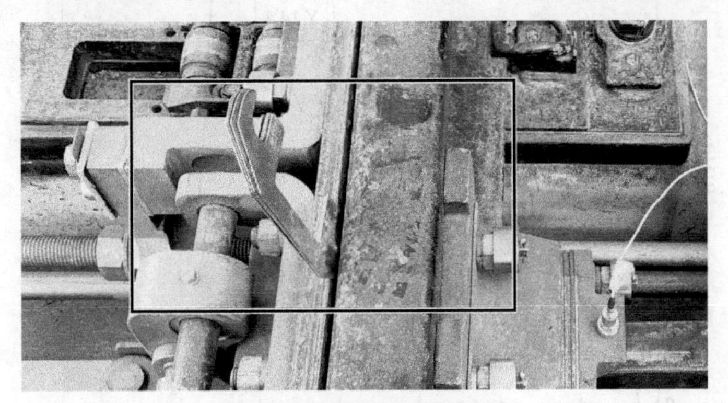

(c) 道岔转换过程存在异常阻力

图 3-4　三种模拟故障图

表 3-1　实验设置转辙机故障种类

故障代码	故障现象	故障原因
G_1	正常状态	无
G_2	道岔动作油压在解锁阶段达不到正常油压，在8s时达到很大的压力	道岔外锁闭装置解锁不畅，有卡阻(卡阻不解锁)
G_3	在10s左右油压达到14MPa左右	道岔存在异常的阻力,阻力过大导致不能锁闭(卡阻不锁闭)
G_4	在约6s处油压曲线明显上升达9MPa,超过正常压力	道岔存在异常的阻力,但最后可以锁闭(转换过程中存在异常阻力)

3.2.4　转辙机故障油压信号分析

基于3.1.1节对ZYJ* 道岔转辙机运行状态下油压信号与转换力的关系分析，证明了油压信号变化能够正确反映道岔转辙机工作过程中的转换力变化，从而进一步体现出道岔转辙机当前所处的工作状态，因此，选择油压信号作为道岔转辙机工作状态的诊断研究对象。利用采集的ZYJ* 道岔转辙机故障状态下的油压数据，采用Matlab软件绘制出对应工作状态的曲线，根据油压曲线的表现形式可分为以下三类，依次为：道岔卡阻不解锁、道岔卡阻不锁闭、转换过程中存在异常阻力。针对道岔转辙机的三种不同故障状态，本小节将结合对应的微机监测系统采集的油压信号及绘制出的曲线，依据道岔转辙机的结构组成和工作原理解释曲线的变化规律和对应故障的产生原因[3]。

道岔卡阻是道岔转辙机极易出现的一种故障。当故障发生时，道岔故障常常以无法解锁或无法锁闭的形式呈现，此时油压曲线往往出现一个平直段。图 3-5 所示是一条道岔卡阻导致无法解锁的油压曲线，从图中可以看出，当工作时间在 0.86s 左右时，油压达到 3.3MPa，但是未能满足道岔内解锁所需的压力 3.8MPa，所以不能完成解锁过程。之后油压会一直上升，直到超过溢流压力 14MPa，即 8.26s 时达到 14.4MPa，再经过很短时间后，转辙机断相保护器开始工作，接通表示，油压逐渐下降，液压缸左、右腔压力慢慢达到平衡。故障产生原因可能是道岔锁闭杆和锁钩之间存在异物，造成解锁时卡阻，无法解锁。

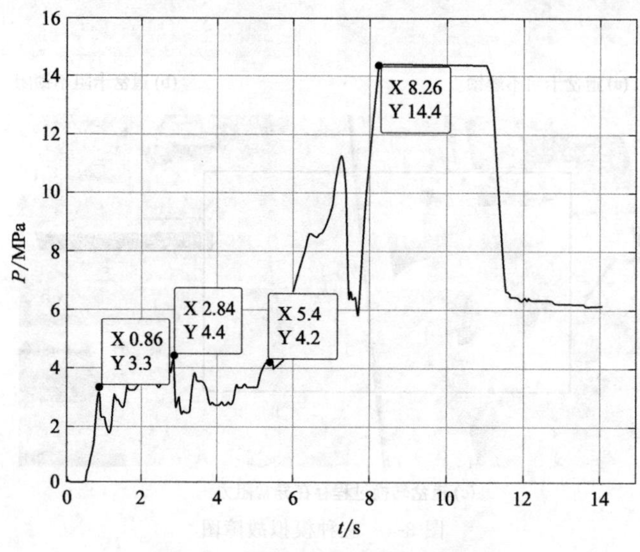

图 3-5 道岔卡阻不解锁油压曲线

道岔卡阻不锁闭：主要表现在道岔转辙机的锁闭阶段，解锁、转换阶段都能够正常完成，在 7s 左右完成转换，紧接着，三动、二动、一动依次开始锁闭。图 3-6 中，曲线中的表现形式为在 7s 到 10.6s 之间，油压曲线上下波动较大，总体上来看呈现上升趋势，直到油压高出溢流压力 14MPa，即 14.4MPa，道岔转辙机的断相保护器切断道岔表示电路，整

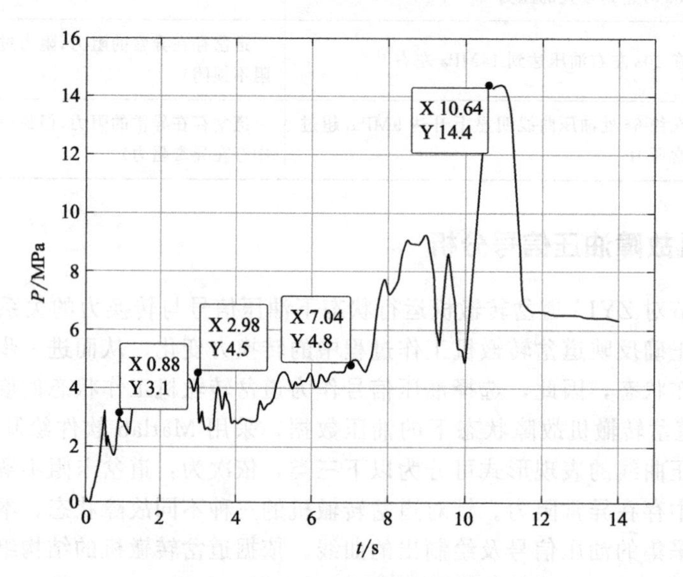

图 3-6 道岔卡阻不锁闭油压曲线

个动作过程结束，液压缸左、右腔压力达到平衡。分析故障产生原因，可能是在道岔锁闭阶段，锁闭杆和锁钩之间存在异物或者摩擦阻力过大造成锁闭时卡阻，无法锁闭。

转换过程存在异常阻力：道岔转换过程中，转辙机需要带动尖轨在滑床板上左右移动，此时尖轨与滑床板以及各个构件之间将会产生摩擦阻力，而转辙机需要克服这些阻力做功，因此外界阻力的变化一般会反映在油压曲线的转换阶段。图 3-7 展示的是一组道岔在转换过程中存在异常阻力对应的油压曲线。在正常状态下，转换阶段的油压数值一般维持在 3.8～5.1MPa 之间，有轻微的波动，而图 3-7 中显示的转换阶段油压幅值异常增大，幅值最大时达到 6.5MPa，显然油压数值大小出现异常现象，分析判断原因可能是在转换过程中道岔突然遇到异常阻力。阻力异常增大的原因可能为：道岔尖轨在滑床板上移动时滑床板破损或表面过于粗糙，道岔锁闭铁下面夹杂小碎石、碎铁片、塑料瓶等异物。这些因素使得道岔转换过程中的阻力在 4.14s 时突然开始增大，图 3-7 中的油压也显示在不断上升，但道岔动作到位时间未见明显延长。

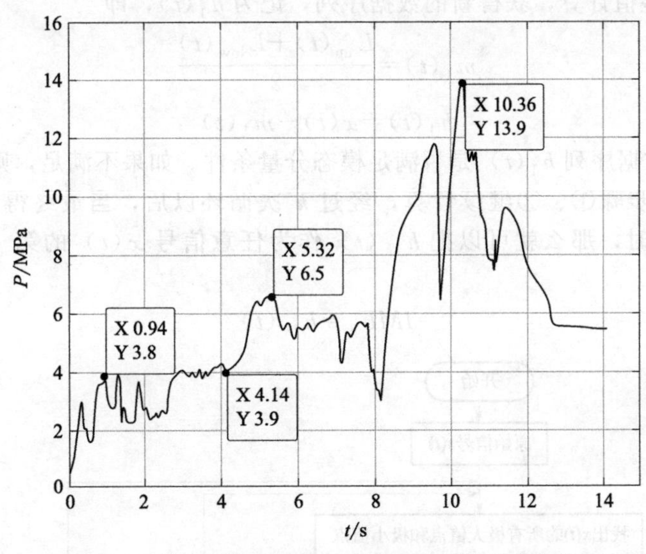

图 3-7 道岔转换过程存在异常阻力油压故障曲线

3.3 基于改进集成经验模态分解的转辙机故障特征提取

3.3.1 经验模态分解算法原理

(1) 经验模态分解

经验模态分解（empirical mode decomposition，EMD）是由 Huang. E 等人首先提出的一种将非平稳信号进行平稳化处理的自适应分解新方法[4]，目前已经被引入机械设备各种信号处理、生物医学等领域。与传统的信号处理方法，如经验小波分解（empirical wavelet transform，EWT）[5] 相比，EMD 的优点是无需确定任何基函数，消除了基函数的不同对分解结果的影响，并且它可以根据数据本身的时间特性进行自适应分解，比其他时频分析方法更能反映信号的物理意义，因此，EMD 方法在理论上能够应用于任何类型的信号，非常适合用于处理非线性和非平稳信号，且具有较高的信噪比。该方法能使复杂信号序列自适应地分解为有限个频率由高到低的本征模态函数（intrinsic mode function，IMF）。EMD 本质是通过特征时间尺度来分辨信号中所内含的固有振荡模态（intrinsic oscillatory mode，IOD)。

EMD分解后的本征模态函数应该完全符合模态分量条件：

① 在整个数据区间内任何一个时间点上，由其局部最大值和局部最小值分别定义的包络线均值必须为零；

② 在整个数据区间内，极值点的个数和过零点的个数最多相差不能超过1个。

对任意信号，经验模态分解（EMD）算法流程图如图3-8所示。EMD分解基本步骤如下：

① 对任意信号$x(t)$，首先找出$x(t)$上的所有局部极值点（极大值点和极小值点），然后通过采用三次样条插值曲线方法依次把极大值点和极小值点连接起来，形成了上、下两条包络线，分别用$L_{up}(t)$和$L_{low}(t)$表示。

② 计算得到的上、下两条包络线上各个点的均值，记为$m_1(t)$，然后把任意信号$x(t)$与均值$m_1(t)$做差值计算，获得新的数据序列，记为$h_1(t)$，即

$$m_1(t)=\frac{L_{up}(t)+L_{low}(t)}{2} \tag{3-2}$$

$$h_1(t)=x(t)-m_1(t) \tag{3-3}$$

③ 判别新的数据序列$h_1(t)$是否满足模态分量条件。如果不满足，则将$h_1(t)$看作新的信号，按照上述步骤①、②继续计算，经过k次循环以后，当最终得到的数据序列$h_{1k}(t)$满足终止条件时，那么就可以把$h_{1k}(t)$作为任意信号$x(t)$的第一个本征模态分量(IMF_1)，即

$$IMF_1=h_{1k}(t) \tag{3-4}$$

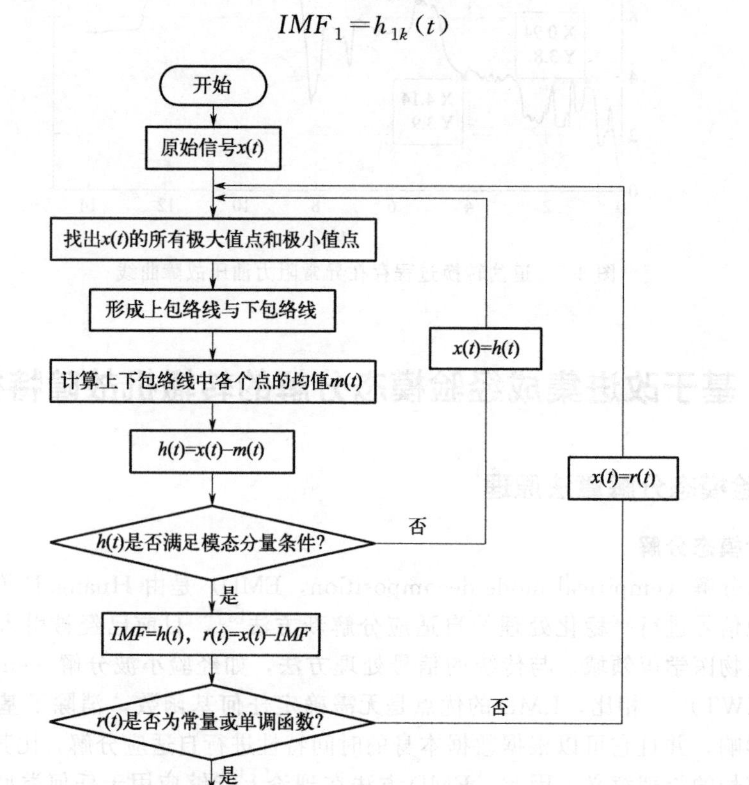

图3-8 EMD算法流程图

任意信号 $x(t)$ 与 IMF_1 分量做差值计算，将获得的新信号称为残余信号，记为 $r_1(t)$，即

$$r_1(t)=x(t)-IMF_1 \tag{3-5}$$

④ 将 $r_1(t)$ 视为待处理信号，重复以上步骤①、②、③。经过多次循环之后，依次得到满足模态分量函数条件的 IMF_j。当模态分量 IMF_j 满足终止条件时，或者残余信号 $r_j(t)$ 是一个常量或者单调函数时，终止循环过程。

任意信号 $x(t)$ 经 EMD 分解表达式为

$$x(t)=\sum_{j=1}^{J} IMF_j + r_J(t) \tag{3-6}$$

对任意信号，经验模态分解方法原则上均可以使用并具有较好的自适应性，但是其本身存在一定的缺陷，如模态混叠现象不利于 EMD 分解。所以针对此问题，需要对其进行改进。

(2) 集成经验模态分解

针对 EMD 存在的模态混叠问题，Wu Z. H. 和 Huang N. E. 等[6] 提出集成经验模态分解（ensemble empirical mode decomposition，EEMD）。EEMD 方法将若干均值为零、方差相等的随机白噪声添加到原始信号中，再将得到的新信号利用 EMD 算法进行分解，最后把若干 IMF 分量的均值作为 EEMD 的最终分量。

EEMD 算法的实现步骤[7] 如下：

① 在原始信号 $x(t)$ 中添加 i 个方差相等、均值为零的高斯白噪声 $n_i(t)$，得到新的信号 $x_i(t)$，即

$$x_i(t)=x(t)+n_i(t) \tag{3-7}$$

② 分别对所有 $x_i(t)$ 进行 EMD 分解，得到 i 组 j 层的 IMF 分量。

③ 按层求取所有 IMF 分量以及残余分量的均值。

$$\begin{cases} IMF_j=\dfrac{\sum\limits_{i=1}^{I} IMF_{ij}}{I} \\ R_{es}=\dfrac{\sum\limits_{i=1}^{I} r_i(t)}{I} \end{cases} \tag{3-8}$$

④ 经 EEMD 分解原始信号 $x(t)$ 得到的结果可表示为

$$x(t)=\sum_{j=1}^{J} IMF_j + R_{es} \tag{3-9}$$

(3) 改进的集成经验模态分解

虽然 EEMD 算法能在一定程度上抑制 EMD 方法的模态混叠现象，但它在原始信号中加入了噪声，分解后会得到许多伪分量。基于这一问题，郑近德等[8] 提出改进的集成经验模态分解（modified ensemble empirical mode decomposition，MEEMD），该算法既能抑制模态混叠，又能保证分解信号的完整性，同时也在一定程度上提高了计算效率，详细分解过程如下：

① 在原始信号 $x(t)$ 中加入两组振幅和标准差相等且方向相反的白噪声 $n_i(t)$。

$$\begin{cases} x_i^{+}(t)=x(t)+a_i n_i(t) \\ x_i^{-}(t)=x(t)-a_i n_i(t) \end{cases} \tag{3-10}$$

② 利用 EEMD 分解 $x_i^{+}(t)$ 和 $x_i^{-}(t)$，每个噪声信号得到 Ne 个 IMF 分量。

$$[x_1^+(t), x_2^+(t), \cdots, x_{Ne}^+(t)] \xrightarrow{\text{EEMD}} c_{ij}^+(t) \tag{3-11}$$

$$[x_1^-(t), x_2^-(t), \cdots, x_{Ne}^-(t)] \xrightarrow{\text{EEMD}} c_{ij}^-(t) \tag{3-12}$$

式中，$c_{ij}^+(t)$、$c_{ij}^-(t)$ 表示第 i 个信号的第 j 阶 IMF 分量。

③ 求解第 i 个信号的第 j 阶 IMF 分量的平均值，记作 $c_j(t)$。将 $c_{ij}^+(t)$ 和 $c_{ij}^-(t)$ 取平均，即

$$c_j(t) = \frac{1}{2Ne}\sum_{i=1}^{Ne}[c_{ij}^+(t) + c_{ij}^-(t)] \tag{3-13}$$

④ 根据式(3-13) 计算得到的 $c_j(t)$ 可能不是标准 IMF 分量且可能存在模态分裂现象，故需对 $c_j(t)$ 进行 EMD 分解，以第一阶分量为例，即

$$c_1(t) \xrightarrow{\text{EMD}} e_1(t) + q_1(t) \tag{3-14}$$

$$[q_{k-1}(t) + c_k(t)] \xrightarrow{\text{EMD}} e_k(t) + q_k(t) \tag{3-15}$$

MEEMD 分解过程可简化为

$$x(t) \xrightarrow{\text{MEEMD}} \sum_{k=1}^{Ne}[c_k(t)] + r(t) \tag{3-16}$$

(4) MEEMD 参数选择

利用 MEEMD 算法对原始信号进行分解之前，首先需要对 MEEMD 算法中涉及的两个参数——白噪声的幅值系数 a 和集合经验模态分解次数 N 进行初始化赋值。这两个参数的选择对 MEEMD 分解结果的精确度影响非常大，若系数 a 的值设置过大，则原始信号中添加的白噪声会过多，造成严重干扰；如果系数 a 的值设置得太小，则起不到改变原始信号极值点的效果。根据已有的研究成果，Wu Z. H. 建议白噪声大小一般取原始信号标准差的 0.1～0.4 倍，白噪声幅值大小可以根据式(3-17) 来估计：

$$\ln\varepsilon_N + (a/2)\ln N = 0 \tag{3-17}$$

式中，ε_N 为原始信号与 IMF 分量之间的标准差；a 为白噪声幅值大小；N 为集合经验分解次数。

对于集合经验分解次数 N，通常来讲 N 的取值越大，则相应的分解结果就越准确，但是当采样点数达到一定的数量级，集合经验分解次数每增加 1 次，相应的计算时间会成倍地增加，且分解所得结果的精确性不会一直提高。在选择集合经验分解次数 N 的值时，要结合研究对象原始信号的数据长度并根据以往学者的研究经验来确定，其本身也是一个经验值。

(5) 仿真实验

为了证明 MEEMD 方法在处理压力信号方面的有效性，在进行压力信号分解之前，首先比较 EMD、EEMD、MEEMD 三种方法在处理典型信号时产生的分解效果。为了模仿实际压力信号具有的波动性，同时需要区分各模态分解方法的分解效果，下面通过高斯脉冲信号 $x_1(t)$、余弦信号 $x_2(t)$ 以及调频信号 $x_3(t)$ 共同组合而成的仿真信号 $x(t)$ 来进行仿真分析，信号的表达式如式(3-18)、式(3-19) 所示，仿真信号的时域波形如图 3-9 所示。

$$x(t) = x_1(t) + x_2(t) + x_3(t) \tag{3-18}$$

其中，

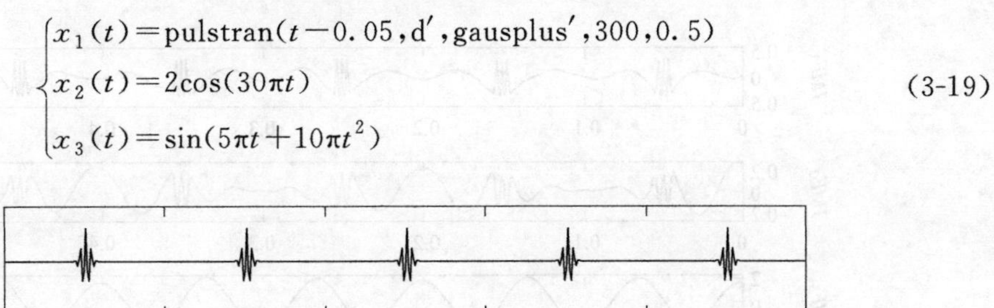

$$\begin{cases} x_1(t) = \mathrm{pulstran}(t-0.05, \mathrm{d}', \mathrm{gausplus}', 300, 0.5) \\ x_2(t) = 2\cos(30\pi t) \\ x_3(t) = \sin(5\pi t + 10\pi t^2) \end{cases} \tag{3-19}$$

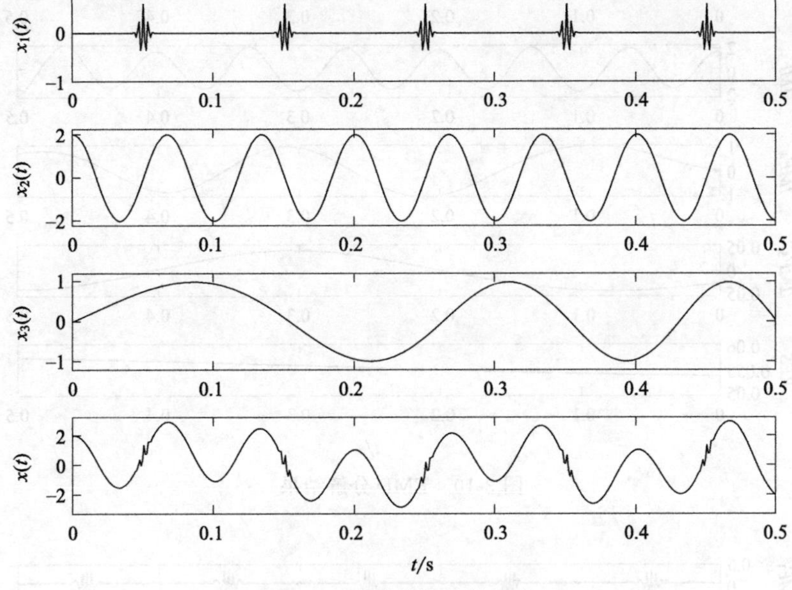

图 3-9　仿真信号及其组成

对上述仿真信号 $x(t)$，分别采用 EMD、EEMD 和 MEEMD 方法进行分解，所用到的参数见表 3-2。三种分解方法所得结果分别如图 3-10～图 3-12 所示，其中，IMF_i 表示第 i 个 IMF 分量，RES 表示残余分量。

表 3-2　三种分解方法的参数选择

方法	添加噪声的幅值	添加噪声的个数	计算耗时/s
EMD	0	0	5.0300
EEMD	0.1	100(50×2)	26.0148
MEEMD	0.1	100(50×2)	14.9276

根据图 3-10，可以清楚地看出，由于信号中存在着间断点，EMD 分解出现了明显的模态混叠，IMF_1、IMF_2 是脉冲信号与余弦分量的混叠。从图 3-11 中可以看出，EEMD 通过添加白噪声分解，并经过多次集成平均，有效克服了 EMD 的模态混叠现象，脉冲信号、余弦信号以及调频信号均被独立地分解出来，IMF_1、IMF_4、IMF_5 分别对应原始信号中的 $x_1(t)$、$x_2(t)$ 和 $x_3(t)$，但 EEMD 方法的分解数目为 8，分解结果出现了许多虚假分量，导致原始信号的完备性降低。根据图 3-12 可知，MEEMD 方法的分解数目为 5，将仿真信号中的 3 个不同频率的信号很好地分解出来，产生的伪分量较 EEMD 方法减少。

其次，以重构误差作为三种方法分解完备性的评价指标，其大小可以反映原始信号与分解所得分量之和的差值，重构误差越小，说明信号的完备性越高。图 3-13 给出了 EMD、EEMD、MEEMD 分解的重构误差图。从图中明显可以看出，由于 EMD 方法中未添加随机噪声，所以重构误差非常小；EEMD 方法中添加的白噪声由于平均次数的限制，没有被完全中和，所以，重构误差相对较大；对于 MEEMD 方法，由于成对地添加白噪声有效缩小

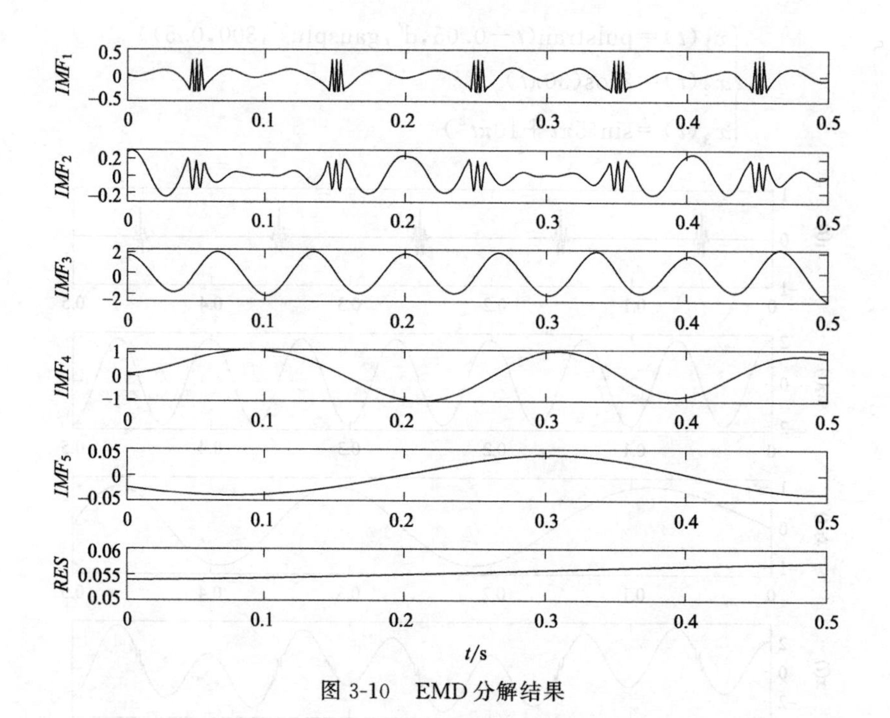

图 3-10 EMD 分解结果

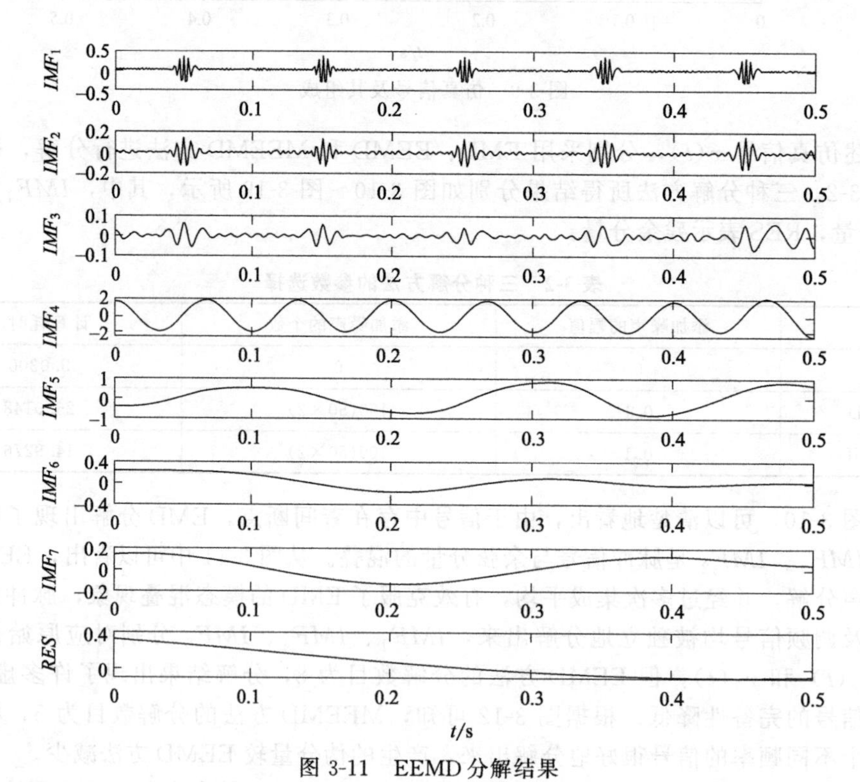

图 3-11 EEMD 分解结果

了分解误差，所以，重构误差较小，几乎忽略不计。可以说 MEEMD 不仅可以抑制 EMD 的模态混叠，而且几乎能重构出原始信号。因此，MEEMD 算法比 EEMD 和 EMD 更具有优势。

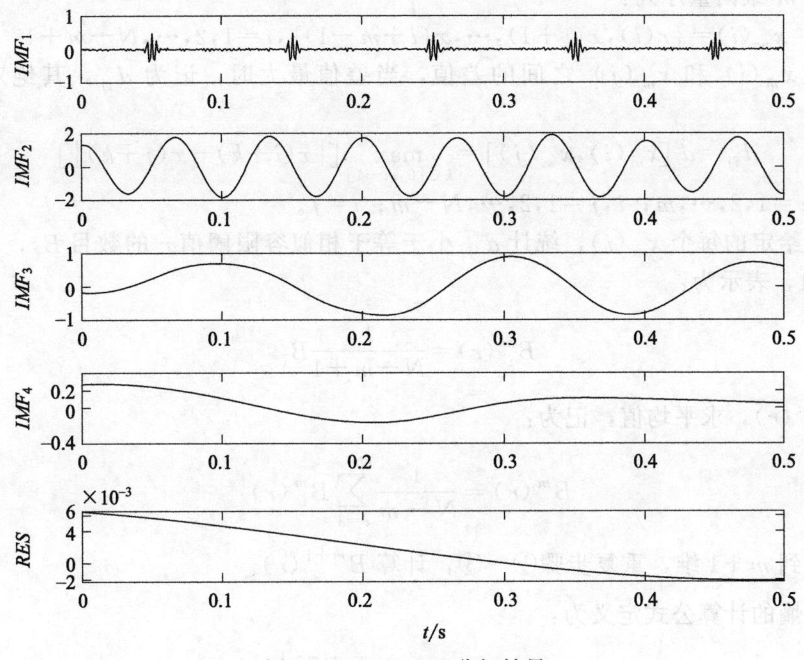

图 3-12　MEEMD 分解结果

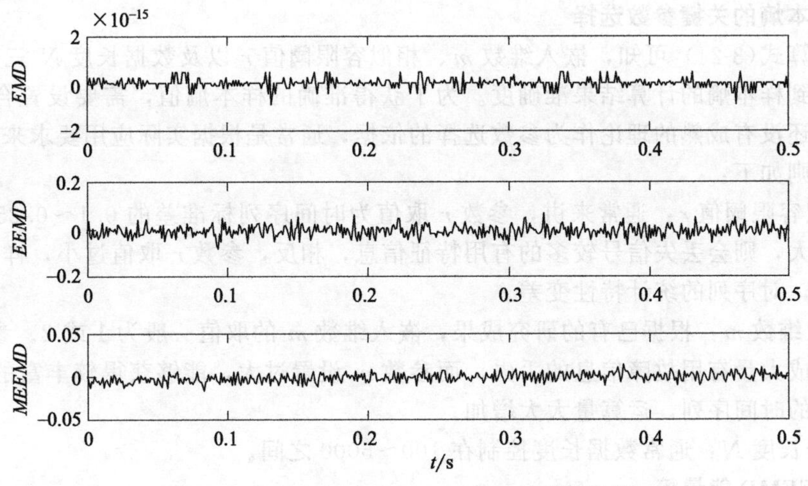

图 3-13　EMD、EEMD、MEEMD 的重构误差图

3.3.2　基于信息熵的特征提取方法

(1) MEEMD 样本熵

样本熵（sample entropy）作为信息复杂度的衡量指标，在测量不确定性和评估概率分布方面的应用较为广泛，如应用于生物医学、经济学、天文学科以及故障信号处理等各个领域[9]。样本熵具有很多优点，例如：计算的结果精度较高，能够精确且灵敏地体现信号的复杂度变化情况；计算过程简单，运算速度较快，可以提高运算效率，节约运算成本。

时间序列 $\{x(n)\}=x(1),x(2),\cdots,x(N)$，样本熵的计算步骤如下[10]：

① 构造 m 维向量序列：

$$\boldsymbol{x}_m(i)=\{x(i),x(i+1),\cdots,x(i+m-1)\},i=1,2,\cdots,N-m+1 \tag{3-20}$$

② 计算 $\boldsymbol{x}_m(i)$ 和 $\boldsymbol{x}_m(j)$ 之间的差值，当差值最大时，记为 d_{ij}，其绝对值可以表示为：

$$d_{ij}=d[\boldsymbol{x}_m(i),\boldsymbol{x}_m(j)]=\max_{k\in[0,m-1]}[|x(i+k)-x(j+k)|] \tag{3-21}$$

式中，$k=1,2,\cdots,m$；$i,j=1,2,\cdots,N-m$；$i\neq j$。

③ 对于给定的每个 $\boldsymbol{x}_m(i)$，统计 d_{ij} 小于等于相似容限阈值 r 的数目 B_i，除以距离总数 $N-m+1$，表示为：

$$B_i^m(r)=\frac{1}{N-m+1}B_i \tag{3-22}$$

则对所有 $B_i^m(r)$，求平均值，记为：

$$B^m(r)=\frac{1}{N-m}\sum_{i=1}^{N-m}B_i^m(r) \tag{3-23}$$

④ 扩展到 $m+1$ 维，重复步骤①～③，计算 $B^{m+1}(r)$。

⑤ 样本熵的计算公式定义为：

$$SE(m,r,N)=-\ln\frac{B^{m+1}(r)}{B^m(r)} \tag{3-24}$$

(2) 样本熵的关键参数选择

根据计算式(3-24) 可知，嵌入维数 m、相似容限阈值 r 以及数据长度 N 三个参数的选择直接关系到样本熵的计算结果准确度。为了获得准确的样本熵值，需要设置合适的参数，然而，目前还没有成熟的理论作为参数选择的依据，通常是根据实际应用要求来选择的，具体的选择原则如下：

① 相似容限阈值 r：通常来讲，参数 r 取值为时间序列标准差的 0.1～0.25 倍[11]。参数 r 取值过大，则会丢失信号较多的有用特征信息，相反，参数 r 取值过小，样本熵的计算结果不精确，对序列的统计特性变差。

② 嵌入维数 m：根据已有的研究成果，嵌入维数 m 的取值一般为 1 或 2。参数 m 选择过小，会造成大量有用故障信息的丢失，而参数 m 设置过大，能够获得较丰富的故障信息，但需要更长的时间序列，运算量大大增加。

③ 数据长度 N：通常数据长度控制在 100～5000 之间。

(3) MEEMD 能量熵

经 MEEMD 分解所得的一系列不同频率的信号分量，蕴含着丰富的幅值和相位等信息。当道岔转辙机出现故障时，油压信号的幅值和频率均会发生变化，能量分布也会随之发生改变[12]。不同故障类型的油压信号频率和幅值不同，所以信号的能量分布也会有所差异，因此本书引入能量熵来反映道岔转辙机的不同故障特征。

通过对道岔转辙机的油压信号进行 MEEMD 分解，可以获得包含不同频率且具有不同能量的一系列模态分量，形成了道岔转辙机油压信号在频率域的能量分布。MEEMD 能量熵的详细计算步骤如下[13]。

① 原始信号 $x(t)$ 的 MEEMD 分解结果如下：

$$x(t)=\sum_{i=1}^{n}c_i(t)+r(t),i=1,2,\cdots,n \tag{3-25}$$

式中，$c_i(t)$ 表示原始信号 $x(t)$ 经过 MEEMD 分解后得到的 IMF 分量。

② MEEMD 分解后的第 i 阶 IMF 分量对应的能量谱为：

$$E_i=\int_{-\infty}^{+\infty}\left|c_i(t)\right|^2\mathrm{d}t \tag{3-26}$$

③ 计算总能量：

$$E=\sum_{i}^{n}E_i \tag{3-27}$$

④ 计算第 i 阶 IMF 分量的能量占总能量的比重：

$$p_i=\frac{E_i}{E} \tag{3-28}$$

则有 $\sum_{i=1}^{n}p_i=1$，MEEMD 能量熵的定义为：

$$H_{EN}=-\sum_{i=1}^{n}p_i\lg p_i \tag{3-29}$$

MEEMD 能量熵（energy entropy）能够反映信号在分解后各个频带内的能量分布情况。各频带内能量分布越平均，涉及越广的频带范围，说明信号确定性越大，复杂程度越高，能量熵值越大。反之，能量熵值越小，代表能量分布越集中，涉及越少的频带范围，说明信号稳定性越强，复杂程度越低。当道岔转辙机发生不同的故障时，信号在不同频带内的能量占比也会存在较大的差异，MEEMD 能量熵值的大小也会随之变动，故可以借此确定油压信号处于哪种故障状态。

(4) 敏感 IMF 分量优选准则

由于存在过分解、差值误差以及边界效应等问题，信号在分解过程中不可避免地会出现一些微小的误差，随着分解次数的增加，误差也会越来越大，则所获得的 IMF 分量将会出现虚假分量。为了使得获得的结果具有较高的可靠性，需要对分解获得的 IMF 分量进行筛选，忽略无关紧要的分量，所以，本书引入相关系数这个评价指标。首先计算各个 IMF 分量与原始信号之间的相关系数，按照相关系数的大小进行 IMF 分量优选。一般工程上认为相关系数大于 0.1 的 IMF 分量就可作为原始信号的真实 IMF 分量，原始信号 $x(t)$ 与每个 IMF 分量的相关系数 ρ_i 定义为[14]：

$$\rho_i=\frac{\mathrm{Cov}(x(t),IMF_i)}{\sqrt{D(x(t))}\sqrt{D(IMF_i)}},i=1,2,\cdots,n \tag{3-30}$$

(5) 实例应用

下面将 MEEMD 特征提取方法应用于道岔转辙机故障诊断[3]。

首先对原始信号进行 MEEMD 分解，获得不同时间尺度的本征模态函数，实现原始信号的自适应多尺度化，根据相关系数大小，筛选出能够真实反映原始信号信息的分量，提取每一个真实分量（本征模态函数）的样本熵和能量熵。图 3-14 是道岔转辙机正常状态信号的 MEEMD 分解结果波形图。

为了从分解得到的 IMF 分量中选择出包含主要故障信息的 IMF 分量，引入相关系数进行分析，结果见表 3-3。由表 3-3 中数据能够看出，第 3 阶到第 8 阶 IMF 分量与原始信号的相关系数比较大，均大于 0.1，因此认为此处的正常及三种故障状态下的第 3～8 阶 IMF 分量为真实分量。

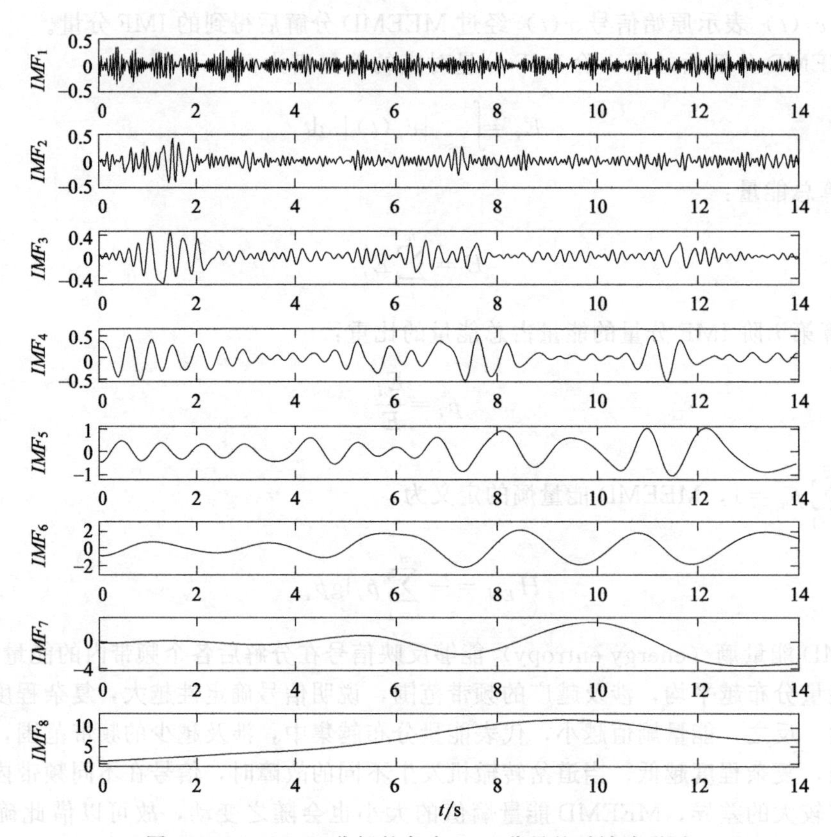

图 3-14 MEEMD 分解的各个 IMF 分量的时域波形图

表 3-3 IMF 分量与原始信号的相关系数

状态	IMF_1	IMF_2	IMF_3	IMF_4	IMF_5	IMF_6	IMF_7	IMF_8
G_1	0.0618	0.0883	0.1122	0.5106	0.3242	0.2437	0.3581	0.7798
G_2	0.0389	0.0629	0.1093	0.1896	0.1448	0.1389	0.5983	0.8195
G_3	0.0935	0.0847	0.1044	0.2001	0.3038	0.1051	0.3383	0.3613
G_4	0.0693	0.0595	0.1051	0.3571	0.1004	0.5280	0.4569	0.6124

对真实分量，计算样本熵和能量熵，提取特征值。在计算样本熵时，设定嵌入维数 $m=2$，相似容限阈值参数 $r=0.2\times std$，std 为原始信号的标准差。表 3-4 列出了道岔转辙机不同状态信号分解得到的各个 IMF 分量所求得的 MEEMD 样本熵和 MEEMD 能量熵。

表 3-4 道岔转辙机各状态下 MEEMD 样本熵与能量熵

状态		G_1	G_2	G_3	G_4
MEEMD 样本熵	IMF_3	0.3487	0.3200	0.1942	0.1345
	IMF_4	0.2685	0.1650	0.1218	0.1081
	IMF_5	0.1366	0.1017	0.1833	0.0980
	IMF_6	0.0528	0.0921	0.1703	0.0726
	IMF_7	0.0450	0.0728	0.0557	0.0412
	IMF_8	0.0173	0.0516	0.0180	0.0233

续表

状态		G_1	G_2	G_3	G_4
MEEMD 能量熵	IMF_3	0.0117	0.0075	0.0083	0.0049
	IMF_4	0.0778	0.0234	0.0132	0.0278
	IMF_5	0.0442	0.0377	0.0461	0.0172
	IMF_6	0.0862	0.0997	0.0187	0.0363
	IMF_7	0.0588	0.2940	0.1125	0.0757
	IMF_8	0.1483	0.1916	0.0571	0.0379

从图 3-15 中可以清楚地看出，IMF_8 的样本熵变得越来越小，进一步说明了油压信号在 MEEMD 分解过程中信号的复杂程度越来越小，而 MEEMD 能量熵描述的是油压信号在频域内的能量分布情况。对于不同状态分量的样本熵和能量熵特征，区分不明显，不利于下一步的故障识别分类，将考虑采用核主成分分析法（KPCA）进行分析。

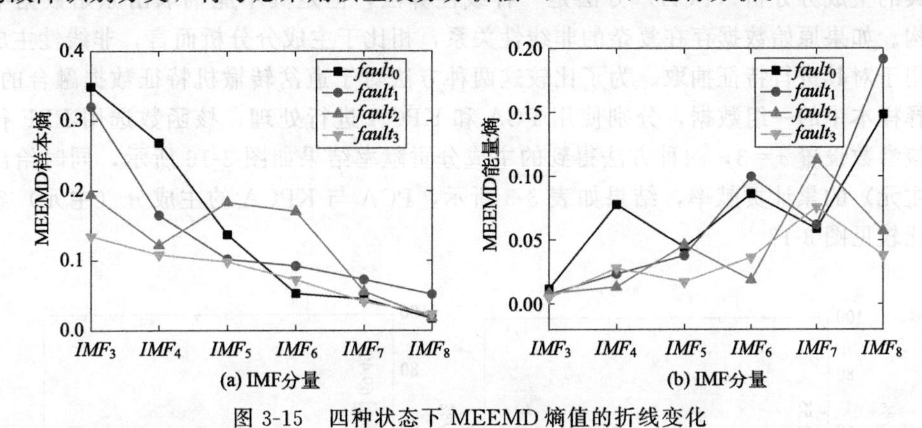

图 3-15　四种状态下 MEEMD 熵值的折线变化

3.3.3　基于核主成分分析（KPCA）的特征融合

在上节中介绍了 MEEMD 分解得到的 IMF 分量，运用相关系数法进行了初步的筛选，获得道岔转辙机数据的真实分量并计算对应的样本熵和能量熵。由于部分状态的特征存在一定的混叠现象，本小节将通过核主成分分析法（KPCA）进行特征融合。

(1) 核主成分分析（KPCA）

核主成分分析（kernel principal component analysis，KPCA）是基于核函数方法的一种样本非线性特征提取方法。1998 年，Scholkopf[15] 首次提出了基于核的主成分分析，其基本思想是：相对于主成分分析法（PCA）的非线性扩展，KPCA 引入了非线性映射函数，这个函数是隐性的，借助核映射，将空间中的任何向量通过某种途径映射到一个非线性的高维空间（通常为特征空间）中，进而在特征空间中进行对应的线性变换。从本质上讲，这种核变换的方法实现了数据空间、特征空间和类别空间的非线性映射，从而大大增强了非线性数据处理的能力[16]。根据 PCA 方法的实现过程，总结出核主成分分析（KPCA）的具体计算步骤[17]：

① 选择核函数 $\boldsymbol{K}$。

② 计算核函数矩阵：

$$\boldsymbol{K}_{i,j}=\boldsymbol{K}(x_i,x_j),i,j=1,2,\cdots,n \tag{3-31}$$

③ 对核函数矩阵进行规范化处理：

$$\boldsymbol{K}' \leftarrow \boldsymbol{K} - \boldsymbol{I}_n \boldsymbol{K} - \boldsymbol{K}\boldsymbol{I}_n + \boldsymbol{I}_n \boldsymbol{K}\boldsymbol{I}_n \tag{3-32}$$

④ 计算核函数矩阵 $\boldsymbol{K}'$ 的特征值 λ_i 和特征向量 $\boldsymbol{\alpha}$：

$$[\lambda, \gamma] = \mathrm{eig}(\boldsymbol{K}), \boldsymbol{\lambda} = (\lambda_1, \lambda_2, \cdots, \lambda_n), \boldsymbol{\alpha} = [\alpha_1, \alpha_2, \cdots, \alpha_n] \tag{3-33}$$

⑤ 计算特征值对应的贡献率，然后归一化处理：

$$\alpha_j = \frac{1}{\sqrt{\lambda_j}} \lambda_j, j = 1, 2, \cdots, k \tag{3-34}$$

⑥ 根据需求，将原始信号 x_i 投影到特征向量上，实现 k 个主成分的提取：

$$\tilde{x}_k = \sum_{j=1}^{n} \boldsymbol{\alpha}_j^k \boldsymbol{K}(x_i, x) \tag{3-35}$$

⑦ 投影后的矩阵为：

$$\tilde{\boldsymbol{S}} = \{\tilde{x}_1, \tilde{x}_2, \cdots, \tilde{x}_n\} \tag{3-36}$$

(2) 实例应用

经典的主成分分析（PCA）方法是一种线性算法，但是其不能抽取出原始数据中的非线性结构。如果原始数据存在复杂的非线性关系，相比于主成分分析而言，非线性主成分分析更适用于对其进行特征抽取。为了比较这两种方法对于道岔转辙机特征数据融合的效果，随机选择样本中的一组数据，分别使用 PCA 和 KPCA 进行处理，核函数选用 RBF 径向基函数，核参数设置 $\sigma=3$，两种方法得到的主成分贡献率结果如图 3-16 所示，同时给出了主成分（主元）的累计贡献率，结果如表 3-5 所示，PCA 与 KPCA 的主成分（主元）累计贡献率的比较见图 3-17[3]。

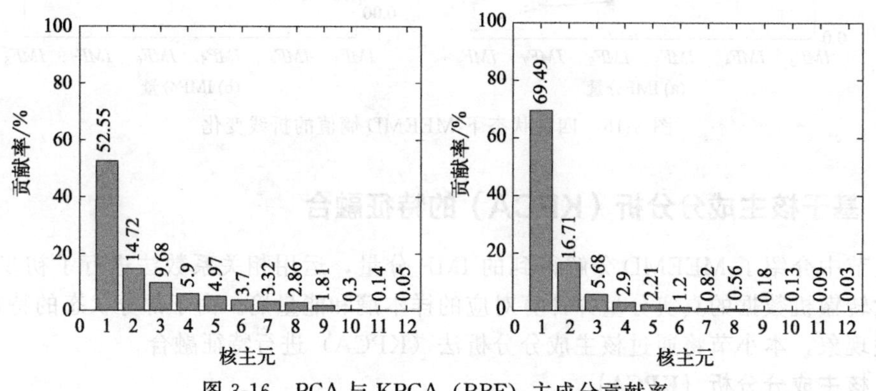

图 3-16 PCA 与 KPCA（RBF）主成分贡献率

表 3-5 贡献率和主成分累计贡献率统计

序号	PCA		KPCA(RBF)	
	贡献率/%	累计贡献率/%	贡献率/%	累计贡献率/%
1	52.55	52.55	69.49	69.49
2	14.72	67.27	16.71	86.20
3	9.68	76.95	5.68	91.88
4	5.90	82.85	2.90	94.78
5	4.97	87.82	2.21	96.99
6	3.70	91.52	1.20	98.19

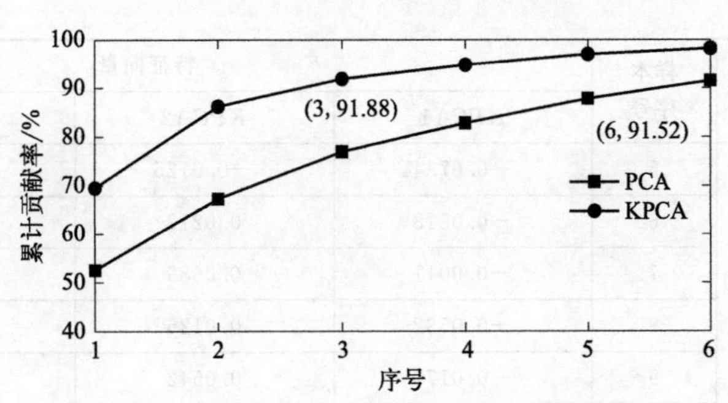

图 3-17　PCA 与 KPCA 的主成分累计贡献率比较

通过实验结果可以看出，KPCA 的性能远远优于 PCA：PCA 的第一主元只表达了原始数据 52.55%的信息，并且主元贡献率达到 90%时，需要用到前 6 个主元，而 KPCA 的第一主元已经表达了原始数据中 69.49%的信息，并在第三主元时累计贡献率已经达到 91.88%。也就是说在本次实验中，基于 RBF 径向基函数的 KPCA 可以将数据降至三维，而 PCA 只能将数据降至六维。因此，选用维度较小的 KPCA 进行特征融合。

运用上述 KPCA 方法对道岔转辙机不同状态的 MEEMD 熵进行特征融合处理，可视化结果如图 3-18 所示，从图中可以看出，四种不同状态得到了一定的分离，部分样本存在混叠。限于篇幅，此处只列出道岔转辙机四种状态下的各 5 组融合特征值，结果见表 3-6。

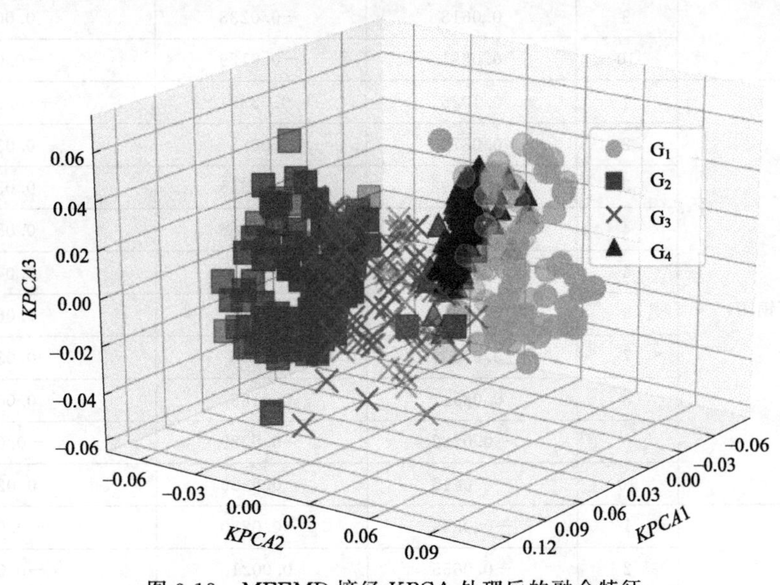

图 3-18　MEEMD 熵经 KPCA 处理后的融合特征

表 3-6　MEEMD 熵经 KPCA 处理后的部分融合特征

运行状态	样本序号	特征向量		
		*KPCA*1	*KPCA*2	*KPCA*3
G_1(正常状态)	1	0.0289	0.0928	−0.0078
	2	−0.0467	0.0271	−0.0160
	3	0.0157	0.0883	−0.0032
	4	−0.0057	0.0613	0.0030

续表

运行状态	样本序号	特征向量		
		*KPCA*1	*KPCA*2	*KPCA*3
G_1（正常状态）	5	−0.0734	−0.0125	−0.0030
	6	−0.0518	0.0212	−0.0102
	7	−0.0011	0.0689	0.0110
	8	−0.0532	0.0125	0.0040
	9	−0.0170	0.0542	−0.0001
	10	0.0147	0.0813	0.0103
G_2（道岔卡阻不解锁）	1	0.0619	−0.0516	−0.0178
	2	0.0697	−0.0202	0.0137
	3	0.0361	−0.0201	−0.0115
	4	0.0111	−0.0270	−0.0226
	5	0.0956	−0.0158	0.0021
	6	0.1043	−0.0050	−0.0002
	7	0.0465	−0.0661	−0.0088
	8	0.0439	−0.0316	0.0179
	9	0.0618	−0.0238	0.0074
	10	0.0881	−0.0129	−0.0176
G_3（道岔卡阻不锁闭）	1	0.1026	0.0330	−0.0327
	2	0.0872	0.0033	0.0383
	3	−0.0198	−0.0315	0.0359
	4	−0.0063	−0.0386	0.0540
	5	0.0847	0.0107	0.0461
	6	0.0095	0.0226	0.0610
	7	0.0753	0.0006	0.0386
	8	0.0851	0.0183	0.0012
	9	−0.0222	−0.0289	−0.0102
	10	−0.0415	−0.0256	0.0276
G_4（转换过程存在异常阻力）	1	−0.0559	−0.0280	−0.0297
	2	−0.0655	0.0021	−0.0326
	3	−0.0485	−0.0159	0.0248
	4	−0.0645	−0.0022	−0.0235
	5	−0.0606	−0.0012	−0.0292
	6	−0.0527	−0.0220	0.0389
	7	−0.0539	−0.0101	0.0018
	8	−0.0539	−0.0098	0.0064
	9	−0.0621	−0.0009	−0.0268
	10	−0.0616	−0.0037	−0.0249

3.4 基于 ITD-SDP 图像的转辙机特征提取

考虑到固有时间尺度分解（intrinsic time-scale decomposition，ITD）算法[18] 在轴承故障特征提取方面已经取得一定的研究成果，对称点模式（symmetrized dot pattern，SDP）通过图像形式实现了旋转机械故障特征可视化[19]，本节结合铁路系统微机集中监测系统采集的道岔转辙机动作油压数据，研究一种基于 ITD-SDP 图像特征提取新方法。通过对道岔转辙机的转换过程中的油压数据进行 ITD 分解，得到一系列固有旋转分量（PR），利用 SDP 方法实现了二维坐标下的 PR 分量到极坐标下的雪花图的转换[20]。

3.4.1 ITD 分解算法原理

ITD 的原理是在一对相邻的极小值与极大值之间进行线性变换，构造出基线信号，算法步骤如下[21]：

设信号 $x(t)$ 中全部极值点相应时间为 τ_k，$k=1,2,\cdots,n$，取 $\tau_0=0$，其分解公式为：

$$X_t=LX_t+(1-L)X_t=L_t+H_t \tag{3-37}$$

式中，L 为 $x(t)$ 的提取因子；L_t 为基线信号；H_t 为 PR 分量。

基线提取因子 L 在 $(\tau_k,\tau_{k+1}]$ 上公式为：

$$LX_t=L_t=L_k+\frac{L_{k+1}-L_k}{X_{k+1}-X_k}(X_t-X_k) \tag{3-38}$$

$$L_{k+1}=\alpha\left[X_k+\frac{\tau_{k+1}-\tau_k}{\tau_{k+2}-\tau_k}(X_{k+2}-X_k)\right]+(1-\alpha)X_{k+1} \tag{3-39}$$

$\alpha\in(0,1)$ 是增益控制参数。$X(\tau_k)$ 和 $L(\tau_k)$ 分别用 X_t 和 L_t 表示。

$$HX_t=(1-L)X_t=X_t-L_t \tag{3-40}$$

不断迭代分解 L_t 可得 H_t，当分解结果为单调信号时停止分解，分解过程的公式为：

$$X_t=H_t+L_t=H_t+(HL_t^1+L_t^1)=H\sum_{k=0}^{p=1}L_t^k+L_t^p \tag{3-41}$$

式中，HL_t^k 代表第 k 层 PR 分量；L_t^{k+1} 代表第 $k+1$ 层基线信号；L_t^p 代表单调趋势分量。

3.4.2 SDP 基本原理

在油压数据信号中，假设 x_n、x_{n+l} 是时刻 n、$n+l$ 对应的压力值。SDP 方法可以将任一时刻的压力值数据映射为极坐标空间 $P(r(n),\Theta(n),\phi(n))$ 中的一点。图 3-19 为 SDP 方法的基本原理[22]，其中，$r(n)$ 为极坐标半径，$\Theta(n)$、$\phi(n)$ 分别为沿逆时针、顺时针旋转的角度，三个变量的计算公式如下：

$$r(n)=\frac{x_n-x_{\min}}{x_{\min/\max}} \tag{3-42}$$

$$\Theta(n)=\theta+\frac{x_{n+l}-x_{\min}}{x_{\min/\max}}g \tag{3-43}$$

$$\phi(n)=\theta-\frac{x_{n+l}-x_{\min}}{x_{\min/\max}}g \tag{3-44}$$

式中，$x_{\min}$、$x_{\max}$ 分别代表油压信号的最小值、最大值；θ 为镜像对称平面旋转角；g

为角度放大因子；l 为时间间隔参数。

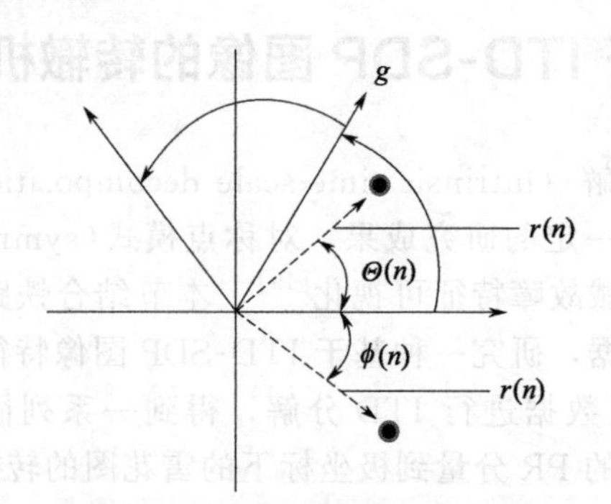

图 3-19　SDP 分析法基本原理图

通过 SDP 分析方法，将原始压力信号 ITD 分解得到的 4 个 PR 分量转换成 SDP 极坐标图像，将原始油压信号的特性较好地表达出来。

3.4.3　图像特征提取

基于 3.4.1 小节 ITD 分解算法，获得道岔转辙机四种工作状态下的压力信号对应的 PR 分量。道岔转辙机卡阻不解锁状态某一样本分解后的结果，如图 3-20 所示。

通过 SDP 分析方法对 ITD 分解所获得的 4 个 PR 分量进行变换，经过反复实验，$g=30°$、$l=10$ 为最佳参数组合，此时 SDP 图像如图 3-21 所示。图 3-21 为部分样本的 SDP 图像，从图中可以看出，道岔转辙机四种工作状态对应的雪花图有明显差异。

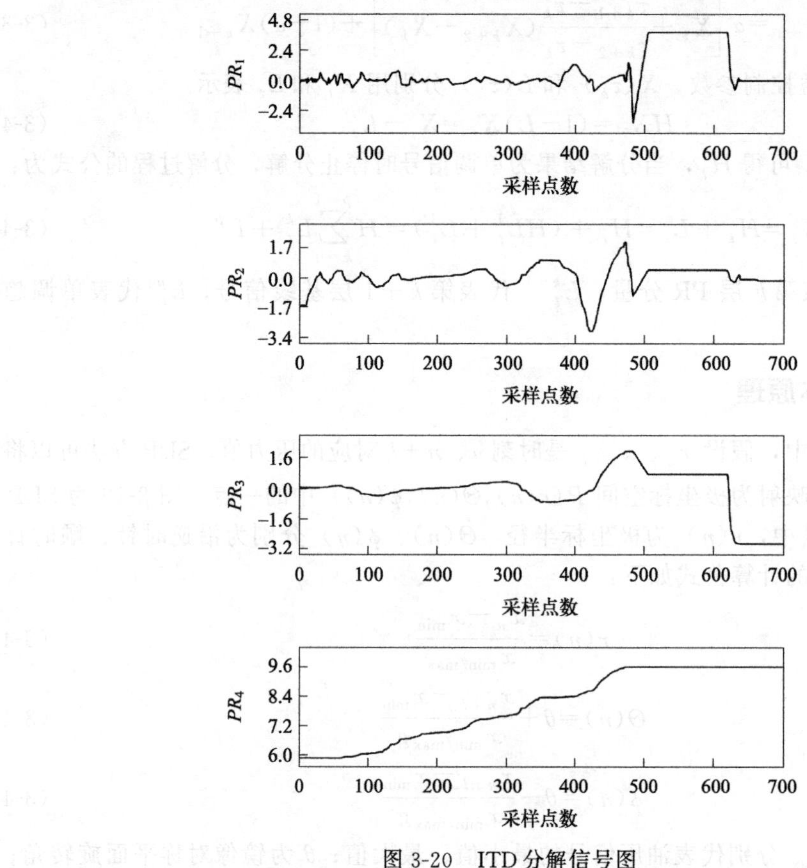

图 3-20　ITD 分解信号图

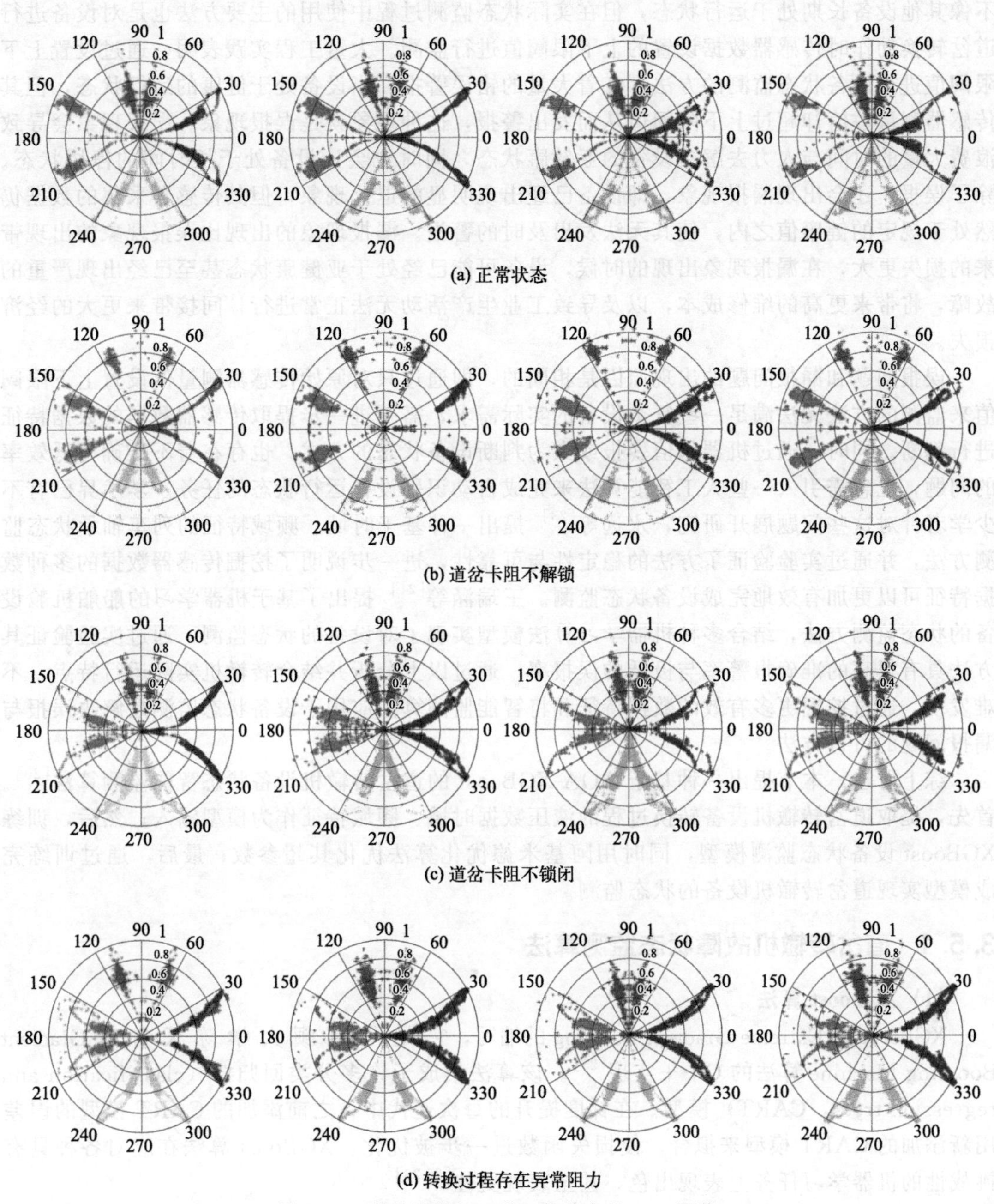

(a) 正常状态

(b) 道岔卡阻不解锁

(c) 道岔卡阻不锁闭

(d) 转换过程存在异常阻力

图 3-21　道岔转辙机四种工作状态的 SDP 图像

3.5　道岔转辙机故障状态监测

最常见的实现设备状态监测的方法是通过监测设备上部署的不同类型的传感器采集运行数据，并且同时对采集到的设备运行数据设置上下限的阈值。如若传感器采集到的当前数据的数值在上下限阈值之内，则可以判定设备处于健康的运行状态，若数值不在上下限阈值之内，则判定设备当前处于亚健康的运行状态，此时对设备管理者发出警报。虽然转辙机设备不像其他设备长期处于运行状态，但在实际状态监测过程中使用的主要方法也是对设备进行道岔转换动作时传感器数据设置的上下限阈值进行监测。大量工程实践表明，通过设置上下限阈值进行设备状态监测的方法存在着大量的错误警报。当设备处于健康的运行状态，但其传感器测量数值却超过上下限阈值从而发出警报，这种现象就是误报现象。误报现象会导致浪费大量的时间与人力去解决设备的亚健康状态，同时也会让设备处于长时间的停用状态。除了误报，还会出现漏报现象，即设备已经出现明显的退化现象，但其传感器采集的数据仍然处于规定的健康值之内，使其无法发出及时的警报。漏报现象的出现比误报现象的出现带来的损失更大，在漏报现象出现的时候，设备可能已经处于亚健康状态甚至已经出现严重的故障，将带来更高的维修成本，以及导致工业生产活动无法正常进行，间接带来更大的经济损失。

误报问题和漏报问题的出现原因是相同的，即通过只对原始传感器测量值设置上下限阈值来监测的方法无法满足一些复杂设备的实际需求，需要进一步提取传感器数据的数据特征进行判断。同时，通过机器阈值警报或人为判断设备状态的方式，也存在着不准确与低效率的问题，也急需引入一些人工智能算法来完成自动识别设备运行状态的任务。学术界已有不少学者针对这些问题展开研究，永远等[23] 提出一种基于时域、频域特征的列车轴承状态监测方法，并通过实验验证了方法的稳定性与可靠性，进一步说明了挖掘传感器数据的多种数据特征可以更加有效地完成设备状态监测。王瑞涵等[24] 提出了基于机器学习的船舶机舱设备的状态监测方法，结合多种机器学习算法模型实现了对设备的状态监测，通过实验验证其方法具有很高的准确报警率与极低的误报率。通过以上分析并结合转辙机实际运行特点，不难发现，通过挖掘更多有效的数据特征和将智能监测算法应用于设备状态监测是解决误报与漏报问题的可行方法。

综上所述，本节提出一种基于 AOA-XGBoost 的道岔转辙机设备状态智能监测算法[20]。首先，提取道岔转辙机设备转换过程的液压数据时域、频域特征作为模型输入；然后，训练 XGBoost 设备状态监测模型，同时用阿基米德优化算法优化其超参数；最后，通过训练完成模型实现道岔转辙机设备的状态监测。

3.5.1 道岔转辙机故障状态监测算法

(1) XGBoost 算法

XGBoost 是 Extreme Gradient Boosting 的缩写，它是华盛顿大学陈天奇对 Gradient Boosting Machine 算法的 C++实现[25]。该算法集成了许多分类回归树（classification and regression trees，CART）模型。在梯度提升的每次迭代中，之前添加的 CART 模型的误差用新添加的 CART 模型来拟合，使损失函数进一步被优化。XGBoost 算法在应对各种具有挑战性的机器学习任务上表现出色，甚至表现更佳[26-29]。

① 算法模型。XGBoost 不仅是梯度决策树（gradient boosting decision tree，GBDT）算法的一员，而且是加法模型和前向优化模型。加法模型指其是由许多弱学习器线性相加而成的强学习器，而前向优化模型指其训练过程中下一轮学习器是在上一轮学习器基础上训练所得。XGBoost 模型具体定义如下：

$$\hat{y}_i=\sum_{k=1}^{K} f_k(x_i), f_k \in \boldsymbol{F} \tag{3-45}$$

式中，K 为树的棵数；f 为 CART 子模型，$f(x)=w_q(x)$，符合$(q:\boldsymbol{R}^m \rightarrow T, w \in \boldsymbol{R}^T)$；$q$ 代表 CART 结构；T 是 CART 的叶子数，每个 T 对应一个独立的 CART 结构 q 和叶子权重 w；$\boldsymbol{F}$ 是所有 CART 所构成的函数空间。

② 算法训练。为了使算法模型学到这些函数集合，通过最小化式(3-46)中的 $obj(\theta)$ 来实现：

$$obj(\theta)=\sum_{i}^{n} l(y_i,\hat{y}_i)+\sum_{k=1}^{K}\Omega(f_k) \tag{3-46}$$

式中，l 是损失函数；$\Omega(\theta)$ 是正则化项。

对 $obj(\theta)$ 进行优化时，不调整原来的模型，而是添加新的 f 到模型之中。

$$\begin{cases}\hat{y}_i^{(0)}=0\\ \hat{y}_i^{(1)}=f_1(x_i)=\hat{y}_i^{(0)}+f_1(x_i)\\ \hat{y}_i^{(2)}=f_1(x_i)+f_2(x_i)=\hat{y}_i^{(1)}+f_2(x_i)\\ \quad\cdots\cdots\\ \hat{y}_i^{(t)}=\sum_{k=1}^{t}f_k(x_i)=\hat{y}_i^{(t-1)}+f_t(x_i)\end{cases} \tag{3-47}$$

式中，$\hat{y}_i^{(t)}$ 是第 i 个实例在第 t 次迭代时的预测，加入新的 f_t，然后优化 $obj^{(t)}$：

$$\begin{aligned}obj^{(t)}&=\sum_{i=1}^{n}l(y_i,\hat{y}_i^{(t)})+\sum_{i=1}^{t}\Omega(f_i)\\&=\sum_{i=1}^{n}l(y_i,\hat{y}_i^{(t-1)}+f_t(x_i))+\Omega(f_t)+\text{const}\end{aligned} \tag{3-48}$$

令损失函数为 $l(y_i,y^i)=(y_i-y^i)^2$：

$$\begin{aligned}obj^{(t)}&=\sum_{i=1}^{n}[y_i-(\hat{y}_i^{(t-1)}+f_t(x_i))]^2+\sum_{i=1}^{t}\Omega(f_i)\\&=\sum_{i=1}^{n}[2\hat{y}_i^{(t-1)}-y_i)f_t(x_i)+f_t(x_i)^2]+\Omega(f_t)+\text{const}\end{aligned} \tag{3-49}$$

然后将式(3-49)通过泰勒级数展开：

$$obj^{(t)}=\sum_{i=1}^{n}[l(y_i,\hat{y}_i^{(t-1)})+g_if_t(x_i)+\frac{1}{2}h_if_t^2(x_i)]+\Omega(f_t)+\text{const} \tag{3-50}$$

其中：

$$g_i=\partial_{\hat{y}_i^{(t-1)}}l(y_i,\hat{y}_i^{(t-1)}) \tag{3-51}$$

$$h_i=\partial^2_{\hat{y}_i^{(t-1)}}l(y_i,\hat{y}_i^{(t-1)}) \tag{3-52}$$

g_i、h_i 分别是 l 的一阶梯度和二阶梯度。

将损失函数的常量去除，然后定义 $\boldsymbol{I}_j=\{i|q(x_i)=j\}$ 为叶子 j 的实例集合，将 $\Omega(f)=\gamma T+\frac{1}{2}\lambda\sum_{j=1}^{T}w_j^2$ 代入，可将公式变为：

$$\begin{aligned}obj^{(t)}&\approx\sum_{i=1}^{n}[g_iw_{q(x_i)}+\frac{1}{2}h_iw_{q(x_i)}^2]+\gamma T+\frac{1}{2}\lambda\sum_{j=1}^{T}w_j^2\\&=\sum_{j=1}^{T}[(\sum_{i\in\boldsymbol{I}_j}g_i)w_j+\frac{1}{2}(\sum_{i\in\boldsymbol{I}_j}h_i+\lambda)w_j^2]+\gamma T\end{aligned} \tag{3-53}$$

令 $G_j=\sum_{i\in\boldsymbol{I}_j}g_i$，$H_j=\sum_{i\in\boldsymbol{I}_j}h_i$，式(3-53)简化为：

$$obj^{(t)}=\sum_{j=1}^{T}[G_jw_j+\frac{1}{2}(H_j+\lambda)w_j^2]+\gamma T \tag{3-54}$$

式(3-54) 中 w_j 是相互独立的，$G_jw_j+\frac{1}{2}(H_j+\lambda)w_j^2$ 为平方项。对于明确的 $q(x)$，可求得权重最优解 w_j^*：

$$w_j^*=-\frac{G_j}{H_j+\lambda} \tag{3-55}$$

将 w_j^* 代入式(3-54)，求解最优的 obj^*：

$$\begin{aligned}obj^{(t)}&=\sum_{j=1}^{T}\left[G_jw_j+\frac{1}{2}(H_j+\lambda)w_j^2\right]+\gamma T\\&=\sum_{j=1}^{T}\left(-\frac{G_j^2}{H_j+\lambda}+\frac{1}{2}\frac{G_j^2}{H_j+\lambda}\right)+\gamma T\\&=-\frac{1}{2}\sum_{j=1}^{T}\left(\frac{G_j^2}{H_j+\lambda}\right)+\gamma T\end{aligned} \tag{3-56}$$

obj^* 可以对一棵树结构 $q(x)$ 的质量进行评分。

式(3-57) 是模型特征选择和切分点选择的指标：

$$gain=\frac{G_L^2}{H_L+\lambda}+\frac{G_R^2}{H_R+\lambda}-\frac{(G_L+G_R)^2}{H_L+H_R+\lambda}-\gamma \tag{3-57}$$

式(3-57) 中，第一项为树左节点得分，第二项为树右节点得分，第三项为切分前得分。

③ 算法超参数。算法模型在实际使用过程中，存在着几个重要的超参数影响着算法的性能，超参数信息详见表 3-7。

表 3-7 XGBoost 算法常见超参数

超参数名称	含义	取值范围
depth	树的最大深度	(0,∞]
n_estimators	决策树的数量	(0,∞]
learning_rate	学习率	(0,1]
gamma	惩罚项系数	(0,0.2]
subsample	实例的子样本比率	(0,1]
colsample_bytree	特征占全部特征的比例	(0,1]

通过上表可知，使用 XGBoost 模型的过程中存在着许多超参数，超参数取值不当会严重影响模型的状态监测效率。因此，有必要对 XGBoost 算法的超参数进行优化，从而提高模型的监测效率。

(2) 基于 AOA 的 XGBoost 超参数优化

① AOA 算法原理。阿基米德优化算法（Archimedes optimization algorithm，AOA）[30] 是于 2020 年提出的一种新的元启发式优化算法。受阿基米德浮力定律的启发，AOA 算法通过模拟不同重量和体积的物体浸入流体中的情况来优化目标。与常见的一些启发式优化算法，如遗传算法（GA）、粒子群算法（PSO）等相比，AOA 算法具有更快的收敛速度和更强的优化能力。

该算法以浸入流体中的对象作为群体成员，也类似于其他基于种群的优化算法，使用具有随机体积、密度和加速度的对象（候选解）来初始化算法中的群体。在初始化阶段，每一个流体中对象的位置被初始化为一个随机值，AOA 通过计算种群个体的适应度值，进行迭代优化，直到满足终止条件为止。在每次优化迭代过程中，AOA 会更新群体中每一个对象的密度与体积值，而对象的加速度则是根据与其他邻接对象的碰撞情况进行更新。AOA 通过更新对象的密度、体积和加速度等值来改变对象的位置。

• 种群的优化：

式(3-58) 对种群中每一个对象的位置进行初始化：

$$O_i = lb_i + \boldsymbol{rand} \times (ub_i - lb_i), i=1,2,\cdots,N \tag{3-58}$$

式中，O_i 为种群中第 i 个对象；ub_i 与 lb_i 分别代表搜索空间的最大值与最小值；N 为种群中个体的数量。

第 i 个对象的体积（vol）和密度（den）通过式(3-59) 进行初始化：

$$\begin{cases} den_i = \boldsymbol{rand} \\ vol_i = \boldsymbol{rand} \end{cases} \tag{3-59}$$

式中，$\boldsymbol{rand}$ 为随机生成的 D 维向量，其取值范围为 $[0,1]$。

最后，使用式(3-60) 初始化第 i 个对象的加速度（acc_i）：

$$acc_i = lb_i + \boldsymbol{rand} \times (ub_i - lb_i) \tag{3-60}$$

在这一步中，评估初始化后的群体成员，并选出其中最佳适应度对象 x_{best}、den_{best}、vol_{best} 和 acc_{best}。

• 更新密度与体积：

在 $t+1$ 次迭代时，通过式(3-61) 对第 i 个对象的密度与体积进行更新：

$$\begin{aligned} & den_i^{t+1} den_i^t + \boldsymbol{rand} \times (den_{best} - den_i^t) \\ & vol_i^{t+1} = vol_i^t + \boldsymbol{rand} \times (vol_{best} - vol_i^t) \end{aligned} \tag{3-61}$$

式中，den_{best} 和 vol_{best} 为目前搜索到的最优密度与体积，$\boldsymbol{rand}$ 符合均匀分布的随机值。

• 计算转换算子与密度因子：

一开始，对象之间发生碰撞，然后在碰撞后的一段时间内，对象会逐步趋于平衡的状态。AOA 算法通过 TF 转移算子的定义如式(3-62) 所示：

$$TF = \exp\left(\frac{t - t_{\max}}{t_{\max}}\right) \tag{3-62}$$

式中，TF 随着迭代次数逐渐变大直到 1 为止；t 代表当前迭代次数；$t_{\max}$ 代表最大迭代次数。

同样，密度递减因子 d 也有助于 AOA 算法进行全局到局部的优化过程，它随 t 而减小，其定义如式(3-63) 所示：

$$d^{t+1} = \exp\left(\frac{t - t_{\max}}{t_{\max}}\right) - \frac{t}{t_{\max}} \tag{3-63}$$

• 探索阶段（对象间发生碰撞）：

如果 $TF \leqslant 0.5$，对象之间发生碰撞，选择一个随机材质（mr）并且用式(3-64) 更新 $t+1$ 次迭代对象的加速度：

$$acc_i^{t+1} = \frac{den_{mr} + vol_{mr} \times acc_{mr}}{den_i^{t+1} \times vol_i^{t+1}} \tag{3-64}$$

式中，den_i、vol_i、acc_i 为第 i 个对象在第 $t+1$ 次迭代时的密度、体积、加速度；den_{mr}、vol_{mr} 为 mr 的密度、体积。

• 开发阶段（对象间没有发生碰撞）：

如果 $TF>0.5$，使用式(3-65) 对 $t+1$ 次迭代的对象加速度进行更新：

$$acc_i^{t+1}=\frac{den_{best}+vol_{best}\times acc_{best}}{den_i^{t+1}\times vol_i^{t+1}} \tag{3-65}$$

式中，acc_{best} 为最佳对象的加速度。

• 归一化加速度：

使用式(3-66) 对对象进行归一化：

$$acc_{i-norm}^{t+1}=u\times\frac{acc_i^{t+1}-\min(acc)}{\max(acc)-\min(acc)}+l \tag{3-66}$$

式中，u 和 l 代表归一化的范围，分别设置为 0.9 和 0.1。

• 更新对象的位置：

如果 $TF\leqslant 0.5$（探索阶段），第 i 个对象的位置在下一次迭代更新通过式(3-67) 计算：

$$x_i^{t+1}=x_i^t+C_1\times \boldsymbol{rand}\times acc_{i-norm}^{t+1}\times d\times(x_{rand}-x_i^t) \tag{3-67}$$

式中，C_1 为固定常量，一般取 2。

如果 $TF>0.5$（开发阶段），此时对象更新位置通过式(3-68)：

$$x_i^{t+1}=x_{best}^t+F\times C_2\times \boldsymbol{rand}\times acc_{i-norm}^{t+1}\times d\times(T\times x_{best}-x_i^t) \tag{3-68}$$

式中，C_2 为固定常量，一般取 6。T 随时间而增加且与转换算子成正比，定义为 $T=C_3\times CF$，变换范围在 $[C_3\times 0.3,1]$。

F 为改变移动方向的标志：

$$F=\begin{cases}+1 & P\leqslant 0.5\\ -1 & P>0.5\end{cases} \tag{3-69}$$

• 评估：

通过目标函数 f 评价每一个种群对象，并记录当前搜索到的最优解，获得当前的 x_{best}、den_{best}、vol_{best} 和 acc_{best}。

② AOA 算法流程：

步骤 1：初始化算法的参数有种群数量、最大迭代次数以及 C_1 至 C_4；

步骤 2：根据式(3-58)～式(3-60) 分别初始化对象、体积、密度，并评估适应度函数，确定初始最优解和最优位置；

步骤 3：根据式(3-61) 更新密度及体积；

步骤 4：根据式(3-62) 和式(3-63) 更新转换算子与密度因子；

步骤 5：如果 $TF\leqslant 0.5$，通过式(3-64)、式(3-66)、式(3-67) 更新对象位置；而当 $TF>0.5$ 则通过式(3-65)、式(3-66)、式(3-68) 来更新对象的位置；

步骤 6：判断是否达成终止条件，符合则结束，输出算法寻得的最优结果，否则，重复执行步骤 2～6。

3.5.2 基于 AOA-XGBoost 道岔转辙机故障状态监测方法

(1) 故障状态监测方法

针对道岔转辙机传统的状态监测方法存在误报率与漏报率较高的问题，本节采用一种基于 AOA-XGBoost 的状态监测方法。该方法利用道岔转辙机设备进行转换时油压传感器数据的多种时域、频域特征值进行监测，克服了传统依赖上下限阈值无法表征设备复杂状态的问题。模型引入多种特征的同时，利用 XGBoost 算法对特征值进行监测评估，并使用阿基米德优化算法优化 XGBoost 算法超参数，使模型在执行状态监测任务时拥有更佳的性能。基于 AOA-XGBoost 算法的道岔转辙机故障状态监测总体方案如图 3-22 所示。

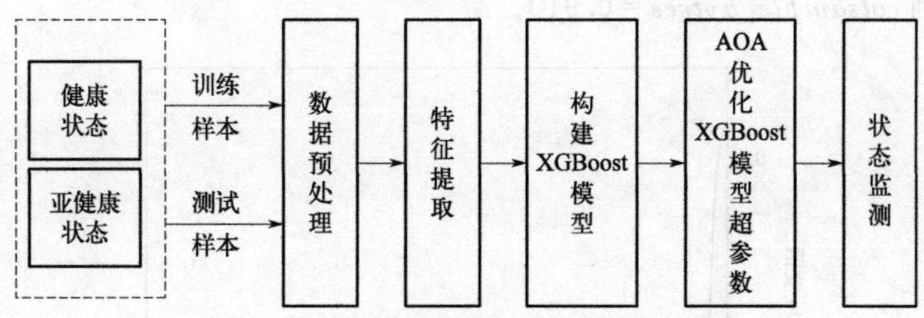

图 3-22 故障状态监测总体设计结构框图

(2) 特征提取

使用 XGBoost 算法进行状态监测的重要一步就是对数据进行特征提取。本节提取道岔转辙机的油压信号数据的时域、频域等多种数据特征，并对提取到的特征数据进行归一化处理，以消除不同特征数据的量纲。提取特征详见表 3-8。

表 3-8 特征参数表

代号	特征名称	代号	特征名称
ρ_1	均值	ρ_6	偏度因子
ρ_2	均方根值	ρ_7	裕度因子
ρ_3	标准差	ρ_8	频谱平均值
ρ_4	峰值	ρ_9	频谱标准差
ρ_5	峭度因子	ρ_{10}	频谱熵

注：$\rho_1 \sim \rho_7$ 为时域特征，$\rho_8 \sim \rho_{10}$ 为频域特征。

(3) 模型建立与训练

选用某站点运行中的 1000 条转换数据进行实验，其中 500 条为健康状态（S_0）下的转换数据，另外 500 条为亚健康状态（S_1）下的转换数据。将所有的数据按照表 3-8 中所列的特征依次提取特征值，其中对每个数据计算可得一条 10 维的特征向量。特征提取完成后，所有数据的特征向量构成数据集。数据集按照 7∶3 的比例划分为训练集与测试集，其中训练集有 700 条数据（S_0 与 S_1 各占 350 条），测试集有 300 条数据（S_0 与 S_1 各占 150 条）。

使用训练数据集通过 AOA 优化 XGBoost 模型超参数。AOA 的种群数量设置为 50，C_1 设置为 2，C_2 设置为 6，C_3 设置为 2，C_4 设置为 0.5，最大迭代次数设置为 100。具体的 AOA-XGBoost 算法流程如图 3-23 所示。

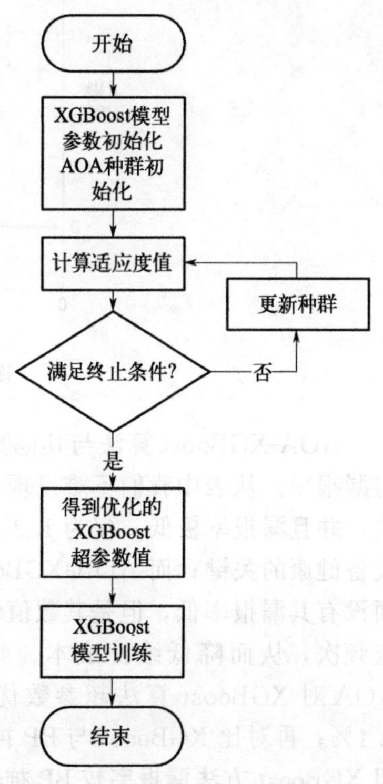

图 3-23 AOA-XGBoost 算法流程

图 3-24 所示为 AOA 的适应度曲线图，随着算法不断地优化迭代，计算出适应度更低的超参数取值，从图中可以看出适应度值在逐渐下降。在算法的种群规模为 50 时，阿基米德优化算法经过大约 24 次迭代之后收敛于最小的适应度值 0.043，此时优化后的最优参数为：树的深度 *depth* = 6，决策树数量 *n_estimators* = 87，学习率 *learn-*

ing_rate＝0.016，惩罚项系数 *gamma*＝0.1，实例子样本比率 *subsample*＝0.510，特征占全部特征的比例 *colsample_bytree*＝0.910。

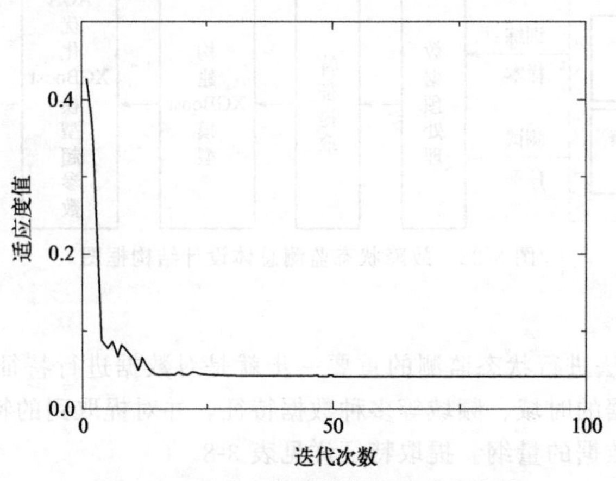

图 3-24 阿基米德优化算法适应度曲线

（4）实验结果分析

使用求得的超参数训练 XGBoost 模型，完成 AOA-XGBoost 模型，并且与传统的监测方法、未经过 AOA 优化的 XGBoost、BP 神经网络模型进行对比。使用测试集数据对上述模型分别进行测试。可以从图 3-25 中看到 AOA-XGBoost 模型拥有较高的准确率，其准确率达到了 96.4%。

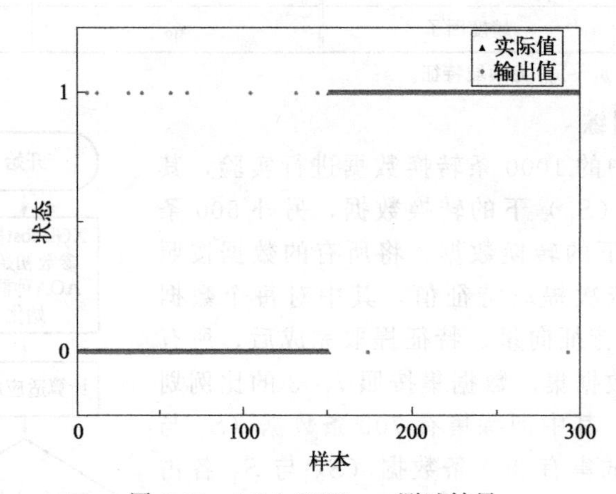

图 3-25 AOA-XGBoost 测试结果

AOA-XGBoost 算法与其他算法的对比结果见表 3-9 所示，其中主要对比模型的误报率与漏报率。从表中我们不难发现，AOA-XGBoost 模型的误报率与漏报率均优于其他三种方法，并且漏报率极低，仅为 1.3%。在设备状态监测中漏报率较误报率更为重要，它是保障设备健康的关键；而 AOA-XGBoost 的误报率依然在 4 种方法中最低，虽然误报率在数值方面没有其漏报率低，但是其数值依然处于很低的范围内。较低的误报率，可以极大地降低检查频次，从而降低维护成本。此外，AOA-XGBoost 模型优于 XGBoost 模型，可以看出 AOA 对 XGBoost 算法超参数优化的重要性，AOA 使其误报率降低 2.7%、漏报率降低 5.4%；再对比 XGBoost 与 BP 神经网络算法，两种方法在误报率与漏报率方面互有优劣，但 XGBoost 方法漏报率较 BP 神经网络低 2.6%，在设备状态监测中更加有优势；除传统方法外，三种方法在误报率与漏报率方面均远优于传统的方法，可见基于特征学习的方法在设备状态监测中更加有效。

表 3-9　不同方法的对比结果

方法名称	误报率	漏报率
AOA-XGBoost	6.0%(9/150)	1.3%(2/150)
传统方法	14.0%(21/150)	23.3%(35/150)
XGBoost	8.7%(13/150)	6.7%(10/150)
BP 神经网络	7.3%(11/150)	9.3%(14/150)

参考文献

[1] 王瑞峰，陈旺斌．基于灰色神经网络的 S700K 转辙机故障诊断方法研究 [J]. 铁道学报，2016，38 (06)：68-72.

[2] 周俊伟，李艳，李帅．基于灰色关联理论的 ZYJ* 型电液转辙机故障诊断研究 [J]. 铁道通信信号，2019，55 (05)：1-5.

[3] 蔡波．基于多特征融合与改进 SVM 的道岔转辙机故障诊断研究 [D]. 太原：中北大学，2021.

[4] Huang N E，Shen Z，Long S R，et al. The empirical mode decomposition and the Hilbert spectrum for nonlinear and non-stationary time series analysis [J]. Proceedings of the Royal Society of London，Series A：Mathematical，Physical and Engineering Sciences，1998，454 (1971)：903-995.

[5] Gilles J. Empirical wavelet transform [J]. Signal Processing，IEEE Transactions，2013，61 (16)：3999-4010.

[6] Wu Z H，Huang N E. Ensemble empirical mode decomposition：A noise-assisted data analysis method [J]. Advances in Adaptive Data Analysis，2009，01 (01)：1-41.

[7] 窦东阳，赵英凯．集合经验模式分解在旋转机械故障诊断中的应用 [J]. 农业工程学报，2010，26 (2)：200-206.

[8] 郑近德，程军圣，杨宇．改进的 EEMD 算法及其应用研究 [J]. 振动与冲击，2013 (21)：21-26.

[9] 牛超，李夕海，易世华，等．地磁变化场的 MEEMD-样本熵-LSSVM 预测模型 [J]. 武汉大学学报（信息科学版），2014，39 (05)：626-630.

[10] Chen J Y，Zhou D，Chuan L Y，et al. An integratedmethod based on CEEMD-SampEn and the correlation analysis algorithm for the fault diagnosis of a gearboxunder different working conditions [J]. Mechanical Systems and Signal Processing，2017，113：102-111.

[11] 任国春，赵永东，冯辅周，等．基于自适应 EEMD 样本熵的行星齿轮箱特征提取方法 [J]. 装甲兵工程学院学报，2017，31 (06)：49-55.

[12] 张安安，黄晋英，朱文辉，等．基于 EEMD 与盒维数的轴承故障特征提取 [J]. 机械设计与研究，2018，34 (06)：95-98.

[13] 张超，朱腾飞，王大勇．基于 VMD 能量熵与支持向量机的齿轮故障诊断 [J]. 机械设计与研究，2018，34 (02)：81-84+89.

[14] 程军圣，马兴伟，杨宇．基于 ICA 相关系数和 VPMCD 的滚动轴承故障诊断 [J]. 振动．测试与诊断，2015，35 (04)：645-648+794.

[15] Scholkopf B，Smola A，Muller K R. Kernel principal component analysis [C]. International conference on artificial neural networks. Berlin，Heidelberg，1997，08 (02)：583-588.

[16] 贺妍．基于群智能算法融合的行星齿轮箱损伤状态识别诊断及维护 [D]. 太原：中北大学，2019.

[17] 张志政．基于优化 KPCA-SVM 的船舶燃油系统故障监测和诊断研究 [D]. 大连：大连海事大学，2020.

[18] 刘丰，李欣欣，黄河，等．基于 ITD 与改进 MCKD 的滚动轴承故障诊断方法 [J]. 广西大学学报（自然科学版），2021，46 (01)：107-115.

[19] Sun Yongjian，Li Shaohui，Wang Xiaohong. Bearing fault diagnosis based on EMD and improved Chebyshev distance in SDP image [J]. Measurement，2021，176 (17)：109100.

[20] 王智超．基于数据驱动的转辙机健康管理关键技术研究 [D]. 太原：中北大学，2022.

[21] 张小龙，张氢，秦仙蓉，等．基于 ITD-形态滤波和 Teager 能量谱的轴承故障诊断 [J]. 仪器仪表学报，2016，37 (04)：788-795.

[22] Wu Jianda，Chuang Chaoqin. Fault diagnosis of internal combustion engines using visual dot patterns of acoustic and

vibration signals [J]. NDT Int., 2005, 38 (8): 605-614.

[23] 永远，黄小霞，唐媛恬．基于时频域特征分析的列车轴承缺陷实时检测 [J]. 西南交通大学学报，2017，52 (06)：1182-1187.

[24] 王瑞涵，陈辉，管聪．基于机器学习的船舶机舱设备状态监测方法 [J]. 中国舰船研究，2021，16 (01)：158-167.

[25] Chen T，Guestrin C. Xgboost：A scalable tree boosting system [C]// ACM SIGKDD International Conference on Knowledge Discovery and Data Mining. ACM，2016，(08)：785-794.

[26] 付斌，朱煦晗，涂宁宁．基于XGBoost的智能驾驶车辆换道决策研究 [J]. 汽车技术，2022 (11)：10-15.

[27] 李庆阔，张子卿，张英杰，等．基于机器学习XGBoost算法的跨音速离心压气机扩压器气动优化设计 [J]. 工程热物理学报，2021，42 (08)：1970-1978.

[28] 胡鹏，赵露露，高磊，等．XGBoost算法在多光谱遥感浅海水深反演中的应用 [J]. 海洋科学，2021，45 (04)：83-89.

[29] 王桂兰，赵洪山，米增强．XGBoost算法在风机主轴承故障预测中的应用 [J]. 电力自动化设备，2019，39 (01)：73-77+83.

[30] Hashim F A，Hussain K，Houssein E H，et al. Archimedes optimization algorithm：A new metaheuristic algorithm for solving optimization problems [J]. Applied Intelligence，2020，51 (3)：1531-1551.

第4章

柱塞泵故障诊断实验及振动信号特征提取

柱塞泵是转辙机的关键部件——铁路道岔转换系统的动力元件，为道岔转换提供动力。其主要工作是通过柱塞在柱塞腔内做往复运动改变容腔内的容积，完成吸油与排油过程，带动转辙机动作杆运动，实现道岔的转换。本章首先介绍转辙机柱塞泵的故障诊断实验平台的搭建、测点安装位置、传感器的选型、测试方式、典型故障机理等，并完成多种工况信号的采集，重点开展柱塞泵振动信号时频分析和特征提取方法研究。

4.1 柱塞泵故障诊断实验

4.1.1 柱塞泵故障诊断实验平台搭建与数据采集

为实现转辙机柱塞泵的故障诊断与健康监测，采集转辙机柱塞泵正常和故障状态下的信号，获取实验数据，在转辙机生产研发单位的大力支持下，研究设计了转辙机柱塞泵故障诊断与健康监测实验平台，如图 4-1 所示，分别采集转辙机柱塞泵不同工况下的振动、声压、油压、转速、电流信号。实验台选用电液转辙机专用 ZT 型轴向柱塞泵作为实验对象；柱塞泵工作过程中排出的高压油通过溢流阀连接回油管路流回油箱，压力表用来实时监测柱塞泵内部压力；通过控制系统平台对柱塞泵的运行状态（包括运转时间、转向）进行控制；通过数据采集系统及配套上位机软件完成数据采集工作。图 4-2 是转辙机柱塞泵故障诊断与健康监测实验台现场图，图 4-3 所示是 DASP 数据采集系统。

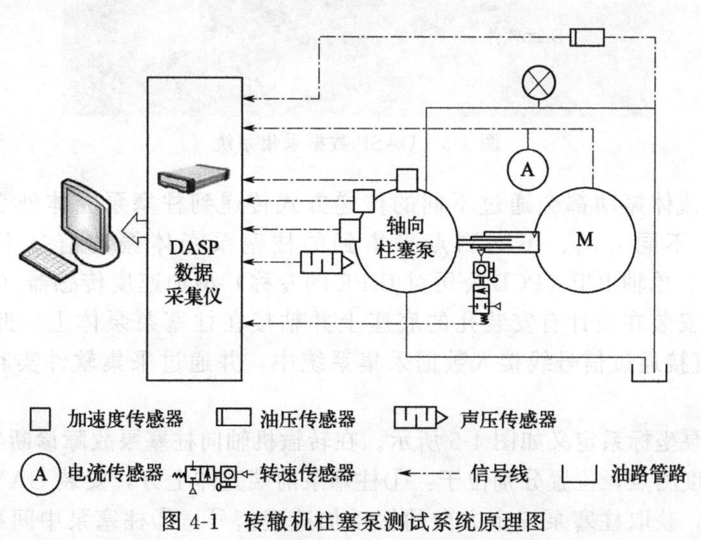

图 4-1 转辙机柱塞泵测试系统原理图

(1) 振动加速度信号采集与测点位置

转辙机柱塞泵的振动信号中包含丰富的能够反映系统内部运行状态的信息，内部产

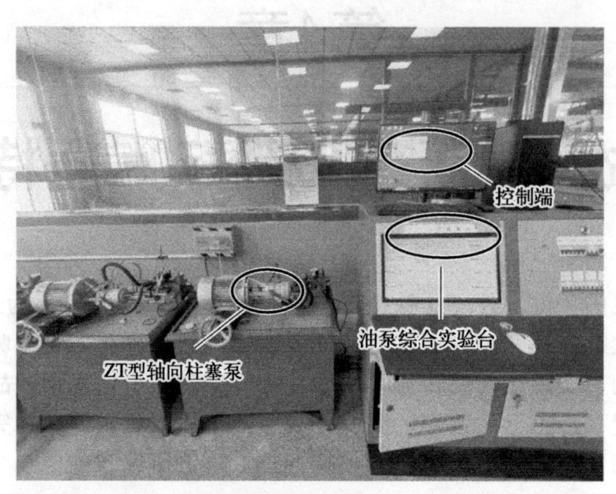

图 4-2 柱塞泵故障诊断实验台现场图

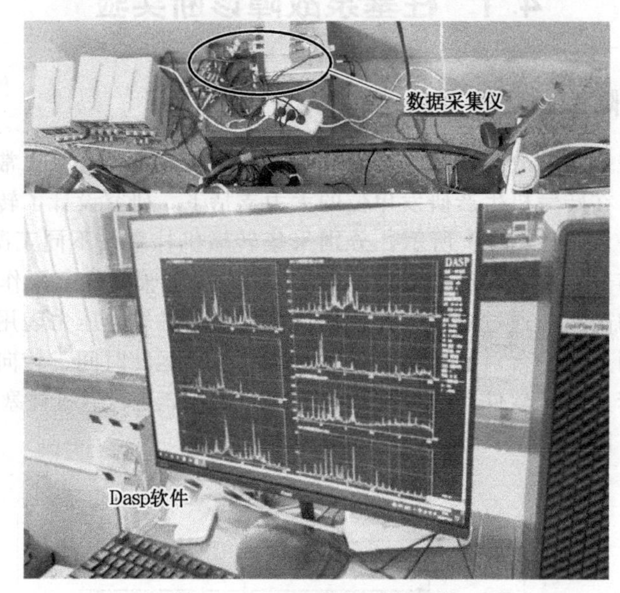

图 4-3 DASP 数据采集系统

生的机械振动和流体振动都会通过不同的传递方式传递到柱塞泵壳体外表面。由于柱塞泵运行过程中，不同方向、不同测点采集到的柱塞泵壳体振动信息不同，因此选择 CAYD 系列三轴、单轴 ICP（PCB 公司对 IEPE 的专称）型加速度传感器（图 4-4）采集振动加速度信号，安装在设计有安装孔的底座上并粘接在柱塞泵泵体上。此系列传感器为 IEPE 型，因此直接通过信号线接入数据采集系统中，并通过采集软件实时监测柱塞泵的振动情况。

转辙机柱塞泵坐标系定义如图 4-5 所示。在转辙机轴向柱塞泵故障诊断实验平台上共设置三个振动加速度测点，位置分别位于：①柱塞泵前端壳体上方，安装 CAYD-3152 系列三轴加速度传感器，获取柱塞泵三个方向的振动加速度信号；②柱塞泵中间泵体上方，安装 CAYD-181 系列单轴加速度传感器，获取柱塞泵垂直方向（Z）的振动加速度信号；③柱塞泵后端盖表面，安装 CAYD-182 系列单轴加速度传感器，获取柱塞泵轴向（X）的振动加速度信号。加速度传感器安装实物如图 4-6 所示。

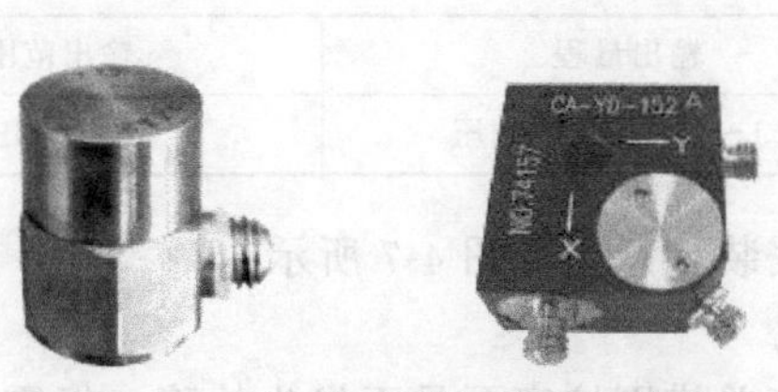

图 4-4　CAYD 系列加速度传感器

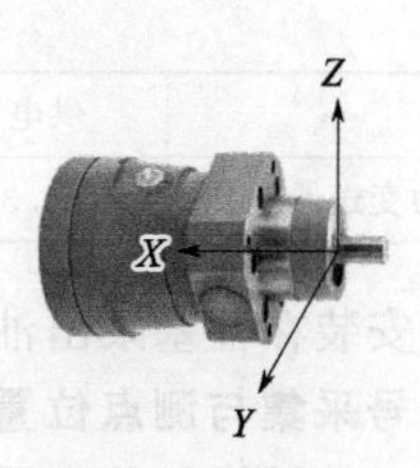

图 4-5　转辙机柱塞泵坐标系示意图

图 4-6　测点分布图

（2）油液压力信号采集与测点位置

在转辙机柱塞泵运行时，内部的故障及油液的脉动都会产生压力波动，压力信号灵敏性好，压力脉动的特征变化能够反映各种状态的丰富信息，因此可以通过对柱塞泵出口压力信号进行分析进而判断柱塞泵性能与状态。油液压力信号的采集选用 NS-P211 系列压力变送器，安装位置如图 4-7 所示，可以将采集到的油液压力信号转换为电信号（见表 4-1），并通过信号线提供给数据采集系统进行二次采集分析，方便采集与实时监测。

图 4-7　油压传感器安装位置图

表 4-1 油压传感器性能参数

传感器	供电电压	输出量程	输出范围
NS-P211F 压力变送器	3.33V	0.1～0.9 倍供电电压	0～20MPa

油压传感器安装在柱塞泵出油管路口处，安装示意图如图 4-7 所示。

(3) 声音信号采集与测点位置

工人通过听过的转辙机柱塞泵的声音可以简单辨别柱塞泵是否发生故障，但需要依赖工程实际经验。利用声信号诊断故障是一种非接触式的故障诊断方法，当转辙机柱塞泵内部发生故障时，产生的声音的声压级会发生变化，通过采集柱塞泵运行时的声音信号，将正常信号与故障信号进行对比从而进行转辙机柱塞泵的工况识别。基于声信号进行柱塞泵故障诊断的优点在于信号的获取方法简单便捷，可以在设备不停机的情况下进行信号采集；缺点在于声信号易受到背景噪声的干扰，且对复合故障的识别仍存在问题，因此声信号故障诊断仍作为辅助分析，用以提高故障诊断系统的准确性。声信号的测量常用的仪器包括声级计、传声器、磁带记录仪等。转辙机柱塞泵故障实验平台的声信号通过声压传感器（由传声器＋前置放大器组成）采集，如图 4-8 所示，通过信号线传输到数据采集系统中。

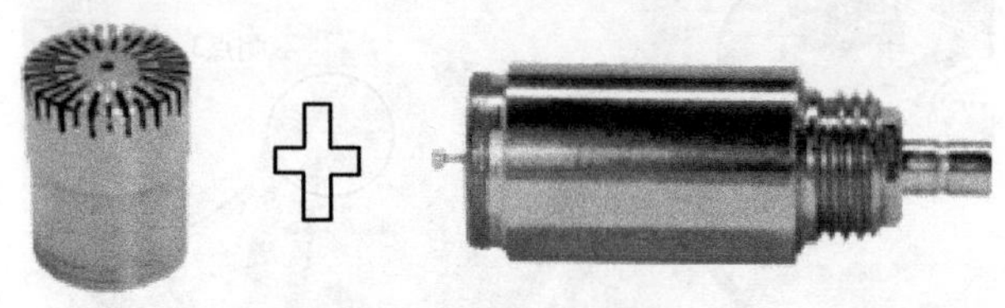

图 4-8 声压传感器

声压传感器安装位置选择在离柱塞泵后端面 20mm 处，传感器平面与柱塞泵端面平行，可以有效采集到柱塞泵传递出的声压波动，如图 4-9 所示。

图 4-9 声压传感器安装位置图

(4) 电流信号采集与测点位置

转辙机柱塞泵故障诊断实验平台由一个三相异步电动机提供动力，当三相异步电动机处于三相对称运行时，定、转子均产生大小相等的环形磁动势，两者保持同步运行，产生恒定的电磁转矩。但当柱塞泵内部发生故障时，电磁转矩发生脉动，导致电流发生变化，产生额外的边频分量（图 4-10）。因此，通过监测电流信号可以对转辙机柱塞泵的运行状态进行判断，并且相比于振动信号、压力信号等嵌入式信号采集方法，电流信号的测量成本低，获取容易。三相交流电流隔离变送器可以将三相交流电流隔离输送成直流模拟信号或数字信号，在电网监测、电机信号监测、铁路系统信号监测等行业广泛使用。在实验中选用 MIK-SJI 系列三相交流电流变送器来进行电流信号监测，由于采集的是电流信号，因此分别串联 250Ω 电阻，转化为电压量，通过信号线输入到数据采集系统中。

图 4-10　三相交流电流变送器安装位置图

(5) 转速信号采集与测点位置

瞬时转速波动信号在旋转机械的状态监测与故障诊断领域已被成功应用，转速信号抗噪能力强，特征提取方便，并且传感器安装方便，因此在所设计的转辙机轴向柱塞泵故障诊断实验平台上安装转速传感器测量柱塞泵传动轴的转速（图 4-11、图 4-12）。柱塞泵传动轴通过平键与电机输出端的齿轮套筒进行连接，通过支架将电机与柱塞泵进行固定，转速信号获取方便。在实验中，选用 SPH 系列齿轮转速传感器，可将传动轴的转速信号转化为高低电平脉冲输出。齿轮齿数为 28，当齿轮进行转动时，转速传感器通过检测各齿齿根和齿顶之间的高低变化，输出与旋转频率相关的脉冲信号。该脉冲信号通过信号线接入数据采集系统中，可以获得一系列矩形脉冲信号，通过数据转化，可得到传动轴的转速。

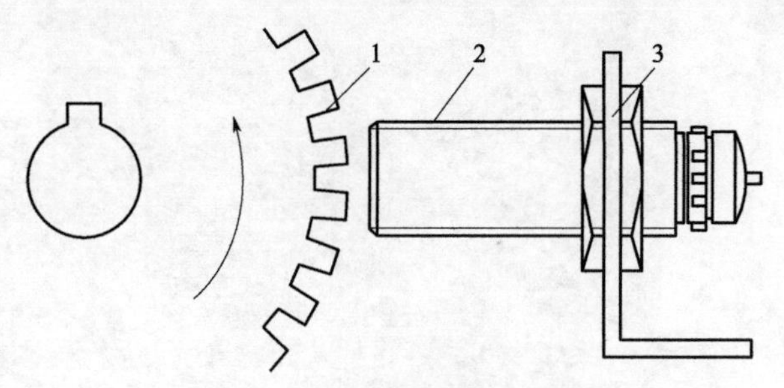

图 4-11　转速测量原理示意图

1—齿轮；2—转速传感器；3—支架

图 4-12　齿轮转速传感器安装位置图

(6) 数据采集系统

数据采集系统选择北京东方振动噪声研究所生产的INV3062型网络分布式采集仪，共16个通道，外接直流电源进行供电，可对多种类型信号进行高精度数据采集测试。采集仪采用以太网接口方式与计算机进行连接，配合系统配套上位机软件DASP可以实时地对采集仪进行通道设置、采样、实时数据浏览、数据分析等操作（图4-13）。

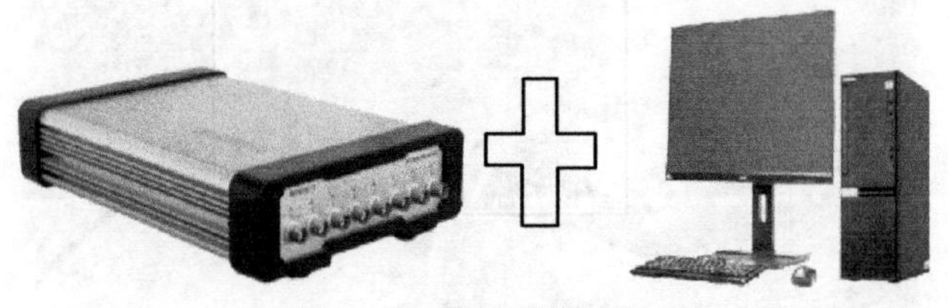

图4-13 数据采集系统

(7) 数据采集

实验分别采集了转辙机轴向柱塞泵正常工况、柱塞球头磨损工况、轴承磨损、配流盘磨损、斜盘磨损、柱塞球头磨损＋配流盘磨损故障、柱塞球头磨损＋缸体磨损故障等多种工况的实验数据。通过控制台控制实验台的启停，分别采集了柱塞泵正转、反转、启动过程等三种运行条件下的数据（图4-14）。振动信号采集通道采样频率为12.8kHz，其余通道采样频率为51.2kHz，采用振动信号触发采样。实验台控制系统采用间歇性启动来模拟实际转辙机的工作状态，即正转15min→停机10min→反转15min，如此反复。

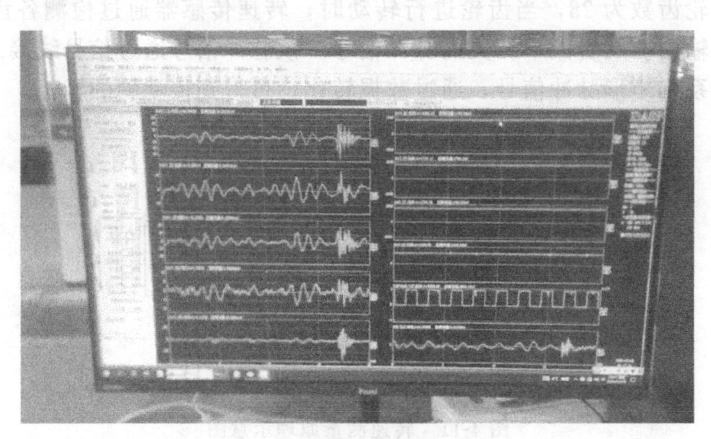

图4-14 数据采集软件界面

4.1.2 柱塞泵典型故障及故障机理

转辙机柱塞泵内部零部件较多，且结构较复杂。在柱塞泵内部不仅存在多种运动方式如机械旋转、往复运动，还有液体流量、压力脉动的耦合作用，并且包含多组摩擦副，如柱塞球头与斜盘、柱塞与柱塞腔、缸体与配流盘配合处，因此在长时间使用下，容易出现柱塞球头磨损、配流盘磨损、斜盘磨损、柱塞缸体磨损、轴承故障、泄漏等问题，都会引起转辙机柱塞泵故障。当柱塞泵发生故障时，会出现柱塞泵流量波动、压力异常、过热、振动与噪声大、泄漏等现象[1]。表4-2所示为转辙机柱塞泵常见故障现象及故障原因。

表 4-2　转辙机柱塞泵常见故障现象及故障原因

故障现象	故障原因
压力异常	(1)泄漏严重； (2)配流盘磨损、柱塞与缸体卡死、柱塞球头与斜盘之间磨损严重、轴承故障； (3)柱塞泵转速过低； (4)中心弹簧失效； (5)吸油口堵塞； (6)进、出油管路与柱塞泵连接处密封失效； (7)油液黏度过高； (8)油液中夹杂气泡； (9)油箱油位过低
流量波动	(1)斜盘松动，导致实际倾角变小； (2)油液中夹杂空气过多，柱塞泵内发生空穴现象； (3)缸体与配流盘、柱塞与缸体卡死、柱塞球头与斜盘之间磨损严重、轴承故障； (4)油箱液位过低，油液不足导致吸空； (5)油温过高或过低； (6)油路堵塞
过热	(1)泄漏严重； (2)油箱液位过低，油液不足导致吸空； (3)泵内零件损害严重； (4)油液黏度过高或油液污染严重； (5)油路堵塞，或出现管路安装弯头过多
振动与噪声异常	(1)吸油不足，存在吸空现象； (2)滤油器堵塞； (3)油液中存在杂质或夹杂大量空气，发生空穴现象； (4)配流盘磨损、柱塞与缸体卡死、柱塞球头与斜盘之间磨损严重、轴承损坏； (5)油液黏度过高； (6)密封不严，泄漏严重； (7)电机与柱塞泵不同心
油液污染严重	(1)泵内零件损坏严重，过度磨损产生金属屑杂质； (2)液压油使用时间长，氧化产生沉淀物和胶质； (3)油液内混入空气、水分及固体颗粒； (4)柱塞泵加工工艺精度不高，存在金属切屑等异物； (5)过滤器损坏

在转辙机柱塞泵常见故障原因中柱塞球头磨损、斜盘磨损、缸体磨损、配流盘磨损、滚动轴承故障、柱塞尾部磨损、漏油等故障出现次数较多，且对柱塞泵运行状态影响较大。

柱塞球头磨损与断裂：在转辙机柱塞泵工作过程中，柱塞在斜盘上绕中心轴转动。它们之间的接触方式是点接触。在工作过程中，缸体引出的高压油会使柱塞球头和斜盘之间形成油膜，以此来避免柱塞与斜盘直接接触。但由于制造误差、耦合力、回程盘拨动作用等多种因素的影响，柱塞球头与斜盘产生微小的夹角，并在此处形成局部楔形间隙，在旋转过程中柱塞球头边缘与斜盘之间容易产生接触与碰撞，长时间的摩擦使柱塞球头外边缘产生磨损，如图 4-15 所示。当柱塞球头发生较大磨损时，柱塞球头处的垫碗也会与斜盘直接接触，由于垫碗与柱塞球头之间处于松动状态，便会造成对柱塞球头的进一步磨损。当磨损到一定程度后，柱塞球头与斜盘产生倾角，在运动过程中极易与斜盘发生碰撞，导致柱塞球头出现如图 4-15 所示的断裂。

配流盘磨损：转辙机柱塞泵中发生次数最多的故障是配流盘磨损故障。配流盘通过两个月牙槽配合缸体运动实现柱塞泵内油液的分离和分配，完成吸油、排油油液功能以及承受部

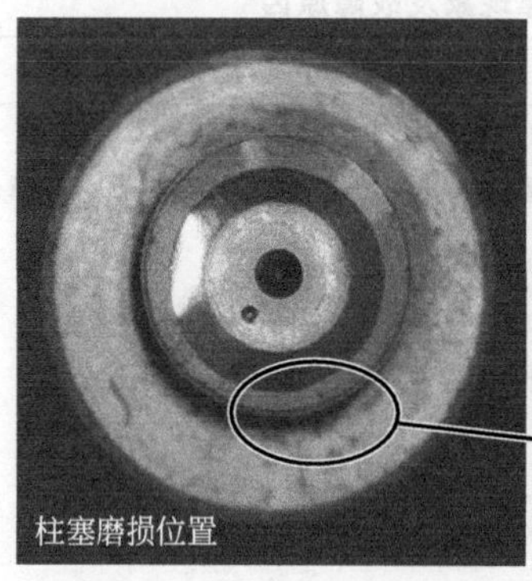

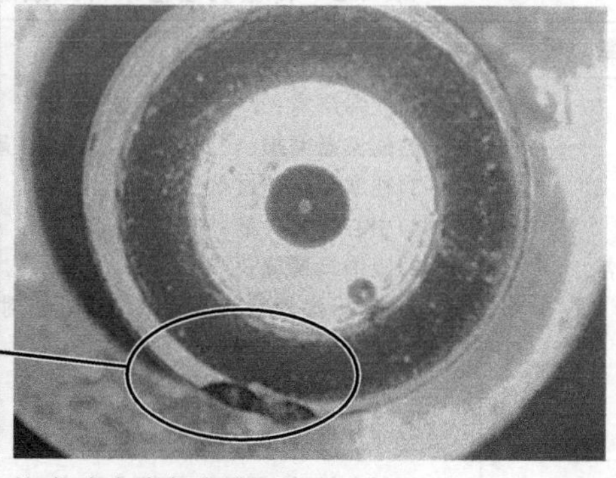

图 4-15 柱塞球头磨损与断裂

分轴向载荷。引起配流盘磨损的主要原因是空化，即油液中夹杂气泡，在高压区域迅速炸裂，产生局部真空。空化伴随区域性气蚀发生，对柱塞泵内部零件产生化学腐蚀，并且加剧轴向柱塞泵的冲击和振动。空化现象多发生在柱塞泵配流盘月牙槽高压、低压的过渡区域，容易导致月牙槽间产生明显的环状划痕。同时气蚀现象会对整个配流盘产生腐蚀，如图 4-16 所示。当配流盘产生磨损故障时，会影响其配流功能稳定性，导致缸体内部流量脉动，易引起油液压力冲击，使柱塞泵泵体产生振动。此外当内部零件发生疲劳磨损及污染油液中夹杂颗粒杂质时，会对配流盘产生磨粒磨损和冲蚀磨损，且运转时间越长，对配流盘的磨损越严重。

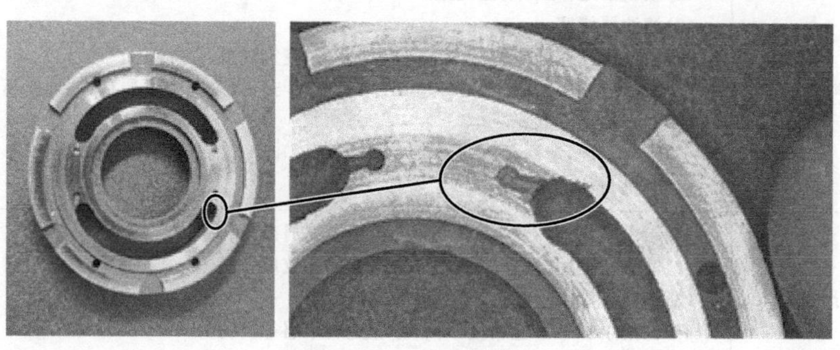

图 4-16 配流盘磨损

斜盘磨损：柱塞球头与斜盘形成摩擦副，因此斜盘磨损的原因与柱塞球头磨损原因大致相同，当油膜不足以承受柱塞的轴向载荷就会导致柱塞球头与斜盘直接接触，对斜盘和柱塞球头都产生剧烈的磨损（如图 4-17）。

图 4-17 斜盘磨损

轴承故障：轴承在高温、高速、高载荷等复杂运行条件下会出现故障，正常工作状态下长时间工作也会发生疲劳剥落和点蚀，油液污染会加剧轴承零件的磨损。在柱塞泵内部复杂交变耦合力作用下，柱塞泵滚动轴承易发生疲劳点蚀、保持架断裂、滚动体磨损以及内外圈表面磨损剥落等故障，这些都会产生周期性的波动，从而导致轴承旋转过程中振动异常，并传递到柱塞泵壳体或端盖上（图 4-18）。

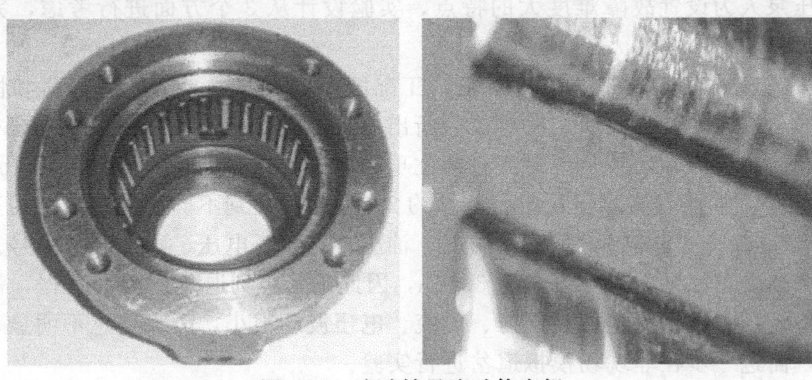

图 4-18　滚动轴承滚动体磨损

缸体磨损：主要是由柱塞与缸体之间的摩擦引起的。由于制造加工等误差，柱塞在缸体中做往复运动时，会对缸体表面产生持续的摩擦，使得柱塞与缸体之间间隙变大。此外，当油液中出现杂质或者掺杂柱塞泵内部剥落的碎屑时，会加剧缸体内表面的擦伤，使得柱塞泵工作效率下降、振动加剧（图 4-19）。

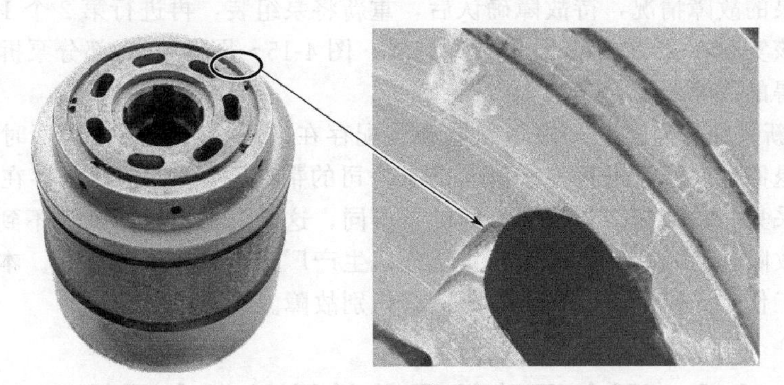

图 4-19　缸体磨损

柱塞尾部磨损及断裂：柱塞在压油过程中，柱塞腔内的高压油以极高的速度流入出油端时，柱塞腔内出现局部低压区，且发生压力剧烈振荡，导致柱塞尾部发生磨损。当磨损到一定程度后，柱塞尾部出现如图 4-20 所示的断裂。

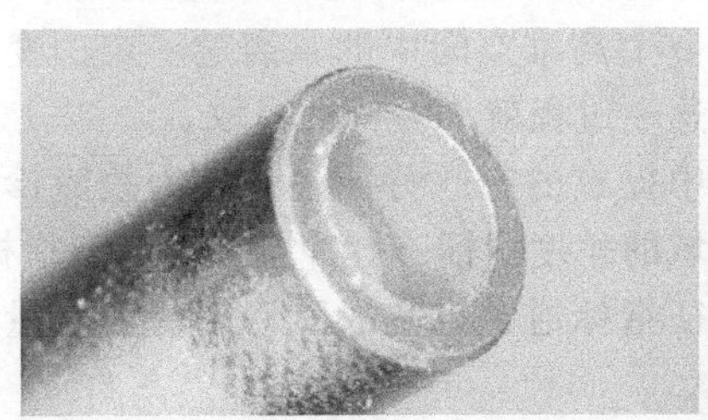

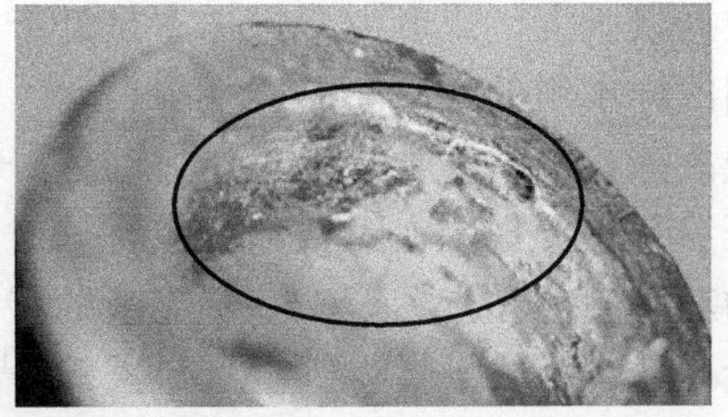

图 4-20　柱塞尾部磨损及裂纹

漏油： 转辙机柱塞泵经常发生泄漏现象，漏油主要是由配流盘与缸体之间严重磨损或密封失效引起的。此外人工安装过程中，进、排油管路与泵体连接处的安装不到位也会发生泄漏现象，表现为柱塞泵泵体喘振、产生嘶鸣声，泵内油压下降，故障特征明显。

4.1.3 柱塞泵故障诊断实验设计

鉴于液压泵人为设置故障难度大的特点，实验设计从 3 个方面进行考虑，完成了 3 类实验。

① 新泵的全寿命实验。采集液压泵正常工况的数据，兼顾泵的疲劳寿命和性能退化过程，设计泵的全寿命实验。此项实验对象为新出厂且经过检验的技术指标完全合格的泵。实验对象进入实验台进行不间断全寿命实验，此项实验从 2021 年 11 月份开始，历经 6 个月，2022 年 5 月结束，实验台实际运行时间共计约 2600h，采集到不同室温下的泵的正常工况下的振动（3 个测点，6 个通道）、噪声、温度、油压、电流、电压、瞬时转速信号。该实验目前还存在几个问题：因泵的设计寿命为 8000h，因此未采集到退化过程的数据，需进一步实验；台架实验将压力设置为定值，压力、电流、电压波动很小，故障信息不明显，对于故障诊断不敏感，需进一步在非现场模拟道岔进行实验。

② 现场故障泵的故障实验。因现场不允许设备带故障运行，一旦泵的性能下降，需要立即更换泵并返厂检验，本研究收集 10 个现场退役的故障泵在台架上进行实验，测点布置同全寿命实验，每个泵运行时间不少于 2 天，其中，第 1 个 1 天在泵返厂后直接进行实验，其状态与现场最终状态一致，采集其运行过程中的振动（3 个测点，6 个通道）、噪声、温度、油压、电流、电压、瞬时转速信号。实验完成后按照泵的组装要求将泵拆解，用高倍数字显微镜观察泵的故障情况，待故障确认后，重新将泵组装，再进行第 2 个 1 天的实验和数据采集工作，该实验在 2022 年 6 月进行并完成。图 4-15～图 4-20 为部分泵拆解后在高倍电子显微镜下获得的故障照片。

③ 带缺陷新泵的故障实验。由于制造和装配存在缺陷，部分泵在出厂时未达到相关技术指标，需要退回生产厂家进行检修。在京丰公司的帮助下，收集 10 个存在缺陷的新泵进行故障实验，采集相关数据。与现场返回的泵不同，这批泵在出厂时就达不到性能指标，不会存在磨损类故障，但制造缺陷的识别对转辙机生产厂家也是非常重要的。本项实验也设计为每个泵连续工作 1 天以上，后期由厂家拆解识别故障。

4.2 测点振动信号的故障特征参量提取

故障诊断是一类典型的模式识别技术，它是利用机器（计算机软件和硬件）自动地将待识别的模式分配到各自的模式(故障模式）中去。故障模式识别系统最重要的是设计出好的分类器，而一个好的分类器离不开待识别对象测量值的识别特征。一般情况下，测量数据的原始特征数据量很大，或者说测量样本是处于一个高维空间中的，通过一定的变换和映射，将高维空间的样本用低维空间的样本来表示，这一过程就称为特征提取。

在机械故障诊断中，常常利用从振动信号中提取的有效特征参量作为故障诊断的依据。常规的特征参量主要集中在时域和频域，如时域的峭度指标、脉冲指标、峰态指标、偏态指标，频域的功率谱重心指标等。基于能量的特征指标通常也是故障诊断特征参量的主力军，如小波能量谱、功率能量谱、高阶累量谱等[2]。

在柱塞泵实际工况下，测试信号信噪比较高，故障特征明显，这些指标都会在一定的范围内波动，对故障比较敏感，基本上能够识别出故障的有无。本节将研究 5 个不同故障的柱塞泵（5 号柱塞泵—缸体剥落；9 号柱塞泵—配流盘三角孔阻塞＋配流盘表面磨损；10 号柱塞泵—柱塞壁点蚀；15 号柱塞泵—缸体点蚀＋柱塞球头磨损；16 号柱塞泵—斜盘裂纹＋柱塞球头微裂纹），提出面向测点信号（图 4-6 测点 1 通道）的柱塞泵故障特征提取策略，以期解决实际应用中信号源相互叠加与干扰，有效敏感特征参量难以提取，故障难以准确定位和实时诊断的问题。

4.2.1 时频域特征参量

对于柱塞泵的振动信号而言，尤其是在泵发生故障时，大多数信号具有非平稳特性，其统计量是时变函数，属于非平稳信号。采用时频分析法，建立一个可以从时间和频率两个角度同时对信号进行描述的函数，从而能够准确、全面地反映信号的特征，实现对柱塞泵振动信号的有效分析。图 4-21 是 5 种不同故障的柱塞泵时频图。

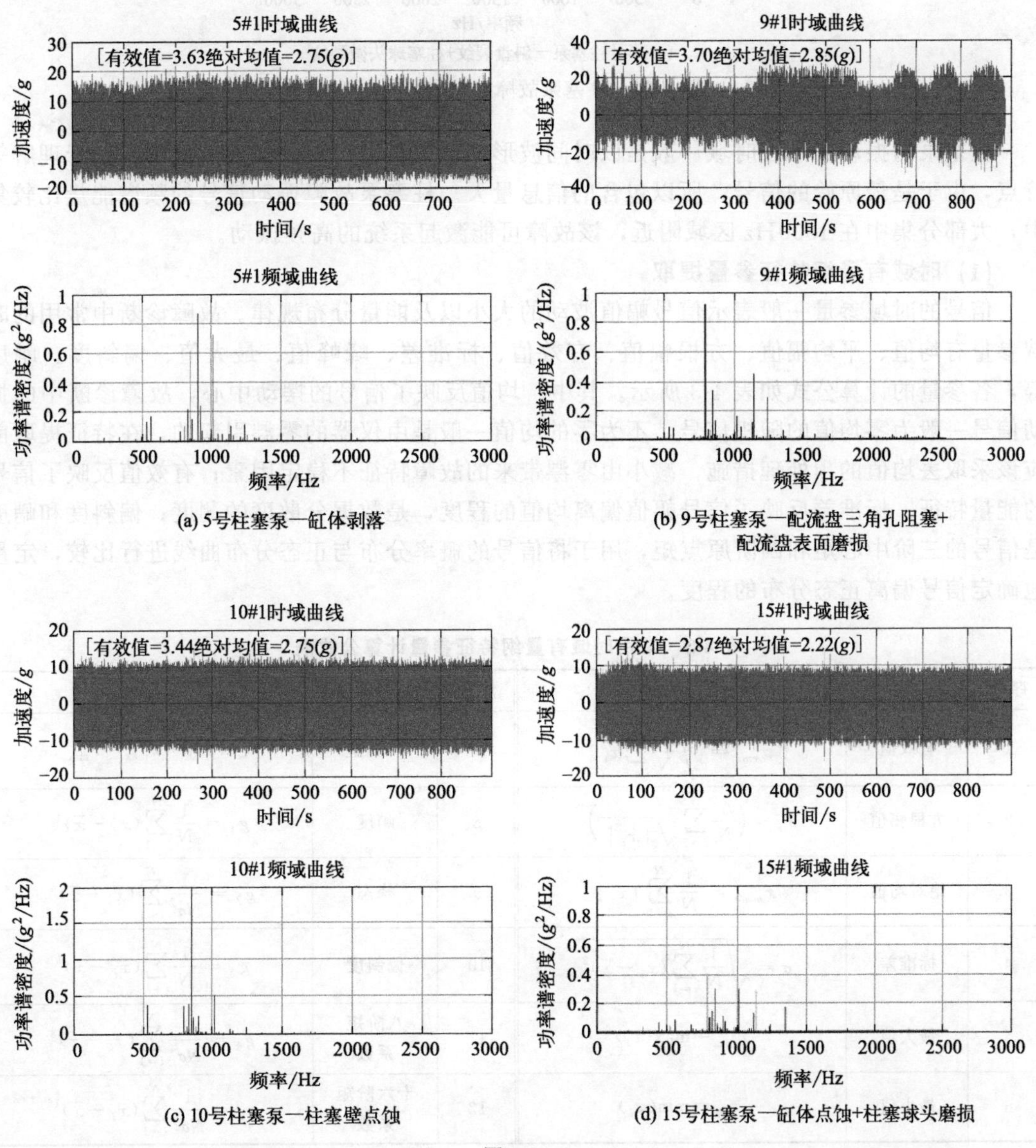

(a) 5号柱塞泵—缸体剥落

(b) 9号柱塞泵—配流盘三角孔阻塞+配流盘表面磨损

(c) 10号柱塞泵—柱塞壁点蚀

(d) 15号柱塞泵—缸体点蚀+柱塞球头磨损

图 4-21

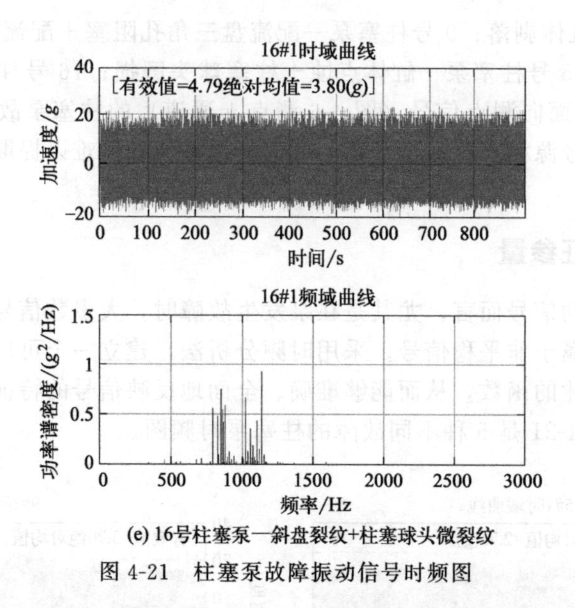

(e) 16号柱塞泵—斜盘裂纹+柱塞球头微裂纹

图 4-21 柱塞泵故障振动信号时频图

柱塞泵的振动信号在时域一般是以时间波形的形式表示。时间波形有直观、易于理解等特点，由于是最原始的信号，所以包含的信息量大。柱塞泵故障振动信号的频谱能量比较集中，大部分集中在1000Hz区域附近，该故障可能激起系统的高频振动。

(1) 时域有量纲特征参量提取

信号的时域参量一般表示信号幅值波动的大小以及能量分布规律。故障诊断中常用的时域参量有均值、平均幅值、方根幅值、有效值、标准差、峰峰值、最大值、偏斜度、峭度等，各参量的计算公式如表 4-3 所示。其中，均值反映了信号的摆动中心，故障诊断中的振动信号一般为零均值的随机信号，不为零的均值一般是由仪器的零漂引起的，在特征提取前应该采取去均值的预处理措施，减小由零漂带来的故障特征不稳定因素；有效值反映了信号的能量特征；标准差反映了信号幅值偏离均值的程度，是数据分散度的测度；偏斜度和峭度是信号的三阶中心矩和四阶原点矩，用于将信号的概率分布与正态分布曲线进行比较，定量地确定信号偏离正态分布的程度。

表 4-3 常用时域有量纲特征参量计算公式表

序号	名称	计算公式	序号	名称	计算公式
1	有效值	$x_{rms}=\sqrt{\frac{1}{N}\sum_{i=1}^{N}x_i^2}$	7	峰峰值	$x_{F-F}=x_{\max}-x_{\min}$
2	方根幅值	$x_t=\left(\frac{1}{N}\sum_{i=1}^{N}\sqrt{\mid x_i\mid}\right)^2$	8	峭度	$g_1=\frac{1}{N}\sum_{i=1}^{N}(x_i-\overline{x})^4$
3	绝对均值	$x_{mean}=\frac{1}{N}\sum_{i=1}^{N}\mid x_i\mid$	9	峰态	$g_2=\frac{1}{N\sigma^2}\sum_{i=1}^{N}(x_i-\overline{x})^4$
4	标准差	$\sigma=\sqrt{\frac{1}{N}\sum_{i=1}^{N}(x_i-\overline{x})^2}$	10	偏斜度	$g_3=\frac{1}{N}\sum_{i=1}^{N}(x_i-\overline{x})^3$
5	最大值	$x_{\max}=\max(x_i)$	11	八阶矩系数	$g_4=\frac{1}{N\sigma^4}\sum_{i=1}^{N}(x_i-\overline{x})^8$
6	最小值	$x_{\min}=\min(x_i)$	12	十六阶矩系数	$g_5=\frac{1}{N\sigma^8}\sum_{i=1}^{N}(x_i-\overline{x})^{16}$

注：N 为采样点数，x_i 为信号在各采样点的幅值。

图 4-22 为 1 测点振动信号部分特征参量有量纲指标分布曲线，图中所示为 40 个样本的计算结果，横轴代表 40 个测试样本。从图中可以看出，有效值、方根幅值、绝对均值和标准差这四个参量的分布基本相同，反映的是信号在时域中的能量，在特征参量集中选 1 个即可，该参量基本能够区分出五种故障。峭度和峰态分布相同，可以从中选 1 个作为特征参量。最大、最小值可由峰峰值参量代替。由此可见，在特征参量集中 13 个时域有量纲参量可减少为 6 个，它们分别为 1、7、8、10、11 和 12。

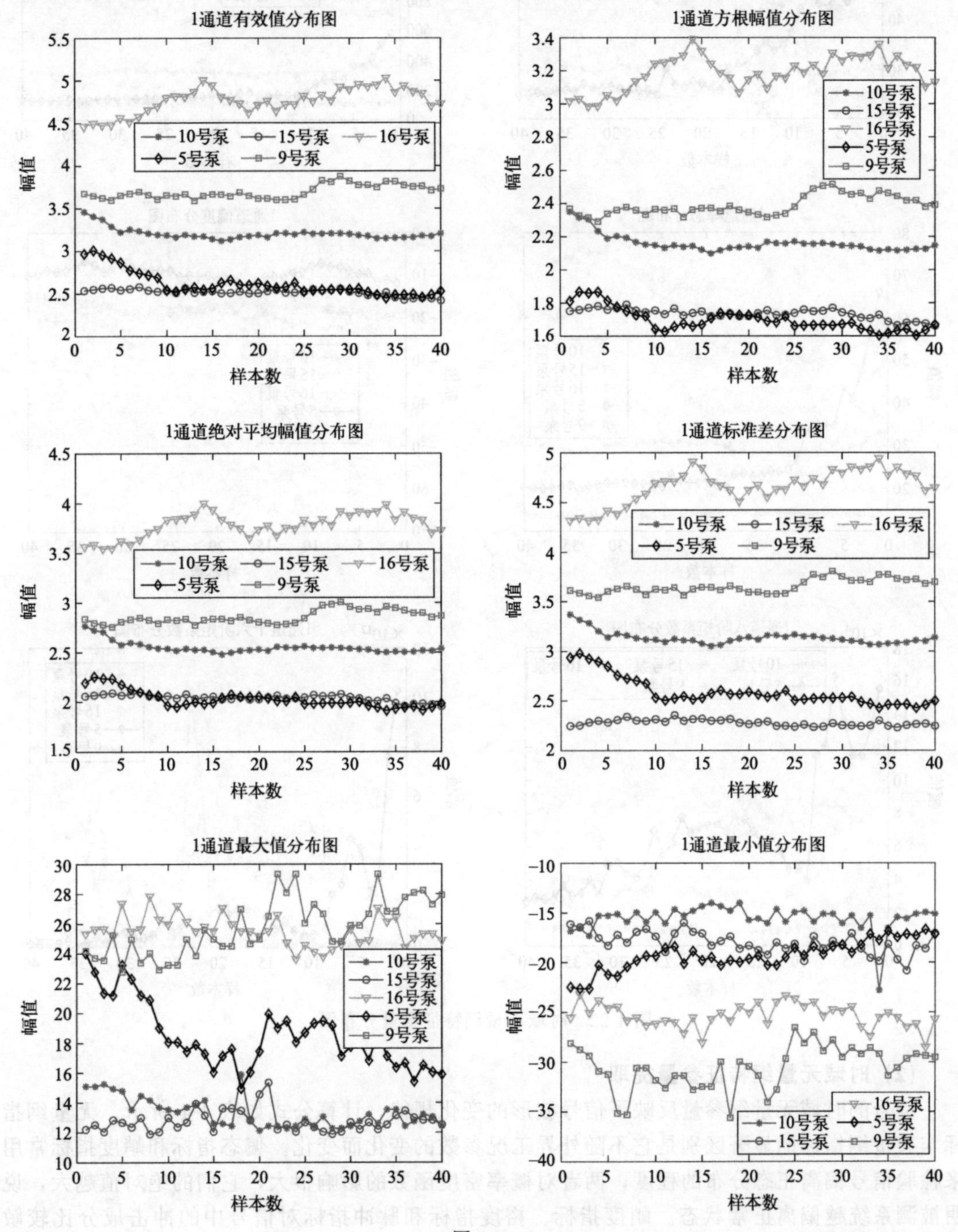

图 4-22

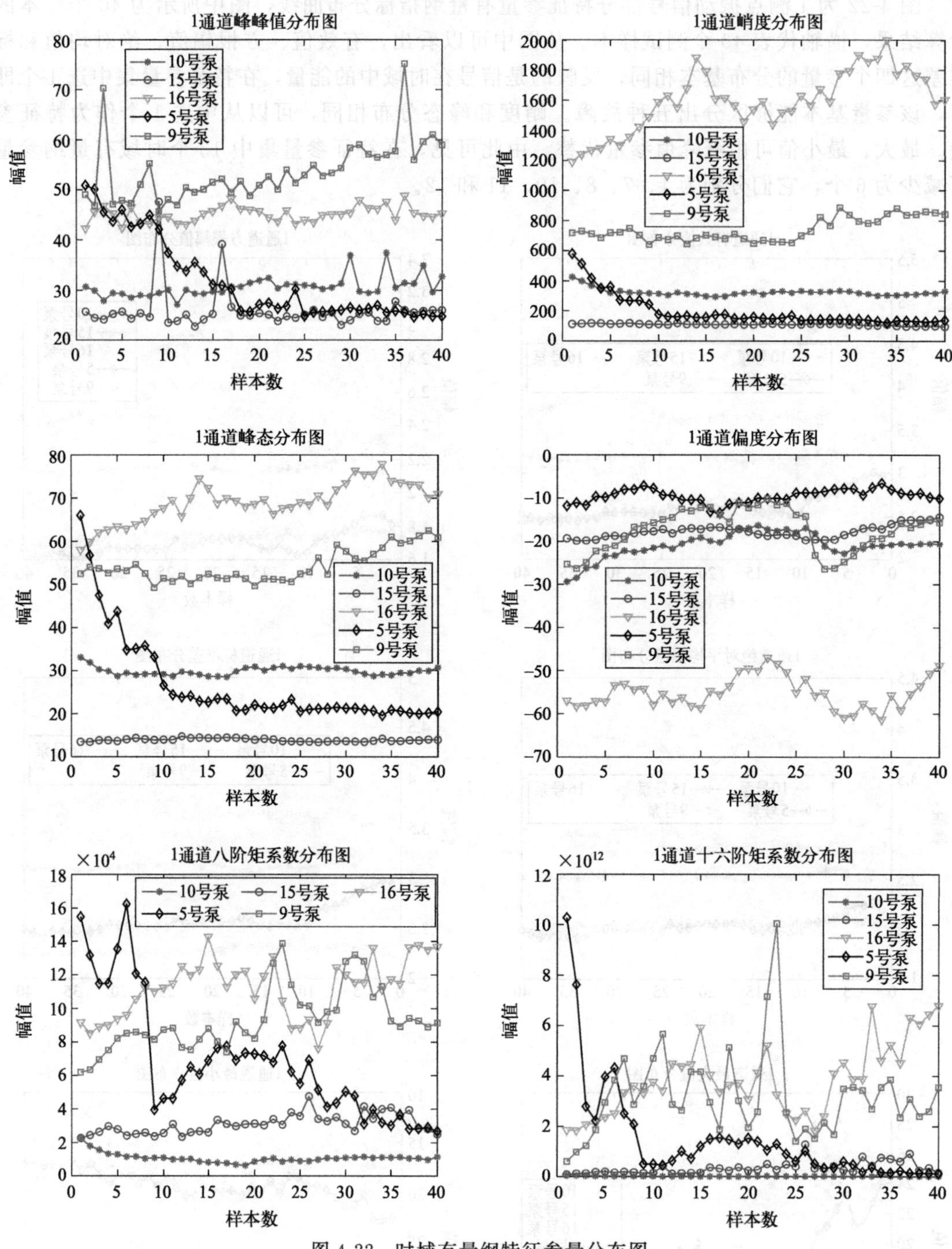

图 4-22　时域有量纲特征参量分布图

(2) 时域无量纲特征参量提取

信号的时域无量纲参量反映了信号波形的变化规律，计算公式如表 4-4 所示。无量纲指标与有量纲指标的显著区别是它不随外界工况参数的变化而变化。偏态指标和峭度指标常用来检验信号偏离正态分布的程度，两者对概率密度函数的影响很大，它们的绝对值越大，说明被测系统越偏离正常状态。峭度指标、裕度指标和脉冲指标对信号中的冲击成分比较敏感，对早期故障具有较高的敏感性，常用来作为柱塞泵故障诊断的特征参量。

表 4-4　常用时域无量纲特征参量计算公式表

序号	名称	计算公式	序号	名称	计算公式
1	波形指标	$S_f=\dfrac{x_{rms}}{x_{mean}}$	4	裕度指标	$L=\dfrac{x_{\max}}{x_t}$
2	峰值指标	$C_f=\dfrac{x_{\max}}{x_{rms}}$	5	峭度指标	$K_4=\dfrac{\sum_{i=1}^{N}(x_i-\overline{x})^4}{N\sigma^4}$
3	脉冲指标	$I_f=\dfrac{x_{\max}}{x_{mean}}$	6	偏态指标	$K_3=\dfrac{\sum_{i=1}^{N}(x_i-\overline{x})^3}{N\sigma^3}$

图 4-23 所示为 1 测点无量纲指标分布曲线。与有量纲特征参量相比，无量纲参量的明显特点是振动信号幅值波动较小，6 个特征对柱塞泵故障都非常敏感，其中峰值指标、脉冲指标、裕度指标、峭度指标对柱塞泵故障的分辨能力有限。偏态指标的波动程度很好地反映了故障的严重程度，从图上看，所有故障中 15 号柱塞泵波动最小，16 号柱塞泵波动最大。

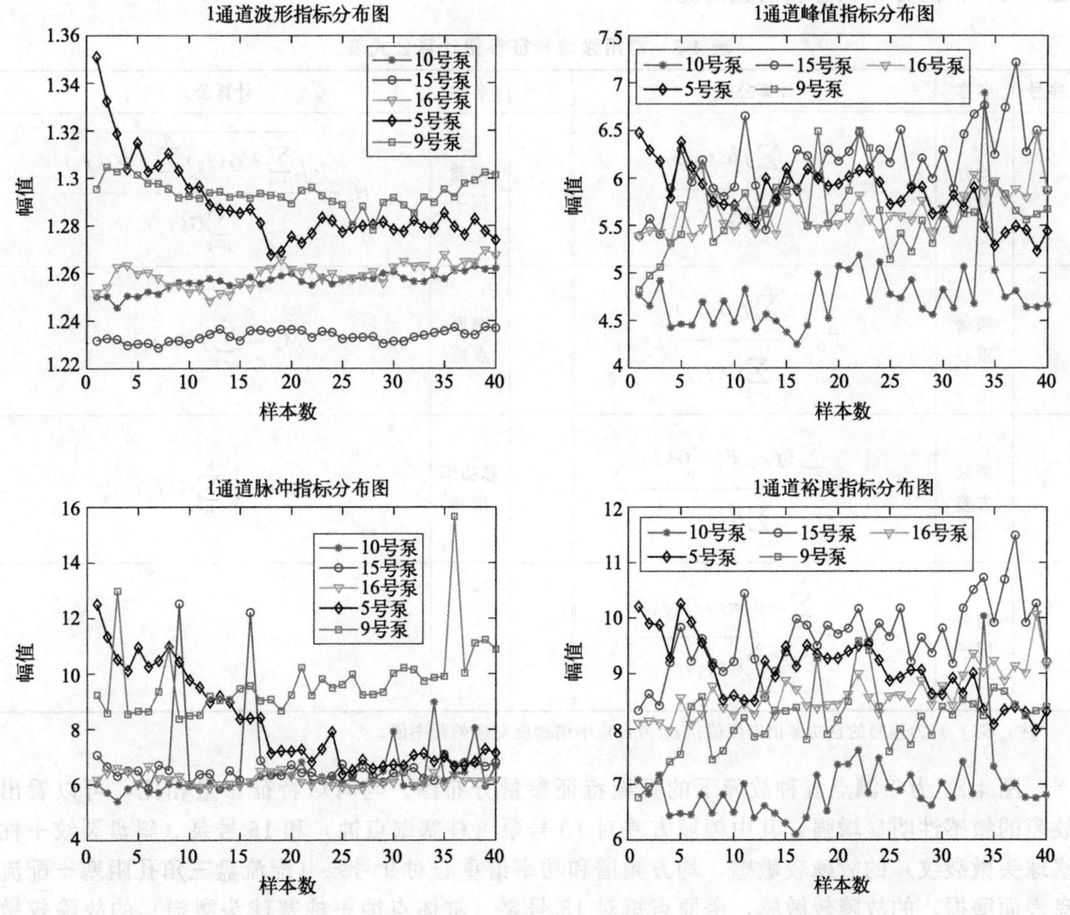

图 4-23

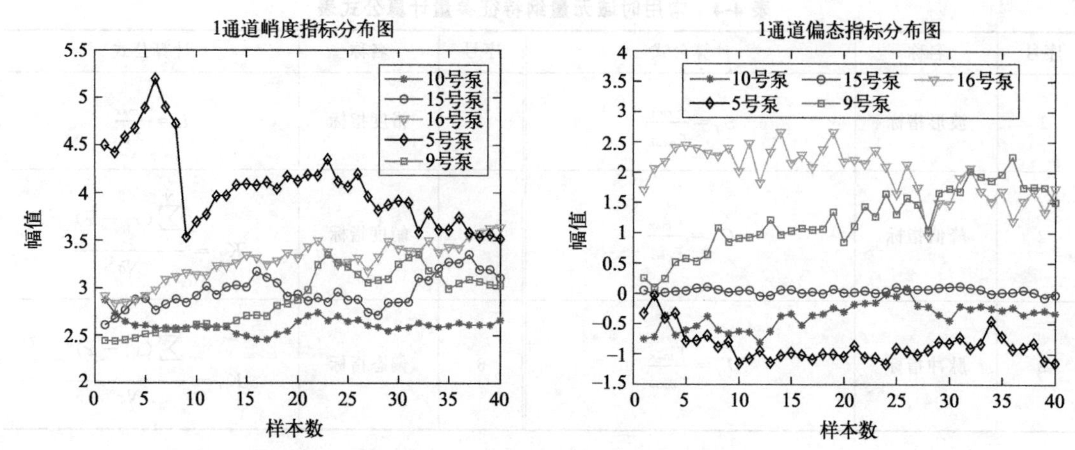

图 4-23 时域无量纲特征参量分布图

(3) 频域特征参量提取

频域分析是机械故障诊断中最常用的信号处理方法之一。伴随着故障的发生、发展，振动信号的频率结构往往会发生变化。常用的频域特征参量如表 4-5 所示。其中，频谱重心和均方频谱描述功率谱密度的主频带位置，频域方差和相关因子描述谱能量的分散程度，谐波因子反映谱的分布状态和谱宽情况。

表 4-5 常用频域特征参量计算公式表

序号	名称	计算公式	序号	名称	计算公式
1	均方频谱	$M_s=\dfrac{\sum_{i=1}^{N}f_i^2G(f_i)}{\sum_{i=1}^{N}G(f_i)}$	5	谐波因子	$H=\dfrac{\sqrt{\sum_{i=1}^{N}f_i^2G(f_i)\sum_{i=1}^{N}f_i^{-2}G(f_i)}}{\sum_{i=1}^{N}G(f_i)}$
2	频谱重心	$F_D=\dfrac{\sum_{i=1}^{N}f_iG(f_i)}{\sum_{i=1}^{N}G(f_i)}$	6	谱原点矩	$M_n=\sum_{i=1}^{N}f_i^2G(f_i)$
3	频域方差	$V_F=\dfrac{\sum_{i=1}^{N}(f_i-F_D)^2G(f_i)}{\sum_{i=1}^{N}G(f_i)}$	7	总功率谱和	$P=\dfrac{1}{N}\sum_{i=1}^{N}G(f_i)$
4	相关因子	$F_R=\dfrac{\sum_{i=1}^{N}\cos(2\pi f)_iG(f_i)}{\sum_{i=1}^{N}G(f_i)}$			

注：$G(f_i)$ 为信号的自功率谱密度值；f_i 为自功率谱密度对应的频率值。

图 4-24 为 1 测点五种故障下的频域特征参量分布图。与时域特征参量相比，可以看出故障的敏感性明显增强，其中频域方差对 10 号泵（柱塞壁点蚀）和 16 号泵（斜盘裂纹＋柱塞球头微裂纹）的故障较敏感，均方频谱和功率谱重心对 9 号泵（配流盘三角孔阻塞＋配流盘表面磨损）的故障较敏感，谱原点矩对 15 号泵（缸体点蚀＋柱塞球头磨损）的故障较敏感，谐波因子对 9 号泵和 16 号泵的故障较敏感。频域相关因子对故障的敏感程度不佳。

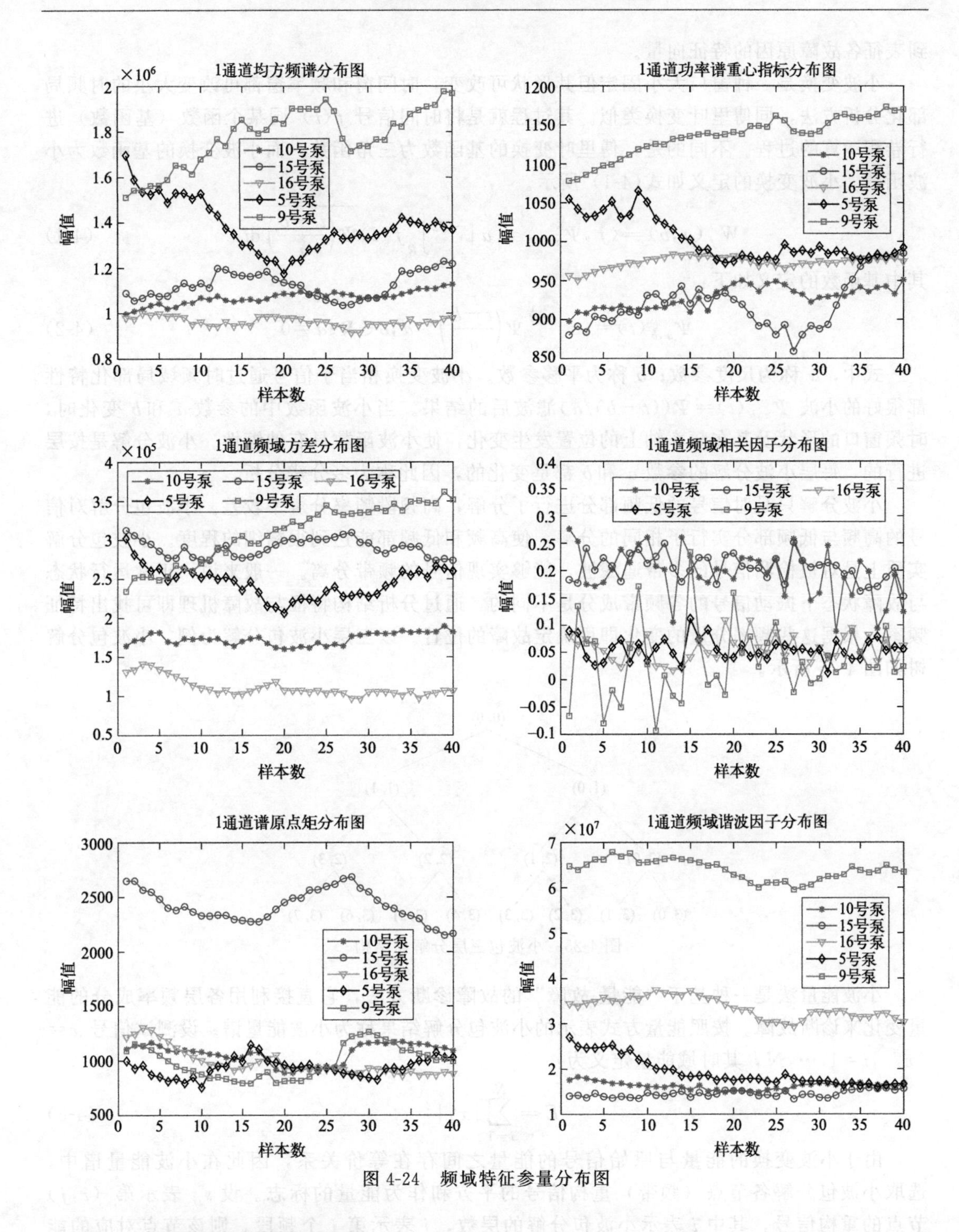

图 4-24 频域特征参量分布图

4.2.2 小波能量谱特征提取

引起柱塞泵振动的原因很多，各振源的振动频率均各不相同，当发生某一故障时，频谱对应频段内信号的能量会显著增强，各频段信号的能量包含着丰富的故障信息。基于此，可以找到一种基于"能量-故障"的故障诊断方法，即利用各频率成分的变化，选择合适的能量特征向量对各故障目标进行特征提取，建立能量变化到各故障原因和类别的映射关系，得到表征各故障原因的特征向量。

小波变换是一种窗口大小固定但其形状可改变，时间窗和频率窗都可改变大小的时频局部化分析方法，同傅里叶变换类似。其过程就是将时间信号 $f(t)$ 同某个函数（基函数）进行卷积运算的过程。不同的是，傅里叶变换的基函数为三角函数，而小波变换的基函数为小波函数。小波变换的定义如式(4-1) 所示。

$$W_f(a,b)=\langle f,\Psi_{a,b}\rangle=|a|^{-1/2}\int_R f(t)\overline{\Psi\left(\frac{t-b}{a}\right)}\mathrm{d}t \tag{4-1}$$

其中基函数的定义如下：

$$\Psi_{a,b}(t)=|a|^{-\frac{1}{2}}\Psi\left(\frac{t-b}{a}\right)\quad a,b\in\mathbf{R};a\neq 0 \tag{4-2}$$

式中，a 称为尺度参数；b 称为平移参数。小波变换相当于信号通过时频域局部化特性都很好的小波 $\Psi_{a,b}(t)=\Psi((t-b)/a)$滤波后的结果。当小波函数中的参数 a 和 b 变化时，时频窗口的形状及其在频率轴上的位置发生变化，使小波函数具有伸缩性。小波分解是按层进行的，每层小波分解的参数 a 和 b 都是变化的，因此称为多分辨分析。

小波分解只是对信号的低频部分进行了分解，高频段频率分辨率较差。小波包分解对信号的高频与低频部分实行了相同的分解，使高频和低频都能达到很精细的程度。小波包分解实质上是对被检测信号的多带通滤波，能够实现信号的频带分离。一般来说，正常运行状态与故障状态下振动信号的各频带成分是不同的，通过分析结构特征与故障机理即可找出特征频率，根据这些频率分量的变化即可确定故障的位置。以三层小波包分解为例，小波包分解树如图 4-25 所示。

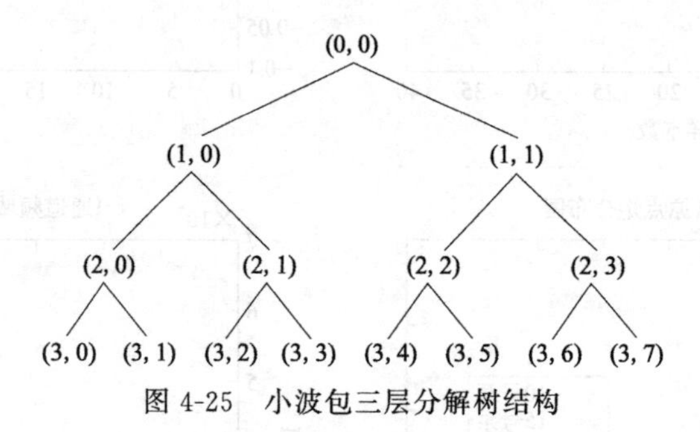

图 4-25　小波包三层分解树结构

小波能量法是一种基于“能量-故障”的故障诊断方法，它直接利用各层频率成分的能量变化来诊断故障。按照能量方式表示的小波包分解结果称为小波能量谱。设测试信号 $x=\{x_i\},i=1,\cdots,N$，其时域能量定义为：

$$E=\sum_{i=1}^{N}|x_i|^2 \tag{4-3}$$

由于小波变换的能量与原始信号的能量之间存在等价关系，因此在小波能量谱中，选取小波包分解各节点（频带）重构信号的平方和作为能量的标志。设 s_{ij} 表示第 (i,j) 节点的重构信号，其中 i 表示小波包分解的层数，j 表示第 j 个频段，则该节点对应的能量为

$$E_{ij}=\sum_{k=1}^{n}|x_{jk}|^2 \tag{4-4}$$

式中，$x_{jk}(k=1,2,\cdots,n)$ 表示重构信号 S_{jk} 的离散点的幅值。以能量为元素构造的小波包能量谱特征向量 $\boldsymbol{T}$ 为

$$\boldsymbol{T}=[E_{i0},E_{i1},E_{i2},E_{i3},E_{i4},\cdots] \tag{4-5}$$

振动信号的小波能量谱特征向量构造过程如下：

① 对测试信号进行小波包分解，本书中选择 db5 小波对信号进行 3 层小波包分解，提取第三层 8 个节点的分解系数，用 X_{3i} 表示，其中 $i=0,1,\cdots,7$；

② 对第三层小波包分解系数重构，提取各频带的重构信号，用 $S_{3i}(i=0,1,\cdots,7)$表示，则原信号 $S=\sum_{i=0}^{7}S_{3i}$；

③ 求各频带信号的总能量 $E_{3i}=\sum_{k=1}^{n}|x_{ik}|^2$，其中 $x_{ik}(i=0,1,\cdots,7;k=1,\cdots,n)$表示重构信号 S_{3i} 的各离散点的幅值；

④ 按照由低频向高频的顺序构造能量向量，并采用最大最小归一化方法进行归一化，得到小波能量谱。能量向量为 $\boldsymbol{T}=[E_{30},\cdots,E_{37}]$。

图 4-26 为柱塞泵 5 种故障下 1 通道振动信号的小波能量谱直方图，信号将被分解为 8 个不同的频段，计算各个频段的能量 。

从谱图可以看出各工况下小波能量谱分布不同，为进一步考察该特征识别故障的能力，各工况选取 40 个样本计算其小波能量谱，图 4-27 为测点信号各频带能量谱散点图。从图中可以看出，频段能量谱明显能将 5 种故障区分开：(3,2)、(3,3)、(3,6)、(3,7) 频段能分辨 16 号泵（斜盘裂纹+柱塞球头微裂纹）故障；(3,6)、(3,7) 频段能分辨 9 号泵（配流盘

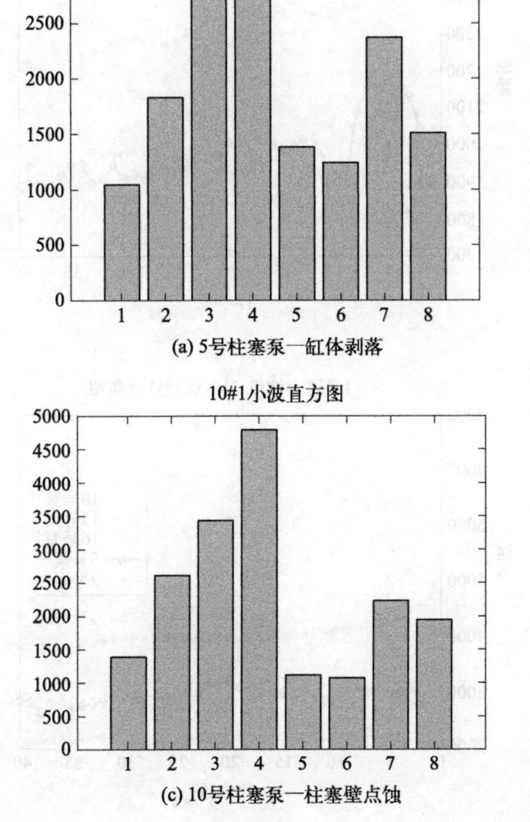

(a) 5号柱塞泵—缸体剥落

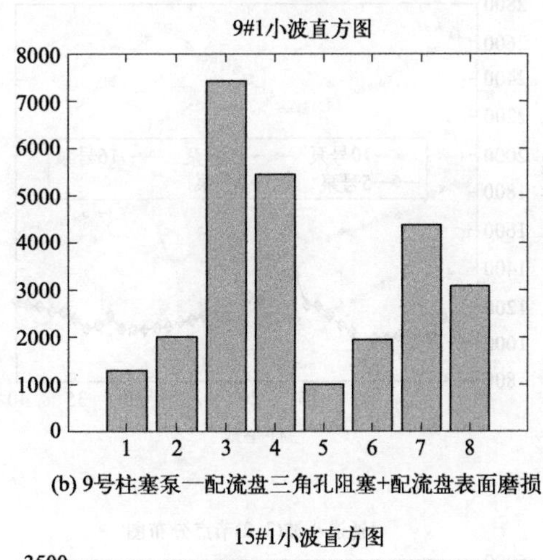

(b) 9号柱塞泵—配流盘三角孔阻塞+配流盘表面磨损

(c) 10号柱塞泵—柱塞壁点蚀

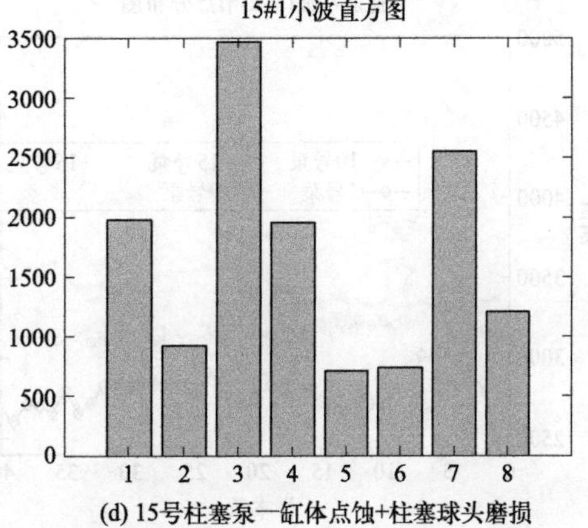

(d) 15号柱塞泵—缸体点蚀+柱塞球头磨损

图 4-26

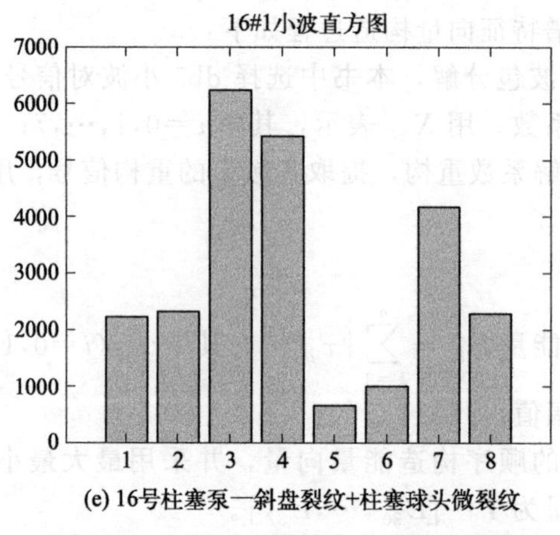

(e) 16号柱塞泵—斜盘裂纹+柱塞球头微裂纹

图 4-26 柱塞泵 5 种故障小波能量谱图

三角孔阻塞＋配流盘表面磨损）和 16 号泵故障；（3,2）频段识别效果最好，5 种故障清晰可辨。但单个频段识别出 5 种故障相对比较困难，面向测点信号的小波能量谱对故障的分离能力较强。

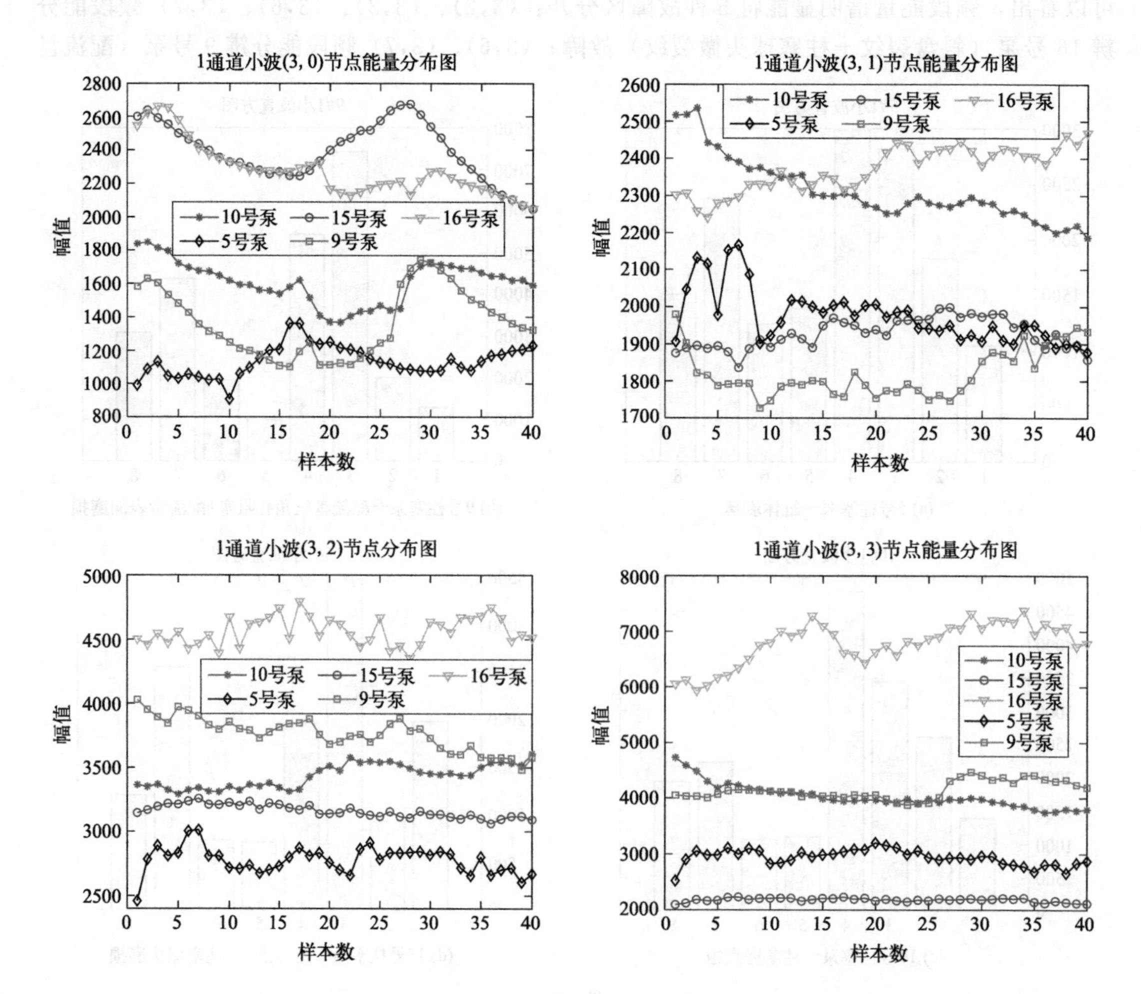

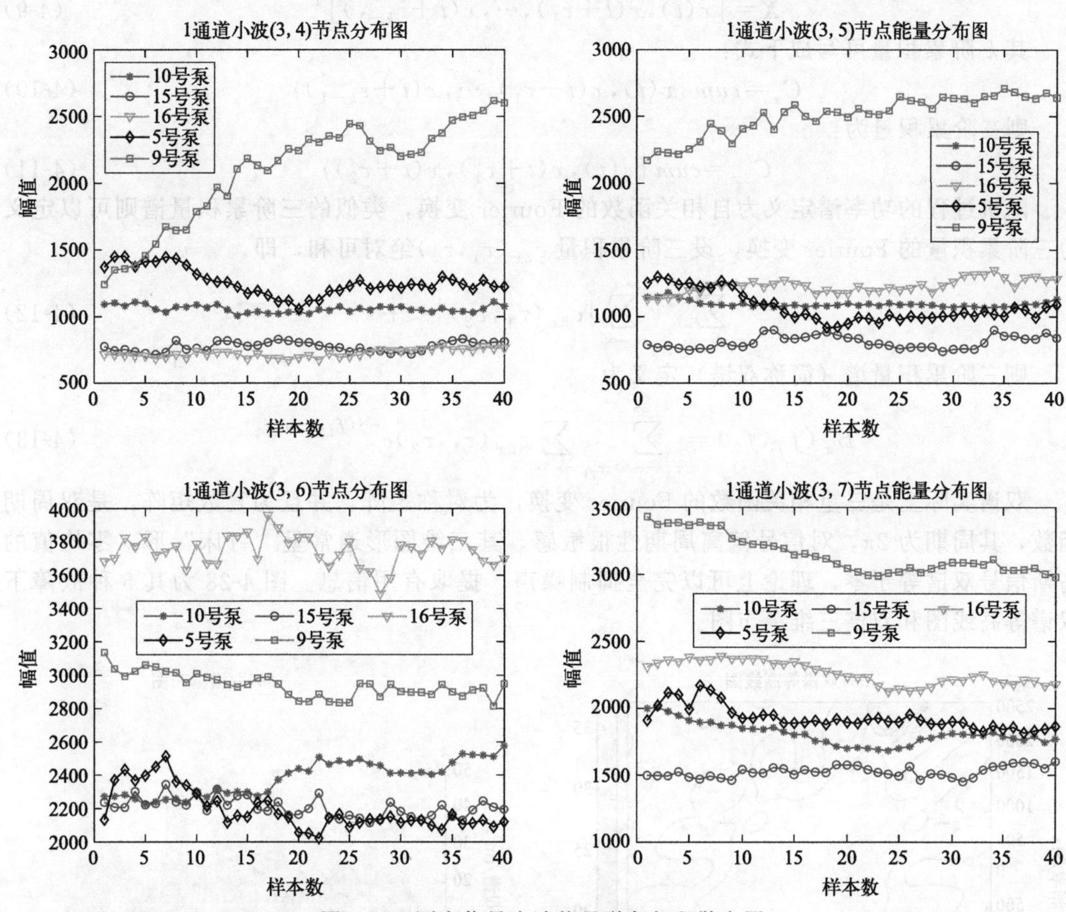

图 4-27 测点信号小波能量谱各频段散点图

4.2.3 双谱特征提取

柱塞泵工作时引起振动的因素较多，从设备外表面拾取的振动信号是非常复杂的混合信号，一般是非平稳和非高斯分布的信号。不同故障状态下振动信号具有不同的高斯性和对称性，信号的高阶累积量和高阶谱是非平稳信号的特征提取的有效处理手段，对加性高斯噪声和对称非高斯噪声不敏感，可以弥补二阶统计量（相关、功率谱）的不足，故障特征较为明显，容易提取数字特征指标，在故障诊断中具有明显的优势。高阶统计量通常是指高阶矩、高阶累积量、高阶矩谱和高阶累积量谱四种主要形式，信号的双谱即三阶累积量谱。

随机信号的高阶累计量可由其第二特征函数的导数生成。

设随机变量 x 的概率密度函数为 $p(x)$，则它的特征函数定义为[3]：

$$\Phi(f)=\int_{-\infty}^{+\infty} p(x)\mathrm{e}^{\mathrm{j}fx}\,\mathrm{d}x=E\{\mathrm{e}^{\mathrm{j}fx}\} \tag{4-6}$$

上式取对数得到随机变量 x 的第二特征函数：

$$\Psi(f)=\ln\Phi(f)=\ln E\{\mathrm{e}^{\mathrm{j}fx}\} \tag{4-7}$$

随机变量 x 的三阶累积量 c_3 可以由式(4-8) 在原点处的三阶导数生成：

$$c_3=(-\mathrm{j})^3\frac{\mathrm{d}^3\Psi(f)}{\mathrm{d}f^3}\bigg|_{f=0} \tag{4-8}$$

任意随机过程 $\{x(t)\}$ 在任意 $t,t+\tau_1,\cdots,\tau_{k+1}$ 时刻的 k 维随机矢量为

$$\boldsymbol{X}=[x(t),x(t+\tau_1),\cdots,x(t+\tau_{k-1})]^{\mathrm{T}} \tag{4-9}$$

其 k 阶累积量可写成下式：

$$C_x=cum\{x(t),x(t+\tau_1),\cdots,x(t+\tau_{k-1})\} \tag{4-10}$$

则三阶累积量为：

$$C_{3x}=cum\{x(t),x(t+\tau_1),x(t+\tau_2)\} \tag{4-11}$$

随机过程的功率谱定义为自相关函数的 Fourier 变换，类似的三阶累积量谱则可以定义为三阶累积量的 Fourier 变换，设三阶累积量 $c_{3x}(\tau_1,\tau_2)$ 绝对可和，即

$$\sum_{\tau_1=-\infty}^{+\infty}\sum_{\tau_2=-\infty}^{+\infty}|c_{3x}(\tau_1,\tau_2)|<+\infty \tag{4-12}$$

则三阶累积量谱（简称双谱）定义为

$$B_x(f_1,f_2)=\sum_{\tau_1=-\infty}^{+\infty}\sum_{\tau_{21}=-\infty}^{+\infty}c_{3x}(\tau_1,\tau_2)e^{-j(f_1\tau_1+f_2\tau_2)} \tag{4-13}$$

双谱实际上是三重相关函数的 Fourier 变换，为对称矩阵，并且为复数矩阵，是双周期函数，其周期为 2π，对信号偏离周期性很敏感，其三维图形通常呈“钉床”形，零均值的高斯信号双谱等于零，理论上可以完全抑制噪声，提取有用信息。图 4-28 为其 5 种故障下双谱等高线图和双谱三维瀑布图。

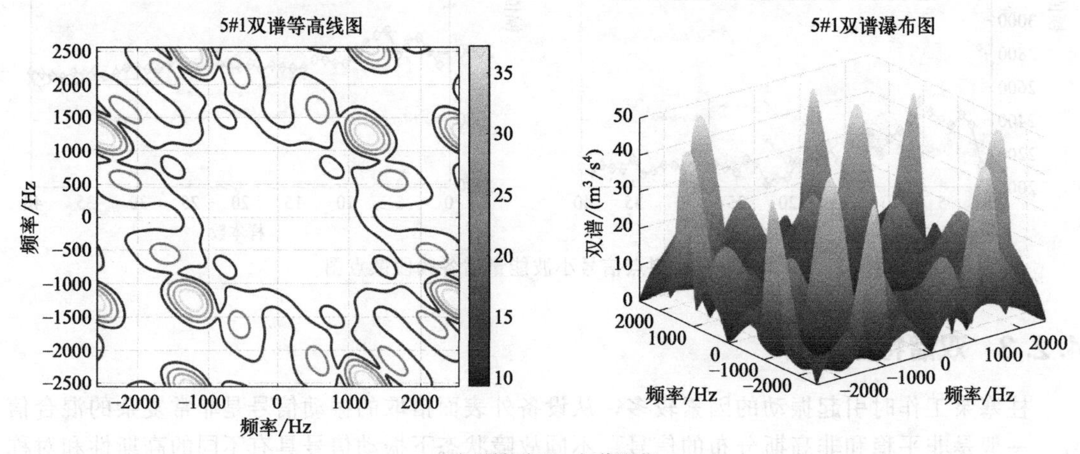

(a) 5号柱塞泵—缸体剥落

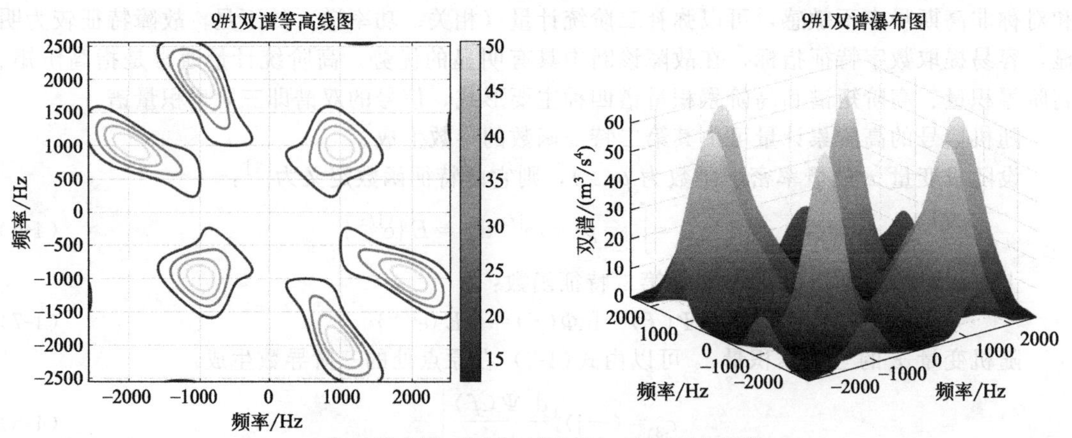

(b) 9号柱塞泵—配流盘三角孔阻塞+配流盘表面磨损

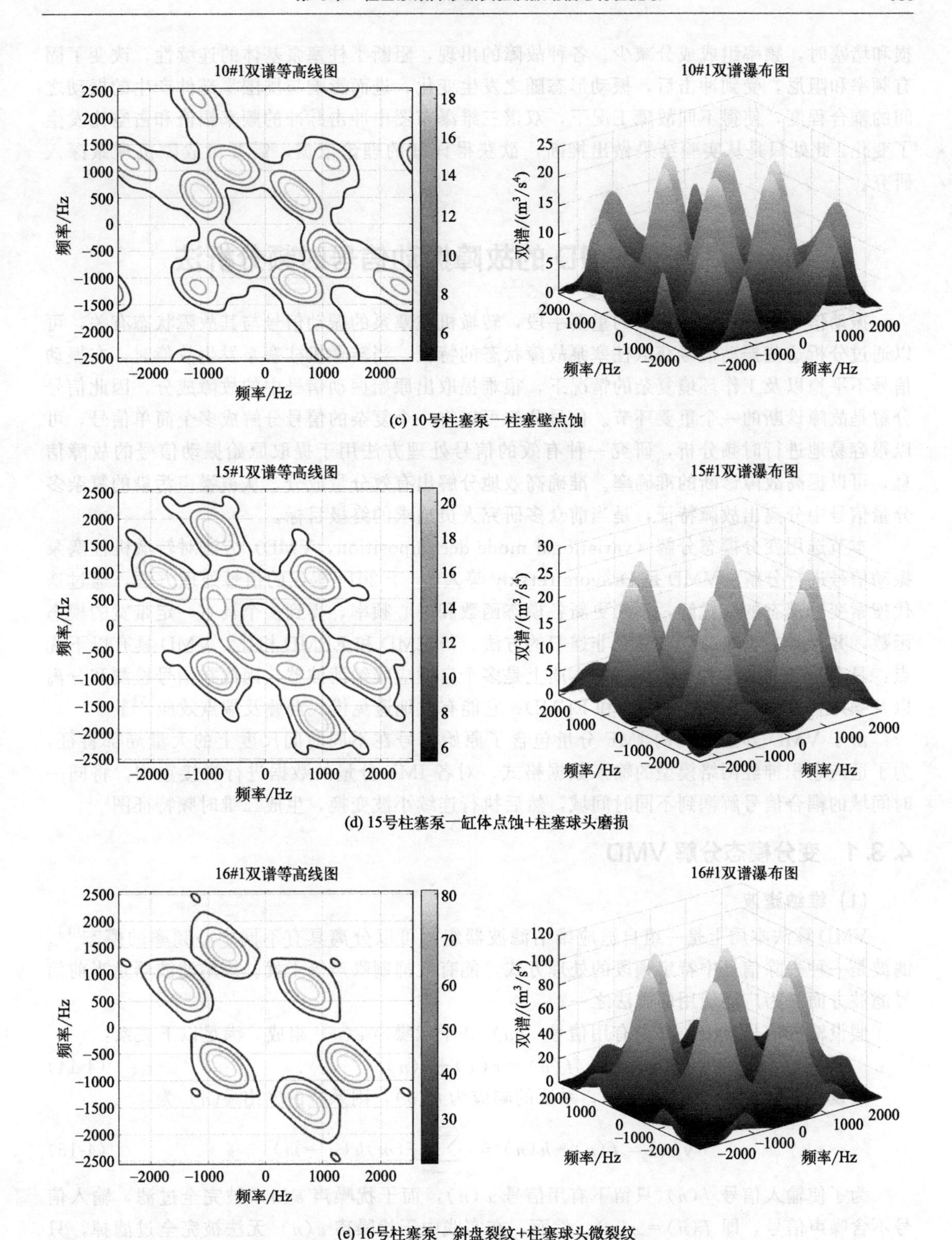

(c) 10号柱塞泵—柱塞壁点蚀

(d) 15号柱塞泵—缸体点蚀+柱塞球头磨损

(e) 16号柱塞泵—斜盘裂纹+柱塞球头微裂纹

图 4-28　柱塞泵振动信号双谱等高线图（左）与三维瀑布图（右）

从图中可以看出，不同故障状态下，振动信号的双谱能量大小和谱峰分布差别较大。单故障振动信号的谱峰个数相比复合故障的谱峰个数多，频率组成相对丰富。如 9 号泵出现磨损和堵塞时，频率组成成分减少。各种故障的出现，阻断了柱塞泵基体的连续性，改变了固有频率和阻尼，受到冲击后，振动形态随之发生变化，进而影响与周围零部件产生的振动之间的耦合程度，使得不同故障工况下，双谱三维瀑布图中冲击脉冲的频率幅值和占空比发生了变化。此处只是从实验结果做出推断，欲获得详细的理论依据，需要对故障机理做深入研究。

4.3 基于 VMD 的故障振动信号时频分析法

振动信号监测是故障诊断的重要手段，转辙机柱塞泵的振动信号与其故障状态有关，可以通过分析这些振动信号获取柱塞泵故障状态的特征。当转辙机柱塞泵发生故障时，在振动信号不平稳以及工作环境复杂的情况下，很难提取出原始振动信号中的故障成分，因此信号分解是故障诊断的一个重要环节。信号分解可以将一个复杂的信号分解成多个简单信号，可以很容易地进行时频分析，研究一种有效的信号处理方法用于提取原始振动信号的故障信息，可以提高故障诊断的准确率。准确高效地分解出有效分量成分，从被噪声污染的复杂多分量信号中分离出故障特征，是当前众多研究人员追求的终极目标。

本节选用变分模态分解（variational mode decomposition，VMD）方法对转辙机柱塞泵振动信号进行分解。VMD 是 Dragomiretskiy 等人[4] 于 2014 提出的信号处理方法，通过迭代搜索变分模态的最优解，不断更新各模态函数和中心频率，得到多个具有一定带宽的模态函数，并且是一种自适应、完全非递归的方法。与 EMD 和 EEMD 相比，VMD 具有以下优点：具有完备的数学基础；由于它本质上是多个自适应维纳滤波器，因此在信号检测和分离以及噪声鲁棒性方面优于 EMD 和 EEMD；它能有效地避免模式混叠及端点效应[5]。

由于 VMD 方法得到的 IMF 分量包含了原始信号在不同时间尺度上的大量局部特征，为了适应卷积神经网络模型的输入数据格式，对各 IMF 分量的数据进行拼接重构，将同一时间域的耦合信号解耦到不同时间域，然后执行连续小波变换，生成二维时频特征图[6]。

4.3.1 变分模态分解 VMD

（1）维纳滤波

VMD 算法本质上是一组自适应维纳滤波器组，可以分离具有不同中心频率的模态[7]。滤波是一种去除信号中特定频段的处理方式，能有效抑制噪声等干扰。维纳滤波器是当前信号滤波方面最为广泛使用的方法之一。

假设输入信号 $f(n)$ 是由有用信号 $x(n)$ 和干扰噪声 $e(n)$ 组成，满足以下关系：

$$f(n)=x(x)+e(n) \tag{4-14}$$

假设线性系统的输入为 $f(n)$，系统的响应为 $h(n)$，则系统的输出 $y(n)$ 为：

$$y(n)=f(n)*h(n)=\sum_{m=-\infty}^{\infty} f(m)h(n-m) \tag{4-15}$$

为了使输入信号 $f(n)$ 只留下有用信号 $x(n)$，而干扰噪声 $e(n)$ 被完全过滤，输入信号不含噪声信号，即 $f(n)=x(n)$。然而，在实践中干扰噪声 $e(n)$ 无法被完全过滤掉，只能使得 $x(n)$ 和 $y(n)$ 尽可能相似。假设系统的输出为 $s(n)$，则误差 $e_s(n)$ 满足以下关系：

$$e_s(n)=s(n)-y(n) \tag{4-16}$$

方差 $e_s^2(n)$ 可表示为：

$$e_s^2(n)=s^2-2s(n)y(n)+y^2(n) \tag{4-17}$$

方差 $e_s^2(n)$ 越小，表明信号中噪声被过滤得越彻底。

维纳滤波的基本原理：

信号 $f_s(t)$ 是由无噪声信号 $f(t)$ 和干扰噪声信号 e_t 相加而成，表示为：

$$f_s(t)=f(t)+e_t \tag{4-18}$$

采用李雅普诺夫正则化将信号 $f(t)$ 从含有噪声的信号 $f_s(t)$ 中提取出来，其表达式为：

$$\min_f\{\|f-f_s\|_2^2+\alpha\|\partial_t f\|_2^2\} \tag{4-19}$$

式中 $\|f-f_s\|_2^2$ 表示求含噪信号和无噪声信号差值的 L2 范数平方，α 表示含噪信号 $f_s(t)$ 的方差。采用欧拉-拉格朗日方法对式(4-19) 在傅里叶域内进行求解，其表达式为：

$$\hat{f}(\omega)=\frac{\hat{f}_s}{1+\alpha\omega^2} \tag{4-20}$$

式中，$\hat{f}_s$ 表示对原始信号做傅里叶变换，其表达式为：

$$\hat{f}_s=\frac{1}{\sqrt{2\pi}}\int_{-\infty}^{\infty}f(t)\mathrm{e}^{-\mathrm{j}\omega t}\,\mathrm{d}t \tag{4-21}$$

(2) 本征模态函数

VMD 方法的目的是把复杂的多分量信号按照预指定的分解层数非递归地分解为一系列具有调频和调幅特性的本征模态函数（IMF），每个模态函数都被定义为单分量调幅-调频信号[8]。

假设复杂信号 $f(t)$ 经过 VMD 分解获得 k 个模态分量，则第 k 个模态分量的数学表达式为：

$$u_k(t)=A_k(t)\cos[\phi_k(t)]$$
$$\omega_k(t)=\phi_k'(t)=\frac{\mathrm{d}\phi_k(t)}{\mathrm{d}t}\geqslant 0 \tag{4-22}$$

式中，$u_k(t)$ 可以被认为是一个瞬时频率为 $\omega_k(t)$ 且幅值为 $A_k(t)$ 的谐波信号，$A_k(t)$ 为第 k 个分量 $u_k(t)$ 的瞬时幅值，且 $A_k(t)\geqslant 0$，$\omega_k(t)$ 为第 k 个分量 $u_k(t)$ 的瞬时频率，$\phi_k(t)$ 表示相位。由于 $\phi_k(t)$ 属于非递减函数，因此 $\omega_k(t)\geqslant 0$，$\omega_k(t)$ 和 $A_k(t)$ 相较于 $\phi_k(t)$ 变化缓慢。

(3) 变分问题的构造

在 VMD 分解过程中，根据原始信号预先确定信号的分解个数 k，根据维纳滤波的原理，k 个 IMF 分量会不断地迭代更新，最终自适应地将信号分解为 k 个有限带宽和最佳中心频率的 IMF 分量，实现信号频率的分割。VMD 是一种约束变分问题，其中的变分问题主要是在 k 个本征模态函数相加与原始信号等价的约束条件下，寻找 k 个模态函数 $u_k(t)$，使得各模态带宽之和最小。具体流程如下：

① 将分解后的每个 IMF 分量通过希尔伯特变换构建解析信号并计算单边频谱[9]：

$$\left[\delta(t)+\frac{\mathrm{j}}{\pi t}\right]*u_k(t) \tag{4-23}$$

式中，$\delta(t)$ 是狄拉克分布，j 是虚数单位。

② 引入预先估计的一个中心频率 $\mathrm{e}^{-\mathrm{j}\omega_k t}$，然后根据傅里叶变换的位移特性将模态的频谱调制到相应的基带上[10]：

$$\left[\left(\delta(t)+\frac{1}{\pi t}\right)*u_k(t)\right]\mathrm{e}^{-\mathrm{j}\omega_k t} \tag{4-24}$$

式中，ω_k 是中心频率。

③ 计算式(4-24) 信号的 L2 范数，获取各模态分量带宽，根据约束条件，构造最优约束变分模型：

$$\begin{cases}\min\limits_{\{u_k\},\{\omega_k\}}\left\{\sum\limits_{k=1}^{k}\left\|\partial_t\left[\left(\delta(t)+\frac{\mathrm{j}}{\pi t}\right)*u_k(t)\right]\mathrm{e}^{-\mathrm{j}\omega_k t}\right\|_2^2\right\} \\ \text{s. t.}\quad \sum\limits_{k=1}^{k}u_k(t)=f(t)\end{cases} \tag{4-25}$$

式中，$\{u_k\}=\{u_1,u_2,\cdots,u_k\}$和$\{\omega_k\}=\{\omega_1,\omega_2,\cdots\omega_k\}$表示所有模态及其中心频率的集合的简写符号；$\sum\limits_{k=1}^{k}u_k(t)$ 表示所有模态之和；$f(t)$ 为输入信号；$\delta(t)$ 表示脉冲函数[11]。

(4) 求解变分模型

在式(4-25) 约束变分模型的基础上，引入二次惩罚因子 α、拉格朗日乘法算子 $\lambda(t)$，将约束变分问题变为非约束变分问题。二次惩罚因子 α 的作用是在信号存在高斯噪声时，依然有较好的重构精度并提高算法噪声鲁棒性；拉格朗日乘法算子 $\lambda(t)$ 的引入则可以使约束条件更严谨[12]。引入惩罚因子与拉格朗日乘法算子增广拉格朗日函数如下[13]：

$$L(\{u_k(t)\},\{\omega_k\},\lambda(t))=\alpha\sum_{k=1}^{k}\left\|\partial_t\left[\left(\delta(t)+\frac{\mathrm{j}}{\pi t}\right)*u_k(t)\right]\mathrm{e}^{-\mathrm{j}\omega_k t}\right\|_2^2 + \left\|f(t)-\sum_{k=1}^{k}u_k(t)\right\|_2^2+\left\langle\lambda(t),f(t)-\sum_{k=1}^{k}u_k(t)\right\rangle \tag{4-26}$$

式中，$f(t)$ 为输入信号；$\langle\rangle$ 表示内积运算。

通过交替方向乘子法更新 u_k^{n+1}、ω_k^{n+1}、$\lambda(t)^{n+1}$ 来迭代求解上述方程。其中，对 u_k^{n+1} 更新的表达式为：

$$u_k^{n+1}=\underset{u_k}{\operatorname{argmin}}\left\{\alpha\left\|\partial_t\left[\left(\sigma(t)+\frac{\mathrm{j}}{\pi t}\right)*u_k(t)\right]\mathrm{e}^{-\mathrm{j}\omega t}\right\|_2^2+\left\|f(t)-\sum_{i}^{j}u_i(t)-\frac{\lambda(t)}{2}\right\|_2^2\right\} \tag{4-27}$$

通过 Parseval 傅里叶等距变换，把上式转换到频域，将 ω 替换为 $\omega-\omega_k$，并将其变换为非负频率上的半空间积分形式，获得各模态分量的表达式为：

$$u_k^{n+1}(\omega)=\frac{f(\omega)-\sum\limits_{i\neq k}u_i(\omega)+\dfrac{\lambda(\omega)}{2}}{1+2\alpha(\omega-\omega_k)^2} \tag{4-28}$$

式中，$f(\omega)$，$u_i(\omega)$，$\lambda(\omega)$分别表示 $f(t)$，$u_i(t)$，$\lambda(t)$ 的傅里叶变换。各分量的中心频率 ω_k^{n+1} 的更新表达式为：

$$\omega_k^{n+1}=\frac{\int_0^{\infty}\omega\left|u_k(\omega)\right|^2\mathrm{d}\omega}{\int_0^{\infty}\left|u_k(\omega)\right|^2\mathrm{d}\omega} \tag{4-29}$$

$\lambda(t)^{n+1}$ 的更新表达式为：

$$\hat{\lambda}^{n+1}(t)=\hat{\lambda}^{n}+\tau\left(\hat{f}(t)-\sum_{k=1}^{k}\hat{u}_k^{n+1}(t)\right) \tag{4-30}$$

式中，τ 表示对噪声的容许参数。

判断终止条件如下：

$$\sum_k (\| u_k^{n+1} - u_k^n \|_2^2 / \| u_k^n \|_2^2) < \omega \tag{4-31}$$

(5) VMD 分解具体实现流程

根据 VMD 的算法原理，可知其具体实现步骤如下，VMD 算法流程如图 4-29 所示。

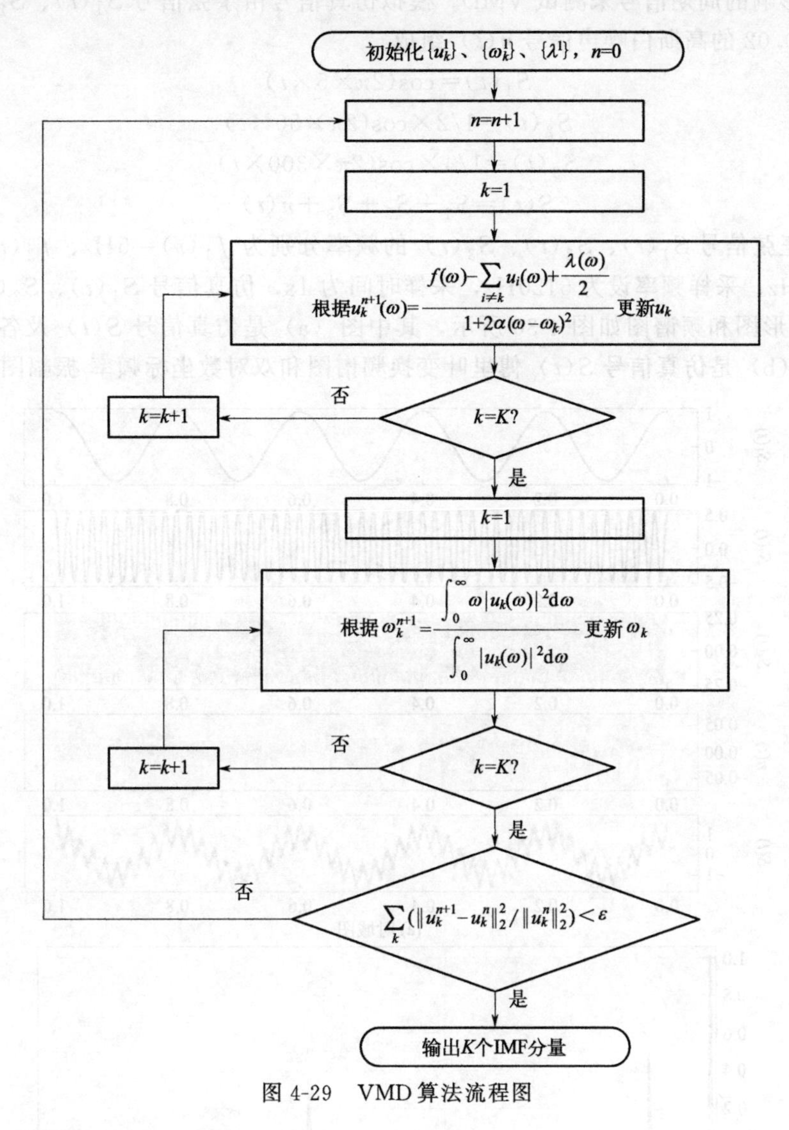

图 4-29　VMD 算法流程图

步骤 1：初始化 $\{u_k^1\}$、$\{\omega_k^1\}$、$\{\lambda^1\}$ 和 $n=0$；

步骤 2：使 $n=n+1$，执行整个循环；

步骤 3：根据式(4-28) 更新 u_k，执行内部循环；

步骤 4：令 $k=k+1$，执行步骤 3，直到 $k=K$；

步骤 5：根据式(4-29) 更新 ω_k，执行内部循环；

步骤 6：令 $k=k+1$，执行步骤 5，直到 $k=K$；

步骤 7：根据式(4-30) 更新 λ；

步骤 8：判断终止条件式(4-31) 是否满足，满足则结束循环，输出结果，否则转至步骤 2。

4.3.2 VMD分解性能分析

(1) 仿真实验与分析

为了说明VMD方法对频率混合信号的分解效果及其对输入信号的噪声的鲁棒性，构造一个受噪声影响的周期信号来测试VMD。模拟仿真信号由余弦信号 $S_1(t)$、$S_2(t)$、$S_3(t)$ 和标准差为0.02的高斯白噪声信号 $n(t)$ 组成。

$$S_1(t)=\cos(2\pi\times 5\times t)$$
$$S_2(t)=1/2\times\cos(2\pi\times 50\times t)$$
$$S_3(t)=1/4\times\cos(2\pi\times 300\times t)$$
$$S(t)=S_1+S_2+S_3+n(t) \tag{4-32}$$

其中，正弦信号 $S_1(t)$、$S_2(t)$、$S_3(t)$ 的频率分别为 $f_1(t)=5\text{Hz}$、$f_2(t)=50\text{Hz}$ 和 $f_3(t)=300\text{Hz}$，采样频率设为5120Hz，采样时间为1s，仿真信号 $S_1(t)$、$S_2(t)$、$S_3(t)$、$S(t)$ 时域波形图和频谱图如图4-30所示，其中图(a)是仿真信号 $S(t)$ 及各组成信号的时域图，图(b)是仿真信号 $S(t)$ 傅里叶变换频谱图和双对数坐标频率-振幅图。

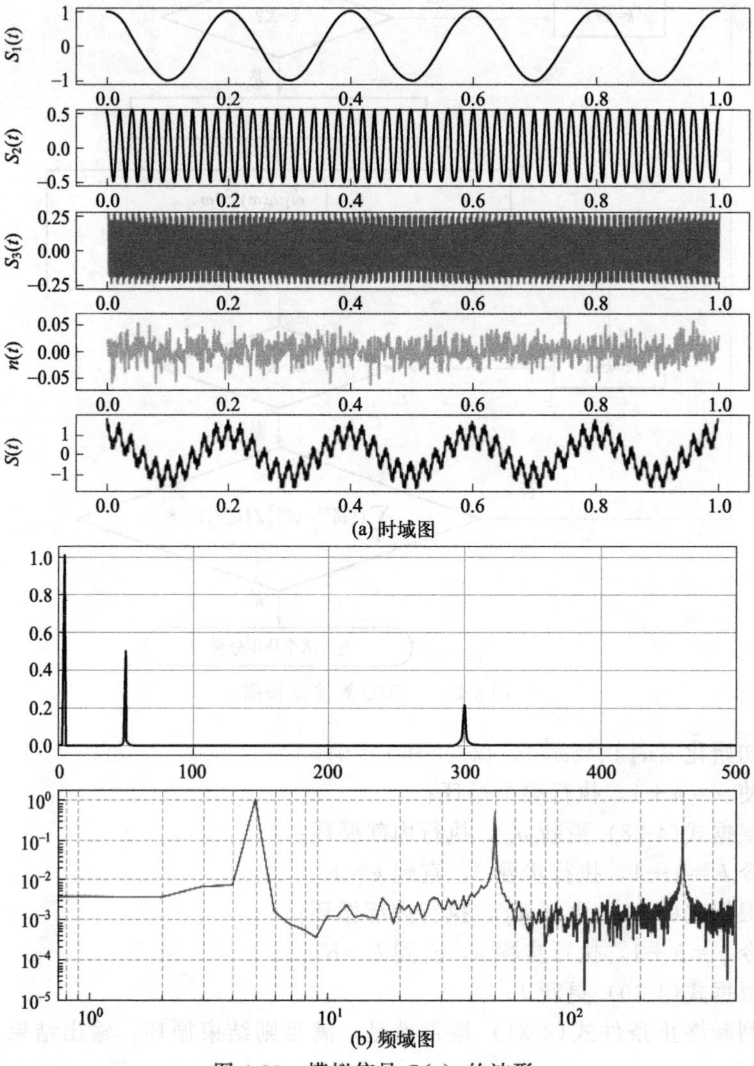

图4-30 模拟信号 $S(t)$ 的波形

从图 4-30(a) 可以看出合成信号的波形非常复杂，图 4-30(b) 可以看出 5Hz、50Hz 和 300Hz 的峰值谱线，对含噪声信号 $S(t)$ 分别采用 VMD 分解算法进行分解降噪，根据信号的频率成分，可将模态分量 K 设定为 3，α 值暂定为默认值 2000，分解结果如图 4-31 所示。分解所得的 3 个 IMF 分量分别对应仿真信号的三个时域和频域信息，可见 VMD 可以准确地将复合信号的不同频率成分提取出来。

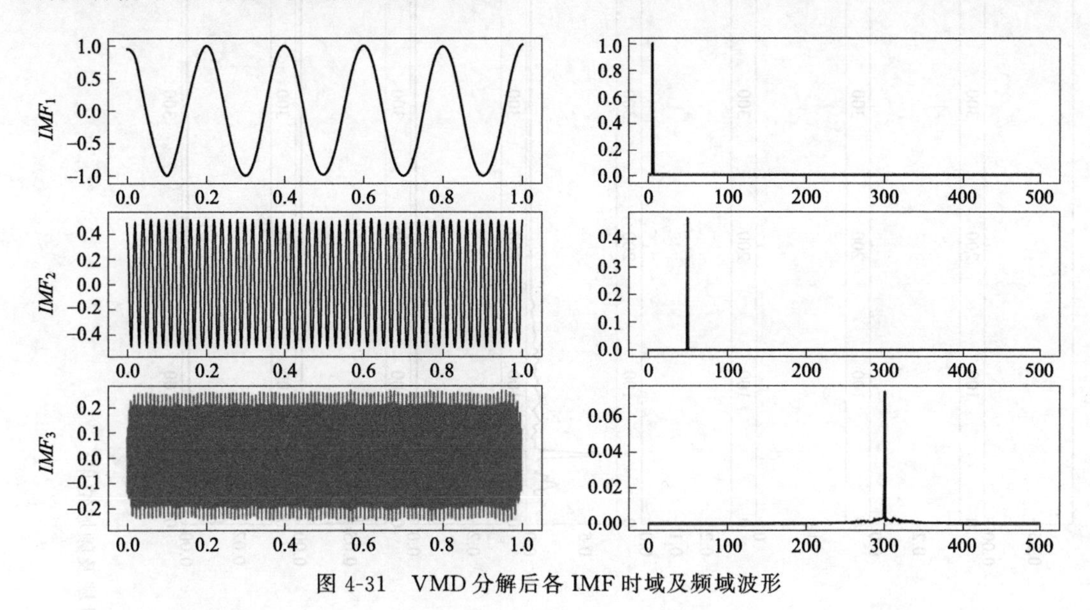

图 4-31　VMD 分解后各 IMF 时域及频域波形

(2) VMD 与 EMD 方法的对比分析

为了探讨变分模态分解方法（VMD）相较于经验模态分解方法（EMD）在信号分解上的优势，构造了具有高斯噪声和多个频率成分的调制信号，分别使用 VMD 和 EMD 方法进行分解，式(4-33) 为合成信号的表达式。

$$x(t)=0.8\cos(100\pi t)+2\sin(600\pi t)[1+\cos(200\pi t)]+n(t) \tag{4-33}$$

该表达式由正弦信号、余弦信号以及调幅调频信号组成，另外添加了一个满足高斯分布 N(0,1) 的白噪声信号。仿真信号的频率包含 50Hz、200Hz、300Hz、400Hz。采样频率设置为 5120Hz。合成信号的时域及频域波形如图 4-32 所示。分别采用 EMD 和 VMD 方法对该合成信号 $x(t)$ 进行分解，分解结果如图 4-33 和图 4-34 所示。

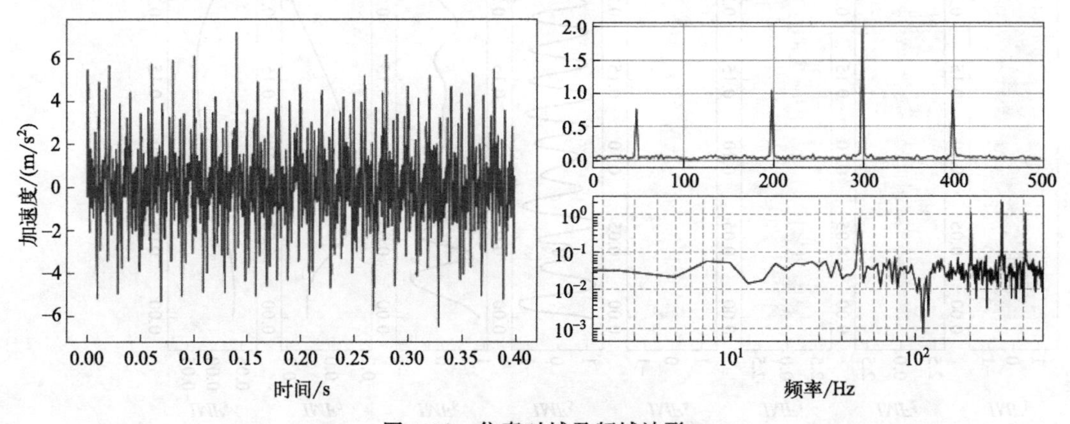

图 4-32　仿真时域及频域波形

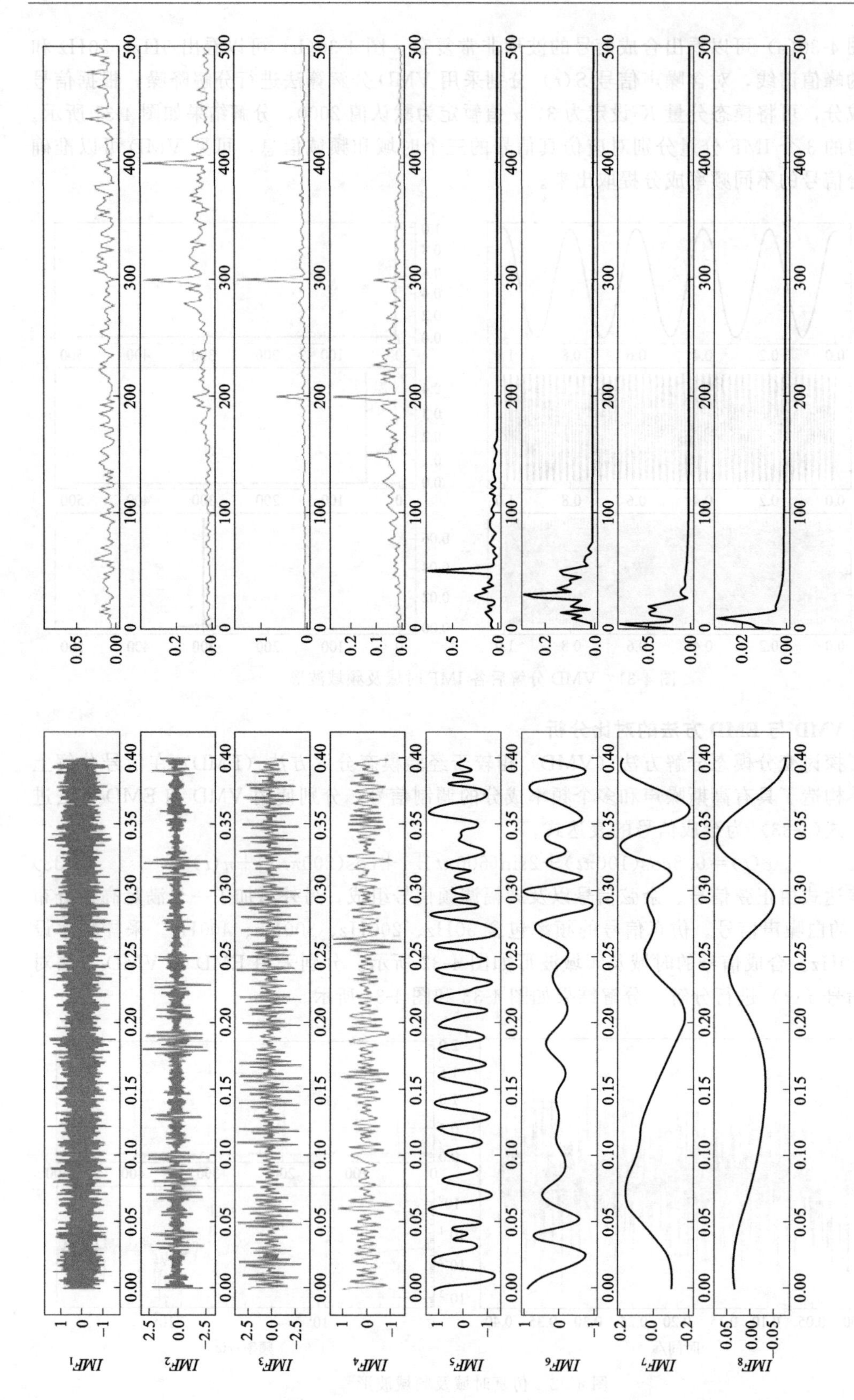

图 4-33　EMD 分解时域及频域结果

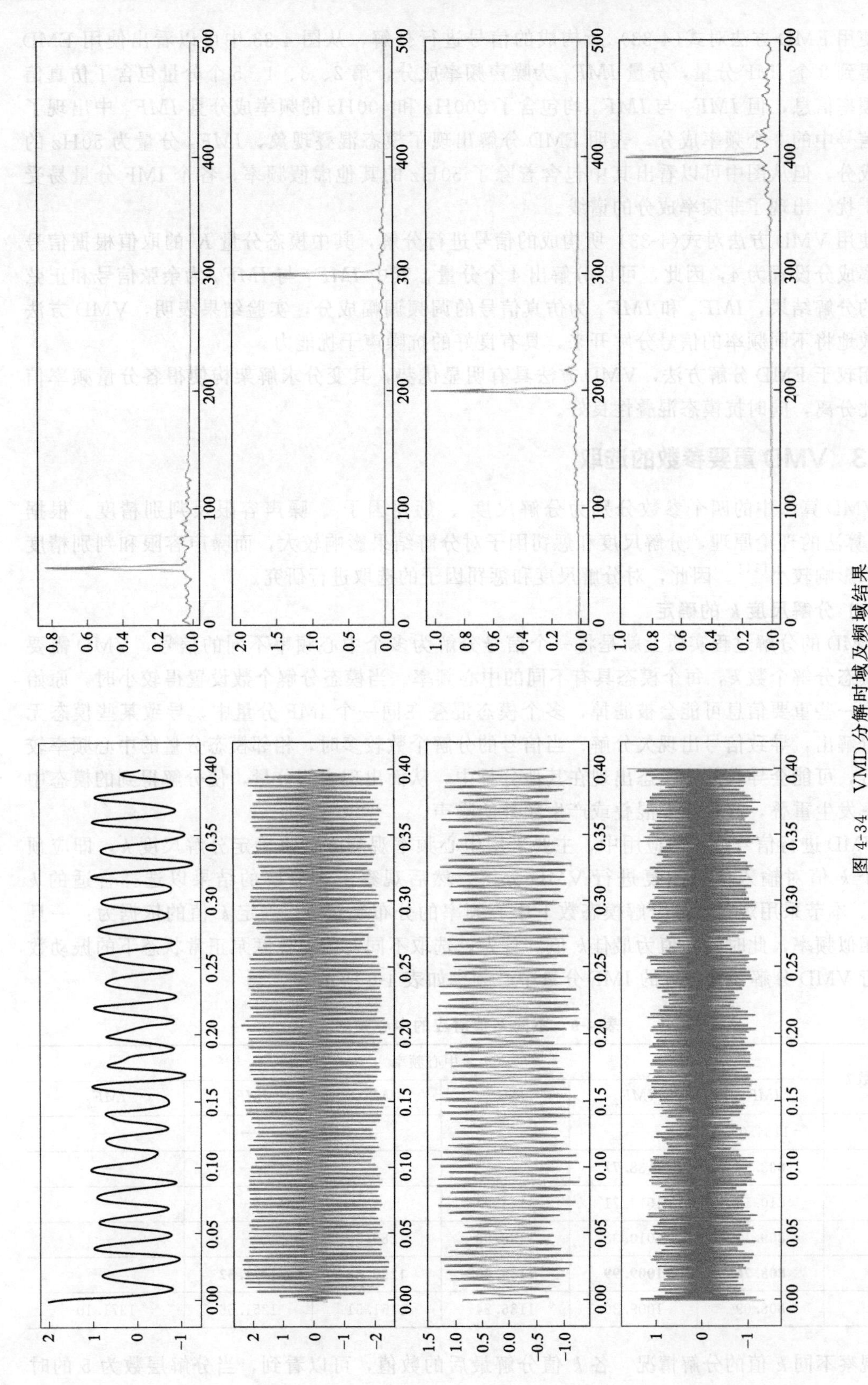

图 4-34　VMD 分解时域及频域结果

使用 EMD 方法对式(4-33) 所构成的信号进行分解，从图 4-33 中可以看出使用 EMD 分解得到 8 个 IMF 分量，分量 IMF_1 为噪声频率成分，第 2、3、4、5 个分量包含了仿真信号的频率信息，但 IMF_2 与 IMF_3 均包含了 300Hz 和 400Hz 的频率成分且 IMF_3 中出现了原始信号中的 3 个频率成分，表明 EMD 分解出现了模态混叠现象，IMF_5 分量为 50Hz 的频率成分，但从图中可以看出其中包含着除了 50Hz 的其他虚假频率，各个 IMF 分量易受噪声干扰，出现了非频率成分的谱线。

使用 VMD 方法对式(4-33) 所构成的信号进行分解，其中模态分量 K 的取值根据信号的频率成分设置为 4，因此，可以分解出 4 个分量，其中 IMF_1 与 IMF_2 为余弦信号和正弦信号的分解结果，IMF_3 和 IMF_4 为仿真信号的调频调幅成分，实验结果表明，VMD 方法能有效地将不同频率的信号分解开来，具有良好的抗噪声干扰能力。

相较于 EMD 分解方法，VMD 方法具有明显优势，其变分求解架构使得各分量频率信息彼此分离，同时抗模态混叠性良好。

4.3.3 VMD 重要参数的选取

VMD 算法中的四个参数分别为分解尺度 、惩罚因子 、噪声容限及判别精度。根据 VMD 算法的理论原理，分解尺度和惩罚因子对分解结果影响较大，而噪声容限和判别精度对结果影响较小[14]。因此，对分解尺度和惩罚因子的选取进行研究。

(1) 分解尺度 k 的确定

VMD 的分解过程实质上就是将一个信号分解为多个中心频率不同的信号，VMD 需要设置模态分解个数 k，每个模态具有不同的中心频率。当模态分解个数设置得较小时，原始信号中一些重要信息可能会被滤掉，多个模态混叠在同一个 IMF 分量中，导致某些模态无法被分解出，导致信号出现欠分解；当信号的分解个数较多时，相邻模态分量的中心频率较为接近，可能会导致某些模态出现在其他分量中，从而出现虚假分量，使分解得到的模态中心频率发生重叠，产生频率混叠或产生额外的噪声。

VMD 进行信号分析的应用中，主要采用中心频率观测方法来确定分解尺度 k，即应预设多个 k 值对输入信号重复进行 VMD 分解，然后观察所有分解的结果以选择合适的 k 值[15]。本节采用观察不同分解模态数下中心频率的分布确定 k。确定 k 值的依据为：一旦出现相似频率，此时的 k 值为最佳 k 值。首先，选取不同 k 值对柱塞泵正常状态下的振动数据进行 VMD 分解，其分解的 IMF 分量中心频率如表 4-6 所示。

表 4-6 不同 k 值对应的中心频率

模态数 k	中心频率					
	IMF_1	IMF_2	IMF_3	IMF_4	IMF_5	IMF_6
1	1134.05	—	—	—	—	—
2	833.59	1138.77	—	—	—	—
3	810.58	1013.71	1144.97	—	—	—
4	809.13	1010.38	1138.95	1280.59	—	—
5	**808.76**	**1009.99**	**1138.40**	**1250.87**	**1371.52**	—
6	808.09	1009.30	1136.24	1151.51	1251.56	1371.10

观察不同 k 值的分解情况，各 k 值分解最后的数值，可以看到，当分解层数为 5 的时候，中心频率已经稳定下来了，数值为 1371.52，当分解层数为 6 时，中心频率的数值为

1371.1。当 k 取 5 时，各 IMF 的中心频率值分布均匀，未发生模态混叠，k 为 6 时，IMF_3 和 IMF_4 中心频率相距较近，发生了模态混叠现象，即信号出现了过分解，故 VMD 参数 k 确定为 5。

(2) 惩罚因子 α 的选取

在 VMD 中，引入惩罚因子 α 和拉格朗日惩罚算子可以将约束问题转化为非约束的变分求解问题，其中 α 的作用是保证信号的重构精度和收敛速度等，而拉格朗日惩罚算子的作用是保证约束条件的严格性。在固定分解尺度 k 的情况下，当惩罚因子较低时，分解算法的约束作用不足，导致不同 IMF 频谱间出现一定的重叠；反之，随着惩罚因子的逐渐增大，其频域带宽逐渐变窄，导致重构信号与原始信号的误差增大。

选取 $k=5$，分别取 $\alpha=500$、$\alpha=1000$、$\alpha=2000$、$\alpha=3000$、$\alpha=4000$ 对柱塞泵正常状态下的振动数据进行 VMD 分解，分解后各分量频谱结果如图 4-35 所示。从图中可以看出 α 影响分解的各模态分量的带宽以及中心频率：当 $\alpha=1000$ 和 $\alpha=2000$ 时，VMD 能够精确地将信号中各频率分量分解出来；当 $\alpha=3000$ 时，VMD 分解效果非常差，开始出现虚假分量，出现模态混叠；当 $\alpha=4000$ 时，VMD 未将信号的主要频率分解出来。通过实验结果可以看出，惩罚因子显著影响着信号的分解结果，表 4-7 所示为在取不同惩罚因子值时，VMD 的分解速度的变化，可以看出当 $\alpha=2000$ 时，VMD 分解耗时最短，综合 VMD 的抗模态混叠及分解速度两个方面，选取 $\alpha=2000$ 对柱塞泵振动数据进行分解。

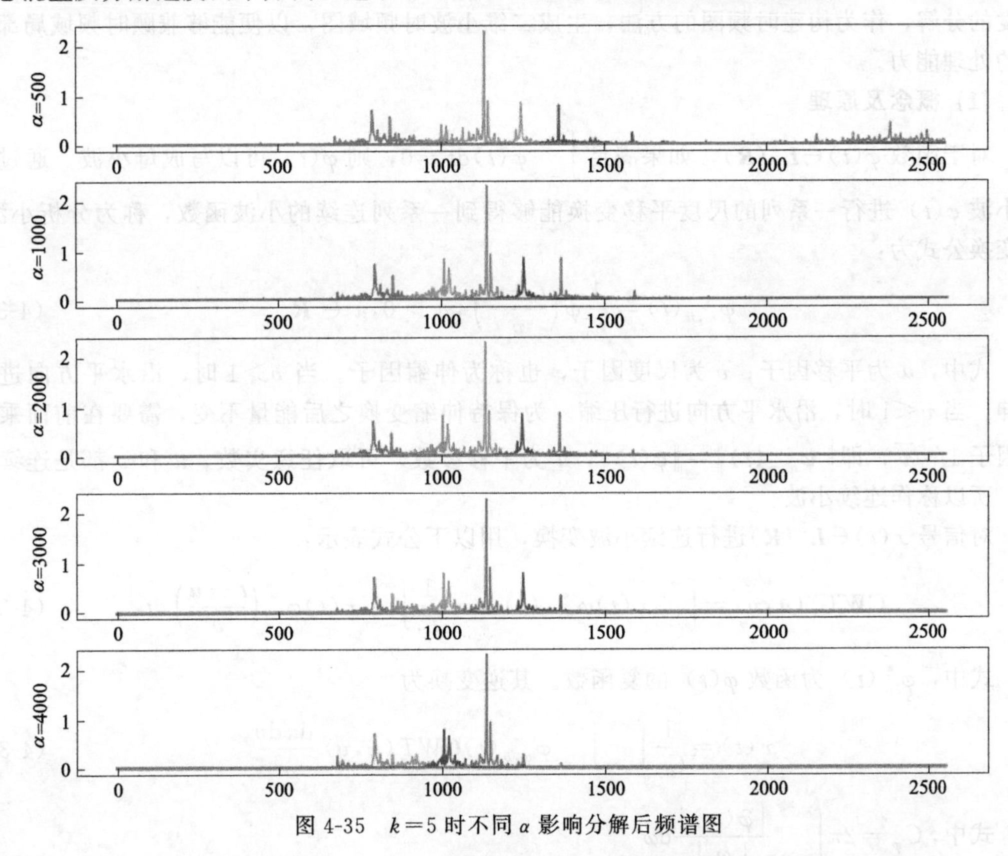

图 4-35　$k=5$ 时不同 α 影响分解后频谱图

表 4-7　$k=5$ 时 α 取不同值 VMD 分解消耗时间

惩罚因子 α	VMD 运行时长/ms
500	136.598

续表

惩罚因子 α	VMD运行时长/ms
1000	240.357
2000	85.77
3000	255.317
4000	175.53

4.3.4 连续小波变换CWT

小波时频变换中的平移因子 u 和尺度因子 v 决定时频窗的位置和外形，这使得小波变换具有了自适应性和多分辨率特性[16]，广泛应用于信号处理领域。连续小波变换（continuous wavelet transform，CWT）采用一个可随频率自适应调整的“时频”窗口，克服了短时傅里叶变换窗口的大小不能随频率或时间调整，难以准确反映频率与时间关系的局限性，更适合处理具有瞬态突变的信号[17]。到目前为止小波分析已经得到广泛的应用，是信号处理、图像处理等诸多领域中不可或缺的时频域分析工具[18]。

小波基函数具有强大的时频分析功能，使得其能够取代傅里叶分析。而柱塞泵振动信号本质上是一种非平稳的随机信号，因此选择使用连续小波变换将VMD分解后的数据进行多尺度的分解，作为构建时频图的方法，生成二维小波时频域图，以便能够兼顾时频域局部信息的处理能力。

(1) 概念及原理

对于函数 $\varphi(t)\in \boldsymbol{L}^2(\boldsymbol{R})$，如果满足 $\int_{-\infty}^{\infty}\varphi(t)\mathrm{d}t=0$，则 $\varphi(t)$ 可以写成母小波。通过对母小波 $\varphi(t)$ 进行一系列的尺度平移变换能够得到一系列连续的小波函数，称为分析小波。其变换公式为：

$$\varphi_{u,v}(t)=\frac{1}{\sqrt{v}}\varphi\left(\frac{t-u}{v}\right), v>0, u\in \boldsymbol{R} \tag{4-34}$$

式中，u 为平移因子；v 为尺度因子，也称为伸缩因子。当 $v>1$ 时，沿水平方向进行拉伸。当 $v<1$ 时，沿水平方向进行压缩。为保持伸缩变换之后能量不变，需要在前面乘尺度因子 $1/\sqrt{v}$，即 $\|\varphi_{u,v}(t)\|=\|\varphi(t)\|$，$u$ 为平移参数，可取任意实数。u 和 v 都是连续变量，所以称作连续小波。

对信号 $x(t)\in \boldsymbol{L}^2(\boldsymbol{R})$ 进行连续小波变换，用以下公式表示：

$$CWT_x(u,v)=\int_{-\infty}^{\infty}x(t)\varphi_{u,v}^{*}(t)\mathrm{d}t=\frac{1}{\sqrt{v}}\int_{-\infty}^{\infty}x(t)\varphi^{*}\left(\frac{t-u}{v}\right)\mathrm{d}t \tag{4-35}$$

式中，$\varphi^{*}(t)$ 为函数 $\varphi(t)$ 的复函数。其逆变换为

$$x(t)=\frac{1}{C_{\varphi}}\int_{-\infty}^{\infty}\int_{-\infty}^{\infty}\varphi_{u,v}(t)CWT(u,v)\frac{\mathrm{d}u\mathrm{d}v}{v^2} \tag{4-36}$$

式中，$C_{\varphi}=2\pi\int_{-\infty}^{\infty}\frac{|\widehat{\varphi}(\omega)|}{|\omega|}\mathrm{d}\omega$

母小波函数需要满足以下条件，以保证小波变换能够准确地构造原有信号并具有相应逆变换：

① 首先母小波函数在窗函数外部的值都为0；

② 需要满足 $\int_{-\infty}^{\infty}\frac{|\hat{\varphi}(\omega)|}{|\omega|}\mathrm{d}\omega<+\infty$；

③ 母小波函数满足 $\hat{\varphi}(\omega)|_{\omega=0}=0$。

(2) 连续小波变换的性质

① 线性叠加性。对于信号 $x_1(t)$ 和 $x_2(t)$，对它们进行连续小波变换得到的结果分别为 $CWT_{x_1}(u,v)$ 和 $CWT_{x_2}(u,v)$，则对信号 $x(t)=m_1x_1(t)+m_2x_2(t)$ 进行连续小波变换的公式为：

$$CWT_x(u,v)=m_1CWT_{x_1}(u,v)+m_2CWT_{x_2}(u,v) \tag{4-37}$$

② 时移不变性。若信号 $x(t)$ 的小波变换为 $CWT_x(u,v)$，则 $x(t-\tau)$ 的小波变换为 $CWT_x(u,v-\tau)$。

③ 尺度变换性。若信号 $x(t)$ 的小波变换为 $CWT_x(u,v)$，则信号 $x(Mt)$ 的小波变换为 $\frac{CWT_x(Mu,Mv)}{\sqrt{M}}$，即在时间尺度上缩放 M 倍时，u、v 同样缩放 M 倍，以保持窗函数形状不变。

4.3.5 二维时频特征

VMD 分解得到的各 IMF 分量包含了原始信号在不同时间尺度上的大量局部特征，由于卷积结构旨在处理 2D 或 3D 输入数据，对一维输入的特征提取能力并不理想[19]，为了更好地对各 IMF 分量进行特征提取，将一维振动信号转换为二维，使用 64×64 像素的时频特征图作为网络的输入。图 4-36 为原始信号和经过 VMD 分解后的重构信号经过连续小波变换后生成的时频特征图，可以看出，原始振动信号中各频率成分相互耦合，信号的故障特征不明显。对 VMD 分解后各 IMF 分量的数据按中心频率大小排列重构信号，然后执行连续小波变换，生成的图像在不同时间域内各频率成分明显。图像样本构建过程如图 4-37 所示。

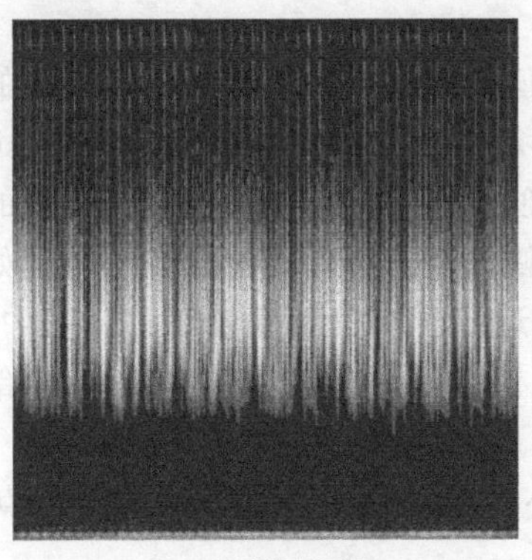
(a) 原始信号

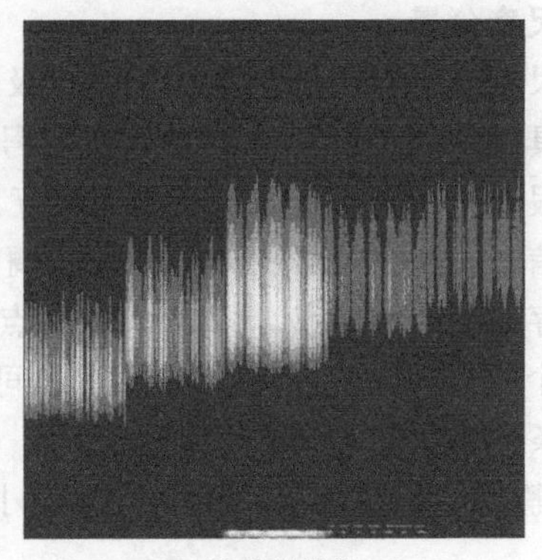
(b) 重构信号

图 4-36　小波变换时频图

使用 CWT 可以将振动信号转换为包含故障时频域信息的二维时频图像，在转换过程中，小波基函数的选择决定着从振动信号中提取到的特征质量，从而对最终的诊断结果产生影响。小波基函数与信号的卷积操作可抑制不同信号特性，放大相似信号特性[20]。在使用连续小波变换处理振动信号时，如果所选用的小波基函数的波形和振动脉冲信号的形状越接近，那么从振动信号中提取到的信号特征就越丰富[21]。Morlet 小波特性与振动信号的冲击

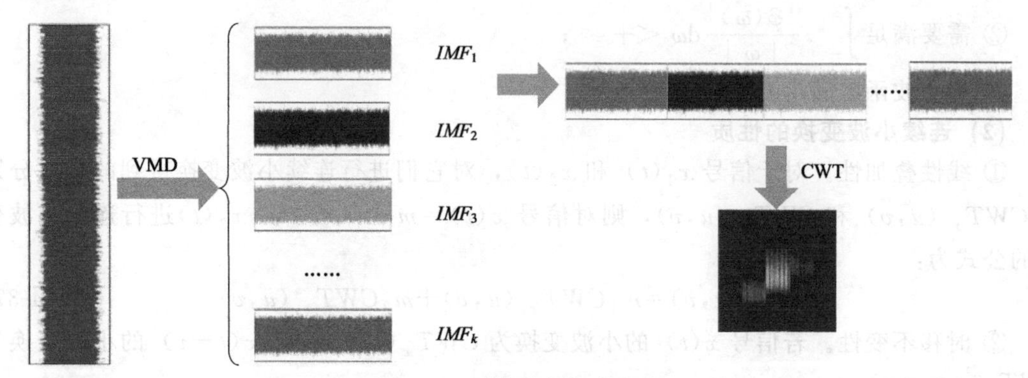

图 4-37 图像样本构建过程

特性较为相似[22]，因此本书在对振动信号进行 CWT 转换时使用 Morlet 小波作为小波基函数。

4.4 改进的局部特征尺度分解法

针对局部特征尺度分解[23,24]（local characteristic-scale decomposition，LCD）存在的模态混叠问题，本节研究了一种解相关掩蔽局部特征尺度分解（decorrelation masking local characteristic-scale decomposition，DMLCD）。首先对 LCD 算法的基本原理进行说明；接着阐述 LCD 改进方法的分解过程，通过在分解过程添加掩蔽信号并嵌入解相关操作达到抑制模态混叠现象的目的；最后通过两组仿真信号和转辙机柱塞泵实测信号验证了该分解方法的有效性[25]。

4.4.1 局部特征尺度分解 LCD

(1) 内禀尺度分量

局部特征尺度分解方法是在非平稳信号极值点的这一局部特征尺度参数的基础上，通过研究瞬时频率具备物理意义的典型单分量信号定义了内禀尺度分量（intrinsic scale component，ISC)，假定任意复杂信号由有限个相互独立的 ISC 单分量组成。典型的单分量信号包括正（余）弦信号、调幅信号、调频信号、调幅调频信号，其时域波形分别如图 4-38 所示。

这些信号存在一个共同点，即 A、B 两点近似看作关于横轴对称。其中 B 为任意极小值点，A 为两个相邻极大值点连线在二者之间极小值时刻的取值。由此可给出 ISC 分量所需满足的两个条件[26]：

① 一个完整信号序列中，其极大值与极小值符号互异，且任意两极值点之间呈现严格单调性。

② 一个完整信号序列中，假定所有极值点为 (τ_k, X_k)，$(k=1,2,\cdots,M)$，其中 M 表示极值点个数，则任意两个相邻的同类型极值点 (τ_k, X_k)、(τ_{k+2}, X_{k+2}) 确定一条直线 l_k：

$$y=\frac{X_{k+2}-X_k}{\tau_{k+2}-\tau_k}(t-\tau_k)+X_k \tag{4-38}$$

两个同类型极值点之间的另一极值点 X_{k+1} 相对应的时刻 τ_{k+1} 在直线 l_k 上的函数值记作 A_{k+1}：

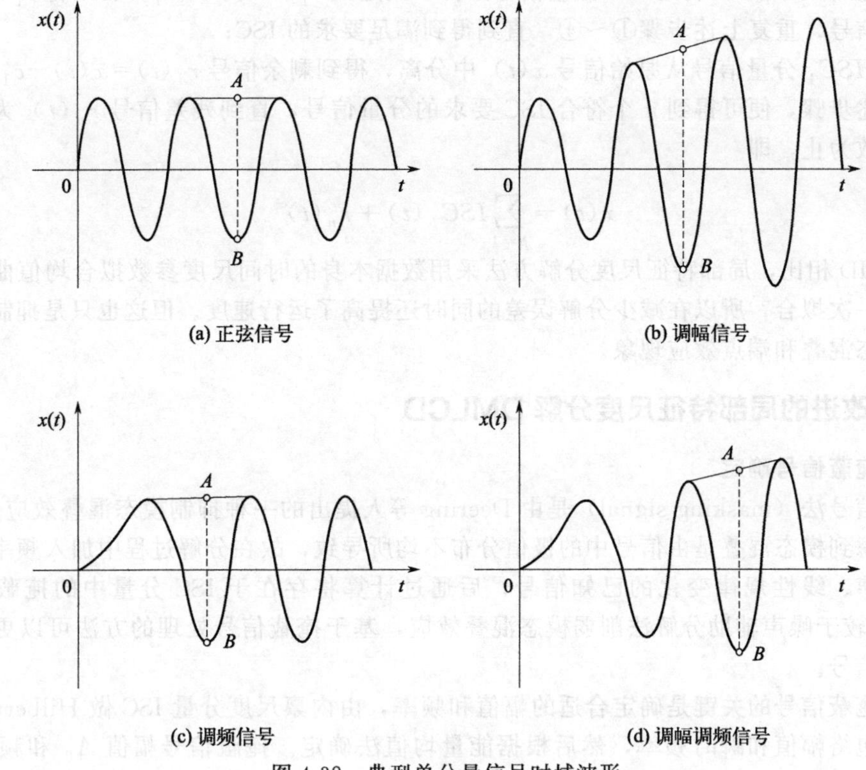

图 4-38　典型单分量信号时域波形

$$A_{k+1}=\frac{X_{k+2}-X_k}{\tau_{k+2}-\tau_k}(\tau_{k+1}-\tau_k)+X_k \tag{4-39}$$

要求 A_{k+1} 与 X_{k+1} 的比值保持恒定不变，即满足

$$aA_{k+1}+(1-a)X_{k+1}=0, a\in(0,1) \tag{4-40}$$

一般情况下 a 取值为 0.5，此时 $\frac{A_{k+1}}{X_{k+1}}=-1$。

满足上述两个条件的分量信号使得瞬时频率具有物理意义，称为 ISC 分量。这两个条件既能保证单分量信号波形单一，同时还能保证波形具有对称性和光滑性。

(2) 局部特征尺度分解

在给定 ISC 分量定义的基础上，提出局部特征尺度分解的信号处理方法。任意信号都可以通过 LCD 自适应分解为 n 个 ISC 分量与一个残余分量 $r_n(t)$ 之和，具体分解过程如下：

① 确定原始信号 $x(t)$ 的所有极值点 $X(k)$ 及对应时刻 $\tau_k(k=1,2,\cdots,M)$，M 为极值点个数，连续相邻极值点将信号分为若干个区间；

② 计算每个区间的基线提取算子 L_k，此处 k 的值为 $2\sim(M-1)$，对极值序列延拓得到端点 L_1 与 L_M 的值，其中

$$L_k=aA_k+(1-a)X_k \tag{4-41}$$

③ 利用三次样条函数拟合 $L_1,L_2,\cdots,L_M$，得到各区间均值曲线，并将其依次连接得到 LCD 均值曲线，记为 $m_1(t)$；

④ 从原信号中将均值曲线分离，得到新信号：

$$c_1(t)=x(t)-m_1(t) \tag{4-42}$$

⑤ 若新信号 $c_1(t)$ 满足ISC分量信号条件，则定义 $c_1(t)$ 为 ISC_1；否则将 $c_1(t)$ 作为新的分解信号，重复上述步骤①～④，直到得到满足要求的ISC；

⑥ 将 ISC_1 分量信号从原始信号 $x(t)$ 中分离，得到剩余信号 $r_1(t)=x(t)-c_1(t)$；重复循环上述步骤，便可得到 n 个符合ISC要求的分量信号，直到残差信号 $r_n(t)$ 为单调函数或常函数为止，即

$$x(t)=\sum_{p=1}^{n} ISC_p(t)+r_n(t) \tag{4-43}$$

与EMD相比，局部特征尺度分解方法采用数据本身的时间尺度参数拟合均值曲线，由于只经历一次拟合，所以在减少分解误差的同时还提高了运行速度。但这也只是抑制了一定程度的模态混叠和端点效应现象。

4.4.2 改进的局部特征尺度分解 DMLCD

(1) 掩蔽信号确定

掩蔽信号法（masking signal）是由 Deering 等人提出的一种抑制模态混叠效应的方法。该方法考虑到模态混叠是由信号中的极值分布不均所导致，故在分解过程中加入频率与幅值呈正弦规律、线性规律变化的已知信号，后通过计算将存在于ISC分量中的掩蔽信号消除[27]。相较于噪声辅助分解法削弱模态混叠效应，基于掩蔽信号处理的方法可以更好地自适应分解信号。

选择掩蔽信号的关键是确定合适的幅值和频率，由内禀尺度分量ISC做Hilbert-Huang变换求得包络幅值和瞬时频率，然后根据能量均值法确定。掩蔽信号幅值 A_0 和频率 f 分别为[28]：

$$A_0=\frac{1.6}{n}\sum_{i=1}^{n} a_1(i) \tag{4-44}$$

$$f=M\frac{\sum_{i=1}^{k} a_1(i) f_1^2(i)}{\sum_{i=1}^{k} a_1(i) f_1(i)} \tag{4-45}$$

式中，$a_1(i)$、$f_1(i)$、M 分别为当前ISC分量的瞬时幅值、瞬时频率、带宽系数。

因此，掩蔽信号确定为：

$$s(t)=A_0\sin(2\pi f t) \tag{4-46}$$

(2) 解相关处理

模态混叠现象的表征就是同一ISC分量中包含不同特征尺度的分量，李晓斌采用正交指数判别法验证了EMD分解后各阶模态之间的正交关系，即发生模态混叠时，分解出的各阶IMF分量之间不正交，而不发生模态混叠的IMF分量正交[29]。由此可认为，确保ISC分量之间呈现正交性是抑制分解存在模态混叠现象的一个有效途径。

相关系数是研究两个变量之间的线性相关密切程度的一个指标[30]。定义随机信号 $x(t)$ 与 $y(t)$，其相关系数为：

$$r=\frac{\mathrm{Cov}(x(t),y(t))}{\sigma_{x(t)}\sigma_{y(t)}} \tag{4-47}$$

式中，$\mathrm{Cov}(x(t),y(t))$ 为两信号的协方差；$\sigma_{x(t)}$ 与 $\sigma_{y(t)}$ 分别表示信号 $x(t)$、$y(t)$ 的标准差。相关系数 r 越大证明两个变量相关程度越大，$r=0$ 时称信号 $x(t)$ 与 $y(t)$ 正交。

因此为保证 ISC 分量之间的正交性，可通过解相关运算进行处理[31]，表示为：

$$z(t)=x(t)-r\times y(t) \tag{4-48}$$

其中，$r\times y(t)$ 代表 $x(t)$ 与 $y(t)$ 相关的部分，将其从 $x(t)$ 中去除，便得到与 $y(t)$ 不相关的部分。

通过对分解后的各 ISC 分量进行解相关处理修正，可保证各分量之间满足正交性。

(3) 解相关掩蔽局部特征尺度分解

DMLCD 方法流程图如图 4-39 所示，在初始信号中引入掩蔽信号进行分解，通过对每个 ISC 分量进行解相关操作，可以减少分量之间的耦合度，从而达到抑制模态混叠的目的，提高特征提取效果。

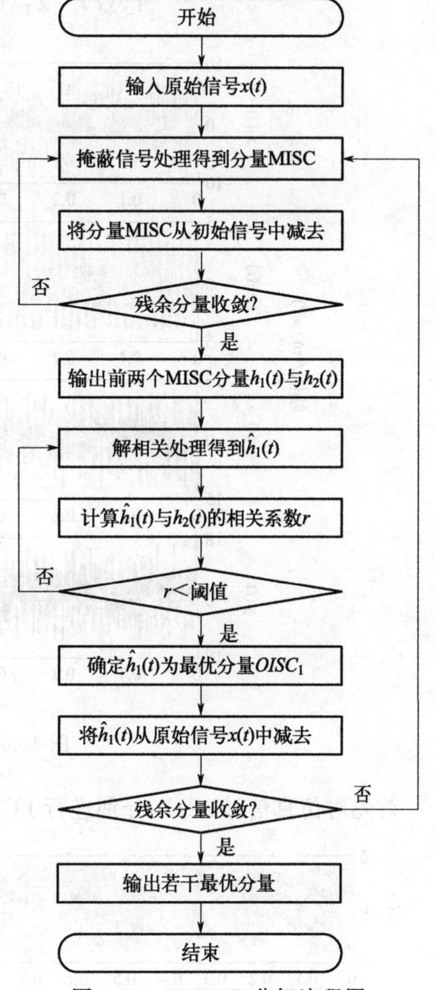

图 4-39　DMLCD 分解流程图

解相关掩蔽局部特征尺度分解（DMLCD）分解步骤如下：

① 利用 LCD 对初始信号 $x(t)$ 进行分解，得到分量 $PISC_1$。

② 通过希尔伯特变换计算 $PISC_1$ 对应的瞬时频率 $f_1(i)$、瞬时幅值 $a_1(i)$ 以及带宽系数 M，根据式(4-45) 确定掩蔽信号的频率 f。

③ 构造掩蔽信号 $s(t)$。

④ 将掩蔽信号加入初始信号以构建新信号 $y(t)=x(t)+s(t)$，对 $y(t)$ 进行 LCD 分解得到分量 ISC_1，把掩蔽信号从 ISC_1 分量中减去，得到分量 $MISC_1h_1(t)$，即 $MISC_1=ISC_1-s(t)$。

⑤ 将分量信号 $MISC_1h_1(t)$ 从初始信号中去除，得到下一个待分解信号，对此信号重复步骤①～④得到第二个分量 $MISC_2h_2(t)$。

⑥ 求 $h_1(t)$ 与 $h_2(t)$ 的相关系数，并对 $h_1(t)$ 做相关处理，即

$$\hat{h}_1(t)=h_1(t)-r\times h_2(t) \tag{4-49}$$

⑦ 将处理后的分解信号 $\hat{h}_1(t)$ 从初始信号 $x(t)$ 中去除，得到待分解信号 $\tilde{x}(t)=x(t)-\hat{h}_1(t)$，对 $\tilde{x}(t)$ 重复上述步骤①～⑤，得到两个分量 $MISC\tilde{h}_j(t)$。

⑧ 求处理后的分量 $\hat{h}_1(t)$ 与下一阶分量 $\tilde{h}_j(t)$ 的相关系数值，如果系数小于阈值 δ，则认为 $\hat{h}_1(t)$ 为最优分量 $OISC_1$，然后按照步骤⑥对后续分量 $\tilde{h}_j(t)$ 进行解相关操作。反之，一直重复步骤⑥和⑦，对 $\hat{h}_1(t)$ 与 $\tilde{h}_j(t)$ 继续进行相关系数处理，直至所有分量之间的相关系数值小于设定阈值 δ，此处 δ 取值为 0.1。

4.4.3　仿真实例

为验证改进 LCD 算法在信号处理方面的优势，在对柱塞泵信号处理之前采用两组仿真模拟信号分析验证改进前后两种分解方法的分解优势，其中一组的仿真信号 $x(t)$ 表达式如

式(4-50) 所示，其中 $x_1(t)$ 为调频信号，$x_2(t)$ 为频率 88Hz 的余弦信号；考虑到柱塞泵实测数据中存在噪声问题，在仿真信号 $x(t)$ 的基础上添加强度为 8dB 的高斯白噪声 $N(t)$，构成另一组含噪声仿真信号 $y(t)$。两组仿真信号及其分量的时域波形如图 4-40 所示，设定采样频率为 5120Hz，采样点数为 5120。

$$\begin{cases} x_1(t)=[3\sin(440\pi t)][3\cos(120\pi t)] \\ x_2(t)=4\cos(176\pi t) \\ x(t)=x_1(t)+x_2(t) \\ y(t)=x_1(t)+x_2(t)+N(t) \end{cases} \tag{4-50}$$

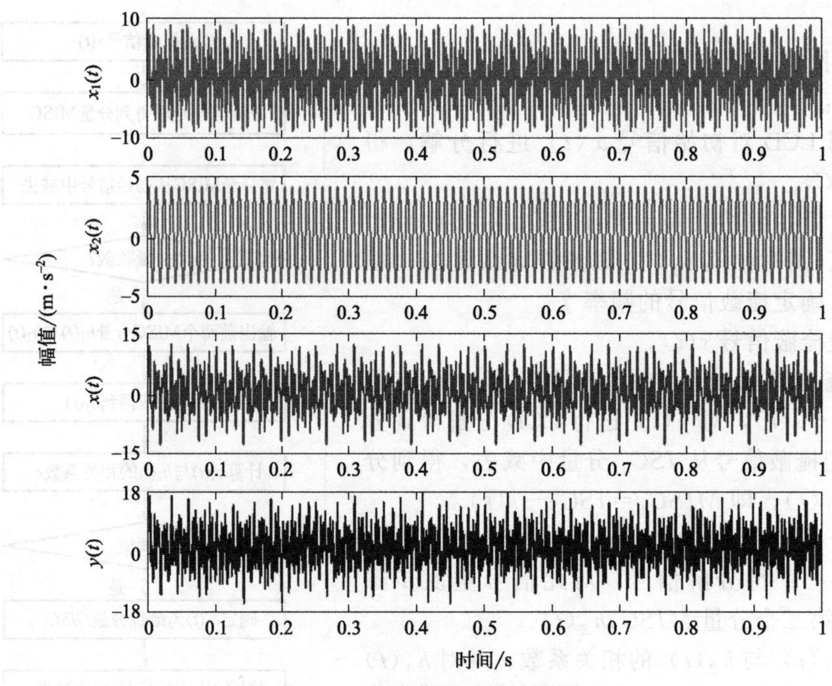

图 4-40 仿真信号时域波形图

首先对仿真信号 $x(t)$ 分别进行 LCD 和 DMLCD 分解，分解结果如图 4-41、图 4-42 所示。

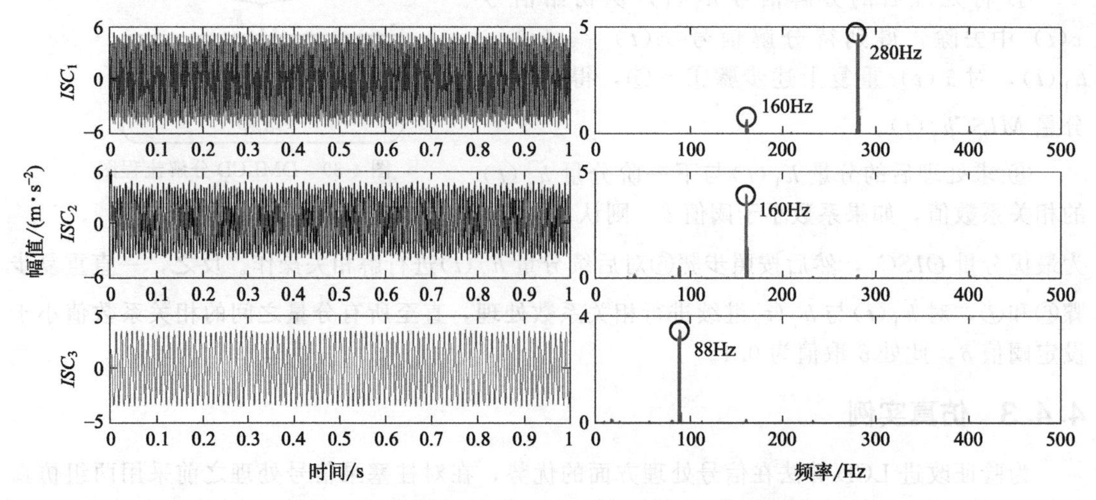

图 4-41 仿真信号 $x(t)$ 经 LCD 分解时域、频域图

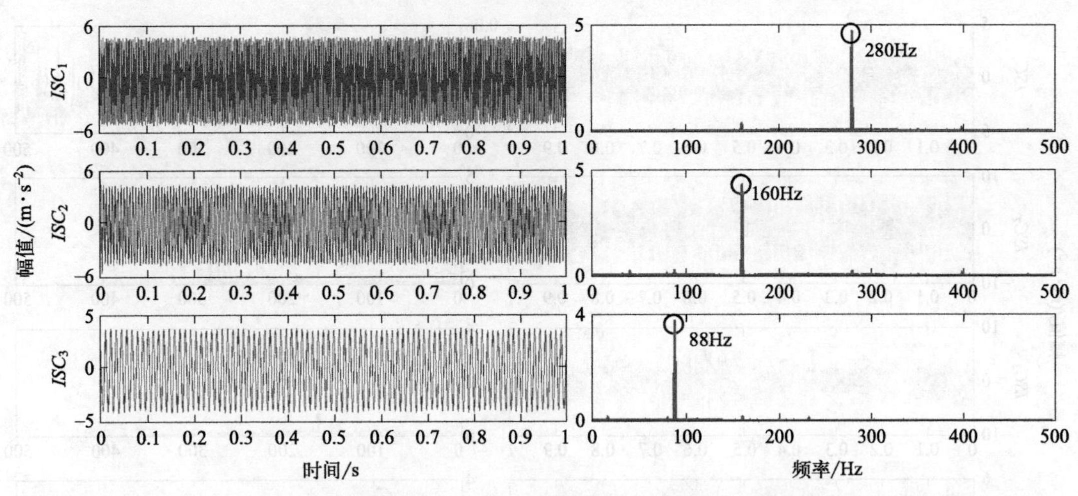

图 4-42　仿真信号 $x(t)$ 经 DMLCD 分解时域、频域图

仿真信号 $x(t)$ 经 LCD 分解后共得到 14 阶分量，经 DMLCD 分解后得到 6 阶分量，有效减少了虚假分量的产生，此处只画出前三阶分量进行分析。对比两种分解方法中的频域图可看出，LCD 分解后的第一阶分量中同时存在信号 $x_1(t)$ 的两个频率 160Hz 和 280Hz，存在一定的模态混叠现象，而经 DMLCD 分解后的 ISC 分量对应的频率更单一，可有效将不同频率分解在不同分量中。

为更好地模拟柱塞泵真实数据情况，对含有噪声的仿真信号 $y(t)$ 进行 LCD 和 DMLCD 分解，结果分别如图 4-43、图 4-44 所示。

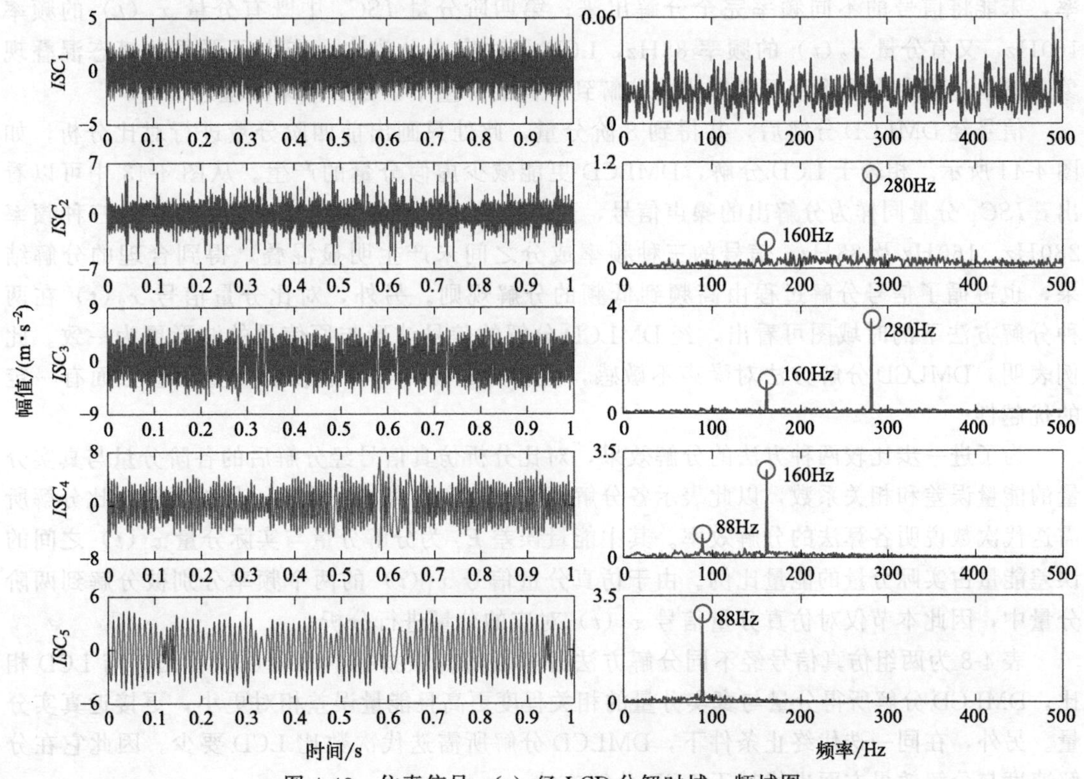

图 4-43　仿真信号 $y(t)$ 经 LCD 分解时域、频域图

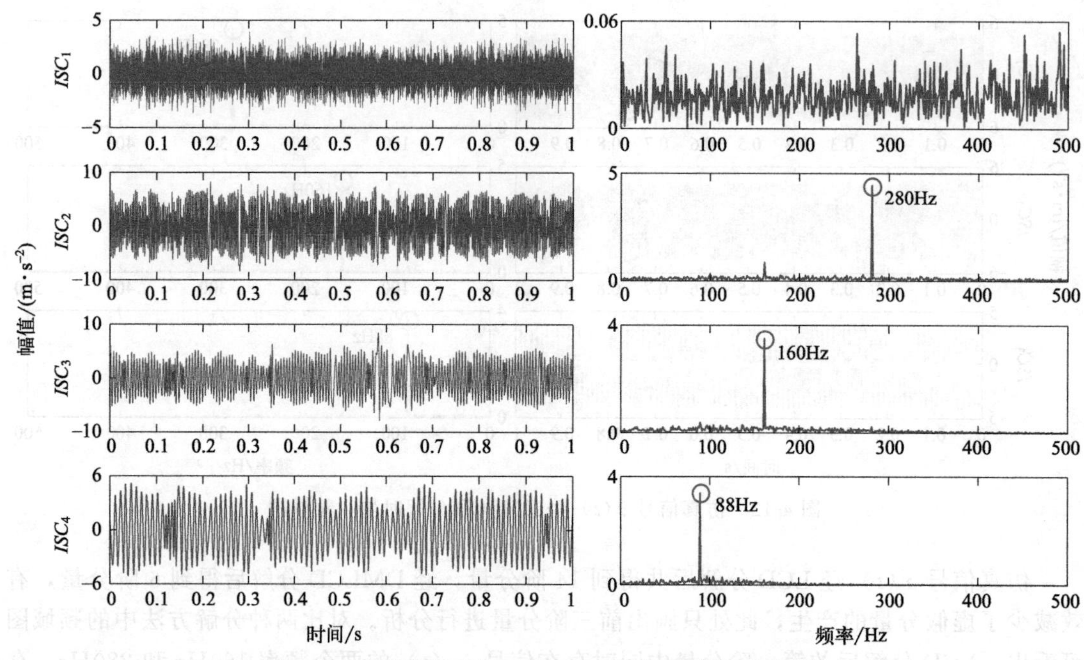

图 4-44 仿真信号 $y(t)$ 经 DMLCD 分解时域、频域图

仿真信号 $y(t)$ 经 LCD 分解后，得到 11 阶分量，限于篇幅，此处只画出前五阶分量的时域、频域图。从图 4-43 中可看出，ISC_1 为分解出的噪声信号；ISC_2 为噪声信号与分量 $x_1(t)$ 的叠加信号；ISC_3 分量虽将噪声信号去除，但它也同时包含了分量 $x_1(t)$ 的两个频率，未能将信号的不同频率完全分解出来；第四阶分量 ISC_4 中既有分量 $x_1(t)$ 的频率 160Hz，又有分量 $x_2(t)$ 的频率 88Hz，LCD 无法完全分辨出，产生了严重的模态混叠现象。整个过程中未能将不同频率成分分解到不同的分量中，分解效果不理想。

信号经 DMLCD 分解后，共得到 8 阶分量，此处只画出前四阶分量进行对比分析，如图 4-44 所示。相较于 LCD 分解，DMLCD 更能减少虚假分量的产生。从图 4-43 中可以看出，ISC_1 分量同样为分解出的噪声信号，而其余的三阶分量分别对应仿真信号的三种频率 280Hz、160Hz 及 88Hz，信号的三种频率成分之间未产生明显混叠，得到合理的分解结果，也遵循了信号分解过程由高频到低频的分解规则。另外，对比分量信号 $x_2(t)$ 在两种分解方法下的时域图可看出，经 DMLCD 分解的信号波形与原信号的波形更为一致。此例表明，DMLCD 分解方法对噪声不敏感，且在分解能力与抑制模态混叠效应方面有一定的优越性。

为了进一步比较两种方法的分解效果，对比分析仿真信号经分解后的各阶分量与真实分量的能量误差和相关系数，以此表示各分解算法对真实信号的还原度；另外通过对比分解所需迭代次数说明各算法的分解效率。其中能量误差 E_i 为分解分量与实际分量 $x_i(t)$ 之间的误差能量占实际分量的能量比例。由于仿真分量信号 $x_1(t)$ 的两个频率分别被分解到两阶分量中，因此本节仅对仿真分量信号 $x_2(t)$ 对应的分量进行分析。

表 4-8 为两组仿真信号经不同分解方法分解后的各项指标。由表可以看出，与 LCD 相比，DMLCD 分解所得分量与真实分量的相关程度更高且能量误差相对更小，更接近真实分量。另外，在同一迭代终止条件下，DMLCD 分解所需迭代次数比 LCD 要少。因此它在分解速度与分解效果方面也优越于 LCD 分解方法。

表 4-8　仿真结果参数对比

仿真信号	分解方法	分量名称	能量误差	相关系数	迭代次数
$x(t)$	LCD	ISC_3	0.0284	0.9753	14
	DMLCD	ISC_3	0.0107	0.9958	6
$y(t)$	LCD	ISC_5	0.2010	0.8981	11
	DMLCD	ISC_4	0.1593	0.9214	8

4.4.4 应用实例

为进一步验证 DMLCD 分解方法的有效性，选取柱塞球头断裂故障的其中一个样本振动信号进行分析。分别使用 LCD 与 DMLCD 两种方法对振动信号进行分解，分解后的时域波形和频域图分别如图 4-45、图 4-46 所示。

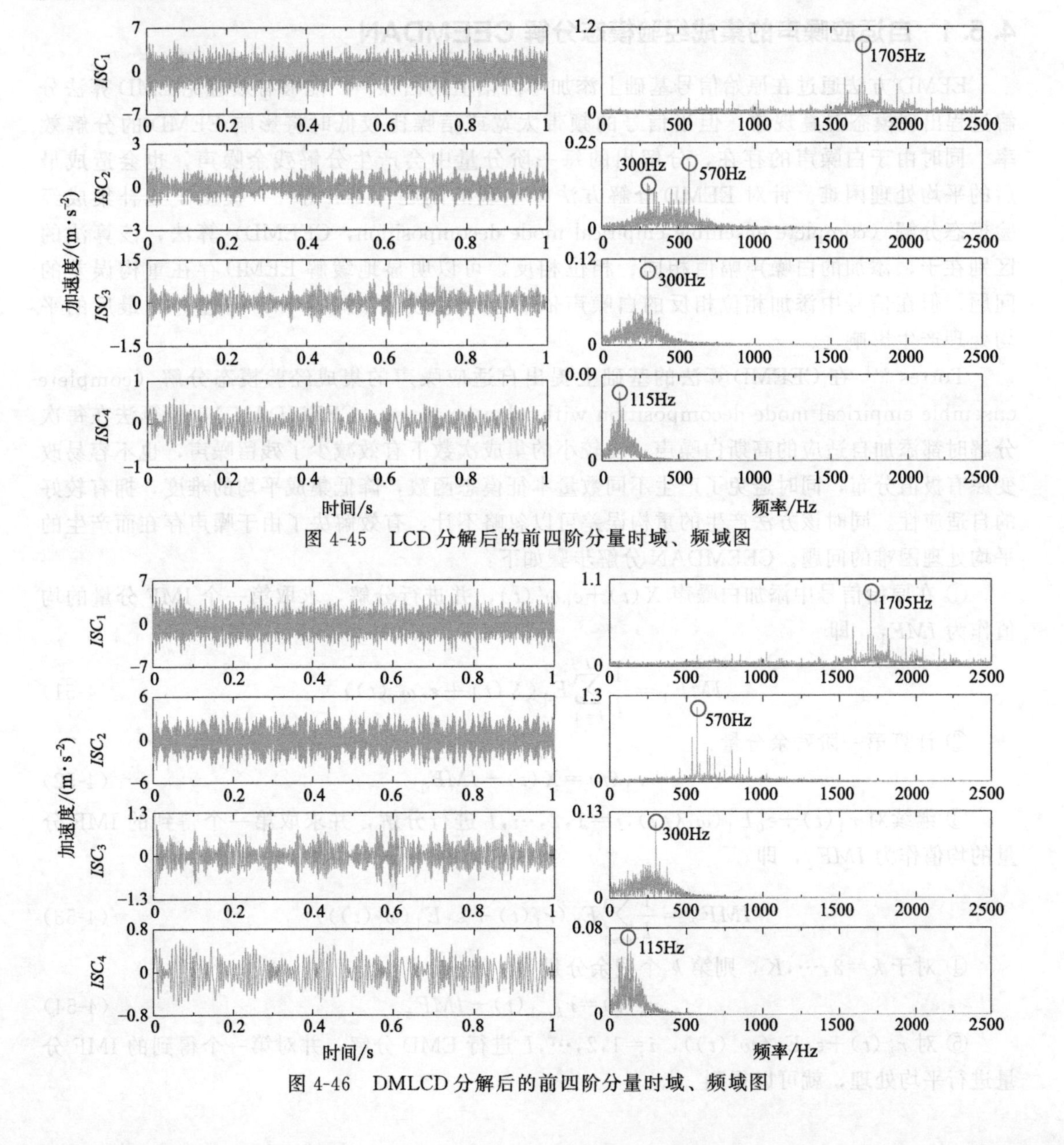

图 4-45　LCD 分解后的前四阶分量时域、频域图

图 4-46　DMLCD 分解后的前四阶分量时域、频域图

由图 4-45 和图 4-46 的频域图可以看出，在两种分解方法下，该样本的高频成分均被分解在 ISC_1 分量中。在 LCD 分解结果的 ISC_2 分量对应的频谱中，出现两个明显波峰，即不同频率的成分出现在同一个分量中，发生了明显的模态混叠效应，且频率分布较为复杂。而在 DMLCD 分解的 ISC_2 分量的频谱中，频率只在 500Hz 附近出现明显波峰，小于 500Hz 的频率成分被剔除出 ISC_2 分量，而被分解到下一阶分量中。由上述分析可知，相较于 LCD 分解方法，DMLCD 方法分解后所得的分量在整体上包含的成分更单一，各分量的主要频率按照由高到低分布排列，均未出现模态混叠现象，因此改进的局部特征尺度分解法对柱塞泵振动信号的分解效果更好，分解更彻底。

4.5 基于 ICEEMDAN 的故障特征提取

4.5.1 自适应噪声的集成经验模态分解 CEEMDAN

EEMD 方法通过在原始信号基础上添加不同幅值的白噪声，能够有效避免 EMD 算法分解过程出现模态混叠现象，但当信号的频带太宽或信噪比较低时将影响 EEMD 的分解效率。同时由于白噪声的存在，分解出的每一阶分量中会产生分解残余噪声，也会造成最后的平均处理困难。针对 EEMD 分解方法中出现的问题，Yeh 等[32] 提出了互补集成经验模态分解（complete ensemble empirical mode decomposition，CEEMD）算法，该算法的区别在于，添加的白噪声幅值相同、相位相反，可以明显地缓解 EEMD 存在重构误差的问题，但在信号中添加相位相反的白噪声依然会产生数量不同的 IMF 分量，对最后的平均处理产生影响。

Torres[33] 在 CEEMD 算法的基础上提出自适应噪声的集成经验模态分解（complete ensemble empirical mode decomposition with adaptive noise，CEEMDAN），该算法在每次分解时都添加自适应的高斯白噪声，在较小的集成次数下有效减少了残留噪声，也不容易改变原有极值分布，同时避免了产生不同数量本征模态函数，降低集成平均的难度，拥有较好的自适应性。同时该方法产生的重构误差可以忽略不计，有效解决了由于噪声存在而产生的平均处理困难的问题。CEEMDAN 分解步骤如下：

① 在原始信号中添加白噪声 $X(t)+\varepsilon_0\omega^i(t)$，并进行分解，求取第一个 IMF 分量的均值作为 IMF_1，即

$$IMF_1=\frac{1}{I}\sum_{i=1}^{I}E_1(X(t)+\varepsilon_0\omega^i(t)) \tag{4-51}$$

② 计算第一阶残余分量

$$r_1(t)=X(t)-IMF_1 \tag{4-52}$$

③ 继续对 $r_1(t)+\varepsilon_0E_1(\omega^i(t)),i=1,2,\cdots,I$ 进行分解，并求取第一个得到的 IMF 分量的均值作为 IMF_2，即

$$IMF_2=\frac{1}{I}\sum_{i=1}^{I}E_1(r_1(t)+\varepsilon_1E_1(\omega^i(t))) \tag{4-53}$$

④ 对于 $k=2,\cdots,K$，则第 k 个残余分量为

$$r_k(t)=r_{k-1}(t)-IMF_k \tag{4-54}$$

⑤ 对 $r_k(t)+\varepsilon_kE_k(w^i(t))$，$i=1,2,\cdots,I$ 进行 EMD 分解，并对第一个得到的 IMF 分量进行平均处理，就可以得到

$$IMF_{k+1}=\frac{1}{I}\sum_{i=1}^{I}E_1(r_k(t)+\varepsilon_k E_k(\omega^i(t))) \tag{4-55}$$

⑥ 重复步骤④和步骤⑤，直到分解得到的残余分量不满足分解条件，则分解结束，最后的残余分量为

$$r(t)=X(t)-\sum_{k=1}^{K}IMF_k \tag{4-56}$$

不管是 EMD、EEMD 还是 CEEMDAN，它们都满足式(4-56)。虽然，CEEMDAN 解决了 EEMD 存在的问题，但是，它也有两个局限性：

① 将所有 IMF 相加之后依然会有残余白噪声；

② 算法在分解早期存在滞后性，同时在分解的前几阶 IMF 中存在虚假模态现象，对后面分解得到的 IMF 产生了干扰。

4.5.2　改进的自适应噪声完备集成经验模态分解 ICEEMDAN

为了解决 EMD 及其改进算法中存在的问题，Colominas 等人[34] 提出了 ICEEMDAN (improved complete ensemble empirical mode decomposition with adaptive noise) 算法。ICEEMDAN 算法与原来 CEEMDAN 算法不同的地方在于，该算法将白噪声进行 EMD 分解后的第 k 层作为第 k 次分解添加的噪声，将上次迭代残差与本次迭代噪声的残差平均值的差作为原信号每次迭代产生的 IMF，能够有效解决残余噪声和模态混叠的现象，提高分解效果。方法如下：

① 构造 N 个含特殊噪声的信号

$$X^{(i)}=x+\delta_1 E_1(\omega^{(i)}),i=1,2,\cdots,N \tag{4-57}$$

式中，x 为原始信号；δ_1 为噪声的标准差；$\omega^{(i)}$ 为被添加的均值 0 方差 1 的第 i 个白噪声；$E_1(\cdot)$ 为 EMD 分解的第 1 个 IMF 分量。

② 计算第一次分解得到的残差 r_1，$M(\cdot)$ 表示取信号的局部均值，$\langle\cdot\rangle$ 表示取均值，则第一个残差为

$$r_1=\langle M(X^{(i)})\rangle \tag{4-58}$$

③ 则第一层模态函数为

$$IMF_1=x-r_1 \tag{4-59}$$

④ 令 $x=r_1$ 继续计算得到残差 r_2，即

$$r_2=\langle M(r_1+\delta_2 E_2(\omega^{(i)}))\rangle \tag{4-60}$$

则第二个模态函数为

$$IMF_2=r_1-r_2 \tag{4-61}$$

⑤ 以此类推，第 k 个模态函数为

$$IMF_k=r_{k-1}-r_k \tag{4-62}$$

$$r_k=\langle M(r_{k-1}+\delta_i E_k(\omega^{(i)}))\rangle \tag{4-63}$$

⑥ 重复步骤⑤，以此类推完成分解。其中最终分解层数可以选择或达到迭代终止条件自动停止。最后的残余分量可以表示为

$$r(t)=X(t)-\sum_{k=1}^{K}IMF_k \tag{4-64}$$

经过 ICEEMDAN 算法分解后，大大减少了 IMF 中残留白噪声的问题，改进了传统方法在分解早期存在模态混叠和虚假模态的现象。并且通过这种运算方式加入的白噪声，减少

了大量的平均运算处理，节省了运算时间。图 4-47 为 ICEEMDAN 算法分解流程图。

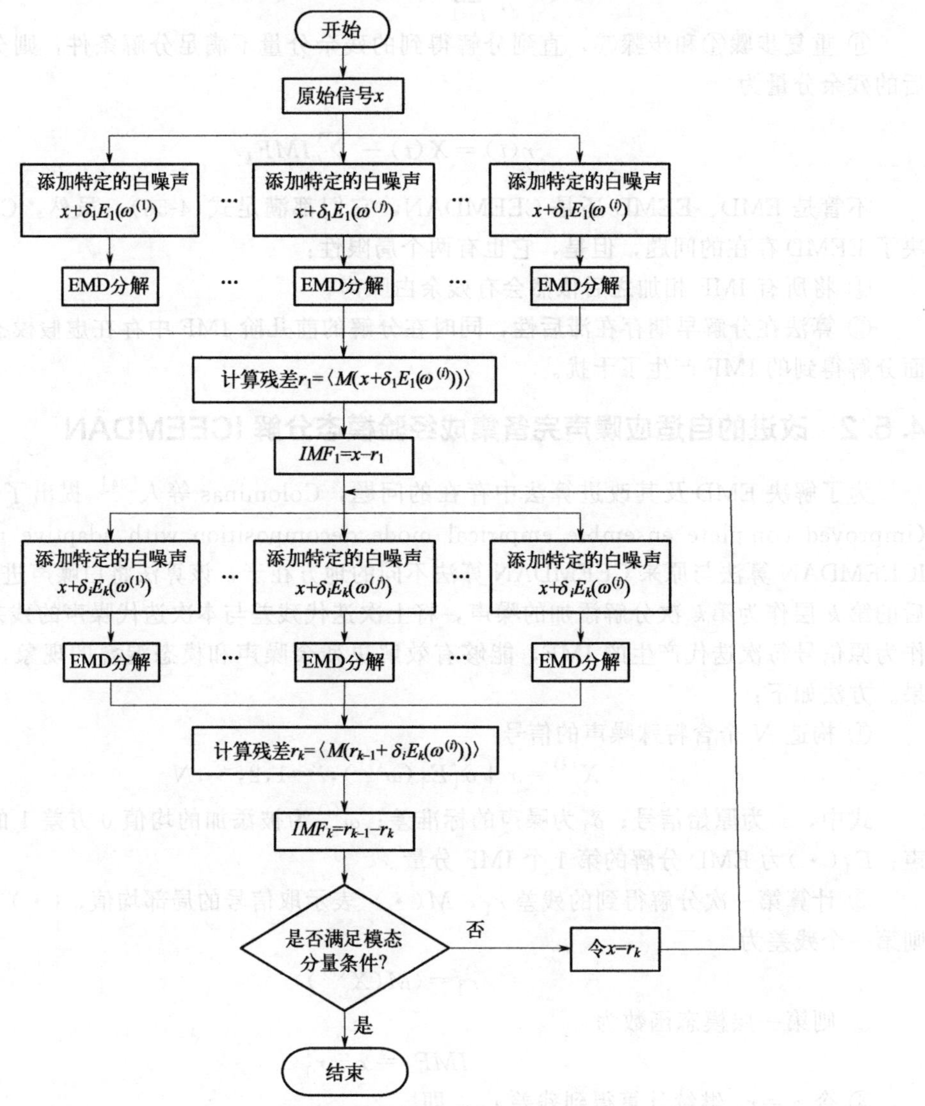

图 4-47 ICEEMDAN 算法分解流程图

4.5.3 仿真实例

通过上述章节的理论说明，可以知道 ICEEMDAN 算法相比于 CEEMDAN 算法分解效果更好，为验证 ICEEMDAN 算法在信号处理方面的优势，在对实际信号进行处理之前，首先设计一个仿真模拟信号对三种方法进行对比分析。模拟仿真信号 y 由一个 gauspuls 脉冲干扰信号 x_1 和分段函数信号 x_2 合成。信号表达式如下：

$$\begin{cases} x_1(t)=\text{pulstran}(t,\text{d}',\text{gauspuls}',200,0.5) \\ x_2(t)=\begin{cases} 0 & 0\leqslant t\leqslant 0.15 \\ 0.8\sin(2\pi 60t) & 0.15<t<0.35 \\ 0 & 0.35\leqslant t<0.5 \end{cases} \\ y(t)=x_1+x_2 \end{cases} \tag{4-65}$$

合成信号及各组成分量波形图如图 4-48 所示。

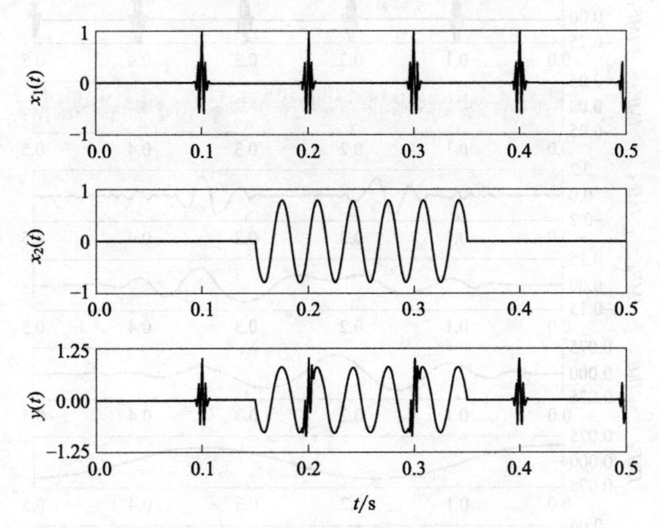

图 4-48　合成信号及各组成分量波形图

对信号 $y(t)$ 分别用 EMD、CEEMDAN 和 ICEEMDAN 算法分解，分解结果如图 4-49 所示。

从 EMD 分解结果看，因为高斯脉冲信号在 0.5s 存在端点，所以 EMD 方法出现了模态混叠现象，脉冲信号的分量出现在了 IMF_2 中，且分段信号 x_2 也因为端点效应，而对正弦信号的分解效果很差，同时产生了很多虚假分量。CEEMDAN 算法分解结果与 EMD 方法相比，分解出的第一阶模态有效地将高斯脉冲信号分解了出来，但 CEEMDAN 算法在分解前期会出现虚假分量和噪声，图 4-49(b) 中第 2 阶 IMF，幅值较低且能量分布广泛，是产生的虚假噪声信号，同时对分段信号 x_2 的分解造成了影响，共分解出 7 个 IMF 分量，伪分量较多，效果不好。ICEEMDAN 相比上述两种方法，分解效果明显，共分解出 4 个 IMF 分量，将仿真信号中的两个分量都有效地分解出来，伪分量较少，只是在末端出现了部分噪声的波动。通过仿真信号分析与验证，证明 ICEEMDAN 不仅有效解决了 EMD 分解方法中

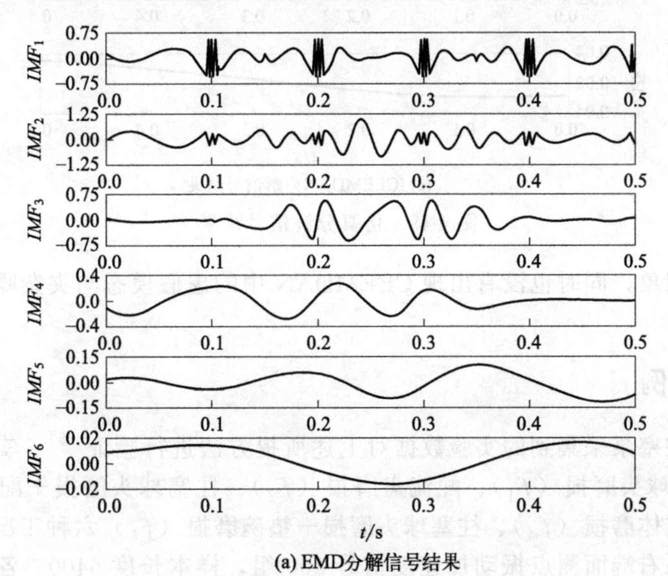

(a) EMD分解信号结果

图 4-49

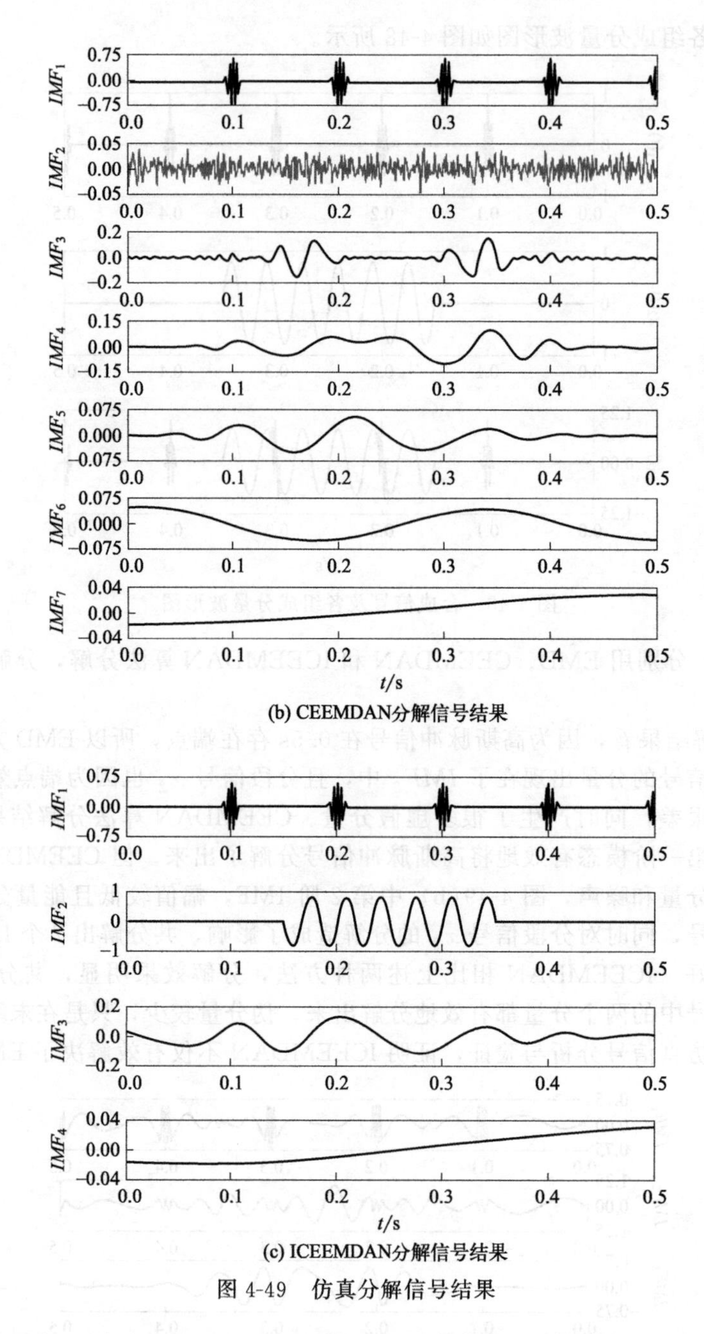

(b) CEEMDAN分解信号结果

(c) ICEEMDAN分解信号结果

图 4-49 仿真分解信号结果

出现的模态混叠现象，同时也没有出现 CEEMDAN 中的虚假模态与夹杂噪声，分解效果较好，更具有优势。

4.5.4 应用实例

采用转辙机柱塞泵采集到的实验数据对上述所提方法进行验证[35]。实验工况包括正常工况（f_0）、柱塞球头磨损（f_1）、配流盘磨损（f_2）、柱塞球头磨损＋配流盘磨损（f_3）、柱塞球头磨损＋缸体磨损（f_4）、柱塞球头磨损＋垫碗磨损（f_5）六种工况，分别提取各工况下转辙机柱塞泵右端面测点振动加速度信号 200 组，样本长度 6400。各工况时域信号如图 4-50 所示。

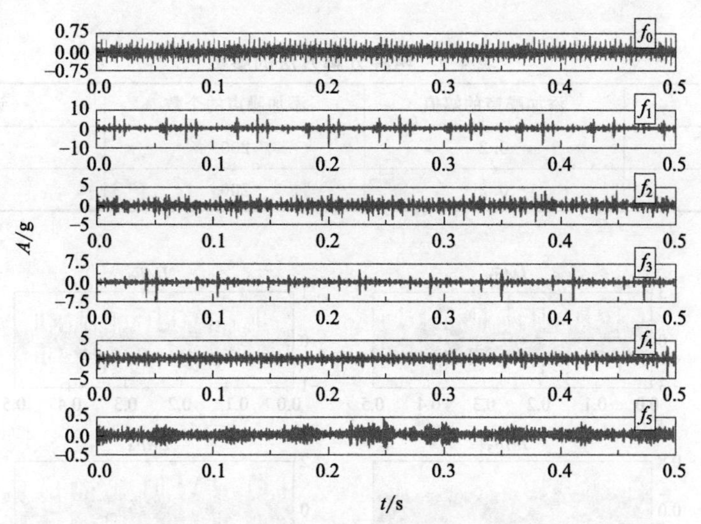

图 4-50 转辙机柱塞泵六种工况时域信号

由时域信号图可知，当柱塞泵发生故障时，泵体的振动加速度发生明显变化，部分工况出现明显周期性冲击，不同故障下采集到的转辙机柱塞泵包含的信息不同，差异化明显。在转辙机柱塞泵中，配流盘磨损出现次数频繁，且对柱塞泵整体的运行状况影响较大。以配流盘磨损为例，对 ICEEMDAN 算法进行分析说明。如图 4-51 所示是转辙机柱塞泵配流盘磨损（f_2）的时域信号及频谱。

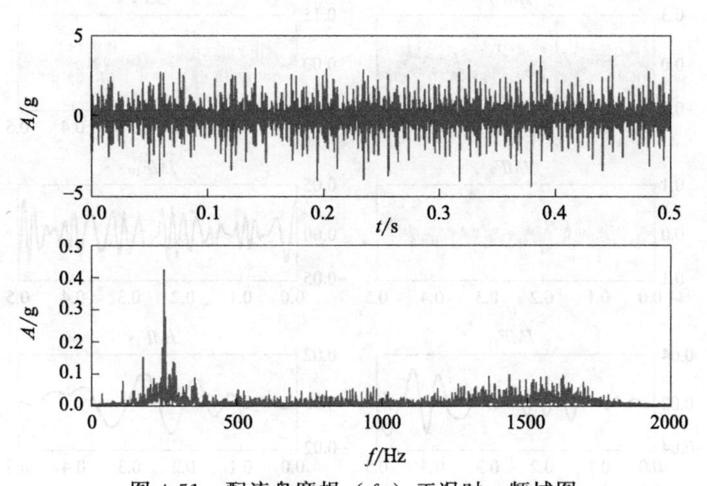

图 4-51 配流盘磨损（f_2）工况时、频域图

由图 4-51 可知，当转辙机柱塞泵发生配流盘磨损时，振动加剧，加速度量值增大，时域信号中出现有规律的脉冲信号；从频域看，采集到的柱塞泵故障信号中包含大量能量幅值较低的高频噪声，对信号处理会产生一定的干扰。配流盘磨损故障机理复杂，耦合了机械振动和流体振动，因此，配流盘磨损的特征频率难以计算，但通过频谱图可以发现转辙机柱塞泵在发生配流盘磨损故障时，能量集中在 240Hz 及其边频附近，且能量较大，部分特征频率处也出现局部能量峰值，故障特征明显。下面分别利用 ICEEMDAN 和 CEEMDAN 算法对转辙机柱塞泵配流盘磨损故障信号进行区间尺度划分，减少噪声的影响，同时验证所提方法的可行性。两种分解方法参数见表 4-9，CEEMDAN 和 ICEEMDAN 的分解结果见图 4-52、

图 4-53。

表 4-9 两种分解方法的参数

参数	添加噪声的幅值	添加噪声的个数	计算耗时/s
CEDMDAN	0.2	200	17
ICEEMDAN	0.2	200	11

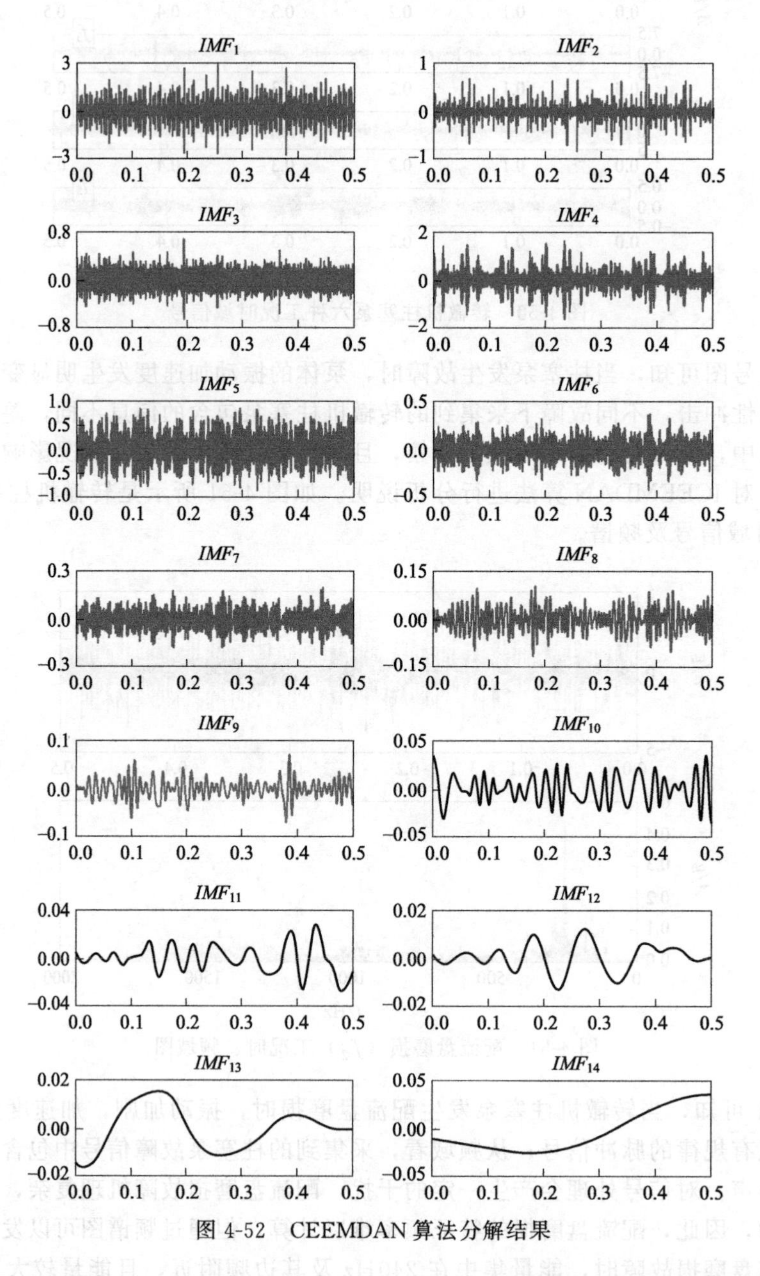

图 4-52 CEEMDAN 算法分解结果

ICEEMDAN 分解出 12 个 IMF 分量，CEEMDAN 分解得到 14 个 IMF 分量，由于分解后期分解出的 IMF 中存在与故障信息无关的伪分量，因此在对原信号进行完整分解的情况下，分解更少的 IMF 分量不仅证明 ICEEMDAN 算法的优势，更能减少后续的计算量。此外 ICEEMDAN 算法分解所用时间更少，分解速度更快。从 CEEMDAN 和 ICEEMDAN 两

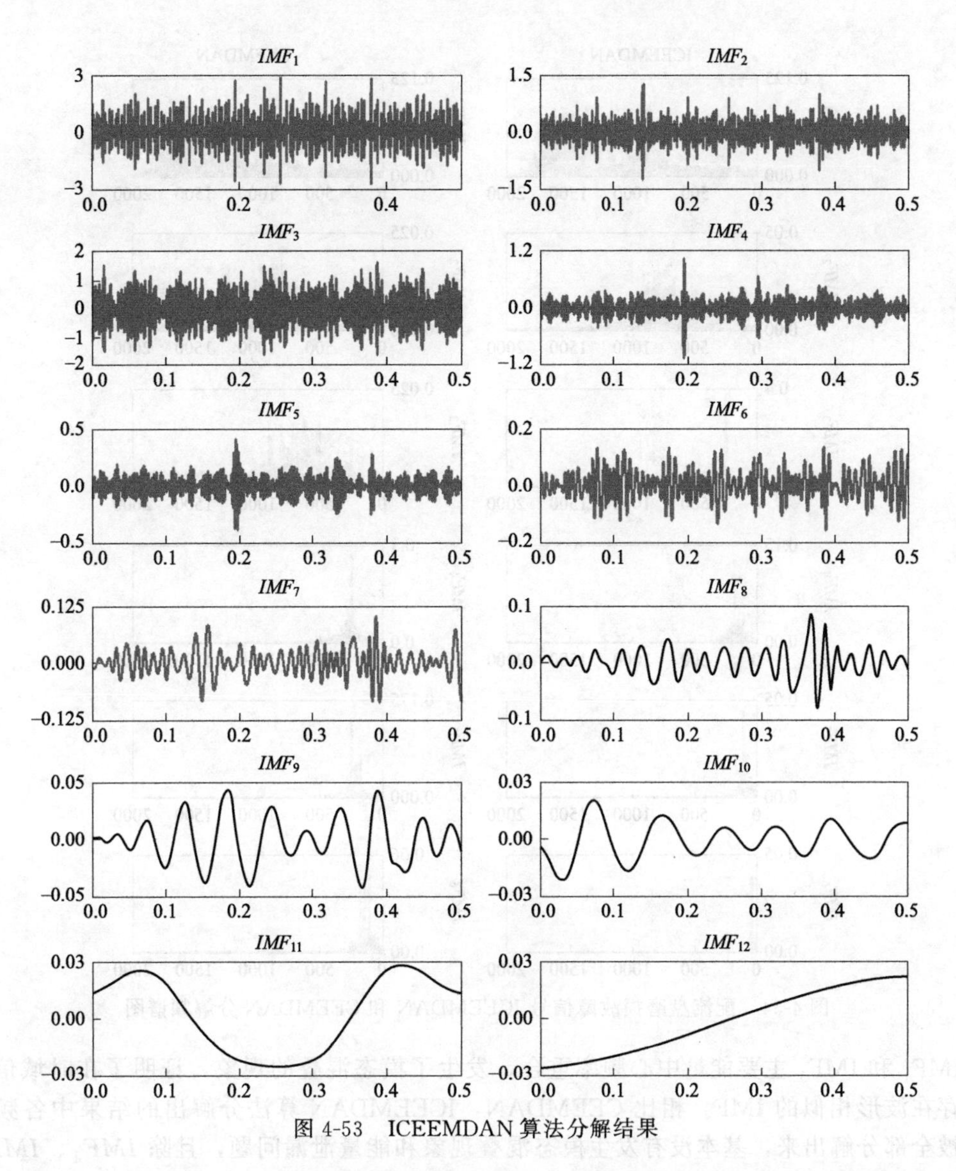

图 4-53　ICEEMDAN 算法分解结果

种方法的分解结果看，两种分解方法的前两个 IMF 分量波形相似，从 IMF_3 开始 ICEEMDAN 效果更明显，整体来看 CEEMDAN 算法分解出的主要 IMF 分量波形较平稳，部分 IMF 中存在相似波形，包含着相同的信息，可能存在局部模态混叠的现象及模态中混杂噪声的现象。通过分解出的 IMF 的频谱对 ICEEMDAN 算法分解效果进行分析，由于分解出的 IMF 数量较多，且主要的故障信息集中分布在前几阶分量中，因此对两种方法分解得到的前六阶 IMF 进行频谱分析。图 4-54 是 ICCEMDAN 和 CEEMDAN 算法分解前六阶 IMF 频谱图。

从分解前六阶 IMF 频谱图可以看出，经过 ICEEMDAN 和 CEEMDAN 算法分解后，IMF_1 和 IMF_2 中均夹杂着大量的能量幅值较低的噪声，这是由柱塞泵复杂的运行环境、结构、故障机理引起的，是不可避免的，同时证明 EMD 及其改进算法可以对信号进行分解，重新划分信号尺度，可以达到降噪的目的。CEEMDAN 算法分解前期会出现虚假模态及夹杂噪声的问题，故障信号分解出的 IMF_3 幅值较小，干扰频率高且能量谱分布较广，是分解出的原信号的虚假噪声分量，属于虚假模态。同时由于噪声的存在，干扰了接下来的分解效

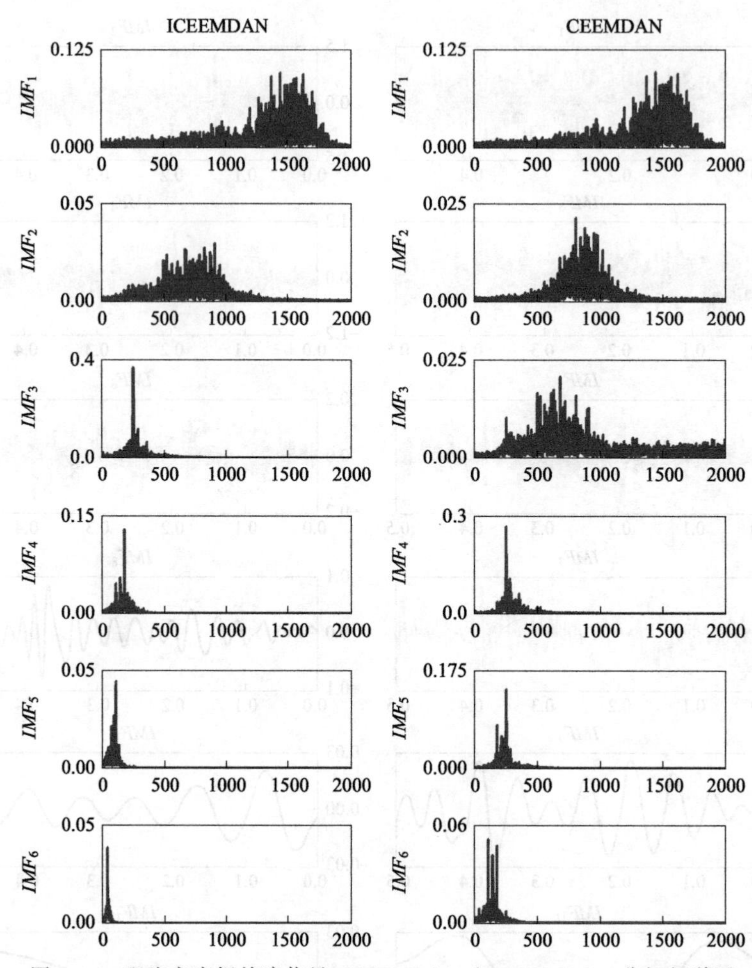

图 4-54 配流盘磨损故障信号 ICEEMDAN 和 CEEMDAN 分解频谱图

果，IMF_4 和 IMF_5 主要能量中心频率重合，发生了模态混叠的现象，证明了在时域信号分析中存在波形相似的 IMF。相比 CEEMDAN，ICEEMDAN 算法分解出的结果中各频率的模态被全部分解出来，基本没有发生模态混叠现象和能量泄漏问题，且除 IMF_1、IMF_2 之外整体残留的噪声较小，各模态的能量相对集中，具有较好的分解效果，经过分解之后的 IMF 都能准确提取柱塞泵转频、特征频率及其倍频。通过对转辙机柱塞泵配流盘磨损故障信号的分解，可以证明 ICEEMDAN 分解的优势。

4.6 基于精细复合多尺度散布熵的故障特征提取

4.6.1 灰色关联度

信号经过 ICEEMDAN 算法分解后会得到一系列模态分量 IMF，但由于算法中存在过度分解、计算误差以及边界模糊等问题，分解的结果中存在部分与原始信号相关性不大的伪分量，且并未包含主要信息。如果将产生的伪分量构造特征向量，会影响诊断结果的准确度，因此要对伪分量进行识别并剔除。本书中采用灰色关联度算法来筛选包含主要故障信息的 IMF。

灰色关联度用于表征系统两个因素之间的相关性大小，基本原理是通过判断序列几何曲线的相似程度去判断系统中两个因素之间的相关性[36]。因此可以通过计算原始信号和经ICEEMDAN分解得到的IMF分量之间的灰色关联度，来筛选出与原始信号相关性较大的分量。计算过程如下。

(1) 确定指标体系

令原始信号经过ICEEMDAN分解后产生的各IMF作为比较序列 $X'_i(k)=x'_i(k)$；$k=1,2,\cdots,n$；$i=1,2,\cdots,m$，令原始信号作为基准参考序列 $X_i=x_i$；$i=1,2,\cdots,n$。

(2) 归一化处理

使用灰色关联分析法对各阶IMF分量相关性进行分析时，分解产生的各阶分量的量纲差别较大，直接进行比较困难较大，因此先进行归一化处理，采用极大极小归一化方法。对于比较序列 $X'_i(k)$，采用式(4-66) 处理：

$$X_i(k)=\frac{X'_i(k)-x_{i,\min}}{x_{i,\max}-x_{i,\min}} \tag{4-66}$$

式中，$X_i(k)$ 为归一化之后的数据列；$x_{i,\max}$、$x_{i,\min}$ 分别为各IMF分量中的最大、最小值。

(3) 灰色关联度计算

灰色关联系数 $\xi_i(k)$ 反映了各IMF分量与原始信号的相关程度，则 X'_i 与 X_0 的灰色关联度为

$$\xi_i(k)=\frac{\min_i\min_k|X_i-X'_i(k)|+\rho\max_i\max_k|X_i-X'_i(k)|}{|X_i-X'_i(k)|+\rho\max_i\max_k|X_i-X'_i(k)|} \tag{4-67}$$

其中，ρ 为分辨系数，为了避免由于最大值与最小值差值过大而导致计算结果丧失一般性，取值为0～1，通常取 $\rho=0.5$ 。关联系数越大，表明分解得到的IMF分量与原始信号之间的关联程度越高。

4.6.2 散布熵优化

信息熵是用来表征时间序列复杂度的算法，随着熵的概念被广泛应用在工程实践中，发展出不同的信息熵算法，如样本熵、层次熵、交叉熵、近似熵等，同时也被应用于各类设备的故障诊断中。散布熵（dispersion entropy，DE）作为信息熵的一种，计算速度快，算法稳定。在散布熵计算的初始化阶段需对原始数据进行映射计算，传统的散布熵计算过程中选择映射速度最快的线性映射，但当时间序列的峰值远大于信号的平均值或中值时，序列中的参数只能被分配到几个类，算法存在局限性，但对于其他映射函数，还可进一步探索研究[37]。

① 对于时间序列 $x=[x_i,i=(1,2,\cdots,N)]$ 利用不同映射函数将时间序列 x 映射到 $y=\{y_i,i=(1,2,\cdots,N)\}$，其中 $y\in(0,1)$，映射函数的备选策略有正态累积分布函数（NCDF）、对数 logarithm sigmoid（log sigmoid）、双曲正切 tangent sigmoid（tan sigmoid），则

$$y_{NCDF}=\frac{1}{\sigma\sqrt{2\pi}}\int_{-\infty}^{\infty}\exp\left(\frac{-(t-\mu)^2}{2\sigma^2}\right)\mathrm{d}t \tag{4-68}$$

式中，σ 和 μ 分别代表标准差和数学期望。

$$y_{\text{logsig}}=\frac{1}{1+e^{-\frac{x-\mu}{\sigma}}},y_{\text{tansig}}=\frac{2}{1+\mathrm{e}^{-2\frac{x-\mu}{\sigma}}}-1 \tag{4-69}$$

② 通过线性变换将①中使用不同映射方式的 y 映射到 $[1,2,\cdots,c]$ 的范围内，即

$$z_i^{(c)}=\text{round}(cy_i+0.5) \tag{4-70}$$

式中，round 为取整函数，c 为设置的类别个数。上述过程改变了原始时间序列的维度，可以看成对时间序列的一次压缩（$c<N$）。

③ 计算嵌入向量为

$$z_i^{(m,c)}=(z_i^{(c)},z_{i+d}^{(c)},\cdots,z_{i+(m-1)d}^{(c)}) \tag{4-71}$$

式中，$i=1,2,\cdots,N-(m-1)d$；m 为嵌入维数；d 代表时间延迟因子。再计算散布模式 $\pi_{v_0,v_1,\cdots,v_{m-1}}$（$v=1,2,\cdots,c$），并将每个嵌入向量$z_i^{(m,c)}$ 映射在一个散布模式中，散布模式的数量为 c^m。

④ 当 $z_i^{(c)}=v_0, z_{i+d}^{(c)}=v_1,\cdots,z_{i+(m-1)d}^{(c)}=v_{m-1}$，则 $z_i^{(m,c)}$ 对应的散布模式为 $\pi_{v_0,v_1,\cdots,v_{m-1}}$。

⑤ 计算每种散布模式 $\pi_{v_0 v_1,\cdots,v_{m-1}}$ 的概率为

$$p(\pi_{v_0,v_1,\cdots,v_{n-1}})=\frac{Num\{\pi_{v_0,v_1,\cdots,v_{m-1}}\}}{N-(m-1)d} \tag{4-72}$$

式中，$Num\{\cdot\}$表示对应的映射个数，即 $p(\pi_{v_0,v_1,\cdots,v_{n-1}})$的值为散布模式的数量与嵌入向量维数的比值。

⑥ 根据香农熵将 DE 值定义为

$$E_{\text{DE}}(x,m,c,d)=-\sum P(\pi_{v_0,v_1,\cdots,v_{m-1}})\ln(P(\pi_{v_0,v_1,\cdots,v_{m-1}})) \tag{4-73}$$

通过散布熵的算法可以得知，当数据的不确定性程度越高时，散布熵的值越大；反之，散布熵值越小。利用这一特点，可以用散布熵检测信号的非线性动力学行为。当转辙机柱塞泵发生故障时，采集到的振动信号复杂度和不确定性都增大，此时信号的散布熵值会比正常值高，可以用来判别柱塞泵的健康状态。

4.6.3 精细复合多尺度散布熵 RCMDE

精细复合多尺度散布熵（refined composite multiscale dispersion entropy，RCMDE）是 Amazi 等[38] 在散布熵基础上提出的，在计算系统误差、故障特征提取方面优势明显，能够表征更复杂空间内的特征。多尺度散布熵（MDE）的多尺度化过程是对数据进行等距离分割后平均，RCMDE 是在 MDE 基础上在预处理阶段进行了精细化处理，先将原信号进行分割，以［1,τ］分别为初始点连续分割成长度 τ 的序列，求每个序列的平均值并按顺序排列成为 τ 个粗粒化序列。完成信号的粗粒化之后，计算粗粒化序列散布模式的概率的平均值，然后求出 RCMDE 值，这可以有效减少传统的多尺度方法在粗粒化过程中分割数据造成的信息丢失问题和初始点位置对结果的干扰，并且通过选择多初始点位置取平均的方式能够有效地解决初始点位置对计算结果的影响，减少计算误差。研究表明，不同尺度因子的 RCMDE 值对各种工况信号的敏感程度不同，正常状态下，柱塞泵振动信号的 RCMDE 值随着尺度因子的增加变化较为平稳，而故障状态下信号的 RCMDE 值波动较大，利用这一特性来进行数据的特征提取，可以对转辙机柱塞泵不同工况进行识别。

同时由于部分故障发生时，故障强度较低，部分特征信号极易受到噪声干扰，因此，传统的散布熵 DE 已不能准确有效地从柱塞泵复杂的振动信号中提取到故障信息，需要对振动信号进行更深尺度划分，对散布熵进行精细复合多尺度化，在 ICEEMDAN 算法对原始信号自适应尺度划分的基础上，进一步进行尺度划分，提高包含不同信息的分量间的识别精度。方法如下：

首先对序列 $u=\{u_1,u_2,\cdots,u_L\}$进行粗粒化，将 u 分割为尺度为 τ 的不重叠序列，则 u

第 k 个序列为 $x_k^{(\tau)}=\{x_{k,1}^{(\tau)},x_{k,2}^{(\tau)},\cdots\}$，计算每段的平均值来粗粒化序列，即

$$x_{k,j}^{(\tau)}=\frac{1}{\tau}\sum_{b=k+\tau(j-1)}^{k+j\tau-1}u_b\left(j=1,2,\cdots,\frac{L}{\tau};k=1,2,\cdots,\tau\right) \tag{4-74}$$

对不同尺度因子 τ 下的 RCMDE 值定义为

$$E_{\mathrm{RCMDE}}(x,m,c,d,\tau)=-\sum_{n=1}^{c^m}\overline{P}(\pi_{v_0,v_1,\cdots,v_{m-1}})\ln(\overline{P}(\pi_{v_0,v_1,\cdots,v_{m-1}})) \tag{4-75}$$

式中，$\overline{P}(\pi_{v_0,v_1,\cdots,v_{m-1}})=\frac{1}{\tau}\sum_{k=1}^{\tau}P_k^{\tau}$ 表示粗粒化序列 $x_k^{(\tau)}$ 对应散布模式 $\pi_{v_0,v_1,\cdots,v_{m-1}}$ 的概率值。

在 RCMDE 中，嵌入维数 m 如果选择过小则无法反映出信号的动态变化，如果选择过大则对微弱变化不敏感。对于时延 d，为了保证信号频率信息的完整性，一般取 1。对于类别的数目 c，为保证散布模式的多类性，c 要大于 1，过小会导致信号量级相差较大的数据归为同一类，但如果选择太大，幅值相近的数据容易被归为不同类别，c 在［4，8］之间取整。对于尺度因子 τ，需要根据不同信号类型确定。根据文献［38］建议，取 $m=4$，$c=6$，$d=1$，尺度因子 $\tau=20$，获得更多尺度空间的信息。

4.6.4　应用实例

首先对柱塞泵振动信号进行 ICEEMDAN 自适应分解，得到原始信号的 IMF 分量，实现原始信号的自适应尺度划分，并根据各 IMF 分量与原始信号的灰色关联度，筛选出能够真实反映原始信号信息的分量。由于柱塞泵内部结构复杂、零部件较多，且运动方式不同，所以原始信号中包含不同频段的特征分量，分解产生的 IMF 分量较多。通过对柱塞泵不同信号的 IMF 分量进行时域及频域分析，发现包含主要信息的 IMF 主要是前六阶，因此本节选择各信号灰色关联度排列前六阶的 IMF，关联度计算结果见表 4-10。

表 4-10　各阶 IMF 分量灰色关联度

项目	f_0	f_1	f_2	f_3	f_4	f_5
IMF_1	0.8251	0.8993	0.8883	0.7757	0.8497	0.7208
IMF_2	0.7406	0.7333	0.8089	0.6723	0.7848	0.8057
IMF_3	0.6062	0.5940	0.7415	0.5570	0.6223	0.7753
IMF_4	0.6311	0.6411	0.6486	0.6872	0.6686	0.6621
IMF_5	0.5900	0.6748	0.5704	0.6189	0.5911	0.5315
IMF_6	0.5159	0.5287	0.5514	0.5176	0.6285	0.6468
IMF_7	0.5209	0.4803	0.5092	0.5038	0.5575	0.5470
IMF_8	0.4537	0.3987	0.4228	0.5473	0.5252	0.4759
IMF_9	0.3115	0.4530	0.4703	0.4471	0.4359	0.4015
IMF_{10}	0.3349	0.3389	0.3530	0.3353	0.3631	0.3987
IMF_{11}	0.2155	0.3527	0.2314	0.2706	0.3618	0.3314
IMF_{12}	0.1990	0.2215	0.1964	0.3175	0.2257	0.3653

由表可知，信号经过 ICEEMDAN 分解后，信号大部分存在前几阶分量中，根据灰色关联度算法进行筛选，实际工程中通常关联系数 $\gamma_i>0.5$ 即认为测试序列与参考序列之间关联度高，选择按照关联系数大小排列的前六阶 IMF 作为信号分解的主要真实分量。

对真实分量，计算散布熵，进行特征提取。关于散布熵 DE 算法的映射函数选择，常用正态累积分布函数作为线性映射，而研究发现利用非线性映射函数效果更好。log sigmoid 作为散布熵的映射函数来识别生物信号取得了较好的效果[39]，但不确定是否可以推广到机械信号的研究，本书中利用真实机械信号对该方法进行深入探讨，通过使用不同的映射函数算出每种工况下不同阶数的 IMF 对应的散布熵。计算结果如图 4-55、图 4-56、图 4-57 所示。

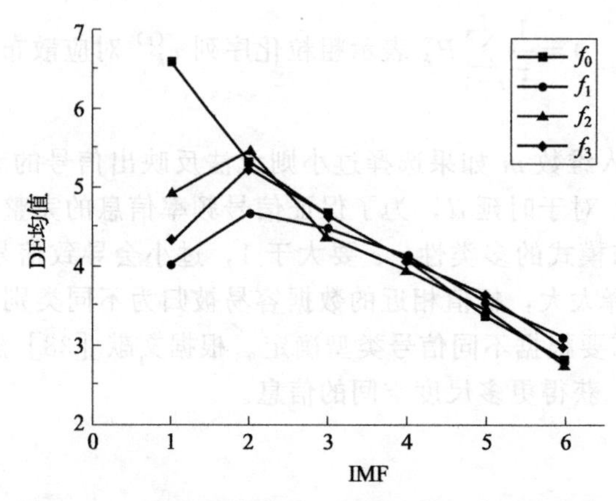

图 4-55 正态累积分布（NCDF 映射函数-DE 均值）

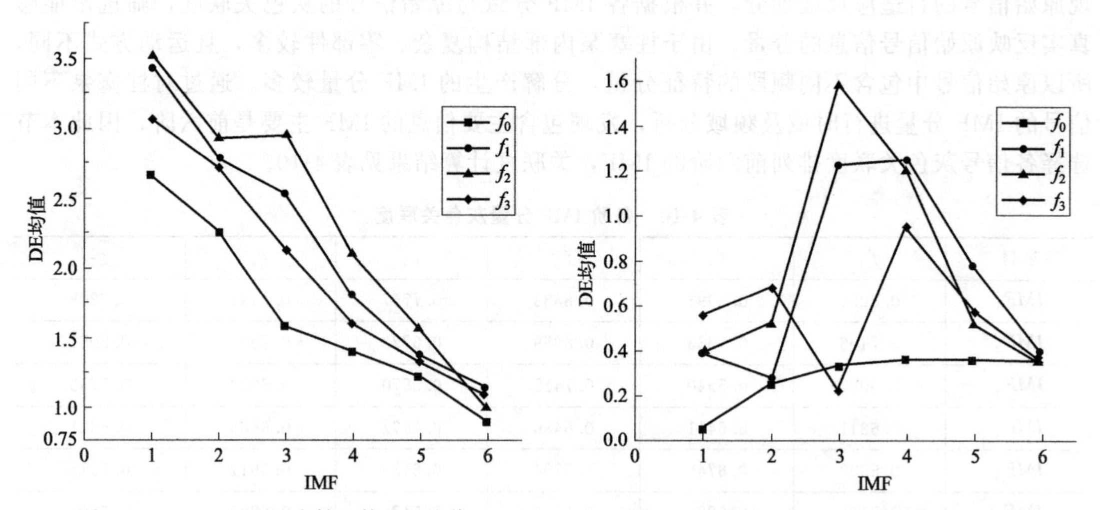

图 4-56 log sigmoid 映射函数-DE 均值　　图 4-57 tan sigmoid 映射函数-DE 均值

可以看到使用三种非线性映射函数得到的散布熵趋势并不相同，说明映射函数的选择对熵值的求解有一定影响。由于三种映射函数算法的区别，NCDF 映射函数求得的熵值均值大于 log sigmoid 和 tan sigmoid 映射函数的结果。三种映射函数中曲线混乱度、识别精度最高的映射函数是 log sigmoid，不同工况信号各自对应 IMF 的熵值之间重合度较低；NCDF 映射函数得到熵值均值在第 2 层 IMF 后的重合度较高，辨识效果不好；tan sigmoid 映射函数得到的结果整体曲线混乱度也很高，但整体呈现不规则趋势，可靠性偏低。此外，从 log sigmoid 映射函数的 DE 均值图中可以看出，正常工况的曲线整体在下面，正常工况 f_0 信号分解计算得到的散布熵的数值整体小于故障工况，复合故障 f_3 的整体曲线低于单一故障工况，该结论说明 log sigmoid 散布熵对于转辙机柱塞泵复合故障可以达到很好的识别效果。

对转辙机柱塞泵信号基于 log sigmoid 映射函数的散布熵进行精细复合多尺度化，部分结果如图 4-58 所示。转辙机柱塞泵正常工况信号根据灰色关联的算法筛选完的前六阶 IMF 的 RCMDE 值随尺度变化趋势相同，除在第 2 尺度有明显下降外，其余尺度因子下的 RCMDE 值变化趋于稳定。通过不同工况的 RCMDE 值比较，除第 1 尺度因子存在波动外，单一故障的整体 RCMDE 值仍大于正常工况和复合工况，因此选择 log sigmoid 映射函数的精细复合多尺度散布熵作为转辙机柱塞泵信号特征提取的特征具有较好的效果。通过对各 IMF 分量进行进一步的尺度划分，可以有效解决不同故障间特征区别度较小以及复合故障识别困难的问题，提高了提取特征的可靠性。

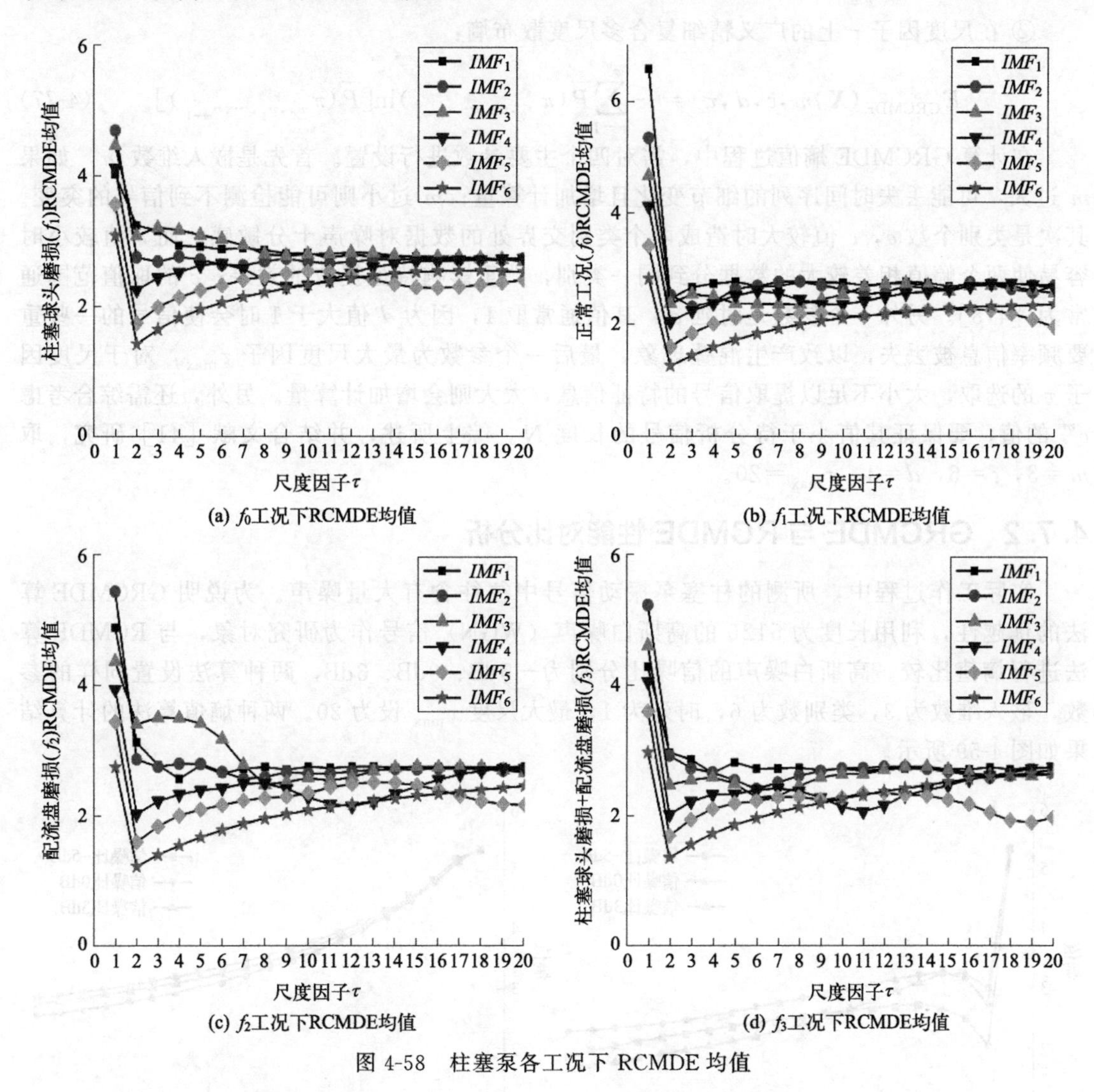

图 4-58　柱塞泵各工况下 RCMDE 均值

4.7 基于 DMLCD 与 GRCMDE 的故障特征提取

4.7.1 广义精细复合多尺度散布熵 GRCMDE

广义精细复合多尺度散布熵是针对 RCMDE 算法在粗粒化时均值计算的缺陷，利用方差计算定义广义复合粗粒化序列，即在粗粒化过程中将每小段的平均值替换为每小段的方差，其计算步骤如下[40]：

① 对于长度为 N 的序列 $\boldsymbol{X}=\{x_j, j=1,2,\cdots,N\}$，第 k 个广义复合粗粒化序列 $\boldsymbol{X}_{G,k}^{(\tau)}$ 由下式得出：

$$x_{G,k,j}^{(\tau)}=\frac{1}{\tau}\sum_{b=k+\tau(j-1)}^{k+\tau j-1}(x_b-\overline{x}_b)^2 \tag{4-76}$$

式中，$\overline{x}_b=\dfrac{1}{\tau}\sum\limits_{k=0}^{\tau-1}x_{b+k}$。

② 在尺度因子 τ 上的广义精细复合多尺度散布熵：

$$E_{\mathrm{GRCMDE}}(\boldsymbol{X},m,c,d,\tau)=-\sum_{\pi=1}^{c^m}\overline{P}(\pi_{v_0,v_1,\cdots,v_{m-1}})\ln[\overline{P}(\pi_{v_0,v_1,\cdots,v_{m-1}})] \tag{4-77}$$

在计算 GRCMDE 熵值过程中，需对四个主要参数进行设置。首先是嵌入维数 m，如果 m 过大，可能丢失时间序列的细节变化且增加计算量；m 过小则可能检测不到信号的突变。其次是类别个数 c，c 值较大时造成两个类别交界处的数据对噪声十分敏感；而 c 值较小时容易使两个幅值相差较大的数据分到同一类别，严重影响特征提取的效果；c 的取值范围通常为 [4,8]。另外一个参数是时延 d，其值通常取 1，因为 d 值大于 1 时会使信号的一些重要频率信息被丢失，以致产生混叠现象。最后一个参数为最大尺度因子 $\tau_{\max}$，对于尺度因子 τ 的选取，太小不足以提取信号的特征信息，太大则会增加计算量。另外，还需综合考虑 c^m 的值，要保证其值小于待分析信号的长度 N。综上所述，并结合文献 [41] 研究，取 $m=3$，$c=6$，$d=1$，$\tau_{\max}=20$。

4.7.2 GRCMDE 与 RCMDE 性能对比分析

实际工作过程中，所测的柱塞泵振动信号中往往含有大量噪声。为说明 GRCMDE 算法的优越性，利用长度为 5120 的高斯白噪声（WGN）信号作为研究对象，与 RCMDE 算法进行熵值比较。高斯白噪声的信噪比分别为 −5dB、0dB、3dB，两种算法设置同样的参数，嵌入维数为 3，类别数为 6，时延为 1，最大尺度 $\tau_{\max}$ 设为 20。两种熵值算法的计算结果如图 4-59 所示。

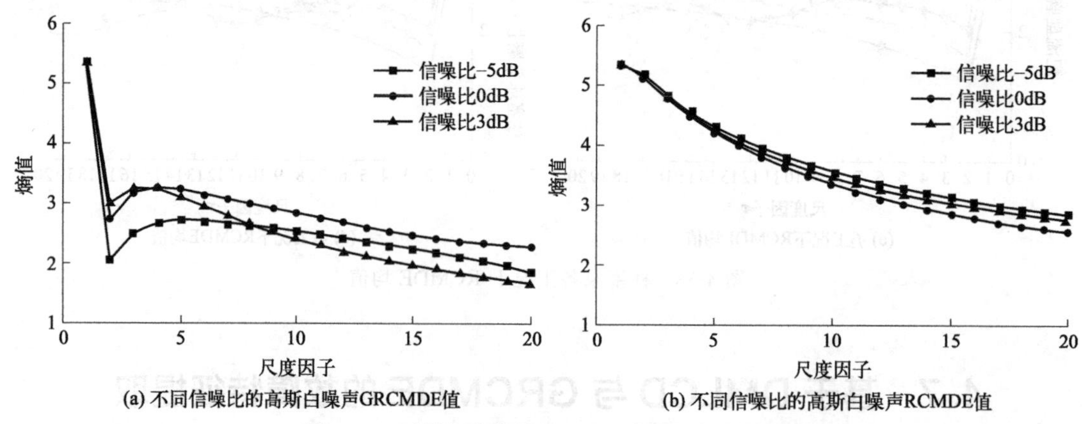

(a) 不同信噪比的高斯白噪声GRCMDE值　(b) 不同信噪比的高斯白噪声RCMDE值

图 4-59　不同白噪声的 RCMDE 与 GRCMDE 值

对比图 4-59 可发现，不同信噪比下的高斯白噪声 RCMDE 值与 GRCMDE 值都随着尺度因子的增大而减小，变化趋势一致。但是三种噪声在各个尺度因子下的 RCMDE 熵值曲线非常接近，区分性较差，而 GRCMDE 在信号区分能力方面更具优越性，且其对噪声不敏感。

4.7.3　应用实例

(1) DMLCD 与 GRCMDE 的故障特征提取方法

为全面有效地提取柱塞泵振动信号的特征信息，本节提出改进局部特征尺度分解与广义精细复合多尺度散布熵相结合的特征提取方法[25]。该方法利用 DMLCD 将信号分解为不同 ISC 分量，并基于相关系数原则筛选故障信息丰富的特征分量对信号进行重构，然后计算重构信号的多尺度 GRCMDE 值，利用特征重合度对所有尺度因子下的熵值进行排序，并选择前 k 个尺度因子下的广义精细复合多尺度散布熵值构成最优特征集。该方法利用 DMLCD 与 GRCMDE 完成对信号的全方位、多尺度特征提取，且在保证不同故障分类效果的同时提高尺度因子选取效率。

特征提取方法的流程如图 4-60 所示。

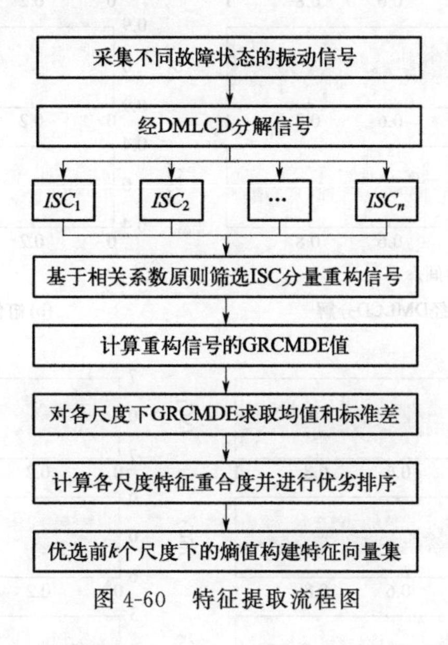

图 4-60　特征提取流程图

(2) 基于 DMLCD 的信号分解与重构

实验中每种工况分别选取 300 个样本，共计 1200 个样本，采样频率为 5120Hz，数据长度为 5120。根据 DMLCD 算法分解的自适应性，分别对四种故障数据类型的振动信号进行分解，得到不同时频尺度信息。图 4-61 所示分别为柱塞泵不同状态下某组数据经 DMLCD 分解的图，限于篇幅，每种状态只画出分解后的前六阶分量，从图中可以看出，柱塞泵四种状态的数据分解后所得分量的加速度各不相同，且与原始信号的加速度变化趋势一致，正常状态下的振动加速度低于故障状态下的加速度。对比三种故障，柱塞球头断裂状态下的振动最剧烈，加速度最大。

柱塞泵各故障状态信号经 DMLCD 分解为多个 ISC 分量，不同分量包含了不同频段的信息，但是以多个 ISC 分量作为特征向量提取时维度过高，严重影响分类器的计算速度与精度，因此本节通过计算分解后各分量与原始信号的相关系数判断其是否为主要分量，其值越大表明该分量包含的原始信号信息越丰富，然后根据计算的相关系数值对分量进行筛选，去除虚假分量对信号的干扰。设定相关阈值为 0.3，若计算出的相关系数低于设定阈值，则认为此分量为虚假分量。表 4-11 给出了柱塞泵不同状态信号经 DMLCD 分解所得的前六阶分量与原始信号之间的相关系数。

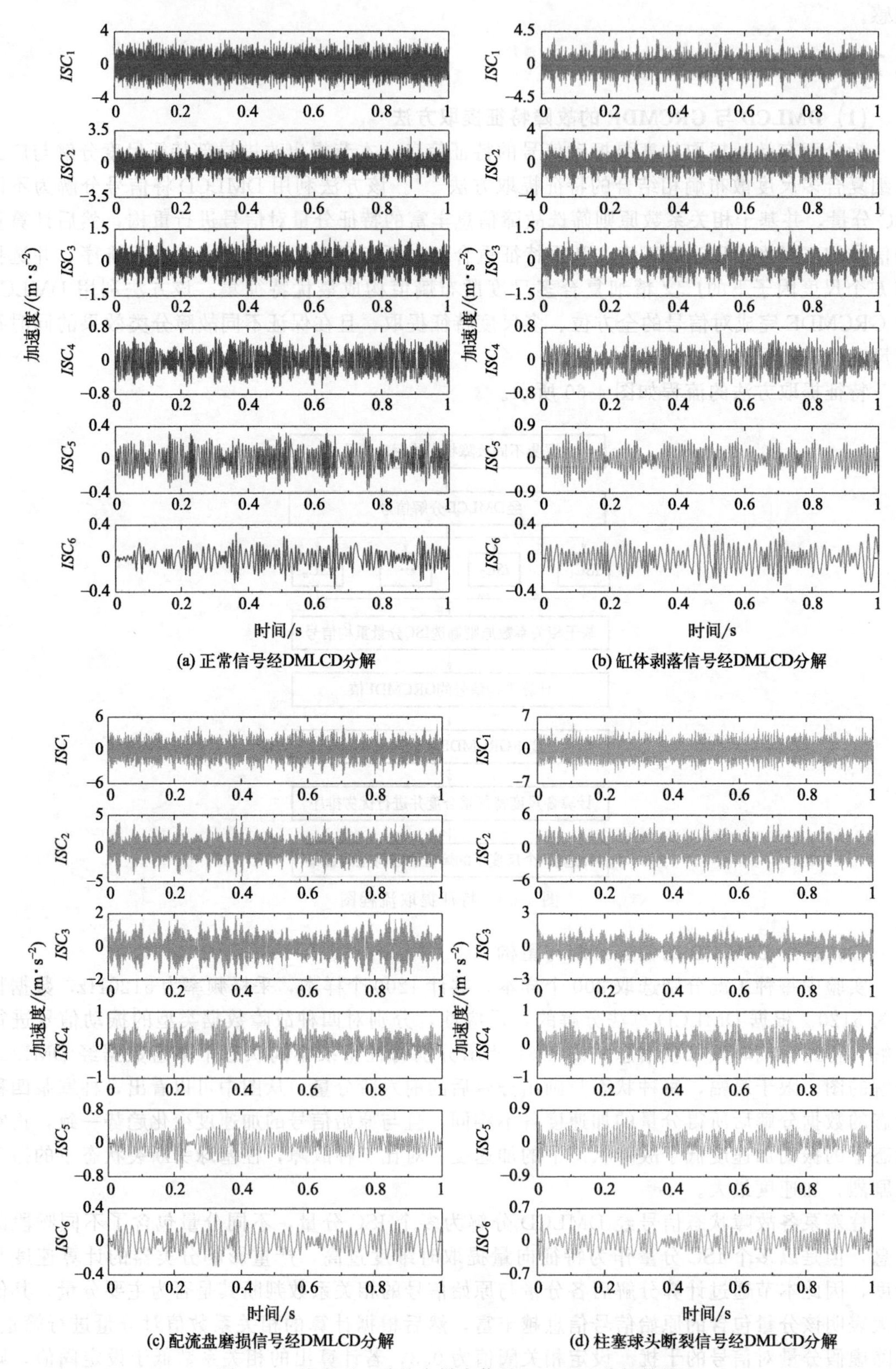

图 4-61 柱塞泵四种状态样本信号 DMLCD 分解结果

表 4-11 DMLCD 分解分量相关系数

故障类型	数据标签	ISC_1	ISC_2	ISC_3	ISC_4	ISC_5	ISC_6
正常	0	0.7994	0.5253	0.2990	0.1168	0.0265	0.0157
缸体剥落	1	0.7040	0.6373	0.2199	0.0886	0.1251	0.0265
配流盘磨损	2	0.6733	0.6729	0.2959	0.0705	0.0251	0.0076
柱塞球头断裂	3	0.6818	0.6664	0.2613	0.0275	0.0193	0.0132

由表 4-11 可知，DMLCD 分解所得前两阶分量为有效分量，将筛选后的有效 ISC 分量进行重构，重构后的信号波形如图 4-62 所示。

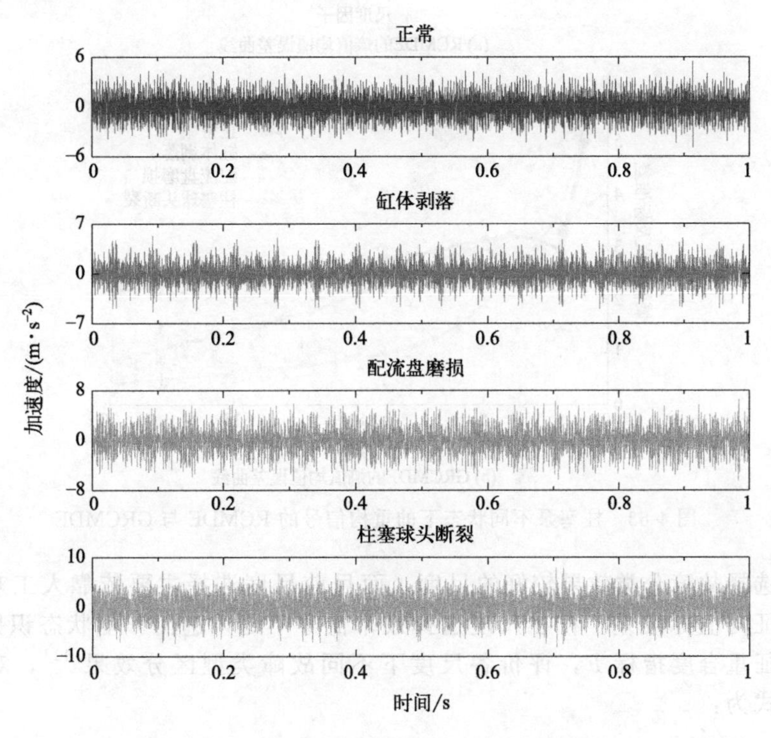

图 4-62 柱塞泵四种状态样本信号重构时域图

(3) 柱塞泵故障特征提取

柱塞泵每种状态下的重构数据有 300 个样本，利用 4.7.1 节中选取的参数分别计算柱塞泵各状态样本重构后的 RCMDE 与 GRCMDE 均值与标准差。图 4-63 所示为不同状态数据的熵值均值误差曲线。

从图 4-63 对比可以发现，柱塞泵四种状态下的 RCMDE 与 GRCMDE 熵均值曲线变化趋势大体一致，都随尺度因子的增加而减小，但是 GRCMDE 的变化更为平缓，波动较小。另外 GRCMDE 的均值曲线基本没有交叉重叠，能有效将柱塞泵四种状态区分开，这也说明以广义粗粒化构造的方式能有效提取区别明显的故障特征信息。因此提取柱塞泵四种故障状态经 DMLCD 分解重构信号后的 20 个尺度下的 GRCMDE 值，得到 4 组 300×20 的故障特征矩阵。

(4) 特征向量的构建

由于高维故障特征矩阵存在信息冗余，且维数过高会影响计算时长，因此构建特征

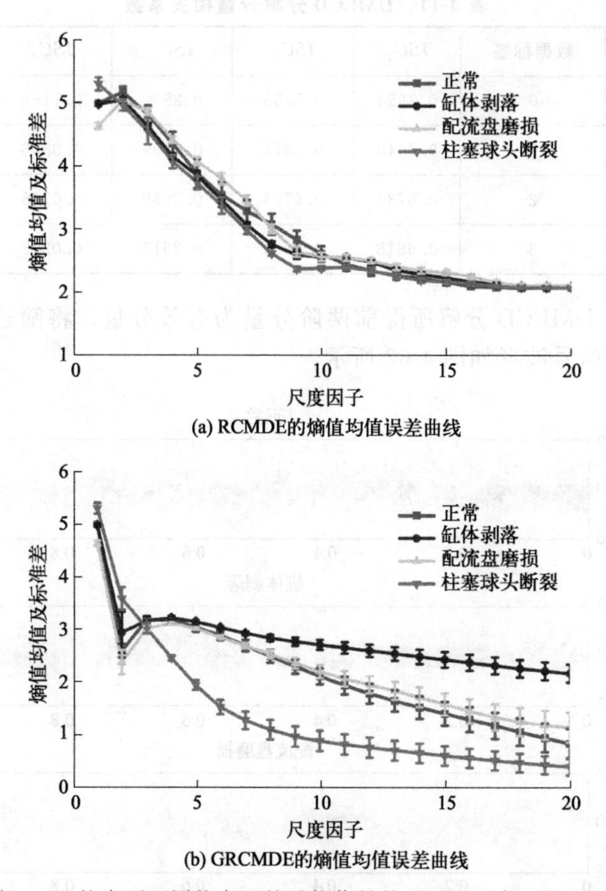

(a) RCMDE的熵值均值误差曲线

(b) GRCMDE的熵值均值误差曲线

图 4-63　柱塞泵不同状态下的重构信号的 RCMDE 与 GRCMDE

向量时，需选择故障分类效果较好的尺度。而目前尺度选择主要依靠人工观察对比各状态信号的特征均值标准差，存在尺度选择效率低等不足，进而影响状态识别准确率。本书中引入特征重合度指标 F，评价各尺度下不同故障类型区分效果[42]，对特征进行降维，计算公式为：

$$\begin{cases} F=\sum\limits_{i=1}^{N-1}D_i \\ D_i=M_i-M_{i+1}-(S_i+S_{i+1}) \end{cases} \tag{4-78}$$

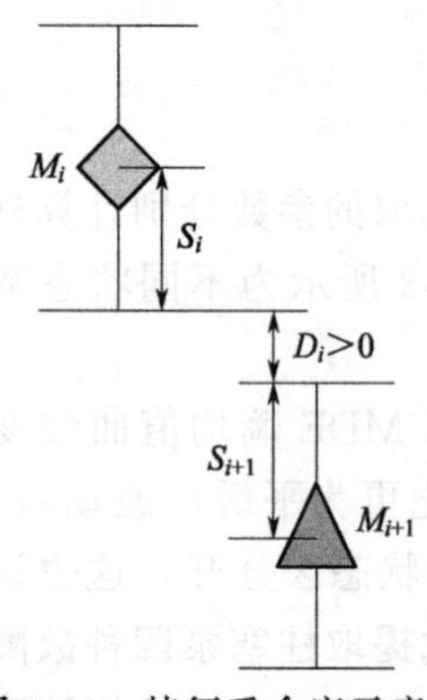

图 4-64　特征重合度示意图

式中，N 为样本类型总数；i 为不同类型样本的特征均值从大到小排序后的第 i 个故障类型；M_i 为第 i 个类型样本的特征均值；S_i 为第 i 个类型样本的特征标准差。

特征重合度 F 表示各故障类型所有样本的特征均值、特征标准差的重叠程度。图 4-64 所示为两种故障类型的特征重合度示意图，正值表示两种类型样本特征没有重叠，负值表示其存在交叉，值越大证明不同类型数据区分度越高。

表 4-12 列出了不同尺度下柱塞泵各状态所有样本经 DMLCD 分解重构后的熵值标准差。根据式(4-78) 计算各尺度因子下的熵值特征重合度对向量进行筛选，各尺度下的特征重合度如图 4-65 所示。

表 4-12　不同尺度下所有样本的 GRCMDE 与 RCMDE 标准差

尺度因子	GRCMDE				RCMDE			
	故障 1	故障 2	故障 3	正常	故障 1	故障 2	故障 3	正常
1	0.0192	0.0520	0.1031	0.0293	0.0192	0.0520	0.1031	0.0293
2	0.3851	0.2314	0.2160	0.1279	0.0390	0.0115	0.0832	0.0865
3	0.0919	0.0550	0.0925	0.0442	0.0510	0.0565	0.2067	0.1401
4	0.0389	0.0176	0.0487	0.0595	0.0490	0.0555	0.1035	0.1857
5	0.0308	0.0264	0.0905	0.0839	0.0667	0.0640	0.1042	0.2264
6	0.0242	0.0373	0.1379	0.0912	0.0558	0.0913	0.1284	0.1932
7	0.0370	0.0548	0.1659	0.1072	0.0342	0.0851	0.0628	0.1755
8	0.0597	0.0779	0.1856	0.1216	0.0472	0.0720	0.0368	0.1675
9	0.0792	0.1021	0.1933	0.1363	0.0598	0.0810	0.0390	0.1494
10	0.0953	0.1252	0.1944	0.1507	0.0460	0.0661	0.0348	0.1219
11	0.1076	0.1432	0.1936	0.1675	0.0372	0.0492	0.0381	0.0985
12	0.1187	0.1568	0.1923	0.1860	0.0382	0.0433	0.0445	0.0766
13	0.1286	0.1706	0.1894	0.2015	0.0399	0.0497	0.0423	0.0623
14	0.1376	0.1884	0.1882	0.2133	0.0380	0.0494	0.0395	0.0507
15	0.1458	0.2097	0.1852	0.2252	0.0379	0.0436	0.0333	0.0462
16	0.1534	0.2300	0.1820	0.2350	0.0349	0.0397	0.0252	0.0366
17	0.1602	0.2494	0.1783	0.2475	0.0326	0.0401	0.0186	0.0329
18	0.1654	0.2643	0.1742	0.2602	0.0286	0.0374	0.0145	0.0281
19	0.1691	0.2734	0.1697	0.2722	0.0242	0.0301	0.0135	0.0228
20	0.1714	0.2800	0.1639	0.2861	0.0223	0.0292	0.0139	0.0213

对各尺度因子下的特征重合度大小进行排序，根据结果选取排名前五的尺度因子下的熵值构建特征向量，从图 4-65 的对比结果可以看出，GRCMDE 只有在第 2 尺度和第 3 尺度下

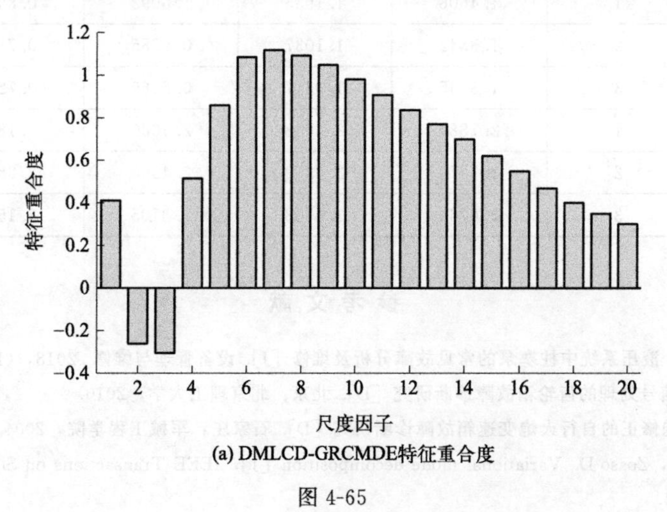

(a) DMLCD-GRCMDE特征重合度

图 4-65

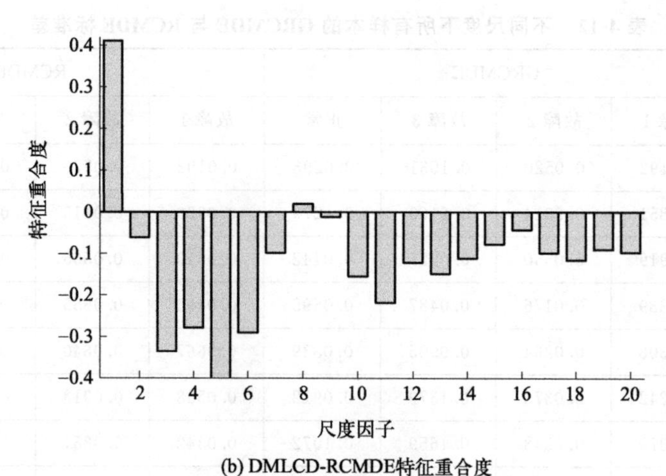

(b) DMLCD-RCMDE特征重合度

图 4-65 各尺度因子下的特征重合度

存在交叉，而 RCMDE 熵值的特征重合度几乎都为负值，各状态特征信息存在严重混叠交叉，也从另一个角度说明经 GRCMDE 提取的特征信息可区分度更高。因此从 20 个尺度中提取第 6、7、8、9、10 尺度的 GRCMDE 熵值，提取第 1、2、8、9、16 尺度的 RCMDE 熵值，得到 4 组特征向量大小为 300×5 的故障特征向量集用于后续对比分析。表 4-13 为柱塞泵四种状态在最优尺度因子对应的熵值下所提取的部分故障特征向量集。

表 4-13 GRCMDE 部分特征向量集

故障类型	样本序号	GRCMDE 熵值				
		尺度 6	尺度 7	尺度 8	尺度 9	尺度 10
缸体剥落	1	3.0138	2.9233	2.8479	2.8016	2.7663
	2	3.0663	2.9827	2.9234	2.8825	2.8260
	3	3.0733	2.9804	2.9085	2.8666	2.8094
配流盘磨损	1	2.8710	2.7072	2.5442	2.3760	2.2163
	2	2.8522	2.6854	2.5164	2.3558	2.1803
	3	2.8169	2.6338	2.4648	2.2632	2.0981
柱塞球头断裂	1	1.4606	1.1955	1.0093	0.8912	0.7784
	2	1.3842	1.1037	0.9385	0.7956	0.7481
	3	1.3245	1.0347	0.8569	0.7200	0.6601
正常	1	2.7887	2.6038	2.4080	2.1891	2.0066
	2	2.7879	2.6259	2.4560	2.2848	2.1324
	3	2.6769	2.4708	2.3105	2.1512	2.0371

参 考 文 献

[1] 赵海东，孙忠辉．液压系统中柱塞泵的常见故障分析及维修 [J]. 设备管理与维修．2018，(17)：39-40.

[2] 黄晋英．基于盲信号处理的齿轮箱故障诊断研究 [D]. 北京：北京理工大学，2010.

[3] 张志斌．基于频响修正的自行火炮变速箱故障诊断研究 [D]. 石家庄：军械工程学院，2004.

[4] Dragomiretskiy K，Zosso D. Variational mode decomposition [J]. IEEE Transactions on Signal Processing，2014，62 (03)：531-544.

[5] 许子非，岳敏楠，李春．优化递归变分模态分解及其在非线性信号处理中的应用［J］．物理学报，2019，68（23）：292-305.

[6] 张建飞．基于VMD-CWT与CBAM-ResNet的柱塞泵故障诊断研究［D］．太原：中北大学，2023.

[7] Lian J，Liu Z，Wang H，et al. Adaptive variational mode decomposition method for signal processing based on mode characteristic [J]. Mechanical Systems and Signal Processing，2018，107（07）：53-77.

[8] 唐贵基，王晓龙．参数优化变分模态分解方法在滚动轴承早期故障诊断中的应用［J］．西安交通大学学报，2015，49（05）：73-81.

[9] Zan T，Pang Z，Wang M，et al. Research on early fault diagnosis of rolling bearing based on VMD [J]. 2018 6th International Conference on Mechanical，Automotive and Materials Engineering（CMAME），Hong Kong，China，2018：41-45.

[10] Cui H，Guan Y，Chen H. Rolling element fault diagnosis based on VMD and sensitivity MCKD [J]. IEEE Access，2021，9，120297-120308.

[11] 张毅，郝高岩，刘璇．改进变分模态分解包络谱分析在自动扶梯轴承故障诊断中的应用［J］．轴承，2021，500（07）：46-51.

[12] 赵磊，朱永利，高艳丰，等．基于变分模态分解和小波分析的变压器局部放电去噪研究［J］．电测与仪表，2016，53（11）：13-18.

[13] 毕凤荣，李鑫，马腾．基于变模式分解的爆震特征识别方法［J］．振动．测试与诊断，2018，38（05）：903-907+1076.

[14] Bi Fengrong，Li Xin，Liu Chunchao，et al. Knock detection based on the optimized variational mode decomposition [J]. Measurement，2019，140.

[15] 刘长良，武英杰，甄成刚．基于变分模态分解和模糊C均值聚类的滚动轴承故障诊断［J］．中国电机工程学报，2015，35（13）：3358-3365.

[16] 梁睿君，冉文丰，余传粮，等．基于CWT-CNN的齿轮箱运行故障状态识别［J］．航空动力学报，2021，36（12）：2465-2473.

[17] Sun Hailiang，He Zhengjia，Zi Yanyang，et al. Multiwavelet transform and its applications in mechanical fault diagnosis—A review [J]. Mechanical Systems and Signal Processing，2014，43：1-2.

[18] 李舜酩，郭海东，李殿荣．振动信号处理方法综述［J］．仪器仪表学报，2013，34（08）：1907-1915.

[19] Min Xia，Teng Li，Lin Xu，et al. Fault diagnosis for rotating machinery using multiple sensors and convolutional neural networks [J]. IEEE/ASME Transactions on Mechatronics，2018，23（1）：101-110.

[20] 周建华，郑攀，王帅星，等．基于小波时频图和卷积神经网络的行星齿轮箱故障诊断方法［J］．机械传动，2022，46（01）：156-163.

[21] 刘刚，屈梁生．应用连续小波变换提取机械故障的特征［J］．西安交通大学学报，2000（11）：74-77.

[22] 林京．连续小波变换及其在滚动轴承故障诊断中的应用［J］．西安交通大学学报，1999（11）：110-112.

[23] 程军圣，郑近德，杨宇．一种新的非平稳信号分析方法——局部特征尺度分解法［J］．振动工程学报，2012，25（2）：215-220.

[24] 杨宇，曾鸣，程军圣．一种新的时频分析方法——局部特征尺度分解［J］．湖南大学学报（自然科学版），2012，39（6）：35-39.

[25] 赫婷．基于改进LCD与SVM的柱塞泵故障诊断研究［D］．太原：中北大学，2023.

[26] 程军圣，郑近德，杨宇．局部特征尺度分解方法及其应用［M］．长沙：湖南大学出版社，2019.

[27] Deering R，Kaiser J F. The use of a masking signal to improve empirical mode decomposition [C] //International Conference on Acoustics，Speech，and Signal Processing IEEE，2005，04.

[28] Duan R C，Wang F H. Fault diagnosis of on-load tap-changer in converter transformer based on time-frequency vibration analysis [J]. IEEE Transactions on Industrial Electronics，2016，63（6）：3815-3823.

[29] 肖瑛，殷福亮．解相关EMD：消除模态混叠的新方法［J］．振动与冲击，2015，34（04）：25-29.

[30] Zhong J H，Wong P K，Yang Z X. Fault diagnosis of rotating machinery based on multiple probabilistic classifiers [J]. Mechanical Systems and Signal Processing，2018，108：99-114.

[31] 詹瀛鱼，程良伦，王涛．解相关多频率经验模态分解的故障诊断性能优化方法［J］．振动与冲击，2020，39（01）：115-122+149.

[32] Yeh J R，Shieh J S，Huang N E. Complementary ensemble empirical mode decomposition：A novel noise enhanced data analysis method [J]. Advances in adaptive data analysis，2010，2（02）：135-156.

[33] Torres M E, Colominas M A, Schlotthauer G, et al. A complete ensemble empirical mode decomposition with adaptive noise [C] //2011 IEEE international conference on acoustics, speech and signal processing. IEEE, 2011: 4144-4147.
[34] Colominas M A, Schlotthauer G, Torres M E. Improved complete ensemble EMD: A suitable tool for biomedical signal processing [J]. Biomedical Signal Processing and Control, 2014, 14: 19-29.
[35] 常佳豪. 转辙机柱塞泵的故障诊断方法研究 [D]. 太原: 中北大学, 2022
[36] 张岐山, 郑丽君. 基于灰关联分析的 V-MDAV 算法研究 [J]. 计算机应用研究. 2020, 37 (1): 107-111.
[37] Rostaghi M, Azami H. Dispersion entropy: A measure for time-series analysis [J]. IEEE Signal Processing Letters, 2016, 23 (5): 610-614.
[38] Azami H, Rostaghi M, Abásolo D, et al. Refined composite multiscale dispersion entropy and its application to biomedical signals [J]. IEEE Transactions on Biomedical Engineering, 2017, 64 (12): 2872-2879.
[39] Azami H, Escudero J. Amplitude-and fluctuation-based dispersion entropy [J]. Entropy, 2018, 20 (3): 210.
[40] 陆毅. 基于广义精细复合多尺度散布熵的机车轮对轴承智能诊断方法 [J]. 机械设计与研究, 2022, 38 (04): 119-124+137.
[41] 薛强. 基于改进散布熵理论的滚动轴承故障特征提取和诊断方法研究 [D]. 合肥: 安徽大学, 2021.
[42] 吴守军, 陈健, 冯辅周, 等. 改进的熵特征在行星齿轮裂纹故障识别中的应用 [J]. 西安交通大学学报, 2021, 55 (6): 61-68.

第5章

道岔转辙机及柱塞泵智能故障诊断

我国土地面积广阔，铁路干线四通八达，道岔转辙机部署于不同气候、不同自然条件环境中。在这种复杂环境下长期运行，故障不可避免，而且故障信息蕴含在转辙机设备的监测信号中，有效捕获这些故障信息进而判断转辙机设备的健康状态，是对转辙机设备进行故障诊断的核心任务。

道岔转辙机智能故障诊断是利用机器学习理论，将传统诊断过程中的人为判断转换为计算机分析数据，通过构建智能诊断模型，建立转辙机设备的监测数据特征与健康状态之间的映射关系，实现道岔转辙机健康状态的自动判别。智能故障诊断技术充分利用道岔转辙机微机监测系统采集的数据，通过诊断模型实现对转辙机故障的识别分类，有效降低工作人员劳动强度、提高维修效率，同时保证行车安全，已经成为工程实际中保障机械设备安全运行的重要手段。

基于机器学习的转辙机智能故障诊断流程如图 5-1 所示，主要包括数据采集、特征提取与选择、健康状态识别。在进行转辙机和柱塞泵的健康状态监测时，工程实际中依靠多种传感器网络信号，如振动、温度、油压等。为解析多源监测信号中的转辙机健康状态，需要凭借统计分析手段，如时域分析、频域分析、时频域分析等，提取信号的统计特征，再利用特征选择技术，如主分量分析、经验模态分解、信息熵等，剔除多维特征中的冗余或不相关特征，选择对转辙机状态变化敏感的特征，提高智能诊断效率。同时结合支持向量机（support vector machine，SVM）、极限学习机（extreme learning machine，ELM）等机器学习方法，构建智能诊断模型，建立所选择的敏感特征与转辙机健康状态之间的映射关系[1]。

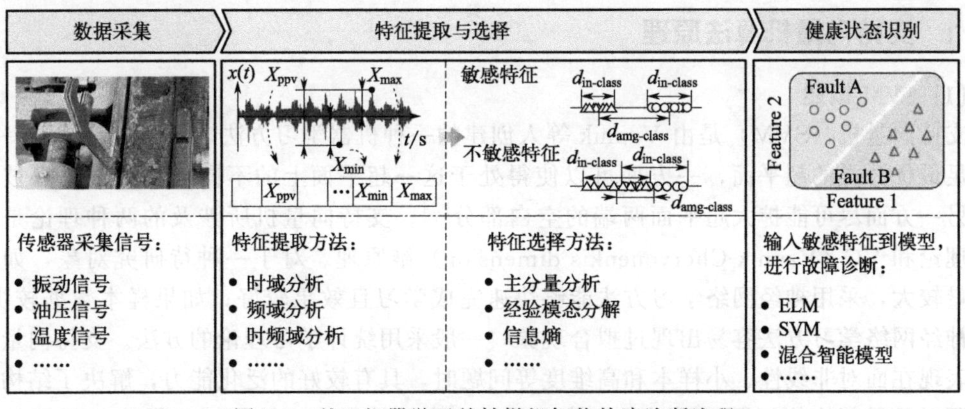

图 5-1 基于机器学习的转辙机智能故障诊断流程

在转辙机故障诊断中，深度学习能够自适应地提取或融合故障特征，实现特征提取与健康状态识别之间的信息交互。基于深度学习的智能故障诊断流程如图 5-2 所示，利用深度学习方法，如循环神经网络（recurrent neural network，RNN）、卷积神经网络（convolutional neural networks，CNN）等，直接对输入的转辙机油压或振动信号进行逐层特征表征，自适应提取与转辙机健康状态密切相关的深层特征，并将特征表征与健康状态识别环节合二为一，构建深层特征与转辙机健康状态之间的非线性映射关系，完成健康状态识别[1]。

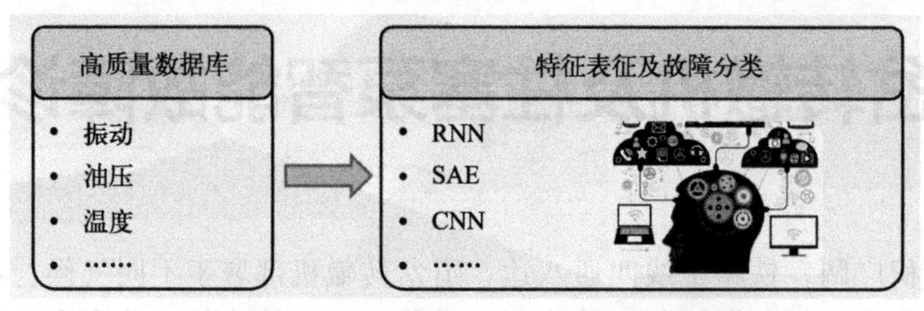

图 5-2 基于深度学习的转辙机智能故障诊断流程

本章首先介绍了智能诊断模型构建过程中常用的 SVM 与 ELM，并将其应用到道岔转辙机和柱塞泵故障诊断中；然后基于卷积神经网络理论，建立了深度可分离卷积诊断模型（DSCNN）、轻量化深度残差网络（DS-ResNet）诊断模型、卷积注意力的残差神经网络模型（CBAM-ResNet）、卷积注意力的长短期记忆网络模型（CNN-LSTM-Attention）、卷积-循环（CNN-GRU）混合诊断模型、图卷积神经网络模型（GCNII）等，并利用这些模型实现转辙机和柱塞泵的智能故障诊断；最后将目前发展迅速的迁移学习引入道岔转辙机故障诊断领域，开展基于 CNN 预训练模型的故障诊断研究。

5.1 基于改进 SVM 的故障诊断

高速铁路道岔转辙机故障诊断是一个典型的有限样本学习问题，而支持向量机（SVM）作为一种机器学习算法，其在解决非线性高维和小样本问题方面具有较好的性能，这一特点很好地迎合了道岔转辙机故障油压数据样本少的特性。但对于传统的 SVM 方法，参数选择是随机的，可能造成 SVM 模型诊断精度低的问题，针对该缺陷，本节采用相关算法（天牛须搜索算法、差分进化算法、向量加权平均算法）对 SVM 的参数进行寻优，以提高其诊断准确率。

5.1.1 支持向量机算法原理

（1）SVM 概述

支持向量机（SVM）是由 Vapnik 等人创建的一种机器学习方法，其实质是找出一个能够满足最优分类的超平面，一方面可以使得处于这一超平面上的不同类别的数据点彼此分离，另一方面尽可能扩大超平面两端的空白部分[2]。支持向量机所涉及的两种理论是统计学习理论和 VC（Vapnik-Chervonenkis dimension）维原理。对于一种待研究对象，如果样本数量较大，采用神经网络学习方法能够快速完成学习且效果较好；如果样本数据较少时，采用神经网络学习方法容易出现过拟合现象，一般采用统计学习理论的方法。支持向量机的优点表现在面对非线性、小样本和高维度等问题时，具有较好的泛化能力，解决了结构选择的问题以及局部均值问题，同时，支持向量机也有计算量大、计算速度慢这一局限性。目前，支持向量机已经在概率密度估计、故障诊断、金融工程等领域得到了广泛应用[3]。

（2）SVM 原理

样本集线性可分，定义 d 维空间的判别函数为 $g(\boldsymbol{x})=\boldsymbol{\omega}^{\mathrm{T}}\boldsymbol{x}+b$，存在一个超平面 $\boldsymbol{\omega}^{\mathrm{T}}\boldsymbol{x}+b=0$ 将样本准确分成两类。为了使两类数据点均符合 $|g(\boldsymbol{x})|\geqslant 1$，并且满足那些离分类平面较为接近的数据点为 $|g(\boldsymbol{x})|=1$ 的条件，对判别函数进行归一化处理。对于任意的样本

点（x_i, y_i），SVM 对其进行准确分类的前提条件是满足 $\boldsymbol{\omega}^{\mathrm{T}}\boldsymbol{x}_i+b=\mathbf{0}$，即：

$$y_i(\boldsymbol{\omega}^{\mathrm{T}}\boldsymbol{x}_i+b)-1\geqslant 0 \tag{5-1}$$

若式(5-1) 满足 $y_i(\boldsymbol{\omega}^{\mathrm{T}}\boldsymbol{x}_i+b)-1=0$，则这些样本点称为支持向量。超平面与支持向量之间的距离定义为 $\frac{1}{\|\boldsymbol{\omega}\|}$，分开的两类样本点之间的间隔（*Margin*）为：

$$Margin=\frac{2}{\|\boldsymbol{\omega}\|} \tag{5-2}$$

由于需要 *Margin* 值最大化，使分类器误差最小，则将求取最优分类面转换为二次规划问题：

$$\begin{cases}\min\frac{1}{2}\|\boldsymbol{\omega}\|^2\\ \text{s.t. } y_i(\boldsymbol{\omega}^{\mathrm{T}}\boldsymbol{x}_i+b)\geqslant 1, i=1,2,\cdots,n\end{cases} \tag{5-3}$$

基于此，构造拉格朗日（Lagrange）函数：

$$L(\boldsymbol{\omega},\alpha,b)=\frac{1}{2}\|\boldsymbol{\omega}\|^2-\sum_{i=1}^{n}\alpha_i y_i(\boldsymbol{\omega}^{\mathrm{T}}\boldsymbol{x}_i+b)+\sum_{i=1}^{n}\alpha_i \tag{5-4}$$

式中，$\alpha_i\geqslant 0$，表示的是 Lagrange 乘子。求取拉格朗日函数的最小值，关键在于 $\boldsymbol{\omega}$、b、α 这三个参数，因此，对 $\boldsymbol{\omega}$、b、α 求偏导，并令其等于 0，即：

$$\begin{cases}\frac{\partial L}{\partial\boldsymbol{\omega}}=0\Rightarrow\boldsymbol{\omega}=\sum_{i=1}^{n}\alpha_i y_i\boldsymbol{x}_i\\ \frac{\partial L}{\partial b}=0\Rightarrow\sum_{i=1}^{n}\alpha_i y_i=0\\ \frac{\partial L}{\partial\alpha_i}=0\Rightarrow\alpha_i\left[y_i(\boldsymbol{\omega}^{\mathrm{T}}\boldsymbol{x}_i+b)-1\right]=0\end{cases} \tag{5-5}$$

由式(5-4)、式(5-5) 得目标函数：

$$L(\boldsymbol{\omega},\alpha,b)=\sum_{i=1}^{n}\alpha_i-\frac{1}{2}\sum_{i=1}^{n}\sum_{j=1}^{n}\alpha_i\alpha_j y_i y_j\langle\boldsymbol{x}_i,\boldsymbol{x}_j\rangle \tag{5-6}$$

根据式(5-6) 可以看出，拉格朗日方程中的计算主要是样本点之间进行内积运算。

约束条件为：

$$\sum_{i=1}^{n}\alpha_i y_i=0, \alpha_i\geqslant 0 \tag{5-7}$$

当系数 α_i 非零时，即为支持向量。最佳分类面的权系数 b 可以根据 $\alpha_i[y_i(\boldsymbol{\omega}^{\mathrm{T}}\boldsymbol{x}_i+b)-1]=0$ 计算出来，最佳分类函数定义为：

$$f(x)=\operatorname{sgn}\left(\sum_{i=1}^{n}\alpha_i^* y_i(\boldsymbol{x}_i\cdot\boldsymbol{x})+b^*\right) \tag{5-8}$$

样本集线性不可分，在约束条件中引入了松弛变量 $\xi_i\geqslant 0$，则特征空间的约束条件变为：

$$y_i(\boldsymbol{\omega}^{\mathrm{T}}\boldsymbol{x}_i+b)\geqslant 1-\xi_i, i=1,2,\cdots,n \tag{5-9}$$

当松弛变量 ξ_i 满足在区间（0,1）内时，不同类别的样本能够被准确分开；当 $\xi_i>1$ 时，样本点类别则被误判。为了保证最大化分类间隔，需要最小化 $\|\boldsymbol{\omega}\|$，因此可将目标函数描述为：

$$\min\left(\frac{1}{2}\|\boldsymbol{\omega}\|^2+c\sum_{i=1}^{n}\xi_i\right) \tag{5-10}$$

式中，$c>0$，表示惩罚因子。

根据线性可分条件的计算方法，同理可以按照如式(5-11) 所示的拉格朗日函数来求解上述二元优化问题。

$$L(\boldsymbol{\omega},\alpha,b)=\frac{1}{2}\|\boldsymbol{\omega}\|^2+c\sum_{i=1}^{n}\xi_i-\sum_{i=1}^{n}\alpha_i[y_i(\boldsymbol{\omega}^{\mathrm{T}}\boldsymbol{x}_i+b)+\xi_i-1] \tag{5-11}$$

然后采用核函数 $K(x_i,x_j)$ 来代替样本点之间的内积 $\langle \boldsymbol{x}_i,\boldsymbol{x}_j \rangle$，则根据式(5-6) 计算可得到下列求解式(5-12)：

$$\begin{cases}\max\sum_{i=1}^{n}\alpha_i-\frac{1}{2}\sum_{i=1}^{n}\sum_{j=1}^{n}\alpha_i\alpha_j y_i y_j K(\boldsymbol{x}_i,\boldsymbol{x}_j)\\ \sum_{i=1}^{n}\alpha_i y_i=0\\ 0\leqslant\alpha_i\leqslant c, i=1,2,\cdots,n\end{cases} \tag{5-12}$$

求解式(5-12) 后可得到样本的最优分类函数：

$$f(x)=\mathrm{sgn}\left(\sum_{i=1}^{n}\alpha_i^* y_i K(\boldsymbol{x}_i\cdot\boldsymbol{x})+b^*\right) \tag{5-13}$$

5.1.2 核参数优化

SVM 中的惩罚因子 c 和核参数 g 一般由人工设置，需要通过大量反复实验才可能获得合适的结果，但一来浪费时间，二来其随机性太大，很有可能得不到合适结果，所以，本小节针对支持向量机不能自适应地选择惩罚因子 c 和核参数 g 的问题，采用差分进化算法和天牛须搜索算法对 SVM 参数进行优化，最后把诊断准确率作为评价指标来说明改进 SVM 模型的有效性和优越性。

(1) 核函数的选取

核函数是影响 SVM 分类效果的关键因素，选择一个合适的核函数不仅可以提高分类结果的准确度，还能提高运算速度，目前常用的四种核函数[4] 见表 5-1。

表 5-1 常见的四种核函数

核函数	表达式	模型说明
线性核函数	$k(\boldsymbol{x},\boldsymbol{y})=\boldsymbol{x}\cdot\boldsymbol{y}+c$	主要用于线性可分的支持向量机模型
RBF 核函数	$k(\boldsymbol{x},\boldsymbol{y})=\exp\left\{-\frac{\|\boldsymbol{x}-\boldsymbol{y}\|^2}{2\sigma^2}\right\}$	局部性较强，相关参数：σ、惩罚因子 c、核参数 g
sigmoid 核函数	$k(\boldsymbol{x},\boldsymbol{y})=\tanh(a(\boldsymbol{x},\boldsymbol{y})+r)$	a,r 需要调参，模型实现的是多层感知器神经网络功能
多项式核函数	$k(\boldsymbol{x},\boldsymbol{y})=(a\boldsymbol{x}\cdot\boldsymbol{y}+c)^d$	全局搜索能力强，但相关参数多易出现过拟合现象

目前，国内外对于核函数的选择没有一个科学系统的方法。一般来说，RBF 核函数应用较多，尤其在处理非线性样本数据方面，需要确定的参数较少，回归与泛化性能较好，故本节选择 RBF 核函数。SVM 的分类性能取决于惩罚因子 c 和核参数 g。模型中的惩罚因子 c 是指模型对离散点的容忍程度。c 值越大，模型对离散点的惩罚越严重，容忍程度越低，预测的结果精度越高，但同时容易出现过拟合，降低预测精度与泛化能力；c 值过小会导致训练程度过轻，无法构成准确的模型网络。核参数 $g=1/(2\sigma^2)$，σ 是超平面宽度。σ 越大，超平面越宽，离散点越多，预测精度会降低。σ 越小，超平面越窄，预测精度会提高，但同时也会导致模型用于测试样本时效果不好。

(2) 天牛须搜索算法

天牛须搜索 (beetle antennae search，BAS) 是一种新型元启发式学习算法，适用于对多目标函数进行优化，具有全局寻优能力强且寻优速度高等优点，但其最大的优势在于只需要一个个体就可以实现参数寻优，降低了算法的运算量，能够明显提高寻优速度[5,6]。根据天牛觅食特性可知，天牛依据左右触须感应食物气味强度来不断调整飞行方向，直到最后找到食物为止。BAS算法中，把待优化的目标函数看作食物，目标函数的变量看作天牛所在的位置。天牛须搜索算法具体实现步骤如下：

① 天牛对于未知区域通常采用随机搜索的方式，天牛头的朝向是任意的，其随机搜索方向可用式(5-14) 来描述。

$$\vec{b}=\frac{rands(k,1)}{\|rands(k,1)\|} \tag{5-14}$$

② 设置BAS算法步长因子 δ。

天牛的搜索能力取决于步长因子，初始步长应该等于搜索区域。步长更新规则如下：

$$\delta^t=eta\_\delta \cdot \delta^{t-1} \tag{5-15}$$

③ 创建天牛左右须空间位置坐标。

$$\begin{cases} x_r=x^t+d^t \cdot \vec{b} \\ x_l=x^t-d^t \cdot \vec{b} \end{cases} \tag{5-16}$$

式中，t 表示迭代次数；x_r、x_l 分别代表天牛须右侧和左侧搜索区域内的位置坐标；x^t 代表天牛的质心位置坐标；d^t 为两须之间的距离。

④ 确定天牛左右须气味的感应强度。

确定气味强度函数为 $f(\cdot)$，天牛左右须气味强度分别用 $f(x_l)$、$f(x_r)$ 表示。天牛的位置随左右须气味的感应强度而不断进行调整，通过比较二者的大小来确定天牛下一步的移动方向，天牛的位置表达式可描述为：

$$x^{t+1}=x^t-\delta^t \cdot \vec{b} \cdot sign(f(x_{rt})-f(x_{lt})) \tag{5-17}$$

⑤ 建立适应度模型。

天牛须搜索算法（BAS）评价一个解的好坏取决于该解的适应度值，本节为了找到最优的（c,g），设定支持向量机（SVM）的分类准确率作为适应度函数，其表达式为：

$$fitness=\frac{1}{m}\sum_{n=1}^{m}(\frac{l_m}{l_n}\times 100\%) \tag{5-18}$$

式中，l_m 和 l_n 分别代表第 m 个测试集正确分类个数和测试集样本个数。

⑥ 更新天牛须位置。天牛的质心位置 x 用［-1，1］之间的随机数来确定，将所取随机数存储在 X_{best} 中；根据式(5-18) 计算在初始位置时的适应度函数值并存储在 Y_{best} 中；最后，根据式(5-16) 更新天牛左右须的位置。

⑦ 更新 Y_{best} 和 X_{best}。天牛位置由函数 $f(x_l)$、$f(x_r)$ 求得并计算该位置下的适应度函数值 $fitness$。比较 $fitness$ 和 Y_{best} 的大小，决定是否需要更新。若需要，则将最优的一组天牛位置存储在 X_{best} 中。

⑧ 判断结果是否符合要求。若适应度函数值高于预定的精度，则迭代终止，输出最优解（c,g），将其输入设定好的支持向量机（SVM）；否则，继续寻找最优解，直到满足迭代终止条件。

(3) 差分进化算法

差分进化（differential evolution，DE）算法是模拟自然界生物种群以“优胜劣汰，适者生存”为原则的进化发展规律而形成的一种随机启发式搜索算法[7]。该算法可以根据当前搜索情况来不断调整搜索策略，主要优点有：待定参数少、不易陷入局部最优、收敛速度快。差分进化算法由变异、交叉和选择3个基本操作组成。

① 种群初始化。在种群初始化之前，需要设置参数的上界与下界，然后根据式(5-19)随机产生满足约束条件的初始化种群。

$$\boldsymbol{X}_i(0)=\boldsymbol{X}_i^L+rand()\cdot(\boldsymbol{X}_i^U-\boldsymbol{X}_i^L) \tag{5-19}$$

② 变异操作。首先需要从父代中选取两个变量进行差分操作，形成差分矢量：

$$\boldsymbol{D}_{r1,2}=\boldsymbol{X}_{r1}(t)-\boldsymbol{X}_{r2}(t) \tag{5-20}$$

然后，将差分矢量进行加权，与另外一个父代个体矢量进行求和，生成新的子代变异个体矢量，公式如下：

$$\boldsymbol{V}_i(t+1)=\boldsymbol{X}_{r3}(t)+F\cdot\boldsymbol{D}_{r1,2} \tag{5-21}$$

式中，F 为变异因子。

③ 交叉操作。目标矢量个体$\boldsymbol{X}_i(t)$ 与变异后的新个体$\boldsymbol{V}_i(t+1)$ 进行交叉操作，产生新的实验个体$\boldsymbol{U}_i(t+1)$。目标候选个体每一维分量 $u_{ij}(t+1)$ 由下式生成：

$$u_{ij}(t+1)=\begin{cases}v_{ij}(t+1), rand(j)\leqslant CR \text{ 或 } j=k\\ x_{ij}(t), \text{其他}\end{cases} \tag{5-22}$$

式中，$x_{ij}(t)$ 为$\boldsymbol{X}_i(t)$ 的第 j 维分量；$v_{ij}(t+1)$ 为$\boldsymbol{V}_i(t+1)$ 的第 j 维分量；$rand(j)$ 为第 j 维分量所对应的随机数；CR 为交叉概率因子，$CR\in[0,1]$；k 为第 i 个体所对应的系数。

④ 选择操作。选择操作的主要思想是通过适应度函数来对原始目标个体和目标候选个体进行适应度计算，根据适应度值来对原始目标个体和目标候选个体进行评价，较优者作为新的目标个体进入下一代，公式如下：

$$\boldsymbol{X}_i(t+1)=\begin{cases}\boldsymbol{U}_i(t+1) & f(\boldsymbol{U}_i(t+1))<f(\boldsymbol{U}_i(t+1))\\ \boldsymbol{X}_i(t) & f(\boldsymbol{U}_i(t+1))\geqslant f(\boldsymbol{U}_i(t+1))\end{cases} \tag{5-23}$$

(4) 天牛须搜索算法和差分进化算法的寻优性能比较

通过测试函数来比较天牛须搜索算法（BAS）和差分进化算法（DE）的寻优性能。BAS 参数设置：两须步长衰减系数 $eta\_\delta=0.8$，步长与两须距离之比为 5，初始步长为 12。DE 参数设置：种群规模 $N=50$，变异因子 $F=0.5$，交叉概率 $CR=0.3$。两种算法最大迭代次数均为 $T=200$。测试函数为：

$$f(x)=-\frac{1+\cos(12\sqrt{x_1^2+x_2^2})}{0.5(x_1^2+x_2^2)+2}, x_1, x_2\in[-5.12, 5.12] \tag{5-24}$$

当 $x_1=x_2=0$ 时，测试函数取得极小值为-1。仿真结果如图 5-3～图 5-6 所示。

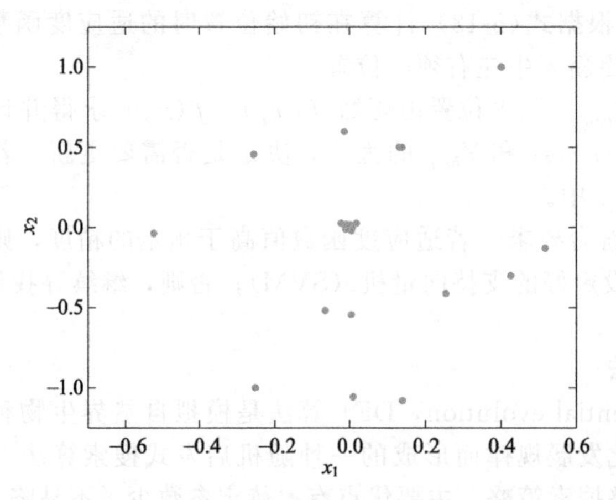

图 5-3 迭代过程中坐标移动（一）

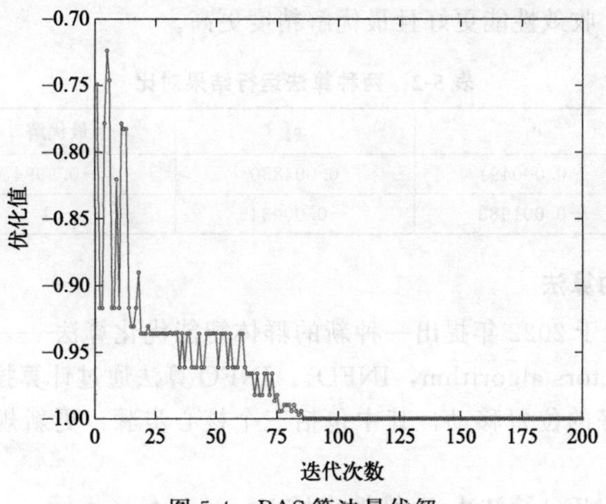

图 5-4　BAS 算法最优解

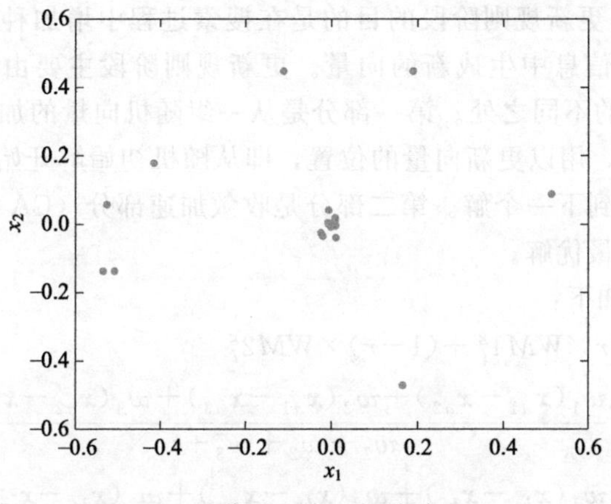

图 5-5　迭代过程中坐标移动（二）

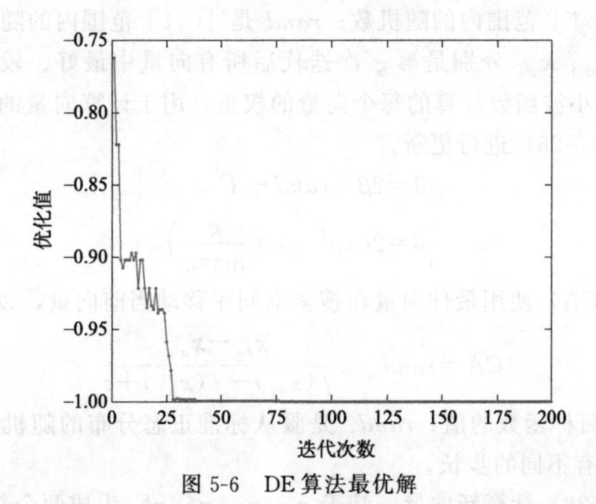

图 5-6　DE 算法最优解

根据图 5-3～图 5-6 可知，BAS 算法在第 87 步迭代时收敛至较优值，DE 算法在第 25 次迭代时基本收敛至较优值。由表 5-2 可知，在迭代次数相同的条件下，DE 算法消耗时间比 BAS 算法要多，但是，DE 算法优势在于自带有自适应变异因子，在全局寻优和局部寻优中可以获得较好的平衡，收敛性能更好且最优解精度更高。

表 5-2 两种算法运行结果对比

算法	x_1	x_2	最优解	消耗时间/s
BAS	−0.000491	0.004830	−0.9994	0.563664
DE	−0.001983	−0.000345	−1	0.908092

(5) 向量加权平均算法

Ahmadianfar 等人于 2022 年提出一种新的群体智能优化算法——向量加权平均算法[8]（weighted mean of vectors algorithm，INFO）。INFO 算法通过计算搜索空间中的一组向量的加权平均值来向更好的位置移动，其中包括三个核心步骤：更新规则、向量组合和局部搜索。

① 初始化阶段。INFO 算法由 D 维搜索域 $\boldsymbol{X}_{l,j}^{g}=\{\boldsymbol{x}_{l,1}^{g},\boldsymbol{x}_{l,2}^{g},\cdots,\boldsymbol{x}_{l,D}^{g}\},l=1,2,\cdots,N_p$ 中的 N_p 个向量总体组成。与其他优化算法一样，它采用随机生成的方法来产生初始向量。

② 更新规则阶段。更新规则阶段的目的是在搜索过程中增加种群的多样性。它通过计算向量的加权平均值在信息中生成新的向量。更新规则阶段主要由两个部分组成，这也是 INFO 算法与其他算法的不同之处。第一部分是从一组随机向量的加权平均值中提取基于均值的规则（*MeanRule*），用以更新向量的位置，即从随机初始解开始，用一组随机选择的向量的加权均值信息移动到下一个解。第二部分是收敛加速部分（CA），以提高收敛速度，并提高算法的性能以达到最优解。

MeanRule 的定义如下：

$$\begin{cases}MeanRule=r\times WM1_l^g+(1-r)\times WM2_l^g\\ WM1_l^g=\delta\times\dfrac{w_1(\boldsymbol{x}_{a1}-\boldsymbol{x}_{a2})+w_2(\boldsymbol{x}_{a1}-\boldsymbol{x}_{a3})+w_3(\boldsymbol{x}_{a2}-\boldsymbol{x}_{a3})}{w_1+w_2+w_3+\varepsilon}+\varepsilon\times rand\\ WM2_l^g=\delta\times\dfrac{w_1(\boldsymbol{x}_{bs}-\boldsymbol{x}_{bt})+w_2(\boldsymbol{x}_{bs}-\boldsymbol{x}_{ws})+w_3(\boldsymbol{x}_{bt}-\boldsymbol{x}_{ws})}{w_1+w_2+w_3+\varepsilon}+\varepsilon\times rand\end{cases}\tag{5-25}$$

式中，r 是 [0,0.5] 范围内的随机数；$rand$ 是 [0,1] 范围内的随机数；ε 是一个值非常小的常数；$\boldsymbol{x}_{bs}$、$\boldsymbol{x}_{bt}$、$\boldsymbol{x}_{ws}$ 分别是第 g 次迭代后所有向量中最好、较好、最差的解向量；w_1、w_2、w_3 是基于小波函数计算的每个向量的权重，用于计算向量的加权平均值 WM；δ 为比例因子，根据式(5-26) 进行更新。

$$\begin{cases}\delta=2\beta\times rand-\beta\\ \beta=2\exp\left(-4\times\dfrac{g}{\max g}\right)\end{cases}\tag{5-26}$$

收敛加速部分（CA）使用最佳向量在搜索空间中移动当前向量，以提高全局搜索能力。

$$CA=rand_n\times\frac{\boldsymbol{x}_{bs}-\boldsymbol{x}_{a1}}{f(\boldsymbol{x}_{bs})-f(\boldsymbol{x}_{a1})+\varepsilon}\tag{5-27}$$

式中，$f(x)$ 是目标函数的值；$rand_n$ 是服从标准正态分布的随机值，以确保在 INFO 中生成的每个向量具有不同的步长。

最后，根据式(5-28) 计算新向量，基于 $\boldsymbol{x}_{bs},\boldsymbol{x}_{bt},\boldsymbol{x}_l^g,\boldsymbol{x}_{a1}^g$ 生成两个新向量 $\boldsymbol{z}1_l^g$，$\boldsymbol{z}2_l^g$。

$$\boldsymbol{z}_l^g=\boldsymbol{x}_l^g+\sigma\times MeanRule+CA\tag{5-28}$$

式中，σ 为向量缩放率，根据式(5-29) 中定义的指数函数进行更新。

$$\begin{cases}\sigma = 2\alpha \times rand - \alpha \\ \alpha = 2\exp\left(-4 \times \dfrac{g}{\text{maxg}}\right)\end{cases} \tag{5-29}$$

③ 向量组合阶段。在向量组合阶段，INFO 将在前一阶段获得的两个向量与条件 $rand<0.5$ 下的向量 $\boldsymbol{x}_l^g$ 进行合并，生成一个新的向量 $\boldsymbol{u}_l^g$，用于提升局部搜索能力，以提供一个新的更好的向量。

$$\boldsymbol{u}_l^g \begin{cases} z1_l^g + \mu \cdot |z1_l^g - z2_l^g| & rand_1 < 0.5 \text{ 且 } rand_2 < 0.5 \\ z2_l^g + \mu \cdot |z1_l^g - z2_l^g| & rand_1 < 0.5 \text{ 且 } rand_2 > 0.5 \\ \boldsymbol{x}_l^g, rand1 > 0.5 \end{cases} \tag{5-30}$$

式中，$\mu = 0.05 \times rand_n$。

④ 局部搜索阶段。有效的局部搜索能力可以防止 INFO 陷入局部最优解。使用局部最优位置 $\boldsymbol{x}_{bs}^g$ 和基于均值的规则执行局部搜索运算，可以有效地改善信息易受局部最优影响的问题，以达到全局最优。

根据式(5-31) 围绕局部最优位置 $\boldsymbol{x}_{bs}^g$ 生成一个新向量：

$$\boldsymbol{u}_l^g = \begin{cases} \boldsymbol{x}_{bs} + rand_n \times (MeanRule + rand_n \times (\boldsymbol{x}_{bs}^g - \boldsymbol{x}_{a1}^g)) & rand_1 < 0.5 \text{ 且 } rand_2 < 0.5 \\ \boldsymbol{x}_{rnd} + rand_n \times (MeanRule + rand_n \times (\upsilon_1 \times \boldsymbol{x}_{bs} - \upsilon_2 \times \boldsymbol{x}_{rnd})) & rand_1 < 0.5 \text{ 且 } rand_2 \geqslant 0.5 \end{cases} \tag{5-31}$$

式中，$\boldsymbol{x}_{rnd}$ 是由 $\boldsymbol{x}_{avg}$、$\boldsymbol{x}_{bt}$ 和 $\boldsymbol{x}_{bs}$ 随机组成的新解，由式(5-32) 计算，这增加了算法的随机性，以更好地在解空间中搜索；ν_1 和 ν_2 是两个随机数。定义如式(5-33) 所示。

$$\begin{cases} \boldsymbol{x}_{rnd} = \Phi \times \boldsymbol{x}_{avg} + (1-\Phi) \times [\Phi \times \boldsymbol{x}_{bt} + (1-\Phi) \times \boldsymbol{x}_{bs}] \\ \boldsymbol{x}_{avg} = \dfrac{\boldsymbol{x}_a + \boldsymbol{x}_b + \boldsymbol{x}_c}{3} \end{cases} \tag{5-32}$$

$$\nu_1 = \begin{cases} 2 \times rand, p > 0.5 \\ 1, p \leqslant 0.5 \end{cases}$$

$$\nu_2 = \begin{cases} rand, p < 0.5 \\ 1, p \geqslant 0.5 \end{cases} \tag{5-33}$$

式中，Φ 和 p 都表示 (0,1) 范围内的随机数。

INFO 算法所提出的均值规则结合了两组向量（一组随机向量和另一组具有局部最佳、较佳和最差的向量）的加权平均值来提高搜索能力，更新规则算子，使用平均规则和收敛加速部分更新向量的位置，保证了算法的搜索能力和收敛速度，其中的缩放率参数可以平衡搜索和开发能力。所提出的向量组合算子结合了全局搜索和局部开发阶段，以提高搜索能力并避免陷入局部最优，自适应参数顺利实现了从搜索到开发的过渡。最后采用局部搜索运算进一步提高开发和收敛速度。

5.1.3 应用实例

(1) 基于 BAS 和 DE 优化的 SVM 转辙机故障诊断

考虑到道岔转辙机故障特征提取单一及其故障小样本特性，构建基于 MEEMD 多特征融合和改进 SVM 的故障诊断模型[9]。该模型充分利用 MEEMD 方法实现原始信号的自适应多尺度化，对于提取的样本熵和能量熵特征，经过 KPCA 方法实现特征融合获得新的特征数据集，将融合特征数据集用于改进 SVM 模型故障分类，从而完成道岔转辙机的故障模式识别。基于 MEEMD 多特征融合与改进 SVM 的道岔转辙机故障诊断结构框图如图 5-7 所示。

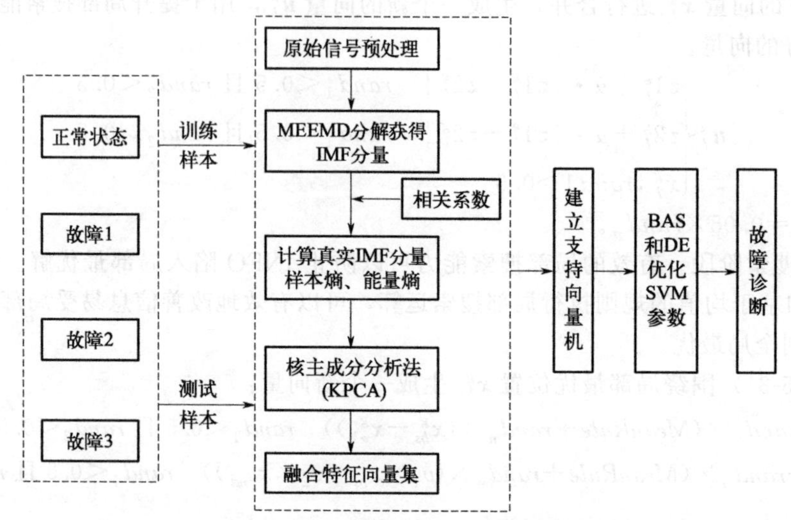

图 5-7　故障诊断总体设计结构框图

① 模型建立。图 5-7 中的特征提取步骤已经在 3.3 节完成。依据 3.2 节所设计的实验，选用 3.2.3 节中提取到的特征样本数据作为分析样本。考虑到样本大小对诊断结果精度的影响，每种状态选取 30、60、100 组样本，四种状态共得到 120(4×30)、240(4×60)、400(4×100) 组样本。随机选取四种状态的 84、168、280 组特征样本作为训练数据，剩余 36、72、120 组作为测试数据。四种状态用不同数字标签代替，依次为：1 表示正常状态 G_1，2 表示道岔卡阻不解锁状态 G_2，3 表示道岔卡阻不锁闭状态 G_3，4 表示转换过程存在异常阻力状态 G_3。参数 c 和 g 的取值范围分别为 $c\in[0,1000]$，$g\in[0,100]$。

BAS-SVM 模型

BAS 算法将 (c,g) 作为待优化目标，天牛质心位置 x 可表示为 $x(x_1,x_2)$。BAS 算法进行迭代，找到满足要求的适应度值（分类准确率为 98%）对应的最优解。将得到的一组最优参数代入 SVM 模型，构建 BAS-SVM 诊断模型。BAS-SVM 模型的各项参数设置：两项步长衰减系数 $eta\_\delta=0.9$，步长与两须距离之比为 5，初始步长为 10，位置维度 $k=2$，最大迭代次数 $T=100$。图 5-8 展示了 BAS-SVM 模型的算法流程。

DE-SVM 模型

结合训练样本，利用差分进化算法（DE）优化 SVM 参数。参数设置：种群数为 50，变异因子 $F=1.2$，交叉因子 $CR=0.9$，最大迭代次数 $T=100$。具体的 DE-BAS 算法流程如图 5-9 所示。

随着迭代次数的增加，自动算出模型的最优参数 c 和 g。图 5-10、图 5-11 分别展示了天牛须搜索算法（BAS）、差分进化算法（DE）优化 SVM 参数的准确率曲线图，从图中可以清楚地看出：在一定范围内，随着迭代次数的不断增加，适应度值也在上升。

对于 BAS-SVM 模型，当迭代次数达到第 33 次时，适应度值达到最大值 93.5%，之后随着迭代次数的逐渐增加，不再发生变化。优化后的最优参数为：惩罚因子 $c=57.9$，核参数 $g=0.011$。

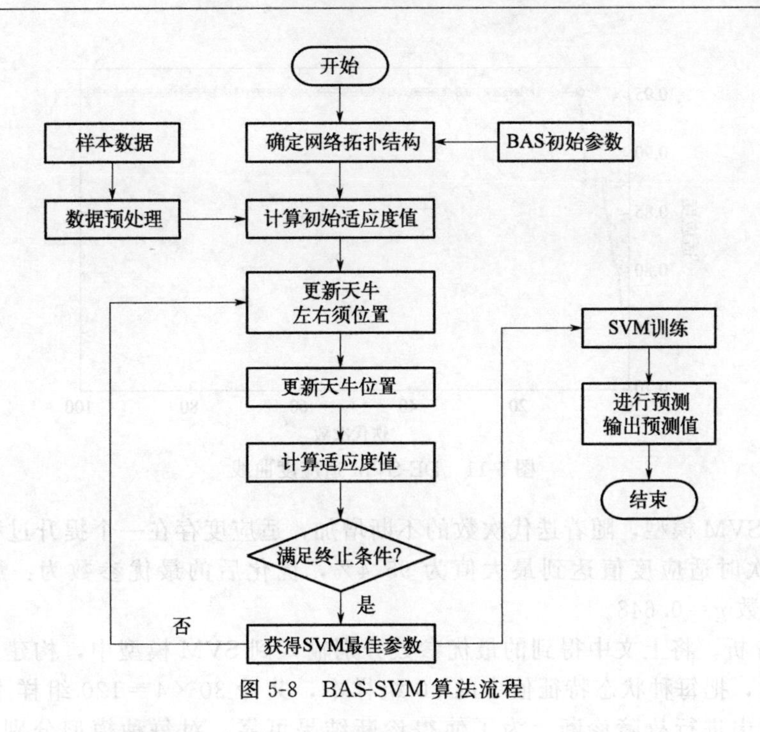

图 5-8　BAS-SVM 算法流程

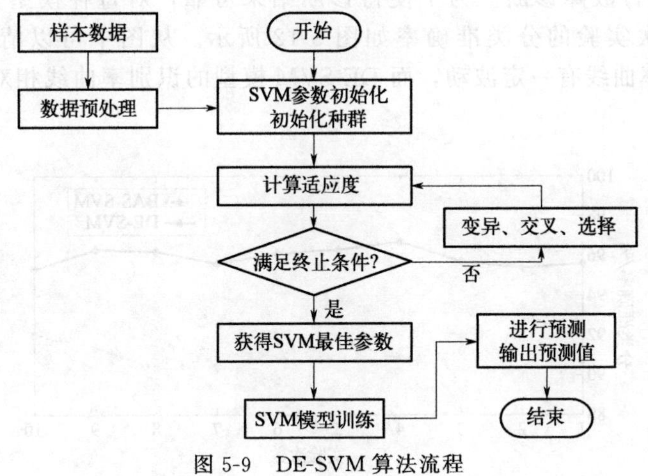

图 5-9　DE-SVM 算法流程

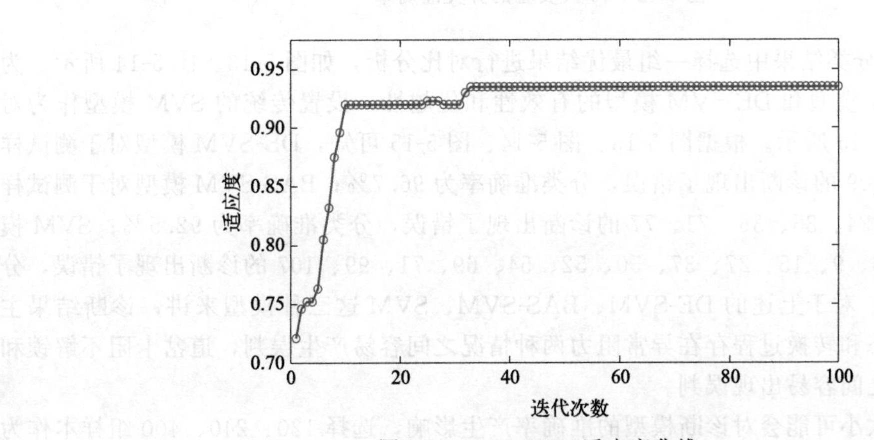

图 5-10　BAS-SVM 适应度曲线

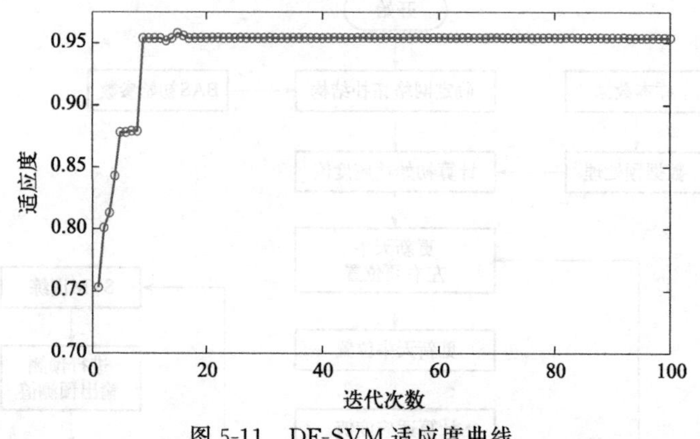

图 5-11 DE-SVM 适应度曲线

对于 DE-SVM 模型，随着迭代次数的不断增加，适应度存在一个提升过程。当迭代次数达到第 17 次时适应度值达到最大值为 95.4%，优化后的最优参数为：惩罚因子 $c=146.89$，核参数 $g=0.648$。

② 结果分析。将上文中得到的最优参数分别输入到 SVM 模型中，构建 BAS-SVM 和 DE-SVM 模型，把每种状态特征值中的 30 组样本，共计 30×4=120 组样本依次输入到上述两种模型中进行故障诊断。为了使得诊断结果可靠，对每种模型分别进行 10 次实验，测试样本 10 次实验的分类准确率如图 5-12 所示。从图中可以清楚地看到，BAS-SVM 模型的识别率曲线有一定波动，而 DE-SVM 模型的识别率曲线相对比较平稳，稳定性更好。

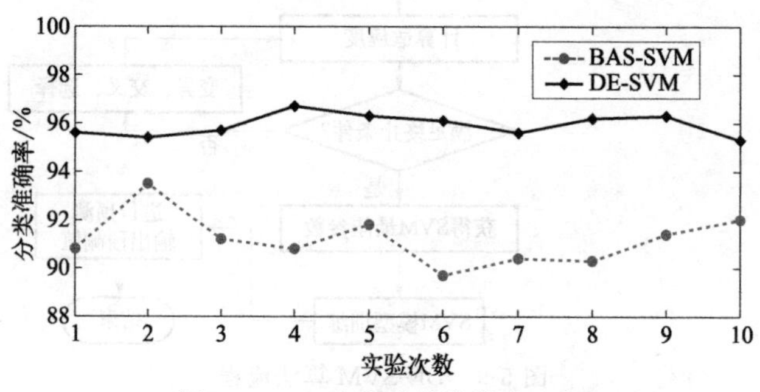

图 5-12 10 次实验的分类准确率

从 10 次实验分类结果中选择一组最优结果进行对比分析，如图 5-13、图 5-14 所示。为了验证 BAS-SVM 模型和 DE-SVM 模型的有效性和优越性，设置传统的 SVM 模型作为对照组，结果如图 5-15 所示。根据图 5-13、图 5-14、图 5-15 可知，DE-SVM 模型对于测试样本 23、39、41、109 的诊断出现了错误，分类准确率为 96.7%；BAS-SVM 模型对于测试样本 2、8、9、17、24、35、36、71、77 的诊断出现了错误，分类准确率为 92.5%；SVM 模型对于测试样本 6、9、15、27、37、50、52、54、69、71、99、107 的诊断出现了错误，分类准确率为 90%。对于上述的 DE-SVM、BAS-SVM、SVM 这三种模型来讲，诊断结果主要表现在正常状态和转换过程存在异常阻力两种情况之间容易产生误判，道岔卡阻不解锁和道岔卡阻不锁闭之间容易出现误判。

考虑到样本大小可能会对诊断模型的准确率产生影响，选择 120、240、400 组样本作为对照，按照 7∶3 的比例随机分为训练数据集和测试数据集，SVM 模型的参数设置均相同。

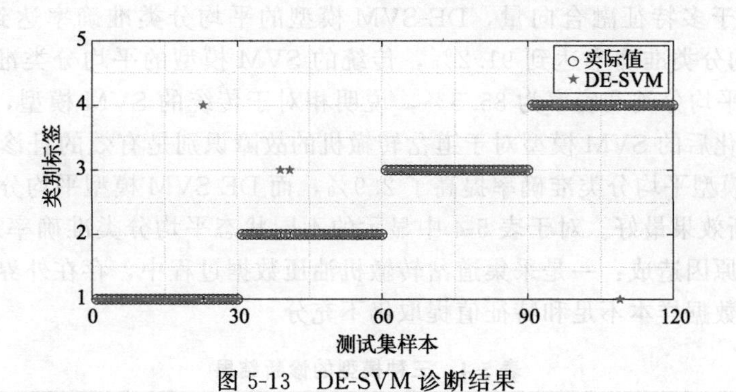

图 5-13　DE-SVM 诊断结果

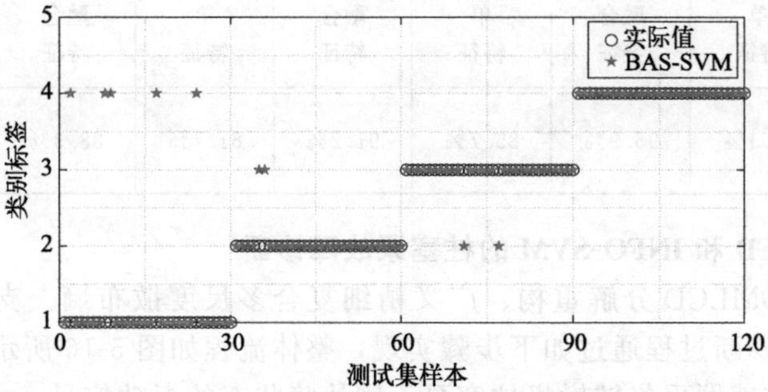

图 5-14　BAS-SVM 诊断结果

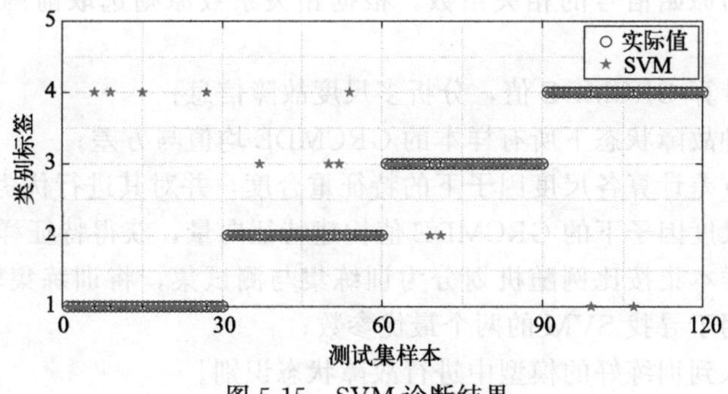

图 5-15　SVM 诊断结果

将 120、240、400 组样本的诊断结果以表 5-3 展示：在相同条件下，样本大小对于 SVM 模型的诊断精度有一定的影响，随着样本数的增加，相应的诊断准确率会有所提高。

表 5-3　不同样本量的测试平均分类准确率

样本数	120	240	400
SVM	83.8%	86.9%	88.3%

为了进一步验证多特征融合特征提取方法的优越性，将单特征向量设置为对照组，再增加相关向量机（RVM）作为对照。运用 DE-SVM、BAS-SVM、SVM、RVM 四种模型分别进行故障识别分类，把平均分类准确率作为性能评价指标，诊断结果如表 5-4 所示。表中结果表明，基于单特征向量，四种模型对于道岔转辙机四种不同状态的平均分类准确率明显低于基于融合特征向量的平均分类准确率，说明特征融合所得的新特征能够更准确地反映原始

信号的信息。基于多特征融合向量，DE-SVM 模型的平均分类准确率达到 95.9%，BAS-SVM 模型的平均分类准确率达到 91.2%，传统的 SVM 模型的平均分类准确率为 88.3%，而 RVM 模型的平均分类准确率为 85.5%，说明相对于传统的 SVM 模型，RVM 模型稍微处于劣势，而优化后的 SVM 模型对于道岔转辙机的故障识别是有效的且诊断准确率得到提升。BAS-SVM 模型平均分类准确率提高了 2.9%，而 DE-SVM 模型平均分类准确率提高了 7.6%，故障诊断效果最好。对于表 5-4 中显示的不同状态平均分类准确率未能达到 100%，可能由以下两个原因造成：一是采集道岔转辙机油压数据过程中，存在外界信号干扰；二是道岔转辙机油压数据样本不足和特征值提取仍不充分。

表 5-4 三种模型的诊断结果

模型	DE-SVM		BAS-SVM		SVM		RVM	
特征向量	单特征	融合特征	单特征	融合特征	单特征	融合特征	单特征	融合特征
平均分类准确率	87.1%	95.9%	85.7%	91.2%	81.7%	88.3%	78.2%	85.5%

(2) 基于 DMLCD 和 INFO-SVM 的柱塞泵故障诊断

本小节提出将 DMLCD 分解重构、广义精细复合多尺度散布熵、支持向量机相结合的故障诊断方法[10]。诊断过程通过如下步骤实现，整体流程如图 5-16 所示。

• 利用加速度传感器采集转辙机柱塞泵不同故障状态的振动信号；

• 将原始振动信号进行 DMLCD 分解，得到若干 ISC 分量；

• 计算各分量与原始信号的相关系数，根据相关系数原则选取前两阶 ISC 分量进行信号重构；

• 对重构信号计算 GRCMDE 值，分析多尺度故障信息；

• 分别计算每种故障状态下所有样本的 GRCMDE 均值与方差；

• 根据均值与方差计算各尺度因子下的特征重合度，并对其进行优劣排序；

• 选择前 5 个尺度因子下的 GRCMDE 值构建特征向量，获得特征样本集；

• 将故障特征样本集按比例随机划分为训练集与测试集，将训练集输入到 INFO-SVM 模型中进行训练，用于寻找 SVM 的两个最优参数；

• 将测试集输入到训练好的模型中进行故障状态识别。

① INFO-SVM 模型。

a. 通过向量加权平均算法（INFO）对支持向量机（SVM）模型进行优化，本质上是对惩罚因子 c 与核函数参数 g 进行寻优，优化后的故障分类模型识别准确率高、收敛速度快。INFO 优化 SVM 的步骤如下：

• 将构建的特征向量集按比例划分为训练数据集和测试数据集输入到模型中；

• 初始化向量维数、数量及最大迭代次数；

• 随机选出一组向量，计算每个向量的目标函数值，确定最佳向量，确定 SVM 的参数 g 和 c 的初始值，以根据式(5-28) 得到新位置向量 $z1_l^g$，$z2_l^g$，再根据式(5-30) 将新位置向量与其他满足条件的搜索向量合并成一个新向量 $\boldsymbol{u}_l^g$ 以提升局部搜索能力，最后根据式(5-31) 围绕全局最优位置更新向量；

• 将 SVM 当前的识别错误率作为适应度函数，计算更新后向量的适应度函数值 $f(\boldsymbol{u}_{i,j}^g)$，并与当前向量适应度值比较，如果函数值优于当前的，则更新向量；

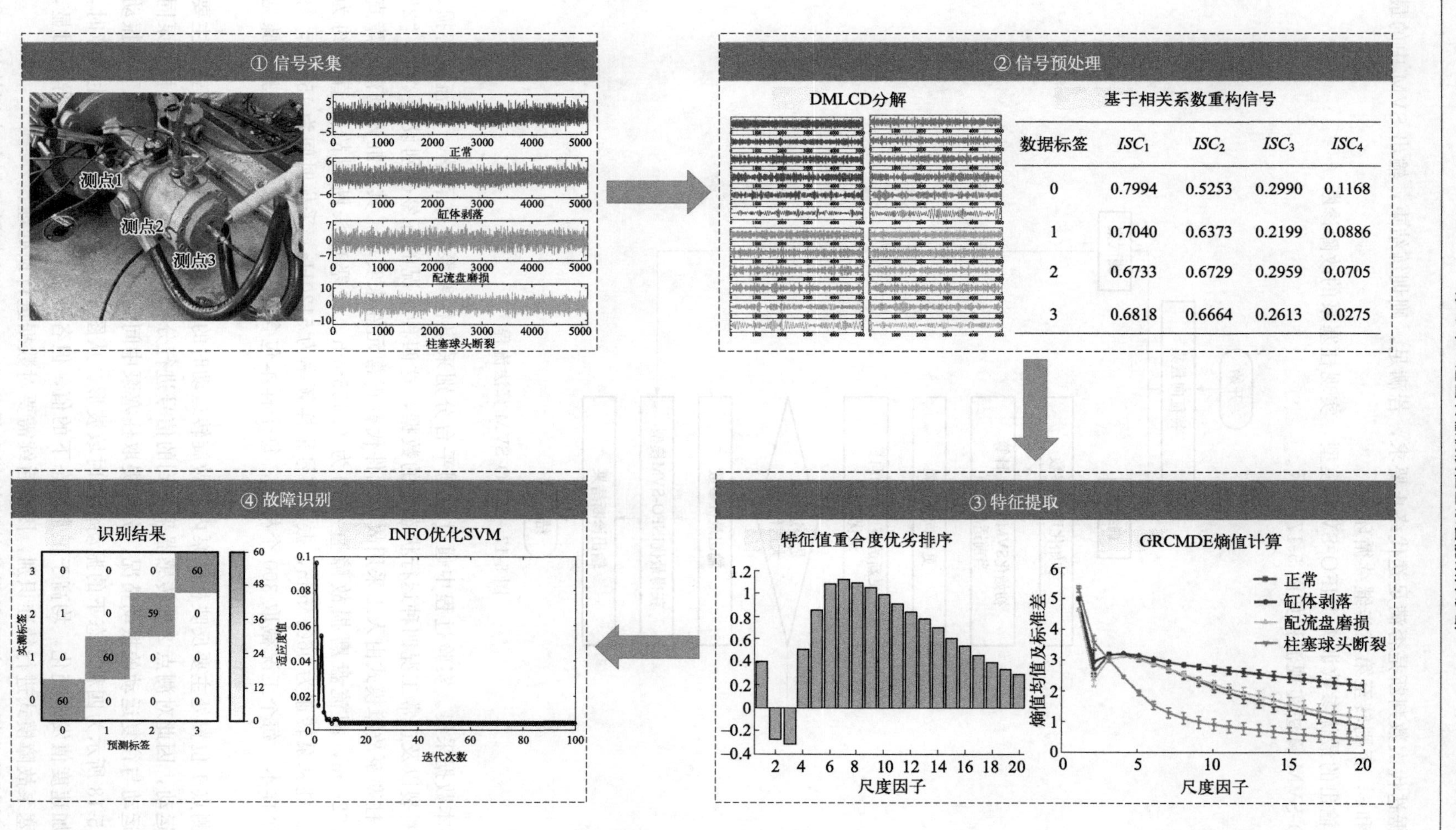

图 5-16 故障诊方法流程图

• 根据迭代次数判断是否满足迭代终止要求，若满足，则训练结束，输出 SVM 中的最优参数 g 和 c，否则转至第三步继续循环。

b. 用输出的最优参数训练 INFO-SVM 模型，实现柱塞泵的故障诊断。

INFO-SVM 算法实现流程如图 5-17 所示。

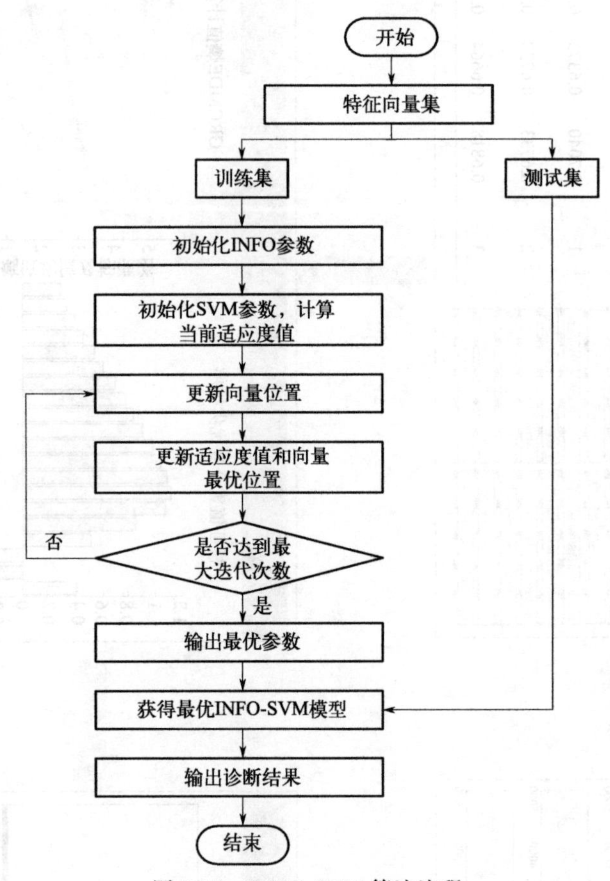

图 5-17　INFO-SVM 算法流程

② 样本数据采集。实验过程中通过控制平台分别采集柱塞泵缸体剥落、配流盘磨损、柱塞球头断裂以及正常工况四种运行状态下的数据，这四种工况的标签分别设为“1”“2”“3”“0”。柱塞泵故障模式由人工采用故障元件代替正常元件来实现，其中缸体剥落故障直径约为 0.72mm，配流盘磨损故障直径约为 0.455mm，柱塞球头断裂故障直径约为 0.375mm。柱塞泵转速为 960r/min，振动信号采样频率为 5120Hz，采样时间为 15min，每秒截取一个样本，每个工况截取 300 个样本，每个样本包含 5120 个点。（具体实验步骤见 4.1 节）

由于测点 1 位置处主要反映柱塞泵内部做旋转运动时的振动情况，测点 3 后端盖处主要是做往复运动，因此对测点 2 处传感器采集到的信号进行分析，此处的信号反映了柱塞泵同时做旋转运动与往复运动的振动情况。分别提取柱塞泵中间壳体上方位置在各工况下的振动信号，图 5-18 所示为四种状态下的振动信号时域波形。从图中可看出当柱塞泵产生故障时，泵的振动加速度值发生变化，均高于正常状态下的值，但各故障状态下的信号差异不明显，无法对柱塞泵故障模式进行精准识别，因此后续需要对数据进行预处理。

③ 实验结果分析。将提取的最优故障特征向量集按 8∶2 的比例随机划分为训练样本集

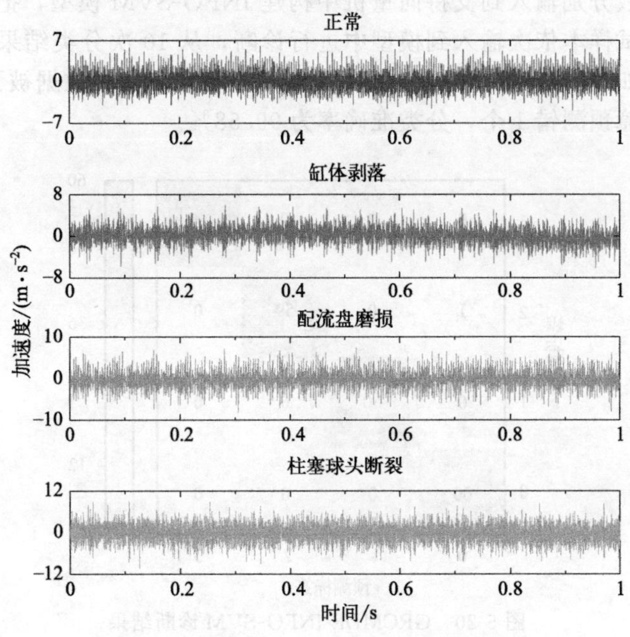

图 5-18 柱塞泵不同状态信号时域波形图

和测试样本集，即从每类工况中选取 240 个特征样本作为训练集，60 个特征样本作为测试集。将已经构建好的 960 个特征训练样本输入到 INFO-SVM 分类器中进行训练，然后输入 240 个测试集样本进行故障识别。为消除随机划分故障样本集对结果造成的影响，对每类样本重复进行 10 次诊断识别，将 10 次识别结果的平均准确率作为最终准确率。

INFO 算法参数设置见表 5-5，将随机划分好的训练样本集输入到分类器中进行模型训练，将最低分类错误率对应的参数作为分类器模型的最优参数。

表 5-5 INFO 参数设置

类型	向量个数	向量维数	最大迭代次数
INFO	30	2	100

INFO 算法优化 SVM 模型过程中的适应度进化曲线如图 5-19 所示。随着迭代次数的不断增加，适应度值存在一个提升过程，当迭代次数达到第 10 次时，适应度值达到最小值 0.0042，之后随着迭代次数的增加，不再发生变化。

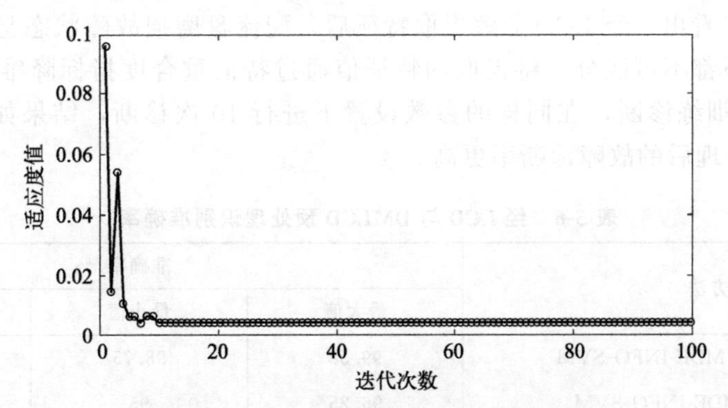

图 5-19 INFO-SVM 优化过程适应度曲线

将所得最优参数分别输入到支持向量机中构建 INFO-SVM 模型，把第 3 章所提取的四种状态的 240 个测试样本依次输入到模型中进行诊断，从 10 次分类结果中选择一组最优结果分析，诊断结果如图 5-20 所示。图中每一列上的数值表示实测数据被预测为该类的数目，只有配流盘磨损故障预测错 1 个，分类准确率为 99.58%。

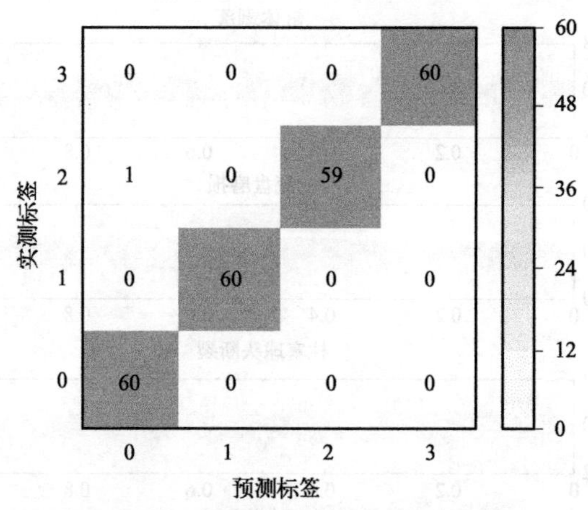

图 5-20 GRCMDE-INFO-SVM 诊断结果

④ 预处理方法对比。为进一步验证本文所提的解相关掩蔽局部特征尺度分解方法的优越性，将其与经 LCD 预处理后的结果做对比。采用同样的相关系数阈值对信号分量进行筛选重构，并提取 GRCMDE 值，结果如图 5-21 所示。

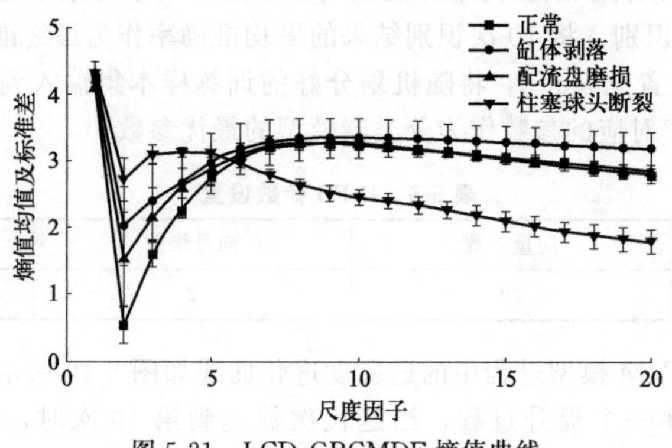

图 5-21 LCD-GRCMDE 熵值曲线

从图中可明显看出，经 LCD 分解提取特征后，配流盘磨损故障状态与正常状态特征值几乎在所有尺度下都不可区分。将提取的特征值通过特征重合度指标降维后输入到 INFO-SVM 模型中进行训练诊断，在同样的参数设置下进行 10 次诊断，结果如表 5-6 所示，经 DMLCD 分解预处理后的故障诊断率更高。

表 5-6 经 LCD 与 DMLCD 预处理识别准确率

方法	准确率/%		
	最大值	最小值	平均值
DMLCD-GRCMDE-INFO-SVM	99.58	98.75	99.29
LCD-GRCMDE-INFO-SVM	96.25	95	95.71

⑤ 样本集随机划分比例对比。考虑到样本训练集和测试集的划分比例可能对分类模型的识别准确率产生影响，本文将训练集与测试集分别按照 6：4、7：3、8：2、9：1 的比例划分，在相同参数设置下分别重复计算 10 次，得到的平均准确率如图 5-22 所示。

从图 5-22 中可看出，基于同一特征提取方法的识别准确率几乎随训练样本的增加而提高，在样本训练集与测试集划分比例达到 8：2 时，模型的平均识别准确率达到最高；当划分比例继续增大至 9：1 时，模型的识别准确率甚至有所降低，存在过拟合现象；而当样本训练集比例较低时，易发生欠拟合现象，也会造成模型的识别准确率降低。另外训练样本数的增加也会造成模型计算时间增加，综合考虑模型识别准确率与时间成本，将样本训练集与测试集按 8：2 比例划分进行后续结果分析，模型训练 240 个样本即可。另外，基于 DMLCD 分解、GRCMDE 特征提取与 INFO-SVM 模型识别的故障诊断方法在不同划分比例下都有较高的识别准确率。

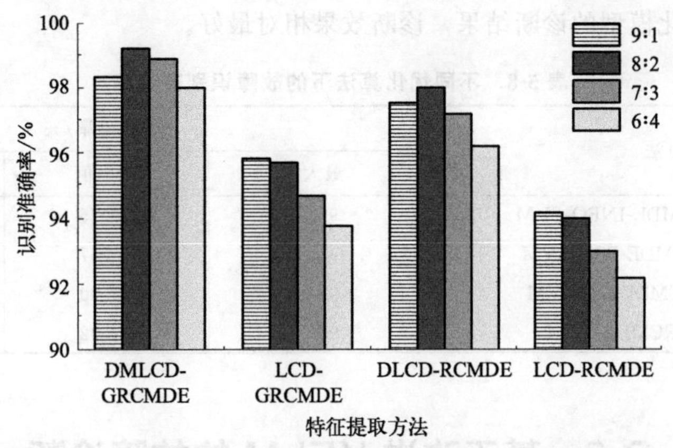

图 5-22　不同划分比例下各特征提取方法的平均识别准确率

⑥ 特征提取方法对比。为进一步验证 GRCMDE 相对于 RCMDE 的特征提取优势，分别将不同分解方法、不同特征提取方法提取到的特征样本集按 8：2 比例输入到 INFO-SVM 模型中进行训练与诊断，依旧重复进行 10 次，10 次的分类准确率如图 5-23 所示，曲线比较平稳，INFO-SVM 识别模型稳定性较好。

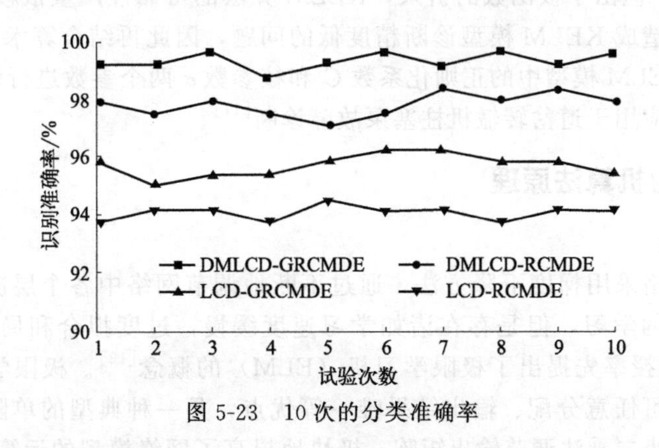

图 5-23　10 次的分类准确率

将 10 次诊断结果汇总平均，如表 5-7 所示，结果表明无论经过 LCD 分解还是 DMLCD 分解，GRCMDE 提取的特征样本集的识别准确率都高于 RCMDE 提取的特征样本集的识别准确率。

表 5-7 不同特征提取方法识别准确率

方法	准确率/%		
	最大值	最小值	平均值
DMLCD-GRCMDE-INFO-SVM	99.58	98.75	99.29
DMLCD-RCMDE-INFO-SVM	98.33	97.08	97.79
LCD-GRCMDE-INFO-SVM	96.25	95	95.71
LCD-RCMDE-INFO-SVM	94.58	93.75	94.08

⑦ 优化算法对比。为体现 INFO 优化算法的优势，将 INFO-SVM、PSO-SVM、GA-SVM、SVM 四种模型的分类结果进行对比，各分类模型的 10 次诊断结果整理如表 5-8 所示。表中结果表明，传统的 SVM 模型的平均识别准确率最低，说明优化后的 SVM 分类模型使转辙机柱塞泵的故障识别准确率得到有效提升。其中 INFO-SVM 模型的平均识别准确率高于另外两种优化模型的诊断结果，诊断效果相对最好。

表 5-8 不同优化算法下的故障识别准确率

方法	准确率/%		
	最大值	最小值	平均值
DMLCD-GRCMDE-INFO-SVM	99.58	98.75	99.29
DMLCD-GRCMDE-PSO-SVM	97.92	96.67	97.25
DMLCD-GRCMDE-GA-SVM	96.25	95.00	95.50
DMLCD-GRCMDE-SVM	93.75	92.92	93.33

5.2 基于改进 KELM 的故障诊断

极限学习机（ELM）在柱塞泵故障诊断领域应用较多，模型学习、训练速度快，泛化性能强，因此多应用于分类、预测环节。核极限学习机（kernel based extreme learning machine，KELM）在极限学习机的基础上引入了核函数，大大提高了模型的运行速度，且改善了 ELM 的缺点。但由于核函数的引入，KELM 算法的可靠性严重依赖主要参数的选择，人工选择参数可能造成 KELM 模型诊断精度低的问题，因此再结合算术优化算法（AOA）的寻优能力，对 KELM 模型中的正则化系数 C 和核参数 σ 两个参数进行优化，提高模型整体性能，最后将其应用于道岔转辙机柱塞泵故障诊断[11]。

5.2.1 极限学习机算法原理

(1) ELM 概述

传统的神经网络采用梯度下降方法，通过不断地调节网络中各个层次的权重矩阵和偏置，从而实现网络的学习，但是存在诸如学习速度缓慢，过度拟合和局部最优值等问题。2006 年，Huang 教授率先提出了极限学习机（ELM）的概念[12]。极限学习机具有权重矩阵和偏置无约束、可任意分配、输出结果唯一等优点，是一种典型的单隐含层前馈神经网络，且采用正交最小二乘法调节输出矩阵，极快地提高了网络模型的运算速度和泛化能力，模型仅需要确定神经元的个数，即可以得到最优值，原理简单明了，与传统分类算法相比，具有训练参数少、训练时间短、泛化性好等特点。因此，ELM 算法在进行模式分类识别和处理回归拟合问题上有明显的优势，被大量应用在故障诊断等工程领域。

(2) ELM 算法原理

ELM 网络结构如图 5-24 所示，模型主要由输入层、隐含层和输出层三部分组成，各层神经元之间实现全连接。

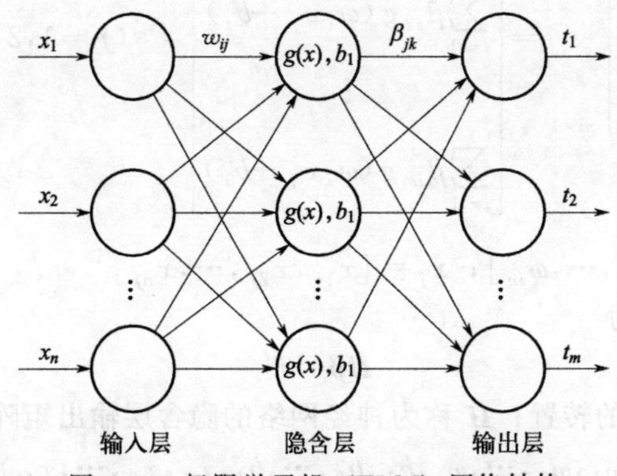

图 5-24 极限学习机（ELM）网络结构

输入层神经元个数为 n，隐含层神经元个数为 l，输出层神经元个数为 m。

为保证算法具备一般性，输入层与隐含层之间连接权重 $\boldsymbol{\omega}$ 设置见式(5-34)：

$$\boldsymbol{\omega}=\begin{bmatrix}\omega_{11} & \omega_{12} & \cdots & \omega_{1l}\\ \omega_{21} & \omega_{22} & \cdots & \omega_{2l}\\ \vdots & \vdots & & \vdots\\ \omega_{n1} & \omega_{n2} & \cdots & \omega_{nl}\end{bmatrix} \tag{5-34}$$

式中，ω_{nl} 表示输入层第 n 个神经元与隐含层第 l 个神经元间的连接权重。

设隐含层与输出层间的连接权重为 $\boldsymbol{\beta}$，设置见式(5-35)：

$$\boldsymbol{\beta}=\begin{bmatrix}\beta_{11} & \beta_{12} & \cdots & \beta_{1m}\\ \beta_{21} & \beta_{22} & \cdots & \beta_{2m}\\ \vdots & \vdots & & \vdots\\ \beta_{l1} & \beta_{l2} & \cdots & \beta_{lm}\end{bmatrix} \tag{5-35}$$

式中，β_{lm} 表示隐含层第 l 个神经元与输出层第 m 个神经元间的连接权重。

设隐含层神经元的阈值 $\boldsymbol{b}$ 为：

$$\boldsymbol{b}=\begin{bmatrix}b_1\\ b_2\\ \vdots\\ b_l\end{bmatrix}_{l\times 1} \tag{5-36}$$

设训练集含有 Q 个样本，其输入矩阵 $\boldsymbol{X}$、输出矩阵 $\boldsymbol{Y}$ 表示如下：

$$\boldsymbol{X}=\begin{bmatrix}x_{11} & x_{12} & \cdots & x_{1Q}\\ x_{21} & x_{22} & \cdots & x_{2Q}\\ \vdots & \vdots & & \vdots\\ x_{n1} & x_{n2} & \cdots & x_{nQ}\end{bmatrix}_{n\times Q} \quad \boldsymbol{Y}=\begin{bmatrix}y_{11} & y_{12} & \cdots & y_{1Q}\\ y_{21} & y_{22} & \cdots & y_{2Q}\\ \vdots & \vdots & & \vdots\\ y_{m1} & y_{m2} & \cdots & y_{mQ}\end{bmatrix}_{m\times Q} \tag{5-37}$$

则网络的输出 $\boldsymbol{T}$ 为：

$$\boldsymbol{T}=[t_1,t_2,\cdots,t_Q]_{m\times Q} \tag{5-38}$$

$$t_j=\begin{bmatrix}t_{1j}\\t_{2j}\\\vdots\\t_{mj}\end{bmatrix}_{m\times1}=\begin{bmatrix}\sum_{i=1}^{l}\beta_{i1}g(\omega_i x_j+b_i)\\\sum_{i=1}^{l}\beta_{i2}g(\omega_i x_j+b_i)\\\vdots\\\sum_{i=1}^{l}\beta_{im}g(\omega_i x_j+b_i)\end{bmatrix}_{m\times1}\quad(j=1,2,\cdots,Q)\tag{5-39}$$

式中，$\boldsymbol{\omega}_i=[\omega_{i1},\omega_{i2},\cdots,\omega_{in}]$；$\boldsymbol{x}_j=[x_{1j},x_{2j},\cdots,x_{nj}]^{\mathrm{T}}$

式(5-38) 可以表示为

$$\boldsymbol{H\beta}=\boldsymbol{T}'\tag{5-40}$$

式中，$\boldsymbol{T}^{\mathrm{T}}$ 为矩阵 $\boldsymbol{T}$ 的转置；$\boldsymbol{H}$ 称为神经网络的隐含层输出矩阵，具体形式如下：

$$\boldsymbol{H}(\omega_1,\omega_2,\cdots,\omega_l,b_1,b_2,\cdots,b_l,x_1,x_2,\cdots,x_Q)=\begin{bmatrix}g(\omega_1\cdot x_1+b_1) & g(\omega_2\cdot x_1+b_2) & \cdots & g(\omega_l\cdot x_1+b_l)\\g(\omega_1\cdot x_2+b_1) & g(\omega_2\cdot x_2+b_2) & \cdots & g(\omega_l\cdot x_2+b_l)\\\vdots & \vdots & & \vdots\\g(\omega_1\cdot x_Q+b_1) & g(\omega_l\cdot x_Q+b_2) & \cdots & g(\omega_l\cdot x_Q+b_l)\end{bmatrix}_{Q\times l}\tag{5-41}$$

此外，Huang 教授基于 ELM 算法给出两个定理。给定任意 Q 个不同样本 $(\boldsymbol{x}_i,\boldsymbol{t}_i)$，其中，$\boldsymbol{x}_i=[x_{i1},x_{i2},\cdots,x_{in}]^{\mathrm{T}}\in\boldsymbol{R}^n,\boldsymbol{t}_i=[t_{i1},t_{i2},\cdots,t_{im}]\in\boldsymbol{R}^m$，一个任意区间无限可微的激活函数 g：$\boldsymbol{R}\rightarrow\boldsymbol{R}$，给定任意小误差 $\varepsilon>0$，则有：

定理 1：对于具有 Q 个隐含层神经元的 SLFN，在任意赋值 $\omega_i\in\boldsymbol{R}^n$ 和 $b_i\in\boldsymbol{R}$ 的情况下，其隐含层输出矩阵 $\boldsymbol{H}$ 可逆且有 $\|\boldsymbol{H\beta}-\boldsymbol{T}'\|=0$。由定理 1 可知，当隐含层节点数大于训练样本数时，SLFN 可以零误差逼近待拟合函数而不受模型参数权重和阈值数值的影响，即：

$$\sum_{j=1}^{Q}\|\boldsymbol{t}_j-\boldsymbol{y}_j\|=0\tag{5-42}$$

式中，$\boldsymbol{y}_j=[y_{1j},y_{2j},\cdots,y_{mj}]^{\mathrm{T}}(j=1,2,\cdots,Q)$。

但在实际处理大量数据时，往往不能满足隐含层节点数大于待训练样本数的要求，且若将隐含层层数设置过高，会使网络结构变得更加复杂，且训练速度变慢。

定理 2：总存在一个含有 $K(K\leqslant Q)$ 个隐含层神经元的 SLFN，在任意赋值 $\omega_i\in\boldsymbol{R}^n$ 和 $b_i\in\boldsymbol{R}$ 的情况下，有 $\|\boldsymbol{H}_{N\times M}\boldsymbol{\beta}_{M\times m}-\boldsymbol{T}^{\mathrm{T}}\|<\varepsilon$。由定理 2 可知，SLFN 的训练误差逼近一个任意的 $\varepsilon>0$，即

$$\sum_{j=1}^{Q}\|\boldsymbol{t}_j-\boldsymbol{y}_j\|<\varepsilon\tag{5-43}$$

因此，当激活函数 $g(R)$ 无限可微时，SLFN 的参数不需要全部调整，$\boldsymbol{\omega}$ 和 $\boldsymbol{b}$ 可以随机选择且不再发生变化。而隐含层和输出层之间的连接权重 $\boldsymbol{\beta}$ 可以通过求解下式的最小二乘解求得：

$$\min_{\boldsymbol{\beta}}\|\boldsymbol{H\beta}-\boldsymbol{T}'\|\tag{5-44}$$

其解为

$$\hat{\boldsymbol{\beta}}=\boldsymbol{H}^{+}\boldsymbol{T}'\tag{5-45}$$

其中，$\boldsymbol{H}^{+}$ 是隐含层输出矩阵 $\boldsymbol{H}$ 的 Moore-Penrose 广义逆。

由前面的分析可知，ELM 在训练之前可以随机产生 $\boldsymbol{\omega}$ 和 $\boldsymbol{b}$，只需确定隐含层神经元个数及隐含层神经元的激活函数（无限可微），即可计算出 $\boldsymbol{\beta}$。

5.2.2 核极限学习机算法原理

(1) KELM

Huang 等人通过研究发现将核函数引入到最小二乘支持向量机中而产生了较好效果，在此基础上提出将核函数添加到极限学习机中形成核极限学习机（KELM）。核函数的引入使得 KELM 不仅保留了传统极限学习机的优点，同时能够提高模型的预测性能和收敛速度[13]。图 5-25 所示为核极限学习机（KELM）网络结构。

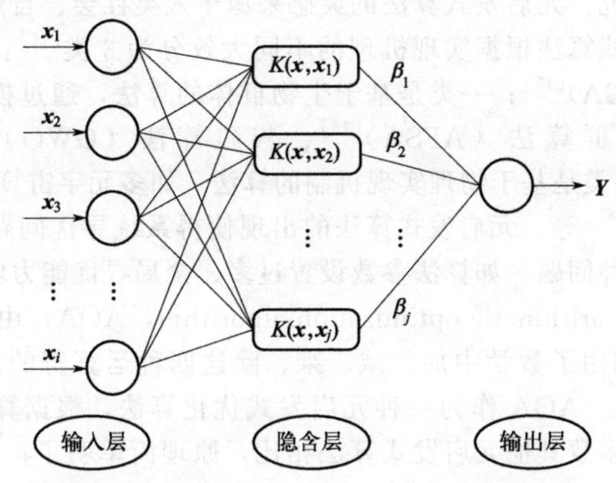

图 5-25 核极限学习机（KELM）网络结构

ELM 学习目标函数 $F(\boldsymbol{x})$ 可用矩阵表示为：

$$F(\boldsymbol{x})=h(\boldsymbol{x})\times\boldsymbol{\beta}=\boldsymbol{H}\times\boldsymbol{\beta}=\boldsymbol{Y} \tag{5-46}$$

式中，$\boldsymbol{x}$ 为系统输入，$h(\boldsymbol{x})$、$\boldsymbol{H}$ 为隐藏层节点输出，$\boldsymbol{\beta}$ 为输出权重，$\boldsymbol{Y}$ 为系统输出。

因此，ELM 模型的训练问题转变为对线性系统进行求解的问题。为提高模型的稳定性，将正则化系数 C 和单位矩阵 $\boldsymbol{I}$ 加入算法中，则输出权重为：

$$\boldsymbol{\beta}=\boldsymbol{H}^{\mathrm{T}}\left(\boldsymbol{H}\boldsymbol{H}^{\mathrm{T}}+\frac{\boldsymbol{I}}{C}\right)^{-1}\boldsymbol{Y} \tag{5-47}$$

将核函数添加到 ELM 中，核矩阵表示为：

$$\boldsymbol{\Omega}_{ELM}=\boldsymbol{H}\boldsymbol{H}^{\mathrm{T}}=h(\boldsymbol{x}_i)h(\boldsymbol{x}_j)=K(\boldsymbol{x}_i,\boldsymbol{x}_j) \tag{5-48}$$

式中，$\boldsymbol{x}_i$、$\boldsymbol{x}_j$ 为训练输入向量，则可将式(5-46) 表达为：

$$F(\boldsymbol{x})=[K(\boldsymbol{x},\boldsymbol{x}_1);\cdots;K(\boldsymbol{x},\boldsymbol{x}_n)]\left(\frac{I}{C}+\boldsymbol{\Omega}_{ELM}\right)^{-1}\boldsymbol{Y} \tag{5-49}$$

式中，$(\boldsymbol{x}_1,\boldsymbol{x}_2,\cdots,\boldsymbol{x}_n)$ 为给定训练样本；n 为样本数量；$K()$ 为核函数。

(2) 核函数的选取

KELM 模型中常用的核函数有四种，见表 5-1，在此不再重复表述。其中 RBF 核函数具有较强的学习能力，且需要确定的参数较少，回归和泛化能力较好，因此应用较多，所以选择 RBF 核函数作为 KELM 模型的核函数。KELM 的分类性能取决于正则化系数 C 和核参数 σ。模型中的正则化系数值越高，模型对误差的容忍程度越低，预测的结果精度越高，但同时容易出现过拟合现象，降低预测精度与泛化能力。核参数 σ 决定了数据经过空间映射后的在新的特征空间的分布。

核极限学习机（KELM）基于强大的理论支撑，算法简单易实现，因此在数据分类、系统监测、复杂系统建模等方面被频繁使用，但在使用中发现 KELM 仍存在一些问题：KELM 中的惩罚因子和核参数一般由人工设置，其随机性太大，很难得到最优结果，导致核极限学习机的分类性能不稳定。所以，本章节针对核极限学习机算法中存在的以上问题，采用算术优化算法（AOA）对 KELM 参数进行优化，最后把分类准确率作为评价指标来说明改进 KELM 模型的有效性和优越性。

5.2.3 算术优化算法

(1) AOA 概述

近年来，元启发式算法由于参数少、易实现、具有无梯度机制和较高的局部最优规避能力而得到广泛关注和研究。元启发式算法的灵感来源于人类社会、自然、动物生存、猎物狩猎等各种现象。元启发式算法根据实现机理的不同大致分为 3 类[14]：一类是基于遗传进化的算法，如遗传算法（GA）[15]；一类是基于生物群体的算法，通过模拟自然界中生物行为实现函数寻优，如鱼群算法（AFSA）[16]、灰狼算法（GWO）[17]、哈里斯鹰算法（HHO）[18] 等；还有一类是基于物理实现机制的算法，如多元宇宙算法（MVO）[19]、万有引力搜索算法（GSA）[20] 等。元启发式算法的出现使得系统寻优问题得到了快速解决，但各个算法中仍存在着各种问题，如算法参数设置过多、全局寻优能力弱等问题。

算术优化算法（the arithmetic optimization algorithm，AOA）由 Laith Abualigah 等人于 2021 年提出，主要利用了数学中加、减、乘、除这四种运算符的定义以进行模型优化，具有较好的应用前景[21]。AOA 作为一种元启发式优化算法，根据算术操作符的分布特性来实现全局寻优，与大多数其他元启发式算法相比，原理简单明了；AOA 只需调整几个控制参数，大大减少了其参数调整负担；除了所有优化算法的标准参数，例如种群大小和停止标准，不需要更多其他控制参数。此外，它的随机和自适应参数（α 和 μ）大大加快了 AOA 算法的收敛速度。

(2) AOA 算法原理

算术与几何、代数和分析一样，是现代数学的重要组成部分之一。算术中最常见的运算符就是“加（A）减（S）乘（M）除（D）”，因此在 AOA 算法中使用这些简单的算子进行优化，从一组候选方案中确定符合特定标准的最佳元素。首先从矩阵（5-50）中选择一组候选解 $\boldsymbol{X}$，这些候选解是随机生成的，每次迭代中的最佳候选解被认为是获得的最佳解或目前为止的最佳解。算法分为三个阶段：

$$\boldsymbol{X}=\begin{bmatrix} x_{1,1} & \cdots & \cdots & x_{1,j} & x_{1,n-1} & x_{1,n} \\ x_{2,1} & \cdots & \cdots & x_{2,j} & x_{2,n-1} & x_{2,n} \\ \vdots & & & \vdots & \vdots & \vdots \\ x_{N-1,1} & \cdots & \cdots & x_{N-1j} & \cdots & x_{N-1,n} \\ x_{N,1} & \cdots & \cdots & x_{N,j} & x_{N,n-1} & x_{N,n} \end{bmatrix} \tag{5-50}$$

① 初始化阶段。初始化种群后，AOA 算法会根据式(5-51) 计算数学优化器加速函数（math optimizer accelerated，MOA）的值来确定搜索阶段：

$$MOA(C\_Iter)=Min+C\_Iter\times\left(\frac{Max-Min}{M\_Iter}\right) \tag{5-51}$$

式中，Min、Max 分别代表加速函数的最大值和最小值；M_Iter 代表最高迭代次数；C_Iter 表示当前迭代次数在 $1\sim M\_Iter$ 之间。

② 探索阶段（$r_1\leqslant MOA$，r_1 为 $[0,1]$ 内一随机数）。在数学计算中，除法和乘法可以获得高度分布值，因此可以涵盖广泛的候选解，适合应用于探索机制。AOA 算法这一阶段

主要使用除法算子（D）和乘法算子（M）在探索区域上进行全局探索，提高解的分散性，增强算法的全局寻优能力以及收敛能力，实现全局探索寻优。

$$x_{i,j}(C\_Iter+1)=\begin{cases} best(x_j)\div(MOP+\varepsilon)\times((UB_j-LB_j)\times\mu+LB_j) & r_2<0.5 \\ best(x_j)\times MOP\times((UB_j-LB_j)\times\mu+LB_j) & \text{其他} \end{cases} \tag{5-52}$$

式中，$x_{i,j}(C\_Iter+1)$ 代表在（C_Iter+1）次迭代期间第 i 解的第 j 位；$\varepsilon=2.2204e-16$，为随机比例系数，用以产生更多的多样化过程并探索搜索空间的不同区域；r_2 为［0,1］内一随机数；$best(x_j)$ 为最优个体 x_j 在第 j 维上的位置；UB_j、LB_j 表示第 j 维上的候选位置的上限和下限；μ 是一个用于调节搜索过程的可调参数，通常取值为0.5。

如果 $r_1>0.5$，则探索阶段由数字优化器（MOA）函数方程［式(5-51)］执行，其中 r_1 为随机值，探索阶段在 r_1 小于MOA条件下执行，由式(5-52)可知，当 $r_2<0.5$（r_2 为随机数）时，算法执行除法算子（D）进行探索阶段的寻优工作，当 $r_2>0.5$ 时，算法选择乘法算子（M）执行寻优任务。

算法中设置了一个数学优化器概率系数（math optimizer probability，MOP）：

$$MOP(C\_Iter)=1-\frac{C\_Iter^{1/\alpha}}{M\_Iter^{1/\alpha}} \tag{5-53}$$

式中，α 代表迭代期间的有效精度，α 取5。

③ 开发阶段（$r_1>MOA$）。开发阶段利用加法算子与减法算子降低解的分散性，有利于种群在局部范围内充分开发，提高算法的局部寻优能力。根据算术运算符，使用减法算子（S）或加法算子（A）进行的数学计算能够获得低离散度的结果，因此候选解可以以更大的概率得到探索，以逼近最优解。在算法中，基于两种主要搜索策略，即减法算子（S）和加法算子（A），寻找更好的解决方案：

$$x_{i,j}(C\_Iter+1)=\begin{cases} best(x_j)-MOP\times((UB_j-LB_j)\times\mu+LB_j) & r_3<0.5 \\ best(x_j)+MOP\times((UB_j-LB_j)\times\mu+LB_j) & \text{其他} \end{cases} \tag{5-54}$$

r_3 为［0,1］内一随机值，当 r_1 大于MOA时，算法进入开发阶段，由式(5-54)可知，当 $r_3<0.5$ 时，算法执行减法算子（S），当 $r_3>0.5$ 时，算法执行加法算子（A），进行开发阶段的寻优工作。该阶段与探索阶段很相似，不过更有助于探索区域找到最优解并保持候选解的多样性。

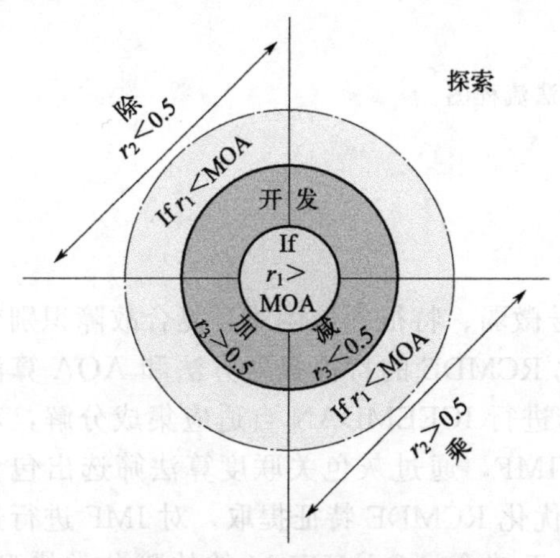

图5-26 AOA的探索和开发机制

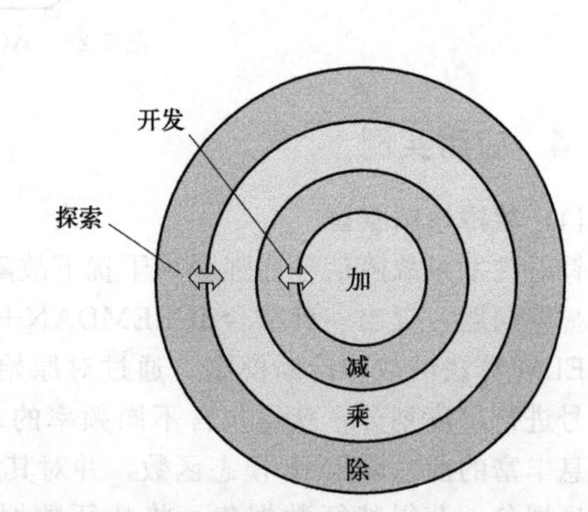

图5-27 算术运算符的层次结构（优势从上到下递减）

探索阶段和开发阶段之间的自适应转换可以帮助 AOA 算法找到最佳解，并保持潜在解的多样性，从而进行更广泛的搜索。图 5-26 所示是 AOA 的探索和开发机制，图 5-27 所示是算术运算符的层次结构及其从外到内的优先地位，图 5-28 所示为 AOA 算法流程图。

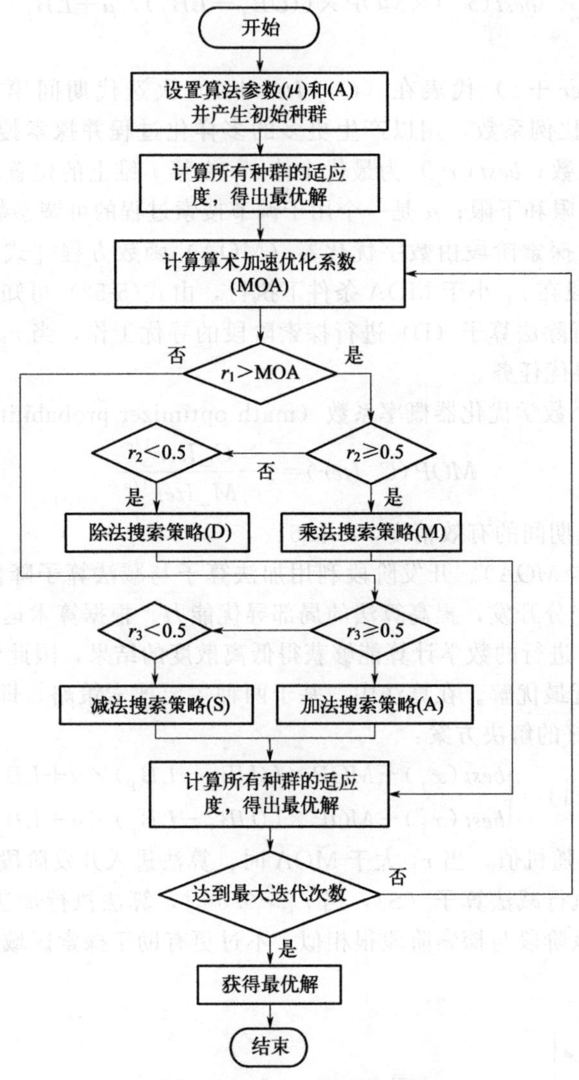

图 5-28 AOA 算法流程图

5.2.4 应用实例

(1) 故障诊断模型

针对柱塞泵故障信号在强噪声干扰下故障信号微弱、特征提取困难且复合故障识别效果不明显等问题，提出一种结合 ICEEMDAN＋优化 RCMDE 的特征提取方法和 AOA 算法优化 KELM 算法的故障诊断模型。通过对原始信号进行 ICEEMDAN 自适应集成分解，对原始信号进行尺度划分，获得包含不同频率的多个 IMF，通过灰色关联度算法筛选出包含故障信息丰富的前六阶 IMF 模态函数，并对其进行优化 RCMDE 特征提取，对 IMF 进行进一步尺度划分，获得特征数据集，将特征数据集用于结合 AOA-KELM 的故障分类模型中，实现对转辙机柱塞泵的故障诊断。基于 ICEEMDAN＋优化 RCMDE＋AOA-KELM 的转辙机柱塞泵故障诊断结构框图如图 5-29 所示。

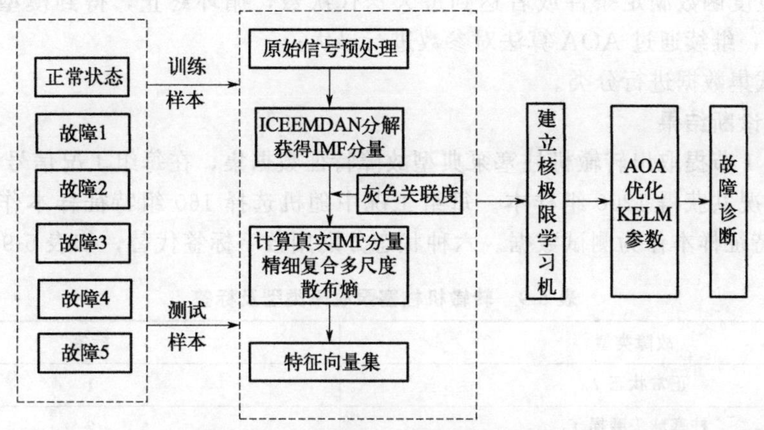

图 5-29　故障诊断总体设计结构框图

通过算数优化算法（AOA）对核极限学习机（KELM）模型进行优化，本质上是对正则化系数、核参数进行寻优，优化过后得到的故障分类模型分类准确率高，收敛速度快，整体性能得到了很大的提高。AOA-KELM 算法流程如图 5-30 所示，步骤如下：

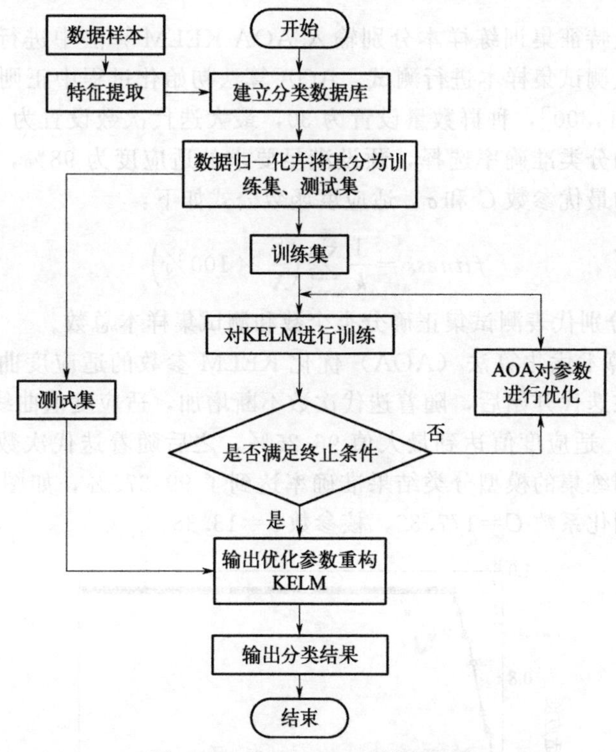

图 5-30　AOA-KELM 算法流程

① 特征数据集进行归一化处理，并随机分为训练集和测试集；

② 将 AOA 算法的初始值输入到 KELM 模型中，并将训练集输入 KELM 模型中进行训练；

③ 利用 AOA 算法对 KELM 参数正则化因子 C、核参数 σ 进行优化，并将寻优结果返

回到 KELM 中，继续训练；

④ 当适应度函数满足条件或者达到最大迭代次数，循环终止，得到模型的最优参数；若不满足条件，继续通过 AOA 算法对参数进行寻优；

⑤ 对测试集数据进行分类。

(2) 故障诊断结果

根据 4.1.1 节提取出转辙机柱塞泵典型故障特征数据集，在每组工况信号中选择 200 组样本，六种工况共获得 1200 组样本。每组工况中随机选择 160 组特征样本作为训练数据，剩余的 40 组特征样本作为测试数据。六种状态分别用数字标签代替，如表 5-9 所示。

表 5-9 转辙机柱塞泵故障类型及标签

故障类型	标签
正常状态 f_0	1
柱塞球头磨损 f_1	2
配流盘磨损 f_2	3
柱塞球头磨损＋配流盘磨损 f_3	4
柱塞球头磨损＋缸体磨损 f_4	5
柱塞球头磨损＋垫碗磨损 f_5	6

整理好的 960 组特征集训练样本分别输入 AOA-KELM 算法中进行训练，建立故障分类模型，再用 240 组测试集样本进行测试。AOA 算法初始化过程中正则化系数 C 和核参数 σ 的取值范围是 [0.1,300]，种群数量设置为 30，最大迭代次数设置为 100，算法中的适应度函数根据测试集的分类准确率选择，预设满足要求的适应度为 98%，随着迭代次数的增加，自动寻找模型的最优参数 C 和 σ。适应度函数公式如下：

$$fitness=\frac{1}{k}\sum_{n=1}^{k}\left(\frac{S}{X}\times 100\%\right) \tag{5-55}$$

式中，S 和 X 分别代表测试集正确分类个数和测试集样本总数。

图 5-31 展示了算术优化算法（AOA）优化 KELM 参数的适应度曲线图，根据图 5-31 可以清楚地看出，在迭代开始后，随着迭代次数不断增加，适应度值曲线持续上升。当迭代次数达到第 13 次时，适应度值达到最大值 96.25%，之后随着迭代次数逐渐增加，不再发生变化。结果显示训练集的模型分类结果准确率达到了 99.375%，如图 5-32 所示。优化后的最优参数为：正则化系数 $C=177.32$，核参数 $\sigma=13.38$。

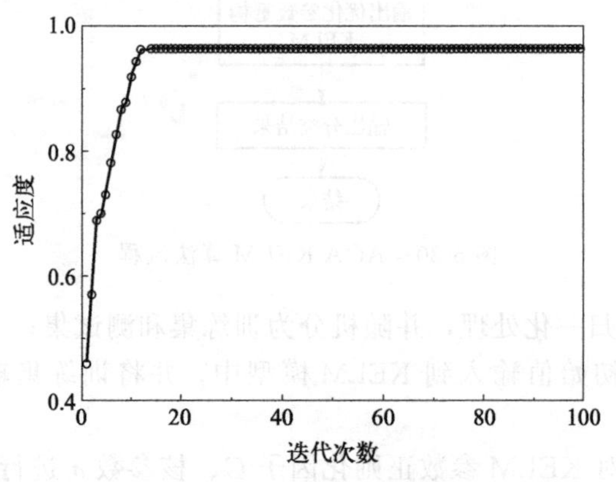

图 5-31 AOA-KELM 适应度曲线

训练好模型之后，将测试集的样本输入到网络模型中进行分类识别，得到测试集故障分类结果，如图 5-33 所示。

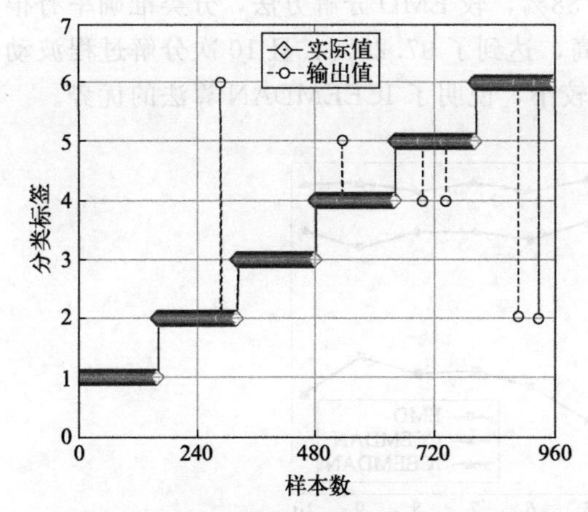

图 5-32 AOA-KELM 训练集分类准确率

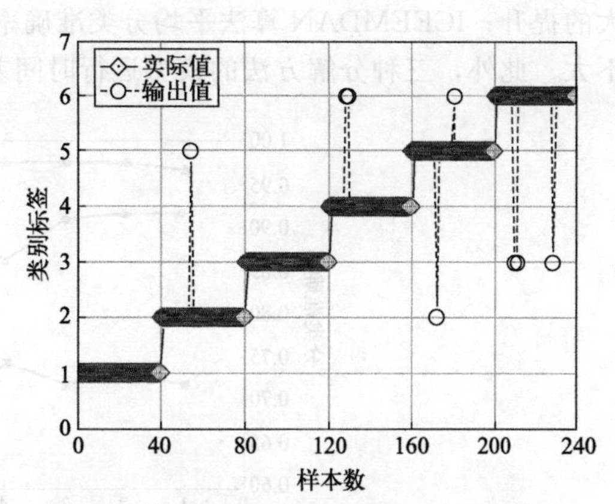

图 5-33 AOA-KELM 测试集分类准确率

测试集共有样本 240 组，经过 AOA-KELM 模型诊断的测试准确率为 96.67%，实现了 232 组数据的正确分类，8 组数据分类错误，故障识别效果较好。对于样本 54、128、129、172、180、210、211、229 分类时出现的错误，结合训练集分类结果可以发现，柱塞球头磨损故障及其复合故障在分类过程中容易出现错误。由于柱塞球头磨损程度的不同、柱塞球头与垫碗之间复杂的运行状态以及柱塞与柱塞缸体之间的受力耦合等多方面的因素，该模型对此类故障的分类效果较差，但总体上对转辙机柱塞泵不同故障工况的分类效果是明显的，此方法具有可行性。

为了减小实验误差和算法结构的偶然性，保证诊断结果的可靠性，对模型进行 10 次测试，测试集 10 次测试的分类准确率如图 5-34 所示。经过 10 次测试的模型，平均分类准确率为 97.01%，具有一定的工程实用价值。

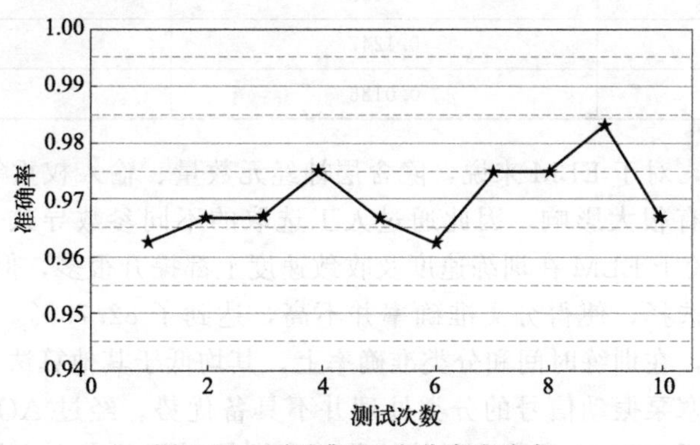

图 5-34 测试集 10 次分类准确率

(3) 对比实验分析

进一步验证模型的可靠性，设计对比实验，对不同算法的诊断结果进行对比分析。

① 不同分解方法诊断结果对比。为体现所使用分解方法的优势，对原始信号分别进行 EMD、CEEMDAN、ICEEMDAN 分解，选择按灰色关联度计算排列前六的 IMF 分量，进行特征提取并创建故障分类样本，通过 AOA-KELM 模型训练并进行样本测试，10 次测试

结果如图5-35所示。从分类结果看，原始数据经过EMD分解后的平均分类准确率最低，为73.21%，因为EMD分解中存在虚假模态，导致分解效果不好，模型识别精度不高；数据经过CEEMDAN分解后得到的分类准确率为90.88%，较EMD分解方法，分类准确率有很大的提升；ICEEMDAN算法平均分类准确率最高，达到了97.29%，且10次分解过程波动不大。此外，三种分解方法的模型运行时间差别较小，说明了ICEEMDAN算法的优势。

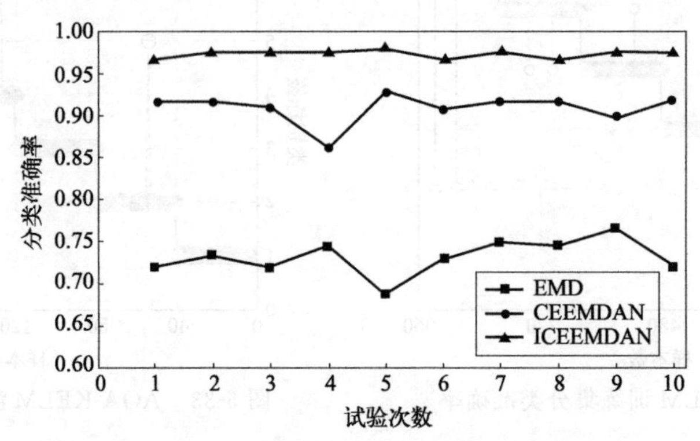

图5-35 三种分解方法分类准确率对比

② 不同分类模型诊断结果对比。验证模型的优势，对不同分类模型的分类效果进行比较。运用ELM、KELM、AOA＋KELM、BP、PSO（粒子群优化算术）＋KELM、HHO（哈里斯鹰优化算法）＋KELM六种模型分别进行分类诊断。结果如表5-10所示。

表5-10 不同诊断模型分类准确率

不同诊断模型	训练时间/s	分类准确率
ELM	0.3942	64.47%
KELM	0.0094	82.73%
BP	5.35	45.36%
AOA＋KELM	0.0158	96.88%
PSO＋KELM	0.1247	95.63%
HHO＋KELM	0.0186	73.54%

从结果可以看出，对于ELM来说，隐含层神经元数量、输入权重等参数的选择对极限学习机的分类准确率有很大影响，因此通过人工选取的不同参数导致ELM分类准确率为64.47%，KELM相较于ELM在训练速度及收敛速度上都提升很多，但同样KELM核参数和正则化系数的人工选择，使得分类准确率并不高，达到了82.73%，可信度不高。从BP算法的分类结果可知，在训练时间和分类准确率上，其均低于其他算法，且需要大量的样本进行训练，因此对柱塞泵振动信号的分类处理并不具备优势。经过AOA算法对KELM两个参数的优化，解决了KELM参数选择的缺陷，在训练时间基本不变的情况下，分类准确率提升了约14%。此外，通过PSO优化算法优化核极限学习机的模型在分类精度上仅比AOA-KELM算法低1.25%，但在训练时间上要比AOA优化算法多，因此AOA算法在智能优化算法中仍具有明显优势。HHO优化算法结合KELM的分类准确率只有73.54%，经多次研究发现，HHO算法陷入了局部最优值问题，同时证明了AOA算法在全局寻优方面的优势。通过不同诊断模型的结果对比，可以看出AOA（算术优化算法）结合KELM（核极限学习机）的智能故障诊断方法具有可行性与明显优势。

5.3　基于卷积神经网络的故障诊断

卷积神经网络（convolutional neural network，CNN）作为最重要的深度模型之一，由于具有良好的特征提取能力和泛化能力，在机械故障诊断领域得到了广泛应用。CNN 的局部连接、权值共享及下采样操作等特性使之可以有效地降低网络的复杂度，减少训练参数量，对平移、扭曲、缩放具有一定程度的不变性，并具有强鲁棒性和容错能力，也易于训练和优化。本节首先描述了卷积神经网络模型，从生物学角度介绍 CNN 的核心思想和基本原理，给出了 CNN 的基本结构、训练方法及优化方法，最后将不同的卷积神经网络模型应用于道岔转辙机故障诊断中。

5.3.1　卷积神经网络模型

(1) CNN 模型的生物学视觉原理

1956～1968 年间，加拿大神经生理学家 Hubel 和瑞典神经科学家 Wiesel 对猫的大脑进行研究时发现视觉皮层的神经网络是一个非常复杂的层级架构：外侧膝状体→简单细胞→复杂细胞→低阶超复杂细胞→高阶超复杂细胞，提出了高级动物视觉系统的认知机理模型[22]。本节采用 HMAX 模型表示生物视觉系统的识别工程，如图 5-36 所示。该模型是描述此问题的最著名模型之一[23,24]。

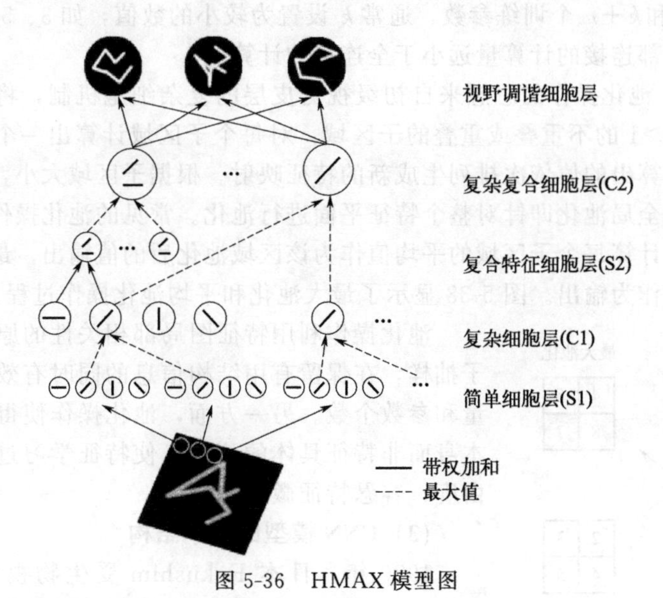

图 5-36　HMAX 模型图

(2) CNN 模型的核心思想

CNN 模型的核心思想主要是受生物视觉感知机制的启发，通过特征映射、权重共享及局部连接、池化操作实现生物视觉[25]。

① 特征映射。CNN 模型通过采用二维映射定义特征的方式来实现初级视觉皮层的二维成像特性，将提取的特征映射在一个平面中，这个平面被称为特征图或特征映射。

② 局部连接和权重共享。在视觉细胞中感受野是视觉的感受区域大小。在 CNN 模型中，感受野是某一层输出特征图上的一个元素对应的输入层的一个映射，即特征平面上的一个点对应的输入特征图上的区域。感受野与输出神经元之间的连接权重称为卷积核。每个卷

积核可以看作是过滤器，在输入特征图上滑动并生成一个特征图。在 CNN 模型中，通过卷积核实现初级视觉皮层的简单细胞感受野机制。传统的神经网络中，前后层之间的神经元采用全连接模式。CNN 模型中相邻两层神经元之间采用局部连接的方式，即当前层的神经元仅与其对应的前一层网络的感受视野内的神经元相连，超出感受野的神经元不会产生连接，全连接和局部连接模式如图 5-37 所示。

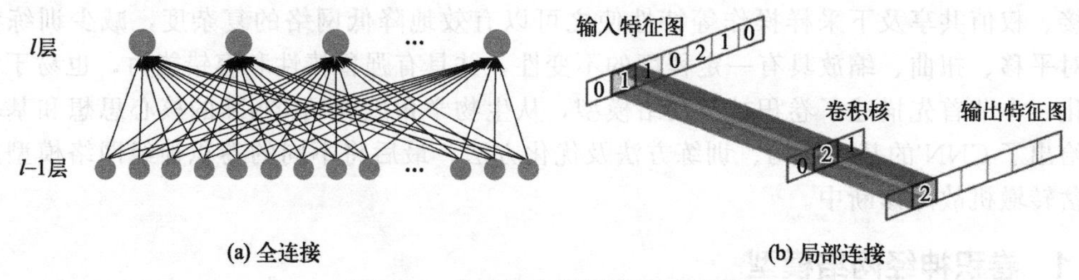

图 5-37 全连接和局部连接对比图

从图 5-37 中可以看出卷积核在遍历整个输入数据的时候，每个神经元参数是固定不变的，即同一个特征图共享权重。局部连接和权值共享结构大大降低了CNN 模型的计算量和参数量。例如，输入大小为 $1\times N$ 的特征图，假设 l-1 层有 m 个节点，l 层有 n 个节点，在全连接的神经网络中，共有 $m\times n$ 个连接，及包括偏置在内的 $m\times n+n$ 个训练参数。在 CNN 模型中，假设卷积核大小为 $1\times k$，当前层的每个节点只与前一层的 k 个节点相连，则共有 $k\times n$ 个连接和 $k+n$ 个训练参数，通常 k 设置为较小的数值，如 3、5、7。通过参数量的对比可以看出局部连接的计算量远小于全连接的计算量。

③ 池化操作。池化操作的思想来自初级视觉皮层的复杂细胞机制，将输入特征平面划分为一组长度为 $k>1$ 的不重叠或重叠的子区域，对每个子区域计算出一个值作为该子区域的特征，然后将计算出的值依次排列生成新的特征映射。根据子区域大小，池化可分为局部池化和全局池化，全局池化即针对整个特征平面进行池化。常见的池化操作有最大池化、平均池化，平均池化计算每个子区域的平均值作为该区域池化后的值输出，最大池化则选取每个子区域的最大值作为输出。图 5-38 显示了最大池化和平均池化操作过程。

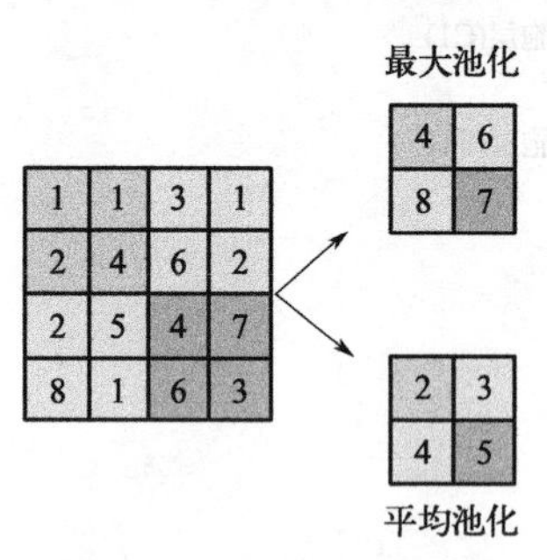

图 5-38 最大池化和平均池化操作过程

池化操作利用特征图局部相关性的原理对特征图进行子抽样，在保留有用结构信息的同时有效地减少数据处理量和参数个数。另一方面，池化操作使得模型更关注特征本身而非特征具体的位置，使特征学习过程中包含某种自由度，容忍特征微小的位移。

(3) CNN 模型的基本结构

1980 年，日本 Fukushim 受生物视觉感知机制的启发，首次模拟了生物视觉系统识别过程，基于感受野的理论构建了 Neocognitron 模型。Neocognitron 模型是一个自组织的多层神经网络模型，每一层的响应都由上一层的局部感受野激发得到，对于模态的识别不受位置、较小形状变化以及尺度大小的影响[26]。1998 年，LeCun 等人基于 Fukushima 的研究工作构建了基于梯度反向传播算法的 LeNet-5 模型，并成功应用在手写数字识别中[27]。LeNet-5 模型结构如图 5-39(a) 所示，由输入层、3 个卷积层、2 个池化层、全连接层和输出层构成。

经过多年的发展，CNN 已经衍生出多个版本，特征学习与模态识别能力也不断提高。经过近几年的发展，有许多研究工作基于 LeNet-5 模型进行改进，衍生出了结构复杂的模型，如 AlexNet 模型[28]，其结构在图 5-39(b) 中显示，由 5 个卷积层、3 个池化层和 3 个全连接层构成。AlexNet 模型虽然比 Lenet-5 模型结构要复杂，但整体架构大体上都遵循着一种固定的范式，即模型的前半部分为交替连接的卷积层和池化层，后半部分是少量的全连接层。输入经过若干个“卷积”和“池化”加工后，由全连接层实现特征与输出目标之间的映射，最终从输出层得到模型的识别结果。

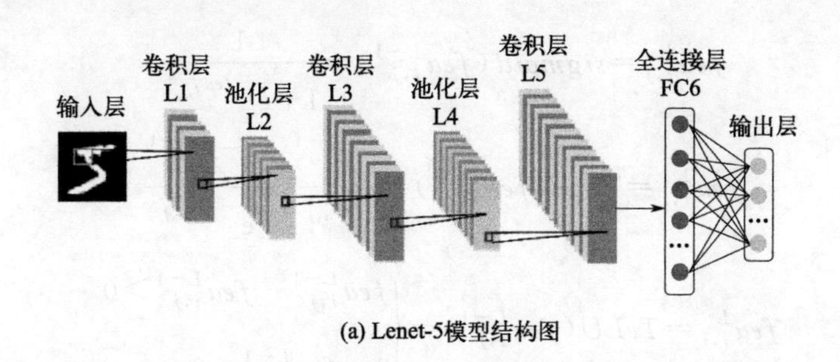

(a) Lenet-5模型结构图

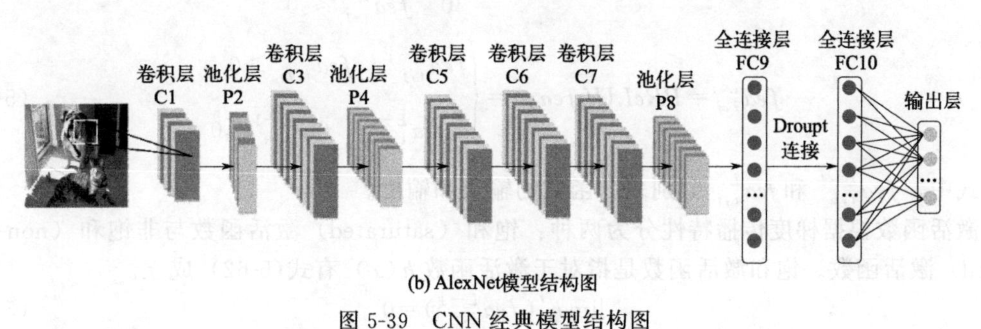

(b) AlexNet模型结构图

图 5-39　CNN 经典模型结构图

典型的 CNN 模型是一种深层前馈神经网络模型，基本结构由输入层、卷积层、池化层、全连接层和输出层构成。

① 输入层。CNN 模型是一种监督式学习模型，需要在样本标签的监督下进行学习。因此，输入由样本 X 和样本标签 Y 构成。如：对于一个 C 分类问题，模型的输入如式(5-56)所示。

$$\{X,Y\}=\{x_i,y_i\}^N \tag{5-56}$$

② 卷积层。卷积层是 CNN 模型的核心组成部分，由多个特征面组成，每个特征面又由多个神经元组成。卷积核是卷积层的重要组成部分，其主要作用是自动提取输入数据的深层信息。当前卷积层的每一个神经元通过卷积核与上一层特征面的局部区域相连，并进行卷积运算，然后通过一个激活函数，就可以得到输出特征图。卷积层是按照深度、宽度和高度这三个维度组织的，宽度和高度分别是指卷积核的宽度和高度，即局部感受野的大小。深度是指卷积核的数量，为了提取特征图上不同的特征，卷积层通常包含若干卷积核，每个卷积核的权重不同。卷积核提取特征的过程描述如下：

$$fea_{i,j}^{L}=\sum_{q=1}^{Q}\sum_{j=1}^{J}w_{k,j}^{L}*fea_{M,q}^{L-1}+b_j^L,i=\frac{M+2p-k}{s}+1 \tag{5-57}$$

式中，$w_{k,j}^{L}$ 和 b_j^L 分别表示第 L 卷积层中的第 j 个卷积核的权重和偏置；J 表示卷积核的数量（卷积层的宽度）；s 表示步长，即卷积核在输入特征图上滑动的距离；p 表示填补尺寸；$fea_{M,q}^{L-1}$ 表示 $L-1$ 层输出的第 q 个尺寸为 M 的特征图；$*$ 表示离散卷积运算符；$fea_{i,j}^{L}$ 为第 L 卷积层中的第 j 个卷积核在输入特征图上提取生成尺寸为 i 的特征图。每个卷积核在特征图中的每个位置都会找到特定的特性，学习的特征类型由算法动态决定。

卷积操作之后，通过激活函数对每一个卷积运算结果进行非线性变换。激活函数的目的，是将原本线性不可分的多维特征映射到另一空间，从而使得神经网络能够拟合输入的样本数据与标签之间的非线性关系。常见的激活函数有 sigmoid 函数、双曲正切函数（hyperbolic tangent，Tanh）、线性修正单元（rectified linear units，ReLU）函数和带参数的 ReLU(parametric rectified linear unit，PReLU)。四种激活函数的表示如下：

$$fea_{i,j}^{L}=sigmoid(fea_{i,j}^{L-1})=\frac{1}{1+\mathrm{e}^{-fea_{i,j}^{L-1}}} \tag{5-58}$$

$$fea_{i,j}^{L}=\mathrm{Tanh}(fea_{i,j}^{L-1})=\frac{\mathrm{e}^{fea_{i,j}^{L-1}}-\mathrm{e}^{-fea_{i,j}^{L-1}}}{\mathrm{e}^{fea_{i,j}^{L-1}}+\mathrm{e}^{-fea_{i,j}^{L-1}}} \tag{5-59}$$

$$fea_{i,j}^{L}=TeLU(fea_{i,j}^{L-1})=\begin{cases}fea_{i,j}^{L-1} & fea_{i,j}^{L-1}>0\\ 0 \quad fea_{i,j}^{L-1}\leqslant 0\end{cases} \tag{5-60}$$

$$fea_{i,j}^{L}=PReLU(fea_{i})=\begin{cases}fea_{i,j}^{L-1} & fea_{i,j}^{L-1}>0\\ a_{i}fea_{i,j}^{L-1} & fea_{i,ji}^{L-1}\leqslant 0\end{cases} \tag{5-61}$$

式中，$fea_{i,j}^{L-1}$ 和 $fea_{i,j}^{L}$ 分别表示函数的输入和输出。

激活函数根据梯度传播特性分为两种：饱和（saturated）激活函数与非饱和（non-saturated）激活函数。饱和激活函数是指对于激活函数 $h(x)$ 有式(5-62) 成立。

$$\lim_{x\to\infty}h'(fea_{i,j}^{L-1})=0 \tag{5-62}$$

sigmoid 函数与 Tanh 函数属于饱和激活函数，而 ReLU 与 PReLU 函数属于非饱和激活函数。饱和激活函数由于其在输入很大时梯度出现衰减甚至衰减至零，对于反向传播有很大的阻碍，因此很少采用。

③ 池化层。池化层用来实现对特征图的采样处理，也被称为降采样层。卷积层提取特征后，直接用于分类将面临巨大的计算量挑战，而且容易产生过拟合现象，需要对特征图进行降采样操作，一方面使得模型更关注某些特征本身而非特征具体的位置，使特征学习过程中包含某种自由度，容忍某些特征微小的位移；另一方面对卷积层学习到的特征做维度约减，使模型可以抽取更广泛的特征，进而减少 CNN 学习过程中的参数量和计算量。

池化操作类似于卷积层提取特征的过程，通过滑动窗口在特征图上滑动，将滑动窗口对应的局部区域的统计值作为该区域的采样值，然后将这些局部区域提取的值连接起来以形成一个新的特征图。相比于卷积运算，池化操作不涉及参数设置和内存，计算量大大减少。池化操作可表示为：

$$fea_{i',j}^{L}=f(fea_{i,j}^{L-1})i'=\left(0,1,2,\cdots,\left|\frac{i-d}{s}\right|\right) \tag{5-63}$$

其中，$fea_{i,j}^{L-1}$ 表示第 L 层输入的第 j 个尺寸为 i 的特征图；f 表示池化处理的方式；d 表示池函数尺寸，当 $d<i$ 时，表示对特征图的局部池化，当 $d=i$ 时，表示全局池化，对整张特征图进行池化处理；s 表示池化函数移动步长；$fea_{i',j}^{L}$ 为其对应的池化操作后的输出特征图，其尺寸为 i'。

④ 全连接层。全连接层一般位于网络尾端，对前面逐层变换和映射提取的特征进行回归分类等处理。将所有二维图像的特征图拼接为一维特征作为全连接网络的输入。为了提升 CNN 模型性能，全连接层中的神经元的激活函数一般采用 ReLU 函数。对于一个长度为 M

的一维输入 x_i^{L-1}，全连接层有 N 个神经元，每个神经元的输出可表示为：

$$z_j^L = ReLU\left(\sum_{i=1}^{M} x_i^{L-1} w_{j,i}^L + b_j^L\right), j=1,2,\cdots,N \tag{5-64}$$

式中，$w_{j,i}^L$ 为第 $L-1$ 层的第 i 个神经元到第 L 层的第 j 个神经元的连接权重；x_i^{L-1} 表示第 L 层的第 j 个神经元的输入；b_j^L 表示第 L 层的第 j 个神经元的偏置；M 和 N 分别表示第 $L-1$ 层和第 L 层神经元的数量。

⑤ 输出层。输出层通过分类器以类别或者概率的形式输出模型的识别结果。最常用的是非线性 softmax 函数，该函数是 logistic 函数的推广，通常用于多分类问题。softmax 函数将提取的特征转换为一种概率分布，使用对数概率值来估算样本 x_i 属于类别 y_i 的可能性大小，值越高表示置信度越高，如式(5-65) 所示。

$$\tilde{\boldsymbol{y}}_i = \text{softmax}(\boldsymbol{z}_i^{L-1}) = \begin{bmatrix} p(y_i=1|\boldsymbol{z}_i^{L-1};\theta) \\ p(y_i=2|\boldsymbol{z}_i^{L-1};\theta) \\ \vdots \\ p(y_i=c|\boldsymbol{z}_i^{L-1};\theta) \end{bmatrix} = \frac{1}{\sum_{j=1}^{C}\exp(\boldsymbol{z}_i^{L-1})} \begin{bmatrix} \exp(\boldsymbol{z}_i^{L-1}) \\ \exp(\boldsymbol{z}_i^{L-1}) \\ \vdots \\ \exp(\boldsymbol{z}_i^{L-1}) \end{bmatrix} \tag{5-65}$$

式中，θ 表示模型的参数；$\boldsymbol{z}_i^{L-1}$ 是与输入 x_i 相关联的特征向量。softmax 函数将特征集映射到一个 c 维的向量 $\tilde{\boldsymbol{y}}_i$ 中，每个向量的值在（0，1）范围内，并且所有向量的和为 1。每个元素都可以看作是一个与分类器参数相对应的类别。

（4）CNN 模型的训练模式

CNN 模型的训练过程可分为前向传播和反向传播两个过程。前向传播是指将样本输入模型后，依次经过各网络层（卷积运算、池化操作等）处理后，得到模型输出结果的过程；反向传播与前向传播的方向相反，根据模型输出以及样本标签计算损失函数，并以最小化损失函数为目标计算其梯度，通过反方向传播算法逐层反馈，借助梯度下降算法更新每层网络层的参数。CNN 模型通过反复循环迭代前向传播和反向传播这两个环节，不断更新参数和优化损失函数，直到模式识别结果达到比较满意的识别率或者迭代次数达到设置的最大迭代次数后终止。

① 前向传播。在前向传播时，通常采用最小批次训练，一次将 m 个样本 $\{x_i, y_i\}^m$ 输入到 CNN 模型中，样本经过各网络层处理，每一层的输出为下一层的输入，最后输出训练样本的预测向量 $\tilde{\boldsymbol{y}}=(\tilde{y}_1,\tilde{y}_2,\cdots,\tilde{y}_c)^m$。前向传播过程可表示为：

$$f(x)=f_{L-1}(f_{L-2}(\cdots f_1(x,\theta_1^t),\cdots\theta_{L-2}^t),\theta_{L-1}^t) \tag{5-66}$$

$$\tilde{y}=\text{softmax}(f(x,\theta_L^t))=\frac{\exp f_L(x,\theta_L^t,c)}{\sum_{j=1}^{C}\exp f_L(x,\theta_L^t,j)} \tag{5-67}$$

式中，$\theta_1^t,\theta_2^t,\cdots,\theta_{L-1}^t,\theta_L^t$ 表示在训练 t 阶段各网络层 L 的训练参数，也就是权重 w 和偏置 b；$f_1,f_2,\cdots,f_{L-1},f_L$ 表示各网络层的操作，如卷积和池化；x 是输入层提供的样本数据；$\tilde{y}$ 是输出层的识别结果。

根据模型的识别结果 $\tilde{y}$，建立损失函数 $J(\theta)$ 来衡量模型输出 $\tilde{y}$ 与期望输出 y 之间的误差。常用损失函数有均方误差函数（mean squared error，MSE）和交叉熵损失函数（cross entropy loss，CRS），如式(5-68)、式(5-69) 所示：

$$J(\theta)_{\mathrm{MSE}}=\mathrm{MSE}(t_i,[\tilde{y}_1,\cdots,\tilde{y}_c])=\sum_{i=1}^{m}(\tilde{y}_i-y_i)^2 \tag{5-68}$$

$$J(\theta)_{\mathrm{CRS}}=-\frac{1}{m}\left[\sum_{i=1}^{m}\sum_{j=1}^{c}1\{y^{(i)}=j\}\log\frac{\mathrm{e}^{\theta_j^{\mathrm{T}}x_i}}{\sum_{l=1}^{c}\mathrm{e}^{\theta_l^{\mathrm{T}}x_i}}\right] \tag{5-69}$$

式中，m 表示样本个数；在 CRS 损失函数中，$1\{\cdot\}$是指示性函数，即当花括号中的值为 ture 时，结果为 1，否则为 0。与平方误差函数比较每一个类别的大小不同，交叉熵函数能够衡量真实概率分布与预测概率分布之间的差异，在机器学习中常被看作是 softmax 分布的负对数似然。

② 反向传播。反向传播的目的是找到使得损失函数最小的网络参数配置，使模型尽量拟合训练数据。因此以最小化损失函数为目标，根据链式法则，沿着与前向传播相反的顺序依次计算各网络层参数的梯度，如式(5-70) 所示。

$$\theta^* = \underset{\theta}{\operatorname{argmin}}\frac{1}{T}\sum_{t}L(f_\theta(x,y))+\lambda\Omega \tag{5-70}$$

式中，$f(\cdot)$ 分别表示目标函数值与输出值；参数 λ 是学习率；Ω 是正则项，对神经元权重惩罚以防止过度拟合；θ^* 表示模型的最优参数集；x 和 y 分别表示模型的输入样本和样本对应的标签。

根据式(5-71)，计算损失函数 $J(\theta)$ 关于参数 θ 的梯度，损失函数的梯度项可计算为：

$$\nabla_{\theta_i}J_t=-\frac{1}{m}\sum_{i=1}^{m}[x^i(1\{y^i=j\}-p(y^i=j\mid x^i;\theta))]+\lambda\theta_j \tag{5-71}$$

式中，$\nabla_{\theta_i}J_t$ 表示第 i 个参数第 t 次迭代的梯度；θ 表示模型中的所有参数。

在计算了损失函数对于每个参数的梯度后，通过梯度下降算法遍历网络的反向路径，将误差逐层传递到每个节点。梯度下降算法的目的是尽可能快速地寻找到梯度下降的全局最优解，也就是全局最小值。其发展至今，已经提出了很多种梯度下降的算法，如随机梯度下降（stochastic gradient descent，SGD）、Adagrad、AdaDelta、RMSprop 和 Adam（sdaptive moments）[29]。

在故障诊断领域，SGD 算法是比较常用的优化算法，但它在训练工程中使用不变的学习率更新参数权重，易使训练陷入局部最优解。Adam 算法与 SGD 算法不同，在训练过程中对参数的学习率进行单独调整，该方法从梯度一阶矩估计（梯度的均值）和梯度二阶矩估计（梯度的方差）的预算来计算不同参数的自适应学习率，使得更新的步长能够被限制在大致的范围内。Adam 算法具有加快模型的收敛速度、计算效率高和内存需求少等优势，适合应用于大规模的数据及参数的问题，是目前主流的优化算法。Adam 算法具体流程如式(5-72) 所示。

$$\begin{cases}\theta_t=\theta_{t-1}-\alpha\hat{m}_t/(\sqrt{\hat{\nu}_t}+\varepsilon)\\ \hat{m}_t=m_t/(1+\beta_1^t)\\ m_t=\beta_1(m_{t-1})+(1-\beta_1)(\nabla J_t)\\ \hat{\nu}_t=v_t/(1-\beta_2^t)\\ v_t=\beta_2\nu_{t-1}+(1-\beta_2)(\nabla J_t)^2\end{cases} \tag{5-72}$$

式中，β_1、β_2 为指数衰减率，分别用于控制权重分配和梯度平方的影响情况，通常被初始化为 0.9；ε 是一个非常小的常数，对算法没有太大影响，避免除以 0；α 是学习率，控制反向传播时权重更新比率；m_t 和 v_t 分别表示过去梯度指数加权平均值和梯度的平方的指数加权平均值；$\widehat{m}_t$ 和 $\widehat{v}_t$ 分别是对应项的修正值。训练过程中，每次迭代以上步骤更新模型参数 θ，直到网络误差收敛。

CNN 模型的训练过程就是通过前向传播和反向传播的不断迭代，使得损失函数随迭代次数的增加而减小，直至损失函数满足收敛条件，并且最终收敛于一个稳定的权值集合。

(5) CNN 模型的常用优化方法

在网络训练时过拟合是一个严重问题，目前在故障诊断领域主要采用 Droupt 技术和批量标准化来避免网络过拟合。

① Droupt 技术。Droupt 技术[30] 的关键思想是在网络训练期间以一定的概率将神经元及其所有传入和传出连接失活，目的是精简网络，防止神经元之间过度协同，如图 5-40 所示。在训练时，失活神经元的选择是随机的。失活概率通常设置为 0.5～0.9。Droupt 技术仅在训练过程中使用，在测试期间不再应用。

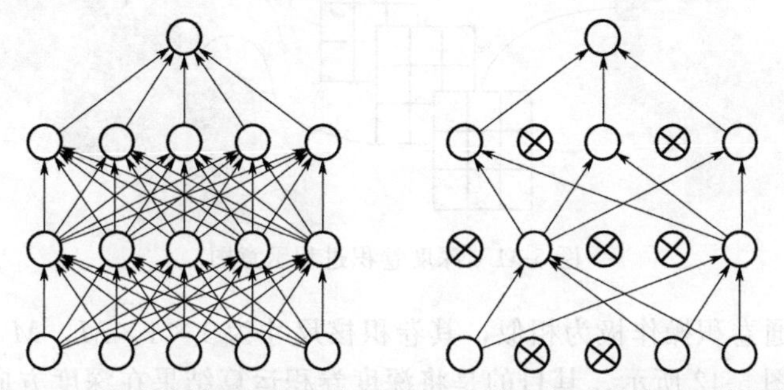

图 5-40　全连接神经网络和应用 Droupt 技术之后的神经网络结构

② 批量归一化。批量归一化（batch normalization，BN）[31] 是一种标准化技术，已被嵌入深度学习体系结构中，其目的是解决梯度消失的问题，将训练过程中学习到的特征分布调整为理想的正态分布，使输入值落在非线性函数对输入更敏感的区域，加快训练过程。通常在卷积层或全连接层之后和激活单元之前添加 BN 层。BN 的具体运算步骤如式(5-73)所示。

$$\begin{cases} \widehat{x}_i = \dfrac{x_i(x_i-\mu)}{\sqrt{\sigma^2+\varepsilon}} \\ y_i = \gamma\widehat{x}_i + \beta \end{cases} \tag{5-73}$$

式中，$\widehat{x}_i$ 和 y_i 分别在小批量中表示第 i 次的输入和输出特征；$\mu=E[x_i]$；$\sigma^2=Var[x_i]$；γ 和 β 是两个可训练的参数，用于缩放和移动分布；ε 是一个接近于零的常数。

BN 能够减轻模型对初始值的依赖，其不足是批次的大小会影响均值和方差，当批次很小时会影响其稳定性。

5.3.2　DSCNN 故障诊断

CNN 结构较为复杂，模型整体参数量大，消耗内存多，并且在反向传播过程中易出现参数不更新和池化层丢失特征信息的问题。近年来，轻量级神经网络模型引起众多学者关注，如深度可分离卷积在图像分类、视觉识别方面应用较为广泛[32]。许多模型将标准卷积替换为深度可分离卷积，使得模型既拥有较高的分类性能又具有参数量少、分类速度快的特性。本小节结合铁路系统微机集中监测系统采集的道岔转辙机动作油压数据，研究深度可分离卷积的神经网络模型（depthwise separable convolutional neural network，DSCNN），开展道岔转辙机工作状态的故障诊断[33]。通过 ITD-SDP 特征提取技术对油压数据分析处理，将提取的图形特征作为 DSCNN 模型的输入实现道岔转辙机工作状态的故障识别与分类。

(1) 深度可分离卷积

深度可分离卷积[34] 和标准卷积操作不同，标准卷积是将一组卷积核与输入数据作用后组合成单通道特征的输出，卷积核作用于所有的输入通道；深度可分离卷积是对标准卷积操作的一种分解，分为深度卷积和逐点卷积两个过程。

深度卷积针对每个输入通道采用不同的卷积核，即一个卷积核对应一个通道，过程如图 5-41 所示。

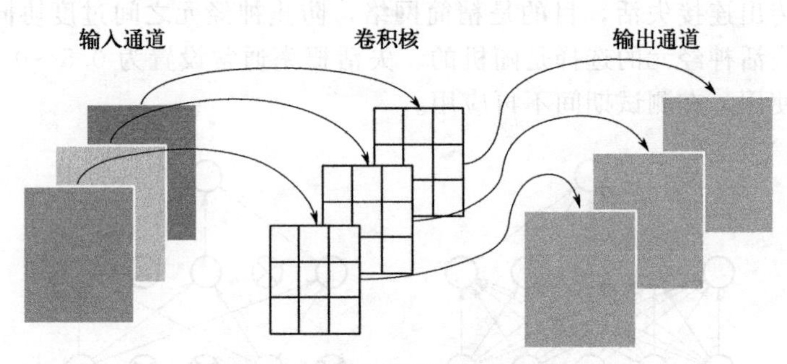

图 5-41 深度卷积过程示意图

逐点卷积与普通卷积操作极为相似，其卷积核尺寸为 $1\times1\times M$，M 为深度卷积输出通道数，运算过程如图 5-42 所示。其目的是将深度卷积运算结果在深度方向上进行加权组合，生成新的输出特征。

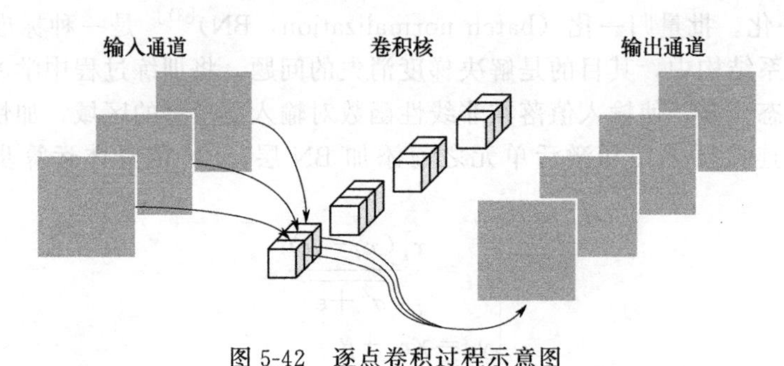

图 5-42 逐点卷积过程示意图

假定输入特征维度为 $D_F\times D_F\times M$，输出特征维度为 $D_F\times D_F\times N$，其中 D_F 代表特征的长和宽，这里为了便于计算将长、宽设为相同，M、N 分别代表输入、输出特征通道数。对于传统卷积 $D_K\times D_K$，其计算量如式(5-74) 所示。

$$N_1=D_K\times D_K\times M\times N\times D_F\times D_F \tag{5-74}$$

而深度可分离卷积则是深度卷积和逐点卷积的组合，相关计算公式如下[35]：

深度卷积计算成本为：

$$D_K\times D_K\times M\times D_F\times D_F \tag{5-75}$$

逐点卷积计算成本为：

$$M\times N\times D_F\times D_F \tag{5-76}$$

深度可分离卷积替换标准卷积后，参数量和计算成本均得到了降低，计算成本下降比为：

$$\frac{D_K \times D_K \times M \times D_F \times D_F + M \times N \times D_F \times D_F}{D_K \times D_K \times M \times N \times D_F \times D_F} = \frac{1}{N} + \frac{1}{D_K^2} \tag{5-77}$$

式中，$D_K \times D_K$ 表示卷积核大小的乘积，$D_F \times D_F$ 表示特征映射图大小的乘积。在实际应用中，N 通常大于 1，而 D_K 常取 3×3、5×5 等大小的卷积核。在保证图像分类精度稳定的条件下，深度可分离卷积的参数量更少，且对计算力的需求低。

(2) DSCNN 模型

DSCNN 模型结构如图 5-43 所示，该模型包括 1 个普通卷积层、3 个深度可分离卷积层、1 个自适应均值池化层与 3 层全连接层，主干采用深度可分离卷积来降低模型参数，提高模型计算性能及保持诊断准确率。图中 s 为卷积核步长，c 为模型通道数量，n 为全连接层神经元数。

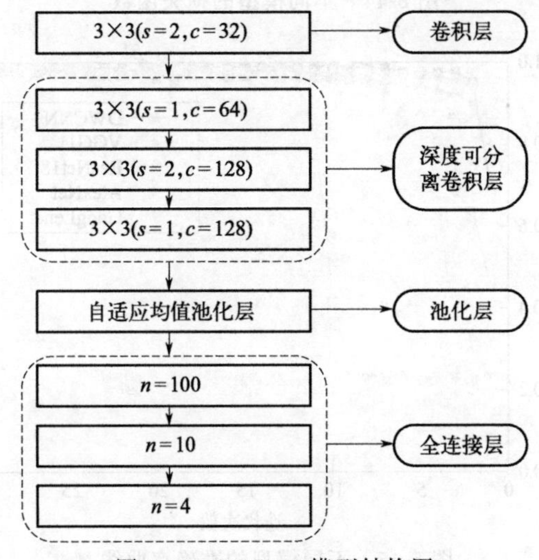

图 5-43　DSCNN 模型结构图

(3) 实验验证

DSCNN 模型采用 pytorch 深度学习框架进行编写，将 3.4 节中 ITD-SDP 技术在压力信号中得到的尺寸为 244×244 的雪花图作为模型的输入。模型训练与测试的批次数量为 32 张，使用多分类交叉熵损失函数作为损失函数。训练采用 Adam 优化器，学习率初始设为 0.001，权重衰减设为 0.0001，为了提高模型的准确度和可靠性，模型的训练轮次设定为 100 轮。

① 诊断率实验。研究采用 VGG11[36]、ResNet18[37]、AlexNet 及 GoogLenet[38] 模型作为对比组，使用相同的数据集和 DSCNN 模型进行比较。图 5-44 和图 5-45 所示分别为 DSCNN 模型与对比组模型在 7000 组训练集上训练时的损失函数值优化过程和准确率结果。可以看出，DSCNN 模型的收敛速度和收敛效果都是最佳的，部分模型虽然在收敛效果上与 DSCNN 模型相似，但是出现了过拟合现象，致使测试集诊断精度降低，如图中的 AlexNet。

进一步比较各模型对不同故障类型的诊断效果，表 5-11 列出了 DSCNN 模型与对比组模型在 3000 组测试集上的平均诊断准确率、标准差、模型参数量、Flops、诊断时间，通过混淆矩阵对各模型的分类结果进行展示。在图 5-46 中，对角线方块中的数字代表诊断正确的样本数量，其余方块代表诊断错误的样本数量，百分比代表诊断正确样本数占总样本数的

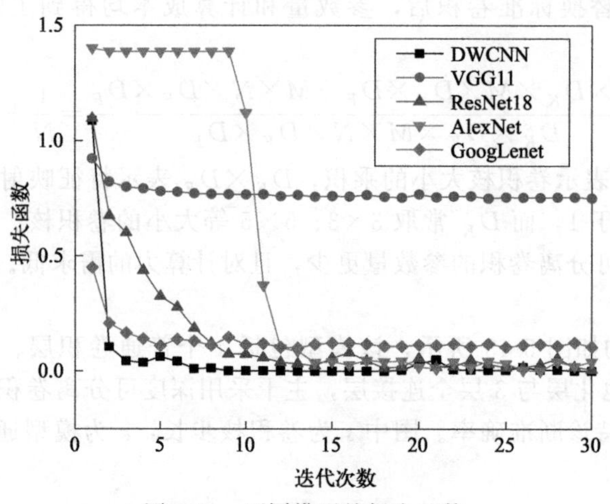

图 5-44 不同模型的损失函数

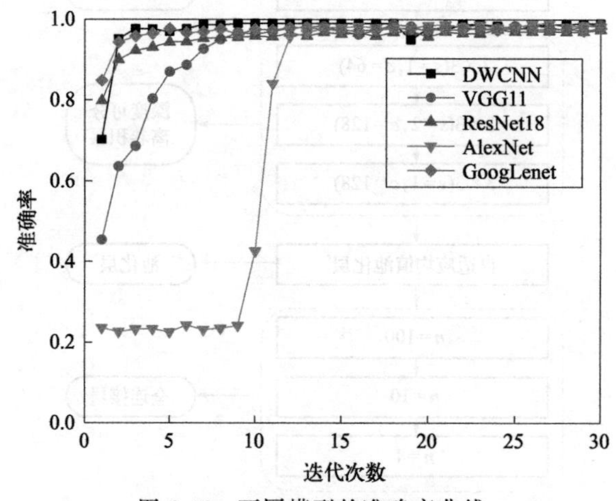

图 5-45 不同模型的准确率曲线

比例，矩阵的右下角方块百分比代表的是该模型的精度，第 5 列和第 5 行分别代表输出类的准确率和召回率。结果显示，五种模型对不同故障类型均具有良好的诊断效果，DSCNN 模型在诊断准确率上并无明显优势，但是其参数量较少，对计算机硬件要求也低，在 Flops、诊断时间两个方面，DSCNN 模型具有较好的性能。

表 5-11 不同模型实验结果

模型	平均准确率 /%	标准差 /%	参数量 (*M*)	Flops(*G*)	诊断时间 /s
DSCNN	98.5	0.22	0.06	0.13	0.05
VGG11	98.3	0.33	132.87	7.76	0.52
ResNet18	99.1	0.35	11.69	1.58	2.47
AlexNet	97.2	0.21	61.10	0.71	2.41
GoogLenet	98.8	0.37	6.63	1.51	0.07

② 消融实验。实验通过替换或减少方法中信号分解方法、特征映射方法、故障分类模型等，证明了基于 ITD-SDP 图像特征的 DSCNN 模型的有效性与优越性，结果见表 5-12。

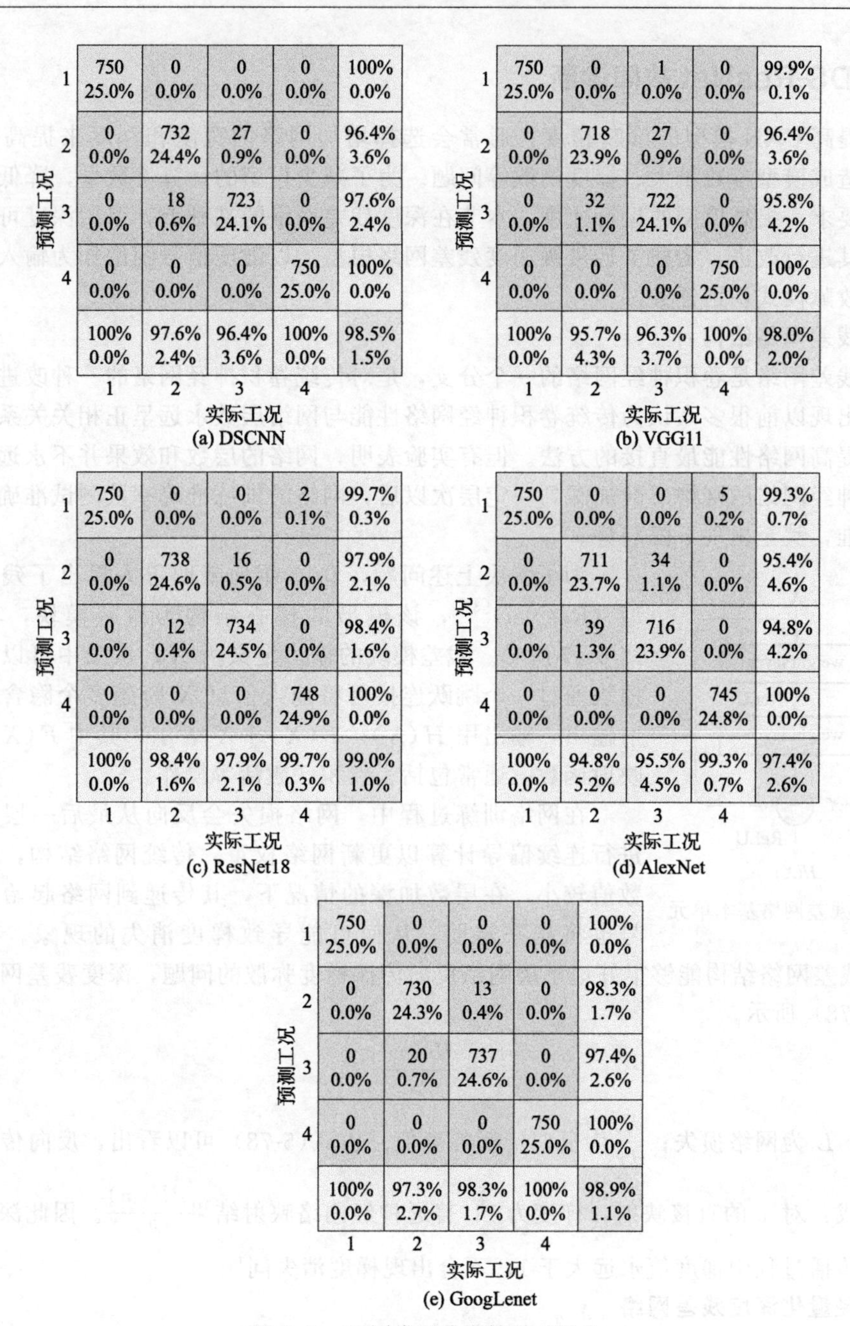

图 5-46　不同模型分类结果可视化

表 5-12　消融实验结果

方法	平均准确率/%
原始信号＋SDP＋CNN	91.3
ITD＋SDP＋SVM	94.2
ITD＋CNN	92.6
原始信号＋CNN	90.9
ITD＋SDP＋DSCNN	98.5

5.3.3 DS-ResNet 故障诊断

为了提高 CNN 模型的诊断精度，通常会选择增加网络的宽度和深度来提高网络的性能，但也造成模型参数量大、梯度消散等问题。为了减少模型的计算参数量，降低对内嵌设备的性能要求，提高模型的运行速度，本节在深度残差网络的基础上，采用深度可分离卷积的方法对其进行改进，构建了轻量级深度残差网络模型，以油压信号图像作为输入，完成道岔转辙机故障模式识别任务。

(1) 残差网络结构

深度残差网络是卷积神经网络的一个分支，是对传统卷积神经网络的一种改进模型。在残差网络出现以前很多人认为传统卷积神经网络性能与网络层数永远呈正相关关系，增加网络层数是提高网络性能最直接的方法。但有实验表明，网络的层数和效果并不永远呈正相关关系。当神经网络的网络层数加深到一定层次以后，网络的训练准确率及测试准确率会停留在某一水准，甚至出现下降趋势。

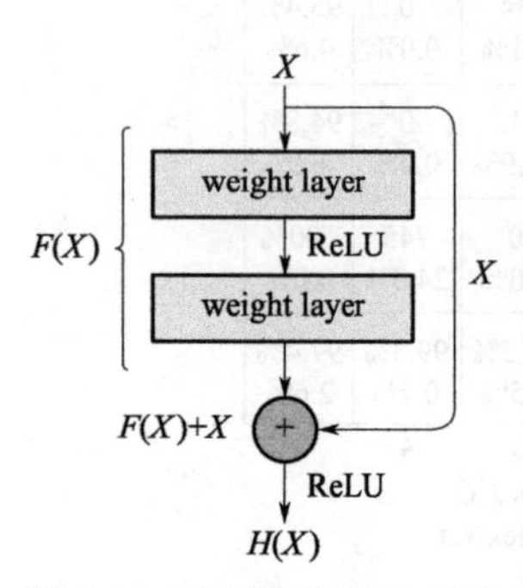

图 5-47 残差网络基本单元

为了解决上述问题，2015 年何凯明等人提出了残差网络模型 (ResNet)[39]，该模型的核心结构为残差模块，其结构如图 5-47 所示。残差模块的输入定义为 X，从图中可以看出残差模块通过一个跳跃连接可将输入信息 X 跨越多个隐含层恒等映射输出，输出用 $H(X)=F(X)+X$ 表示，其中 $F(X)$ 为残差映射函数，通常包括了卷积、激活等操作。

在网络训练过程中，网络损失会反向从最后一层到第一层进行连续偏导计算以更新网络权重。传统网络结构，网络损失数值较小，在层数加深的情况下，其传递到网络起始几层的信号也将越来越弱，从而可能导致梯度消失的现象。有研究表明[40-42] 残差网络结构能够很好地解决网络反向传播梯度弥散的问题，深度残差网络梯度计算如式(5-78) 所示。

$$\frac{\partial L}{\partial x}=\frac{\partial F(x)}{\partial x}+1 \tag{5-78}$$

式中，L 为网络损失；$\frac{\partial L}{\partial x}$为反向传播梯度值。由式(5-78) 可以看出，反向传播的梯度由两项组成：对 x 的直接映射，梯度为 1；普通神经网络映射结果$\frac{\partial F(x)}{\partial x}$。因此深度残差网络在反向传播过程中梯度值永远大于 1，不会出现梯度消失问题。

(2) 轻量化深度残差网络

为保证网络模型运行速率及降低设备要求，基于 CNN 和 ResNet 搭建轻量化深度残差网络 (DS-ResNet)[43] 用于道岔转辙机故障诊断任务。首先，使用传统卷积操作模块构建 DS-ResNet 的基本单元——残差模块，该模块由 2 层卷积层和 BN 层堆叠构成，其结构如图 5-48(a) 所示。然后，使用深度可分离卷积方法对传统残差网络单元中的卷积层进行重构，在保证分类高准确率的情况下，减少模型的计算参数量，降低对内嵌设备的性能要求，提高模型的运行速度。改进后的残差模块结构如图 5-48(b) 所示。

DS-ResNet 模型的整体结构和各模块参数分别在图 5-49 和表 5-13 中给出，模型由 2 个可分离卷积层、1 个池化层、3 个级联的残差模块和 1 个全连接层构成，激活函数采用 ReLU 函数。

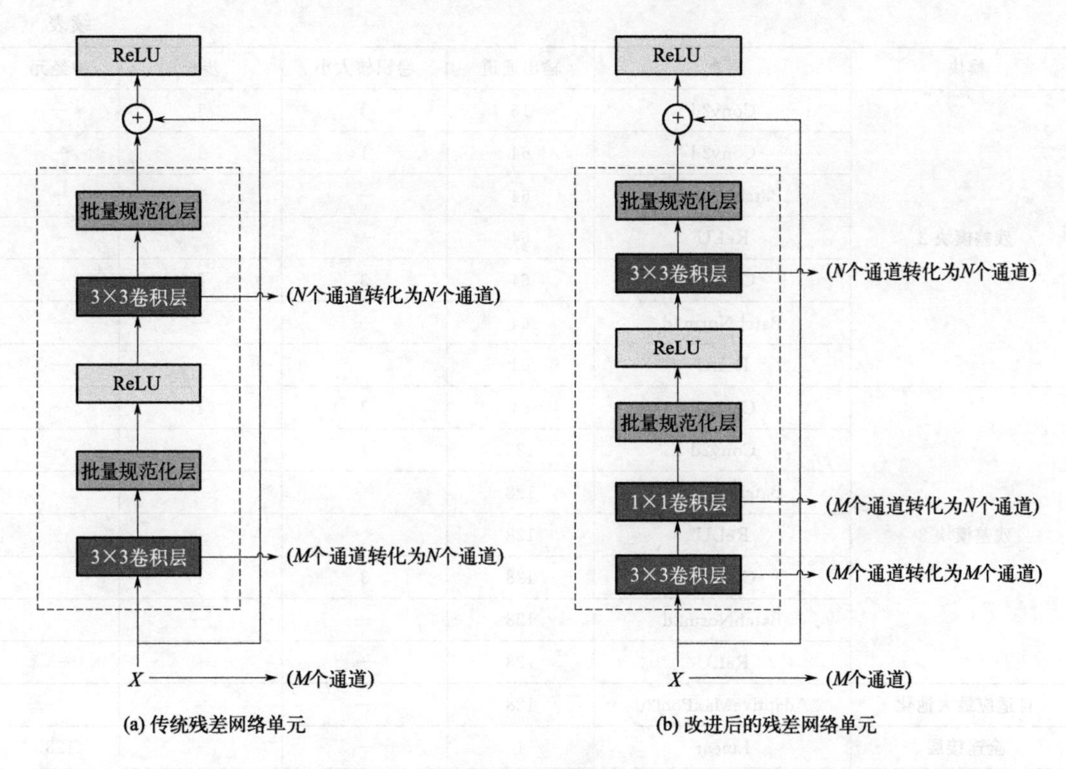

图 5-48　残差模块

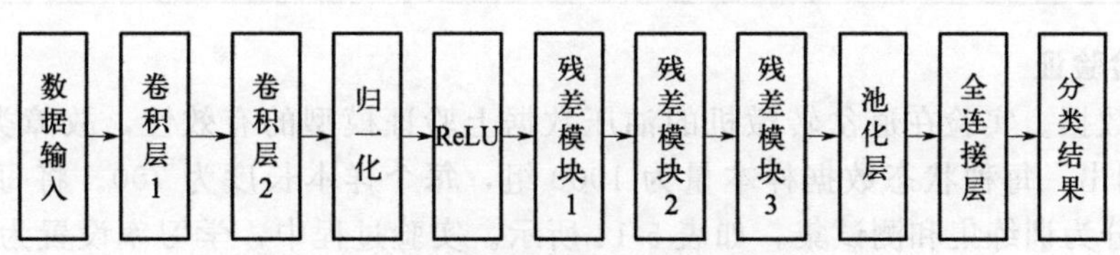

图 5-49　轻量级深度残差网络模型图

表 5-13　模型参数设置

模块	层次	输出通道	卷积核大小	步长	神经元
数据输入	输入层	3	—	—	—
卷积层 1	Conv2d	3	3	2	—
卷积层 2	Conv2d	16	1	1	—
归一化	BatchNorm2d	16	—	—	—
ReLU	ReLU	16	—	—	—
残差模块 1	Conv2d	16	3	1	—
	Conv2d	16	1	1	—
	BatchNorm2d	16	—	—	—
	ReLU	16	—	—	—
	Conv2d	16	3	1	—
	BatchNorm2d	16	—	—	—
	ReLU	16	—	—	—

续表

模块	层次	输出通道	卷积核大小	步长	神经元
残差模块 2	Conv2d	16	3	1	—
	Conv2d	64	1	1	—
	BatchNorm2d	64	—	—	—
	ReLU	64	—	—	—
	Conv2d	64	3	1	—
	BatchNorm2d	64	—	—	—
	ReLU	64	—	—	—
残差模块 3	Conv2d	64	3	1	—
	Conv2d	128	1	1	—
	BatchNorm2d	128	—	—	—
	ReLU	128	—	—	—
	Conv2d	128	3	1	—
	BatchNorm2d	128	—	—	—
	ReLU	128	—	—	—
自适应最大池化	AdaptiveMaxPool2d	128	—	—	—
全连接层	Linear	1	—	—	128
分类结果	输出层	1	—	—	4

(3) 实验验证

① 实验数据。实验在道岔转辙机的油压数据上验证模型的有效性，故障类别在 3.2.3 节表 3-1 中列出，每种状态数据样本量为 1000 组，每个样本长度为 700。将每种样本按照 8∶2 比例划分为训练集和测试集，如表 5-14 所示。实验过程中，学习率设置为 0.01，迭代次数为 20，采用交叉熵作为损失函数。

表 5-14 转辙机数据集详情表

编号	故障代码	训练集样本数	测试集样本数
数据集Ⅰ	G_1	800	200
数据集Ⅱ	G_2	800	200
数据集Ⅲ	G_3	800	200
数据集Ⅳ	G_4	800	200

② DS-ResNet 模型诊断结果。使用训练集对该模型进行训练，训练结束后，将训练好的模型在测试集上进行验证，使用诊断准确率进行评估。实验结果如图 5-50 所示，模型测试准确率为 98.3%，性能较好。

为突出模型的优越性，将构建的模型与 ResNet 模型、传统 CNN 模型和轻量级传统 CNN 模型（DS-CNN）在测试集上的诊断精度和模型参数量进行比较，实验结果如表 5-15 所示。

由上表可知，DS-ResNet 模型相较于原 ResNet 模型，在保持了较高准确率的同时大幅度地减少了模型计算参数量，缩短了运行时间；相较于传统 CNN 模型准确率提高了 2%左右，证明了 DS-ResNet 的优越性。

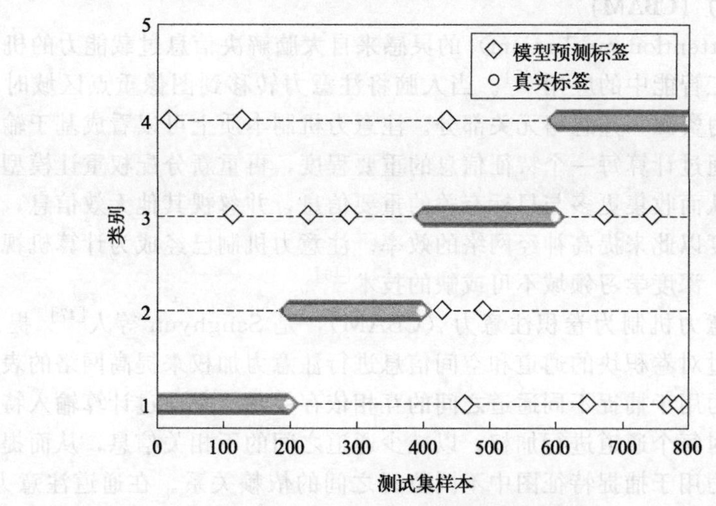

图 5-50　DS-ResNet 模型诊断准确率

表 5-15　不同模型的实验对比表

序号	实验模型	测试准确率	模型参数量
1	DS-ResNet	98.3%	0.21M
2	ResNet	98.4%	0.28M
3	CNN	96.4%	0.27M
4	DS-CNN	96.6%	0.20M

为了进一步评估模型的性能，比较分析了四种模型的损失函数，如图 5-51 所示。从图中可以看出，DS-ResNet 具有较好的收敛性。

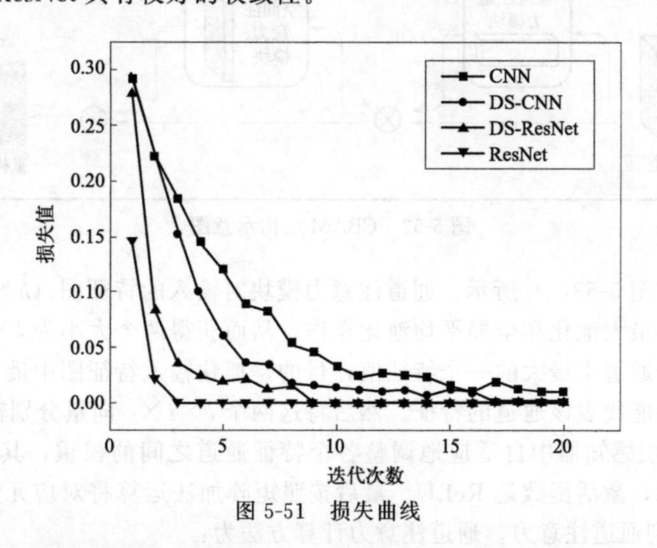

图 5-51　损失曲线

5.3.4　CBAM-ResNet 故障诊断

本节根据柱塞泵故障诊断的实际需要，对残差神经网络模型进行了改进，以残差神经网络为基础网络，将卷积注意力机制（CBAM）和残差模块相结合，提出了一种 CBAM-ResNet 网络模型[44]，改善了网络对重要特征的辨别能力。

（1）卷积注意力（CBAM）

注意力机制（attention mechanism）的灵感来自大脑解决信息过载能力的机制，是生物的注意力机制在人工智能中的应用[45]。当人脑将注意力转移到图像重点区域时，会对该区域投入更多的注意力资源，并忽略无关部分。注意力机制本质上可以看成基于输入图像动态调整权重的过程，通过计算每一个特征信息的重要程度，再重新分配权重让模型提高对重要特征的关注程度，从而收集更多与目标有关的重要信息，并忽视其他无效信息，增强模型对重要特征的关注程度以此来提高神经网络的效率。注意力机制已经成为计算机视觉、自然语言处理和图像处理、深度学习领域不可或缺的技术[46]。

本节采用的注意力机制为卷积注意力（CBAM），是 Sanghyun 等人[47] 提出的一种混合注意力机制，通过对卷积块的通道和空间信息进行注意力加权来提高网络的表达能力和泛化能力，通道注意力用于捕捉不同通道之间的互相依存关系。它通过计算输入特征获得每个通道的权重，然后对每个通道进行加权，以减少通道之间的不相关信息，从而提高特征提取的质量。空间注意力用于捕捉特征图中不同位置之间的依赖关系。在通道注意力的基础上，空间注意力计算每个位置的重要性权重，然后对特征图进行加权，以减少不相关位置之间的信息。在实践中，CBAM 可以与现有的卷积网络结构结合使用，更加高效地实现特征表达，以提高网络的性能。

卷积注意力机制如图 5-52 所示。首先将输入特征图通过通道注意力模块计算出输入特征图的通道注意力，然后将输入特征图的每一个通道与通道注意力在相同通道位置进行乘法运算，再输入空间注意力模块计算出空间注意力，将上一步的结果按照空间维度和空间注意力在元素相同位置上进行乘法运算得到输入特征图的注意力特征图。

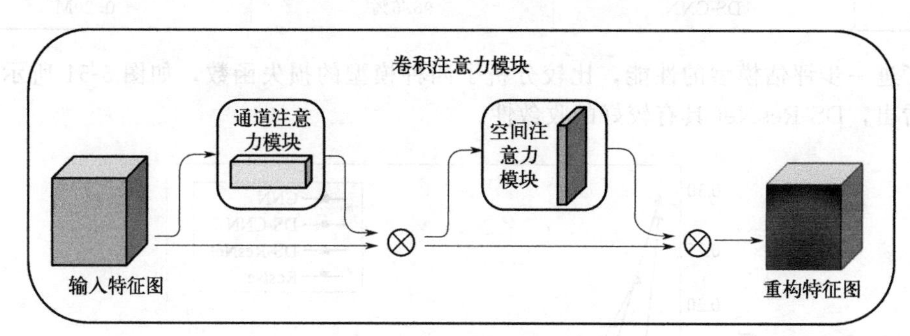

图 5-52 CBAM 结构示意图

通道注意力如图 5-53(a) 所示。通道注意力模块对输入的特征图（$h\times w\times c$）在每个通道上分别进行全局最大池化和全局平均池化操作，从而获得两个大小为 $l\times l\times c$ 的向量。最大池化只保留每个通道中最大的一个特征值，目的是抓住输入特征图中最显著的特征，而平均池化可以找到最能代表该通道的特征。然后将这两个 $l\times l\times c$ 向量分别输入到第一层具有 c/r 个神经元的两层感知器中自适应地调整各个特征通道之间的权重，其中 r 为还原率，c 为第二层的神经元，激活函数是 ReLU。最后按照矩阵加法运算将对应元素相加，使用 sigmoid 激活函数得到通道注意力。通道注意力计算方法为：

$$f_{ch}=\sigma(MLP(MaxPool(f))+MLP(AugPool(f))) \tag{5-79}$$

式中，σ 表示 sigmoid 激活函数；MLP 为多层感知机；$AvgPool$ 与 $MaxPool$ 分别为平均池化与最大池化操作。

空间注意力的原理如图 5-53(b) 所示。空间注意力模块对所有通道中同一位置的元素进行操作。首先在一个输入特征图（$h\times w\times c$）上，求出所有通道的同一位置上元素的最大

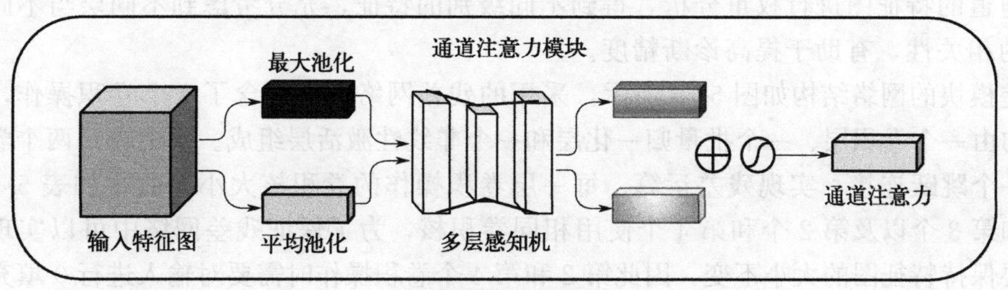

(a) 通道注意力结构图

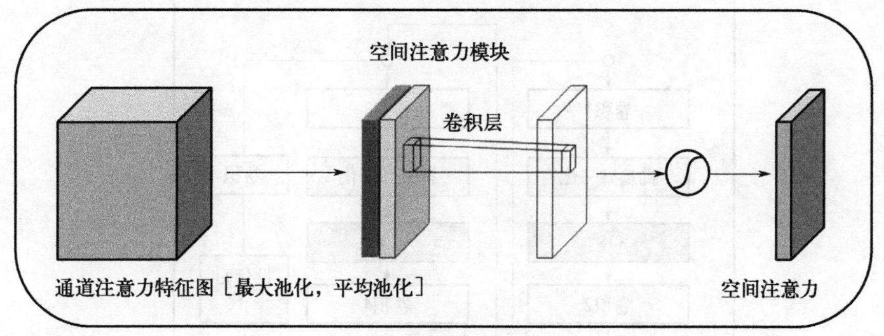

(b) 空间注意力原理

图 5-53　卷积注意力原理

值和平均值，得到两个大小为 $h\times w\times l$ 的向量，然后将这两个向量作为一个 2 通道的特征图，使用一个大小为 1×1 的卷积核进行卷积计算，得到一个通道数为 1 的特征图。然后对这个特征图进行 sigmoid 函数运算，得到的输出即为输入特征在空间上的权重值。空间注意力计算方法为：

$$f_{sp}=\sigma(Conv_{(7\times7)}([MaxPool(f);AvgPool(f)]))\tag{5-80}$$

式中，σ 表示 sigmoid 激活函数；$Conv_{7\times7}$ 为 7×7 卷积操作；$AvgPool$ 与 $MaxPool$ 分别表示平均池化与最大池化操作。

(2) 融合卷积注意力的残差神经网络模型

CBAM-ResNet 网络结构由三个残差模块和三个 CBAM 模块组成（图 5-54），在每一个残差模块之后都插入一个 CBAM 模块，在残差模块之后插入的 CBAM 模块能对前面所有层

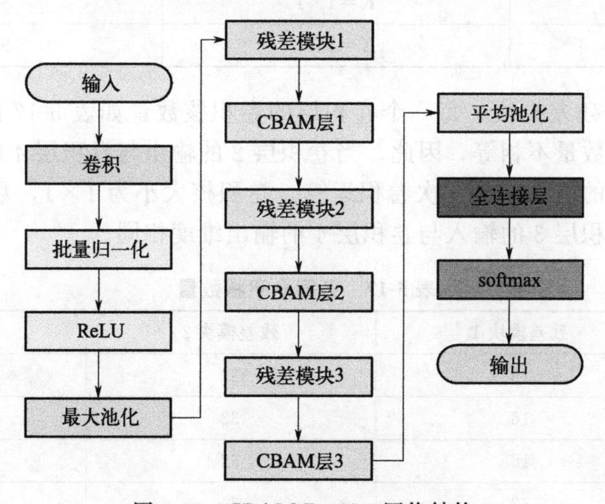

图 5-54　CBAM-ResNet 网络结构

和所有通道的特征图进行权重分析，得到不同级别的特征，充分考虑到不同层与不同通道之间特征的相关性，有助于提高诊断精度。

残差模块的网络结构如图 5-55 所示，采用的残差网络模型包含了 4 个卷积操作，每次卷积操作均由一个卷积层、一个批量归一化层和一个非线性激活层组成。其中在每两个卷积块之间添加一个跳跃连接，实现残差运算。每一层卷积操作的卷积核大小与数量如表 5-16 所示，第 1 个和第 3 个以及第 2 个和第 4 个使用相同卷积核，为了保证残差网络中可以实现跳跃连接，需要保持特征图的大小不变，因此第 2 和第 4 个卷积操作时需要对输入进行 0 填充。

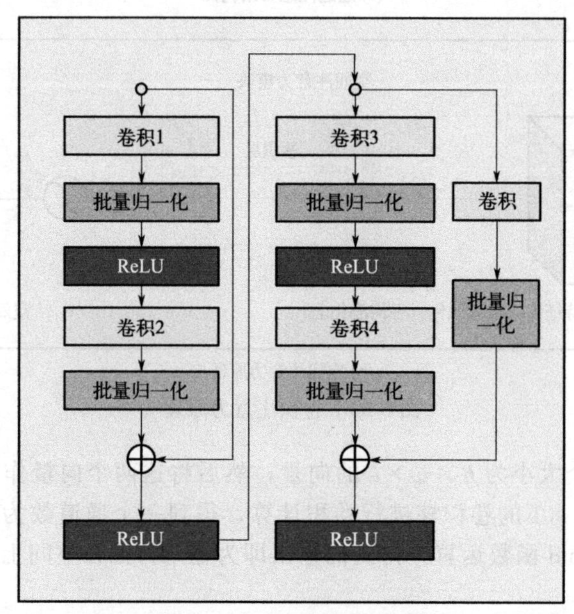

图 5-55 残差模块结构图

表 5-16 残差模块卷积参数表

卷积层	卷积核尺寸 K	步长 S，填充 P
卷积层 1	$K=1\times1$	$S=1, P=0$
卷积层 2	$K=3\times3$	$S=1, P=1$
卷积层 3	$K=1\times1$	$S=1, P=0$
卷积层 4	$K=3\times3$	$S=1, P=1$

网络共使用 3 个残差模块，每一个卷积层的卷积核数量如表 5-17 所示，由于卷积层 2 和卷积层 4 的卷积核数量不相等，因此，当卷积层 2 的输出与卷积层 4 的输出进行残差连接时，需要对卷积层 3 的输入进行一次卷积运算，卷积核大小为 1×1，数量与卷积层 4 的卷积核数量相等，使卷积层 3 的输入与卷积层 4 的输出维度相同。

表 5-17 各层卷积核数量

	残差模块 1	残差模块 2	残差模块 3
卷积层 1	16	32	64
卷积层 2	16	32	64
卷积层 3	16	32	64
卷积层 4	32	64	128

文中的 CBAM 模块在残差模块之后，在 CBAM 中首先使用的是通道注意力，因此，通道数是上一次残差模块输出的通道数。为了减少 CBAM 的参数量，第一个全连接层的神经元数量设为通道数的 1/16，第二个全连接层的神经元数量则设为通道数。空间注意力位于通道注意力之后，将最大池化和平均池化后生成的两个特征图进行卷积时，使用 1 个 7×7 的卷积核将两个池化特征图融合为一个特征图。为了保持输出特征大小不变，设置 padding 为 3。

(3) 实验验证

① 诊断流程。故障诊断流程如图 5-56 所示。

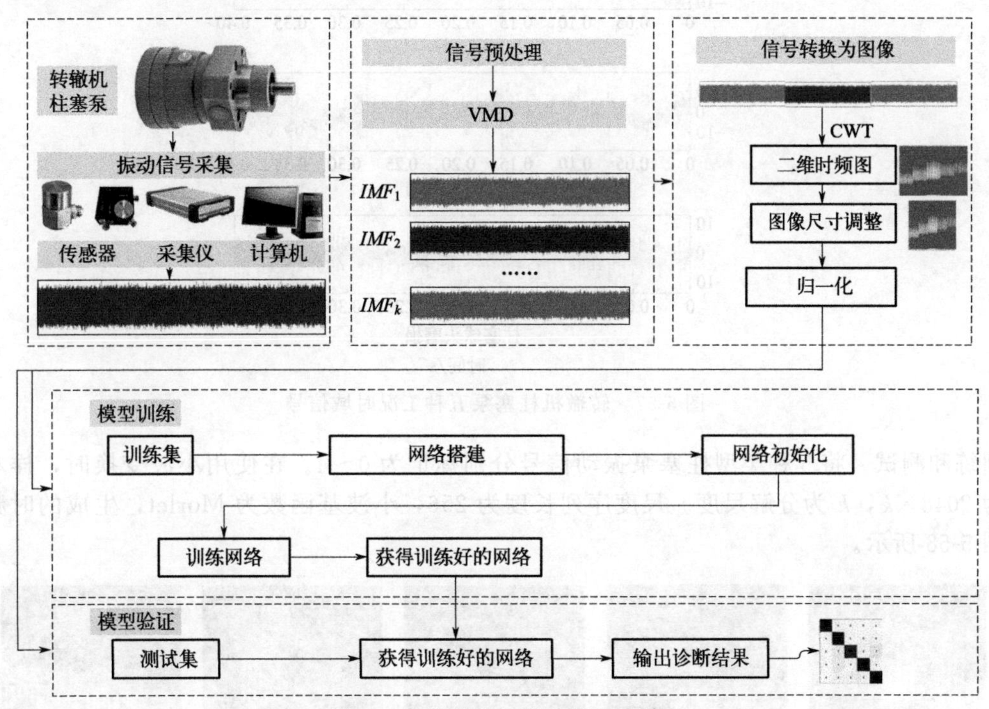

图 5-56 柱塞泵故障诊断流程图

第一步：将传感器采集的振动信号作为柱塞泵故障诊断的原始数据进行预处理。

第二步：对处理后的数据进行 VMD 分解，得到不同尺度的模态分量。

第三步：将各 IMF 分量按中心频率从小到大排列以将耦合信号分离，然后进行 CWT 得到二维时频特征图，调整到合适的大小保存为样本集。

第四步：将得到的二维时频图按一定比例随机分为训练集和测试集。

第五步：建立融合卷积注意力的残差神经网络故障诊断模型并初始化网络参数。

第六步：将得到的训练集批量输入到模型中进行训练。

第七步：用测试数据集对训练好的网络进行测试，以获得每种故障类型的分类效果。

② 柱塞泵数据集构建。实验数据使用正常、配流盘表面磨损、缸体剥落、柱塞球头磨损和柱塞尾部磨损 5 类数据（4.1.1 节），按照故障类型，将采集的数据分为 5 种标签。各工况时域信号如图 5-57 所示。

首先，分别提取各工况下转辙机柱塞泵振动加速度信号 620 组，每组样本长度 2048，通过第 4 章中介绍的 VMD 分解方法将训练和测试数据样本进行分解，然后将分解后的各 IMF 分量按中心频率大小排列，使用连续小波变换转换为二维时频图，用作网络的输入进

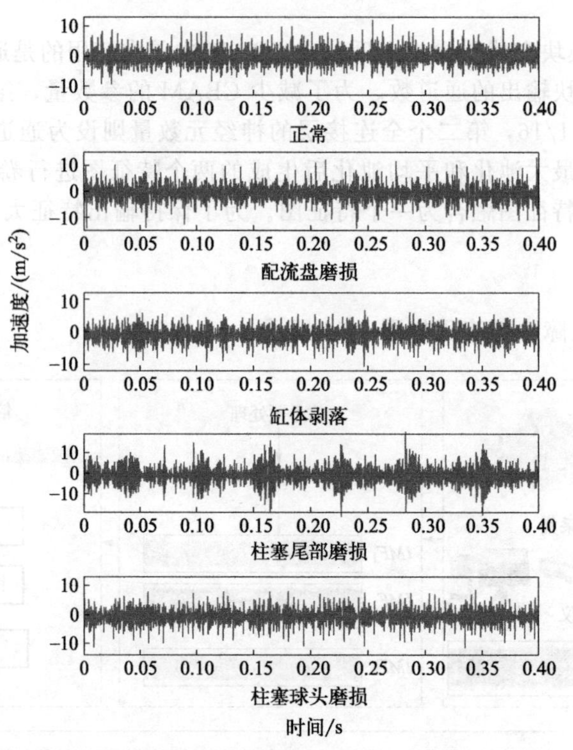

图 5-57 转辙机柱塞泵五种工况时域信号

行训练和测试。将 5 种类型柱塞泵振动信号分别标记为 0～4。在使用小波变换时，样本长度为 2048×k，k 为分解尺度。尺度序列长度为 256，小波基函数为 Morlet，生成的时频图如图 5-58 所示。

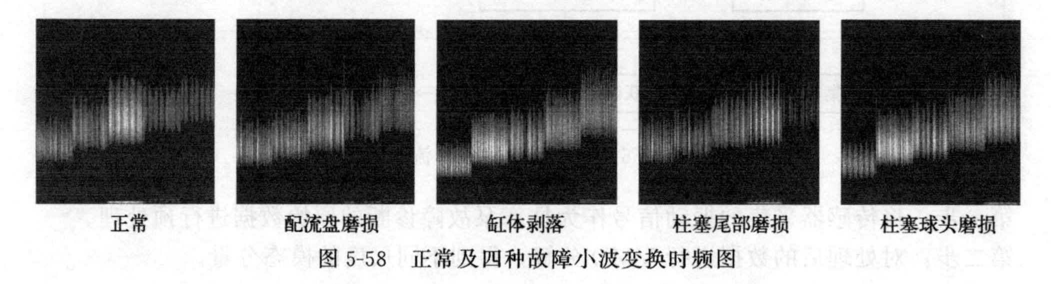

图 5-58 正常及四种故障小波变换时频图

将生成的时频图随机划分为训练集和测试集，每个类别包含 500 个训练数据和 120 个测试数据，共获得了 3100 个的样本。其中训练集和测试集样本划分如表 5-18 所示。

表 5-18 实验数据集划分

故障类型	故障标签	训练样本数	测试样本数
正常	0	500	120
配流盘磨损	1	500	120
缸体剥落	2	500	120
柱塞尾部磨损	3	500	120
柱塞球头磨损	4	500	120

③ 模型训练。将训练数据集输入到所构建的融合卷积注意力的残差卷积神经网络模型中进行训练。训练过程中，将训练集和测试集每 50 个样本分割为一个批次，所以输入数据维度为（50,1,64,64），其中 50 代表每一个 Batch Size 的数量，1 代表通道数，每个样本的输入尺寸为 64×64，共进行 100 个 epoch，使用 Adam 优化算法进行参数优化，学习率初始化设为 0.005。输出维度为（50,5），其中 5 代表网络输出有 5 种类型，每一类用 one-hot 编码表示，即采用 N 位状态寄存器来对 N 种类型数据进行编码[48]，每一种类型的索引位置为 1，其余位置都设零值，如第一类用［1,0,0,0,0］表示，第二类则用［0,1,0,0,0］表示，以此类推，作为分类结果输出。网络训练过程中，每完成一轮数据的训练，利用测试集对模型的分类能力进行验证，利用交叉熵损失函数计算训练和测试过程中的损失和故障识别准确率。训练集和测试集准确率与损失函数如图 5-59 所示，其中训练集的损失值和准确率如图 5-59(a) 所示，测试集上的损失值和准确率如图 5-59(b) 所示，可以看出，在训练初期损失曲线损失数值下降幅度大，当训练次数达到 10 次左右时，损失曲线逐渐趋于 0，测试集的准确率在训练次数达到 20 次左右时达到稳定状态，虽然在训练过程中识别率有轻微波动，但总体准确率保持在 99.6%左右。

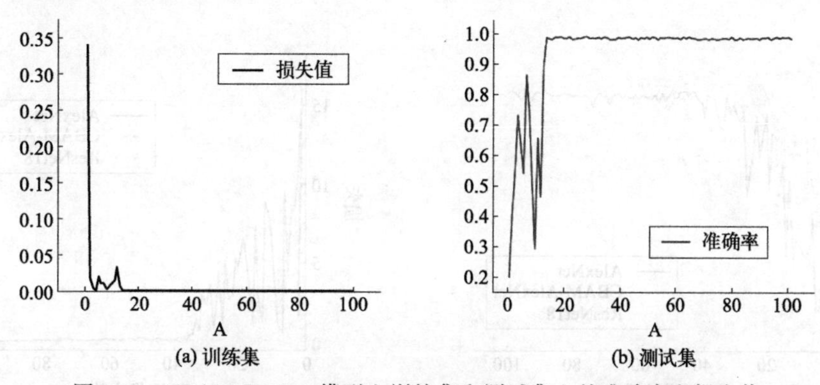

(a) 训练集　　(b) 测试集

图 5-59　CBAM-ResNet 模型上训练集和测试集上的准确率和损失值

④ 实验结果分析。图 5-60 所示为所提方法一次训练的分类辨识效果混淆矩阵，分类混淆矩阵大小为 5×5，其中横坐标为诊断结果，纵坐标为真实标签值。具体地，坐标轴上的 0、1、2、3、4 分别表示正常、配流盘磨损、缸体剥落、柱塞球头磨损、柱塞尾部磨损；主对角线上的数值表示预测值与实际值的重合度情况，而非对角线上的数值表示预测错误的情况，非对角线上数值越少说明该模型的分类效果越好。从图中能够清晰地看出，故障 2 中有一个样本被错误分类到故障 4，故障 3 中有一个样本被错误地识别为故障 1，而其余 3 种类型均识别为真实标签值，准确率达到了 99.6%。

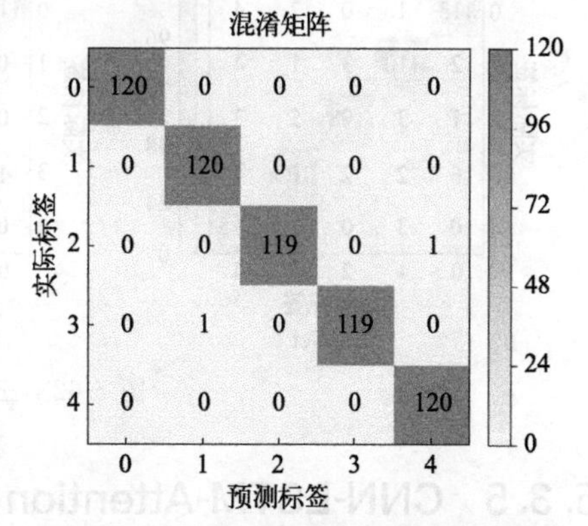

图 5-60　柱塞泵故障诊断混淆矩阵图

⑤ 不同模型的对比分析。为进一步验证方法有效性以及优越性，分别与 AlexNet[28]、ResNet18[37] 网络以及加入注意力机制的 AlexNet 网络（CBAM-AlexNet）做对比。使用表 5-18 所示的数据集在相同的实验环境下进行训练和测试，分别计算其在测试集上的识别准确率、迭代次数，结果如表 5-19 所示。

表 5-19 不同诊断模型诊断结果对比

序号	网络模型	准确率	迭代次数
1	AlexNet	92.0%	40
2	CBAM-AlexNet	95.8%	20
3	ResNet18	98.2%	30
4	CBAM-ResNet	99.6%	17

可以看出，模型1在测试集上的准确率为92%，且迭代次数达到40次左右才趋向于稳定，模型收敛速度较慢。模型2中加入注意力机制后能自适应地提取到输入数据的重要特征，准确率达到了95.8%，且迭代次数相较于模型1有所减少。模型3的准确率相对于模型1和模型2均有所提升，这是由于ResNet18中添加了残差连接，有效地解决了深度卷积网络模型中梯度消失的问题。模型4为所提方法，结合了注意力机制和残差连接的优势，在四种对比模型中测试准确率最高，且迭代次数最小，充分证明了该方法的优越性。图5-61为其他三种模型在测试集上的准确率与损失函数曲线，图5-62为其他三种模型故障诊断混淆矩阵。

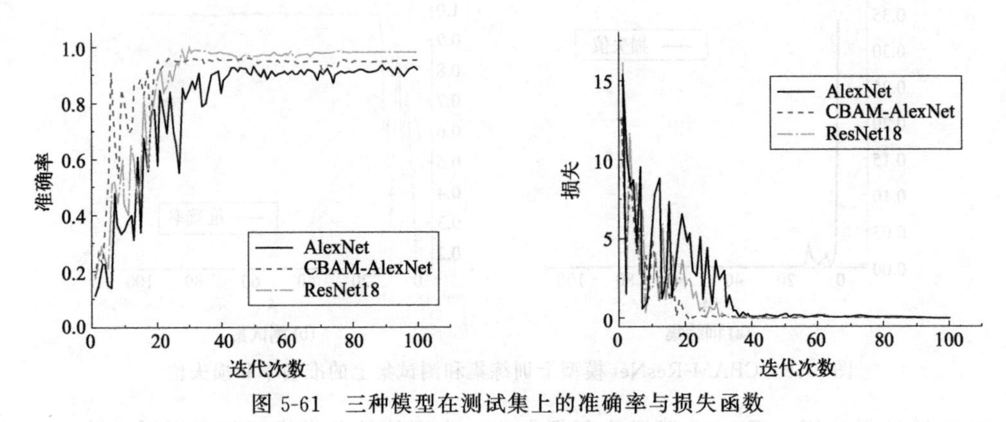

图 5-61 三种模型在测试集上的准确率与损失函数

图 5-62 三种神经网络模型混淆矩阵图

5.3.5 CNN-LSTM-Attention 故障诊断

在CNN模型中，卷积运算擅长提取局部特征，但在捕获长距离特征依赖方面有一定的局限性，而道岔转辙机的监测信号通常是时间序列数据，如振动信号、油压信号等。长短期记忆网络[49]（long short term memory，LSTM）模型通过特殊的门控机制能有效处理与时序高度相关的问题，并学习信号中的时序特征，从而使网络可以记住更多的时序信息。然而，当输入的时间序列较长时，LSTM易出现丢失序列信息、难以建模数据间结构信息的问题，影响模型的准确率。自注意力机制（self-attention）是一种资源分配机制，可以通过对输入特征赋予不同的权重，使包含重要信息的特征不会随着步长的增加而消失，突出更加重要信息的影响，使模型更易学习序列中长距离相互依赖的关系[50]。因此，本节提出了一种基于自注意力机制的CNN-LSTM-Attention模型，并将其应用于柱塞泵故障诊断中[51]。

(1) LSTM模型

LSTM模型是一种特殊的循环神经网络（recurrent neural network，RNN），能够学习长期依赖性，由Hochreiter和Schmidhuber于1997年首次提出[49]，已经被广泛应用于语音识别、故障诊断等领域。相比传统的RNN，LSTM在处理序列数据时可以更好地避免梯度消失的问题，其核心概念是细胞状态和门控结构。细胞状态是负责信息传递的重要组成部分，可以将序列处理过程中的相关信息传递到后面的时间步长。门控结构则控制着信息的添加和移除。LSTM模型的构造包括输入层、隐含层和输出层，结构如图5-63所示，利用一些门结构（遗忘门、输入门和输出门）来控制信息的删除和更新。

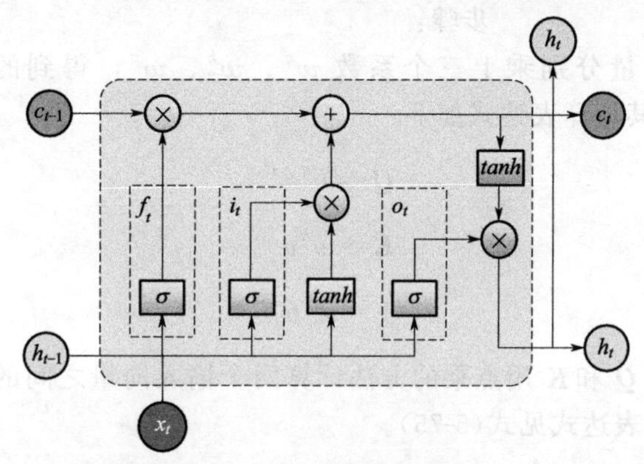

图5-63 LSTM模型结构图

① 遗忘门。遗忘门是一种机制，用于控制前一个时刻的隐藏状态中哪些信息需要被“遗忘”，即从当前时刻的计算中忽略掉；哪些信息需要被“保留”，即继续影响当前时刻的计算。通过控制遗忘门的输出值，LSTM模型可以有选择地保留或丢弃某些信息，从而更好地捕捉序列数据中的长期依赖关系，避免梯度消失或梯度爆炸的问题。其计算方法如式(5-81)所示。

$$f_t=\sigma(\boldsymbol{w}_f \cdot [h_{t-1},x_t]+b_f) \tag{5-81}$$

式中，f_t表示遗忘门传递给神经元的信号；$\sigma(\cdot)$表示sigmoid函数；$\boldsymbol{w}_f$表示遗忘门的权重；b_f表示偏置。

② 输入门。输入门可以控制当前时刻的输入信息对细胞状态的影响，通过将前一个时刻的隐藏状态和当前时刻的输入同时传送到一个sigmoid函数和tanh函数中，来计算介于[0,1]之间的遗忘系数和介于[−1,1]之间的候选值，然后将二者相乘，将得到的结果与之前的细胞状态相加，更新当前时刻的细胞状态。这个机制使得LSTM能够在长序列中有效地处理重要信息，并防止非重要信息对模型造成干扰。

③ 输出门。输出门的作用是决定哪些信息将被传递到下一个时间步。具体地说，该门使用sigmoid函数控制前一个隐藏状态和当前输入对当前细胞状态的贡献。sigmoid函数可以将值映射在[0,1]之间，因此它可以确定输入对细胞状态的影响程度。同时，tanh函数用于生成新的细胞状态的候选值，其值在[−1,1]之间。最后，将sigmoid函数和tanh函

数的点乘结果传递给下一个时间步。其计算过程如下所示：

$$O_t=\sigma(w_o\cdot[h_{t-1},x_t]+b_o) \tag{5-82}$$

$$h_t=O_t\text{etanh}(C_t) \tag{5-83}$$

式中，w 为输出门的权值；b_o 为输出门的偏置；h_t 为 t 时刻的输出信息。

（2）自注意力机制

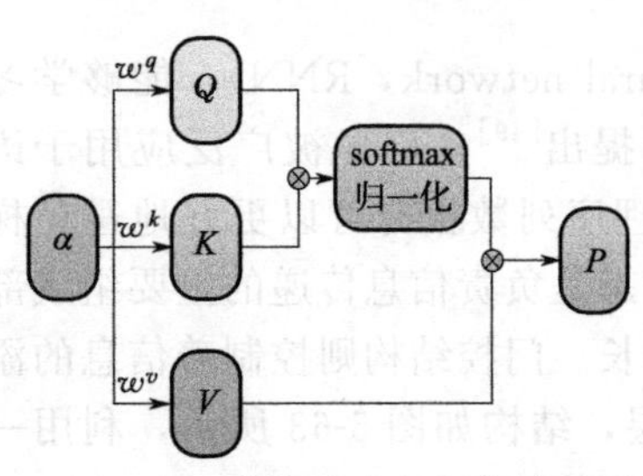

图 5-64　自注意力机制结构图

自注意力机制（self-attention）[52] 是一种注意力方法，它将内外部信息相结合，使得局部信息表达更为准确。自注意力机制利用查询（被称为 query）和键（被称为 key）之间的相似度，通过加权相加的方式实现信息传递，从而修正目标位置的信息表达。图 5-64 展示了自注意力机制的基本架构。

假设有四个输入，自注意力机制计算过程可分为以下步骤：

第一步：将四个向量分别乘上三个系数 w^q、w^k、w^v，得到的 $\boldsymbol{Q}$、$\boldsymbol{K}$、$\boldsymbol{V}$ 分别表示 query、key 和 value。其计算表达式如下：

$$\boldsymbol{Q}=w^q\boldsymbol{\alpha}^i \tag{5-84}$$

$$\boldsymbol{K}=w^k\boldsymbol{\alpha}^i \tag{5-85}$$

$$\boldsymbol{V}=w^v\boldsymbol{\alpha}^i \tag{5-86}$$

第二步：将得到的 $\boldsymbol{Q}$ 和 $\boldsymbol{K}$ 用点乘的方法计算两个输入向量之间的相关性 $\boldsymbol{A}$，即 $\boldsymbol{Q}$ 与 $\boldsymbol{K}$ 之间的相似度。其计算表达式见式(5-75)。

$$\boldsymbol{A}=\boldsymbol{K}^{\mathrm{T}}\cdot\boldsymbol{Q} \tag{5-87}$$

第三步：使用 softmax 分类器对矩阵 $\boldsymbol{A}$ 中的值进行归一化操作得到 $\boldsymbol{A}'$，即得到这些值在整个输入中所占的权重，权重之和为 1。其计算表达式见式(5-88)，其中 d 表示输入向量的维度。

$$\boldsymbol{A}'=\text{softmax}\left(\frac{\boldsymbol{Q}\cdot\boldsymbol{K}^{\mathrm{T}}}{\sqrt{d}}\right) \tag{5-88}$$

第四步：将 $\boldsymbol{A}'$和 $\boldsymbol{V}$ 做乘积运算，得到每个输入向量 $\boldsymbol{a}$ 对应的自注意力层的输出向量 $\boldsymbol{b}$。其计算表达式见式(5-89)。

$$P=\boldsymbol{V}\cdot\boldsymbol{A}' \tag{5-89}$$

（3）CNN-LSTM-Attention 模型

本节基于 CNN、LSTM 和自注意力机制构建了 CNN-LSTM-Attention 模型，其结构如图 5-65 所示。该模型由两个卷积层、两个池化层、两个 LSTM 层、一个注意力层、一个全连接层以及一个 softmax 层组成，其中 ReLU 为激活函数。首先通过卷积层和池化层对原始的振动信号进行卷积处理，得到具有空间特性的特征值；然后利用两个 LSTM 层对提取的特征进行处理，得到具有时域特性的特征值，使用 self-attention 计算各时刻输入数据的权重，突出不同时间节点数据特征的重要性[53]；最后通过全连接层与 softmax 分类器来完成故障诊断的分类与识别。为了提高模型的性能，避免梯度爆炸和过拟合的问题，在模型中引入了归一化层（BN）和 Droupt。模型的参数设置在表 5-20 中列出。

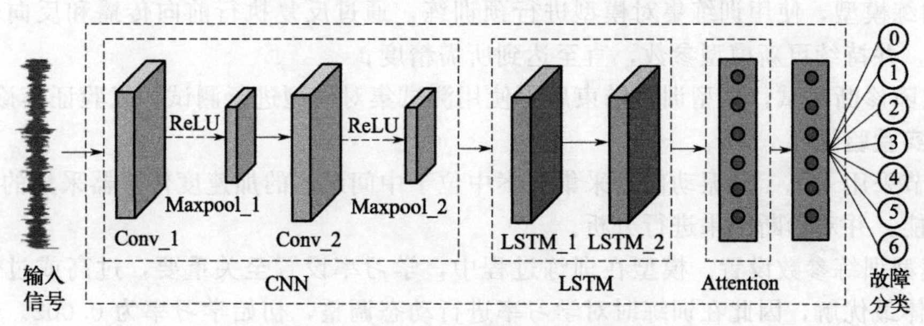

图 5-65　CNN-LSTM-Attention 模型结构

表 5-20　CNN-LSTM-Attention 模型参数设置表

编号	网络层	参数设置	激活函数
1	输入层	2048×1	/
2	卷积层 1	16 个卷积核,尺寸 64×1,步长为 16	ReLU
3	池化层 1	尺寸 2×1,步长为 2	/
4	卷积层 2	32 个卷积核,尺寸 3×1,步长为 1	ReLU
5	池化层 2	尺寸 4×1,步长为 2	/
6	LSTM 层 1	尺寸 16×1,步长为 1	Tanh
7	LSTM 层 2	尺寸 16×1,步长为 1	Tanh
8	Dropout 层	0.5	/
9	注意力层	尺寸 128×1	ReLU
10	分类层	共 7 个类型	softmax
11	优化器	采用 Adam 优化器,学习率为 0.002	/

基于 CNN-LSTM-Attention 模型的故障诊断流程图如图 5-66 所示，主要分为四个步骤：

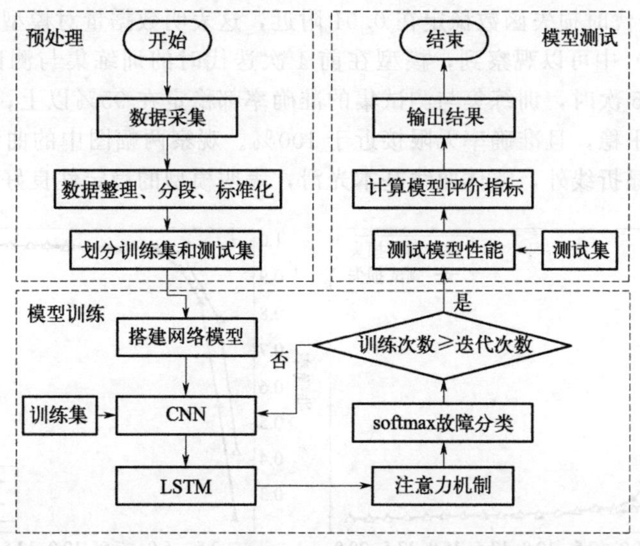

图 5-66　基于 CNN-LSTM-Attention 模型的故障诊断流程图

① 采集不同工况下的振动信号；

② 根据相同长度划分样本，并按 7∶3 的比例随机划分为训练集和测试集；

③ 训练模型，使用训练集对模型进行预训练，通过反复执行前向传播和反向传播获取参数梯度，并持续更新模型参数，直至达到所需精度；

④ 故障诊断测试，模型训练结束后，使用测试集对模型进行测试，以验证其诊断性能。

(4) 实验验证

本小节采用 4.1.1 节振动信号采集方案中位于中间泵体的加速度传感器采集的数据验证模型的性能，并对诊断结果进行分析。

① 模型训练参数设置。模型在训练过程中，学习率设置至关重要，过高或过低都有可能失去整体最优解，因此在训练时对学习率进行动态调整，初始学习率为 0.002。迭代次数设置为 20 次，batch-size 大小设置为 64。

② 实验数据集。数据集包含 7 种健康状态的样本，样本长度为 2048，每种类型有 5000 个样本，共有 35000 个样本，其中随机选择 70%的样本量作为训练集，30%的样本量作为测试集，具体信息如表 5-21 所示：

表 5-21 数据集描述

样本标记	样本类型	训练样本	测试样本
0	正常	3500	1500
1	柱塞球头磨损	3500	1500
2	三角孔堵塞	3500	1500
3	配流盘磨损	3500	1500
4	缸体磨损	3500	1500
5	垫碗磨损	3500	1500
6	柱塞壁点蚀	3500	1500

③ 实验结果分析。为了分析模型的稳定性，对训练过程的损失值和准确率的变化情况进行分析，如图 5-67 所示。从图 5-67(a) 中可以观察到随着迭代次数的增加，训练集与测试集的损失函数曲线均在前 4 次迭代时快速下降，从 5～20 次迭代期间，损失函数下降速度减缓，并在 20 次迭代时损失函数稳定在 0.01 附近，这表明数据量对模型的收敛也有一定的影响。从图 5-68(b) 中可以观察到，模型在前 4 次迭代时的训练集与测试集的准确率上升速度极快。当迭代 5 次时，训练集与测试集的准确率都稳定在 95%以上；当迭代 20 次左右时，模型训练趋于平稳，且准确率无限接近于 100%。观察两幅图中的曲线变化，除了测试集前几次迭代有明显折线外，整体曲线基本光滑，表明模型的稳定性良好。

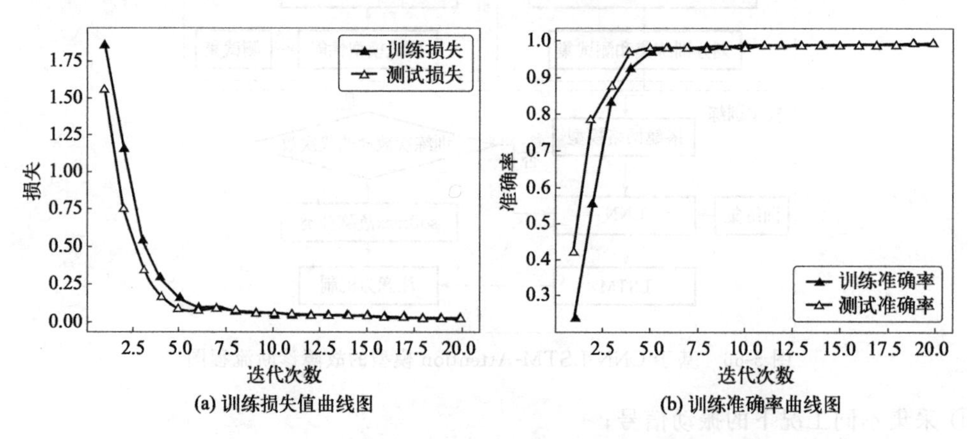

(a) 训练损失值曲线图　　(b) 训练准确率曲线图

图 5-67 CNN-LSTM-Attention 模型参数随训练迭代次数变化

为了更直观地评判模型的诊断精度以及模型诊断出现误判的原因，模型在测试集上的表现如图 5-68 所示混淆矩阵。

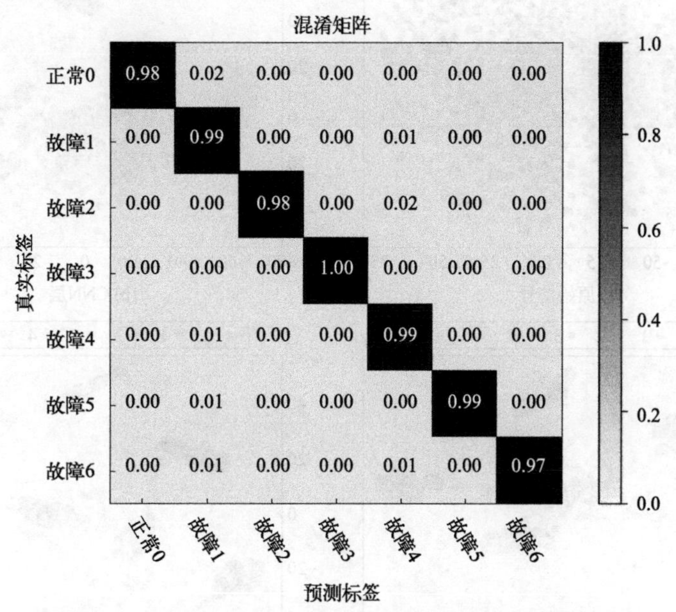

图 5-68　CNN-LSTM-Attention 模型分类混淆矩阵结果

在混淆矩阵中，横坐标代表的是模型对当前故障样本的预测分类标签，即为表 5-21 中的柱塞泵样本编号，纵坐标代表的是当前故障的实际标签，故障分类标签右侧为热力图参考指标，从下往上值越大，在热力图中的颜色就会越深，视觉效果更明显。斜对角线上的数据表示样本正确诊断的比例。观察图 5-68 的混淆矩阵可以发现，模型诊断结果中共有 150 个样本发生了误判。其中，有 30 例 0 号标签被误判为 1 号标签，有 15 例 1 号标签被误判为 4 号标签，有 30 例 2 号标签被误判为 4 号标签，有 15 例 4 号标签被误判为 1 号标签，有 15 例 5 号标签被误判为 1 号标签，有 45 例 6 号标签分别被误判为 1 号标签和 4 号标签，通过查看表 5-21 可知，1 号标签为柱塞球头磨损的故障样本，4 号标签为缸体磨损的故障样本。柱塞球头磨损程度的不同、柱塞与柱塞缸体之间的受力耦合等多方面的因素，导致对此类故障的分类效果较差，但总体对柱塞泵不同故障工况的分类效果是明显的，证明所提方法具有可行性。

为了分析模型的学习能力，通过 t-SNE 算法对模型各个网络层提取的特征向量进行降维可视化，如图 5-69 所示。图 5-69(a) 显示了 t-SNE 对原始时域信号进行可视化的结果，从图中可以看出各类数据相互混杂，聚类效果很差；图 5-69(b) 是将模型 CNN 层提取的特征进行 t-SNE 可视化的结果，可以观察到标签为 0、3、6 的样本已基本区分出来，并且同类的样本呈现聚集趋势；图 5-69(c) 是对模型 LSTM 层最后一个隐藏层状态的 t-SNE 可视化结果，虽然已经成功地将所有样本基本分类，但是标签为 4 的样本还有所混杂；图 5-69(d) 是注意力层提取特征的 t-SNE 可视化结果，可以看出，所有样本已被完全分为七类，并且类别间的分布距离较大，而类别内数据距离较小，聚类效果显著。通过对比图 5-69(c) 和图 5-69(d) 可以发现，注意力机制能够有效提高模型的诊断精度。

为了进一步验证模型的优越性，将其与 CNN 模型、CNN-LSTM 模型进行对比实验，实验结果如图 5-70 所示。不同方法的故障诊断准确率最终对比结果见表 5-22。

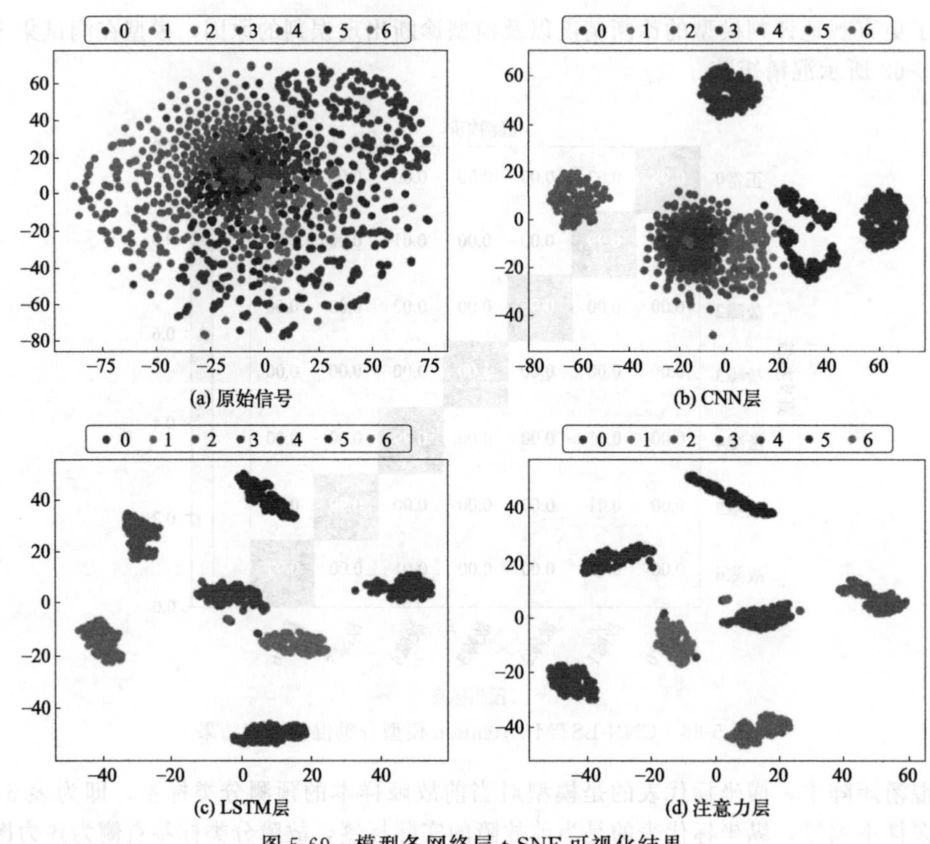

图 5-69 模型各网络层 t-SNE 可视化结果

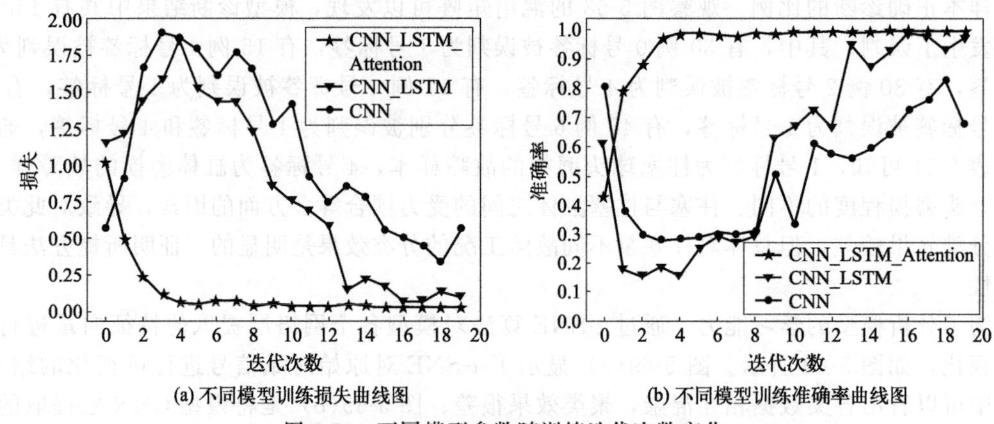

图 5-70 不同模型参数随训练迭代次数变化

表 5-22 不同模型的故障诊断准确率

模型	分类准确率
CNN	68.4%
CNN-LSTM	96.31%
CNN-LSTM-Attention	98.57%

从上述结果中可以发现 CNN 模型的分类准确率相对较差，其准确率在 30%～80%之间，且损失函数和训练准确率曲线波动较明显，表明了 CNN 处理时序数据的能力较为不

足，进而导致模型的诊断性能较差。CNN-LSTM模型的准确率比CNN模型有所提升。这是因为前者从数据的空间特性和时间特性两个方向对数据进行特征提取，相比后者单方向提取特征更完整。本节提出的模型无论是准确率还是平稳性都是表现最好的，提出的模型分类准确率最高，达到了98.57%。这是因为在CNN-LSTM模型的基础上引入自注意力机制，在保证提取特征完整度的基础上，进一步学习特征的重要性，提高了模型的诊断性能。

5.3.6 CNN-GRU故障诊断

门控循环单元（gated recurrent unit，GRU）相较于LSTM具有更快的收敛速度，结构和计算也更简单。本节提出一种CNN-GRU模型，将其应用在道岔转辙机故障识别[54]。模型中的特征提取模块由CNN和GRU两部分组成，利用GRU加强了全局表示的能力，使得模型能够将局部特征与全局特征相结合，以增强特征学习能力。

（1）GRU模型

GRU模型由Cho等人[55]于2014年提出，对LSTM的门结构进行改进优化，有效解决了长期记忆依赖和反向传播中的梯度消失或爆炸等问题，在很大程度上提高了训练效率。GRU通过引入特殊的“门”结构对不同时刻的数据信息进行筛选和保存，使得每一个时刻门的状态总能包含前面时刻的信息，保证了时序信息的有效传递。

与LSTM相比，GRU的门结构减少为重置门和更新门，模型结构更加简单，网络参数更少，训练速度更快。GRU的内部结构如图5-71所示，其中重置门基于当前的输入和上一时刻的隐藏状态决定历史的信息有多少得到保留，控制当前隐藏状态候选值中过去信息的比例；更新门近似替换了LSTM中的遗忘门和输出门，控制了当前隐藏状态中新的输入数据信息和过去信息的比例。

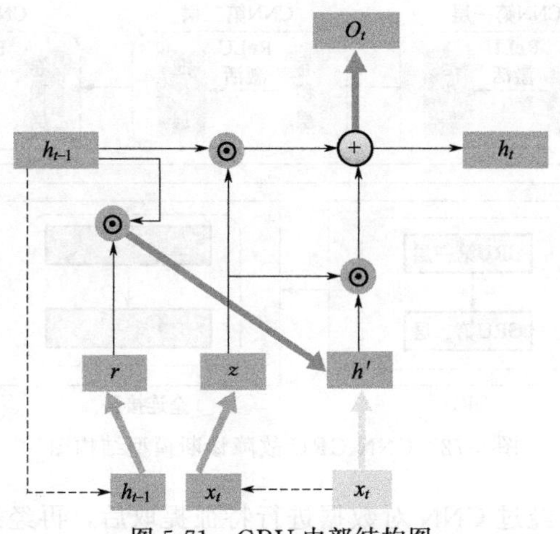

图5-71 GRU内部结构图

① 重置门。重置门用于控制前一时刻的记忆和当前输入信息之间的交互，即决定前一时刻需要遗忘哪些信息，需要保留哪些信息，并将当前输入信息与保留的记忆进行结合。具体而言，重置门r_t决定了前一时刻隐藏单元的输出h_{t-1}对当前时刻候选状态h'_t的影响，计算公式如下：

$$r_t=\sigma(W_r x_t+U_r h_{t-1}+b_r) \tag{5-90}$$

式中，x_t表示t时刻的输入；W_r、U_r分别为输入和隐藏单元上一时刻状态对应的权重参数；b_r为重置门的偏置。r_t值越小，说明前一时刻需要遗忘或丢弃的信息越多，当前时刻的输入信息需要保留更多。相反，r_t 越大，说明前一时刻需要记住的信息越多，新的输入信息与前面的记忆相结合的比例就越大。

当前时刻候选状态 h'_t 计算公式如下，可以看到候选状态 h'_t 受上一时刻隐藏状态 h_{t-1} 和当前输入 x_t 共同影响。

$$h'_t=\tanh(W_h x_t+r_t U_h h_{t-1}+b_h) \tag{5-91}$$

式中，W_h、U_h 分别为输入和隐藏单元上一时刻状态对应的权重参数；b_h 为重置门的偏置。

② 更新门。更新门的作用是控制前一时刻状态信息被带入当前状态中的程度。具体而言，更新门 z_t 根据当前时刻输入 x_t 和上一个时刻隐藏单元的输出 h_{t-1} 决定其门的更新程度，计算公式如下：

$$z_t=\sigma(W_z x_t+U_z h_{t-1}+b_z) \tag{5-92}$$

式中，W_z、U_z 为对应的权重参数；b_z 为更新门的偏置。

最终 GRU 的输出单元 h_t 由上一时刻隐藏单元输出 h_{t-1}、更新门状态 z_t 以及当前候选状态 h'_t 共同决定。可以看出更新门开度越大，则上一个时刻的输出对当前时刻的输出影响越大，候选单元状态对输出的影响越小。计算公式如下：

$$h_t=z_t h_{t-1}+(1-z_t)h'_t \tag{5-93}$$

(2) CNN-GRU 模型

CNN-GRU 模型结构如图 5-72 所示，前一部分是一维 CNN，包含三个网络层，而每一个网络层又由卷积层、归一化层、最大池化层构成。激活函数采用 ReLU 激活函数。接下来是两层 GRU 结构，最后是全连接层。

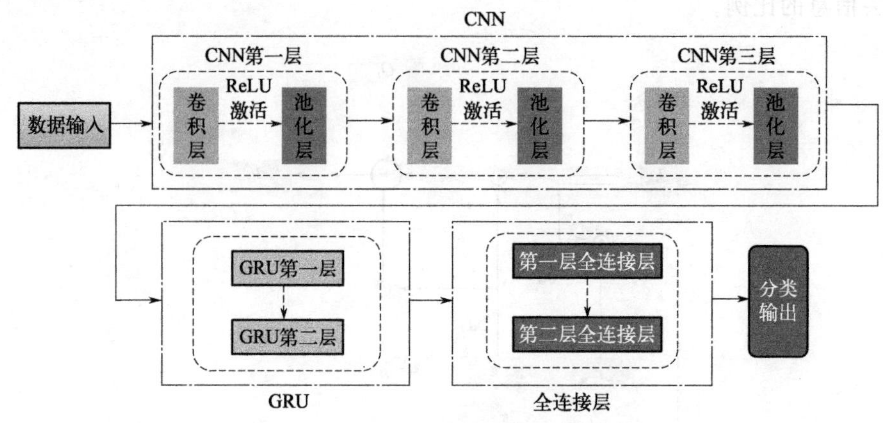

图 5-72　CNN-GRU 故障诊断模型结构图

数据输入到模型中，经过 CNN 对数据进行特征提取后，再经过 GRU 结构提取长距离特征，然后经过两层全连接层完成数据的分类输出。每个模块的参数设置在表 5-23 中给出，包括数据维度大小、卷积核大小、步长以及每一层的参数量和模型的总参数数量等信息。

表 5-23　CNN-GRU 故障诊断模型详细信息表

模型	网络层	输出大小	核大小	步长大小	参数数量
CNN 第一层	Conv1d	(256,350)	2	2	768
	BatchNorm1d	(256,350)	—	—	512
	ReLU	(256,350)	—	—	0
	MaxPool1d	(256,175)	—	—	0

续表

模型	网络层	输出大小	核大小	步长大小	参数数量
CNN 第二层	Conv1d	(100,87)	2	2	51300
	BatchNorm1d	(100,87)	—	—	200
	ReLU	(100,87)	—	—	0
	MaxPool1d	(100,43)	—	—	0
CNN 第三层	Conv1d	(32,21)	2	2	6432
	BatchNorm1d	(32,21)	—	—	64
	ReLU	(32,21)	—	—	0
	MaxPool1d	(32,10)	—	—	0
GRU	第一层 GRU	(32,200)	—	—	0
	第二层 GRU	(2,100)	—	—	0
Fc1	Linear	(256)	—	—	1638656
Fc2	Linear	6	—	—	1542
总计	—	—	—	—	1699474

(3) 实验验证

本节使用 Savitzky-Golay 滤波器对道岔转辙机转换过程中的油压数据进行预处理，并将处理后的数据用于训练和测试模型。实验中对比分析了 Momentum、RMSprop 和 Adam 三种不同的优化器对模型诊断效果的影响，以及 CNN-GRU 模型与其他模型在诊断精度上的差异。

① 数据集构建。转辙机油压数据采用第 3 章表 3-1 中的四种油压工况数据，增加液压系统油路故障（G_5）和缺油（G_6）两种工况数据，共六种工况类别。每类工况数据 6000 条，3600 条用于训练，其余用于模型测试和验证。

② 模型参数设置。模型训练的参数设置如表 5-24 所示。初始的学习率设置为 0.002，在训练过程中动态调整学习率。同时引入了 BN 层防止模型反向传播时的梯度爆炸和消失。损失函数采用交叉熵函数。

表 5-24　模型训练初始参数

参数	初始值
学习率	0.002
训练样本批次	300
结束条件	*Loss*(损失值)$<$0.01
损失函数	交叉熵损失 CrossEntropyLoss

③ 优化器对模型诊断效果的影响分析。为探究不同的优化器对模型诊断效果的影响，CNN-GRU 模型使用 SGD、Momentum 和 Adam 作为优化器分别对模型进行训练和测试，结果如图 5-73 所示。实验中除使用的优化器不同以外，其他的各种参数包括学习率初始值、学习率的更新机制、训练批次等都相同。

从图 5-74(a) 中可以看出在相同的训练批次下，Adam 优化器的准确率较 SGD 和 Momentum 优化器较高。最终的故障识别分类也是 Adam 训练的模型较其他两个较高。从图 5-74(b) 可以看出三种优化器最终都能收敛，都可以实现很好的故障诊断效果。但是 Adam 优化器较其他两个收敛较快，并且最终收敛后的损失值也较其他两个较小。所以综合比较最终模型使用 Adam 优化器。

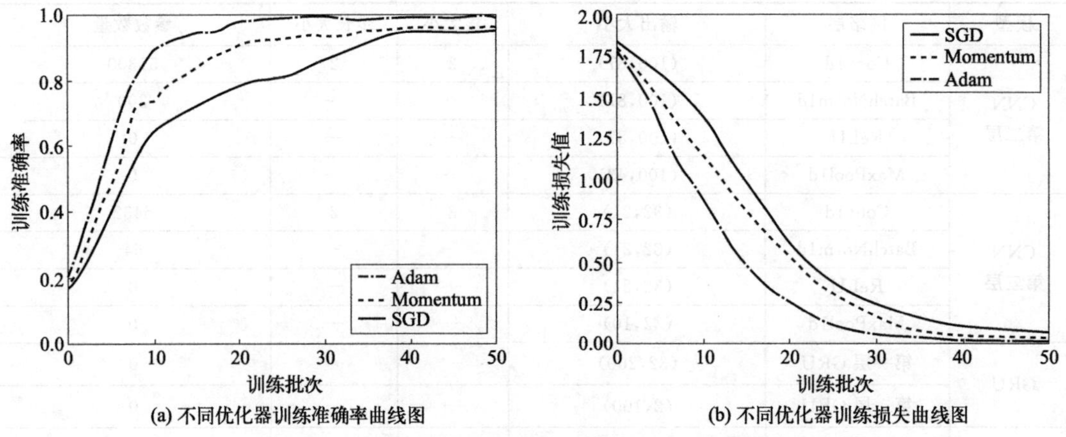

(a) 不同优化器训练准确率曲线图　(b) 不同优化器训练损失曲线图

图 5-73　CNN-GRU 模型在三种不同优化器的实验结果

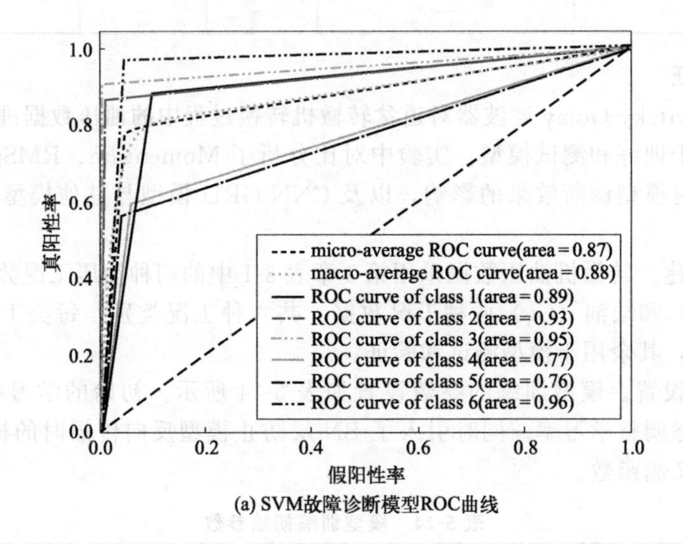

(a) SVM故障诊断模型ROC曲线

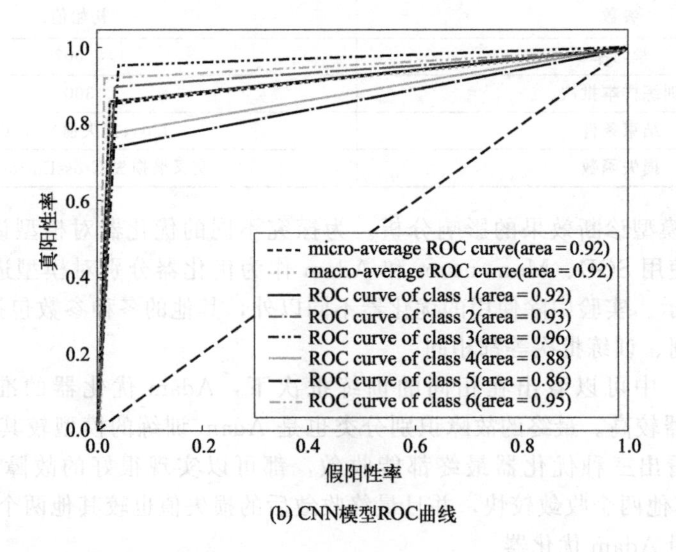

(b) CNN模型ROC曲线

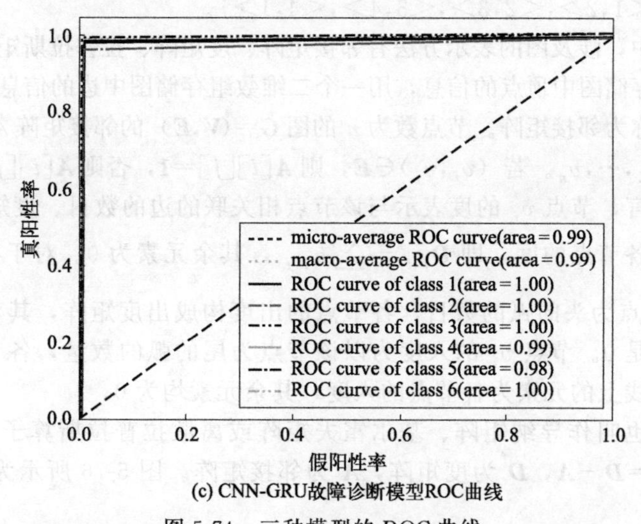

(c) CNN-GRU故障诊断模型ROC曲线

图 5-74　三种模型的 ROC 曲线

④ CNN-GRU 和其他模型比较。为了验证 CNN-GRU 模型的有效性，将其与 SVM 和 CNN 模型进行比较，并采用 ROC(receiver operating characteristic) 曲线对诊断精度进行评判。ROC 曲线是常见的统计分析方法，用于评价分类器在不同阈值下的表现。三种模型的 ROC 曲线如图 5-74 所示。从图中可以很直观地看出 CNN-GRU 在各种指标下都有很高的 AUC，能够很好地学习数据特征，并且对数据集中的每一种故障工况都具有较高的故障识别能力。

5.3.7　GCN 故障诊断

近年来，图卷积网络（graph convolutional network，GCN）[56] 得益其能够处理非欧式结构的图数据而成为研究热点，并且在机械故障领域的应用也得到了大量研究[57-59]。基于 GCN 设计的网络模型只局限于浅层，堆叠的层数过深时会出现过平滑现象[60]，随着堆叠层数的增加，GCN 中节点的表示倾向于收敛到某一个值，从而变得不可区分。如果仅使用浅层 GCN 设计柱塞泵故障诊断模型，势必会对诊断精度产生一定的影响。本节将 4.4.2 节的 ICEEMDAN 信号分解方法与 GCNII[61] 相结合，应用于转辙机柱塞泵故障诊断中。首先将柱塞泵的振动信号分解为多个 IMF 分量（多维度来发掘信号中包含的微弱故障信息），提取各 IMF 分量的时频域特征用于构建输入特征图。最后使用 GCNII 搭建深层故障诊断模型来实现柱塞泵的故障诊断[62]。

(1) 图卷积神经网络

① 图的定义与表示。图的定义为 $\boldsymbol{G}=(\boldsymbol{V},\boldsymbol{E})$，其由顶点集 $\boldsymbol{V}$ 和边集 $\boldsymbol{E}$ 组成。可用 $\boldsymbol{V}(\boldsymbol{G})$ 表示图 $\boldsymbol{G}$ 中顶点的有限非空集；$\boldsymbol{E}(\boldsymbol{G})$ 表示图 $\boldsymbol{G}$ 中顶点之间的边集合。若 $\boldsymbol{E}$ 是有向边（弧）的有限集合，则图 $\boldsymbol{G}$ 为有向图。弧是顶点的有序对时，记为 (v,w)。其中 v、w 是顶点，v 称为弧尾，w 称为弧头，(v,w) 称为顶点 v 到顶点 w 的弧。若 $\boldsymbol{E}$ 是无向边的有限集合，则图 $\boldsymbol{G}$ 为无向图。边是顶点的无序对时，记为 $(v,w)=(w,v)$，其中 v，w 是顶点，顶点 v 和顶点 w 互为邻接点。如图 5-75 所示，图（a）为有向图 $\boldsymbol{G}_1=(\boldsymbol{V}_1,\boldsymbol{E}_1)$，$\boldsymbol{V}_1=\{1,2,3,4\}$，$\boldsymbol{E}_1=\{\langle 1,2\rangle,\langle 1,3\rangle,\langle 3,2\rangle,\langle 3,4\rangle,\langle 4,1\rangle\}$；图（b）为无向图 $\boldsymbol{G}_2=(\boldsymbol{V}_2,\boldsymbol{E}_2)$，$\boldsymbol{V}_2=$

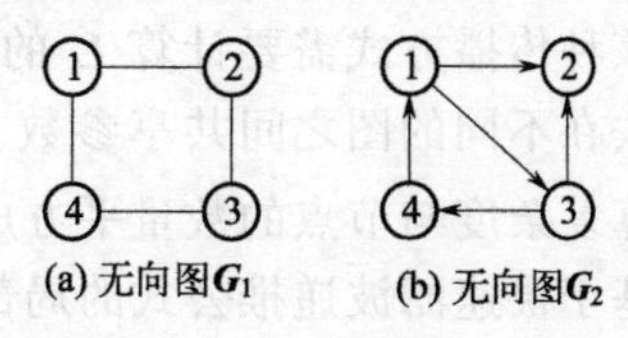

(a) 无向图 $\boldsymbol{G}_1$　(b) 无向图 $\boldsymbol{G}_2$

图 5-75　图的定义

$\{1,2,3,4\}$，$\boldsymbol{E}_2=\{<1,2>,<2,3>,<3,4>,<4,1>\}$。

在图卷积网络中，涉及图的表示方法有邻接矩阵、度矩阵、拉普拉斯矩阵等。邻接矩阵是指用一个一维数组存储图中顶点的信息，用一个二维数组存储图中边的信息，存储顶点之间邻接关系的二维数组称为邻接矩阵。节点数为 n 的图 $\boldsymbol{G}=(\boldsymbol{V},\boldsymbol{E})$ 的邻接矩阵 $\boldsymbol{A}$ 是 $n\times n$ 的。将 $\boldsymbol{G}$ 的顶点编号为 $v_1,v_2,\cdots,v_n$。若 $(v_i,v_j)\in\boldsymbol{E}$，则 $\boldsymbol{A}[i][j]=\boldsymbol{1}$，否则 $\boldsymbol{A}[i][j]=\boldsymbol{0}$。

对于无向图而言，节点 v_i 的度表示与该节点相关联的边的数目。度矩阵 $\boldsymbol{D}$ 由各节点的度组成，对角线为各节点的度，即 $\boldsymbol{D}_{i,i}=\sum_j a_{i,j}$，其余元素为 0。对于有向图而言，节点 v_i 的出度是以该节点为头的弧的数目，各节点的出度构成出度矩阵，其对角线为各节点的出度，其他元素都是 0。节点 v_i 的入度为以该节点为尾的弧的数量，各节点的入度构成了入度矩阵，其对角线上的元素为各节点的入度，其余元素均为 0。

拉普拉斯矩阵也叫作导纳矩阵、基尔霍夫矩阵或离散拉普拉斯算子。对于图 $\boldsymbol{G}$ 来说，其拉普拉斯矩阵 $\boldsymbol{L}=\boldsymbol{D}-\boldsymbol{A}$，$\boldsymbol{D}$ 为度矩阵，$\boldsymbol{A}$ 为邻接矩阵。图 5-76 所示为 $\boldsymbol{G}_1$ 和 $\boldsymbol{G}_2$ 的各矩阵表示。

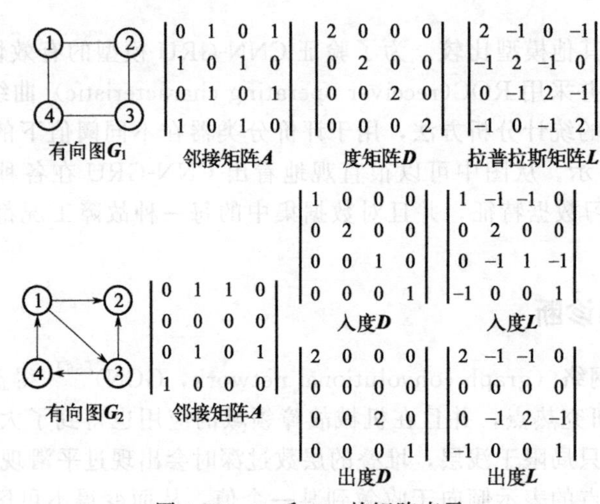

图 5-76 $\boldsymbol{G}_1$ 和 $\boldsymbol{G}_2$ 的矩阵表示

② 图卷积理论。图卷积网络主要包含两种卷积操作：谱分解图卷积和空间图卷积。结合谱图理论和傅里叶变换可将图上的卷积定义为[63]：

$$g_\theta * \boldsymbol{x}=\boldsymbol{U}\boldsymbol{G}_\theta(\boldsymbol{\Lambda})\boldsymbol{U}^{\mathrm{T}}\boldsymbol{x} \tag{5-94}$$

$$\boldsymbol{G}_\theta(\boldsymbol{\Lambda})=\begin{bmatrix}\theta_1 & \cdots & 0\\ \vdots & & \vdots\\ 0 & \cdots & \theta_n\end{bmatrix} \tag{5-95}$$

式中，$\theta=(\theta_1,\theta_2,\cdots,\theta_n)$ 是网络层的可学习参数；$\boldsymbol{x}$ 为图中节点的特征向量；$\boldsymbol{U}$ 是归一化图拉普拉斯矩阵 $\boldsymbol{L}=\boldsymbol{I}_N-\boldsymbol{D}^{-1/2}\boldsymbol{A}\boldsymbol{D}^{-1/2}=\boldsymbol{U}\boldsymbol{\Lambda}\boldsymbol{U}^{\mathrm{T}}$ 的特征向量组成的矩阵；$\boldsymbol{I}_N\in\boldsymbol{R}^{N\times N}$ 是单位矩阵；$\boldsymbol{A}$ 是图的邻接矩阵；$\boldsymbol{D}$ 为对角度矩阵；$\boldsymbol{\Lambda}$ 是 $\boldsymbol{L}$ 的特征值组成的对角矩阵。但是该种传播方式需要计算 $\boldsymbol{L}$ 的特征分解，在大规模的图上进行特征分解需要的代价很高，无法在不同的图之间共享参数。而且每一次传播都需要计算 $\boldsymbol{U}$、$\boldsymbol{G}_\theta(\boldsymbol{\Lambda})$、$\boldsymbol{U}^{\mathrm{T}}$ 三者的乘积，计算复杂度与节点的数量平方成正比，为 $O(N^2)$。为了解决这个问题，文献［64］提出一种基于快速滤波递推公式的局部卷积算子，其思想是将 $\boldsymbol{U}\boldsymbol{G}_\theta(\boldsymbol{\Lambda})\boldsymbol{U}^{\mathrm{T}}$ 参数化为一个多项式函数，主要使用了切比雪夫多项式。表达式如下：

$$g_\theta(\boldsymbol{\Lambda})=\sum_{k=0}^{K-1}\boldsymbol{\theta}_k T_k(\widetilde{\boldsymbol{\Lambda}}) \tag{5-96}$$

式中，$\boldsymbol{\theta}\in \boldsymbol{R}^K$ 是切比雪夫系数向量；T_k 是切比雪夫多项式中的第 k 项，$T_k(x)=2xT_{k-1}(x)-T_{k-2}(x)$，其中 $T_0(x)=1, T_1(x)=x$；$\widetilde{\boldsymbol{\Lambda}}=2\dfrac{\boldsymbol{\Lambda}}{\lambda_{\max}}-\boldsymbol{I}_N$，$\lambda_{\max}$ 是 $\boldsymbol{L}$ 的最大特征值，也称为谱半径；$\widetilde{\boldsymbol{\Lambda}}$ 是标度特征值的对角矩阵，取值为 $[-1,1]$。由此可将式(5-94) 表达为：

$$g_\theta * \boldsymbol{x}=\sum_{k=0}^{K}\theta_k T_k(\widetilde{\boldsymbol{L}})\boldsymbol{x} \tag{5-97}$$

式中，$\widetilde{\boldsymbol{L}}=2\boldsymbol{L}/2\dfrac{\boldsymbol{\Lambda}}{\lambda_{\max}}-\boldsymbol{I}_N$，该表达式表明每次卷积操作仅取决于距离中心节点最多 K 步的节点，θ_k 相当于权重系数，可将计算的复杂度降为 $O(K|\boldsymbol{E}|)$。文献 [65] 认为切比雪夫算子的一个关键缺点是使用多项式很难生成窄带滤波器并且会产生不必要的非局部滤波器，当拉普拉斯矩阵的特征值簇群分布在更大的范围时，这种缺陷会更加明显。因此，Levie 等人进一步应用了参数有理复合函数的 Cayley 多项式来捕获窄的频带，提出了 CayleyNet 的谱图卷积定义：

$$g_\theta * \boldsymbol{x}=c_0\boldsymbol{x}+2\mathrm{Re}[\sum_{j=1}^{r}c_j(h\boldsymbol{L}-\mathrm{i}\boldsymbol{L})^j(h\boldsymbol{L}+\mathrm{i}\boldsymbol{I})^{-j}\boldsymbol{x}] \tag{5-98}$$

式中，Re(・) 为复数的实部；c_0 是实系数；c_j 是复系数；i 是虚数；h 是控制滤波器频谱的参数。Levie 等证明了在使用雅可比置换公式的前提下，Chebyshev 卷积算子是 Cayley 的一个特例。

③ GCN。Kipf 等人[56] 通过图上谱滤波器的一阶局部近似定义了多层图卷积网络 (GCN) 层之间的传播规则。其认为基于图卷积的神经网络模型可以通过叠加式(5-97) 形式的多个卷积层来构建。令 $K=1$，$\lambda_{\max}=2$，则式(5-98) 可进一步表示为：

$$g_\theta * \boldsymbol{x}=\theta_0\boldsymbol{x}+\theta_1(\boldsymbol{L}-\boldsymbol{I}_N)\boldsymbol{x}=\theta_0\boldsymbol{x}-\theta_1\boldsymbol{D}^{-1/2}\boldsymbol{A}\boldsymbol{D}^{-1/2}\boldsymbol{x} \tag{5-99}$$

式中，θ_0 和 θ_1 是两个自由参数，可在整个图上共享。此种形式滤波器的连续应用能够有效卷积节点的 k 阶邻域。在实际应用中，可以通过进一步限制参数量来解决过拟合问题并最小化每层操作的计算量。令 $\theta=\theta_0=-\theta_1$，可得：

$$g_\theta * \boldsymbol{x}=\theta(\boldsymbol{I}_N+\boldsymbol{D}^{-1/2}\boldsymbol{A}\boldsymbol{D}^{-1/2})\boldsymbol{x} \tag{5-100}$$

但是，在深度神经网络模型中重复使用该运算时仍旧会出现数值不稳定和梯度消失或爆炸的问题。因此，推出下式：

$$g_\theta * \boldsymbol{x}=\theta(\widetilde{\boldsymbol{D}}^{-1/2}\widetilde{\boldsymbol{A}}\widetilde{\boldsymbol{D}}^{-1/2})\boldsymbol{x} \tag{5-101}$$

式中，$\widetilde{\boldsymbol{A}}=\boldsymbol{A}+\boldsymbol{I}_N$，$\widetilde{\boldsymbol{A}}=\widetilde{\boldsymbol{D}}^{-\frac{1}{2}}\widetilde{\boldsymbol{A}}\widetilde{\boldsymbol{D}}^{-\frac{1}{2}}$，$\widetilde{\boldsymbol{D}}_{ii}=\sum_j\widetilde{\boldsymbol{A}}_{ij}$。图卷积网络层之间的传播规则为：

$$\boldsymbol{H}^{(l+1)}=\sigma(\widetilde{\boldsymbol{D}}^{-1/2}\widetilde{\boldsymbol{A}}\widetilde{\boldsymbol{D}}^{-1/2}\boldsymbol{H}^{(l)}\boldsymbol{W}^{(l)}) \tag{5-102}$$

式中，$\boldsymbol{H}^{(l)}$ 是 l 层的输出矩阵；$\sigma(\cdot)$ 为激活函数；$\boldsymbol{W}^{(l)}$ 为 l 层需要学习的权重矩阵；$\boldsymbol{H}^{(0)}=\boldsymbol{X}$。观察该式可知，GCN 主要将上一层的特征矩阵 $\boldsymbol{X}$ 与邻接矩阵 $\boldsymbol{A}$ 作为输入，使用卷积核 $\widetilde{\boldsymbol{D}}^{-1/2}\widetilde{\boldsymbol{A}}\widetilde{\boldsymbol{D}}^{-1/2}$ 聚合图中每个节点的邻域特征信息，然后使用非线性激活函数来更新目标节点的特征，聚合过程如图 5-77 所示。

④ GCNII。为了解决 GCN 的过平滑问题，Ming 等[61] 提出了一种基于初始残差和恒等映射的图卷积网络，其最主要的思想是在 GCN 的每一层都添加一个来自输入层的跳步连

$$\begin{bmatrix}0&1&0\\1&0&1\\1&1&0\end{bmatrix}\cdot\begin{bmatrix}1.1&3.2&4.2\\0.4&5.1&1.2\\1.2&1.3&2.1\end{bmatrix}=\begin{bmatrix}0.4&5.1&1.2\\2.3&4.5&6.3\\1.5&8.3&5.4\end{bmatrix}$$

邻接矩阵$\boldsymbol{A}$　　特征矩阵$\boldsymbol{H}$

图 5-77　邻域信息聚合过程

接以及在权重矩阵上添加一个恒等映射矩阵。在式(5-102) 的基础上，GCNII 被定义为：

$$\boldsymbol{H}^{(l+1)}=\sigma((1-\alpha_l)\widetilde{\boldsymbol{P}}\boldsymbol{H}^{(l)}+\alpha_l\boldsymbol{H}^{(0)})((1-\beta_l)\boldsymbol{I}_n+\beta_l\boldsymbol{W}^{(l)}) \tag{5-103}$$

式中，α_l 和 β_l 为两个超参数；$\widetilde{\boldsymbol{P}}=\widetilde{\boldsymbol{D}}^{-1/2}\widetilde{\boldsymbol{A}}\widetilde{\boldsymbol{D}}^{-1/2}$；$\sigma(\cdot)$ 为激活函数；$\boldsymbol{H}^{(l)}$ 为 l 层的输出；$\boldsymbol{I}_n$ 为恒等映射矩阵；$\boldsymbol{H}^{(0)}$ 为添加的初始残差连接。初始残差连接确保每个节点的最终表示至少保留了来自输入层的 α_l 部分，即使堆叠了很多层。α_l 可以被设置为 0.1 或者 0.2，以便每个节点的最终表示至少由输入特征的一部分组成。

恒等映射确保了深度 GCNII 模型至少能获得与其前版本相同的性能。Onno 等[66] 从理论上证明了 K 层 GCN 节点特征将会收敛到一个子空间内并产生信息丢失，其收敛速度取决于 S^k。S 是权重矩阵$\boldsymbol{W}^{(l)},l=0,\cdots,K-1$ 的最大奇异值。通过使用$(1-\beta_l)\boldsymbol{I}_n+\beta_l\boldsymbol{W}^{(l)}$替换$\boldsymbol{W}^{(l)}$ 和正则化$\boldsymbol{W}^{(l)}$，可以使得$\boldsymbol{W}^{(l)}$ 的范式变得更小。因此，$(1-\beta_l)\boldsymbol{I}_n+\beta_l\boldsymbol{W}^{(l)}$ 的奇异值将会接近于 1，则 S 也会接近于 1，也就意味着 S^k 会变大，能够有效地缓解信息丢失。在实际应用中，设置 $\beta_l=\lg(\frac{\lambda}{l}+1)\approx\frac{\lambda}{l}$，$\lambda$ 是超参数。

（2）ICEEMDAN-GCNII 故障诊断模型

基于 ICEEMDAN-GCNII 的故障诊断模型结构如图 5-78 所示。其主要由 GCNII 堆叠形成，以 GCN 为主体，多个层之间添加初始残差连接和恒等映射矩阵，可有效解决过平滑问题。该模型以故障样本图作为输入，经由 GCNII 层对样本图中各节点特征进行聚合，然后通过非线性激活函数 ReLU 实现层与层之间的信息更新，GCNII 层后接两层全连接层进行特征降维，随后使用 softmax 完成故障分类。其中，每个 GCNII 层之间以及两个 FC 层之间接 Dropout 用以防止模型训练时出现过拟合现象。

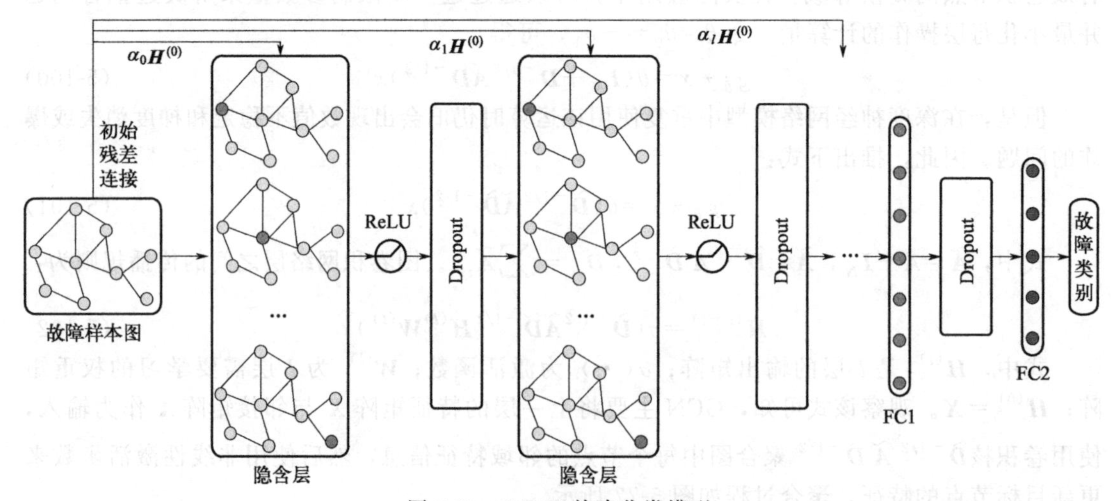

图 5-78　GCNII 故障分类模型

由于 GCNII 故障分类模型的输入是图结构数据，而转辙机柱塞泵的监测数据通常以一维的时序振动数据为主，不具备图结构数据的特点，因此需要对一维振动数据进行转化。从现有的文献［67］来看，实现两种数据结构的转换主要是基于 K 近邻（k-Nearest Neighbor，KNN）算法。在转换两种数据结构时，使用该算法来度量不同节点之间的距离，选择合适的节点建立联系形成边，完成图 G 的构建，这在逻辑上是具有可解释性的。故障样本图的节点主要是由不同类别的故障样本组成，而同种类别的故障样本之间具有相似性，使用 KNN 来度量节点之间距离，可将距离较小的同类节点建立联系，有助于 GCNII 聚合邻域节点的特征信息，实现特征提取。同时，由于柱塞泵的故障多为磨损故障，不同的故障振动信号波动十分相似，仅从一维信号的角度来进行特征提取，很难有较好的诊断效果。

使用 4.5.2 节所述的 ICEEMDAN 算法将转辙机柱塞泵的一维振动信号样本进行分解，获得多个 IMF 分量后从多维信号的角度来增强故障信息，可有助于 GCNII 模型精准地识别出故障类型。由于 ICEEMDAN 分解出的高阶分量为残余分量，并不具备可用的特征信息，所以使用皮尔逊相关系数来筛选 IMF 分量。选择一个 IMF 分量与原始信号，计算出皮尔逊相关系数的绝对值，当该值大于 0.3 时，认为二者之间具有相关性[68]。将筛选出的分量按照表 5-25 所示求取特征值，将求出的各个分量的特征值进行拼接构成特征向量。把特征向量作为故障样本图 G 的节点 V，使用 KNN 算法计算各节点之间的距离作为构建边 E 的依据。具体步骤如下：

表 5-25　时域、频域特征值

编号	特征	计算公式	特点
1	有效值	$x_{rms}=\sqrt{\frac{1}{N-1}\sum_{n=1}^{N}x^2(n)}$	衡量振动大小、稳定性的重要指标，用来描述机械系统是否正常运转
2	峭度	$Ku=\frac{\sum_{n=1}^{N}[x(n)-\overline{x}]^4}{(N-1)\sigma_x^4}$	反映振动信号分布特性的统计量，对冲击信号特别敏感，用来描述冲击分量的大小，特别适用于磨损类故障
3	峰值因子	$C=\frac{\max\lvert x(n)\rvert}{x_{rms}}$	表示设备磨损后产生的脉冲和波峰的尖峰度之间的变化，可表征不同程度的磨损
4	裕度因子	$L=\frac{\max\lvert x(n)\rvert}{\left(\frac{1}{N}\sum_{n-1}^{N}\sqrt{\lvert x(n)\rvert}\right)^2}$	常用来反映机械设备的磨损情况，可以用来表示振动信号的冲击程度，考虑了信号的离散度，敏感性较低
5	重心频率	$F_{\mathrm{FC}}=\frac{\sum_{n=1}^{N}\overline{u}(n)u(n)}{2\pi\sum_{n=1}^{N}u(n)^2}$	重心频率在数值上接近于主共振频带的中心频率，可以用来描述功率谱的主频带重心位置变化
6	均方根频率	$F_{\mathrm{RMSF}}=\sqrt{\frac{\sum_{n=1}^{N}u(n)^2}{4\pi^2u(n)^2}}$	用来反映信号主频带在功率谱中的位置
7	频率方差	$F_{\mathrm{VF}}=\frac{\sum_{n=1}^{N}(-F_{\mathrm{FC}})^2u(n)}{\sum_{n=1}^{N}u(n)}$	频率方差用来描述功率谱能量的分散程度

续表

编号	特征	计算公式	特点
8	频率标准差	$F_{\mathrm{RVF}}=\sqrt{\dfrac{\sum_{n=1}^{N}(-F_{\mathrm{FC}})^{2}u(n)}{\sum_{n=1}^{N}u(n)}}$	频率标准差也用来描述功率谱能量的分散程度，反映主共振频带中心频率两侧频率成分的分散程度，其值越大，分散程度越大

① 对于每个特征向量s_i，计算s_i和其他特征向量s_j ($j=1,2,\cdots,n$)之间的曼哈顿距离，进而度量它们之间的相似性，如式(5-104)所示。

$$Sim(s_i,s_j)=\sum_{j=1}^{n}|s_i-s_j| \tag{5-104}$$

② 对于每个特征向量s_i，根据和其他特征向量计算出来的$\mathrm{Sim}(s_i,s_j)$进行升序排列，选择前K个距离最小的特征向量s_j作为s_i的邻域，即认为s_i与前K个特征向量s_j之间存在边$\boldsymbol{E}$。依次类推，每个故障样本都与其前K个距离最小的故障样本相连，构成故障样本图$\boldsymbol{G}(\boldsymbol{V},\boldsymbol{E})$。整个故障样本图的构建过程如图5-79所示。

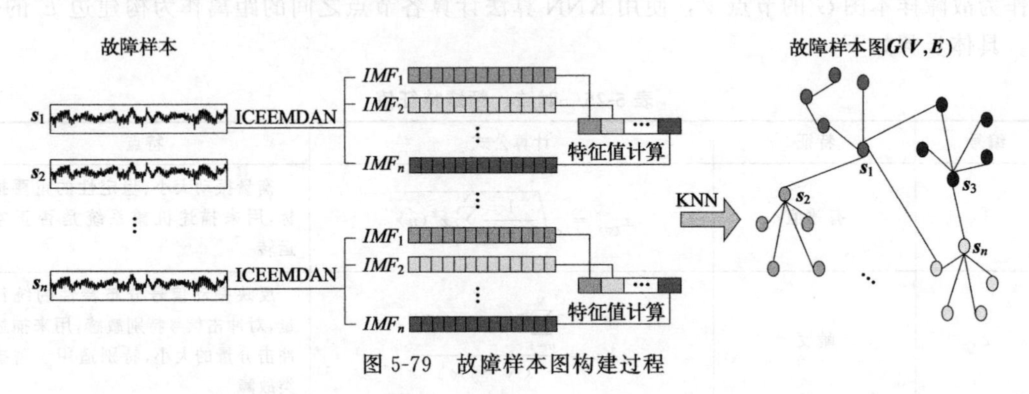

图 5-79 故障样本图构建过程

GCNII故障分类模型以故障样本图作为输入，在实际的训练中是以特征矩阵和邻接矩阵作为存储形式的，具体结构如图5-80所示。图5-80(a)为大小$M\times 8N$的特征矩阵，M为矩阵行数，代表M个节点，N为筛选出的IMF分量数，$8N$为节点的特征维度。矩阵的每一行都为一个节点特征，代表着一个故障样本，由各IMF分量计算出的特征值拼接而成。图5-80(b)为大小$M\times M$的邻接矩阵，1表示当前行与当前列对应的节点建立了边联系，0则反之。

ICEEMDAN-GCNII故障诊断模型的流程如图5-81所示。首先将采集到的振动信号数据进行样本切分，然后将每个样本进行ICEEMDAN分解得到IMF分量，同时依据皮尔逊相关系数筛选分量。把筛选出的IMF分量计算特征值后拼接成特征向量，再按照8∶2的比例划分训练集和测试集。划分完毕的数据集各自转换成故障样本图，使用训练样本图对GCNII分类模型展开训练。当模型训练完毕之后，进行测试。

(3) 实验验证

① 数据采集。使用4.1.1节所示的实验台进行柱塞泵故障数据的采集，分别采集柱塞泵正常、缸体剥落、配流盘磨损、柱塞球头断裂、柱塞尾部断裂五种工况下的振动加速度信号。将采集到的振动数据切分成样本，每个样本长度2048。每种工况切分300个样本，五种工况共1500个样本，按照8∶2的比例划分1200个训练样本，300个测试样本。采集工况如图5-82所示，样本划分如表5-26所示。

$$
\begin{matrix}
IMF^{1}_{1x_{rms}} & IMF^{1}_{1Ku} & IMF^{1}_{1C} & \cdots & IMF^{1}_{nF_{VF}} & IMF^{1}_{nF_{RVF}} \\
IMF^{2}_{1x_{rms}} & IMF^{2}_{1Ku} & IMF^{2}_{1C} & \cdots & IMF^{2}_{nF_{VF}} & IMF^{2}_{nF_{RVF}} \\
\vdots & \vdots & \vdots & & \vdots & \vdots \\
IMF^{i}_{1x_{rms}} & IMF^{i}_{1Ku} & IMF^{i}_{1C} & \cdots & IMF^{i}_{nF_{VF}} & IMF^{i}_{nF_{RVF}} \\
\vdots & \vdots & \vdots & & \vdots & \vdots \\
IMF^{m}_{1x_{rms}} & IMF^{m}_{1Ku} & IMF^{m}_{1C} & \cdots & IMF^{m}_{nF_{VF}} & IMF^{m}_{nF_{RVF}}
\end{matrix}
$$

(a) 特征矩阵

$$
M\begin{vmatrix}
0 & 0 & 1 & 1 & \cdots & 1 \\
0 & 0 & 1 & 1 & \cdots & 1 \\
\vdots & \vdots & \vdots & \vdots & & \vdots \\
1 & 1 & 1 & 0 & \cdots & 1 \\
0 & 0 & 1 & 0 & \cdots & 0
\end{vmatrix}
$$

(b) 邻接矩阵

图 5-80 故障样本图的存储形式

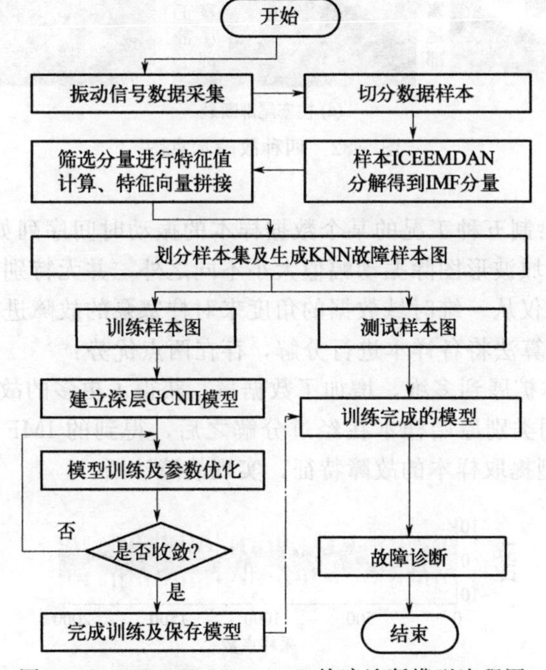

图 5-81 ICEEMDAN-GCNII 故障诊断模型流程图

表 5-26 数据集划分

工况序号	工况	训练(测试)样本数
1	正常	240(60)
2	缸体剥落	240(60)
3	配流盘磨损	240(60)
4	柱塞球头断裂	240(60)
5	柱塞尾部断裂	240(60)

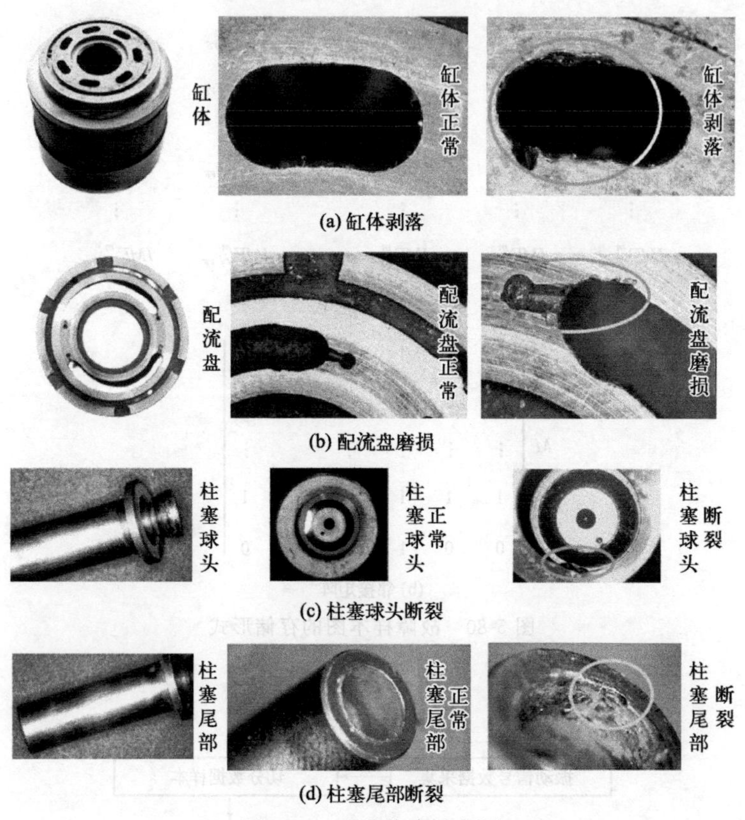

图 5-82 四种故障示意图

② 数据预处理。绘制五种工况的某个数据样本的振动时间序列如图 5-83 所示。从中可以发现，五种工况的时域波形图除振动幅值大小不同之外，并无特别明显的、肉眼可见的冲击和故障特征。因此，仅从一维时域数据的角度来对柱塞泵的故障进行识别，存在困难。故采用 ICEEMDAN 分解算法将各样本进行分解，存在两点优势：

a. 将一维数据样本扩展到多维，增加了数据量，获得了更多的故障信息。

b. 差距很小的不同类别原始样本在经过分解之后，得到的 IMF 分量会扩大这种差距，有助于 GCNII 分类模型提取样本的故障特征，实现故障诊断。

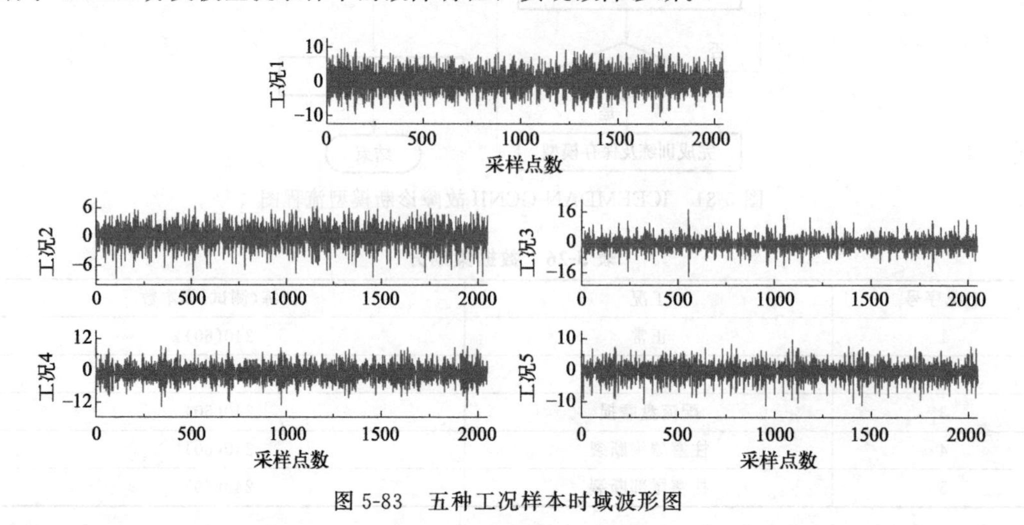

图 5-83 五种工况样本时域波形图

将表 5-26 中所示数据集的工况 1 的某个样本进行 ICEEMDAN 分解，绘制 IMF 分量图如图 5-84 所示。可以观察到，分解得到的分量与原样本在振幅、信号波动上均有了较大的差别，间接地增加了信号中蕴含的故障信息，扩大了不同类别故障样本之间的差距。将所有的样本进行 ICEEMDAN 分解之后，计算分量与原样本的皮尔逊相关系数绝对值，并求平均值，绘制相关系数图如图 5-85 所示。

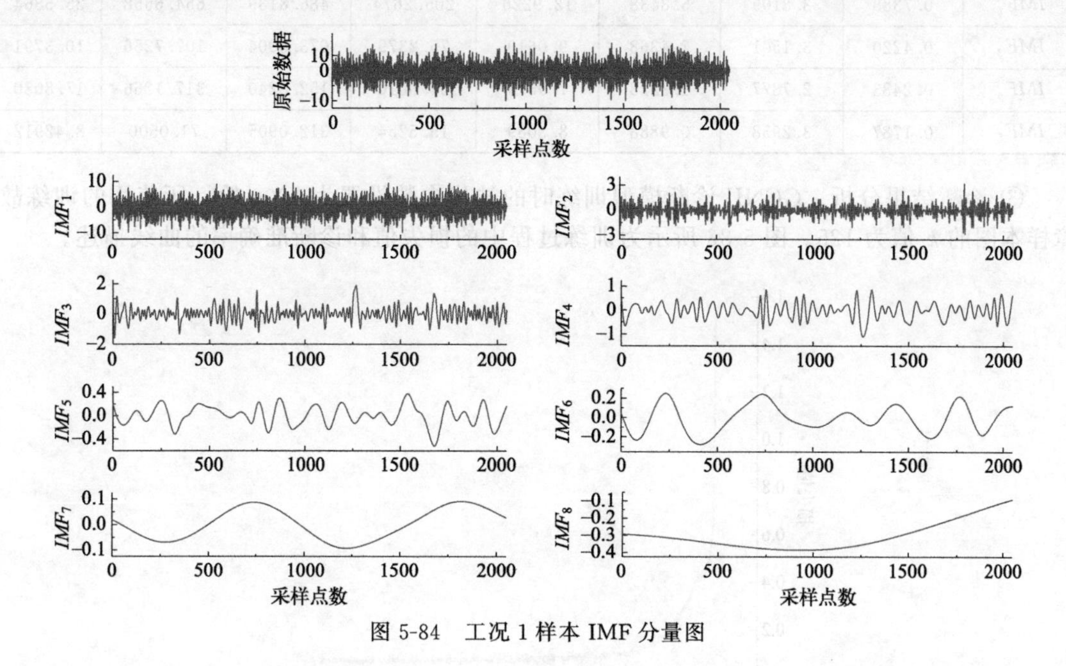

图 5-84　工况 1 样本 IMF 分量图

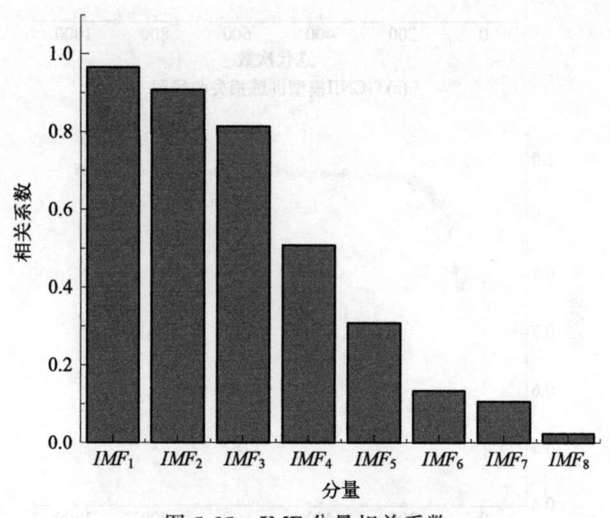

图 5-85　IMF 分量相关系数

可见，前五阶固有模态分量与初始样本计算得到的系数值大于 0.3。因此选择前 5 个分量分别计算表 5-25 所示的 8 个特征值，然后按照 ICEEMDAN 分解算法流程图（图 4-47）所示流程将各特征值进行拼接，构建 5×8＝40 维的特征向量，同时将其作为故障样本图的节点特征，使用 KNN 算法依据曼哈顿距离分别计算当前节点与各节点距离最小的 K 个节点建立边，生成故障样本图。

表 5-27 为图 5-84 所示的前五个分量求出的 40 个特征值，可以发现其值普遍较大，因此

在作为节点特征的时候，需要进行归一化处理。

表 5-27 分量特征值

分量	x_{rms}	Ku	C	L	F_{FC}	F_{RMSF}	F_{VF}	F_{RVF}
IMF_1	3.5522	2.3586	19.3737	7.6362	474.0061	251.2519	265.7019	16.3004
IMF_2	0.7388	3.8109	5.8438	12.9226	205.2674	486.8139	654.6658	25.5864
IMF_3	0.4220	3.1501	2.4368	9.0610	75.2379	673.8004	107.7256	10.3791
IMF_4	0.2483	2.7877	1.3223	7.9579	34.8010	152.8240	317.1266	17.8080
IMF_5	0.1787	3.2958	0.9888	8.3089	15.5254	312.0905	71.0500	8.42912

③ 诊断结果分析。GCNII 诊断模型训练时的迭代次数设置为 1000 轮，所使用的训练故障样本图的 k 值为 125。图 5-86 所示为训练过程中的损失值和诊断准确率的曲线描述。

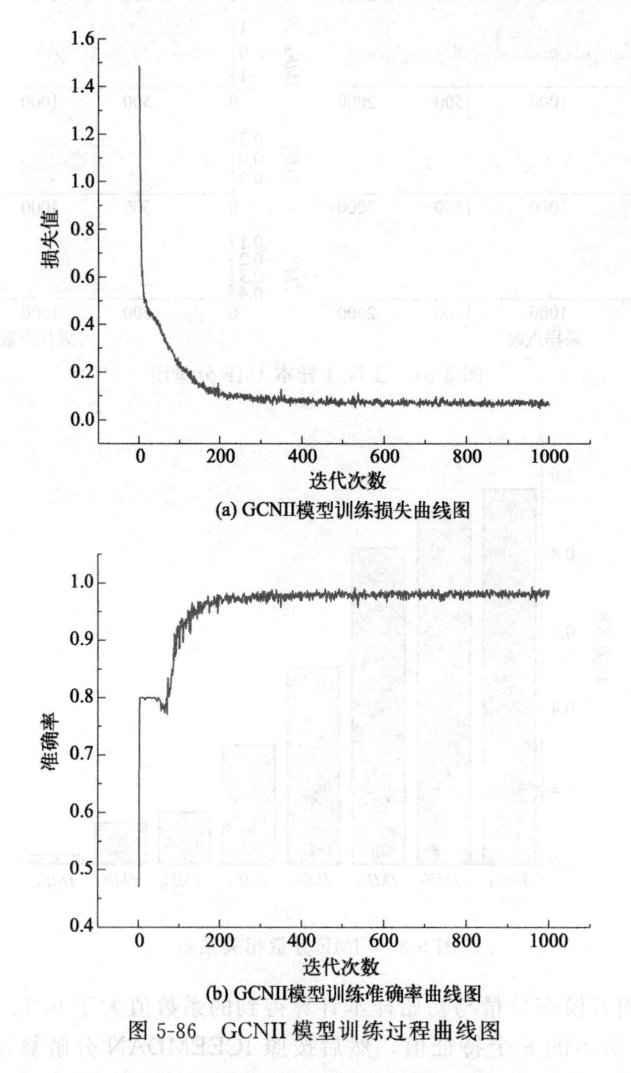

图 5-86 GCNII 模型训练过程曲线图

从图 5-86 中可以发现，GCNII 分类模型在迭代至 200 轮的时候，损失值和准确率变化的速率非常快，在迭代至 400 轮左右时，损失值和准确率都达到了最优。此后的 600 轮，两条曲线的波动始终保持在微小的范围内，说明提出的 ICEEMDAN-GCNII 模型具有较强的鲁棒性和诊断准确率。测试故障样本图共包含300个节点，每个节点与和其曼哈顿距离最小的25个相邻节点建立边。将测试样本图输入至训练完成的GCNII模型中，预测结果如图5-87所示。

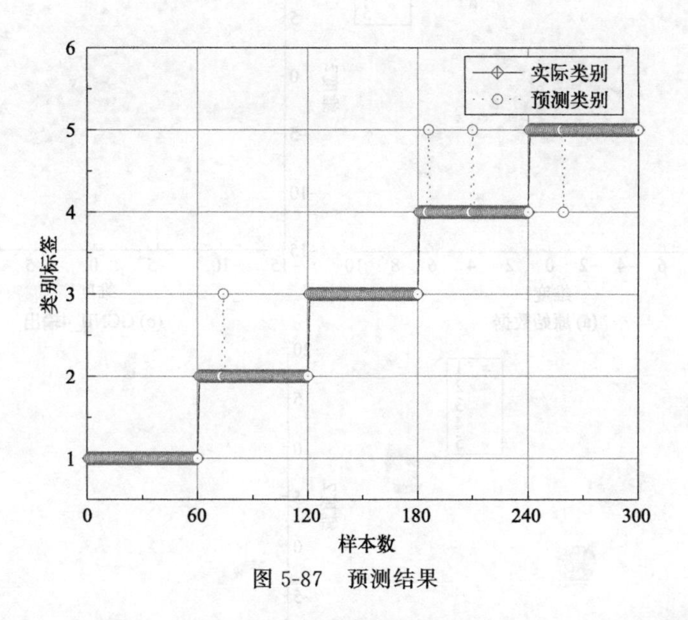

图5-87 预测结果

ICEEMDAN-GCNII故障诊断模型的测试准确率为98.67%。其中有296组样本诊断正确，4组样本诊断错误。工况1的60组正常样本全部诊断正确；工况2缸体剥落的60组样本有59组诊断正确，1组误诊为配流盘磨损故障；工况3的60组测试样本全部诊断正确；工况4柱塞球头断裂的60组样本中有2组误诊为柱塞尾部断裂；工况5的60组样本中有1组误诊为柱塞球头断裂。从测试结果来看，本节提出的故障诊断模型对于转辙机柱塞泵的常见故障类型具有较高的识别率，能够为实际的工程应用提供参考。

④ 特征可视化分析。为了对ICEEMDAN-GCNII故障诊断模型的诊断过程有一个直观的了解，采用t分布随机近邻嵌入（t-distribution stochastic neighbor embedding，t-SNE）可视化分析方法[69]对测试集的原始数据，GCNII分类模型第4层的输出特征、第9层的输出特征和最后的输出层输出进行可视化呈现，如图5-88所示。该图清晰地展示了测试集数据在诊断过程中各阶段的低维空间映射，准确地呈现了五种工况数据的分布情况。图5-88(a)为原始数据在二维空间中的杂乱分布，五类数据相互交织，难以分辨。图5-88(b)为GCNII分类模型第4层的特征输出映射结果，工况1与工况4的数据样本基本上被分开。图5-88(c)为GCNII分类模型第9层的特征输出映射结果，五种工况数据样本已经被初步分开，但是存在个别数据样本错分的情况。图5-88(d)为最终的输出映射结果，同种工况数据样本的分布更加紧凑，类间距离更大。通过对ICEEMDAN-GCNII模型诊断过程中不同阶段的输出特征可视化分析，直观地感受到在二维空间中原始的测试样本分布从最初的杂乱无章逐步变为井然有序，这从侧面反映了故障诊断模型的合理性和有效性。

⑤ 对比和消融实验。为了验证将一维振动信号通过ICEEMDAN分解为多个IMF分量求取特征值构建故障样本图的有效性，设计了如下的对比实验：

模型1，将柱塞泵的一维原始振动信号样本按照表5-25所示计算8个特征值，然后按照表5-26所示划分数据集，分别构建训练故障样本图和测试故障样本图。使用GCNII故障分类模型进行训练与测试，计算该模型在不同工况下的平均F-Score值。

模型2，使用3.3.1节介绍的EMD分解算法对柱塞泵的一维振动信号样本进行分解，

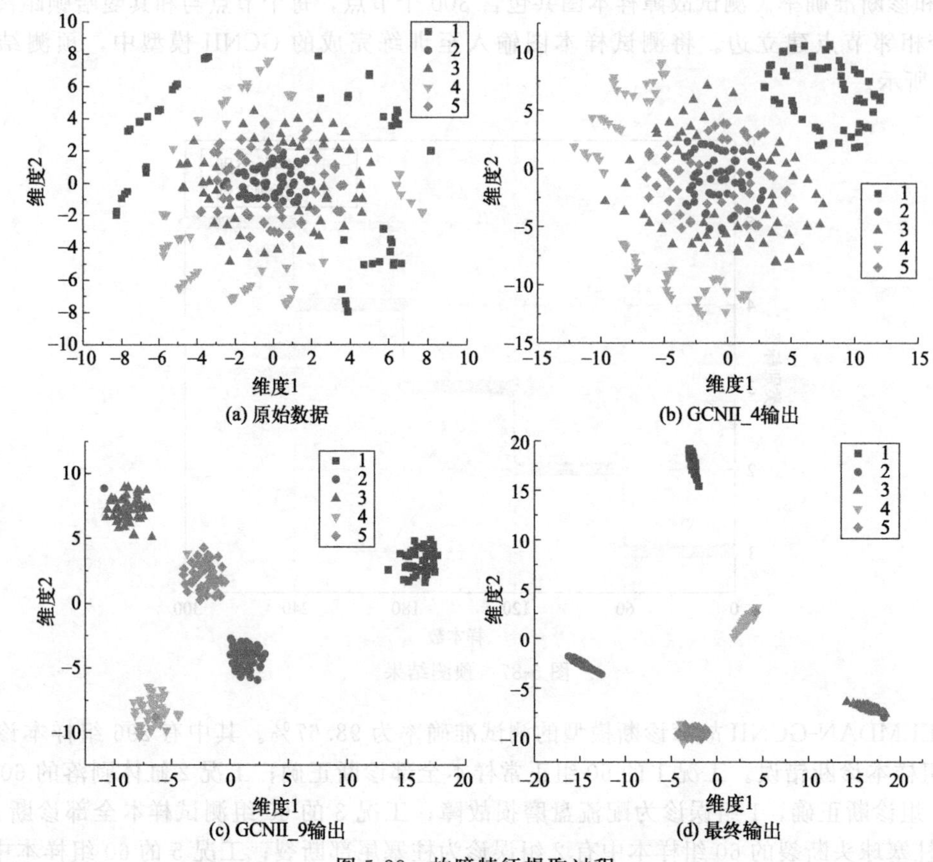

(a) 原始数据 (b) GCNII_4输出 (c) GCNII_9输出 (d) 最终输出

图 5-88 故障特征提取过程

按照皮尔逊相关系数来筛选 IMF 分量，并使用图 5-79 所示的方法构建训练故障样本图和测试故障样本图。用相同的 GCNII 分类模型进行训练和测试，同时计算该模型在不同工况下的平均 F-Score 值。

模型 3，使用本节所提出的 ICEEMDAN-GCNII 故障分类模型进行训练和测试，同样计算其平均 F-Score 值。

F-Score 值能够综合考虑 Precision 和 Recall 的调和值，常用于评估分类模型的性能。具体公式如下：

$$\text{Precision}=\frac{TP}{TP+FP} \tag{5-105}$$

$$\text{Recall}=\frac{TP}{TP+FN} \tag{5-106}$$

$$\text{F-Score}=\frac{2PR}{P+R} \tag{5-107}$$

式(5-105) 中，Precision 为精确率，即正确预测为正的占全部预测为正的比例，TP(ture positive) 表示正确预测为正，FP(false positive) 表示错误预测为正[70]。

式(5-106) 中，Recall 为召回率，即正确预测为正的占实际为正的比例，FN(false negative) 表示错误预测为负[70]。

计算并统计3种模型的F-Score值，绘制F-Score均值表如表5-28所示。

表5-28 F-Score均值表

模型	评价指标	工况1	工况2	工况3	工况4	工况5	均值
模型一	Precision	0.95	0.920	0.950	0.932	0.967	0.95
	Recall	0.967	0.950	0.933	0.917	0.950	0.943
	F-Score	0.958	0.934	0.941	0.924	0.958	0.943
模型二	Precision	0.967	0.966	0.934	0.951	1	0.9636
	Recall	0.983	0.95	0.95	0.967	0.967	0.9634
	F-Score	0.975	0.958	0.925	0.958	0.983	0.9598
模型三	Precision	1	1	0.984	0.983	0.967	0.9868
	Recall	1	0.983	1	0.967	0.983	0.9866
	F-Score	1	0.991	0.992	0.975	0.975	0.9866

从表5-28中可以得出，模型1的F-Score均值为0.943，模型2的F-Score均值为0.9598，二者相差近2个百分点，说明将柱塞泵的原始振动信号进行分解之后，从多维角度去计算特征值和构建特征图，比仅依赖一维信号更易于GCNII分类模型聚合故障信息，完成分类任务。模型3的F-Socre均值为0.9866，在3种模型中表现最佳，表明经过改进后的ICEEMDAN分解算法对于振动信号的分解效果要优于EMD，也更利于对模型进行故障诊断，提高诊断精度。

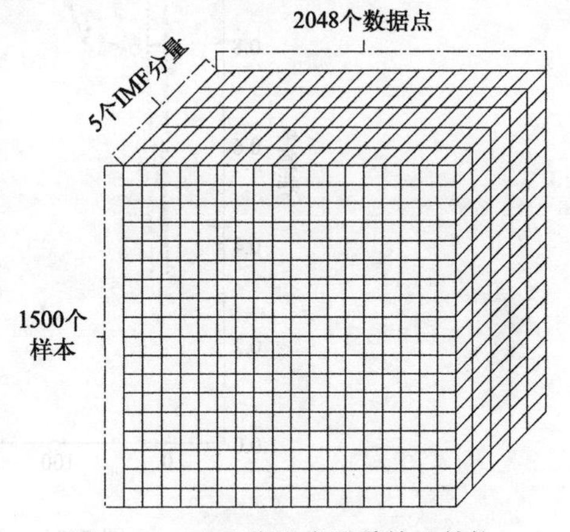

图5-89 IMF分量多通道输入结构

⑥ 不同模型诊断效果对比。为验证ICEEMDAN-GCNII故障诊断模型性能，设计了如下对比实验：

首先，使用表5-26所示的柱塞泵故障数据样本进行ICEEMDAN分解，随后将筛选出的同一样本的5个IMF分量并行排列，构建如图5-89所示的多通道输入，分别使用AlexNet[28]、ResNet18[37]、GoogLeNet[38]、MobileNetV3[71]、VGG16[36]五种经典的模型提取多通道输入中的故障特征，完成对柱塞泵故障的分类任务。5种故障诊断模型在训练时均使用相同的SoftMax分类函数、交叉熵损失函数、Adam优化器、1200个样本的训练数据集，迭代次数均为500轮，并与本节所提方法做对比。分别绘制训练时的损失值曲线、准确率曲线如图5-90、图5-91所示。

可以看出，5种模型的收敛速度较快，基本在100轮之前损失值就下降至几近为0，这表明出现了过拟合现象。而ResNet18、MobileNetV3、VGG16在80轮至训练结束的过程中，损失值出现了较大范围的波动，并不稳定，这在一定程度上会影响故障分类的准确率。反观本节所提方法，损失曲线的收敛速度远不及其他5种模型，但是收敛效果却是最佳的。损失值没有降至0，表明网络结构的设计极大地克服了过拟合现象；损失值曲线十分平稳，没有较大的波动，表明模型的诊断效果具有鲁棒性。

为进一步分析模型性能，在相同的硬件条件下计算5种故障诊断方法与所提方法的测试平均准确率、模型大小、Flops、诊断时间等性能指标，结果见表5-29。

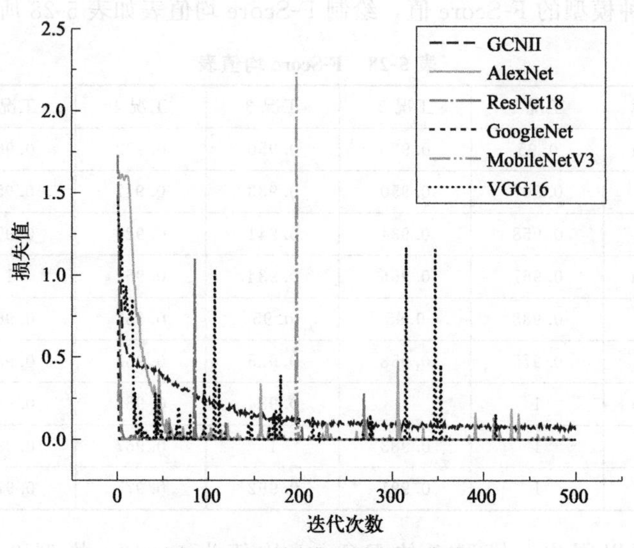

图 5-90　不同模型的损失曲线

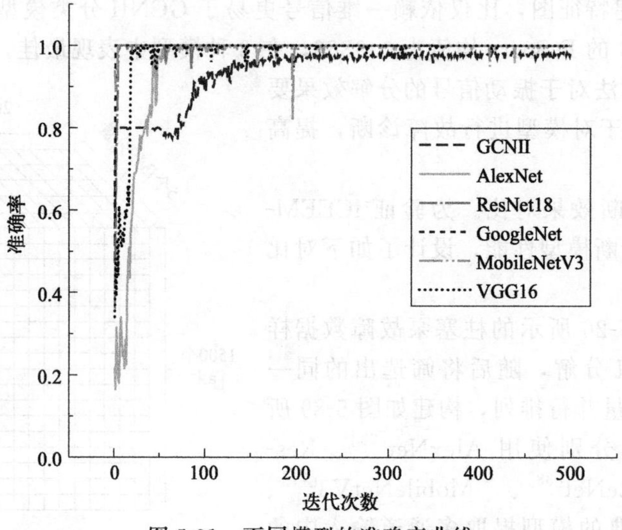

图 5-91　不同模型的准确率曲线

表 5-29　不同模型实验结果

模型	平均准确率/%	模型大小/MB	Flops/G	诊断时间/s
GCNII	98.6	0.163	0.03	0.01
AlexNet	93.3	258	0.69	1.42
ResNet18	96.6	78.7	1.56	1.46
GoogLeNet	94.6	23.7	1.53	0.06
MobileNetV3	94.3	8.55	0.51	0.05
VGG16	93.6	594	7.81	0.55

由于 AlexNet 等 5 种模型在训练时出现了不同程度的过拟合，因此它们在测试集上的准确率并不高。而 5 种模型最初是应用于二维图像的分类任务，具有很深的网络结构和强大

的特征提取能力，将其应用于提取一维时序数据的故障特征中，极易达到最佳的收敛状态，同时也极易在训练时过拟合，进而导致在测试集中表现不佳。GCNII 分类模型在每一层图卷积层之间均添加了 Dropout，有效防止了过拟合的出现，提高了测试集的诊断准确率和鲁棒性。同时，GCNII 分类模型的大小远低于其他模型，是 VGG16 的近三千分之一，是 AlexNet 的一千五百分之一。MobileNetV3 由于网络结构使用了深度可分离卷积，本身属于轻量级神经网络的一种，所以其模型大小低于其他模型，但是与 GCNII 分类模型仍旧存在较大的差距。得益于模型大小的优势，GCNII 分类模型在 Flops、诊断时间两个指标上均达到了最优。这说明 ICEEMDAN-GCNII 故障诊断模型具有轻量化、小型化的优势，能够为工程实际应用提供参考。

5.3.8 CNN 预训练模型故障诊断

基于 CNN 的智能诊断模型实现高精度诊断性能需要满足两个条件：一是用于训练的样本和测试样本必须是独立同分布的，即处于同一特征空间；二是必须存在足够多的训练样本。但现实情况中由于道岔转辙机运行工况、信号采集位置等因素的影响，原始训练样本的特征分布与目标测试样本的特征分布可能不同，或者无法获得足够的样本训练模型，这种情况下模型诊断性能通常不理想，需重新建模。

迁移学习（transfer learning，TL）[72] 是解决故障诊断中跨域学习问题的一种很好的方法，可以灵活地运用从某一领域学习的知识来更快地解决不同但相关领域的新问题，允许两个领域的数据集遵循不同的概率分布[73]。近年来，一些学者将迁移学习应用在机械故障诊断领域，如优化域迁移度量或通过对抗训练最小化近似域差异，找到两个领域的不变特征，取得了显著效果[74,75]。但目前基于迁移学习的故障诊断大多是在相似度较高的设备之间进行迁移，比如同一旋转机械不同转速、负载或同类型设备的迁移。

本节围绕跨设备迁移诊断任务，在研究迁移学习和 CNN 模型的基础上，基于模型迁移提出了一种域自适应框架 TL _ CNN，并在行星齿轮箱、滚动轴承和道岔转辙机数据集上进行实验，通过不同设备、不同工况下的迁移任务，与现有基于 CNN 模型的迁移方法对比分析，验证所提出方法在数据异构、数据分布相差较大的不同设备上的诊断性能。

(1) 迁移学习

迁移学习，顾名思义，就是把在某个领域获取的知识迁移到另一个领域的学习中，达到举一反三的效果。针对这一理论的研究可以追溯到 1901 年，Thorndike 和 Woodworth 从心理学和教育学的角度研究了人们在学习某个概念后对新概念学习产生的影响，并基于此提出了迁移学习的理论。随着机器学习的兴起与发展，人们开始尝试将迁移学习的思想应用到机器学习中，以解决实际应用中传统机器学习（尤其是有监督学习）的两个基本假设带来的限制问题。自 1995 年 NIPS 会议上提出“Learning to Learn”以来，机器学习领域中的迁移学习相关研究受到越来越多的关注，并逐渐在机器学习领域中扮演着重要的角色，例如，终生学习（life-long learning）、多任务学习（multi-task learning）以及元学习（meta learning）等[76]。直到 2005 年，学术界一致认可的关于迁移学习的定义才由美国国防高级研究计划局(Defense Advanced Research Projects Agency，DARPA）下属的信息处理技术办公室(Information Processing Technology Office，IPTO）给出，该定义指出迁移学习是一种从已学习的任务中迁移相关知识来帮助目标任务学习的方法，强调的是不同领域或者不同任务之间进行知识迁移及转化的能力，打破了有效实施传统机器学习的两个基本前提，是一种实现跨领域、跨任务的机器学习方法。自此，迁移学习逐渐成为机器学习中一个重要的分支领域，并得到了广泛的关注和发展。

① 基本概念。机器学习理论中有两个基本概念，分别是域和任务。域包括两个内容，即特征空间中的所有特征样本集合 $\boldsymbol{X}$ 及其分布 $P(\boldsymbol{X})$；任务也包括两个部分，分别是特征样本的类别决策函数 $f(x)$ 以及所有标签集合 $\boldsymbol{Y}$。决策函数 $f(\cdot)$ 是从特征样本和标签中学习获得的，也称为条件概率分布 $P(y_i|x_i)$，其中 $y_i \in \boldsymbol{Y}$，$x_i \in \boldsymbol{X}$。

迁移学习的对象由域 $\boldsymbol{D}=\{\boldsymbol{X},p(x)\}$ 和任务 $\boldsymbol{T}=\{\boldsymbol{Y},f(x)\}$ 组成。在给定源域 $\boldsymbol{D}_{source}$ 和源任务 $\boldsymbol{T}_{source}$，目标域 $\boldsymbol{D}_{target}$ 和目标任务 $\boldsymbol{T}_{target}$ 的情况下（这里源域与目标域或者源任务与目标任务是不同但相关的），迁移学习就是利用源域中已有的知识来提升目标域分类函数性能的一种方法，核心是找到源域和目标域之间的共性或者是降低它们之间差异的方法。以故障诊断为例，假设某一工况下有 n_s 个故障样本，用 $\boldsymbol{D}_s=\{(x_1^s,y_1^s),\cdots,(x_n^s,y_n^s)\}$ 表示数据域，其中 $x_i^s \in \boldsymbol{X}^s$ 是第 i 个样本，$y_i^s \in \boldsymbol{Y}^s$ 代表样本 x_i^s 对应的故障类别标签，$f_s(\boldsymbol{X})$ 是一种学习模型，任务 $\boldsymbol{T}_s$ 是通过样本集 $\boldsymbol{D}_s$ 训练学习模型 $f_s(\boldsymbol{X})$，使其可以较好地识别样本的故障模式。另一工况下的样本集为 $\boldsymbol{D}_T=\{(x_1^t,y_1^t),\cdots,(x_n^t,y_n^t)\}$，包含 n_t 个样本，其中 $x_i^t \in \boldsymbol{X}^t$，$y_i^t \in \boldsymbol{Y}^t$ 是 x_i^t 的相应类别标签，任务 $\boldsymbol{T}_t$ 与 $\boldsymbol{T}_s$ 类似，也是利用样本数据训练学习模型 $f_t(x)$ 使其能够很好地识别样本的故障类别。由于测量环境多样、操作条件差异等复杂因素的影响，两种工况下采集的数据分布可能存在较大差异，即 $p(\boldsymbol{X}^s) \neq p(\boldsymbol{X}^t)$，故障类别也可能不一致。迁移学习的目标是利用源域 $\boldsymbol{D}_s$ 的预测函数 $f_s(\boldsymbol{X})$ 中的知识对目标域预测函数 $f_t(x)$ 进行优化，重新应用在任务 $\boldsymbol{T}_t$ 中，如图 5-92 所示。

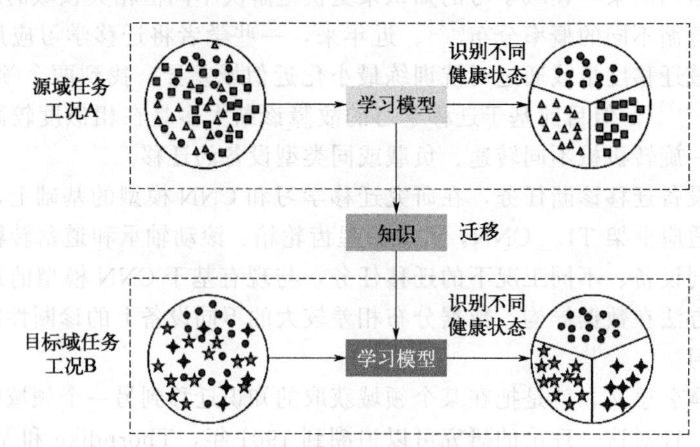

图 5-92　迁移学习基本结构

② 主要研究的问题。迁移学习主要研究如何有效利用与目标域不同但相关的源域知识来提高机器学习算法在目标任务上的性能，包括“迁移什么”“如何迁移”和“何时迁移”三个方面[75,77,78]：

a.“迁移什么”主要是讨论哪部分知识能够在不同领域或者任务之间迁移，一些知识可能在不同领域之间是公共的，对提高目标任务的分类效果有益。这里所说的“知识”可以是源域与目标域的公共特征、特征之间的相关性、模型之间的相关性、共享的先验分布等。

b. 在发现哪些知识能够被迁移之后，则需要研究如何通过可迁移的知识来发展学习算法，挖掘不同领域潜在的共性和联系，这就是解决“如何迁移”问题。

c.“何时迁移”主要是研究在何种形式下能够使用迁移技术。具体来说，是指在哪些情况下可以实施迁移，哪些情况下不适合进行迁移。例如，在某些情况下，当源域与目标域彼此不相关时，强行实施迁移技术可能是弊大于利，会降低目标域学习模型的性能，这就是迁移学习领域的“负迁移”问题。

“迁移什么”和“如何迁移”的解决都是基于源域和目标域不同但相关的前提假设。但是，当两者彼此相关的前提假设不成立时，如何避免“负迁移”的发生，这就引出了迁移学习中衡量源域与目标域或者源任务与目标任务间可迁移度的问题。一般来说，为了定义合理的可迁移度指标，通常首先度量不同领域或任务的相似度，并基于此进行聚类，进而帮助评估可迁移度指标。然而，目前学术界还未形成统一的理论来指导并解决这一问题，针对迁移学习的研究工作均假设源域与目标域或者源任务与目标任务有一定的相关性，主要还是着力于解决“迁移什么”和“如何迁移”的问题。

③ 基本方法。根据迁移学习的基本概念可知：

a. 当源域与目标域以及源任务与目标任务均相同时，此时目标任务的学习可以采用传统机器学习策略。

b. 领域的不同可以分为两个方面：要么是故障特征空间不同，例如源域和目标域故障特征来自不同的物理信号；要么是特征样本的分布不同，例如两者都是从振动数据中提取的特征，但是一个来自目标齿轮，另一个来自其邻近啮合部件。

c. 类似地，任务的不同也体现在两方面，一方面指的是故障类别不同，如源域对应于二分类诊断任务而目标域对应于多分类任务（三类以上）的情形；另一方面指其条件概率不同，如两个数据集的特征样本类别分布不均衡。

根据以上分析，结合迁移学习的应用案例，从源域与目标域、源任务与目标任务之间是否相同的角度，将其进一步分为归纳迁移学习、无监督迁移学习以及直推迁移学习[79]，包括与传统机器学习的区别如表 5-30 所示。

表 5-30 传统机器学习与迁移学习各个分支之间的区别

学习设定		D_s 和 D_t	T_s 和 T_t
传统机器学习		相同	相同
迁移学习	归纳迁移学习	相同	不同但相关
	无监督迁移学习	不同但相关	不同但相关
	直推迁移学习	不同但相关	相同

此外，近年来科研工作者们更关心的是“如何迁移”以及“迁移什么”，研究主要集中在设计和开发迁移算法来实施迁移，即采用不同的数据挖掘技术来进行迁移学习算法研究。根据学习方式的标准来划分，迁移学习又可以分为基于样本的迁移、基于特征表达的迁移、基于关系的迁移和基于模型的迁移[80,81]。

a. 基于样本的迁移学习方法。针对源域特征样本对构建目标域分类模型的贡献程度不一致的情况，基于样本权重的迁移方法侧重于从源域特征样本 $\boldsymbol{X}_s$ 中挑选那些对目标任务更有效的样本，即通过某一权重调整机制，增加对目标任务有帮助的源域特征样本的权重，否则削弱其权重，最终通过对源域样本的加权重用来实现迁移。这一方法致力于解决源任务 $\boldsymbol{T}_s$ 和目标任务 $\boldsymbol{T}_t$ 相同，仅存在 $P(\boldsymbol{X}_s)\neq P(\boldsymbol{X}_t)$ 的问题。

首先，根据期望风险最小化原则，如果有充足的目标域特征样本，那么学习任务可以表示为：

$$\theta^* = \underset{\theta\in\boldsymbol{\Theta}}{\arg\min} \sum_{(x,y)\in\boldsymbol{D}_t} P(\boldsymbol{D}_t) l(f(x,\theta),y) \tag{5-108}$$

式中，θ^* 为最优模型参数；$\boldsymbol{\Theta}$ 是模型的参数空间；$l(f(x,\theta),y)$ 表示预测值 $f(x,\theta)$ 与真实值 y 之间的损失函数。

由于目标样本的不足，当引入源域数据后，针对目标任务的模型可以表示为：

$$
\begin{aligned}
\theta^* &= \underset{\theta \in \Theta}{\operatorname{argmin}} \sum_{(x,y) \in \boldsymbol{D}_s} P(\boldsymbol{D}_t) l(f(x,\theta),y) \\
&= \underset{\theta \in \Theta}{\operatorname{argmin}} \sum_{(x,y) \in \boldsymbol{D}_s} \frac{P(\boldsymbol{D}_t)}{P(\boldsymbol{D}_s)} P(\boldsymbol{D}_s) l(f(x,\theta),y) \\
&\approx \underset{\theta \in \Theta}{\operatorname{argmin}} \sum_{j=1}^{N_s} \frac{P(x_j^t, y_j^t)}{P(x_j^s, y_j^s)} P(\boldsymbol{D}_s) l(f(x,\theta),y) \\
&= \underset{\theta \in \Theta}{\operatorname{argmin}} \sum_{j=1}^{N_s} \frac{P(x_j^t) P(y_j^t \mid x_j^t)}{P(x_j^s) P(y_j^s \mid x_j^s)} P(\boldsymbol{D}_s) l(f(x,\theta),y)
\end{aligned} \tag{5-109}
$$

那么可以发现，在 $\boldsymbol{T}_s=\boldsymbol{T}_t$ 的情况下，通过计算 $P(x_j^t)/P(x_j^s)$ 并将其赋值给源域数据作为权重，可以解决源域和目标域特征分布不一致的问题。

b. 基于特征的迁移学习方法。该方法是将源域和目标域的特征样本映射到一个新的空间中，来减少两者之间的分布差距，或者用特征选择的方式寻找源域和目标域之间的共性知识，最后用传统机器学习方法来进行分类模型的构建。这类方法通常假设源域和目标域间有一些交叉的共享特征或者存在一个隐变量特征空间，通过学习某种新的特征 $\varphi(x)$ 来增强领域间共性以降低它们之间的差异，最终解决 $P(\boldsymbol{X}_s) \neq P(\boldsymbol{X}_t)$ 的问题。换句话说，就是要降低新特征 $P(\varphi(\boldsymbol{X}_s))$ 与 $P(\varphi(\boldsymbol{X}_t))$ 的差异，并使得 $P(\boldsymbol{Y}_s \mid \varphi(\boldsymbol{X}_s)) \approx P(\boldsymbol{Y}_t \mid \varphi(\boldsymbol{X}_t))$ 成立。

c. 基于关系的迁移学习方法。相比于其他三种迁移学习方法，该方法更加关注源域和目标域特征样本之间的逻辑关系。这种关系可以是具体的，也可以是抽象的，在此基础上进行相应的迁移。目前来说，关于这方面的研究工作比较少，主要集中在基于马尔可夫逻辑网络（Markov logic net，MLN）的方法来挖掘不同领域间的关联规则[82,83]，借助源域和目标域间逻辑关系的相似性实现迁移。

d. 基于模型的迁移学习方法。基于模型的迁移是在模型层次上源任务和目标任务共享部分通用知识，包括模型参数、模型先验知识和模型架构，分为基于共享模型成分的知识迁移和基于正则化的知识迁移两类。前者利用源域的模型成分或超参数来确定目标域模型；后者通过限制模型灵活性来防止模型过拟合。考虑到跨设备故障数目的不同，本节通过模型参数迁移的学习方法，实现跨设备即滚动轴承、行星齿轮箱和道岔转辙机设备之间的故障识别。基于模型参数的迁移假设源任务和目标任务的学习模型中存在一些可共享并可被挖掘的参数，将源域训练好的模型应用到目标域的学习任务上，使用少量的目标域带标签样本对模型进行训练，通过适当微调参数使模型较好地适用于目标域的识别任务。

相比于基于样本和特征的迁移学习方法，基于模型参数的迁移学习利用模型层面的知识重新使用从源域中学习到的模型可以避免再次抽取训练数据或再对复杂的数据表示进行关系推理，学习更高效，更能抓住源域的高层级知识。

(2) 最大均值差异

迁移学习需要找寻目标域与源域之间的共同点，其性能在很大程度上取决于领域之间的相似度，常用的度量方法有[84]：最大均值差异（maximum mean discrepancy，MMD）、KL 散度（Kullback Leibler divergence，KLD）、JS 散度（Jensen Shannon divergence，JSD）、Bregman 散度（Bregman divergence，BD）、Hilbert-Schmidt 独立准则（Hilbert Schmidt independence criterion，HSIC）等。

MMD 是机器学习中衡量样本分布差异的常用方法。它使用非线性映射函数 $\varnothing(g)$ 将两个不同分布的样本数据映射到再生希尔伯特空间 $\boldsymbol{H}$ 中，然后在 $\boldsymbol{H}$ 中计算不同边际概率分布之间的距离作为跨域差异的度量。

假设一个满足 P 分布的数据集 $\boldsymbol{X}_s=\{x_s^i\}_{i=1}^{N_s}$ 和一个满足 P 分布的数据集 $\boldsymbol{X}_t=\{x_t^i\}_{i=1}^{N_t}$，两个数据集的 MMD 值计算如下：

$$LMMD=MMD_H^2(\boldsymbol{X}^s,\boldsymbol{X}^t)=\left\|\frac{1}{N_s}\sum_{i=1}^{N^s}\phi(x_i^s)-\frac{1}{N_t}\sum_{i=1}^{N^t}\phi(x_i^t)\right\| \tag{5-110}$$

式中，N^s 和 N^t 表示两个数据集的样本数量，MMD 值越小，则认为两个数据集分布很相似，反之不同。当 MMD 值为 0 时，两个数据集分布相同。

（3）基于 TL 和 CNN 模型的故障诊断方法

基于CNN模型和迁移学习设计了基于模型迁移学习框架 TL_CNN[85]，其结构如图 5-93 所示。从图中可以看出，源域和目标域的学习模型采用 CNN 模型结构，特征提取层由 2 层卷积层、2 层池化层和全连接层组成，其中源域学习模型中的卷积层和池化层的组合表示源域特征提取器，用 $\boldsymbol{G}_s$ 表示。目标域学习模型中与源域特征提取器 $\boldsymbol{G}_s$ 相对应的网络层组合用 $\boldsymbol{G}_t$ 表示。

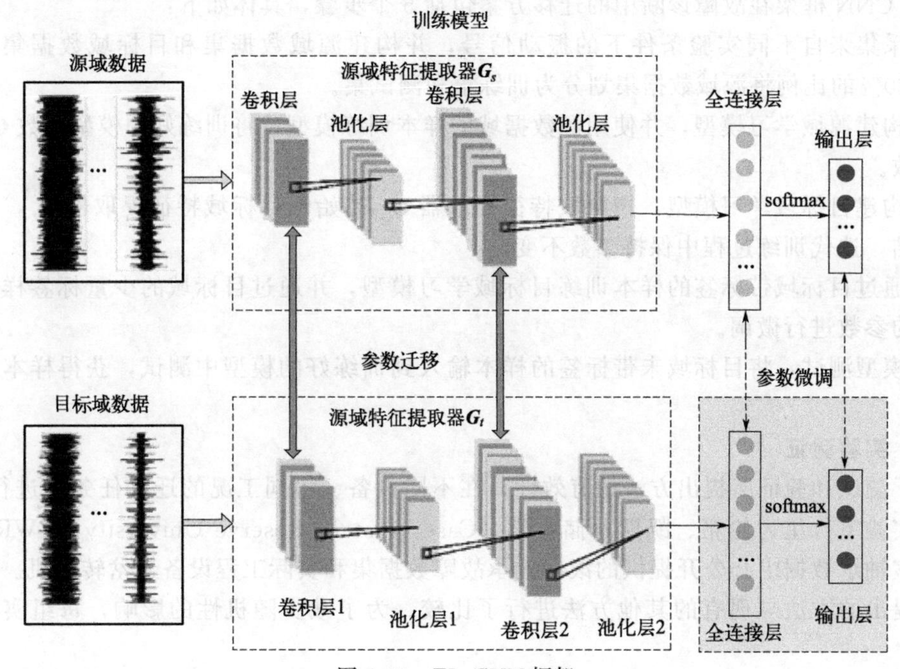

图 5-93　TL_CNN 框架

提高模型的域适性包括两个步骤：

① 预训练源域学习模型，使用源域带标签的训练样本训练模型，并获得源特征提取器 $\boldsymbol{G}_s$。对于源域样本 x_i^s，由源特征提取器 $\boldsymbol{G}_s$ 映射的输出特征向量用 $\boldsymbol{G}_s(x_i^s)$ 表示，将其作为全连接层的输入进行识别。

② 参数迁移过程，用源域特征提取器 $\boldsymbol{G}_s$ 初始化目标域特征提取器 $\boldsymbol{G}_t$ 的参数。对于目标域样本 x_i^t，由目标域特征提取器 $\boldsymbol{G}_t$ 映射出的特征向量用 $\boldsymbol{G}_t(x_i^t)$ 表示，即 $\boldsymbol{G}_t(x_i^t)=\boldsymbol{G}_s(x_i^s)$，将 $\boldsymbol{G}_s(x_i^s)$ 作为目标域学习模型的全连接层输入，则目标域分类器的输出可表示为：

$$\widetilde{y}_i^t = \text{softmax}(f(\boldsymbol{G}_t(x_i^t))) = \begin{bmatrix} p(y_i^t = 1 \mid f(\boldsymbol{G}_s(x_i^t)), w) \\ p(y_i^t = 2 \mid f(\boldsymbol{G}_s(x_i^t)), w) \\ \cdots \\ p(y_i^t = c \mid f(\boldsymbol{G}_s(x_i^t)), w) \end{bmatrix}$$

$$= \frac{1}{\sum_{j=1}^{c} \exp(f(\boldsymbol{G}_s(x_i^t)))} \begin{bmatrix} \exp(f(\boldsymbol{G}_s(x_i^t))) \\ \exp(f(\boldsymbol{G}_s(x_i^t))) \\ \cdots \\ \exp(f(\boldsymbol{G}_s(x_i^t))) \end{bmatrix} \tag{5-111}$$

式中，w 表示全连接层的参数；f 表示全连接层的操作；$f(\boldsymbol{G}_s(x_i^t))$ 是与输入 x_i^t 相关联的特征向量。

目标域学习任务是在源域特征提取器 $\boldsymbol{G}_s$ 提取特征的情况下，通过目标域少量带标签的训练样本来训练模型，通过不断迭代学习，找到使得预测函数与实际标签之间的误差达到最小的参数 w^*。

TL_CNN 框架在故障诊断中的迁移方案包括 5 个步骤，具体如下：

① 采集来自不同实验条件下的振动信号，并构建源域数据集和目标域数据集。按照 80%和 20%的比例将源域数据集划分为训练集和测试集。

② 构建源域学习模型，并使用源数据域的样本训练模型，将训练好的模型参数 $\boldsymbol{G}_s$ 作为迁移参数。

③ 构建目标域学习模型，用源域特征提取器 $\boldsymbol{G}_s$ 初始化目标域特征提取器 $\boldsymbol{G}_t$，并将其参数冻结，迭代训练过程中保持参数不变。

④ 通过目标域带标签的样本训练目标域学习模型，并通过目标域的少量标签样本对全连接层的参数进行微调。

⑤ 模型测试，将目标域未带标签的样本输入到训练好的模型中测试，获得样本的诊断结果。

(4) 实验验证

为了测试和验证所提出方法的有效性，在不同设备、不同工况的迁移任务中进行验证。设备有实验室行星齿轮箱、凯斯西储大学（Case Western Reserve University，CWRU）电气实验室轴承数据中心公开提供的滚动轴承故障数据集和实际工程设备道岔转辙机。实验过程中将提出的方法与现有的其他方法进行了比较。为了减少随机性的影响，每组实验进行 10 次。

① 行星齿轮箱实验描述。行星齿轮箱的实验系统如图 5-94(a) 所示，该系统由控制器、变速驱动电机、弹性联轴器、斜齿轮箱、单级行星齿轮箱、磁粉制动器和隔振底板组成。电机提供动力，通过斜齿轮箱、弹性联轴器和行星齿轮箱传递给磁粉制动器。控制器通过调节电压和电流值可以改变电机的转速和制动器的阻尼系数。单级行星齿轮箱主要由 18 齿太阳轮、27 齿行星轮、行星架和 72 齿的齿圈组成，内部结构如图 5-94(b) 所示。与输入轴相连的太阳轮由三个行星轮环绕，行星轮在自转的同时还围绕太阳轮公转，并且行星轮与太阳轮和齿圈同时啮合。

实验中模拟了行星轮 5 种不同的健康状态，包括正常状态、单齿磨损、两齿磨损、三齿磨损和全齿磨损，5 种健康状态的行星轮如图 5-94(d)～(h) 所示。考虑到行星齿轮箱的特殊结构，以及振动传递路径变化的影响，实验过程中参照文献［86］中的实验部分布置传感

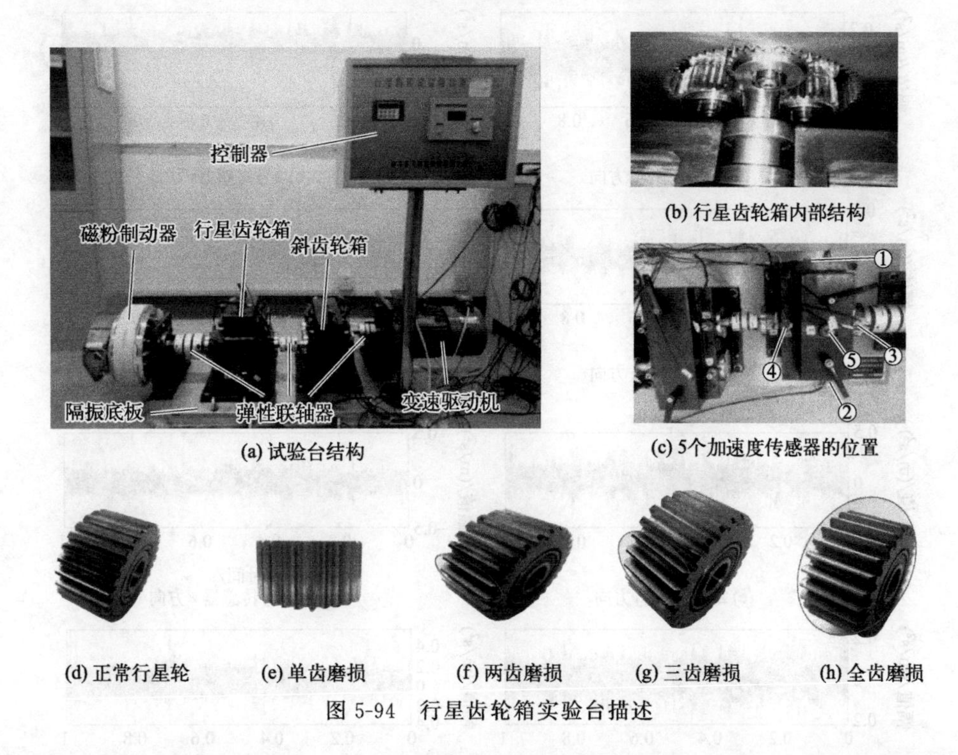

(a) 试验台结构　(b) 行星齿轮箱内部结构　(c) 5个加速度传感器的位置

(d) 正常行星轮　(e) 单齿磨损　(f) 两齿磨损　(g) 三齿磨损　(h) 全齿磨损

图 5-94　行星齿轮箱实验台描述

器，在行星齿轮箱箱体表面的 5 个位置布置了加速度传感器，每个传感器的测点位置如图 5-94(c) 所示。其中，①号和②号传感器为三向传感器，安装在行星齿轮箱箱体的两侧；③号、④号和⑤号为单向传感器，③号和④号安装在行星齿轮箱输入端和输出端的轴承上方，⑤号传感器安装在箱体齿圈垂直方向的顶端正上方。实验在发动机转速为 1200r/min、1500r/min 和 600r/min（对应的载荷为 0.3hp、0.5hp 和 1hp，1hp=0.735kW）的情况下采集数据，采样频率为 20.48kHz，采样时长为 30s，每个传感器采集的信号长度为 614400。根据行星齿轮箱的结构参数和转速，计算得到各个齿轮局部故障的特征频率，在表 5-31 中给出。

表 5-31　行星齿轮箱特征频率

负载	转速 /r·min^{-1}	啮合频率	旋转频率			故障特征频率		
			太阳轮	行星轮	齿圈	太阳轮	行星轮	齿圈
0.3hp	1200	257.1Hz	14.29Hz	9.52Hz	2.86Hz	14.29Hz	9.52Hz	3.57Hz
0.5hp	1500	321.4Hz	17.86Hz	11.9Hz	17.86Hz	17.86Hz	11.91Hz	4.46Hz
1hp	600	128.6Hz	7.143Hz	4.76Hz	1.43Hz	7.14Hz	4.76Hz	1.79Hz

实验中采用 5 组传感器（2 个三向和 3 个单向）同时进行振动信号采集，每个方向采集的信号作为一组信号，共有 9 组信号。每组信号长度为 614400，5 种健康状态，每种健康状态下有 600 个样本，每个样本长度为 1024，因此每个方向的样本总量为 600×5=3000。图 5-95 显示了电机转速 1500r/min 下行星轮全齿磨损的 9 组原始振动信号。

② 滚动轴承实验描述。CWRU 滚动轴承故障实验平台如图 5-96 所示，由电动机（2hp、1.5kW）、扭矩传感器及编码器、功率测试计、电子控制器（图中未显示）等组成。驱动端和风扇端的滚动轴承分别为 6205-2RS SKF 和 6203-2RS SKF 的深沟球轴承，参数信息在表 5-32 中给出。采用电火花加工技术分别在正常轴承的内圈、外圈、滚动体处人工制造了

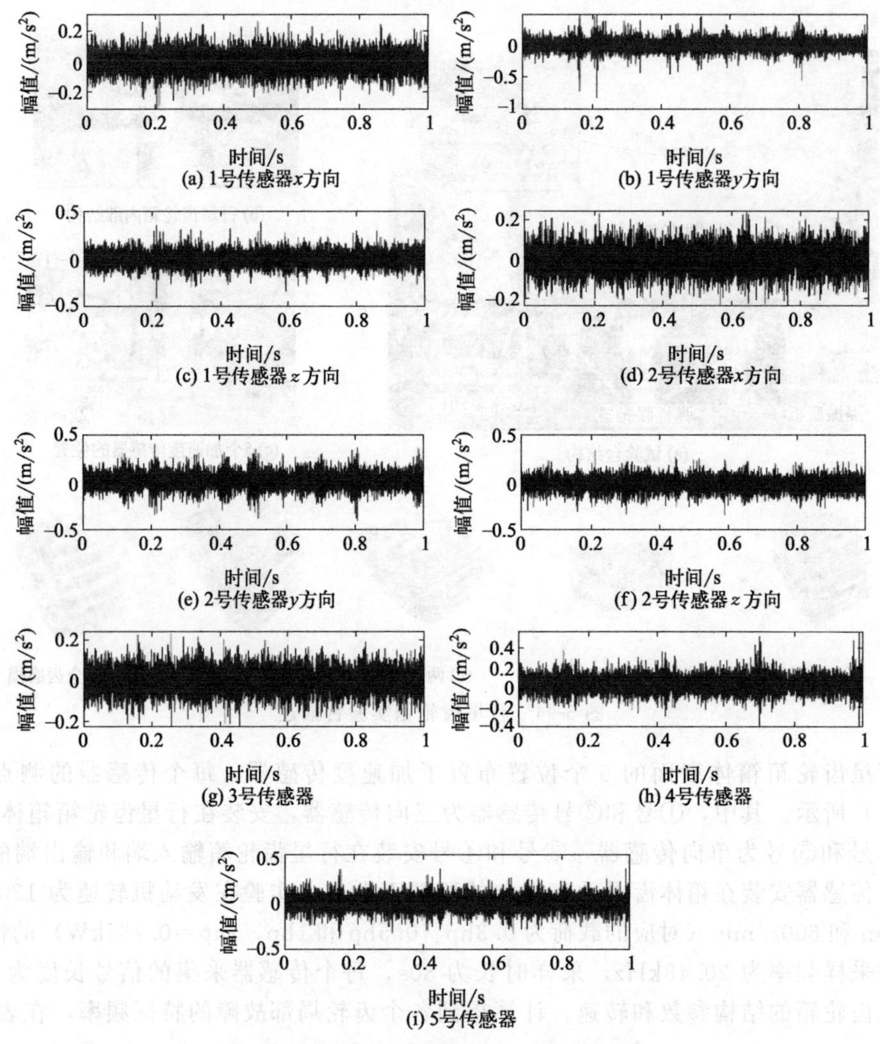

图 5-95　行星轮全齿磨损的 9 组原始振动信号

图 5-96　滚动轴承故障实验平台

损伤直径为 0.18mm、0.36mm、0.53mm 的单点故障。测试内圈故障时，由两个安装在电动机驱动端和风扇端的 12 点位置的加速度传感器采集信息；测试外圈和滚动体故障时，除了驱动端和风扇端外，还在电机支撑板上安装了传感器采集信息。

表 5-32 滚动轴承参数信息

位置	型号	滚珠个数	尺寸/mm				
			内径	外径	厚度	滚动体直径	节径
驱动端	6205-2RS SKF	9	25	52	15	7.94	39.04
风扇端	6203-2RS SKF	8	17	40	12	6.75	28.50

实验采用16通道DAT记录仪分别采集了电机转速在1797r/min（0负载）、1750r/min（1负载）、1730r/min（2负载）和1722r/min（3负载）的振动信号，采样频率为2kHz。每种转速下共有10种健康状态，如表5-33所示。图5-97显示了发动机在1797r/min的转速下驱动端传感器采集的10种健康状态下的时域振动信号。在4种转速（1797r/min、1750r/min、1730r/min和1722r/min）下收集的振动信号分别由A、B、C和D数据集表示。

表 5-33 滚动轴承 10 种健康状态信息

序号	故障位置	故障大小/mm	标签
1	正常		0
2	内圈	0.18	1
3	内圈	0.36	2
4	内圈	0.53	3
5	外圈	0.18	4
6	外圈	0.36	5
7	外圈	0.53	6
8	滚动体	0.18	7
9	滚动体	0.36	8
10	滚动体	0.53	9

③ 转辙机柱塞泵实验数据。实验在4.1.1节柱塞泵中间泵体上方测点采集到的振动信号上验证模型的有效性，故障类别为5种，分别是正常、缸体磨损、三角孔堵塞、柱塞球头断裂和柱塞尾部断裂。实验中，采样时长30s，振动信号长度614400，其时域波形如图5-98所示。按照样本长度为1024来划分样本，每种健康状态下的样本量为600组。

④ 不同设备不同工况下的迁移。在实验室设备行星齿轮箱、滚动轴承和实际工程设备转辙机上设计了三种迁移任务，分别是迁移任务A（滚动轴承→行星齿轮箱），源域有10种健康状态，目标域5种健康状态；迁移任务B（行星齿轮箱→滚动轴承），源域有10种健康状态，目标域有5种健康状态；迁移任务C（行星齿轮箱→道岔转辙机），目标域和源域各有5种健康状态。实验中，使用最大均值差异算法（MMD）衡量迁移任务中源域和目标域的样本数据分布之间的相似程度，从结果中可以看出迁移任务C中样本差异度最大，为2.47，迁移任务A中样本差异度值为1.01，迁移任务B中样本差异度值为0.85，表5-34中列出了迁移任务的详细信息。

表 5-34 不同设备之间的迁移任务描述

序号	MMD值	源域	目标域
A	≈1.01	轴承数据 1722r/min	行星齿轮箱转速 1200r/min
B	≈0.85	行星齿轮箱转速 1500r/min	滚动轴承,转速 1730r/min
C	≈2.47	行星齿轮箱转速 1500r/min	转辙机,转速 960r/min

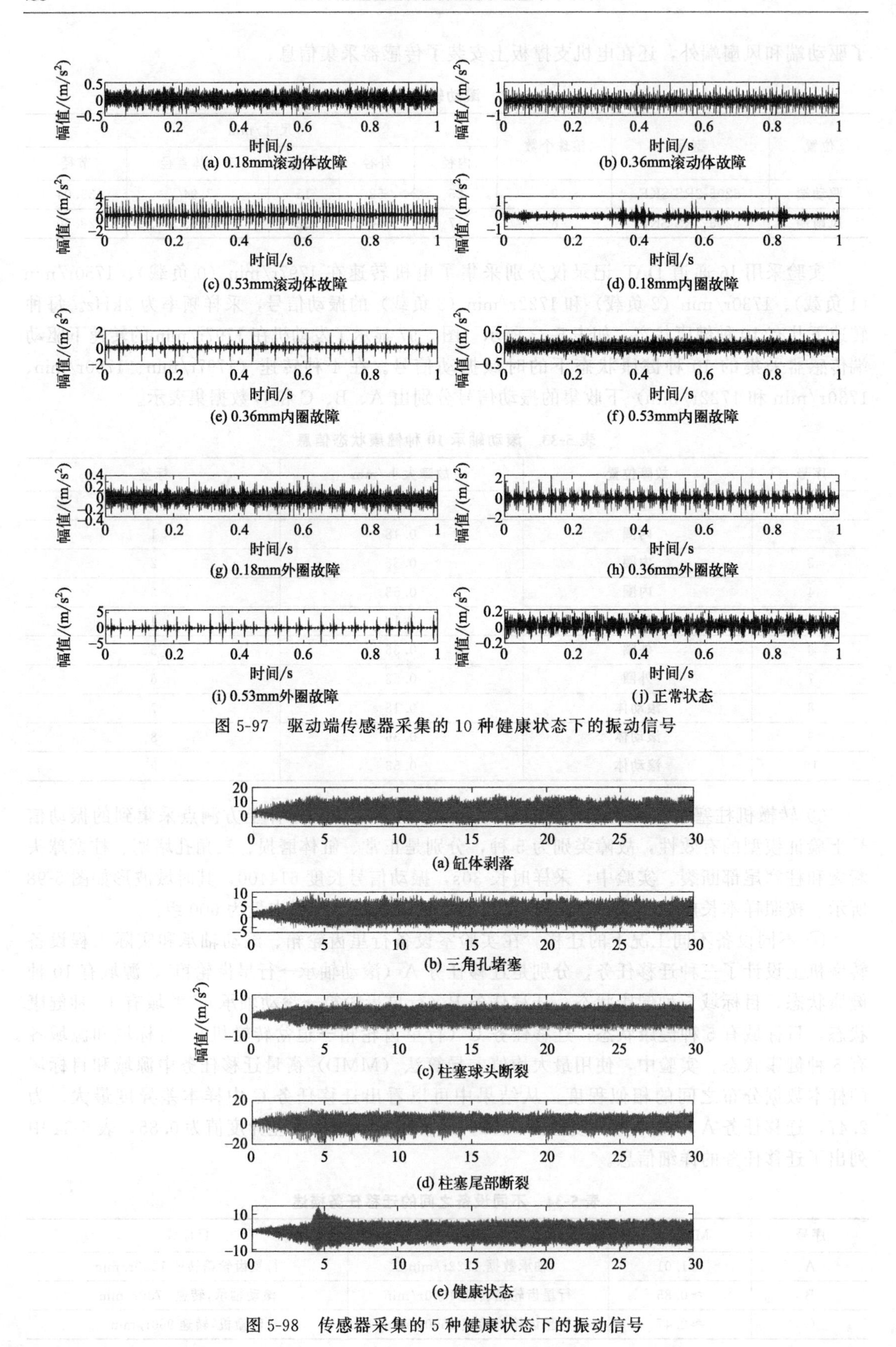

图 5-97 驱动端传感器采集的 10 种健康状态下的振动信号

图 5-98 传感器采集的 5 种健康状态下的振动信号

实验过程中先使用源域中足够的训练样本对模型进行预训练，将预训练中具有较好诊断结果的模型参数保存，并迁移至目标域的学习模型中。实验中将提出的方法与文献［87］中的迁移模型 TLWDCNN 进行对比分析。在 TLWDCNN 模型中，第一层卷积层中采用较大尺寸（1×65）的卷积核提取特征，其他层的卷积核均是1×3的小卷积核，模型以原始振动信号作为输入。用于比较的各模型参数设置相同，学习率为 0.0015，目标域学习模型训练时迭代 50 次。

目标域中用于训练模型的样本占总样本的比例范围为2%～80%，图5-99给出了各域训练模型在目标域不同大小训练集训练微调后，在目标域测试集上的诊断精度。

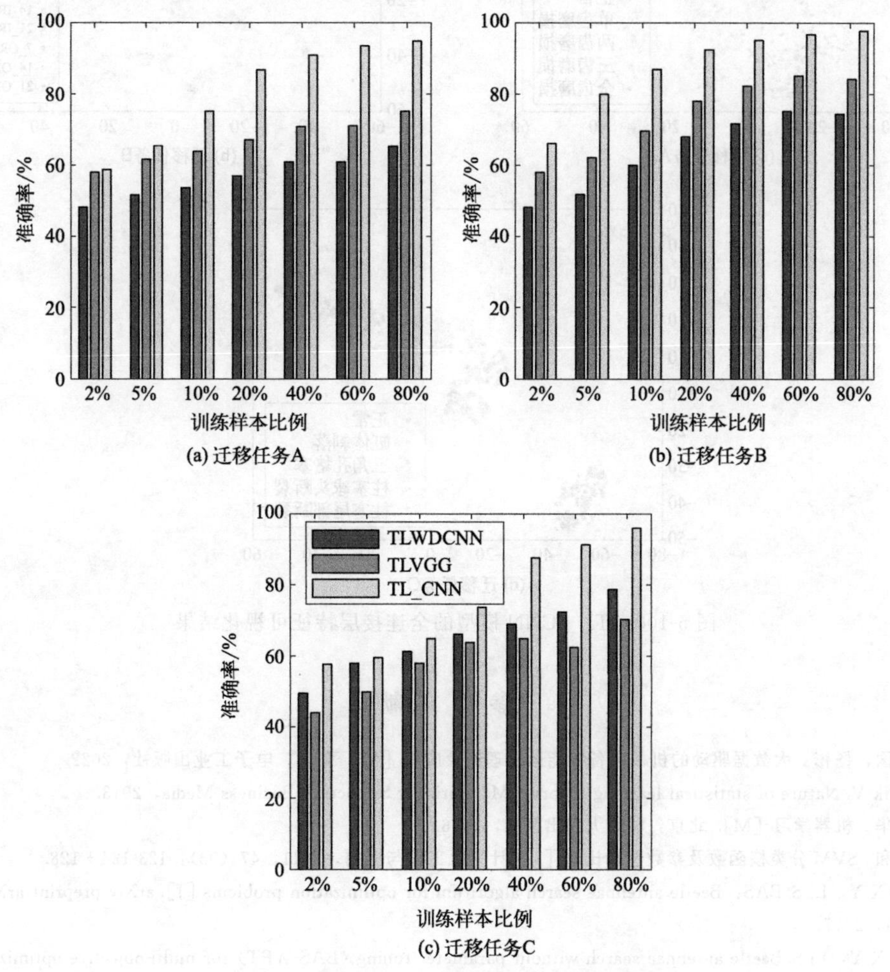

图 5-99 模型在三个迁移任务中的诊断精度

从图中可以看出，在三种迁移任务中，TL_CNN 的诊断精度最高。在迁移任务 A 中，当20%的样本训练时，提出方法的平均诊断精度为86.89%；当训练样本增加到40%时，平均诊断精度上升到91.20%；训练样本为80%时，平均诊断精度为95.11%。在迁移任务C中，由于源域和目标域之间的样本数据分布差异较大，当20%的样本训练时，测试精度为75.38；训练样本为80%时，测试精度为95.59%。

为了评估模型的特征学习和分类能力，采用 T-SNE 方法对模型的全连接层特征进行降维可视化分析，如图5-100所示。从结果中可以发现，当训练样本为40%时，在迁移任务 B 中，相同类别特征聚类紧密。在迁移任务 A 中，两齿磨损和三齿磨损之间存在特征重叠，其他健康状态聚类明显。在迁移任务C中，相同类别特征聚类紧密，但在柱塞头断裂和柱塞尾部断裂类间距离小。

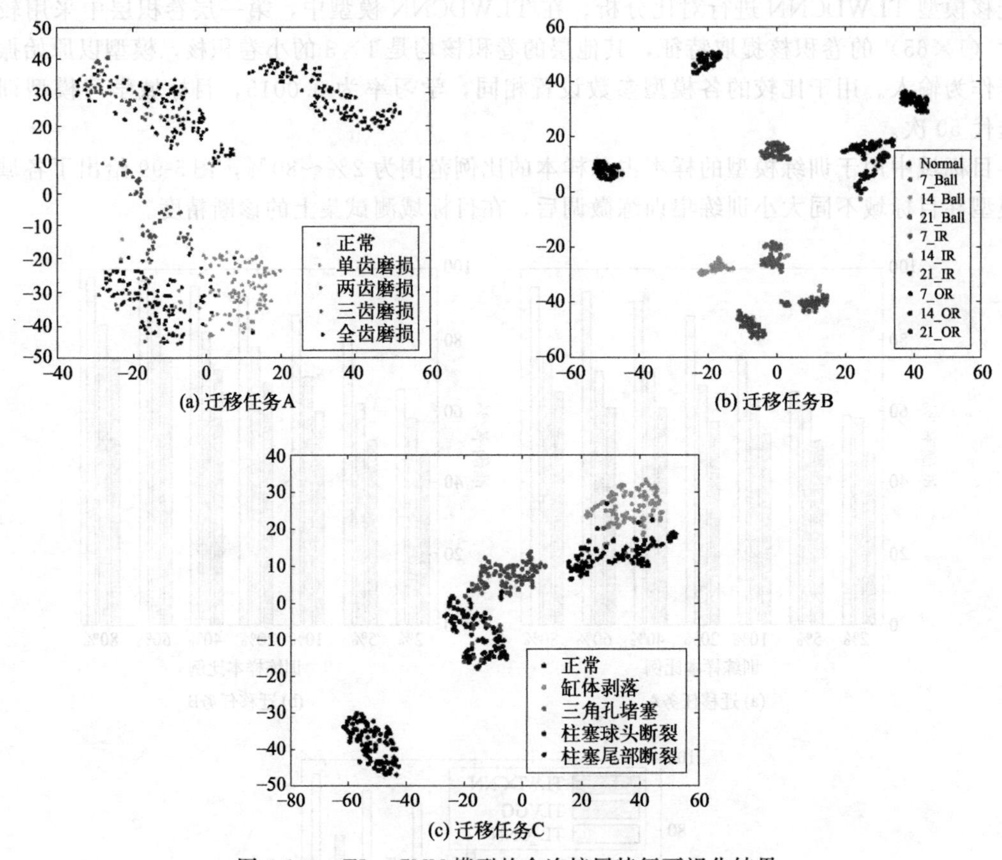

图 5-100 TL _ CNN 模型的全连接层特征可视化结果

参考文献

[1] 雷亚国，杨彬．大数据驱动的机械装备智能运维理论及应用［M］. 北京：电子工业出版社，2022.

[2] Vapnik V. Nature of statistical learning theory［M］. Springer Science & Business Media，2013.

[3] 周志华．机器学习［M］. 北京：清华大学出版社，2016.

[4] 奉国和．SVM分类核函数及参数选择比较［J］. 计算机工程与应用，2011，47（03）：123-124+128.

[5] Jiang X Y，Li S. BAS：Beetle antennae search algorithm for optimization problems［J］. arXiv preprint arXiv：1710.10724，2017.

[6] Jiang X Y，Li S. Beetle antennae search without parameter tuning（BAS-WPT）for multi-objective optimization［J］. arXiv preprint arXiv：1711.02395，2017.

[7] Price，Kenneth，Storn，et al. 差分进化算法［M］. Springer，2017.

[8] Ahmadianfar I，Heidari A A，Noshadian S，et al. INFO：An efficient optimization algorithm based on weighted mean of vectors［J］. Expert Systems With Applications，2022，195.

[9] 蔡波．基于多特征融合与改进SVM的道岔转辙机故障诊断研究［D］. 太原：中北大学，2021.

[10] 赫婷，黄晋英，胡孟楠，等．基于KPEMD与INFO-SVM的柱塞泵故障诊断［J］. 中北大学学报（自然科学版），2023，44（03）：216-221+228.

[11] 常佳豪．转辙机柱塞泵的故障诊断方法研究［D］. 太原：中北大学，2022.

[12] Huang G B，Zhu Q Y，Siew C K. Extreme learning machine：A New learning scheme of feed forward neural networks［C］// 2004 IEEE international joint conference on neural networks（IEEE Cat. No. 04CH37541）. IEEE，2004，2：985-990.

[13] Huang G B，Siew C K. Extreme learning machine with randomly assigned RBF kernels [J]. International Journal of Information Technology，2005，11 (1)：16-24.
[14] 赵世杰，高雷阜，徒君，等．耦合横纵向个体更新策略的改进 MVO 算法 [J]. 控制与决策，2018，33 (8)：1422-1428.
[15] 陈国良，王煦法，庄镇泉，等．遗传算法及其应用 [M]. 北京：人民邮电出版社，2002：51-53.
[16] Neshat M，Sepidnam G，Sargolzaei M，et al. Artificial fish swarm algorithm：A survey of the state-of-the-art，hybridization，combinatorial and indicative applications [J]. Artificial Intelligence Review，2014，42 (4)：965-997.
[17] Mirjalili S，Mirjalili S M，Lewis A. Grey wolf optimizer [J]. Advances in Engineering Software，2014，69：46-61.
[18] Heidari A A，Mirjalili S，Faris H，et al. Harris hawks optimization：Algorithm and applications [J]. Future Generation Computer Systems，2019，97：849-872.
[19] Mirjalili S，Mirjalili S M，Hatamlou A. Multi-verse optimizer：A nature-inspired algorithm for global optimization [J]. Neural Computing and Applications，2016，27 (2)：495-513.
[20] Rashedi E，Nezamabadi-Pour H，Saryazdi S. GSA：A gravitational search algorithm [J]. Information Sciences，2009，179 (13)：2232-2248.
[21] Abualigah L，Diabat A，Mirjalili S，et al. The arithmetic optimization algorithm [J]. Computer Methods in Applied Mechanics and Engineering，2021，376：113609.
[22] Hubel D，Wiesel T. Receptive fields and functional architecture of monkey striate cortex [J]. Journal of Physiology，1968，195：215-243.
[23] Riesenhuber M，Poggio T. Hierarchical models of object recognitionin in cortex [J]. Nature Neuroscience，1999，2 (11)：1019.
[24] Hadji I，Wildes R P. What do we understand about convolutional networks [J]. aiXiv preprint arXiv：1803. 08834，2018.
[25] 尹宝才，王文通，王立春．深度学习研究综述 [J]. 北京工业大学学报，2015，41 (01)：48-59.
[26] 李彦冬，郝宗波，雷航．卷积神经网络研究综述 [J]. 计算机应用，2016，36 (009)：2508-2515.
[27] Lecun Y，Bottou L. Gradient-based learning applied to document recognition [J]. Proceedings of the IEEE，1998，86 (11)：2278-2324.
[28] Krizhevsky A，Sutskever I，Hinton G. Imagenet classification with deep convolutional neural networks [J]. Advances in neural information processing systems，2012，25 (2)：1097-1105.
[29] Kingma D，Ba J. Adam：A method for stochastic optimization [J]. arXiv preprint arXiv：1412. 6980，2014.
[30] Srivastava N，Hinton G，Krizhevsky A，et al. Dropout：A simple way to prevent neural networks from overfitting [J]. Journal of Machine Learning Research，2014，15 (1)：1929-1958.
[31] Ioffe S，Szegedy C. Batch normalization：Accelerating deep network training by reducing internal covariate shift [J]. arXiv preprint arXiv：1502. 03167，2015.
[32] Liu H C，Yao D C，Yang J W，et al. Lightweight convolutional neural network and its application in rolling bearing fault diagnosis under variable working conditions [J]. Sensors，2019，19 (22)：4827.
[33] 王智超，杨喜旺，黄晋英，等．基于 ITD-SDP 图像特征和 DSCNN 的道岔转辙机故障诊断 [J]. 铁道学报，2023，45 (05)：65-71.
[34] Chollet F. Xception：Deep learning with depthwise separable convolutions [C]//2017 IEEE Conference on Computer Vision and Pattern Recognition (CVPR). IEEE，2017.
[35] Srivastava H，Sarawadekar K. A depthwise separable convolution architecture for CNN accelerator [C] // 2020 IEEE Applied Signal Processing Conference (ASPCON). IEEE，2020：1-5.
[36] Ha I，Kim H，Park S，et al. Image retrieval using BIM and features from pretrained VGG network for indoor localization [J]. Building and Environment，2018：23-31.
[37] Zhou Y，Ren F，Nishide S，et al. Facial sentiment classification based on resnet-18 model [C] // International Conference on Electronic Engineering and Informatics (EEI)，2019：463-466.
[38] Al-Qizwini M，Barjasteh I，Al-Qassab H，et al. Deep learning algorithm for autonomous driving using GoogLeNet [C] // 2017 IEEE Intelligent Vehicles Symposium (Ⅳ). IEEE，2017.
[39] He K M，Zhang X Y，Ren S Q，et al. Deep residual learning for image recognition [C] // IEEE Conference on Computer Vision and Pattern Recognition in Las Vegas，Nevada，June 26 - July 1，2016. USA：IEEE，2016：770-778.

[40] Orhan A E, Pitkow X. Skip connections eliminate singularities [J]. arXiv preprint arXiv: 1701.09175, 2017.
[41] Huang G, Sun Y, Liu Z, et al. Deep networks with stochastic depth [C]. European conference on computer vision, Springer, Cham, 2016: 646-661.
[42] Veit A, Wilber M J, Belongie S. Residual networks behave like ensembles of relatively shallow networks [C]. Advances in neural information processing systems, 2016: 550-558.
[43] Peng Z, et al. Conformer: Local features coupling global representations for recognition and detection [J]. In IEEE Transactions on Pattern Analysis and Machine Intelligence, 2023, 45 (08): 9454-9468.
[44] 张建飞. 基于 VMD-CWT 与 CBAM-ResNet 的柱塞泵故障诊断研究 [D]. 太原: 中北大学, 2023.
[45] 任欢, 王旭光. 注意力机制综述 [J]. 计算机应用, 2021, 41 (S1): 1-6.
[46] 茅健, 郭玉荣, 赵嫚. 基于注意力机制的滚动轴承故障诊断方法 [J]. 计算机集成制造系统, 2023, 29 (07): 2233-2244.
[47] Woo S, Park J, Lee J Y, et al. CBAM: Convolutional block attention module [J]. Springer, Cham, 2018: 3-19.
[48] 梁杰, 陈嘉豪, 张雪芹, 等. 基于独热编码和卷积神经网络的异常检测 [J]. 清华大学学报 (自然科学版), 2019, 59 (07): 523-529.
[49] Hochreiter S, Schmidhuber J. Long short-term memory [J]. Neural computation, 1997, 9 (8): 1735-1780.
[50] 赵兵, 王增平, 纪维佳, 等. 基于注意力机制的 CNN-GRU 短期电力负荷预测方法 [J]. 电网技术, 2019, 43 (12): 7.
[51] 徐晓燕. 基于深度学习的柱塞泵故障诊断方法研究 [D]. 太原: 中北大学, 2023.
[52] Vaswani A, Shazeer N, Parmar N, et al. Attention is all you need [J]. arXiv preprint arXiv: 1706.03762, 2017.
[53] 何津民, 张丽珍. 基于自注意力机制和 CNN-LSTM 深度学习的对虾投饵量预测模型 [J]. 大连海洋大学学报, 2022, 37 (2): 304-311.
[54] 何宗博. 基于深度学习的铁路道岔转辙机故障诊断 [D]. 太原: 中北大学, 2021.
[55] Cho K, Van Merriënboer B, Gulcehre C, et al. Learning phrase representations using RNN encoder-decoder for statistical machine translation [J]. arXiv preprint arXiv: 1406.1078, 2014.
[56] Kipf T N, Welling M. Semi-supervised classification with graph convolutional networks [J]. arXiv preprint arXiv: 1609.02907, 2016.
[57] Zhang D, Stewart E, Entezami M, et al. Intelligent acoustic-based fault diagnosis of roller bearings using a deep graph convolutional network [J]. Measurement, 2020, 156: 107585.
[58] Yu X, Tang B, Zhang K. Fault diagnosis of wind turbine gearbox using a novel method of fast deep graph convolutional networks [J]. IEEE Transactions on Instrumentation and Measurement, 2021, 70: 1-14.
[59] Li C, Mo L, Yan R. Rolling bearing fault diagnosis based on horizontal visibility graph and graph neural networks [C] // 2020 International Conference on Sensing, Measurement & Data Analytics in the Era of Artificial Intelligence (ICSMD). IEEE, 2020: 275-279.
[60] Li Q, Han Z, Wu X M. Deeper insights into graph convolutional networks for semi-supervised learning [J]. arXiv preprint arXiv: 1801.07606v1, 2018.
[61] Chen M, Wei Z, Huang Z, et al. Simple and deep graph convolutional networks [C] // International Conference on Machine Learning. PMLR, 2020: 1725-1735.
[62] 胡孟楠. 基于图神经网络的转辙机柱塞泵故障诊断及寿命预测技术研究 [D]. 太原: 中北大学, 2023.
[63] Bruna J, Zaremba W, Szlam A, et al. Spectral networks and locally connected networks on graphs [J]. arXiv preprint arXiv: 1312.6203v3, 2014.
[64] Defferrard M, Bresson X, Vandergheynst P. Convolutional neural networks on graphs with fast localized spectral filtering [J]. arXiv preprint arXiv: 1606.09375v3, 2017.
[65] Levie R, Monti F, Bresson X, et al. Cayleynets: Graph convolutional neural networks with complex rational spectral filters [J]. IEEE Transactions on Signal Processing, 2018, 67 (1): 97-109.
[66] Oono K, Suzuki T. Graph neural networks exponentially lose expressive power for node classification [J]. arXiv preprint arXiv: 1905.10947, 2019.
[67] Li T, Zhou Z, Li S, et al. The emerging graph neural networks for intelligent fault diagnostics and prognostics: A guideline and a benchmark study [J]. Mechanical Systems and Signal Processing, 2022, 168: 108653.
[68] 程海吉, 魏秀业, 徐晋宏, 等. 基于 LMD 与相关分析的行星齿轮箱测点优化 [J]. 组合机床与自动化加工技术,

2022 (03): 149-152.

[69] Der Maaten L V, Hinton G E. Visualizing data using t-SNE [J]. Journal of machine learning research, 2008, 9 (11): 2579-2605.

[70] Sokolova M, Japkowicz N, Szpakowicz S. Beyond accuracy, F-score and ROC: A family of discriminant measures for performance evaluation [C] // AI 2006: Advances in Artificial Intelligence: 19th Australian Joint Conference on Artificial Intelligence, Hobart, Australia, December 4-8, 2006. Proceedings 19. Springer Berlin Heidelberg, 2006: 1015-1021.

[71] Howard A, Sandler M, Chu G, et al. Searching for mobilenetV3 [J]. 2019, arXiv preprint arXiv: 1905.0224.

[72] Pan S J, Qiang Y. A survey on transfer learning [J]. IEEE Transactions on Knowledge and Data Engineering, 2010, 22 (10): 1345-1359.

[73] 雷亚国，杨彬，杜兆钧，等. 大数据下机械装备故障的深度迁移诊断方法 [J]. 机械工程学报，2019，55 (07): 1-8.

[74] 杨胜康，孔宪光，王奇斌，等. 基于多源域深度迁移学习的机械故障诊断 [J]. 振动与冲击，2022，41 (09): 32-40.

[75] 李霁蒲，黄如意，陈祝云，等. 一种用于主轴轴承故障诊断的深度卷积动态对抗迁移网络 [J]. 振动工程学报，2022，35 (02): 446-453.

[76] Thrun S, Pratt L. Learning to learn [M]. Dordrecht: Kluwer Academic Publishers, 1998.

[77] Zheng H, Wang R, Yang Y, et al. Cross-domain fault diagnosis using knowledge transfer strategy: A review [J]. IEEE Access, 2019, 7: 129260-129290.

[78] Wang S, Zhang L, Zuo W, et al. Class-specific reconstruction transfer learning for visual recognition across domains [J]. IEEE Transactions on Image Processing, 2020, 29: 2424-2438.

[79] Weiss K, Khoshgoftaar T M, Wang D D. A survey of transfer learning [J]. Journal of Big Data, 2016, 3 (1): 1-40.

[80] 王晋东，陈益强. 迁移学习导论 [M]. 北京：电子工业出版社，2021.

[81] 陈雪峰，訾艳阳. 智能运维与健康管理 [M]. 北京：机械工业出版社，2018.

[82] Mihalkova L, Mooney R. Transfer learning from minimal target data by mapping across relational domains [C]. In: Boutilier C, eds. Proceedings of the 21rd International Joint Conference on Artificial Intelligence (IJCAI), Pasadena: IJCAI, 2009: 1163-1168.

[83] Davis J, Domingos P. Deep transfer via second-order Markov logic [C]. In: Danyluk A, Bottou L, Littman M, eds. Proceedings of the 26rd Annual International Conference on Machine Learning (ICML), Montreal Quebec: ICML, 2009: 217-224.

[84] 朱智宇. 基于卷积神经网络的机械故障诊断域自适应算法研究 [D]. 哈尔滨：哈尔滨工业大学，2019.

[85] 李红梅. 基于卷积神经网络的智能故障诊断方法研究 [D]. 太原：中北大学，2021.

[86] 冯志鹏，褚福磊，左明健. 行星齿轮箱振动故障诊断方法 [M]. 北京：科学出版社，2015.

[87] Han T, Liu C, Yang W, et al. A novel adversarial learning framework in deep convolutional neural network for intelligent diagnosis of mechanical faults [J]. Knowledge-Based Systems, 2019, 165 (02): 474-487.

第6章

基于信息融合的道岔转辙机故障诊断

随着传感器和通信技术的快速发展，机械设备健康监测变得越来越信息化、网络化、智能化。各式传感器和数据传输系统犹如一张庞大的神经网络遍布在机械系统内部，源源不断地获取监测数据，实时感知装备的一举一动[1]。转辙机柱塞泵故障可以通过电流、振动、油压、温度等信号进行检测。这些信息在不同层次、不同程度都包含着转辙机的运行状态信息。

然而，现有故障诊断方法大多基于单个传感器的信号进行退化建模和预测分析。由于柱塞泵结构复杂，零部件多，故障发生带有明显的模糊性和随机性的特点，单一数据来源易受外界噪声干扰、工况和测量位置变化的影响。而且对于不同类型的故障，不同的监测方法具有不同的灵敏度。充分利用不同种类、不同测点的监测数据对柱塞泵运行状态进行描述表达，利用多传感器信息之间的互补性可大幅提高柱塞泵故障诊断准确率。本章以转辙机柱塞泵为研究对象，综合考虑多传感器信息融合技术在故障诊断领域中的应用，结合深度学习、注意力机制和D-S证据理论构建不同的信息融合模型，实现多源信息的数据层、特征层和决策层融合，并通过柱塞泵实验平台对提出的方法进行验证。

6.1 信息融合技术

信息融合是人类和其他生物系统中普遍存在的基本功能。在认知过程中，人和动物首先通过各种感觉器官来对客观的事物实施多个方位及多个种类的感知活动，以便能够获得大量冗余的但却可以互补的信息，接着由大脑根据某种位置的规则进行组合并对这些感知到的信息进行处理，最终得到对客观对象统一的认识和理解，认知过程如图6-1所示。因为人的感

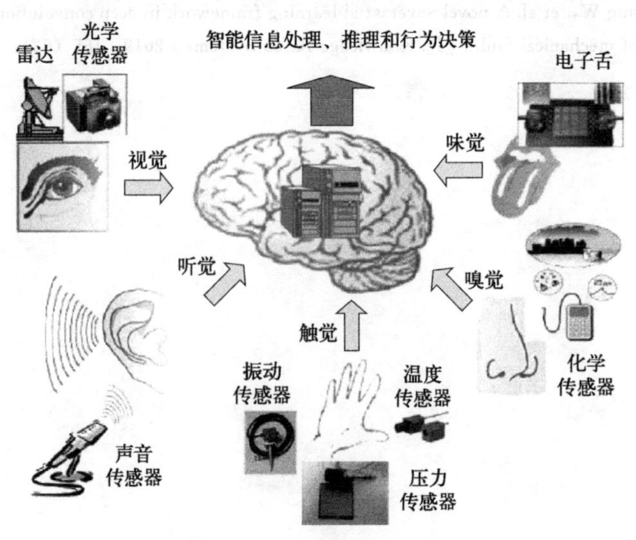

图6-1 信息融合过程[2]

觉器官有着不同的特征，所以能够检测到不同的空间范围中发生了的不同的物理现象。人类的这种信息处理的过程是很复杂的，而且是自适应性的，能够将各种各样的信息转化成为对环境有价值的解释。这种由感知到认知的过程就是信息融合过程。

在实际工程和生活中，人们常需要将通过各种途径获得的多种信息进行不同方式的融合处理，从而做出更好的决策。但是，信息中通常包含多种不确定性、模糊性和歧义性，如何从这些信息中获取对决策有用的信息是信息融合所研究的主要问题。

信息融合是20世纪70年代提出的，最初应用于美国国防部资助开发的声呐信号处理系统，通过对多个独立的连续声呐信号进行融合处理，自动检测出敌方潜艇的位置。随后，美国成立了数据融合专家组，并将多传感器信息融合技术列为重点研发的二十项关键技术之一。同时，一系列有关数据融合的国际学术会议相继召开，多个领域如工业控制、机器人技术、海洋监视和智慧城市等也呈现出向多传感器方向发展的趋势。至今，信息融合技术一直是一个研究的热点问题，并在多个领域中得到了广泛的应用。

6.1.1 信息融合定义

信息融合是一门交叉学科，虽然人们对这门学科的研究已经有40多年的历史了，但至今仍然没有一个被普遍接受的定义，具体地，在不同的研究领域，信息融合又相应地被称为数据融合、多传感器信息融合、多源信息融合、多模态信息融合和多视角信息融合等等。目前能被大多数研究者接受的信息融合的定义是1984年由美国国防部组织实验室理事联合会(Joint Directors of Laboratories，JDL)从军事应用给出的信息融合定义，即信息融合是一种多层次、多方面的处理过程，包括对多源数据进行检测、相关、组合和估计，从而提高状态和身份估计的精度，以及对战场态势和威胁的重要程度进行适时完整的评价。

除了上述形式，也有专家认为信息融合就是由多种信息源，如传感器、数据库、知识库和人类本身来获取有关信息，并进行滤波、相关和集成，从而形成一个表示框架，这种架构适用于获得有关决策、对信息的解释、达到系统目标（如何识别或跟踪目标）、传感器管理和系统控制等。

韩崇昭院士等人给出了一个有更大包含度的定义：多源信息融合主要是指利用计算机进行多源信息的处理，从而得到可综合利用信息的理论和方法。其中也包含对自然界人和动物大脑进行多传感信息融合机理的探索。信息融合研究的关键问题，就是提出一些理论和方法，对具有相似或不同特征模式的多源信息进行处理，以获得具有相关和集成特性的融合信息。研究的重点是特征识别和算法，这些算法导致多传感器信息的互补集成，改善不确定环境中的决策过程，解决把数据用于确定共用时间和空间框架的信息理论问题，同时用来解决模糊的和矛盾的问题[3]。

上述信息融合的定义都是从不同侧面说明了信息融合的功能和所要达到的目的。没有本质不同，只有狭义和广义之分。从机械设备故障诊断应用角度看，多传感器信息融合是一个综合处理信息的过程，用以估计或预测机械设备的运行状态，其优势主要表现如下：

① 能提高诊断的准确性和可信度。信息融合技术可以将多个传感器检测的信息进行科学、合理的综合处理，从而得出比单源信息更可靠的诊断结论。

② 增强系统的适应性和鲁棒性。通过信息融合，故障诊断系统能够更好地适应各种复杂环境和条件，提高系统的鲁棒性和容错性。

③ 优化系统设计和资源配置。通过信息融合，可以更好地优化系统设计和资源配置，提高故障诊断系统的效率和性能。

④ 降低诊断成本。通过信息融合技术，可以减少对昂贵和复杂的传感器设备的需求，

从而降低故障诊断的成本。

⑤ 促进知识发现和决策支持。信息融合技术可以从多个传感器获取的大量数据中提取有用的信息和知识，为决策者提供更全面的支持，如故障预测、维护计划等。

⑥ 适应各种故障模式和复杂情况。信息融合技术可以处理各种故障模式和复杂情况，例如同时存在多个故障、故障的渐变和突变等，从而提高故障诊断的全面性和适应性。

从上述分析可以看出，与单个传感器相比，多传感器信息融合存在多方面优势的根本原因是信息的冗余性与互补性。通过多传感器信息融合，可以提高系统的环境感知能力、增强系统的推理与认知能力、辅助系统做出合理决策，进而改善系统的工作性能。从认知角度看，多传感器信息融合是一个从现实物理空间的能量向信号、数据、状态向量、符号、知识逐步转换的过程。

6.1.2 信息融合模型和结构

6.1.2.1 信息融合模型

模型设计是多源信息融合的关键问题。经过几十年的发展，研究者提出了许多经典的信息融合模型，如JDL模型、瀑布模型、多传感器集成模型和Dasarathy模型等等。

(1) JDL 模型

JDL模型是信息融合领域中提出的第一个模型，也是应用最广泛、发展最完善、认可度最高的模型[4]，它为后来的信息融合模型的发展提供了重要的启示和指导。20世纪80年代中期，美国国防部数据融合联合指挥实验室提出了最初的JDL模型，包括目标优化、态势估计、威胁估计和过程优化四个主要功能模块。后来，随着信息融合技术的不断发展，JDL模型也在不断改进和完善。一些学者在JDL模型的基础上，增加了数据预处理级别，并将威胁评估改为影响评估，从最初的四个功能模块发展到六个，修改后的JDL模型如图6-2所示。改进的JDL模型可以更好地处理不同类型的数据，提高数据融合的精度和效率，使其在各个领域的应用更加广泛和深入，例如无人驾驶，医疗诊断、智能监控、环境监测等。然而，由于JDL模型的融合过程较为复杂，每个级别的处理都需要较长的时间，并且人类的参与对最终结果的影响更大，因此它还没有成为机械故障诊断领域的主流方法。

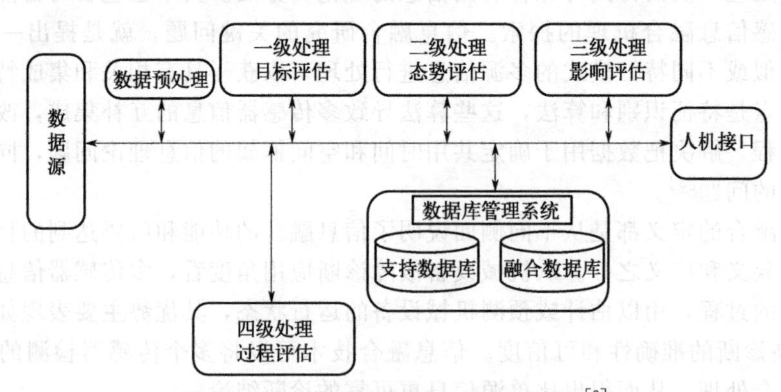

图 6-2 JDL信息融合模型（1999年版）[3]

JDL模型的四个主要功能模块，即目标评估、态势评估、影响评估和过程评估。

第一级的处理是目标评估。在该级别处理中的主要工作有数据配准、数据关联以及身份的估计等。这一级别的处理结果会为更高级别的处理过程提供相关的辅助决策用的信息。数据配准实质上就是将在时间以及空间上具有不同特征的信息进行对准，以便使多源数据在统一的框架中被处理，并为融合的后续工作做好铺垫。而所谓的数据关联，它的主要工作是对多源数据进行组合分类。身份估计的作用是解决实体属性相关的特征以及表述的问题。目标评估所处理的是数值的计算，而身份估计通常是以模式识别有关技术或者是参数匹配有关技术作为基础。

第二级的处理是态势评估。这一级别的主要工作是对全局态势情况进行抽象和评定。其中，态势抽象是指根据采集到的不完整数据构造出综合的态势表示，这样得到一个解释信息是实体之间可以有某种联系；态势评定是有关事件的态势以及产生出规则的数据的理解以及表示。进行态势评定时的输入信息包括事件监测信息、状态估计信息以及进行态势评定所必要的相关假设等；而输出则是指必要的相关假设所对应的概率。态势评估在军事领域中是指评价实体之间的关系，包括作战双方兵力结构和使用特点等，这是对战斗力分配情况的一个评价过程。

第三级的处理为影响评估。影响评估建立了当前态势到未来的映射，对参与者的设想以及可能产生的影响进行评估。在军事领域中把它称之为威胁评估，是对武器性能进行的评估，可以减小敌方进攻的危险。除此之外，也包括对信号、实体、态势状态的可用性和花费代价的估计，对系统某一行动计划可用性和代价的评估。

第二以及第三级别的融合处理所研究的工作关键是基于知识方法。然而该领域的有关研究还远没有成熟，虽然已有很多可以借鉴的原型，但却基本没有可以使用的有关系统。为此，建立可变的规则库来对态势评估及可能影响评估结果的相关知识进行表示的问题是此领域十分具有挑战性的研究主题。

第四级的处理是过程评估。在进行过程评估时，为了实现整个过程的监控以及评价，需要建立起相关的优化指标。此外，还要实现对多个传感器信息的及时获取和有效处理，以及实现资源的最佳分配以便能够支持特定任务，从而达到提高系统实时性的目的。该级别融合研究的难点集中于怎样对特定的系统任务目标和相关的限制条件实现建模以及优化，以此达到对系统资源的平衡。目前，采用效用理论进行系统性能和效率模型的开发，及采用基于知识方法进行近似推理的开发是研究的关键问题。

（2）瀑布模型

瀑布模型[5] 是一个递阶形式的信息融合功能模型，其结构如图 6-3 所示。从图中可以发现，数据流是从信号级向决策级流动的。传感器系统可以通过决策模块产生的控制反馈作用，调整自身的工作模式、布局等。

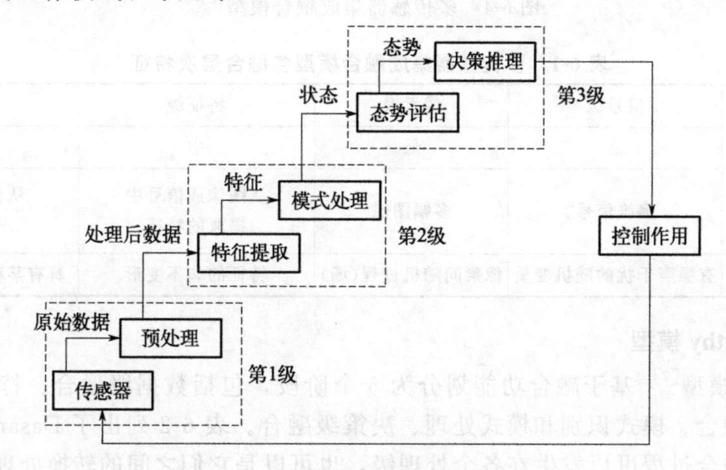

图 6-3　瀑布模型[2]

瀑布模型由以下三个层次组成。

第 1 级原始数据经过处理和适当变换后，实现对环境的描述。为了达到这个目的，需要建立传感器和被探测现象的模型。这些模型可以由实验分析得到，或按某些物理规律确定。

第 2 级由特征提取和模式处理两部分组成，目的是得到某种形式的推理表示，通常是符号级表示。第 2 级的输出是具有一定置信概率的状态估计。

第 3 级实现目标和事件的关联，并根据收集到的信息、数据库内容和各种情报，形成决策和可能采取的行动。

瀑布模型的各个阶段之间没有明显的反馈，这可能导致在项目生命周期的后期才能看到结果。因此，瀑布模型非常重视底层数据的处理，以确保系统的正确性和可靠性。

(3) 多传感器集成模型

多传感器集成的通用信息融合模型[6] 是将来自不同信息源的数据以分层递阶方式在各个融合中心处理。该模型明确指出了多传感器集成和融合的区别，认为多传感器集成是利用多个传感器信息协助完成某一特定任务，而多传感器融合指的是在多传感器集成过程中需要进行传感器数据组合的任一环节。

图 6-4 显示了多传感器集成模型的框架，整个框图体现了多传感器集成的功能，其中每个融合节点表达了信息融合的概念。信息辅助系统为融合过程提供了必要的数据库和知识信息。此外，多传感器集成融合模型的融合层次从低到高分为信号级、像素级、特征级和符号级等四个层次。表 6-1 从所表示信息的角度，对各融合层次的特征进行了比较。

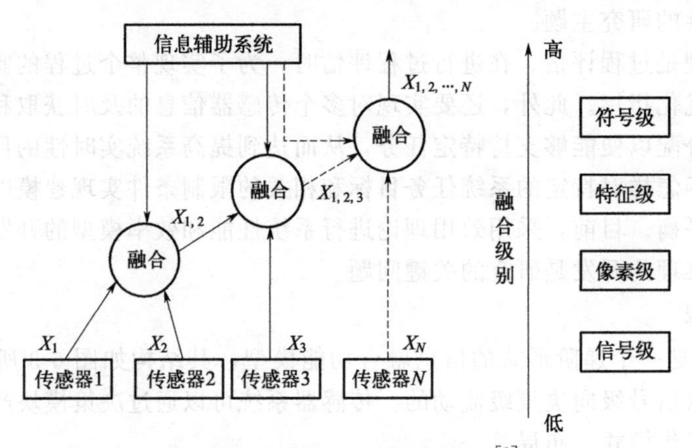

图 6-4　多传感器集成融合模型[2]

表 6-1　多传感器集成融合模型各融合层次特征

特征	信号级	像素级	特征级	符号级
信息表示级别	低	低	中	高
传感器信息类型	多维信号	多幅图像	从图像或信号中提取的特征	从信号或图像得出的决策逻辑
传感器信息模型	有噪声干扰的随机变量	像素间随机过程（场）	特征的非不变形	具有某种不确定性的符号

(4) Dasarathy 模型

Dasarathy 模型[7] 基于融合功能划分为 5 个阶段，包括数据级融合、特征选择和特征提取、特征级融合、模式识别和模式处理、决策级融合。表 6-2 列出了 Dasarathy 模型的融合级别描述。融合过程可以发生在各个处理级，也可以是它们之间的转换处理，以及决策层融合。通过对每个阶段的逐步融合，可以有效地提高实验结果的准确性。然而，每个阶段都涉及对数据的不同处理和分析，这可能需要大量的计算资源和时间。

表 6-2　Dasarathy 模型的融合级别

输入	输出	标记	描述
数据	数据	DAI-DAO	数据级融合
数据	特征	DAI-FEO	特征选取和特征提取
特征	特征	FEI-FEO	特征级融合
特征	决策	FEI-DEO	模式识别和模式处理
决策	决策	DEI-DEO	决策级融合

(5) 层次融合模型

层次融合模型是在瀑布模型、多传感器集成模型和 Dasarathy 模型的基础上发展起来的，并已成为多源信息融合模型的主流模型，其结构如图 6-5 所示。层次融合模型大致分为四个阶段，即数据预处理、数据级融合、特征级融合和决策级融合。每个阶段的输出都作为下一阶段的输入。目前，层次融合模型被广泛应用于机械故障诊断领域，通过在三个阶段(数据层、特征层和决策层) 应用信息融合来获得最终诊断结果。

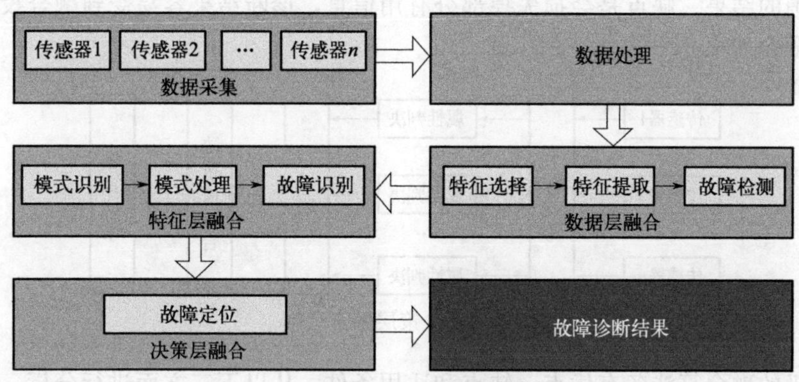

图 6-5　层次融合模型[8]

① 数据层融合是将从设备采集到的包含不同信息的原始数据融合在一起。该策略的优势在于信息保存完整，能够提供更多细微的信息，对原始数据的利用率高。缺点是当原始信息较多时，会导致分析模型计算量大而降低运算效率，抗干扰能力较差，容错率较低，各传感器信息之间缺乏联系，同时融合在一起的数据未进行信号预处理，造成诊断结果并不明显[9]。数据层融合如图 6-6 所示。

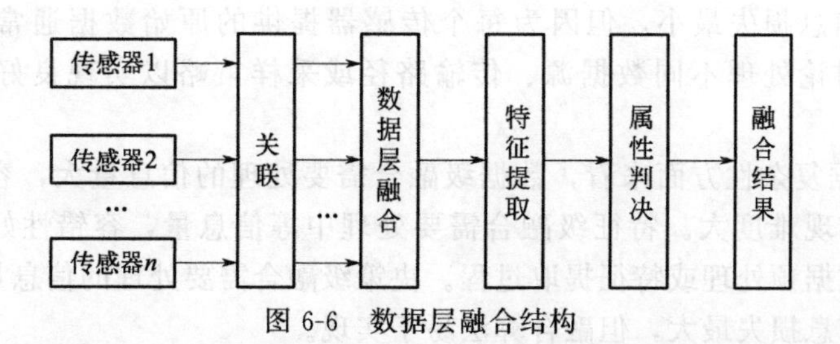

图 6-6　数据层融合结构

② 特征层融合是将采集到的原始数据分别进行特征提取，并将提取的特征融合，然后

对融合结果进行进一步分析，实现了一定程度的信息压缩，节省了大量的信息处理时间，实时性强[10]。部分错误的信息不会导致诊断系统的崩溃，系统容错率和可靠性较高。缺点是相比于原始数据，特征级会损失部分有用的信息，而且特征提取需要很多先验知识和专业知识。该方法的性能在很大程度上取决于所选特征的质量。特征层融合如图 6-7 所示。

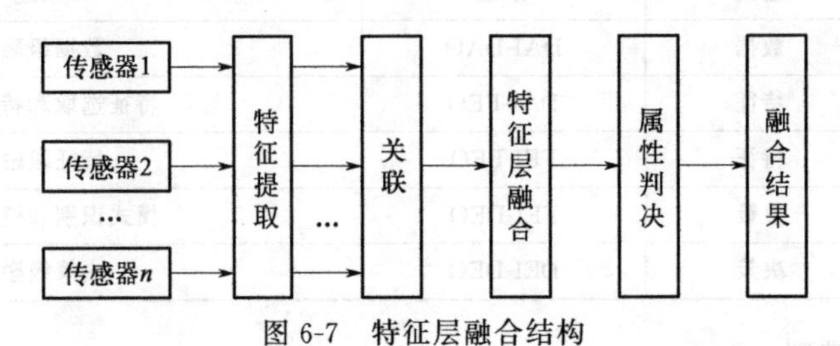

图 6-7 特征层融合结构

③ 决策层融合的层级最高，首先在数据层将各个传感器采集到的信号进行数据预处理，在特征层提取故障特征并在局部子网进行初步的诊断，各层信息逐层参与结果处理，随后决策层按照融合规则将不同的评估结果进行融合并做出最终的判断。决策级融合的优点是可以将包含不同物理信息的信号进行融合，抗干扰能力强，具有一定的容错性，按照一定的融合规则给出相对可靠的诊断结果，减少了对某类单一信号的依赖，即使部分数据存在误差，也能诊断出正确的结果。缺点是会损失掉部分有用信息，诊断结果容易受到融合投票机制的影响。决策层融合如图 6-8 所示。

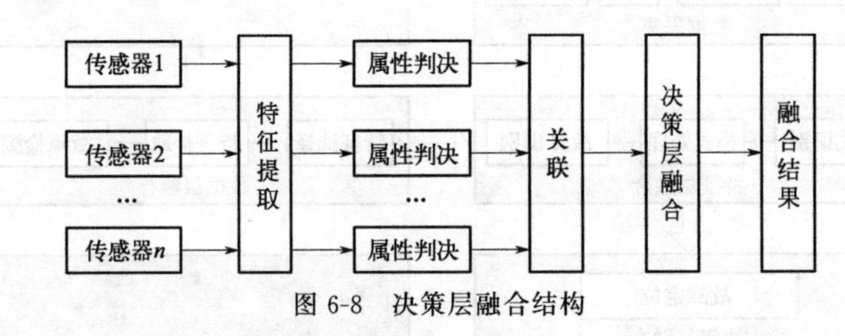

图 6-8 决策层融合结构

三个层级的融合算法各有优点、缺点和适用条件，从以下三方面进行分析：

① 从传感器类型来说，当使用同类传感器采集到包含相同物理信息或相同工况的信号数据时，可将原始数据直接进行数据级的融合。当使用不同传感器获取到参量信息不同的数据时，通常需要将数据进行关联和匹配，进行特征层的融合。决策层融合对单一信号的依赖较少，将多种传感器的不同类型的信息在特征层进行处理，分别进行局部属性判决，将判决结果按照融合规则进行融合输出，获得更高的判决结果。

② 从信息损失方面比较，数据层融合信息损失最小，决策层融合信息损失最大。虽然数据层融合的信息损失最小，但因为每个传感器提供的原始数据通常很大，噪声量很大，因此，很少讨论处理不同数据源、传输路径或采样策略以实现良好融合的理论解释和指南。

③ 从处理数据复杂性方面来看，数据级融合需要处理的信息量大，容错性差，融合程度低，融合算法实现难度大。特征级融合需要处理中等信息量，容错性好，融合算法易实现，但一般需要数据预处理或特征提取过程。决策级融合需要处理的信息量很小，具有良好的容错性，尽管信息损失最大，但融合算法易于实现。

基于上述分析可以看出在各种应用场景中，合理选择融合层次能够有效提高最终故障预测模型的性能，但如何选择最佳融合策略仍然是一个难题。

6.1.2.2　通用处理结构

在整个融合处理流程中，通常采用三种通用处理结构：集中式、分布式和混合式。不同处理结构针对不同的加工对象。集中式结构加工的是传感器的原始数据。分布式结构加工的是经过预处理的局部数据。混合式结构加工的既有原始数据，又有预处理过的数据。

① 集中式融合结构表示的是原始观测数据的融合，它将各个传感器的数据传递到融合中心，在融合中心执行数据校准、数据关联、航迹/点迹融合、预测和跟踪，其结构如图 6-9 所示。在假设数据关联和融合被正确执行的条件下，集中式融合结构是最准确的融合方案。但在实际环境中，判断哪些观测信息来源于同一个目标（即数据关联）是非常困难的，而且集中式融合结构要求系统必须具备很大的存储空间，对中心处理器的要求也非常高。一旦中心处理器出现问题，系统融合算法就无法执行。因此，集中式融合结构虽然处理精度高，但代价高昂，系统稳定性差并且生存能力弱。

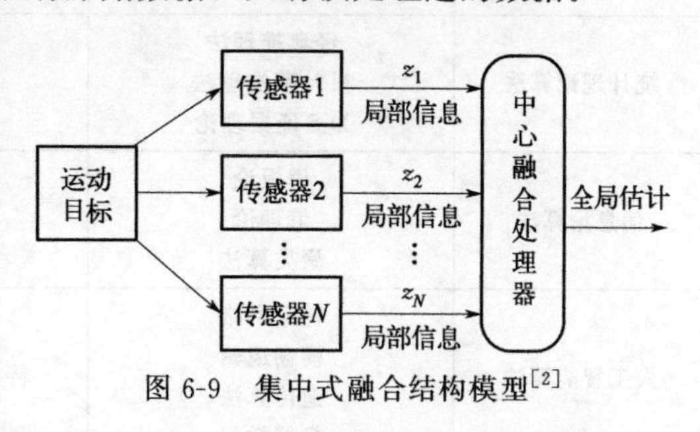

图 6-9　集中式融合结构模型[2]

② 分布式融合结构首先在局部传感器上对观测信息进行局部处理，然后将局部处理结果传送到数据融合中心，在融合中心形成最终的全局估计，其结构如图 6-10 所示。在分布式融合结构中，由于在融合中心融合的数据是矢量数据，因此大大降低了融合中心的计算负荷。分布式融合结构不仅具有局部跟踪的能力，而且系统开销不昂贵且稳定性好，因此该结构在工程中被广泛采用。

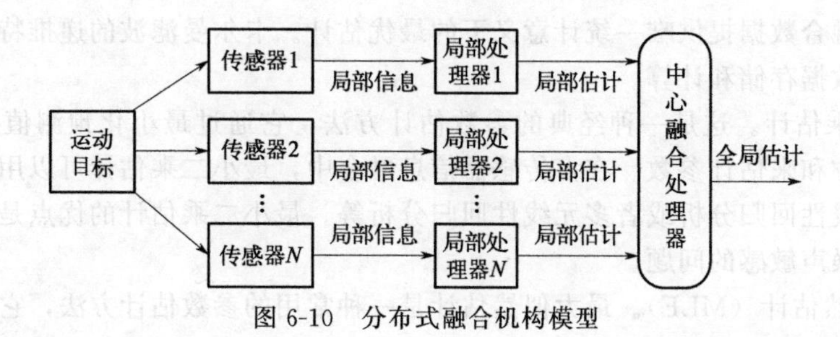

图 6-10　分布式融合机构模型

③ 混合式融合结构是将以上两种形式进行组合，它可以在速度、带宽、跟踪精度和可靠性等相互影响的各种制约因素之间取得平衡，因此目前的研究着重于混合式结构。

采用何种体系结构完全由各种不同的实际需要确定，在设计数据融合体系结构时，应根据确定的系统层次结构来确定相应的体系结构，同时还必须考虑数据通信、数据库管理、人机接口、传感器管理等许多支撑技术。

6.1.3　信息融合算法

面向机械设备大量的状态信息，构建多传感器信息融合算法是至关重要的一步。信息融合涉及各种理论和技术，没有完全统一的算法可以适应所有场景。因此，在实际应用中，应根据不同的应用背景选择相应的算法。现有的多传感器信息融合算法可分为经典算法和现代算法。按照算法类型，经典算法可分为统计理论算法和估计算法，现代算法又分为信息论算法和人工智能算法。表 6-3 是典型的多传感器信息融合算法及特点。

表 6-3 典型多传感器信息融合算法及特点

算法类型	典型算法	适用层级	特点
估计算法	最小二乘法 卡尔曼滤波法 加权平均法	数据层	能够保留原始数据,但模型构建困难,应用较少
统计理论算法	经典推理法 贝叶斯推理法 D-S证据理论	决策层	有数学理论支撑、算法简单、原理性强,缺点在于需要先验知识对原始数据进行预决策
信息论算法	模板论 熵理论 聚类算法	特征层	基于参数分类,适应能力强,不需要先验知识指导,分类效果明显,但计算复杂,泛化能力较差
人工智能算法	神经网络 模糊逻辑 遗传算法 机器学习	特征层和决策层	算法的鲁棒性好,计算精度高,应用广泛,但需要大量的数据进行学习,计算过程复杂

① 估计类算法主要是指通过一定的数学模型和算法，对多个传感器提供的数据进行处理，以获得更准确、更全面的信息。以下是一些常见的估计类算法：

a. 加权平均法。这是最简单、最直观的估计方法之一。它将一组传感器提供的冗余信息进行加权平均，结果作为融合值。该方法是一种直接对数据源进行操作的方法，具有计算量小、简单易行等优点，但同时也存在精度不高、鲁棒性不强等缺点。

b. 卡尔曼滤波法。卡尔曼滤波是一种经典的递归滤波器，它广泛应用于低层次实时动态多传感器冗余数据融合。它用测量模型的统计特性递推，决定统计意义下的最优融合和数据估计。如果系统具有线性动力学模型，且系统与传感器的误差符合高斯白噪声模型，则卡尔曼滤波将为融合数据提供唯一统计意义下的最优估计。卡尔曼滤波的递推特性使系统处理不需要大量的数据存储和计算。

c. 最小二乘估计。这是一种经典的参数估计方法，它通过最小化预测值与实际观测值之间的残差平方和来估计参数。在多传感器信息融合中，最小二乘估计可以用来对多个传感器的数据进行线性回归分析或者多元线性回归分析等。最小二乘估计的优点是简单易行，但同时也存在对噪声敏感的问题。

d. 最大似然估计（MLE）。最大似然估计是一种常用的参数估计方法，它通过找到一组参数值使得观测数据的似然函数最大。在多传感器信息融合中，最大似然估计可以用来估计某个传感器的测量误差或者模型参数等。最大似然估计的优点是简单易行，但同时也存在容易陷入局部最优解的问题。

② 统计理论算法主要涉及对多个传感器提供的数据进行概率和统计推断，以获得更准确、更全面的信息。以下是一些常见的统计理论算法：

a. 贝叶斯推理。贝叶斯推理是一种基于概率论的统计推断方法，它通过建立一个概率模型来描述不确定性因素。在多传感器信息融合中，贝叶斯推理可以将每个传感器的数据以及其他先验信息结合起来，得出一个最可能的融合结果。贝叶斯推理的优点是可以考虑到各种不确定因素，并且可以根据新的数据不断更新推断结果。

b. Dempster-Shafer（D-S）证据推理。Dempster-Shafer 证据推理是一种基于概率论的不确定性处理方法，它通过证据的组合和更新来获得更准确的结果。在多传感器信息融合中，每个传感器可以提供一个证据，通过对这些证据进行组合和更新，可以得到更全面、更准确的信息。

c. 产生式规则。产生式规则是一种基于规则的推理方法，它通过一定的规则对传感器数据进行处理和分析，以获得更准确的结果。在多传感器信息融合中，可以根据实际应用场景和需求，制定一定的产生式规则，对传感器数据进行处理和分析，以获得更准确、更全面的信息。

③ 信息论算法主要是基于香农信息论的原理，利用信息熵、互信息等概念进行多传感器数据的融合。以下是一些常见的信息论算法：

a. 熵理论可以用于衡量信息的随机性或不确定性，通过计算信息的熵值，对每个传感器的信息进行度量，从而为信息融合提供依据，然后根据一定的融合规则将多个传感器的信息进行融合。

b. 模板论可以通过定义已知的目标物体模板，将不同传感器接收到的信号与定义的模板进行匹配和比较，找出与目标物体最接近的模板，从而实现目标物体的识别和分类。在多传感器信息融合中，模板论可以弥补单一传感器在信息获取方面的不足，提高目标物体识别的准确性和可靠性。同时，模板论还可以通过对已知模板的不断更新和优化，适应不同场景和目标物体的变化。

c. 聚类算法是一种无监督学习方法，按照相似性度量方法将不同传感器提供的数据分为不同的簇，使得同一簇内的数据尽可能相似，不同簇的数据尽可能不同。常见的聚类算法包括 K-means 聚类、层次聚类、密度聚类、网格聚类、模型聚类等。

④ 人工智能算法可以处理不完善数据，在处理信息的过程中通过自身不断学习与归纳，最终把不完善的信息融合为较为统一和完善的信息。主要方法包括模糊逻辑理论、神经网络、粗集理论、专家系统等。

a. 模糊逻辑理论。模糊逻辑是一种用来处理不确定性问题的模糊集合理论。在多传感器信息融合中，模糊逻辑理论可以用来对多个传感器的数据进行模糊化处理，以获得更准确的目标识别结果。

b. 神经网络。神经网络是一种模拟人类神经系统工作方式的计算模型。在多传感器信息融合中，神经网络可以用来对多个传感器的数据进行学习和推理，以获得更准确的目标识别结果。

c. 遗传算法。这是一种搜索最优解的方法，仿照了自然界中生物自然选择的过程，建立一种以遗传、变异和组合交叉为核心的数学模型。其最终结果的反编译所得可认为是问题的精确解的近似解。

d. 机器学习。机器学习可以自动从原始数据中提取有用的特征，避免了手工设计特征的繁琐过程，同时也避免了特征选择不当对结果造成的影响，具有强大的分类能力。在多传感器信息融合中，机器学习可以自动调整每个传感器的权重，使得模型对传感器的个体差异和噪声具有较强的鲁棒性，提高决策的准确性和效率。

6.1.4　信息融合关键问题

在故障诊断领域，由于传感器信息采集面对的目标对象具有多样性，且同一目标受不同外界或内部因素的影响也可能呈现出不同的表现形式，因此多传感器信息融合算法没有一种通用的标准，这也是目前信息融合算法存在的主要问题。信息融合算法需要对具体的应用背景做出综合分析，具体流程涉及不同类型数据之间的转换、特征提取、数据库的建立以及融合推理等一系列问题，因此信息融合关键问题归纳起来主要有以下几个方面。

① 数据对准：每个传感器观测到的数据都在各自的参考框架内，因此在对这些信息进行融合之前，必须将它们转换到同一时空框架中。由于时空配准导致的舍入误差必须得到相

应的补偿。

② 数据关联：数据关联问题广泛存在，需要解决单传感器时间域上的关联问题，以及多传感器空间域上的关联问题，从而能够确定来源于同一目标源的数据。

③ 不确定性：传感器工作环境的不确定性，导致观测数据中有噪声成分，在融合过程中需要在最大程度上降低这些信息的不确定性。

④ 数据融合的时间正确性：多传感器的采集频率不同，时间戳也存在误差，若不进行时间同步，则数据融合存在困难。因此需要对多传感器数据之间的时间关系进行精确计算，并采用同步方法进行校准，以保证数据融合的时间正确性。

⑤ 多传感器数据格式的统一和转换：不同类型的传感器输出的数据格式不同，其采集到的信息也不同，因此要将不同类型传感器的数据进行转换和标准化，以便于后续处理和融合。需要开发一套通用的数据处理和转换方法。

针对多个传感器在不同位置监测设备状态信息可能包含多种不确定性、模糊性和歧义性的问题，本章基于深度学习和D-S证据理论实现数据层、特征层和决策层的信息融合。

6.2 数据层信息融合的故障诊断应用实例

数据层信息融合能够最大程度利用数据，但因为数据量大，目前在故障诊断领域研究较少。本节针对同类传感器数据融合问题，提出一种基于CNN模型和注意力机制的数据层信息融合故障诊断模型，实现具有权重表征的同类型多传感器信息的数据层融合。首先利用通道属性将 n 个传感器采集的信号构成具有 n 维通道的信号集，使得多个传感器采集的数据同时被作为一个整体对待，表达设备运行的状态信息更完善。然后，MCFCNN模型在输入层构建多个通道输入，每个通道相互独立但同时共享一个CNN模型结构。同时，在输入层中引入通道注意力机制，自主学习每个输入通道对故障诊断的敏感程度和贡献，并将得到的权重应用于原来的输入通道上。最后通过柱塞泵的多源振动信号对提出的方法进行验证。

6.2.1 注意力机制

众所周知，注意力在人类感知中起着重要作用[11,12]。人类在观察环境时，视觉系统不会立即处理整个场景，而是有选择地获取信息，以便更好地构建出关于环境的描述。而注意力机制（attention mechanism，AM）正是如此，最早由Bahdanau等人[13]在总结视觉系统观察事物的习惯规律上提出，本质上是一种资源分配机制，就是按关注对象的重要程度分配资源，重要的部分就多分一点，不重要的就少分一点。在深度学习中，注意力机制分配的资源就是权重，对观察对象进行加权，与识别任务相关的权重大一点，无关的不设置权重或权重小一点。

根据关注的对象不同可将注意力机制分为通道注意力机制和空间注意力机制。通道注意力机制，即通过建模获取各个特征通道的重要程度，对输入进行权重分配，然后针对不同的任务自适应地增强或者抑制不同的通道。

空间注意力机制对输入样本的不同区域赋予不同权重。在输入样本中不是所有区域对识别任务的贡献都相同，与任务相关的区域才是需要关注的。空间注意力机制就是寻找输入样本中最重要的区域，使得输入样本更加容易学习。最早将空间注意力机制引入深度学习模型的是Google DeepMind团队[14,15]，他们在RNN模型中引入注意力机制实现图像分类。

6.2.2 多通道信号集

图像和语音可以自然地分为不同的通道，如彩色图像具有 RGB 色彩模式，每个色彩模式即红（R）、绿（G）、蓝（B）可以看作是三个通道，图像的任何颜色均是由这三类色叠加成的。当人眼看到一幅彩色图片时，视网膜上的三种对红光、绿光、蓝光有感应的视锥细胞会发生感应，并按照三原色的原理，将其组成各种颜色，人们才能感受到图片的色彩。这个过程可以看到视锥细胞先对每个通道内的色彩发生感应，然后再将三个通道的感应组合，最终形成一个完整感应反馈给大脑。

CNN 模型对图像的识别类似于这个过程。当 CNN 模型识别一个彩色图像时，卷积层对图片进行特征提取，特征提取类似于视锥细胞被色彩激活的过程，卷积核先是对通道内的特征进行提取，然后进行通道间的特征融合，即在不同通道同一对应位置的像素之间进行加权求和操作，如图 6-11 所示。

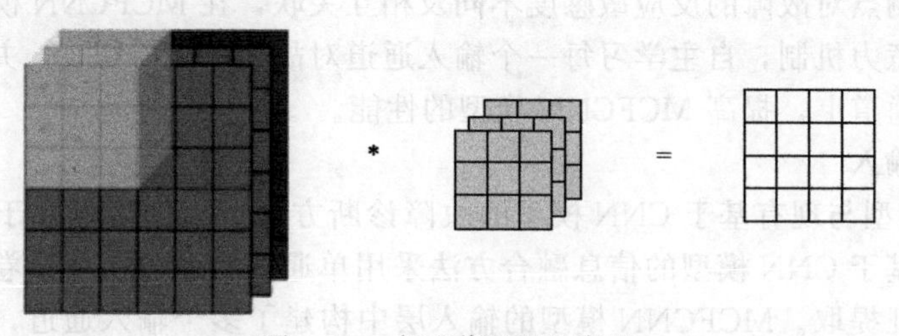

图 6-11 多通道卷积示意图

受彩色图像的通道启发，本节将多个同类的一维时域信号构建成具有 n 维通道的信号集，使得分散在不同测点的传感器采集的信息关联起来，完善和补充转辙机运行状态的信息表达。n 维通道的信号集如图 6-12 所示，整个过程不需要依赖专家经验和信号处理技术。

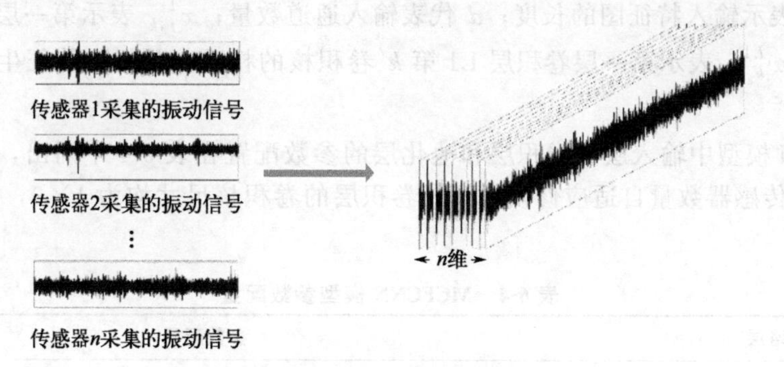

图 6-12 n 维信号集

6.2.3 基于注意力机制的多通道 CNN 模型

多通道输入的 CNN 模型已广泛应用于图像处理和语音识别领域[16-18]。实验结果表明，基于多通道输入的模型具有处理速度快、参数少、实现简单和计算复杂度低等优势。为了提高信息融合算法的性能和处理效率，在多通道输入 CNN 模型处理图像和语音的启发下，结合通道注意力机制提出一种多输入通道 CNN 模型（MCFCNN），结构如图 6-13 所示。从中可以看出 MCFCNN 模型主干是一个传统的一维 CNN 模型结构，特征提取层由 2 层“BN 层＋卷积层＋ReLU 层＋最大池化层”叠加构成。在 MCFCNN 模型中，为了缩小不同位置传感器采集数据间的分布差异在卷积层提取特征之前将先对输入进行 BN 处理。

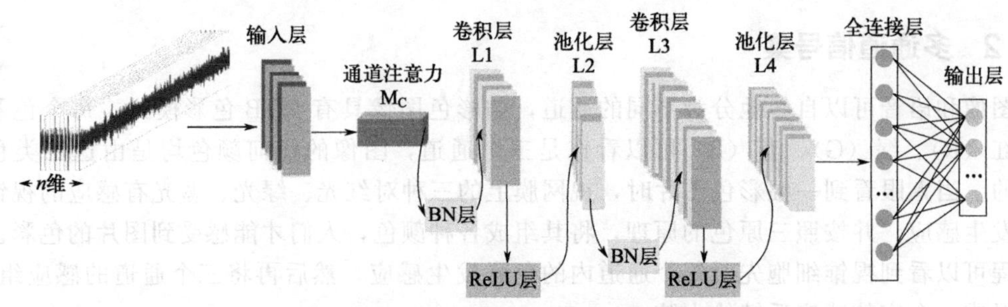

图 6-13　MCFCNN 模型结构图

MCFCNN 模型与传统一维 CNN 模型有两部分不同，一是在输入层构建多个通道，每个通道相互独立，其输入对应于 n 维信号集的一个维度，每个维度的信息来自不同的传感器监测的数据，而一维 CNN 模型在输入层通常为一个通道；二是在通道中引入注意力机制。考虑到不同测点对故障的反应敏感度不同及相互关联，在 MCFCNN 模型的多个输入通道上加入通道注意力机制，自主学习每一个输入通道对故障的敏感程度，并将得到的权重应用于原来的输入通道上，提高 MCFCNN 模型的性能。

(1) 多通道输入

MCFCNN 模型与现有基于 CNN 模型的故障诊断方法最大的区别在于输入层和第一层卷积层。传统的基于 CNN 模型的信息融合方法采用单通道输入，第一层卷积层对输入层仅是进行通道内特征提取。MCFCNN 模型的输入层中构建了多个输入通道，各通道之间相互独立。第一层卷积层对输入层先进行通道内特征提取，再进行通道间的特征提取模式。第一层卷积层从多通道输入提取特征的过程可表示为：

$$fea_{k'}^{L1}=f\left(\sum_{k=1}^{d}\sum_{j=1}^{m}x_{j,k}^{1}*w_{k_2,k'}^{L1}+b^{L1}\right) \tag{6-1}$$

式中，j 表示输入特征图的长度；d 代表输入通道数量；$x_{j,k}^{1}$ 表示第一层输入层第 k 个通道的输入；$w_{k_2,k'}^{L1}$ 表示第一层卷积层 L1 第 k' 卷积核的权重，其提取特征生成的特征图用 $fea_{k'}^{L1}$ 表示。

MCFCNN 模型中输入层、卷积层和池化层的参数配置在表 6-4 中列出，输入层的通道数量可以根据传感器数量自适应修改，两层卷积层的卷积核尺寸均为 1×9，数量分别为 20 和 40。

表 6-4　MCFCNN 模型参数配置

网络层	参数配置
输入层	1 号通道，输入样本长度 $1\times M$
	2 号通道，输入样本长度 $1\times M$
	……
	C 号通道，输入样本长度 $1\times M$
卷积层 L1	$n=20,k=1\times 9,S=3,P=0$
池化层 L2	$k=2,S=2$
卷积层 L3	$n=40,k=1\times 9,S=3,P=0$
池化层 L4	$k=2,S=2$
全连接层	100

注：n 表示卷积核数量，k 表示卷积核尺寸，S 表示移动步长，P 表示是否补 0。

(2) 通道注意力机制

通道注意力机制是引用文献［19］中构建的通道注意力模型结构，包含三部分：第一部分包含两条分支，分别为 1 层平均池化和 1 层最大池化，从输入特征图中提取空间信息，用 F_{avg}^{C} 和 F_{max}^{C} 表示平均池化特征和最大池化特征。第二部分为 MLP，将 F_{avg}^{C} 和 F_{max}^{C} 特征通过一个共享的 MLP 网络进一步处理，得到一个和通道数一样的一维向量 $\boldsymbol{M}_{avg}^{C} \in \boldsymbol{R}^{C\times1\times1}$ 和 $\boldsymbol{M}_{max}^{C\times1\times1}$。第三部分将两个向量逐元素求和，利用 sigmoid 函数得到 $\boldsymbol{M}^{C} \in \boldsymbol{R}^{C\times1\times1}$ 作为各通道的最终评价分数。其中 MLP 由两层卷积层组成，通过尺寸为 1×1 的卷积核提取通道间的关系特征。从图 6-14 中可以看到，两层卷积层是一个先压缩再扩张的结构，即两端输入的通道数为 C 个，中间层按照缩小率 r 将通道压缩为 C/r 个。通道注意力的计算公式如下：

$$\begin{aligned}\boldsymbol{M}^{c}(F)&=\sigma(MLP(AvgPool(F))+MLP(MaxPool(F)))\\&=\sigma(w_1(f(w_0(F_{avg}^{C})))+w_1(f(w_0(F_{max}^{C}))))\end{aligned} \tag{6-2}$$

式中，σ 表示 softmax 函数，表示相应的通道在模型识别健康状况中的重要性；w_0 和 w_1 分别是 MLP 中两层卷积层的权重；f 为 ReLU 激活函数。

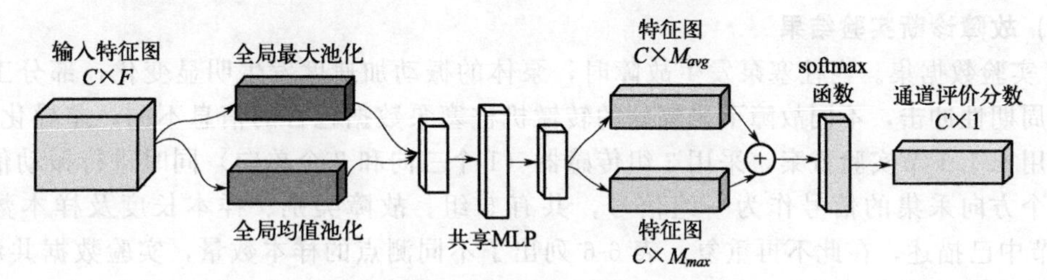

图 6-14　通道注意力模型结构

通道注意力模型的参数设置如表 6-5 所示。

表 6-5　通道注意力模型的参数配置

网络层	参数配置	网络层	参数配置
输入层	$B\times C\times M$	卷积层 1	$K=1\times1,n=r\times C$
全局均值池化		全连接层 2	$K=1\times1,n=C$
全局最大池化		输出层	$C\times1$

注：B 表示批次，N 表示输入层的通道数，M 表示输入特征图的长度，r 表示扩展系数。

(3) 诊断流程

MCFCNN 模型用于故障诊断的流程如图 6-15 所示，主要包括以下步骤：

① 构建训练集和测试集：采用安装在柱塞泵不同测点的传感器同时采集不同健康状态下的振动信号，并将其划分为一定长度的样本，所有样本按照一定比例再分为训练集和测试集。

② 设计 MCFCNN 模型的网络结构：在实际工程中，可以根据传感器的数量调整输入层的通道数量以及模型的其他参数，例如卷积层的数量、各卷积层中卷积核的数量以及尺寸、学习率等。

③ 构建 n 维信号集：将来源于 n 个传感器的样本构建成 n 维样本集，将其作为 MCFCNN 模型的输入。

④ 模型训练阶段：利用训练样本对 MCFCNN 模型进行训练，训练过程中对模型参数进行调整，在训练迭代次数达到要求后停止训练，得到预训练模型。

⑤ 测试阶段：将测试样本输入到预训练模型中，对模型进行测试。

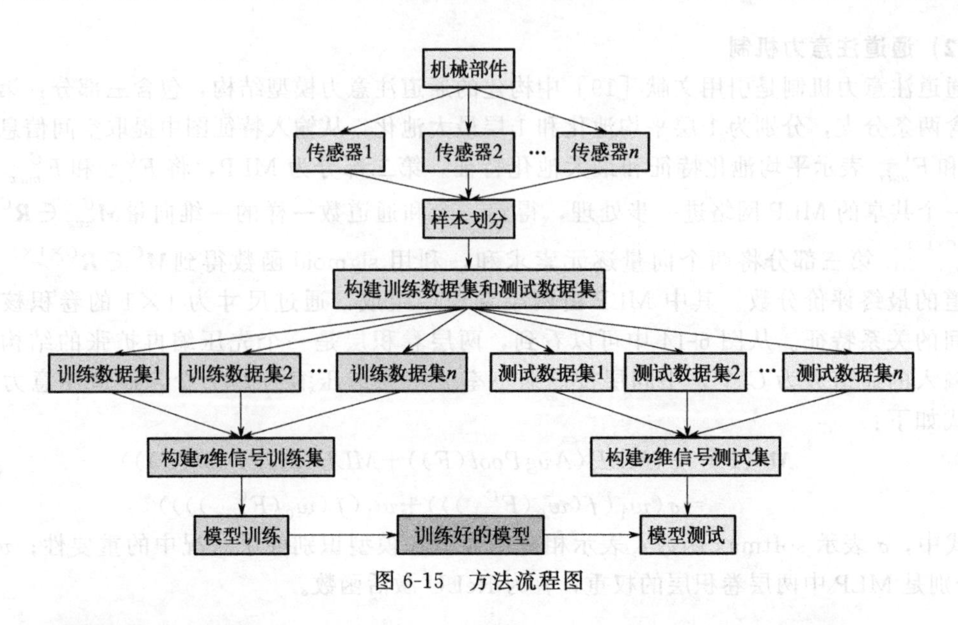

图 6-15 方法流程图

(4) 故障诊断实验结果

① 实验数据集。当柱塞泵发生故障时，泵体的振动加速度发生明显变化，部分工况出现明显周期性冲击，不同故障下采集到的转辙机柱塞泵数据包含的信息不同，差异化明显。本节采用 4.1.1 节实验方案，采用 3 组传感器（1 个三向和 2 个单向）同时进行振动信号采集，每个方向采集的信号作为一组信号，共有 5 组。故障类别、样本长度及样本数量在 5.3.6 节中已描述，在此不再重复。表 6-6 列出了不同测点的样本数量，实验数据共涉及 5 种健康状态，每个方向的样本总量为 600×5=3000。按照 80%和 20%的百分比随机选择每个监测方向上的 480 个样本作为训练集，剩下的 120 个样本是测试集。

表 6-6 不同测点的样本数量描述

序号	监测位置	监测方向	每种健康状态的样本数
1	柱塞泵前端壳体上方	X	600
		Y	600
		Z	600
2	柱塞泵中间泵体上方	Z	600
3	柱塞泵后端盖表面	X	600

② 模型参数设置。MCFCNN 模型输入层中的通道数量根据实验中使用的传感器数量设置。在柱塞泵实验中，使用 3 组传感器监视 5 个方向的振动信号，因此输入层中的通道数为 5。表 6-7 给出了 MCFCNN 模型中输入层各通道的输入数据的详细信息。

表 6-7 MCFCNN 模型的输入层参数表

网络层	通道序号	对应的输入	样本长度
输入层	1 号通道	1 号传感器 x 方向的样本	1×1024
	2 号通道	1 号传感器 y 方向的样本	1×1024
	3 号通道	1 号传感器 z 方向的样本	1×1024
	4 号通道	2 号传感器 z 方向的样本	1×1024
	5 号通道	3 号传感器 x 方向的样本	1×1024

③ MCFCNN 模型与单通道 CNN 性能比较分析。将 MCFCNN 模型与单通道 CNN 模型分别在实验数据上进行验证分析，图 6-16 给出了两个模型分别在测试集上的诊断结果。从图中可以看出，MCFCNN 模型的诊断准确结果基本上达到了 100%，不受负载和信号质量的影响。而单通道 CNN 模型会受到监测信号质量的影响，信号质量一定程度上跟传感器所在的监测位置有关，不同位置传感器监测信号的诊断结果不同。表 6-8 列出了两种方法在 10 次实验的平均测试准确性和标准偏差以及平均训练时间。

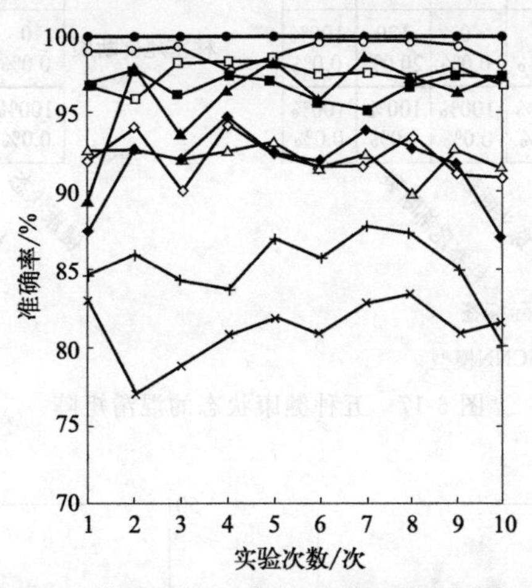

图 6-16 MCFCNN 模型与单通道 CNN 模型在测试集上的诊断结果

表 6-8 单通道 CNN 模型和 MCFCNN 模型的平均测试准确性、标准偏差和模型训练

输入	方法	平均测试准确率±标准偏差/%	平均训练时间/s
1 号传感器 x 轴方向	CNN	96.11±2.78	5.74
1 号传感器 y 轴方向	CNN	96.74±0.83	5.72
1 号传感器 z 轴方向	CNN	97.50±0.85	5.01
2 号传感器 z 轴方向	CNN	91.68±2.53	3.85
3 号传感器 x 轴方向	CNN	92.02±1.03	4.79
所有传感器	提出的方法	99.50±0.56	5.61

从表中可以看出，MCFCNN 模型平均诊断准确度为 99.50%，而单通道 CNN 模型的平均诊断准确度在 91.68%～97.50%之间。单通道 CNN 在 1 号传感器 Z 轴方向的平均测试准确度最高。从训练时间角度比较，MCFCNN 模型的多通道结构在提高诊断准确性的同时对训练时间的影响不大。

为了进一步评估 MCFCNN 模型的分类性能，通过混淆矩阵评估每种健康状态的识别结果，如图 6-17 所示。从图中可以看出 MCFCNN 模型对各健康状态的诊断准确率达到 100%，能够较好地识别不同程度的磨损故障，而单通道 CNN 模型出现了误诊情况。

为了更好地验证 MCFCNN 模型特征学习能力，采用 t-SNE 对 MCFCNN 模型和单通道 CNN 模型全连接层中的特征进行降维可视化分析。图 6-18 给出了两种模型在测试集上全连接层的可视化特征，图中的每个点表示一个样本，不同的颜色代表不同的健康状态。

从图 6-18 中可以看出，MCFCNN 模型学习到的同类健康状态的特征表现出更好的类内聚性能，而不同类状态则表现出更大的分离性能，这说明了 MCFCNN 模型在融合多方向监测信号后能够帮助模型对不同健康状态的识别。单通道 CNN 模型虽表现出良好的特征分离

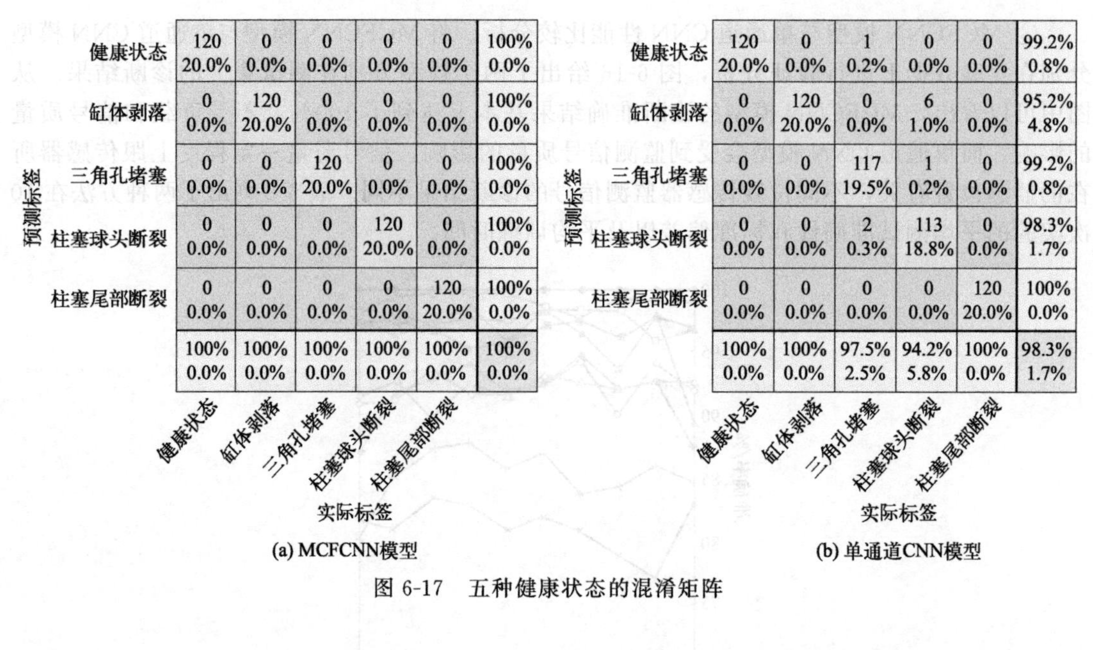

(a) MCFCNN模型　　(b) 单通道CNN模型

图 6-17　五种健康状态的混淆矩阵

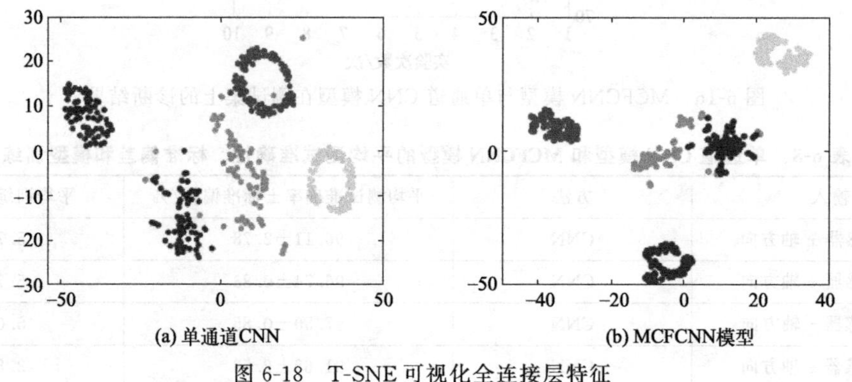

(a) 单通道CNN　　(b) MCFCNN模型

图 6-18　T-SNE 可视化全连接层特征

能力，但是个别健康状态之间存在特征重叠。

6.3 特征层信息融合的故障诊断应用实例

通过对不同传感器数据进行数据融合形成多维信息融合空间能对复杂故障状态进行表达，但是在很多工业现场中很难获取足够的多源异构数据，而且出于安全和成本等方面的考虑，设备不能经常处于故障状态，即正常数据远大于故障数据，导致样本类型分布不对称，故障数据表现出“小”样本特性。因此，需要深入单一传感器数据的信息挖掘与特征构建，最大化利用数据所含信息以构建知识[20]。为此提出一种基于自注意力机制、CNN、双向GRU（Bi-GRU）的双通道特征融合模型 CNN-BiGRU-Attention。该模型充分利用 CNN 提取原始振动数据的空间特征和 BiGRU 提取原始振动数据时序信息特征的能力，将提取到的特征信息进行融合，并将融合后的特征输入到注意力层，突出更加重要信息的影响。最后通过 softmax 分类器完成故障分类。此外，采用 SMOTE＋Tomek Link 方法生成和原始数据相似的生成数据，解决样本不平衡的问题。以柱塞泵作为实验对象，将单传感器采集的振动信号作为实验数据，并与 5.3.5 节模型进行对比以验证模型的性能。

6.3.1 数据不平衡处理方法

数据集不平衡是指故障工况类型的样本分布不均匀，当这些数据被提供给模型进行训练时，分类器往往更倾向于预测样本数量多的工况类别，导致样本数量少的故障工况很难被准确预测，造成错误的判别。

目前解决不平衡数据分类问题常用的方法有两种。一种是数据层面的方法，通过调整数据分布，使得不同类型的数据达到平衡。例如，数据采样是一种流行的技术，可通过欠采样方法减少多数类样本，或通过过采样方法增加少数类样本，以平衡类别分布。另一种是算法层面的方法，该类方法主要集中于对少量类别的数据进行研究，通过加权方法对样本赋予不同权重，即对于少数类样本赋予更高的权重，而将更低的权重赋予多数类样本，从而减轻模型的负担。

本节通过数据采样技术解决数据不平衡的问题，欠采样、过采样和混合采样是数据采样中最常用的三种方法[21]，下面分别介绍这些方法的具体细节。

(1) 基于欠采样的不平衡数据处理方法

欠采样技术旨在平衡正反例样本数量，通过在训练集中移除数量多的样本类别来实现。常用的方法包括随机欠采样、编辑最近邻规则（edited nearest neighbours，ENN）欠采样和 Tomek Link 欠采样等。

① 随机欠采样。随机欠采样是从数量多的类中随机选取一部分样本构成新的样本集 E，再把 E 从原来的大多数类样本集 S_{maj} 中移除，从而生成一个新的、相对平衡的数据集合 $S_{\text{new}}=S_{\text{maj-}E}$ 的方法，其工作原理如图 6-19 所示。随机欠采样通过改变多数类样本的比例，以调整样本分布的方式，使得样本分布更加均衡。然而，这种方法存在一些缺陷，由于该方法从多数类别的样本中剔除一些样本，所获得的样本量小于原始的样本量，造成了某些信息的丢失，即在分类中剔除多数类样本会使分类系统失去与多数类有关的重要信息。

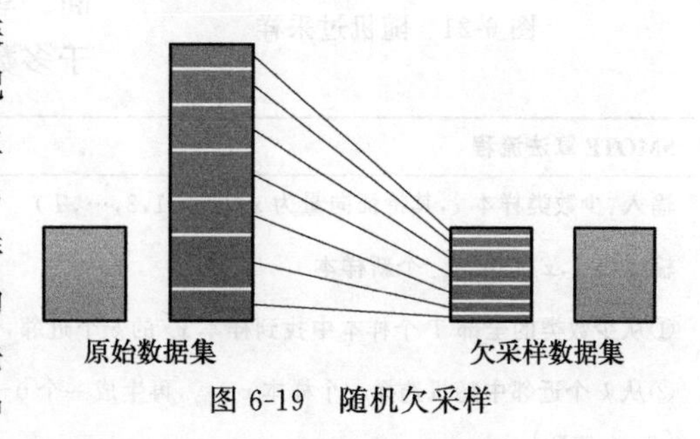

图 6-19 随机欠采样

② ENN 欠采样。ENN 欠采样[22] 通过删除一些多数类样本来平衡数据集中的类别比例。具体来说，先计算每个多数类样本与最近的 K 个少数类样本的距离，然后删除其中距离最近的样本。这样既可以保留那些多数类样本中最典型的样本，同时减少多数类样本数量。虽然 ENN 欠采样在某些情况下能够有效地平衡数据集中的类别比例，并提高分类器的性能，但它也有一些局限性。例如，在删除多数类样本时，ENN 可能会删除某些有用的信息，从而降低分类器的性能。

③ Tomek Links 欠采样。Tomek Links 欠采样的核心思想是删除多数类和少数类之间的边界样本，通过删除这些样本来缩小多数类和少数类之间的边界区域，使分类器更加关注少数类的区域[23]。这种方法不需要任何先验知识或特定的算法，因此具有很好的通用性。其工作原理如图 6-20 所示。

(2) 基于过采样的不平衡数据处理方法

过采样方法通过增加少数类样本的数量来达到数据平衡，常见的方法有随机过采样和 SMOTE 算法[24]。

① 随机过采样。随机过采样被称为“朴素重采样”，其工作原理如图 6-21 所示。随机

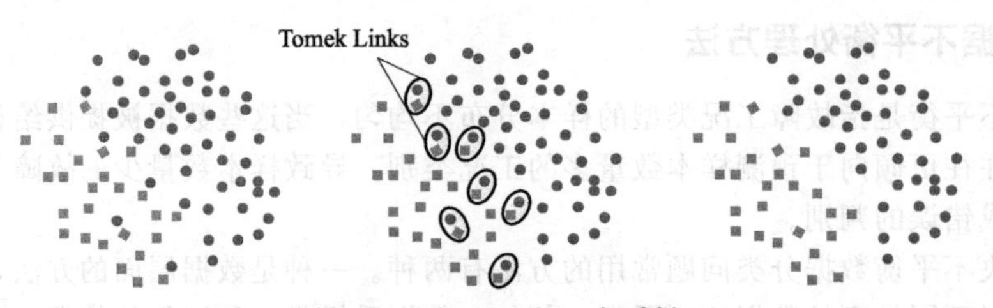

图 6-20 Tomek Links 欠采样

过采样并不是简单地将原始数据集中占比较少的类别简单地乘以指定的倍数，而是对较少类别数据进行一定比例的随机抽样，重复抽取多次，然后把每个样本的样本集进行重叠。但若仅采用简单的随机抽样，则会产生重复取样的问题。

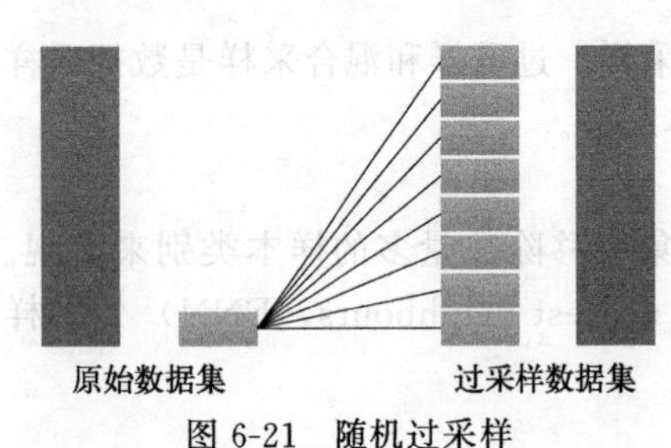

图 6-21 随机过采样

② SMOTE 过采样。SMOTE 过采样是一种简单而有效的上采样方法，可以弥补随机过采样的缺陷。该方法可以利用少数类样本在特征空间中的相似性来生成新的人工合成样本，从而扩充数据集。然而，SMOTE 方法存在一个问题：生成的少数类样本是通过线性插值得到的，因此会扩大少数类样本的特征空间，导致在平衡类别分布的同时，少数类侵占原本属于多数类的样本空间，产生模型过拟合的问题。

SMOTE 算法流程

输入：少数类样本 i，其特征向量为 $\boldsymbol{x}_i$，$i\in(1,2,\cdots,T)$

输出：$\boldsymbol{x}_{i1},\boldsymbol{x}_{i2},\cdots,\boldsymbol{x}_{in}$ 个新样本

①从少数类的全部 T 个样本中找到样本 $\boldsymbol{x}_i$ 的 k 个近邻，记为 $\boldsymbol{x}_{i(near)}$，$near\in(1,2,\cdots,k)$

②从 k 个近邻中随机选择一个样本 $\boldsymbol{x}_{i(nn)}$，再生成一个 0～1 之间的随机数 ξ_1，从而合成一个新的样本 $\boldsymbol{x}_{i1}$：$\boldsymbol{x}_{i1}=\boldsymbol{x}_i+\xi_1\cdot(\boldsymbol{x}_{i(nn)}-\boldsymbol{x}_i)$

③将上述步骤重复 N 遍，可以合成 N 个新样本，表示为 $\boldsymbol{x}_{i(new)}$，$near\in(1,2,\cdots,k)$

④对全部 T 个样本重复上述步骤①～③，便能合成 NT 个新样本

(3) 基于过采样-欠采样混合的不平衡数据处理方法

尽管 SMOTE 过采样算法可以生成新的样本，但是它只是简单地对少数样本进行插值，没有考虑到周围多数类样本的分布情况，这可能导致少数类样本被错误地归类为多数类样本，同时也会增加样本集内部的重叠问题。相反，数据清洗欠采样方法则专门清洗掉重叠的数据。所以，本节使用了一种混合采样方法，即先对数据集进行过采样，增加少数类的数量，然后再对数据集进行数据清洗，减少多数类的数量。这种方法既可以平衡数据集，又可以消除重叠数据。

目前，混合重采样方法的一些流行变体是 SMOTE 和 ENN 的组合，以及 SMOTE 和 Tomek Link 欠采样的组合。虽然 Tomek Link 和 ENN 都是用于处理不平衡数据集的算法，但是它们的思想和处理方式不同。ENN 算法通过比较每个样本与其 k 个最近邻居之间的欧式距离来消除噪声和边界样本。但是，在某些情况下，这种方式可能会过度消除噪声和边界样本，从而导致少数类样本的减少，影响分类器的性能和准确性。此外，ENN 算法的效果很大程度上取决于 k 值的选择。如果选择的 k 值过小，那么 ENN 算法可能会忽略一些重要

的少数类样本，如果选择的 k 值过大，那么 ENN 算法可能会包含一些多数类样本，从而导致数据集的不平衡问题没有得到解决。而 Tomek Link 算法一方面是通过找到距离最近但属于不同类别的样本对，并去除这些样本对中的多数类样本，所以可以保留重要的少数类样本；另一方面，Tomek Link 算法是一种基于距离的下采样算法，而不是基于邻居的算法，所以不需要明确地选择 k 值。

综上所述，Tomek Link 算法较为完美地解决了上述的两个问题，因此，本节采用 SMOTE 过采样和 Tomek Link 欠采样的组合来解决柱塞泵样本不平衡的问题，其工作流程如图 6-22 所示。

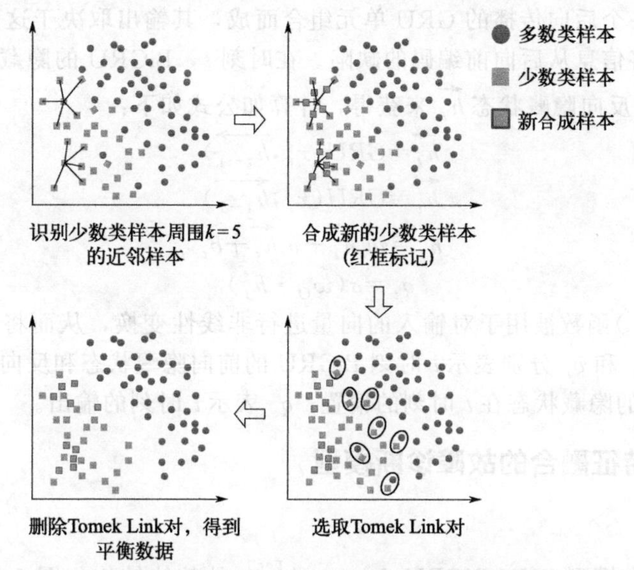

图 6-22 SMOTE＋Tomek Link 采样流程图

步骤 1：从少数类样本中随机选取一个样本，确定 k，作为最近邻居的数量。如果没有则设置 $k=3$；

步骤 2：选择该样本的一个邻居，通过插值生成一个新的合成样本，然后将其添加到少数类样本中；

步骤 3：重复步骤 2，直到生成足够多的合成样本；

步骤 4：使用 Tomek Link 算法检测两个样本之间的距离，从而计算它们是否属于同一类别；

步骤 5：如果两个不同类别的样本之间没有其他同类别的样本，那么这两个样本之间就存在一个 Tomek Link，将其删除；

步骤 6：将生成的合成样本和保留下来的原始样本合并起来，得到一个新的平衡数据集。

6.3.2 双向门控循环单元

双向门控循环单元（bidirectional aated recurrent unit，BiGRU）的基本思想是将规则 GRU 中的神经元分为前向层和后向层，分别代表正的时间方向和负的时间方向，具体结构如图 6-23 所示。通过使用这种结构，可以很容易地捕获到来自过去和未来的输入信息对当前状态的影响。

从图 6-23 中可以看出在 BiGRU 网络中，信息有两条传递路线，基本单元由一个前向传

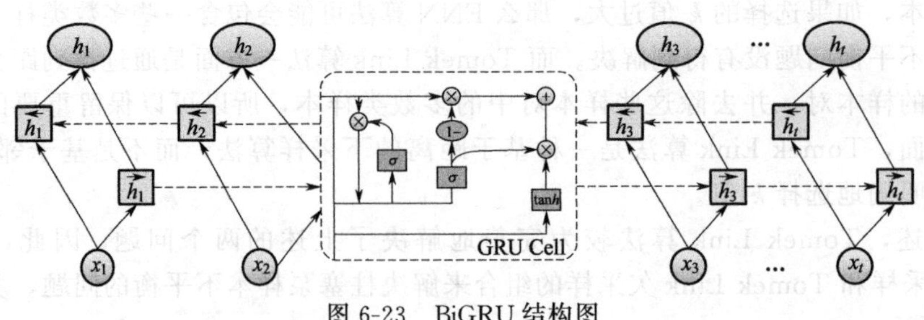

图 6-23 BiGRU 结构图

播的 GRU 单元和一个后向传播的 GRU 单元组合而成，其输出取决于这两个 GRU 的状态，弥补了 GRU 无法将信息从后向前编码的缺陷。在时刻 t，BiGRU 的隐藏状态通过加权求和前向隐藏状态 $\overrightarrow{h_t}$ 和反向隐藏状态 $\overleftarrow{h_t}$ 来获得，计算如公式如下：

$$\overrightarrow{h_t}=GRU(x_t,\overrightarrow{h_{t-1}}) \tag{6-3}$$

$$\overleftarrow{h_t}=GRU(x_t,\overleftarrow{h_{t-1}}) \tag{6-4}$$

$$h_t'=w_t\overrightarrow{h_t}+v_t\overleftarrow{h_t}+b_t \tag{6-5}$$

$$q_t=\sigma(w_O\cdot h_t') \tag{6-6}$$

式中，GRU(·)函数被用于对输入的向量进行非线性变换，从而将向量编码为相应的 GRU 隐藏状态；w_t 和 v_t 分别表示 t 时刻 BiGRU 的前向隐藏状态和反向隐藏状态所对应的权重；b_t 表示相应的隐藏状态在 t 时刻的偏置；q_t 表示 t 时刻的输出。

6.3.3 双通道特征融合的故障诊断模型

(1) 模型结构

双通道特征融合模型 CNN-BiGRU-Attention[25] 的整体结构如图 6-24 所示，该模型由三个模块构成，分别是特征提取层、特征融合层和故障分类层。特征提取层由上通道 CNN 和下通道 BiGRU 组成，其中 CNN 用于提取样本数据中蕴含的空间特征，而下通道 BiGRU 可以在时间维度上从正向和反向两个方向充分提取出样本数据的时序特征；特征融合层将空

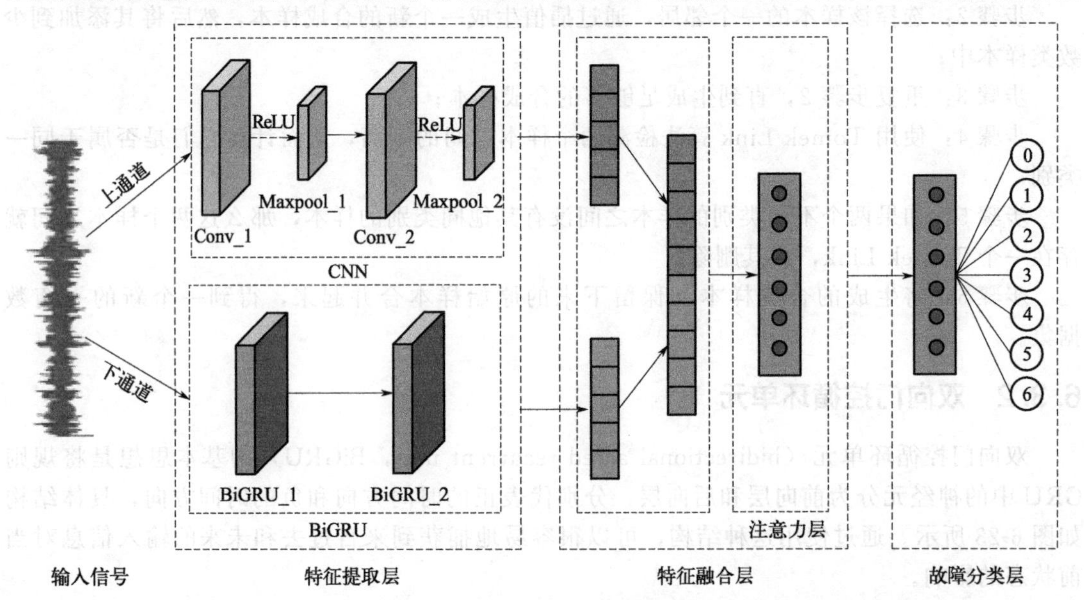

图 6-24 CNN-BiGRU-Attention 模型结构

间特征和时间特征进行拼接融合，再将融合后的特征输入到自注意力层，对特征向量进行重新赋权操作。最后由故障分类层采用 softmax 分类器对特征向量进行故障分类。

(2) 诊断流程

基于 CNN-BiGRU-Attention 模型的故障诊断流程如图 6-25 所示，具体步骤如下：

步骤 1：获取柱塞泵的原始振动数据，将数据样本按照 7：3 随机划分成训练集和测试集；

步骤 2：初始化 CNN、BiGRU 权重以及偏置项，将训练集的数据分批次同时输入到 CNN 和 BiGRU 中进行故障特征的学习；

步骤 3：利用 CNN 和 BiGRU 分别提取振动数据空间特征信息和时序特征信息，并进行特征融合，将融合后的特征输入到自注意力层，最后输入到 softmax 层；

步骤 4：利用 softmax 实现故障分类，根据损失值和准确率的变化，对模型参数进行微调；

步骤 5：将测试集输入训练完成的模型并输出诊断结果。

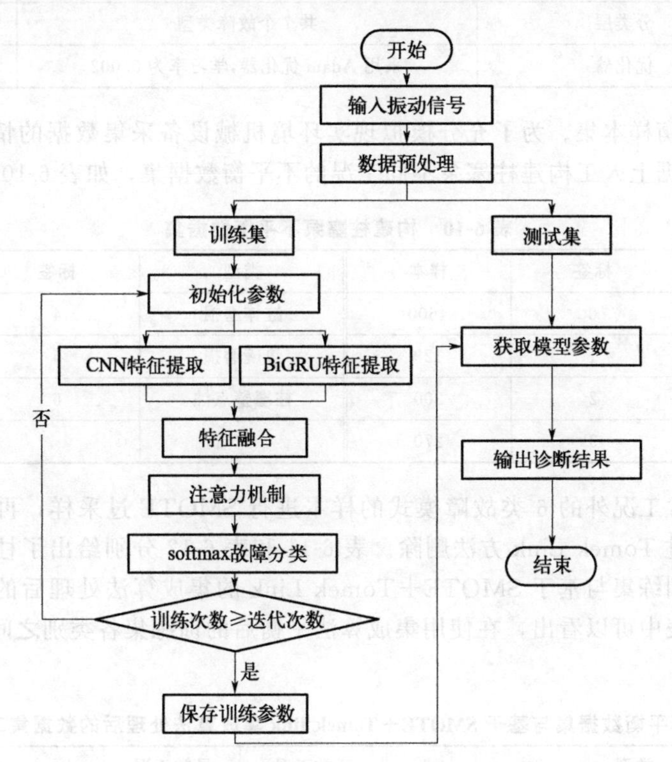

图 6-25 基于 CNN-BiGRU-Attention 模型的故障诊断流程图

(3) 实验验证

本节采用 4.1.1 节振动信号采集方案中位于中间泵体的加速度传感器采集的数据进行实验，将提出的模型分别应用在均衡数据集、不平衡数据集和使用 SMOTE＋Tomek Link 混合采样后的均衡数据集上进行训练，将训练的模型用测试集诊断。通过训练过程的损失函数、诊断精度、特征可视化详细分析模型的性能，并与 5.3.5 节的 CNN-LSTM-Attention 模型进行对比。实验分析中将 CNN-BiGRU-Attention 模型统一用 CBA 表示，基于 SMOTE＋Tomek Link 混合采样的 CNN-BiGRU-Attention 模型统一用 ST-CBA 表示。

① 模型参数设置。模型的参数设置在表 6-9 中列出，训练过程中将迭代次数设置为 20

次，训练批次设置为 64。

表 6-9 模型参数设置

编号	网络层	参数设置	激活函数
1	输入层	2048×1	/
2	上通道－卷积层 1	16 个卷积核,尺寸 64×1,步长为 16	Relu
3	上通道－池化层 1	尺寸 2×1,步长为 2	/
4	上通道－卷积层 2	32 个卷积核,尺寸 3×1,步长为 1	Relu
5	上通道－池化层 2	尺寸 2×1,步长为 2	/
6	下通道－BiGRU 层 1	尺寸 256×1,步长为 1	Tanh
7	下通道－BiGRU 层 2	尺寸 256×1,步长为 1	Tanh
8	Dropout 层	上下通道值均设置为 0.5	/
9	注意力层	尺寸 128×1	Relu
10	分类层	共 7 个故障类型	softmax
11	优化器	采用 Adam 优化器,学习率为 0.002	/

② 构建不平衡样本集。为了充分模拟现实环境机械设备采集数据的情况，在 5.3.5 节表 5-21 的实验数据上人工构建柱塞泵不同工况的不平衡数据集，如表 6-10 所示。

表 6-10 构建柱塞泵不平衡数据集

类型	标签	样本	类型	标签	样本
正常	0	4600	缸体磨损	4	217
柱塞球头磨损	1	129	垫碗磨损	5	281
三角孔堵塞	2	200	柱塞壁点蚀	6	242
配流盘磨损	3	270			

然后对除正常工况外的 6 类故障模式的样本进行 SMOTE 过采样，再将平衡后样本中的重复数据点通过 Tomek Link 方法删除。表 6-11 和表 6-12 分别给出了柱塞泵数据二分类与多分类的原始训练集与基于 SMOTE＋Tomek Link 的集成算法处理后的训练集中各类别的数量对比。从表中可以看出，在使用集成算法平衡后的训练集各类别之间都达到了相对平衡的状态。

表 6-11 不平衡数据集与基于 SMOTE＋Tomek link 集成算法处理后的数据集二分类对比

类型	正常工况	异常工况	比例
原始数据集	4600	1339	3.4∶1
SMOTE＋Tomek link 均衡后数据集	4531	4400	1.03∶1

表 6-12 不平衡数据集与基于 SMOTE＋Tomek link 集成算法处理后的数据集多分类对比

类型	标签	原始数据集	SMOTE＋Tomek link 均衡后数据集
正常	0	4600	4495
柱塞球头磨损	1	129	4253
三角孔堵塞	2	200	4060
配流盘磨损	3	270	4423

续表

类型	标签	原始数据集	SMOTE+Tomek link 均衡后数据集
缸体磨损	4	217	4227
垫碗磨损	5	281	3836
柱塞壁点蚀	6	242	4432

③ CBA 模型在平衡数据集上应用。使用损失值和准确率两个评价指标对 CBA 模型进行评估，如图 6-26 所示。由图 6-26(a) 可知，当训练开始时损失值下降较快，在进行 5 次迭代后损失率降为 0.16%左右并趋于稳定，这表明该模型能够有效地表征故障特征。从图 6-26(b) 可看出前三次迭代时训练集和测试集上的准确率存在较大差距，之后准确率缓慢提升，经过 5 次迭代后，在测试集上的准确率稳定在 99%以上，最终准确率达到 99.29%。

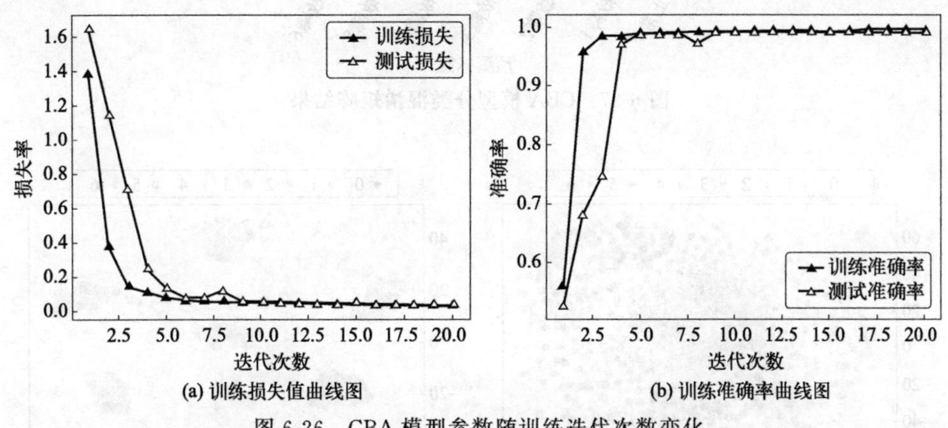

(a) 训练损失值曲线图　(b) 训练准确率曲线图

图 6-26　CBA 模型参数随训练迭代次数变化

为了进一步评估 CBA 模型的分类性能，通过混淆矩阵评估每种故障状态的识别结果，如图 6-27 所示。在测试集 10500 个样本中，有 15 个正常样本被预测为故障 1；30 个故障 4 样本被预测为正常样本、故障 1 和故障 5；15 个故障 5 样本被预测为故障 2；15 个故障 6 样本被预测为故障 1；其余的故障 1、故障 2、故障 3 三种工况均能 100%识别出来。

为了更好地验证 CBA 模型特征学习能力，采用 t-SNE 算法分别对输入层和全连接层的特征进行可视化，t-SNE 可视化结果如图 6-28 所示。从图 6-28(a) 中可以看出原始信号中各类别间的样本混合在一起，无法较好地分离各类故障。从图 6-28(b) 中可以看到经过特征融合且在注意力机制作用下的特征提取，故障特征能很好地表征，且提取的特征能较好地将各类故障分开，同种工况紧密聚集。虽然仍有一些故障样本混杂，但是经过将 CNN 和 BiGRU 并联且带有注意力机制的网络模型进行故障特征提取，能更精确地分类样本类型。

④ CBA 模型在不平衡数据集上的应用。为了验证模型的性能，将不平衡数据集作为模型的输入，各模型在测试集上的诊断结果如图 6-29 所示。从图 6-29 中可以看出，提出的 CBA 模型对柱塞泵不同类型故障的诊断准确性上比 CNN-LSTM-Attention 高。进一步分析可以发现，模型在测试集上柱塞球头磨损和三角孔堵塞的分类效果相较其他类别数据的分类效果有一定的差距，主要原因是这两类故障的真实样本较少，诊断算法训练时学习到的信息十分有限，因此容易造成误分类问题，这也印证了数据不平衡会制约模型的诊断性能。

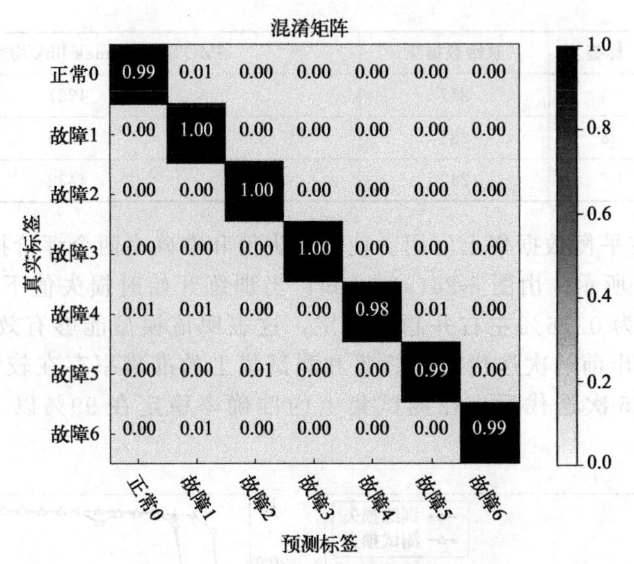

图 6-27　CBA 模型分类混淆矩阵结果

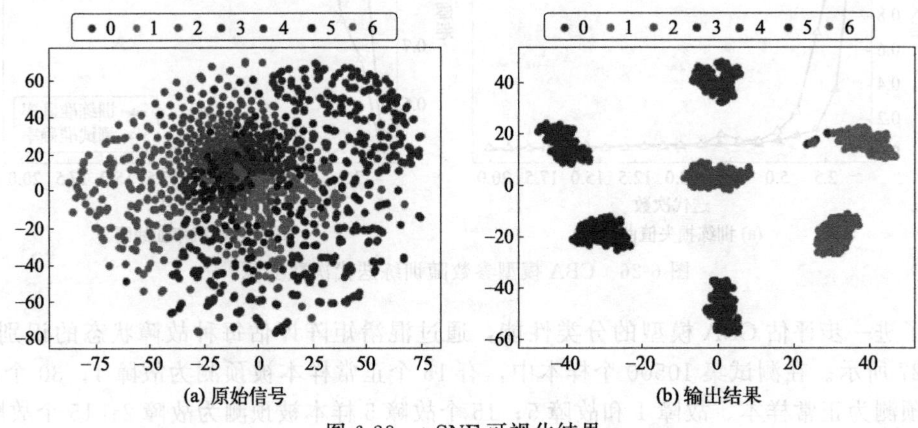

图 6-28　t-SNE 可视化结果

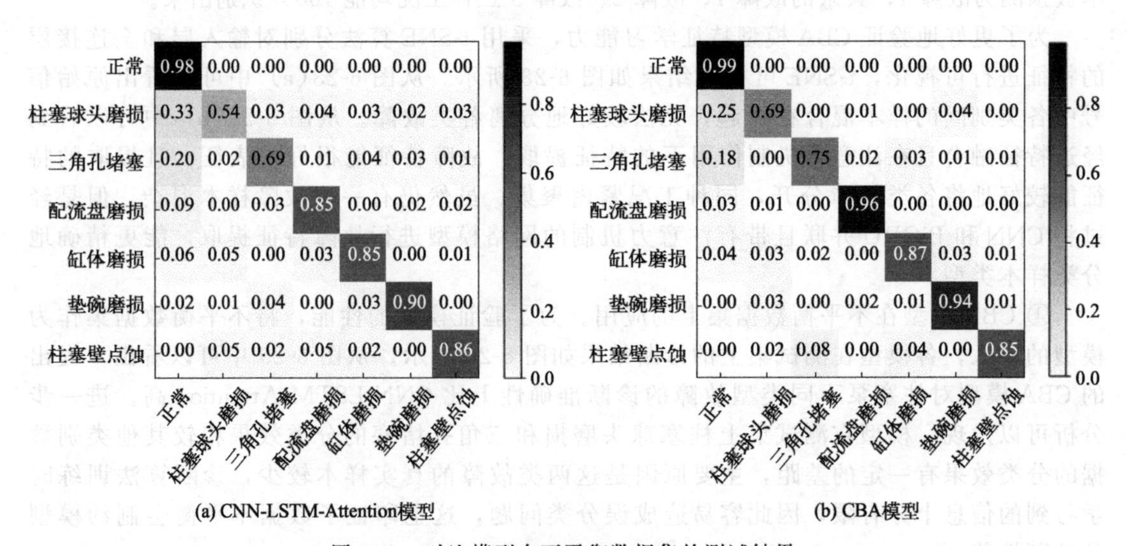

图 6-29　对比模型在不平衡数据集的测试结果

⑤ CBA 模型在不平衡数据集和平衡数据集上的结果分析。将 CBA 模型分别应用在不平衡数据集和平衡数据集上，分析其诊断精度，结果如图 6-30 所示。从图中可以观察到当利用合成数据作为训练集，真实数据作测试集时，由于训练集中各类别数据样本量相对比较均衡，因此对于各类别的分类结果没有明显的差别，都达到了比较好的效果。这一结果也再一次证明了合成高质量的数据对于柱塞泵故障诊断工作的重要意义。

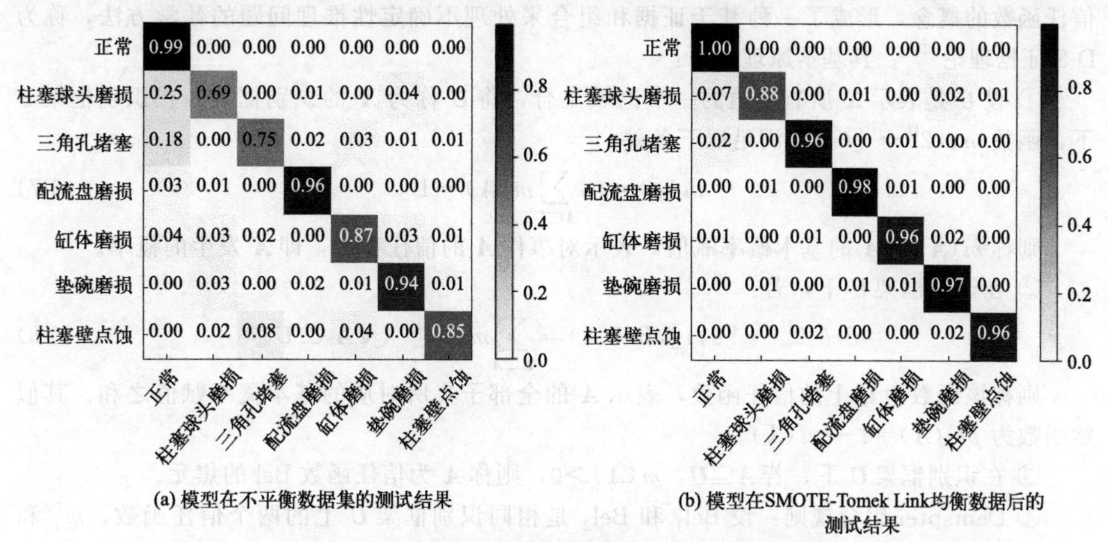

(a) 模型在不平衡数据集的测试结果　　(b) 模型在SMOTE-Tomek Link均衡数据后的测试结果

图 6-30 CBA 模型在两种测试集上的诊断结果

进一步通过召回率 Recall、精确率 Precision、F1 值对 CBA 模型与 ST-CBA 模型在多分类数据集上的实验结果进行评估，结果在表 6-13 中列出。

表 6-13 CBA 和 ST-CBA 模型在多分类数据集上的评估

工况	Recall		Precision		F1-score	
	CBA	ST-CBA	CBA	ST-CBA	CBA	ST-CBA
正常	0.992	0.996	0.975	0.995	0.984	0.996
柱塞球头磨损	0.695	0.879	0.868	0.961	0.772	0.918
三角孔堵塞	0.752	0.965	0.874	0.943	0.809	0.953
配流盘磨损	0.965	0.983	0.932	0.966	0.945	0.974
缸体磨损	0.869	0.957	0.915	0.957	0.891	0.957
垫碗磨损	0.941	0.975	0.918	0.951	0.929	0.963
柱塞壁点蚀	0.854	0.957	0.911	0.978	0.882	0.967

从表 6-13 中可以看出使用不平衡数据集训练模型时，CBA 模型的分类效果并不理想。经过 SMOTE＋Tomek Link 算法扩充了少数类样本之后，模型的不同指标值均大幅上升，具有较好的准确性。

6.4 基于决策层信息融合的故障诊断模型

上述提出的信息融合模型是针对同类传感器数据进行融合，实际应用中会使用不同类型传感器监测柱塞泵的运行状况。针对不同类型传感器信息融合，本节提出了一种基于 D-S

证据理论和 AOA-KELM 算法的决策层信息融合故障诊断方法[26]。

6.4.1 D-S 证据理论

D-S 证据理论由 A. P. Dempster 为解决多值映射问题提出，通过在命题与集合之间建立映射关系，来解决命题的不确定性问题[27]。随后 G. Shafer 在 Dempster 的基础上，引入了信任函数的概念，形成了一种基于证据和组合来处理不确定性推理问题的数学方法，称为 D-S 证据理论[28]。其基本原理如下：

① 设 $\boldsymbol{U}$ 是表示 X 所有取值的一个论域集合，将 $\boldsymbol{U}$ 称为 X 的识别框架。在识别框架 $\boldsymbol{U}$ 下，函数 m：$2^{\boldsymbol{U}} \rightarrow [0,1]$ 满足以下条件：

$$m(\phi)=0, \sum_{\boldsymbol{A} \subset \boldsymbol{U}} m(\boldsymbol{A})=1 \tag{6-7}$$

则称 $m(\boldsymbol{A})$ 为 $\boldsymbol{A}$ 的基本概率赋值，表示对事件 $\boldsymbol{A}$ 的信任程度，即 $\boldsymbol{A}$ 发生的概率。

② 在识别框架 $\boldsymbol{U}$ 下，若：

$$Bel: 2^{\boldsymbol{U}} \rightarrow [0,1], Bel(\boldsymbol{A})=\sum_{\boldsymbol{B} \subset \boldsymbol{A}} m(\boldsymbol{B}) \quad (\forall \boldsymbol{A} \subset \boldsymbol{U}) \tag{6-8}$$

则称该函数为 $\boldsymbol{U}$ 上的信任函数，表示 $\boldsymbol{A}$ 的全部子集所对应的基本概率赋值之和。其似然函数为 $pls(\boldsymbol{A})=1-bel(\overline{\boldsymbol{A}})$。

③ 在识别框架 $\boldsymbol{U}$ 下，若 $\boldsymbol{A} \subseteq \boldsymbol{U}$，$m(\boldsymbol{A})>0$，则称 $\boldsymbol{A}$ 为信任函数 Bel 的焦元。

④ Demspter 组合规则：设 Bel_1 和 Bel_2 是相同识别框架 $\boldsymbol{U}$ 上的两个信任函数，m_1 和 m_2 是其对应的基本概率赋值，焦元分别为 A_1，A_2，…，A_k 和 B_1，B_2，…，B_n，设：

$$K=\sum_{A_i \cap B_j=\varnothing} m_1(A_i) m_2(B_j)<1 \tag{6-9}$$

则：

$$m(C)=\begin{cases} 0 & \boldsymbol{C}=\varnothing \\ \dfrac{\sum\limits_{\boldsymbol{A}_i \cap \boldsymbol{B}_j=\boldsymbol{C}} m_1(\boldsymbol{A}_i) m_2(\boldsymbol{B}_j)}{1-K} & \boldsymbol{C} \neq \varnothing \end{cases} \tag{6-10}$$

式中，K 为冲突系数，反映了两焦元的冲突程度，$1/K-1$ 称为归一化因子。

⑤ D-S 证据理论判决规则：设存在 $\boldsymbol{A}_1$，$\boldsymbol{A}_2 \subset \boldsymbol{U}$，满足

$$\begin{gathered} m(\boldsymbol{A}_1)=\max\{m(\boldsymbol{A}_i), \boldsymbol{A}_i \subset \boldsymbol{U}\} \\ m(\boldsymbol{A}_2)=\max\{m(\boldsymbol{A}_i), \boldsymbol{A}_i \subset \boldsymbol{U} \text{ 且 } A_i \neq A_1\} \end{gathered} \tag{6-11}$$

若有：

$$\begin{cases} m(\boldsymbol{A}_1)-m(\boldsymbol{A}_2)>\varepsilon_1 \\ m(\boldsymbol{\Theta})<\varepsilon_2 \\ m(\boldsymbol{A}_1)>m(\boldsymbol{\Theta}) \end{cases} \tag{6-12}$$

则称 $\boldsymbol{A}_1$ 为判决结果，其中 ε_1，ε_2 为预先设定的阈值，$\boldsymbol{\Theta}$ 为不确定集合。

D-S 证据理论算法作为一种包含主观不确定信息的算法，理论基础可靠，在解决旋转机械多传感器信息融合问题上具有可行性，已广泛应用在故障诊断和分类识别等领域。通过融合规则可以把若干条独立诊断模型的证据结合起来，以获得更多的信息，提高准确率，避免单一信息造成的局限性，也能减少多源信息冲突造成结果的模糊性。D-S 证据理论将全部故障类型作为框架，将局部子网诊断结果作为证据并一一对应，把每个信息对象输入得到的证据可信度通过融合规则进行融合，得到更加准确的基本概率函数，实现对信号的故障诊断。

6.4.2　基于 D-S 证据理论的决策层融合诊断

基于 D-S 证据理论提出的决策层信息融合故障诊断方法由三部分组成：信号预处理、局部诊断和决策层融合。图 6-31 显示了其整体框架。首先对各类信号进行预处理，将转辙机柱塞泵后端面振动信号、系统油路的出口压力信号、柱塞泵后端面处声压信号、柱塞泵电机电流信号、柱塞泵传动轴转速信号进行时域、频域的特征提取和归一化处理，获得故障特征。然后基于 5.2.4 节提出的 AOA-KELM 模型构建子网络诊断系统，对各类信号的故障特征进行分类，并将输出结果作为决策层融合的基本概率赋值。最后，利用 D-S 证据理论进行融合判决。

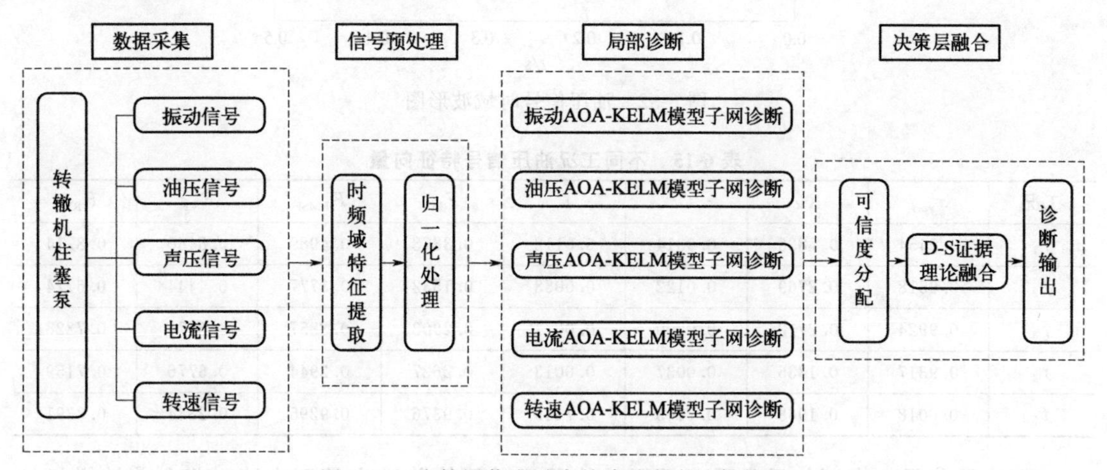

图 6-31　决策层信息融合故障诊断方法结构图

(1) 信号分析和预处理

本章采用 4.1.1 节实验方案对柱塞泵 5 种运行状态进行实时监测，采集转辙机柱塞泵不同工况下的振动、声压、油压、转速、电流信号。分别计算五种工况下各传感器采集信号的 8 个特征值，并进行归一化处理，利用处理完的参数值构建特征数据集。每种故障类型有 200 组样本，其中 160 组样本作为训练集，剩余样本作为测试集。

① 振动信号。在 6.2.3 节中已经给出振动信号描述，在此不再赘述。计算五种工况下柱塞泵中间泵体上方测点采集到的振动信号的 8 个特征值，并进行归一化处理，特征向量如表 6-14 所示。

表 6-14　不同工况振动信号特征向量

工况	x_{rms}	Ku	C	L	F_{FC}	F_{RMSF}	F_{VF}	F_{RVF}
f_1	0.7275	0.3365	0.5770	0.5855	0.9042	0.9327	0.7774	0.8171
f_2	0.5456	0.3830	0.6542	0.5011	0.6843	0.7255	0.7382	0.7832
f_3	0.5130	0.3936	0.5168	0.5019	0.6338	0.7335	0.7631	0.6253
f_4	0.3879	0.0537	0.2004	0.1501	0.8230	0.8241	0.5300	0.5939
f_5	0.0210	0.0115	0.1104	0.0579	0.0504	0.0557	0.0868	0.1135

② 油压信号。转辙机柱塞泵依靠柱塞腔容积的变化实现吸油、压油动作，瞬时流量发生周期性的变换，柱塞泵内流体的变化会导致压力波动，通过对柱塞泵压力信号进行分析会发现压力变化相对复杂，不同的工况会产生不同的波动变化，基于此可通过压力波动变化对

柱塞泵的运行状态进行识别。图 6-32 和表 6-15 分别是配流盘磨损工况的油压信号波动变化图和特征向量。

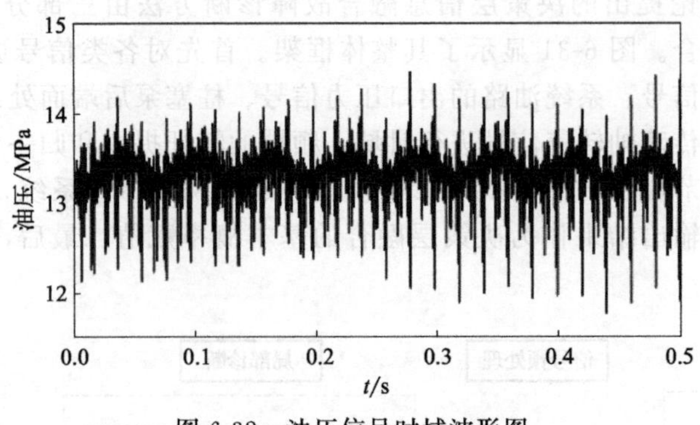

图 6-32 油压信号时域波形图

表 6-15 不同工况油压信号特征向量

工况	x_{rms}	Ku	C	L	F_{FC}	F_{RMSF}	F_{VF}	F_{RVF}
f_1	0.9454	0.5836	0.0314	0.0112	0.3878	0.4989	0.8460	0.8714
f_2	0.9518	0.2769	0.0122	0.0058	0.1532	0.3777	0.4444	0.6774
f_3	0.9924	0.2712	0.0200	0.0071	0.2903	0.3857	0.6774	0.7228
f_4	0.9317	0.1336	0.0037	0.0013	0.2627	0.2944	0.6776	0.7159
f_5	0.0018	0.1968	0.7103	0.7449	0.9376	0.9295	0.2884	0.3391

③ 声压信号。声压信号本质上是振动信号经过泵体传递出的压力波，蕴含着转辙机柱塞泵振源情况的重要信息。通过采集泵体附近的声压信号并进行特征提取，可以得到其中的故障信息。图 6-33 是一组声压信号时域波形图，其对应的特征向量在表 6-16 中给出。

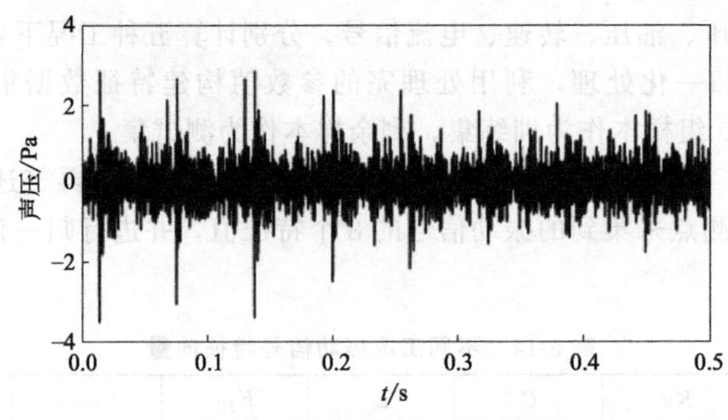

图 6-33 声压信号时域波形图

表 6-16 不同工况声压信号特征向量

工况	x_{rms}	Ku	C	L	F_{FC}	F_{RMSF}	F_{VF}	F_{RVF}
f_1	0.1339	0.2525	0.3812	0.3941	0.8064	0.8494	0.8477	0.8955
f_2	0.1280	0.3822	0.6597	0.6530	0.7567	0.8185	0.8548	0.9006
f_3	0.9496	0.0432	0.0708	0.0671	0.2271	0.4444	0.6121	0.7161
f_4	0.0514	0.1523	0.1079	0.1223	0.2749	0.4649	0.6105	0.7148
f_5	0.0051	0.0968	0.0554	0.0703	0.2270	0.4682	0.6727	0.7648

④ 电流信号。转辙机柱塞泵通过三相异步电动机提供动力，当柱塞泵发生故障时，系统内会产生故障分量而引起压力脉动，电机电磁转矩受压力脉动的影响，会导致电机电流发生变化[29]。通过对电流信号的特征判断，可以分析出柱塞泵不同故障及故障程度。图6-34是一组电流信号，可以明显观察到电流信号中存在的周期性脉冲波动。不同工况电流信号特征向量在表6-17中给出。

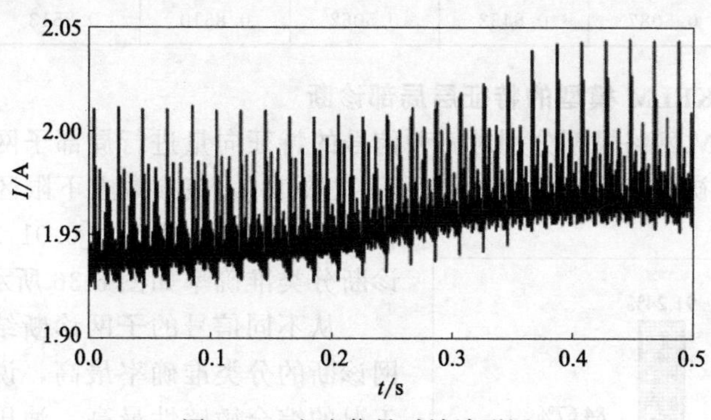

图6-34 电流信号时域波形图

表6-17 不同工况电流信号特征向量

工况	x_{rms}	Ku	C	L	F_{FC}	F_{RMSF}	F_{VF}	F_{RVF}
f_1	0.6159	0.6992	0.4450	0.4450	0.5646	0.6570	0.6262	0.6823
f_2	0.4608	0.7925	0.1269	0.1268	0.1659	0.2248	0.1933	0.2405
f_3	0.7609	0.7059	0.7833	0.7833	0.8940	0.9254	0.9157	0.9321
f_4	0.4914	0.1162	0.1498	0.1498	0.1896	0.2376	0.2030	0.2518
f_5	0.4145	0.0887	0.2404	0.2404	0.2910	0.3701	0.3302	0.3918

⑤ 转速信号。转辙机柱塞泵发生故障时会引起瞬时转速的波动，图6-35是转辙机柱塞泵采集到的转速信号，转速传感器输出矩形方波信号，通过高低电平进行判别，即可求出瞬时转速。表6-18中列出转速信号的特征向量。

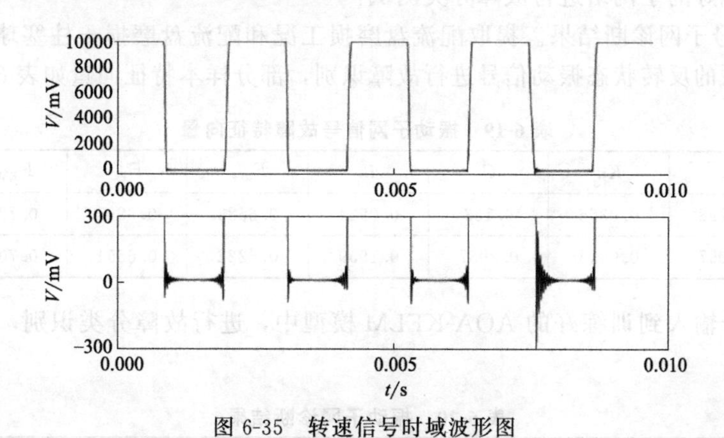

图6-35 转速信号时域波形图

表6-18 不同工况转速信号特征向量

工况	x_{rms}	Ku	C	L	F_{FC}	F_{RMSF}	F_{VF}	F_{RVF}
f_1	0.8929	0.1239	0.1403	0.1347	0.0548	0.0548	0.0652	0.0724

续表

工况	x_{rms}	Ku	C	L	F_{FC}	F_{RMSF}	F_{VF}	F_{RVF}
f_2	0.4914	0.4155	0.4590	0.4540	0.3974	0.3771	0.3269	0.3513
f_3	0.7762	0.0179	0.4050	0.3079	0.2792	0.3747	0.5034	0.5301
f_4	0.2809	0.5863	0.6732	0.6365	0.6041	0.6348	0.6560	0.6793
f_5	0.4143	0.5087	0.6453	0.5062	0.8610	0.8513	0.7975	0.8138

(2) 基于 AOA-KELM 模型的特征层局部诊断

使用AOA-KELM网络模型分别对五种信号的特征向量进行局部子网诊断。AOA-KELM模型参数设置如下：初始种群设置为30，迭代次数100，核参数上下限区间为[1,300]，正则化系数上下区间设置为[0.01,300]。5个子网局部诊断分类准确率如图6-36所示。

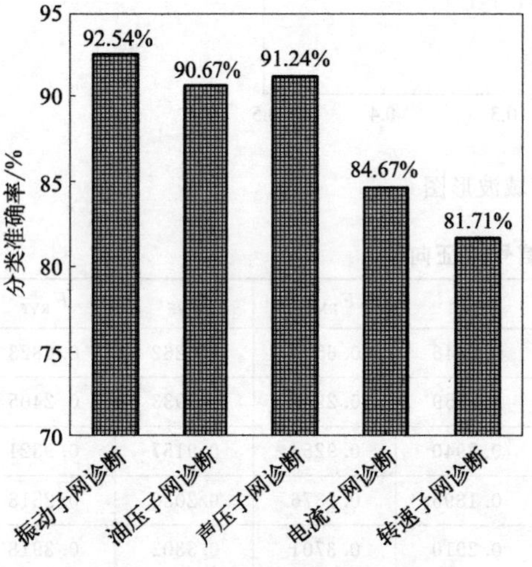

图 6-36 不同子网局部诊断结果

从不同信号的子网诊断结果看，振动信号子网诊断的分类准确率最高，说明振动信号对各种工况的综合敏感性最高，油压信号子网诊断和声压信号子网诊断的分类准确率达到了90%以上，表明通过油压信号和声压信号提取转辙机柱塞泵运行状态的特征信息的方法是可行的，但由于噪声的干扰及油压信号复杂的脉动原理，其识别准确度并没有达到很高的准确率。转速和电流子网诊断结果分别为81.71%和84.67%，准确率不高，说明这两种信号在不同工况下虽然可以提取到不同的特征信号，但由于柱塞泵复杂的故障机理、转速信号和电流信号本身的迟滞性以及对复合故障的敏感性较差等原因，单独的局部子网诊断效果不好。此外，也存在提取的部分时域和频域特征敏感性不高，无法表征不同工况区别的问题。

下面对训练好的子网络进行故障分类测试：

① 振动信号子网诊断结果。提取配流盘磨损工况和配流盘磨损+柱塞球头磨损复合工况转辙机柱塞泵的反转状态振动信号进行故障识别，部分样本特征向量如表6-19所示。

表 6-19 振动子网信号故障特征向量

工况	x_{rms}	Ku	C	L	F_{avg}	F_{FC}	F_{RMSF}	F_{RVF}
f_2	0.5798	0.0366	0.133	0.0924	0.6583	0.6997	0.7222	0.7693
f_3	0.6057	0.0625	0.2987	0.1959	0.6222	0.6651	0.7061	0.7552

将故障信号输入到训练好的AOA-KELM模型中，进行故障分类识别，结果如表6-20所示。

表 6-20 振动子网诊断结果

工况							
配流盘磨损	故障标签	f_1	f_2	f_3	f_4	f_5	识别结果
	诊断输出	0.0208	0.8958	0.0333	0.0417	0.0083	f_2
柱塞球头磨损+配流盘磨损	故障标签	f_1	f_2	f_3	f_4	f_5	识别结果
	诊断输出	0.0167	0.0750	0.8750	0.0292	0.0042	f_3

从振动子网的诊断结果看：振动子网的诊断结果准确率并不高，配流盘磨损故障的诊断结果为89.58%，相比于4.5.3节中提取优化RCMDE的特征提取方法，诊断结果较差。说明柱塞泵振动信号在未经数据预处理的情况下，仅提取信号的时、频域特征来进行故障诊断的可靠性较差。在对柱塞泵球头磨损+配流盘磨损的复合故障进行诊断时，对配流盘磨损的可信度达到7.5%，造成了结果的不确定性，证明单独使用振动子网的诊断结果只能对转辙机柱塞泵的运行状态做初步判断，进一步说明多传感器信息融合的重要性。

② 油压信号子网诊断结果。提取配流盘磨损工况和配流盘磨损+柱塞球头磨损复合工况转辙机柱塞泵的反转状态油压信号进行故障识别，部分样本特征向量如表6-21所示。

表6-21　油压子网信号故障特征向量

工况	x_{rms}	Ku	C	L	F_{avg}	F_{FC}	F_{RMSF}	F_{RVF}
f_2	0.9398	0.6908	0.0320	0.0114	0.3647	0.4622	0.7636	0.7998
f_3	0.9496	0.2697	0.0426	0.0009	0.1416	0.2630	0.4202	0.5488

将上述信号的参数值输入到训练好的AOA-KELM模型中，进行故障分类识别，结果如表6-22所示。

表6-22　油压子网诊断结果

配流盘磨损	故障标签	f_1	f_2	f_3	f_4	f_5	识别结果
	诊断输出	0.0167	0.9083	0.04583	0.0208	0.0083	f_2
柱塞球头磨损+配流盘磨损	故障标签	f_1	f_2	f_3	f_4	f_5	识别结果
	诊断输出	0.0375	0.09583	0.7917	0.05	0.025	f_3

从油压子网诊断结果看，通过油压信号可以对配流盘磨损故障进行初步诊断，诊断准确率达到了90.83%，但对柱塞球头磨损+配流盘磨损的复合工况诊断效果较差，仅有79.17%，并且配流盘磨损的可信度达到了9.58%，柱塞球头磨损+缸体磨损的可信度达到了5%，对诊断结果会造成干扰。与振动子网诊断结果相比，油压信号对配流盘磨损的敏感度高于振动信号，识别效果较好，而振动信号对复合工况的敏感度高于油压信号，受到的干扰性小于油压信号，说明不同传感器对不同工况的敏感度不同，因此多传感器信息融合的方法是必要的。

③ 电流信号子网诊断结果。提取配流盘磨损工况和配流盘磨损+柱塞球头磨损复合工况转辙机柱塞泵的反转状态电流信号进行故障识别，部分样本特征向量如表6-23所示。

表6-23　电流子网信号故障特征向量

工况	x_{rms}	Ku	C	L	F_{avg}	F_{FC}	F_{RMSF}	F_{RVF}
f_2	0.5848	0.4186	0.5354	0.5354	0.5367	0.6003	0.5586	0.6195
f_3	0.5384	0.3596	0.1087	0.1087	0.1486	0.2055	0.1760	0.2204

将上述信号的参数值输入到训练好的AOA-KELM模型中，进行故障分类识别，结果如表6-24所示。

表6-24　电流子网诊断结果

配流盘磨损	故障标签	f_1	f_2	f_3	f_4	f_5	识别结果
	诊断输出	0.0417	0.8042	0.0250	0.1083	0.0208	f_2
柱塞球头磨损+配流盘磨损	故障标签	f_1	f_2	f_3	f_4	f_5	识别结果
	诊断输出	0.0458	0.0667	0.8375	0.0291	0.0208	f_3

从电流子网诊断结果可以看出，配流盘磨损工况的分类准确率为80.42%，柱塞球头磨损+配流盘磨损复合工况的分类准确率为83.75%。使用电流信号进行转辙机柱塞泵故障诊断的不确定性较高，一是由于电流信号易受干扰，对复合故障的敏感度不高，单故障工况的部分特征区别并不明显；二是针对电流信号提取的时频域特征，并不能完全反映不同工况电流信号中包含的特征信息。因此电流信号在柱塞泵的故障诊断中可以作为辅助因子，提高诊断结果的可靠性。

按照相同的处理方法，对转辙机柱塞泵反转信号的声压信号和转速信号进行局部子网诊断，可以获得同样结论。

(3) 决策层信息融合

通过对转辙机柱塞泵信号的局部子网诊断，发现单一信号的诊断结果存在模糊性，不能正确地反映柱塞泵的真实运行状态。为了解决上述问题，将多个传感器信号获得的信息采用D-S证据理论对转辙机柱塞泵诊断进行决策层融合，选取AOA-KELM振动信号局部子网、AOA-KELM油压信号局部子网、AOA-KELM声压信号局部子网、AOA-KELM电流信号局部子网、AOA-KELM转速信号局部子网的初步诊断结果作为证据体，利用各个故障诊断子模型的输出构造基本概率函数，提高诊断准确率。

以配流盘磨损工况为例，将各个子网的输出结果作为D-S证据理论决策层的可信度，如表6-25所示。

表6-25 配流盘磨损故障各局部子网诊断结果

局部诊断模型	f_1	f_2	f_3	f_4	f_5
振动子网诊断输出	0.0208	0.8958	0.0333	0.0417	0.0083
油压子网诊断输出	0.0167	0.9083	0.0458	0.0208	0.0083
声压子网诊断输出	0.1125	0.8417	0.0125	0.0250	0.0083
电流子网诊断输出	0.0417	0.8042	0.0250	0.1083	0.0208
转速子网诊断输出	0.0167	0.7792	0.0333	0.0542	0.1167

利用D-S证据理论融合规则进行决策层融合，融合结果见表6-26。

表6-26 D-S证据理论融合结果

故障标签	f_1	f_2	f_3	f_4	f_5
融合结果	3.877×10^{-6}	0.9999	3.1637×10^{-6}	5.486×10^{-11}	0

从融合结果可以看出，配流盘磨损的可信度达到了99.99%，趋近于1，诊断结果与实际相符。相比于单一信号局部子网的89.58%、90.83%、84.17%、80.42%、77.92%，诊断精度有了明显的提高，降低了不确定性。

对于配流盘磨损+柱塞球头磨损复合故障，使用相同的步骤进行决策层融合诊断，获得各局部子网的可信度分配，如表6-27所示。

表6-27 配流盘磨损+柱塞球头磨损复合故障各局部子网诊断结果

局部诊断模型	f_1	f_2	f_3	f_4	f_5
振动子网诊断输出	0.0167	0.0750	0.8750	0.0292	0.0042
油压子网诊断输出	0.0375	0.0958	0.7917	0.05	0.025
声压子网诊断输出	0.0208	0.0458	0.8625	0.0125	0.0583

续表

局部诊断模型	f_1	f_2	f_3	f_4	f_5
电流子网诊断输出	0.0458	0.0667	0.8375	0.0291	0.0208
转速子网诊断输出	0.0167	0.025	0.7333	0.0541	0.1708

利用D-S证据融合规则进行决策层融合，融合结果见表6-28。

表6-28 D-S证据理论融合结果

故障标签	f_1	f_2	f_3	f_4	f_5
融合结果	1.0490×10^{-6}	1.3541×10^{-5}	0.9999	5.0474×10^{-12}	0

由表6-28可以看出，将5个证据进行融合后，获得了更加准确的结果，可信度达到了99.99%。局部子网中存在影响结果的成分，如转速子网诊断中f_5柱塞球头磨损+垫碗磨损复合故障的分类准确率达到了17.08%，对转速子网的诊断效果产生了严重的影响，经过D-S证据理论融合之后的可信度变为了0，消除了诊断模糊的情况。同时各局部子网对复合故障的诊断准确率都不高，经过决策层融合之后，显著提高了诊断的准确率，对于转辙机柱塞泵的状态监测与故障诊断具有现实意义。其余各个故障的融合诊断结果也都得到了显著的提高，证明多传感器信息融合技术的可靠性。综上所述，单一的传感器诊断网络得到的结果存在着一定的不确定性，对诊断结果有一定的干扰，通过多传感器信息融合技术将多种传感器局部诊断子网的结果进行融合，充分利用了不同传感器信号之间的信息，实现了转辙机柱塞泵状态的精确识别。

参考文献

[1] 李乃鹏，蔡潇，雷亚国，等. 一种融合多传感器数据的数模联动机械剩余寿命预测方法 [J]. 机械工程学报，2021，57（20）：10.

[2] 彭冬亮，文成林，薛安克. 多传感器多源信息融合理论及应用 [M]. 北京：科学出版社，2010.

[3] 韩崇昭，朱洪艳，段战胜. 多源信息融合 [M]. 北京：清华大学出版社，2010.

[4] Hall D L. Human-centered information fusion：the emerging role of humans in situation awareness [J]. International Society for Optics and Photonics，2010. DOI：10.1117/12.855673.

[5] Harris C J，Bailey A，Dodd T J. Multi-sensor data fusion in defence and aerospace [J]. The Aeronuical Journal，1998，102（1015）：229-244.

[6] Luo R，Key M. Multisensor interation and fusion：Issues and approaches [J]. SPIE，1998，931：195-202.

[7] Dasarathy B V. Sensor fusion potential exploitation-innovative architectures and illustrative applications [J]. Proceedings of IEEE，1997，85（1）：24-38.

[8] Huang M，Liu Z，Tao Y. Mechanical fault diagnosis and prediction in IoT based on multi-source sensing data fusion [J]. Simulation Modelling Practice and Theory，2019：101981. DOI：10.1016/j.simpat.2019.101981.

[9] 李志远. 多传感器信息融合深度森林的柱塞泵健康评估方法研究 [D]. 上海：上海交通大学，2020.

[10] 朱冠霖. 基于多源传感器信息融合的液压泵故障诊断 [D]. 上海：上海工程技术大学，2020.

[11] Itti L. A model of saliency-based visual attention for rapid scene analysis [J]. IEEE Trans，1998，20. p. 1254-1259.

[12] Rensink，Ronald A. The dynamic representation of scenes [J]. Visual Cognition，2000，7（1-3）：17-42.

[13] Bahdanau D，Cho K，Bengio Y. Neural machine translation by jointly learning to align and translate [J]. Computer Science，2014，p. 1-15.

[14] Mnih V，Heess N，Graves A，et al. Recurrent models of visual attention [J]. Advances in Neural Information Processing Systems，2014，3，p. 1-12.

[15] Ba J，Mnih V，Kavukcuoglu K. Multiple object recognition with visual attention [J]. Computer ence，2014，p. 1-10.

[16] Liu S，Liu Z. Multi-channel CNN-based object detection for enhanced situation awareness [J]. 2017：1-9.

[17] Yu K，Ohtani S，Kuroki N，et al. Image super-resolution with multi-channel convolutional neural networks [C] //

2016 14th IEEE International New Circuits and Systems Conference (NEWCAS). IEEE，2016：1-4.

[18] Liu P，Zhang J，Leung W K，et al. Exploiting effective representations for chinese sentiment analysis using a multi-channel convolutional neural network [J]. arXiv preprint arXiv：1808.02961v1，2018.

[19] Woo S，Park J，Lee J Y，et al. CBAM：Convolutional block attention module [J]. arXiv preprint arXiv：1807.06521v2，2018.

[20] 龙卓．基于多维信息融合与视觉知识的电机故障智能诊断与预测技术研究 [D]. 长沙：湖南大学，2021.

[21] 周晓敏．面向非平衡数据的过采样方法研究 [D]. 太原：山西大学，2020.

[22] 闫欣．综合过采样和欠采样的不平衡数据集的学习研究 [D]. 吉林：东北电力大学，2016.

[23] 张雪．基于聚类的非平衡数据欠采样算法研究及应用 [D]. 太原：山西大学，2020.

[24] 段冰倩．非平衡数据重采样方法研究 [D]. 太原：山西大学，2018.

[25] 徐晓燕．基于深度学习的柱塞泵故障诊断方法研究 [D]. 太原：中北大学，2023.

[26] 常佳豪．转辙机柱塞泵的故障诊断方法研究 [D]. 太原：中北大学，2022.

[27] Dempster A P. Upper and lower probabilities induced by a multivalued mapping [M] //Classic works of the Dempster-Shafer theory of belief functions. Springer，Berlin，Heidelberg，2008：57-72.

[28] Yager R R. On the Dempster-shafer framework and new combination rules [J]. Information Sciences，1987，41 (2)：93-137.

[29] 王文智．液压设备转速波动分量提取及故障诊断方法研究 [D]. 西安：长安大学，2019.

第7章

基于连续学习的柱塞泵类增量故障诊断

前面的章节主要介绍的是离线模式下的转辙机柱塞泵故障诊断方法，但转辙机这种长期服役的装备必须进行在线状态监测，以确保其安全稳定运行。常见的基于数据驱动的故障诊断方式往往要求故障数据库在模型训练阶段能开放所有故障模式的访问权限，显然这不符合在线故障诊断的学习场景。在工业现场，故障数据库中的样本类型是逐渐增加的，这种变化要求诊断模型可以不断学习新的故障模式。书中第5章介绍的基于迁移学习（TL）的跨域故障诊断方法虽然避免了训练数据与测试数据服从独立同分布条件的刻板假设，但仍需要目标域的无标签数据参与模型训练，导致其无法辨识源域数据库之外的故障类型。同时，迁移学习理论也很少考虑完成域适应训练后的模型是否能够同时保证其在源域和许多不同的目标域中性能不会下降。最近域泛化[1-3]（domain generalization，DG）技术在故障诊断领域进入了研究人员的视野，这项技术能够综合多个样本可用的领域知识来学习域不变特征。DG虽然解决了实际工业中目标域数据不可访问的问题，但对源域中样本质量的依赖程度更高，这意味着数据采集和注释的成本会大幅增加。

另外还有一种常见的局限性假设亟待解决，即测试集样本类别必须在训练历史中被模型学习过或测试集标签空间与训练集完全一致[4]，称它为封闭集假设，这意味着样本空间是被预定义的，显然这是不符合现实的。常见的TL方法在过程工业中的缺陷尤为突出，因为其很少考虑到两个过程之间的差异，无法完成对新过程中一些新故障的知识积累，也不能准确估计新故障的数量并自适应学习新故障[5]。利用已知故障知识来学习新故障，这种需求经常存在，但在大多数TL理论中几乎没有被涉及。在实际工业生产过程中，新的故障类别或故障域的出现会使这个局限性假设难以成立，诊断模型的“开集学习[6]”是不可避免的。面对这种困境，TL等常见学习范式不能保留和积累训练过程中学到的故障知识，导致每当出现新的工况或故障类别时，模型都要反复进行域对齐和分类器输出节点数量的手动更新。

针对上述问题，许多学者进行了有关元学习或Few-Shot学习的研究，利用小样本快速适应新任务。Yang等人利用多个局部自适应子网隔离未知故障的目标域样本，减少了对未知健康状态的错误分类[7]。Wang等人利用基于余弦相似度的度量学习模型检索新的故障，同时考虑了机械健康状态的不平衡分布[8]。Xing等基于Zero-Shot技术，通过建立标签描述空间来构建不同故障模式之间的关系，将学习到的单个故障模式推广到复合故障模式[9]。一些研究中提到的开集域适应方法[10-12]虽然考虑到了目标域出现新故障的问题，但仍无法摆脱域标签空间被预定义的问题，跨域故障诊断模型也很难同时适应所有的域，其学习过程依然是不可持续的。综合来看，上述方法虽然能够实现对新故障或新故障域的快速学习与适应，但仍存在以下局限性：

① 孤立性：模型在预设的故障样本空间中孤立地学习，没有结合历史经验处理新的故障任务。故障之间的知识往往具有关联性，诊断模型被期望能捕捉到不同故障的固有属性分布，从而实现故障知识的回顾与持续积累。

② 相似度依赖：迁移学习等方法要求未知的故障或故障域与已知信息的差别不能过大，

例如，Zero-shot 想要学习和识别未知的复合故障，则该故障必须满足是已知单故障的组合形式或包含已知故障中的相似属性。

③ 灾难性遗忘[13] 与模型容量饱和[14] 问题：随着不断在新的故障任务上学习，模型在旧诊断任务上会出现性能下降，同时模型内部用于积累知识的可用容量将不断下降，最终丧失继续更新的能力。

④“$N+1$”学习模式：参与生产的设备往往是多台设备并行的，算法模型被要求共享，这意味着某一时段出现的新故障类型可能不止一种，这要求模型能够实现“$N+M$”的学习模式（M 为一个或多个新故障类型）。另一方面，工业现场会遭受系统“冷启动问题”，使模型无法访问完整数据集，需要根据新故障的时间流数据（渐进式输入的小批次数据）进行在线的增量学习。

众所周知，不断学习和适应新任务的能力，而不会失去对已经获得知识的掌握，是人类大脑系统的一个标志，也是目前故障诊断研究所不具备的，即不能在线的同时适应新故障和旧故障的数据分布变化。最近，正在迅猛发展的连续学习[15]（与增量学习、终身学习等属于同一范畴）为解决上述问题提供了有效的途径，它与实际工业场景某些非理想数据条件具有更高的契合度。连续学习研究的是如何从无限的数据流中学习，其目标是逐步扩展已经获得的知识，并将其用于模型未来的训练和自适应学习[16]。与 TL 或元学习相比，连续学习能同时关注先验知识的积累与后续问题的求解，有效降低训练成本。直观地看，连续学习的类增量学习过程与 TL 的预训练模型微调过程十分相似，两个流派可以相互交叉，因而连续学习也具有跨域故障诊断的潜力。Wang 等提出了一种增量模型迁移的故障诊断方法，将新的故障看作是原始故障的线性组合，从而在新过程中识别一个或多个故障类[5]。虽然该方法扩展了故障识别的范围，但新故障依然高度依赖历史故障的相关性，缺乏对突发故障和未知故障的知识积累能力。一些学者受到人体免疫系统动态调控的启发，基于免疫优化实现了对时变样本的连续学习与故障诊断[17,18]。Chen 等人提出双分支聚合网络，利用动态残差块与知识蒸馏技术约束模型的更新，实现对故障类别的增量学习[19]。然而，以上工作仍没有考虑到当前特定任务中可能出现多种故障类型的情况，即不能实现“$N+M$”的学习模式，同时也缺乏对模型容量饱和问题的解决方案。因此，以类增量连续学习的视角探索柱塞泵故障诊断的新模式，是解决上述局限性问题的有效方法。

面对在线状态监测场景中传感器信号这种连续不断的非平稳信息流，本章基于元学习理论推理故障知识库的本质表达，固化诊断模型对历史故障诊断任务的记忆，结合连续学习中经验重放（Replay）策略实现故障诊断算法模型对任务旧知识的反复回顾与对新任务的更新学习，将连续学习与元学习的优势相结合，构建出可以不断适应数据在时间方向分布变化的在线故障诊断模型，并将其应用于铁路电液转辙设备的关键部件柱塞泵，同时使诊断模型在连续学习过程中具备通用泛化性和数据信息实时关联性[20]。

7.1 连续学习相关理论

7.1.1 连续学习

连续学习能同时关注先验知识的积累与问题的求解，充分避免独立同分布假设，从而适应在线故障诊断模式下故障数据库的动态变化，如图 7-1 所示。

在连续学习场景中，数据会随时间发生非平稳变化，导致数据分布漂移突然发生或逐渐

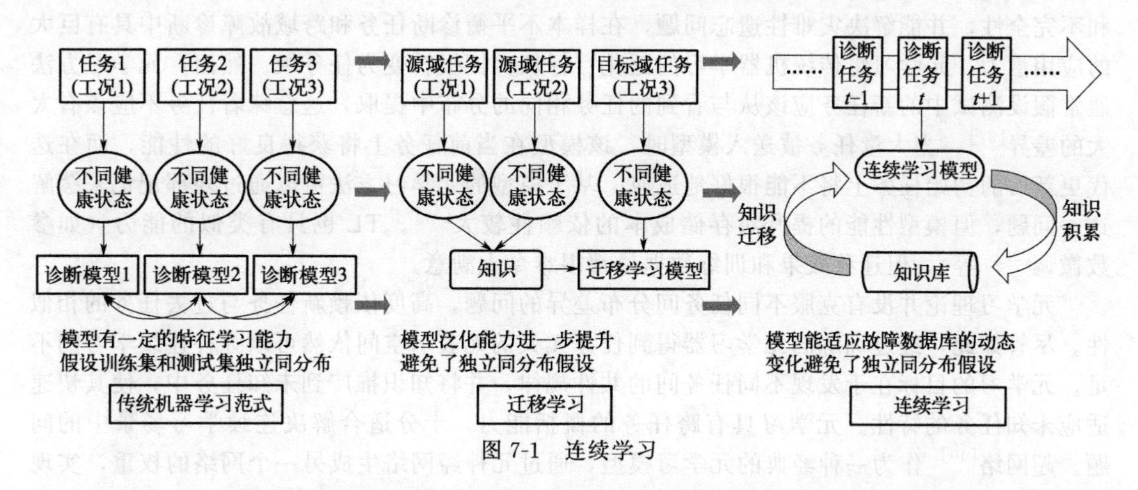

图 7-1 连续学习

发生，可能会改变输入分布与标签分布[21]。从模型的角度定义连续学习问题，即当新任务 t_k 出现，根据历史数据训练的第 k 个特定任务的深度神经网络（deep neural networks，DNN）权值 ψ_{t_k} 会受到干扰，导致DNN在旧任务上表现不佳。

目前常见的连续学习方法从训练过程的角度可被划分为访问旧类别数据[22-25]、访问被合成的旧类别数据[26-29] 和不访问历史数据[30-33] 的方法。访问旧类别数据的方法需要将旧类别数据范例存储在数据缓冲池中，且被存储的范例数量和样本的平衡性对模型性能影响巨大。访问被合成的旧类别数据的方法，无法确保生成数据的质量，算法可靠性不足且计算量巨大。上述两类方法通过动态扩展模型或根据缓存数据微调模型等策略，确保 ψ_{t_k} 在迄今为止看到的所有任务上都表现良好。不访问历史数据的方法往往需要通过正则化策略修正模型更新方向，很难适应大规模数据与在线学习条件。第三种方法大多通过约束 ψ_{t_k} 的更新方向，尽可能接近旧任务的权重空间 $\psi_{t_{k-1}}$。此外，使用额外的正则化损失去约束网络权重更新过程需要更大的模型权重空间，并且模型性能高度依赖任务间的相关性。如上所述，目前被提出的连续学习方法的性能受限于数据质量与硬件条件，以至于不能很好地适应工业现场的在线学习条件。

本章主要介绍更符合工程实际的方法，这类方法一般具有内存缓冲器（memory buffer）以存储与先前任务相关的数据实例和/或各种其他信息，所述数据实例和/或各种其他信息在新任务的学习期间被经验重放，以便巩固先前学到的知识以减轻灾难性遗忘。Rebuff 等人首先提出了一种典型的增量分类器和表示学习方法（incremental classifier and representation learning，iCaRL)，利用存储的数据实例和新任务中的实例进行训练，采用样本均值最近的分类策略，将给定图像的标签分配给原型最相似的类[22]。Aljundi 等人的研究重点在于从内存缓冲器中选择数据实例用于重新训练，提出了一种最大干扰检索方法来选择存储数据实例的子集，当模型参数基于新的数据实例进行更新时，这些实例的损失会增加[34]。访问旧类别数据的缺陷在于模型对训练周期和算力会有更高要求，同时也容易对内存缓冲器上的历史数据样本产生过拟合。想了解更多连续学习进展可参考综述性文献[4]、[15]、[35]。

7.1.2 元学习

元学习，也被称为“学会去学习”，“元”可以被理解为道家的“形而上学”，它能够使用小样本快速适应新任务[36]。该方法的使用场景面向真实数据存在的不准确性、不确定性和不完全性，并能解决灾难性遗忘问题，在样本不平衡诊断任务和跨域故障诊断中具有巨大的应用潜力。元学习将传统机器学习的泛化目标从实例级转变为任务级。然而，元学习方法通常假设测试中的新任务应该从与看到的任务相同的分布中提取，这意味着任务不应该有太大的差异[37]。当大量任务被送入模型时，该模型在当前任务上将获得良好的性能，而在迭代更新后的初始任务上将不能很好地适应。基于模型的元学习方法可以通过外部记忆来缓解这一问题，但模型性能的提升对存储成本的依赖性较大[38]。TL 也具有类似的能力（如参数微调[39]等），但迁移效果和训练数据量都很难令人满意。

元学习理论并没有克服不同任务间分布差异的问题，高度依赖新任务与过去任务的相似性。尽管如此，经过训练的元学习器得到任务无关的元表示空间依然可以弥补连续学习的不足。元学习的目标在于发现不同任务间的共性规律，并将知识推广到未知任务中，使其快速适应未知任务的特性。元学习具有跨任务的概括能力，十分适合解决连续学习场景中的问题。超网络[40]作为一种经典的元学习模型，通过元神经网络生成另一个网络的权重，实现了结构间的权重共享。基于超网络的思想，一种利用元模型实现连续学习的方法被广泛研究[41-44]。元模型作为一个通用的超网络运行，它受每个任务的制约，生成特定于任务的网络权重[13]。部分文献［41］、［43］使用了具有特定任务先验的变分自编码器模型结构对超网络进行建模，连续学习过程发生在超网络的参数空间中，即元表示空间。受到这一思想的启发，本章为转辙机柱塞泵设置连续学习场景，利用元表示空间实现故障模式的类增量学习。

7.1.3 连续学习基模型与 WKN

学习元表示空间的前提是选取合适的基模型，基模型目标是学习在线监测信号中的代表性特征，从而推理出每项任务的共性与任务特定属性。首先，虽然增大基模型容量能避免模型容量饱和，但会导致模型参数空间过大，增大元模型的训练难度[41]。因此，被选择的基模型需要权衡容量与参数量之间的关系。同时，从模型结构角度来说，克服长期依赖性[14]或增加时空相关性[45]，能够减少灾难性遗忘。对于获取监测信号的代表性特征，滤波器的性能也十分关键。

如图 7-2 所示，相比于卷积核，研究中被定制的滤波器小波核网络（wavelet kernel net，WKN）[46]更加符合机械信号的采样规律，小波核函数的特质也使其对信号的脉冲分量与峰值点更加敏感。WKN 中的连续小波卷积（continuous wavelet convolution，CW-Conv）层定义如式(7-1)所示：

$$h=\psi_{u,s}(t)*x(t)=\frac{1}{\sqrt{s}}\int x(t)\psi^{*}\left(\frac{t-u}{s}\right)\mathrm{d}t \tag{7-1}$$

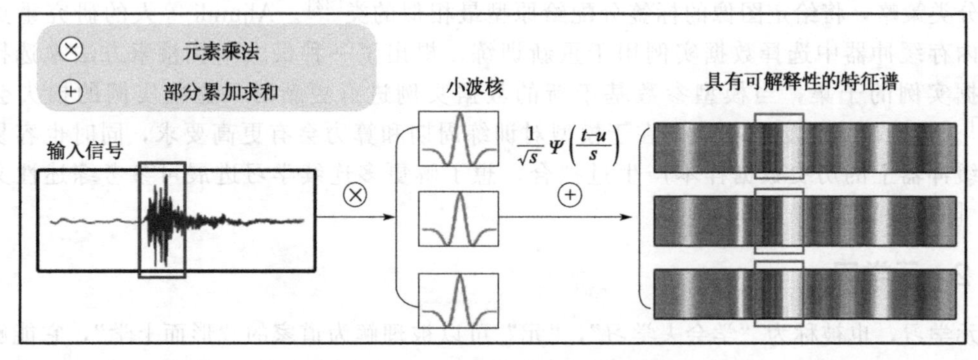

图 7-2　WKN 中 CWConv 层的卷积过程

式中，t 表示时间；u 是时间方向上的平移参数；s 是与频率成反比的尺度参数。$\psi_{u,s}(t)$ 是一个广义小波字典 $\psi^*(\cdot)$所表示的母小波 $\psi(\cdot)$的复共轭，u 和 s 是 CWConv 中的可被学习参数。WKN 的 CWConv 能够伴随模型参数更新过程完成时变滤波，即能够自适应地选取特定任务的前置滤波器。考虑到转辙机等监测信号是多传感器并行和多模态的，本章在后续研究中将对所有振动信号采用 CWConv，对所有非振动信号使用传统卷积核。WKN 的另一个优势在于更少的参数量，这能够进一步降低基模型的更新成本。为更加适应连续学习场景，本章结合文献［14］、［45］的连续学习基模型结构设计技巧改进了 WKN 的模型结构。

7.2 基于权重空间元表示的类增量故障诊断方法

本节首先对问题进行了描述，重新定义了 WKN 作为权重空间元表示（weight space meta-representation，WSMR）的基模型，并提供了能够学习特定任务的 WSMR 的超网络细节[47]；在 WSMR 故障类增量学习模式下描述了类似文献［40］、［42］、［44］中的元巩固细节及推理机制，并给出了集成预测与评估的方案；再结合道岔转辙机的关键部件柱塞泵，利用其被监测的多模态数据信息，实现了多信息融合条件下基于 WSMR 的类增量故障诊断。研究流程如图 7-3 所示。

7.2.1 类增量故障诊断问题设置

在工业场景中，设备所有健康状态的监测信号很难同时被学习，具有严格的时效性。伴随着新故障类型的顺序出现，故障诊断模型需要不断积累不同时间节点的故障知识。令 $\boldsymbol{\tau}_1$，$\boldsymbol{\tau}_2$，…，$\boldsymbol{\tau}_k$ 表示一个故障诊断的任务序列，序列中所有的任务会随时间逐渐变得可以被诊断模型访问。其中 $\boldsymbol{\tau}_k$ 是第 k 个新发生的任务，序列 $\boldsymbol{\tau}_1$，$\boldsymbol{\tau}_2$，…，$\boldsymbol{\tau}_{k-1}$ 是已经被诊断模型学习过的历史任务序列。每个任务 $\boldsymbol{\tau}_j=\{\{x_i,y_i\}\}_{i=1}^{N_j}$，$j\in\{1,2,\cdots,k\}$分别包含第 j 个任务的训练集 $\boldsymbol{\tau}_j^{tr}=\{\{x_i, y_i\}\}_{i=1}^{N_j^{tr}}$、验证集 $\boldsymbol{\tau}_j^{val}=\{\{x_i, y_i\}\}_{i=1}^{N_j^{val}}$ 与测试集 $\boldsymbol{\tau}_j^{test}=\{\{x_i, y_i\}\}_{i=1}^{N_j^{test}}$。每个任务 $\boldsymbol{\tau}_j$ 包含 δ_j（$\delta_j\geqslant 1$）个设备健康状态类别，N_j 表示任务 $\boldsymbol{\tau}_j$ 的样本数量。在任务 $\boldsymbol{\tau}_k$ 阶段，所有任务中的样本类型总数是 $n_j=\sum_{j=1}^{k}\delta_j$，对应所有样本类型的集合可以被表示为 $\boldsymbol{C}_j=\{\boldsymbol{C}_0,\boldsymbol{C}_1,\cdots,\boldsymbol{C}_{n_j}\}$，则任务 τ_k 中包含的样本类型集合为 $\boldsymbol{C}_k=\{C_k^i\}_{i=1}^{\delta_k}$。在参与训练的单位样本中，其内部包含设备状态监测产生的多模态信号，包括不同位置的振动、驱动电机转速和电流信号、液压信号等。任务 $\boldsymbol{\tau}_j$ 可以由其对应的向量 $\boldsymbol{t}_j$ 表示。最终的目标是使所有根据 $\boldsymbol{\tau}_j^{tr}$ 和 $\boldsymbol{\tau}_j^{val}$ 学习到的基模型能够对 $\boldsymbol{\tau}_j^{test}$ 中所有的类别样本集合 $\boldsymbol{C}_j$ 进行准确的分类。

7.2.2 改进 WKN 的基模型

本节提出一种经过修改的 WKN（modified WKN，MWKN）作为 WSMR 方法的基模型，在原始 WKN 基础上增加了时间方向上的通道注意力与残差连接，并在特征融合层上使用了自注意力模块。具体细节如图 7-4 所示，对应任务 τ_k 的基模型权重被表示为 ψ_k。

根据文献资料［45］，在不访问任何旧数据的连续学习过程中，包含注意力机制与残差连接的模型倾向于减少旧数据的灾难性遗忘。因此，在 WKN 中增加了时间方向的通道注意

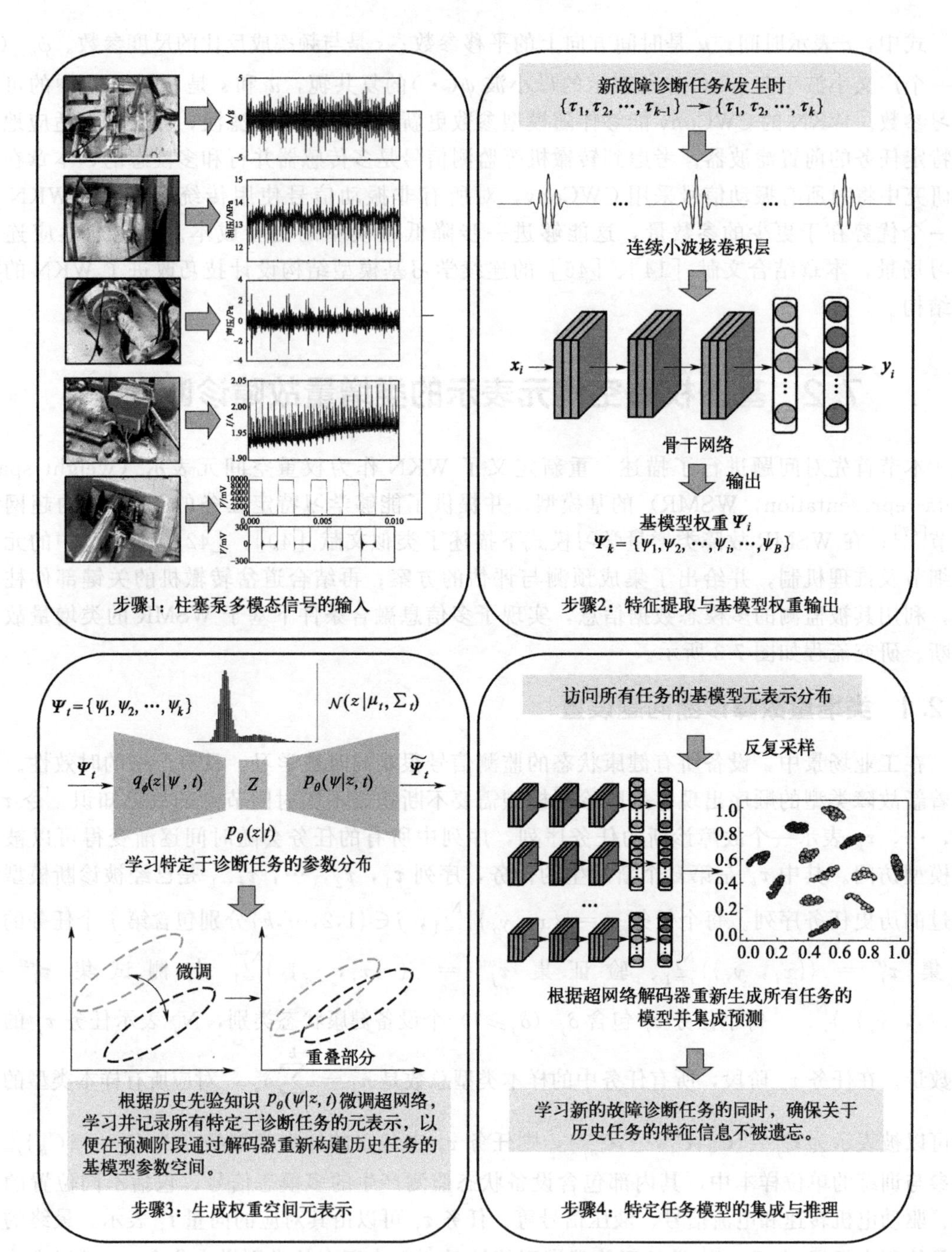

图 7-3　基于 WSMR 方法的流程图

力[48]，并在特征输出层上使用了自注意力模块[49]。根据与类别均值的距离，选取不同故障类型的一定数量的具有代表性的范例（Exemplar）ε 存入记忆缓冲池中，用于在模型重构阶段实现经验 Replay，在模型推断阶段对模型进行微调[22]。任务 $\boldsymbol{\tau}_k$ 的类均值集合可以被表示为：

$$\boldsymbol{M}_k=\left\{\frac{1}{P^i_{C_k}}\sum_{x_i\in\tau_k^{tr}}F(x_i)\right\}_{i=1}^{\delta_k}\tag{7-2}$$

式中，$P^i_{C_k}$ 是样本类别为 $C^i_k, i\in\{1,2,\cdots,\delta_k\}$ 的训练样本数量；F 是在任务 $\boldsymbol{\tau}_k$ 出现后

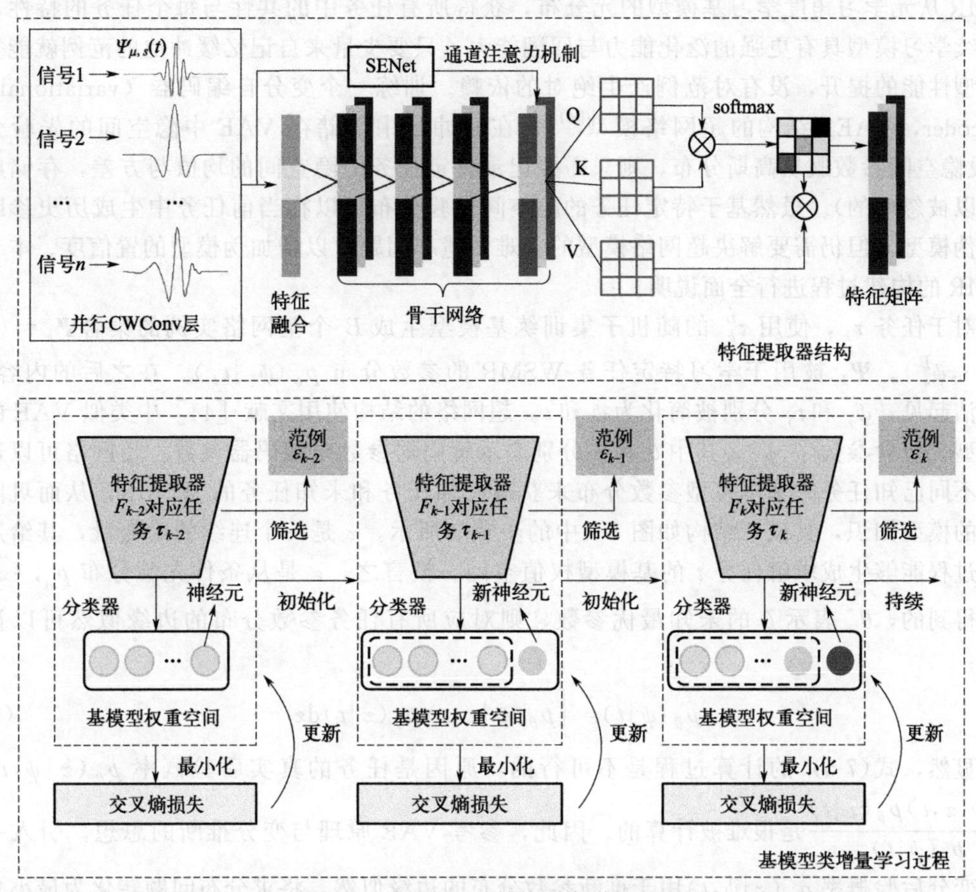

图 7-4 MWKN 的结构和类增量过程

训练的特征提取器。设被保存到记忆缓冲池中的 ε 的目标数量为 t，对于 $d=1,2,\cdots,t$，每个范例 ε 筛选方案的公式化表达如下：

$$\varepsilon_d \leftarrow \underset{x_i \in \tau_k^{tr}}{\operatorname{argmin}} \left\| M_k - \frac{1}{d}\left[F(x_i) + \sum_{j=1}^{d-1} F(\varepsilon_j)\right] \right\|_{i=1}^{\delta_k} \tag{7-3}$$

$$\varepsilon_t = (\varepsilon_1, \varepsilon_2, \cdots, \varepsilon_d) \tag{7-4}$$

考虑到输入信号的多模态，对所有振动信号使用 CWConv，对所有非振动信号使用常规卷积核。根据多通道信息的输入，CWConv 层采用了并行结构，可以为不同模态的信号定制最合适的小波字典或设计卷积核。例如，CWConv 的信号的脉冲分量呈现出与拉普拉斯小波函数非常相似的单侧振荡衰减特性，因此会比标准卷积更适合作为要匹配的基函数。特征融合层使用完全连接的网络结构，可以映射并行 CWConv 层的输出特征映射，以适应骨干网络输入的维度要求。骨干网络选择了标准的 CNN 结构，详见实验部分和文献［48］。另一方面，当新的故障出现时，分类器中的神经元数量与故障类型的数量 N_j 保持一致。基于不断增加的故障样本和缓冲池中的历史数据，基模型的权重空间将被不断优化以适应每个故障诊断任务。

7.2.3 基于权重空间元表示的连续学习方法

常见的连续学习方法往往会从权重空间或数据空间进行跨任务的快速适应。然而，这类方法往往过分依赖缓冲池去保存数据或模型权重，缓冲池的大小与模型性能存在硬性关系。

WSMR 从元学习角度学习基模型的元分布，获得所有任务中的共性与每个任务的特性，使得连续学习模型具有更强的泛化能力与回溯能力，只要少量来自记忆缓冲池的范例就能实现对模型性能的提升，没有对范例产生绝对的依赖。训练一个变分自编码器（variational autoencoder，VAE）结构的超网络模型[41]，在缓冲池中仅储存 VAE 中隐空间的先验分布（假设隐空间参数服从高斯分布，则只需要记录特定任务的隐空间的均值与方差，存储成本是可以被忽略的）。虽然基于特定任务的隐空间先验分布可以在当前任务中生成历史诊断任务的伪模型，但仍需要解决超网络模型的灾难性遗忘问题，以增加伪模型的置信度。本节对 WSMR 的构建过程进行全面说明。

对于任务 $\boldsymbol{\tau}_k$，使用 $\boldsymbol{\tau}_k^{tr}$ 的随机子集训练基模型生成 B 个基网络实例的集合$\boldsymbol{\Psi}_k=\{\psi_k^1,\psi_k^2,\cdots,\psi_k^B\}$。$\boldsymbol{\Psi}_k$ 被用于学习特定任务 WSMR 的参数分布 $p_\theta(\psi_k|t_k)$。在之后的内容中，为简洁起见，ψ_j 和 t_j 分别被简化为 ψ 和 t。超网络的结构使用文献［44］中类似 VAE 的结构模型，包含参数$\langle\theta,\phi\rangle$。其中 θ 和 ϕ 分别表示解码器参数与编码器参数。超网络可以通过学习不同已知任务的基本模型参数分布来获得已知任务和未知任务的 WSMR，从而巩固旧任务的模型知识，其概念结构如图 7-3 中的步骤 3 所示。z 是一个连续的隐变量，其给定的随机过程能够生成求解任务 t 的基模型权值空间。换言之，z 是从条件先验分布 $p_{\theta^*}(z|t)$ 采样得到的，θ^* 表示 θ 的未知最优参数，则对应所有任务参数分布的边缘似然可以被表示为：

$$p_\theta(\psi|t)=\int p_\theta(\psi|z,t)p_\theta(z|t)\mathrm{d}z \tag{7-5}$$

显然，式(7-5) 的计算过程是不可行的，原因是任务的真实后验概率 $p_\theta(z|\psi,t)=\dfrac{p_\theta(\psi|z,t)p_\theta(z|t)}{p_\theta(\psi|t)}$是很难被计算的。因此，参考 VAE 原理与变分推断的思想，引入一个近似变分后验概率 $q_\phi(z|\psi,t)$用于推断参数分布的边缘似然，将求分布问题转化为最小化近似分布与真实分布的一个 KL 散度（Kullback Leibler divergence），从而估计超网络对应的最优参数 θ^* 和 ϕ^*。这里需要假设 $p_\theta(\cdot)$和 $q_\phi(\cdot)$服从高斯分布，以方便后期权重元表示（meta-representation，MR）的量化，则边际似然的对数形式被转化为：

$$p_\theta(\psi|t)=KL(q_\phi(z|\psi,t)\|p_\theta(z|\psi,t))+\underbrace{\int_z q_\phi(z|\psi,t)\lg\frac{p_\theta(z|\psi,t)}{q_\phi(z|\psi,t)}}_{\mathbb{L}(\theta,\phi|\psi,t)} \tag{7-6}$$

式中，$\mathbb{L}(\theta,\phi|\psi,t)$对应变分推断理论中的证据下界（evidence lower bound，ELBO）。式(7-6) 可以被进一步变形为：

$$\mathbb{L}(\theta,\phi|\psi,t)=-KL\left(q_\phi(z|\psi,t)\middle\|p_\theta(z|t)\right)+\underset{q_\phi(z|\psi,t)}{E}[\lg p_\theta(\psi|z,t)] \tag{7-7}$$

式(7-6) 和式(7-7) 的完整推导过程可参考文献［41］、［42］、［50］中变分推断的相关内容，这里不做过多赘述。最小化 ELOB 可以被看作最小化 KL 项，使近似变分后验概率 $q_\phi(z|\psi,t)$尽可能接近特定于任务真实先验概率 $p_\theta(z|t)$；$\underset{q_\phi(z|\psi,t)}{E}[\lg p_\theta(\psi|z,t)]$表示期望的负重构误差，需要对其进行抽样估计，计算过程利用了 VAE 中的重参数化技巧[51]，通过随机参数反向传播不断调整超网络隐空间中的均值 μ 与方差 Σ。则特定于任务的先验概率 $p_\theta(z|t)$被进一步给出：

$$p_\theta(z|t)=N(z|\boldsymbol{\mu}_t,\boldsymbol{\Sigma}_t) \tag{7-8}$$

式中，$\boldsymbol{\mu}_t=\boldsymbol{W}_\mu^{\mathrm{T}}t$；$\boldsymbol{\Sigma}_t=\boldsymbol{W}_\Sigma^{\mathrm{T}}t$；$\boldsymbol{W}_\mu$ 和 $\boldsymbol{W}_\Sigma$ 是可训练参数。μ_t 和 Σ_t 决定了 z 的随机性，允

许隐空间 z 中随机变量根据 Ψ_k，转换成高斯分布对应的元参数，即 θ 和 ϕ。在推理时，可以使用与特定于任务的先验不同的样本，根据需要从解码器中采样任意数量的$\boldsymbol{\Psi}_k$。简化上述表达就是从概率解码器 $p_\theta(\psi|z,t)$中获得每个任务 t 的模型参数 ψ，z 来自任务输入数据中包含的先验分布。这就意味着在只使用一个超网络模型前提下，根据特定任务的基模型参数输入，超网络的权重空间$\langle\theta,\phi\rangle$将会被不断地调整，则特定于任务的基模型权重空间中的元参数，即均值和方差也会在调整之后被记录，而在推理阶段解码器将重新访问这些参数。因此，超网络可以逐渐适应不同任务的基模型的权值空间，最终得到包含所有任务的 WSMR。

另一方面，由于超网络对于所有故障诊断任务来说是唯一的，因此超网络在 $\boldsymbol{\tau}_k$ 上单独对 ψ_k 进行训练会导致分布偏移，此时 WSMR 的更新方向会偏向当前任务 $\boldsymbol{\tau}_k$，导致超网络对旧任务的基模型参数知识发生灾难性遗忘。为了进一步巩固超网络在旧任务上的知识积累，特定于任务的 MR 会被存储，即存储隐空间的高斯分布指标 μ_t 和 Σ_t。需要强调的是，存储的均值和方差不涉及后续的任务更新，与数据缓冲池的容量相比，它们的存储成本可以忽略不计。根据被记录的 MR 参数可以在模型推理重构阶段从概率解码器 $p_\theta(\psi|z,t)$中采样任意数量的任务特定模型参数 ψ。为便于表示，假设为每个任务生成 P 个伪模型，所有已知任务的伪模型集可以被表示为 $\boldsymbol{P}_j=\{P_1,P_2,\cdots,P_k\}$。通过最大化等式(7-7) 对 θ 和 ϕ 进行微调，VAE 可以生成一个模型权重空间来解决前面看到的所有任务，从而能够连续学习包含所有已知任务的 WSMR。对于图 7-3 中的步骤 3，WSMR 的训练过程被描述如下：

① 对于每个故障诊断任务 $\boldsymbol{\tau}_j$，$j\in\{1,2,\cdots,k\}$，直到当前任务 k，从特定于任务先验的数据缓冲池中采样 z_t，即 $z_t\sim p_\theta(z|t)$，其中 z_t 表示特定于任务的 MR。

② 对于每个不同的已知故障诊断任务，根据概率解码器先验 $p_\theta(\psi|z,t)$，基于 z_t 生成 P 个伪模型，即：

$$\{\psi_j^i\}_{i=1}^P\sim p_\theta(\psi|z,t) \tag{7-9}$$

式中，ψ_j^i 对应于所有已知任务的伪模型集合。

③ 根据式(7-7) 计算所有伪模型的损失，并使用基于学习率 β 的梯度 g 更新超网络的参数 θ 和 ψ，即：

$$Loss=\sum_{i=1}^{P}\mathcal{L}(\theta,\phi|\psi,t) \tag{7-10}$$

$$g\leftarrow g-\beta\ \nabla_{\theta,\phi}Loss \tag{7-11}$$

根据上述公式，超网络根据所有任务的伪模型参数集合来优化结构参数，最终可以学习所有特定于任务的基模型 MR，并在预测阶段根据 WSMR 重新生成每个已知任务的特定基模型，以实现对历史任务的知识积累。

7.2.4 特定于诊断任务模型的重构与集成推理

理想情况下，基于连续学习的类增量故障诊断模型应该能够解决目前为止遇到的所有任务，在推理阶段能不访问任何特定于任务的历史信息，以避免造成过多的资源负担。显然，这一目标与设备在线故障诊断的需求不谋而合。由于故障的发生具有不确定性，设备状态监测是长期的，故障样本数据库是被不断扩展的。当发生故障时，监测信号会以小批次的时间流形式被渐进式地输入到故障诊断模型，因而故障诊断模型在早期训练中无法立刻获得充足且完备的训练样本。此外，考虑到高采样频率会增加存储负担，已经被学习的历史故障数据很难被维护和被完整地保留，因此，诊断模型被期望在不访问历史训练数据的前提下完成故障模式的类增量学习。

另一方面，在对设备进行实时监测的场景中，需要考虑多台设备同时故障的情况，即

“$N+M$”学习场景。以道岔转辙机为例，一组道岔需要同时控制多个转辙机，这意味着故障预测模型需要被所有设备共享。考虑到基于 WSMR 的预测模型是分布式的，可以针对不同的任务生成相应的基模型，在单故障或并行故障的情况下，基于 WSMR 的连续学习方法可以实现对故障类型的连续学习。通过最小化式(7-10) 中的损失函数得到最优 θ 和 ϕ，可以使得根据 MR 生成的基模型和训练阶段的最优基模型的参数分布逐渐趋于一致，最终获得基于解码器权重空间的所有已知任务的最优先验分布 $p_\theta(\psi|z,t)$。

在图 7-5 中，WSMR 的训练和推理过程被概括和关联，分别对应 7.2.3 小节与本小节的内容。在推理阶段实现对训练解码器生成的所有任务特定子模型进行知识集成，在减少计算开销的同时，实现对历史任务先验知识的回顾。根据数据缓冲池中记录的 MR 生成的子模型数量被表示为 E。根据连续学习的 Replay 策略，在模型评估阶段使用根据 7.2.2 小节筛选出的历史任务的代表性样本，即特定任务的样例 ε。通过对被学习过的少量历史样本重复观测，在基于 MR 推理不同任务基模型参数空间的过程中指导其优化方向，以提升被生成基模型的置信度。

模型的集成与推理过程被描述如下：

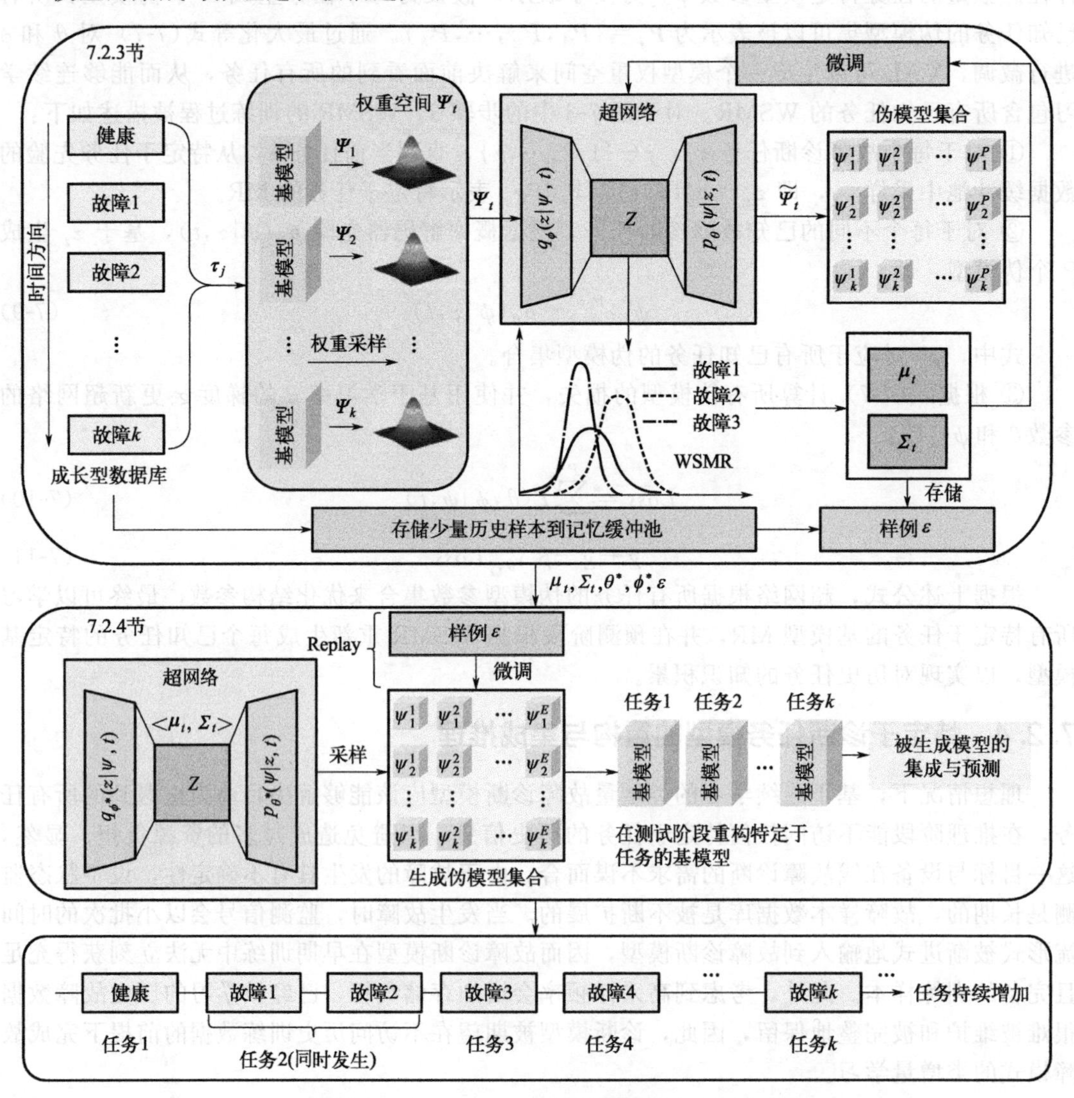

图 7-5 基于 WSMR 的训练和推理过程概述

① 对于每个故障诊断任务 $\boldsymbol{\tau}_j$，$j\in\{1,2,\cdots,k\}$，从WSMR中采样 z_j，即 $z_j\sim N(z|\mu_j,\Sigma_j)$，其中 z 表示特定于任务的MR，对应超网络的隐空间的先验分布，经过7.2.3小节的训练，此时超网络已经学习到最优的WSMR，获得所有任务的具有代表性的MR。

② 根据 z_j 从经过训练的超网络解码器中为每个已知任务生成 E 个子模型，这些子模型与对应任务的基模型的MR是一致的，公式化表示为：

$$\psi_j^i\sim p_\theta(\psi|z_j,t) \tag{7-12}$$

式中，$i\in\{1,2,\cdots,E\}$。此时，从 z 采样的模型 $\boldsymbol{\Psi}_t$ 与对应基模型的权重空间 $\boldsymbol{\Psi}_t$ 服从相同的分布。

③ 根据样例 ε 微调生成模型参数集合 $\{\psi_j^i\}_{i=1}^E$ 并集成所有任务模型的预测结果，以使故障诊断模型在所有已知的故障诊断任务中同时保持良好的性能。ε 使被生成的基模型能够重新访问对应任务的历史数据样本，进一步减少知识遗忘和数据分布漂移带来的负面影响。

表7-1以伪代码的形式系统完整地描述了所提出的方法。

表7-1　基于权重空间元表示的故障诊断算法描述

输入：任务 $\{\boldsymbol{\tau}_1,\boldsymbol{\tau}_2,\cdots,\boldsymbol{\tau}_k\}$，任务训练数据 $\boldsymbol{\tau}_j^{tr}=\{(x_i,y_i)\}_{i=1}^{N_j^{tr}}$，基模型数量 B，伪模型数量 P，生成模型数量 E
输出：
#学习权重空间元表示：超网络参数寻优(对应7.2.2和7.2.3小节)
①**for** $j=1$ **to** k **do**
②$\boldsymbol{\Psi}_j,\varepsilon_j$←从训练数据 $\boldsymbol{\tau}_j^{tr}$ 随机子采样，生成 B 个基模型，并筛选和存储少量已知任务的代表性样例 ε 到数据缓冲池
③根据 $\boldsymbol{\Psi}_j$ 学习特定任务的基模型参数分布
④μ_j,Σ_j←通过等式(7-8)更新超网络特定于任务的先验知识，每个任务的MR存储被存储到数据缓冲池
⑤$z_j:N(z|\mu_j,\Sigma_j)$ #根据每个任务的MR，从特定于任务的先验分布中采样 z_j
⑥从解码器 $p_\theta(z_j|\psi,t)$ 中采样 P 个伪模型
#根据伪模型权重参数微调超网络的模型参数
⑦ $Loss\leftarrow\sum_{i=1}^{P}\mathrm{L}(\theta,\phi\mid\psi_i,t)$，其中 $\psi_i=p_\theta(\psi\mid z_j,t)$
⑧θ^*,ϕ^*←利用梯度 g 更新参数 θ 和 ϕ #超网络参数寻优
⑨**end for**
#模型的集成与推理(对应7.2.4小节)
⑩**for** $j=1$ **to** k **do**
⑪$z_j:\mathrm{N}(z|\mu_j,\Sigma_j)$ #重新采样超网络对应的WSMR
⑫$\boldsymbol{\Psi}_j$←从 $p_{\theta^*}(\psi|z_j,t)$ 中采样 E 个模型 #此时模型与对应任务基模型分布一致
⑬在样例 ε_j 中微调 $\boldsymbol{\Psi}_j$ #Replay
⑭根据 $\boldsymbol{\Psi}_j$ 筛选并集成预测结果
⑮**end for**

7.3　柱塞泵类增量故障诊断应用实例

将上文提出的方法应用到柱塞泵故障诊断中。通过对转辙机液压进行全时段在线监测，根据低频液压信号与现场工人的经验初步判断柱塞泵的健康状态。

7.3.1　类增量故障诊断任务设置

从书中3.1节中可以分析出健康状态的道岔转辙机获取到的液压数据具有周期性特征，对应五个动作阶段，即启动（T1）、解锁（T2）、转换（T3）、锁闭（T4）、电路接通表示

(T5)。当设备发生明显故障时，液压数值会出现异常波动或超出阈值范围。显然，这一方法存在自适应能力不足、可靠性差、对故障敏感性不高和虚警率过高等问题，以至于该方法只能作为转辙机故障的初步筛查手段。基于人工筛查与阈值报警的方法是高成本的，并且很难从监测数据中挖掘设备内部状态，因此，需要利用基于数据驱动的方法增强对设备的健康管理能力与维修决策能力。

目前实验已经收集到的故障柱塞泵样本包含图 7-6 中所示的九种故障。这些故障会导致柱塞泵工作异常，包括：启动延迟、异响、输出流量不足、油液泄漏、流量波动以及过热等。其中故障发生频率最高的是化学腐蚀导致的配流盘磨损，其次便是轴承故障与缸体损伤。缸体损伤会使柱塞与柱塞缸的配合间隙过大，造成油液泄漏。阻尼槽的变形或堵塞会加剧流量波动与噪声强度，使吸油腔与排油腔的结构强度降低，潜在的危害性极大。柱塞球头的损伤会使滑靴出现配合松动，导致柱塞泵转动困难。从图 7-6 中可以看出，很多故障由于部件损伤程度不高，很难通过低频油压信号的阈值报警察觉，但这些低损伤部件产生的负面效应却会极大地干扰转辙机的正常运行。因此，有必要在较高采样频率下结合柱塞泵的多模态信号开展基于数据驱动的故障诊断研究。

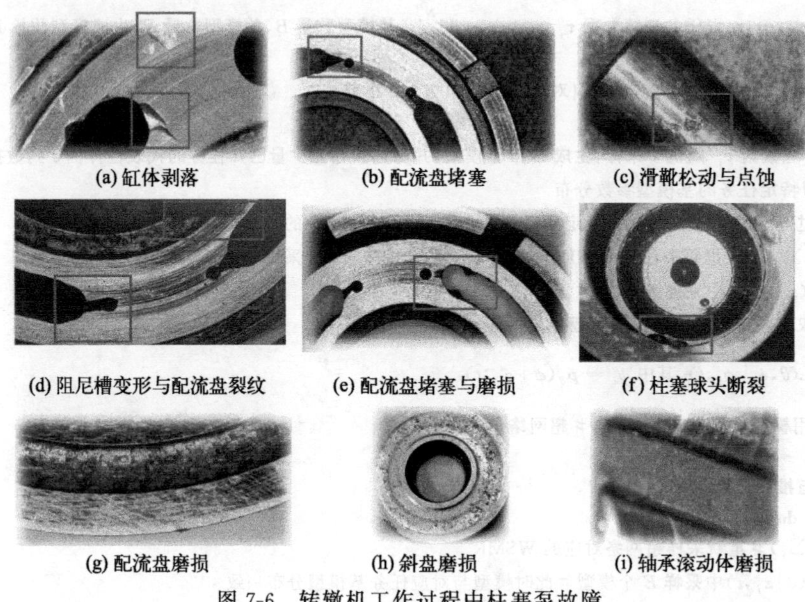

(a) 缸体剥落　(b) 配流盘堵塞　(c) 滑靴松动与点蚀

(d) 阻尼槽变形与配流盘裂纹　(e) 配流盘堵塞与磨损　(f) 柱塞球头断裂

(g) 配流盘磨损　(h) 斜盘磨损　(i) 轴承滚动体磨损

图 7-6　转辙机工作过程中柱塞泵故障

由于不同健康状态样本测试时间的不同，实验对数据按 5∶2∶3 的比例进行划分，分别对应训练集、验证集与测试集，数据样本的单位长度为 2048（大约 0.4s）。任务 0 中只包含健康样本，对应故障诊断模型的“冷启动”阶段，且健康样本的数量将远多于后期任务中任意一个故障类别的样本数量，以更加符合实际工业场景。表 7-2 对故障类别标识及对应任务标识进行了描述。

表 7-2　数据集标签与任务标识

序号(图 7-6)	健康状态	标签	任务标识	任务阶段
无	健康(N)	0	0	0
(a)	故障 1(f_1)	1	1	1
(b)	故障 2(f_2)	2	2	2
(c)	故障 3(f_3)	3		

续表

序号(图 7-6)	健康状态	标签	任务标识	任务阶段
(d)	故障 4(f_4)	4	3	3
(e)	故障 5(f_5)	5		
(f)	故障 6(f_6)	6	4	4
(g)	故障 7(f_7)	7		
(h)	故障 8(f_8)	8	5	5
(i)	故障 9(f_9)	9		

基模型 MWKN 细节见表 7-3。对于模型特征提取器的第一层，所有的振动信号使用 CWConv 层，CWConv 的小波函数均暂定为 Laplace 小波函数，对所有非振动信号采用标准一维卷积层。实验中为特定任务的基网络设置 10 个训练集的随机子集，即 $B=10$。基网络被迭代 16 个 epoch，优化器选择 AdaGrad，它的超参数包括动量为 0.9，学习率为 0.003，权重衰减率为 0.001，损失函数为交叉熵损失。将每个任务的 B 个基模型参数空间权重输入到超网络中，学习所有已知任务的 WSMR，即每个任务参与训练 WSMR 的模型采样权重数量为 10。编码器和解码器的结构是对称的，均包含 2 个全连接层，两个全连接层的神经元数量分别为 100、30。潜空间中包含均值与协方差的特征向量，对应维数为 2。在超网络训练过程中，基模型权重被压平并切割成 300 个块，每个块被设置块索引[41]。在解码阶段根据嵌入块的索引可以完成对权重空间的重新组装。根据被嵌入的块索引，在超网络解码阶段可以对每个任务基模型的权重空间进行重构。使用 Adadelta 优化器训练超网络 10 个 epoch，初始学习率为 0.01，批处理大小为 1。

表 7-3　提出的 MWKN 基模型架构

模型层	输出大小	操作与对应参数
输入	9×2048	无
并行 CWConv(振动信号)	5×32×993	(CWConv 核 64;BN;PRelu;一维最大池化层(2,1))×5
Parallel CWConv (非振动信号)	4×32×1023	(卷积核 32;BN;PRelu;一维最大池化层(2,1))×4
特征融合层	32×2016	加性特征
Backbone	32×180	SENet:一维全局最大池化层(2016);全连接层(32); 全连接层(1007) (卷积核 32;BN;PRelu;一维最大池化层(2,2)) (卷积核 32;BN;PRelu) 相乘(32×1007,1007)⇒32×1007 一维自适应最大池化层(180)
自注意力层	32×180	Q:核 1;输入通道 32;输出通道 8 K:核 1;输入通道 32;输出通道 8 V:核 1;输入通道 32;输出通道 32
分类器	增量的	输出:已知样本类别的数量

在模型集成与推理阶段，根据 WSMR 可以为不同任务生成与特定任务的基模型参数分布一致的重构模型，而不需要记录基模型的参数空间。实验从解码器中采样 $E=20$ 个子模型，并在样例 ε 中微调被生成的模型。根据投票的方式，所有验证准确率高于 70%的模型被用于集成预测结果。根据实验发现，样例数据缓冲池大小（memory size）被设置为 500

以上时可以达到足够令人满意的效果。

7.3.2 权重空间元表示实验结果分析

在连续学习场景中，关于基模型的研究较少。根据先前的工作，基模型的结构会影响连续学习的性能。为进一步证明 MWKN（M0）的有效性，参与对比实验的基模型包括 WKN（M1）、标准 CNN（M2）、Resnet18（M3）、Attention CNN（M4）、OWA（M5）、OWR（M6）。拉普拉斯小波被用于构建 CWConv 的核函数。细节描述如下：

CNN： 标准 CNN 模型，表示不包含注意力机制、残差连接结构且 CWConv 层被一维卷积层替代的 MWKN。

WKN： 没有包含注意力机制与残差连接结构的 MWKN。

Attention CNN： 表示 CWConv 层被一维卷积层替代的 MWKN。

ResNet18 1D： ResNet 被广泛应用于连续学习的研究，且 ResNet18 和 MWKN 的结构层数最接近，但 ResNet18 没有 MWKN 平行结构。

OWA（only without the attention mechanism）：不包含注意力机制的 MWKN。

OWR（only without the residual connection）：不包含残差连接的 MWKN。

表 7-4 将不同基模型在所有任务上的平均精度[52] 以及自身模型参数量作为性能评估标准，同时给出在任务 0 到任务 5 上的平均训练时间，评估过程中训练次数均被设置为 10 个 Epoch。如图 7-7(a) 所示，尽管在 16 个 Epoch 下的诊断精度显著高于在 10 个 Epoch 下的诊断精度，但 MWKN 的优势在 10 个 Epoch 情况下更加突出。因此在表 7-4 中优先讨论了训练次数在 10 个 Epoch 情况下的对比结果。

表 7-4　10 个 Epoch 下对基模型的比较

ID	模型	在所有任务上的平均准确率	方差	参数量	任务平均训练时间
M0	MWKN	**93.97%**	0.372%	118296	96.2s
M1	CNN	82.76%	0.572%	16671	74.9s
M2	WKN	84.27%	0.417%	**14538**	**69.7s**
M3	Attention CNN	91.14%	0.688%	121446	104.5s
M4	ResNet18 1D	88.06%	0.783%	3689138	397.7s
M5	OWA	90.35%	0.664%	118231	94.6s
M6	OWR	86.66%	**0.233%**	14603	70.4s

根据上述结果可以发现采用 CWConv 层的确可以减少基模型的参数量，提升基模型的性能与诊断精度；CNN 在连续学习中相较于其他的基模型不够稳定；注意力机制虽然能显著提升模型精度，但也会导致模型参数数量大幅增加。自注意力机制模块的计算成本很小，已经被证明可以提高连续学习的准确性和鲁棒性。M6 的结果表明，残差连接对克服灾难性遗忘具有积极作用，但可能会增加最终诊断准确性的方差，造成结果的不稳定。此外，基于该实验的任务数量，扩大基模型的参数空间对于平均精度的提升并不明显，反而会延长每个特定任务基模型的训练时间。解码器会根据 WSMR 重新生成所有任务的基模型，基模型权重空间过大会形成更大的计算负担，所以相较于 MWKN，方法 M4 在迭代次数较小的情况下表现不佳。图 7-7(b) 和（c）均显示了 MWKN 在 16 个 Epoch 下的训练过程，分别对应其训练损失与训练精度。

另一方面，在图 7-7(a) 中，基模型的训练次数对于基于 WSMR 的连续学习模型的精

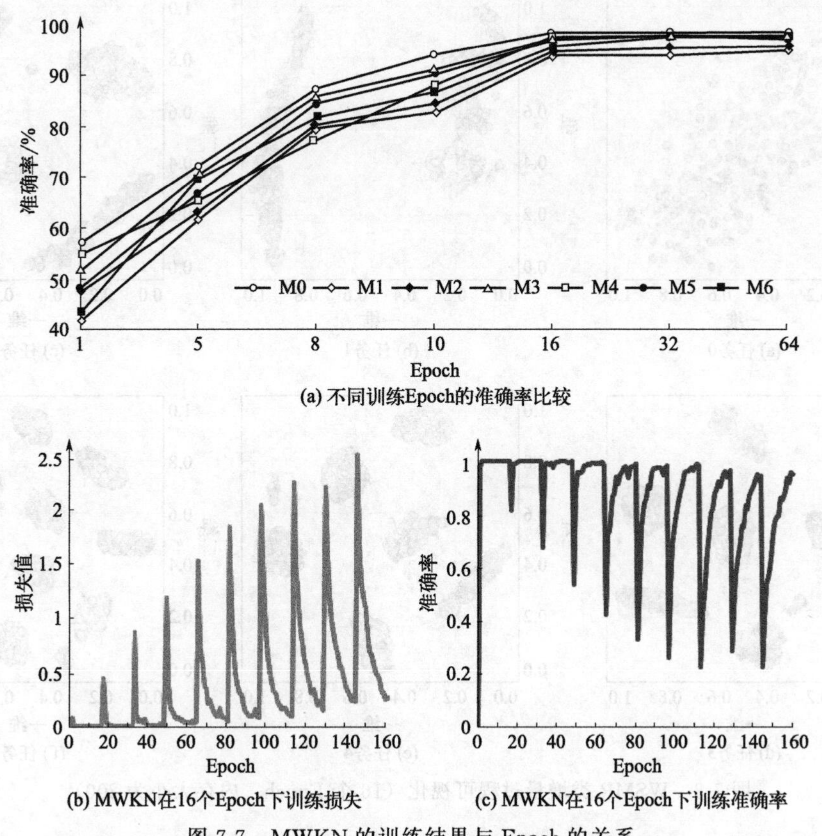

(a) 不同训练Epoch的准确率比较

(b) MWKN在16个Epoch下训练损失

(c) MWKN在16个Epoch下训练准确率

图 7-7 MWKN 的训练结果与 Epoch 的关系

度与性能的影响是显而易见的。基模型在当前任务学习新故障任务 τ_k 时，迭代次数不足会导致预测精度过低。但是，当迭代次数超过 16 个 Epoch 时，预测精度的提升又是十分微小的，甚至还会略有下滑。这个现象的产生可能是由于在单个类别上过度训练会导致的权重偏差和过拟合。因为在任务 τ_j 中，基模型可访问的数据量很少，所以过多次数的迭代会导致基模型的概念偏移，以至于关键特征的知识被无关信息覆盖。综合来看，MWKN 更符合柱塞泵的故障连续学习场景。

图 7-8 可视化了 MWKN＋WSMR 在不同任务阶段的输出特征分布，所有类别的测试样本均被很好地区分。然而，在不同任务阶段均存在少量的离群值，这可能是由于同一类别的监测信号存在内部的概念偏移。在启动阶段，柱塞泵有大约 3～5s 的加速动作，之后趋于稳态运行。值得注意的是，变速所带来的分布变化并没有造成 WSMR 的敏感响应，这说明该方法对于异常值具有一定的鲁棒性。

根据文献资料［30］，实验中首先考虑了三种非连续学习场景，即联合训练（L1）、微调模型（L2）与微调模型部分参数（L3）。方法 L1～L3 只更新或微调图 7-4 中的基模型。方法 L1 使模型在所有已知数据中进行联合训练，即传统的监督学习。方法 L1 可以被看作连续学习算法的性能上界，依赖先前任务的所有训练数据，其训练效率十分低下。方法 L2 没有旧任务参数或样本的指导，会导致最高程度的灾难性遗忘，即知识不能向前迁移。归因于方法 L3 的共享参数不可被更新，虽然能保持模型在旧任务上的性能，但缺乏对新故障诊断任务的拟合能力，即知识不能向后迁移，无法学习新的诊断任务。

将 WSMR 与最流行的连续学习基线方法进行了比较，这些被选取的基线方法都需要访问

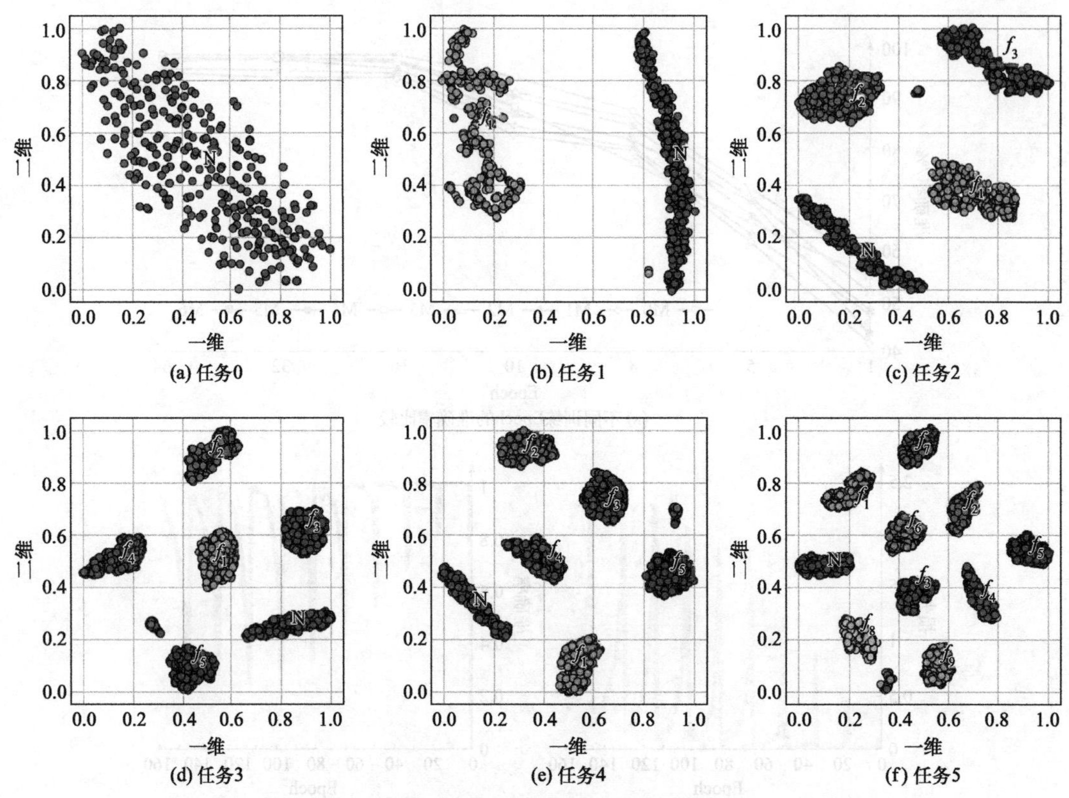

图 7-8 WSMR 类增量过程可视化（16 个 Epoch，内存大小为 200）

旧任务上的样本信息，包括 iCaRL[22]（M1）、梯度情景记忆[23]（gradient episodic memory，GEM）（M2）、贪婪样本选择[24]（greedy sample selection，GSS）（M3）和最近提出的最先进的“贪婪采样器和愚蠢学习器”[25]（greedy sampler and dumb learner，GDumb）（M4）。这些方法与 WSMR 一样，在增量学习过程中都使用了经验重放策略，即 Replay。M1 使用样例 ε 从以前的基模型版本中提取知识，新任务对应的样例 ε 被存储在缓冲池中，以最佳方式表示特征空间中的类平均值，防止知识过度偏向于新类。M2 通过 Replay 策略来识别局部联合任务最优的投影梯度朝向，以不等式约束的方式修正新任务的梯度更新方向，从而尽可能降低基模型在所有任务上的损失。M3 扩展了基于实例层面的 M2 的约束优化过程，利用梯度的方差选择重要的样例 ε 来回顾先前的知识。M4 以贪婪学习方式不断更新被固定大小的缓冲池，在缓冲池容量不变的前提下，旧样例会不断被新任务的样例替换。这种方式中每个任务的样例数量会随着任务数量的增加而减少。M4 的学习过程类似 Few-shot 学习，基模型仅根据缓冲池中的样例 ε 就能快速适应不同任务，因而内存缓冲池的大小是 M4 性能的关键。因此，实验首先考虑了不同内存大小对相关方法的影响，其中 L1～L3 不包含经验 Replay 策略。每个实验都要进行五次，最终得到所有方法在任务阶段 5 的平均诊断精度。

表 7-5 显示了提出的 WSMR 与其他基线方法在不同内存大小下的平均准确率与标准差。在最理想条件下训练的 L1 达到了 MWKN 的性能上界，但算力代价与存储代价都是最高的。L2 和 L3 表明基于模型微调的传统 TL 方法面对类别增量学习的问题会发生灾难性遗忘。M1 与 M2 的遗忘程度相较于 L2 与 L3 显著下降，但结果依旧不够理想。M1 通过求解不同故障类别的样本平均来构建对应类别的原型，当内存容量不足时，被 M1 学习到的原型特征并没有包含所有具有代表性的类别特性。M2 利用数据缓冲池中的旧样例来约束当前任务模

型的梯度更新方向，样例不足的情况下同样很难归纳出旧任务的基模型权重空间。M3 与 M4 的诊断精度有了明显提升，但比较之下 WSMR 更能接近 MWKN 的性能上界。图 7-9 展示了内存大小为 200 时参与对比的连续学习方法在不同任务阶段的平均测试精度。可以发现随着任务数量的增加，WSMR 可以更好地减缓 MWKN 的性能损失。此外，提出的方法相较于 M1～M4 具有更低的标准差，说明 WSMR 具有更强的鲁棒性。

表 7-5　在 16 个 Epoch 下不同样例内存大小的结果［平均准确率（%）与标准差］

方法	内存大小 50	内存大小 100	内存大小 200	内存大小 300
L1	**99.36±0.00**	**99.48±0.00**	**99.44±0.00**	**100±0.00**
L2	10.68±0.00	11.27±0.00	14.88±0.00	15.07±0.00
L3	25.78±1.52	26.57±2.16	29.76±4.33	31.24±5.64
M1	68.46±2.78	71.97±1.33	73.02±3.68	79.53±3.64
M2	75.4±1.27	81.2±2.34	83.77±1.24	85±2.86
M3	86.38±0.75	88.77±0.75	94.26±1.18	96.13±0.83
M4	85.38±1.15	93.47±0.40	97.47±0.21	97.93±0.08
Ours	**89.74±0.27**	**94.52±0.32**	**98.33±0.14**	**98.53±0.01**

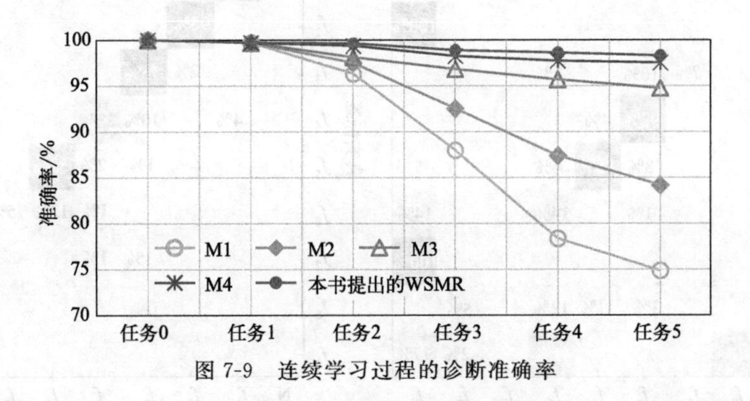

图 7-9　连续学习过程的诊断准确率

在图 7-10 中，任务阶段 5 的混淆矩阵显示了完成所有训练任务后模型对所有已知故障类别的诊断准确性。L1 可以访问所有任务阶段的训练数据，获得了最理想的分类准确率。L2 微调基模型的权重空间，特征提取器只能解决任务阶段 5 的分类问题。L3 在任务阶段 0 冻结了特征提取器的权重空间，但是随着任务数量的增加，模型在先前任务中的性能并没有被保留。M1 在任务阶段 3 和任务阶段 4 中完全失效，在任务阶段 0 的诊断精度也明显下降。综合来看，随着任务数量的增加，M1 的回顾先前知识的能力是不可持续的；M2 的错误集中在任务阶段 2 到任务阶段 4，这说明 M2 约束更新的方向更加倾向于针对最早期任务；M4 和 WSMR 性能相近，但贪婪学习器的性能更加依赖于内存大小，因此在存储空间有限的情况下 WSMR 更加先进。

根据前文中设置的几项特殊的参数，包括训练超网络所需的伪模型数量 B、从被训练的解码器中采样模型的数量 $E=20$、超网络的训练次数以及模型权重空间的块大小。首先，CNN 的局部连接可能会导致权重知识的丢失，实验在超网络中沿用了文献［44］中的全连接结构。然而，全连接结构导致 WSMR 的计算量增大，甚至可能出现过拟合问题。在实验中经过尝试发现超网络训练 10 次可以平衡性能与成本。此外，根据研究[42]，[100,300]为块大小的最优参数区间。

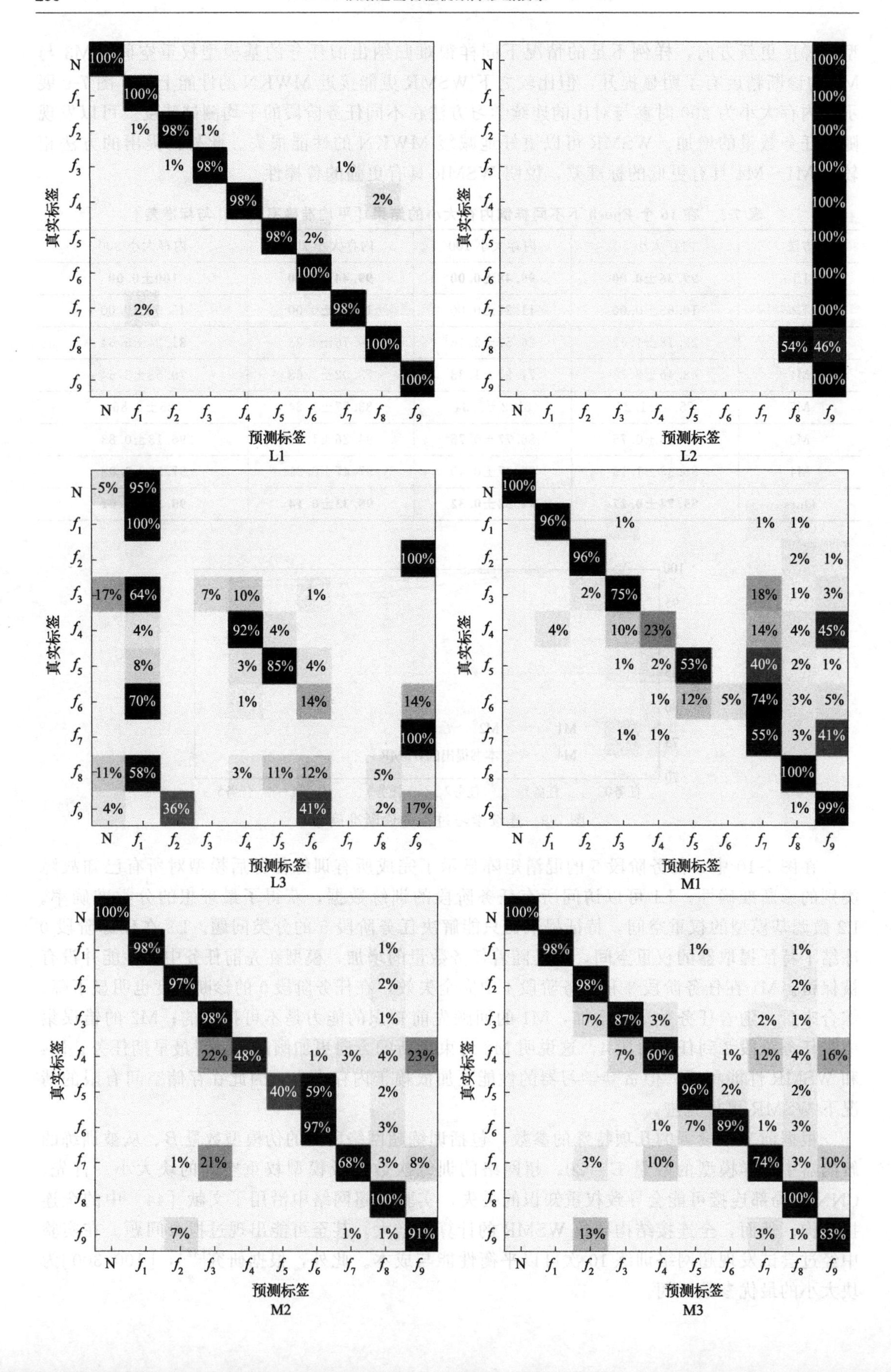

真实标签
预测标签
N
f_1
f_2
f_3
f_4
f_5
f_6
f_7
f_8
f_9
L1
L2
L3
M1
M2
M3

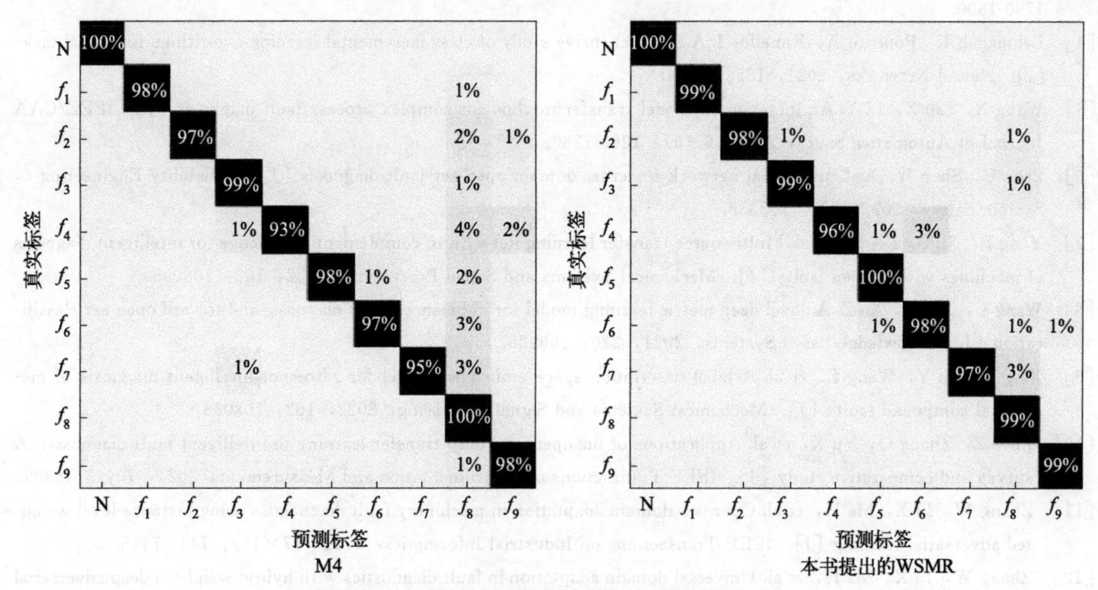

图 7-10　在任务 5 中不同方法的混淆矩阵比较

图 7-11 权衡 B 与 E 的最优参数设置的优化过程。参数 B 对于最终诊断准确率的影响不突出，表明任务输入的变化不会对 WSMR 产生剧烈的影响。从经济性考虑，特定任务的伪模型没必要生成太多。参数 E 对模型精度的影响是显著的，在 $E=20$ 时已经得到不错的结果。然而，进一步增加 E 并不会显著改善 WSMR 的性能，反而会增加运算负担。

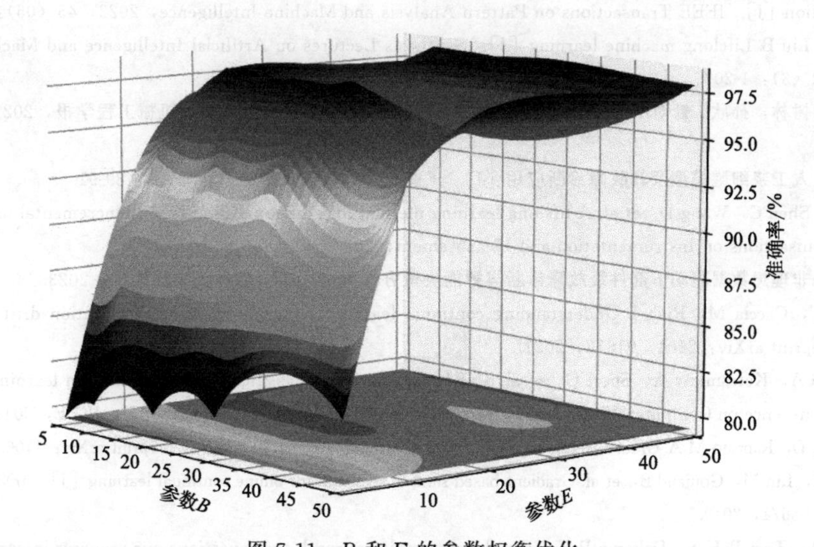

图 7-11　B 和 E 的参数权衡优化

参 考 文 献

[1] Han T, Li Y F, Qian M. A hybrid generalization network for intelligent fault diagnosis of rotating machinery under unseen working conditions [J]. IEEE Transactions on Instrumentation and Measurement, 2021, 70: 3088489.

[2] Zhao C, Shen W. A domain generalization network combing invariance and specificity towards real-time intelligent fault diagnosis [J]. Mechanical Systems and Signal Processing, 2022, 173: 108990.

[3] Chen L, Li Q, Shen C, et al. Adversarial domain-invariant generalization: A generic domain-regressive framework for bearing fault diagnosis under unseen conditions [J]. IEEE Transactions on Industrial Informatics, 2022, 18 (3):

1790-1800.

[4] Belouadah E, Popescu A, Kanellos I. A comprehensive study of class incremental learning algorithms for visual tasks [J]. Neural Networks, 2021, 135: 38-54.

[5] Wang X, Liu X, Li Y. An incremental model transfer method for complex process fault diagnosis [J]. IEEE/CAA Journal of Automatica Sinica, 2019, 6 (5): 1268-1280.

[6] Zhao C, Shen W. Dual adversarial network for cross-domain open set fault diagnosis [J]. Reliability Engineering & System Safety, 2022, 221: 108358.

[7] Yang B, Xu S, Lei Y, et al. Multi-source transfer learning network to complement knowledge for intelligent diagnosis of machines with unseen faults [J]. Mechanical Systems and Signal Processing, 2022, 162: 108095.

[8] Wang C, Xin C, Xu Z. A novel deep metric learning model for imbalanced fault diagnosis and toward open-set classification [J]. Knowledge-Based Systems, 2021, 220: 106925.

[9] Xing S, Lei Y, Wang S, et al. A label description space embedded model for zero-shot intelligent diagnosis of mechanical compound faults [J]. Mechanical Systems and Signal Processing, 2022, 162: 108036.

[10] Zhao Z, Zhang Q, Yu X, et al. Applications of unsupervised deep transfer learning to intelligent fault diagnosis: A survey and comparative study [J]. IEEE Transactions on Instrumentation and Measurement, 2021, 70: 3116309.

[11] Zhang W, Li X, Ma H, et al. Open-set domain adaptation in machinery fault diagnostics using instance-level weighted adversarial learning [J]. IEEE Transactions on Industrial Informatics, 2021, 17 (11): 7445-7455.

[12] Zhang W, Li X, Ma H, et al. Universal domain adaptation in fault diagnostics with hybrid weighted deep adversarial learning [J]. IEEE Transactions on Industrial Informatics, 2021, 17 (12): 7957-7967.

[13] Hurtado J, Lobel H, Soto A. Overcoming catastrophic forgetting using sparse coding and meta learning [J]. IEEE Access, 2021, 9: 88279-88290.

[14] Sodhani S, Chandar S, Bengio Y. Towards training recurrent neural networks for lifelong learning [J]. arXiv preprint arXiv: 1811, 07017, 2018.

[15] Masana M, Liu X, Twardowski B, et al. Class-incremental learning: Survey and performance evaluation on image classification [J]. IEEE Transactions on Pattern Analysis and Machine Intelligence, 2022, 45 (05): 5513-5533.

[16] Chen Z, Liu B. Lifelong machine learning [J]. Synthesis Lectures on Artificial Intelligence and Machine Learning, 2018, 12 (3): 1-207.

[17] 李栋，刘树林，孙欣．针对不连续时变样本空间的连续学习故障诊断方法 [J]. 机械工程学报，2021，57 (1)：1-11.

[18] 王昊天．人工浆细胞模型及其故障诊断应用 [J]. 工业控制计算机，2023，36 (01)：89-91.

[19] Chen B, Shen C, Wang D, et al. A lifelong learning method for gearbox diagnosis with incremental fault types [J]. IEEE Transactions on Instrumentation and Measurement, 2022, 71: 1-10.

[20] 刘思远．非理想数据驱动下部件级故障诊断与智能决策方法研究 [D]. 太原：中北大学，2023.

[21] Lesort T, Caccia M, Rish I. Understanding continual learning settings with data distribution drift analysis [J]. arXiv preprint arXiv: 2104, 01678, 2021.

[22] Rebuffi S A, Kolesnikov A, Sperl G, et al. iCaRL: Incremental classifier and representation learning [C] //2017 IEEE Conference on Computer Vision and Pattern Recognition (CVPR) . Honolulu, HI: IEEE, 2017: 5533-5542.

[23] Lopez-Paz D, Ranzato M A. Gradient episodic memory for continual learning [J]. arXiv preprint arXiv: 1706. 08840, 2017.

[24] Aljundi R, Lin M, Goujaud B, et al. Gradient based sample selection for online continual learning [J]. arXiv preprint arXiv: 1903. 08671, 2019.

[25] Prabhu A, Torr P H S, Dokania P K. GDumb: A simple approach that questions our progress in continual learning [C] //Computer Vision - ECCV 2020. Cham: Springer International Publishing, 2020: 524-540.

[26] He C, Wang R, Shan S, et al. Exemplar-supported generative reproduction for class incremental learning [C] // British Machine Vision Conference. 2018: 98.

[27] Wu C, Herranz L, Liu X, et al. Memory replay GANs: Learning to generate from new categories without forgetting [J]. arXiv preprint arXiv: 1809. 02058, 2018.

[28] Cong Y, Zhao M, Li J, et al. GAN memory with no forgetting [C] //Advances in Neural Information Processing Systems: Vol. 33. Curran Associates, Inc. , 2020: 16481-16494.

[29] Zhai M, Chen L, Mori G. Hyper-lifelong GAN: Scalable lifelong learning for image conditioned generation [C] // Proceedings of the IEEE/CVF Conference on Computer Vision and Pattern Recognition (CVPR), 2021: 2246-2255.

[30] Li Z，Hoiem D. Learning without forgetting [J]. IEEE transactions on pattern analysis and machine intelligence，2017，40 (12)：2935-2947.

[31] Aljundi R，Babiloni F，Elhoseiny M，et al. Memory aware synapses：Learning what (not) to forget [C] //Computer Vision- ECCV 2018. Cham：Springer International Publishing，2018：144-161.

[32] Lomonaco V，Maltoni D，Pellegrini L. Rehearsal-free continual learning over small non-I. I. D. batches [C] //2020 IEEE/CVF Conference on Computer Vision and Pattern Recognition Workshops (CVPRW) . Seattle，WA，USA：IEEE，2020：989-998.

[33] Malviya P，Chandar S，Ravindran B. TAG：Task-based accumulated gradients for lifelong learning [C]. //Conference on Lifelong Learning Agents. PMLR，2022：366-389.

[34] Shim D，Mai Z，Jeong J，et al. Online class-incremental continual learning with adversarial shapley value [C] //Proceedings of the AAAI Conference on Artificial Intelliqence. 2011，35 (11)：9630-9638.

[35] 李国锋．深度神经网络模型持续学习能力的研究 [D]. 成都：电子科技大学，2021.

[36] Feng Y，Chen J，Xie J，et al. Meta-learning as a promising approach for few-shot cross-domain fault diagnosis：Algorithms，applications，and prospects [J]. Knowledge-Based Systems，2022，235：107646.

[37] Peng H. A comprehensive overview and survey of recent advances in meta-learning [J]. arXiv preprint arXiv：2004. 11149，2020.

[38] Vanschoren J. Meta-learning：A survey [J]. arXiv preprint arXiv：1810. 03548，2018.

[39] Han T，Liu C，Yang W，et al. Learning transferable features in deep convolutional neural networks for diagnosing unseen machine conditions [J]. ISA Transactions，2019，93：341-353.

[40] Ha D，Dai A，Le Q V. HyperNetworks [J]. arXiv preprint arXiv：1609. 09106，2016.

[41] Oswald J V，Henning C，Sacramento J，et al. Continual learning with hypernetworks [J]. arXiv preprint arXiv：1906. 00695，2019.

[42] Joseph K J，Balasubramanian V N. Meta-consolidation for continual learning [J]. Advances in Neural Information Processing Systems，2022，33：14374-14386.

[43] He X，Sygnowski J，Galashov A，et al. Task agnostic continual learning via meta learning [J]. arXiv preprint arXiv：1906. 05210，2019.

[44] Brahma D，Verma V K，Rai P. Hypernetworks for continual semi-supervised learning [J]. arXiv preprint arXiv：2110. 01856，2021.

[45] Ding J. Incremental learning with open set based discrimination enhancement [J]. Applied Intelligence，2022，52 (5)：5159-5172.

[46] Li T，Zhao Z，Sun C，et al. WaveletKernelNet：An interpretable deep neural network for industrial intelligent diagnosis [J]. IEEE Transactions on Systems，Man，and Cybernetics：Systems，2022，52 (4)：2302-2312.

[47] Liu S，Huang J，Ma J，et al. Class-incremental continual learning model for plunger pump faults based on weight space meta-representation [J]. Mechanical Systems and Signal Processing，2023，196：110309.

[48] Liu S，Huang J，Ma J，et al. SRMANet：Toward an interpretable neural network with multi-attention mechanism for gearbox fault diagnosis [J]. Applied Sciences，2022，12 (16)：8388.

[49] Luo J，Huang J Y，Ma J C，et al. Application of self-attention conditional deep convolutional generative adversarial networks in the fault diagnosis of planetary gearboxes [J]. Proc IMechE Part O：J Risk and Reliability，2023，DOI：10. 1177/1748006X221147784.

[50] [美] 伊恩·古德费洛，[加] 约书亚·本吉奥，[加] 亚伦·库维尔．深度学习 [M]. 赵申剑，黎彧君，符天凡，等，译．北京：人民邮电出版社，2017.

[51] Kingma D P，Welling M. Auto-encoding variational bayes [J]. arXiv preprint arXiv：1312. 6114，2013.

[52] Díaz-Rodríguez N，Lomonaco V，Filliat D，et al. Don't forget，there is more than forgetting：New metrics for continual learning [J]. arXiv preprint arXiv：1810. 13166，2018.

第8章

柱塞泵剩余使用寿命预测

前面几章着重阐述了转辙机柱塞泵智能故障诊断问题，柱塞泵作为电液式转辙机的核心动力元件，在长时间运转之后会发生退化。如果对柱塞泵的运行状态、剩余使用寿命没有一个准确的评估预测，则会给转辙机的安全运行造成隐患。因此，开展转辙机柱塞泵剩余使用寿命（remaining useful life，RUL）预测和状态评估方面的研究是十分必要的。

在对转辙机柱塞泵的实际状态监测中，使用单一传感器进行监测难以准确反映状态变化，需要综合应用多个传感器实施监测，进而获取多传感器数据为实际的状态评估和RUL预测提供支持。从柱塞泵RUL预测技术的发展现状来看，深度学习技术与信息融合技术的综合运用，在RUL预测领域获得了不错的效果[1-5]。在具体研究中，有学者将多尺度CNN与长短期记忆网络（LSTM）进行组合，用于预测滚动轴承RUL模型。但是该模型串行化的设计，会使得LSTM无法从CNN的输出特征中捕获完整的时序信息，且LSTM提取数据的后向时序特征能力稍显不足[6]。还有学者将多元退化设备的监测数据代入连续受限玻尔兹曼机模型中，提取初始退化特征构建健康指标，随后使用双向长短期记忆网络（BiLSTM）模型挖掘健康指标的前向和后向时序退化信息，预测出了多元退化设备的RUL，取得了不错的效果[7]，但是仍旧没有摆脱串行化设计模型带来的局限性。鉴于图神经网络能够高效进行信息聚合以及具有轻量化的优势，研究学者将GNN应用到了齿轮泵的RUL预测上，提取了时域、频域、时频域的相关物理特征来映射外啮合齿轮泵的退化趋势，使用GNN模型在构建的特征图上实现了齿轮泵的RUL预测，但是具体的输入特征图构建方法并没有给出[8]。

通过分析相关参考文献在RUL预测模型设计上存在的优势和不足，本章综合应用多尺度并行设计和轻量化的图神经网络，提出了能够应用于多传感器采样条件下的MP1DCNN-BiLSTM-GAT模型用于预测柱塞泵的RUL[9]。

8.1 剩余使用寿命预测模型

机械设备的RUL预测主要包括设备退化数据的采集、健康指标（HI）的构建、健康阶段（health stage，HS）划分、RUL预测四个步骤[10]。首先，从传感器获取测量数据（如振动信号），用以监测机械的健康状况。然后，利用信号处理技术、人工智能等技术，从测量数据中构建HI，用以表征机械的健康状态。之后，根据HI的不同退化趋势，将机械的整个寿命分为两个或多个不同的HS。最后，在退化趋势明显的HS中，通过退化趋势分析和预先设定的失效阈值对设备的RUL进行预测。对于转辙机柱塞泵，数据采集阶段依赖于DASP数据采集系统，HS划分依赖于其他算法。

本章构建的转辙机柱塞泵剩余使用寿命预测模型中主要由两个模块构成，分别为多元HI构建模块以及RUL预测模块。

8.1.1 多元HI构建模块

（1）一维卷积网络（1DCNN）

标准的一维卷积网络模型（one-dimensional convolutional neural network，1DCNN）由输入层、卷积层、池化层、全连接层、输出层构成[11]。其中卷积层主要用于提取输入层数据中包含的特征信息，计算方式如式(8-1)所示。

$$h_n^o = f\left(\sum (x_n^i * w_n^i) + b_n^i\right) \tag{8-1}$$

式中，x_n^i 为第 n 层第 i 部分的卷积输入数据；w_n^i 是第 n 层第 i 个卷积核对应的权值；b_n^i 是第 n 层第 i 个卷积核对应的偏置；$f(\cdot)$是激活函数；h_n^o 是第 n 层卷积后的结果[11]。

一维卷积操作的过程如图8-1所示，输入数据和卷积核均为一维序列，卷积结果由卷积核从左至右在一维数据上进行卷积操作得到，移动步长定为1。

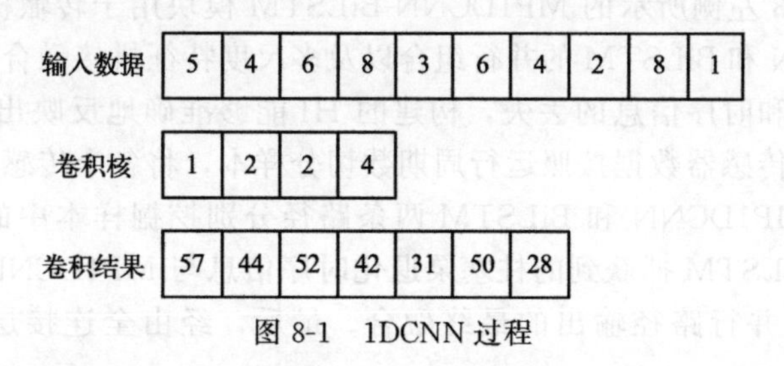

图8-1 1DCNN过程

将图8-1中的卷积结果分别进行最大池化和平均池化操作，池化核的大小为3，池化的步长为2，过程如图8-2所示。

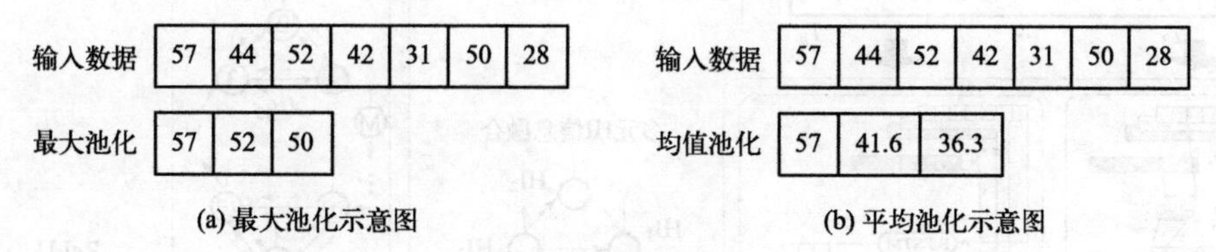

图8-2 池化示意图

（2）双向长短期记忆网络（BiLSTM）

寿命预测模型的构建需要用到双向长短期记忆网络（bidirectional long short term memory，BiLSTM）。此部分理论知识的具体介绍请读者查阅9.2.3小节，在此不再重复阐述。

（3）MP1DCNN-BiLSTM模型构建

标准的一维卷积网络模型在设计上习惯将池化层置于卷积层之后，卷积层通过不同的卷积核在一维输入数据上进行移动来提取特征，池化层通过筛选输入数据的极值点来提取特征。池化运算的出发点是抓取数据的关键特征，忽略不必要的数据信息。神经网络最初需要处理的数据是二维图像，这与一维数据有着本质的区别。假设对猫、狗等动物图像做分类任务，在设计神经网络分类模型时，完全可以使用池化层去筛选动物的关键特征而忽略其不重要的背景信息。但是使用池化层去筛选柱塞泵等设备的一维振动信号数据特征时，却并不能和二维图像数据一概而论。通过前期柱塞泵寿命数据采集和处理过程可知，输入网络模型中的一维寿命数据是经过算法降维之后的数据[12]，该数据几乎保留了柱塞泵的全部退化特征，理论上是不存在背景信息的。故在设计模型时将池化层置于卷积层之后，有极大的概率会丢失数据中蕴含的柱塞泵退化信息。所以本章在设计一维卷积网络模型时，将最后一层池化层与上一层卷积层进行多尺度拼接，实现局部退化特征与全局退化特征的融合，具体输出如式(8-2) 所示。

$$h_{mul\_layer}=f\left(\sum_{i}(x_{i}^{conv}*w_{i}^{conv})+\sum_{i}(x_{i}^{pool}*w_{i}^{pool})+b_{j}\right) \tag{8-2}$$

式中，h_{mul_layer} 为多尺度拼接层的输出；x_i^{conv} 和 w_i^{conv} 为 1DCNN 模型的末尾卷积层神经元和权重；x_i^{pool} 和 w_i^{pool} 为模型的末尾池化层神经元和权重；非线性激活函数用 $f(\cdot)$ 表示；偏置使用 b_j 表示[13]。

目前，对于一维卷积神经网络和长短期记忆网络的应用在 RUL 预测领域更加侧重于串行组合。首先将设备的原始一维数据输入 1DCNN 中进行空间特征的初步提取，但是提取到的特征本质上是经过卷积运算降维之后的数据，会失去原始数据最初的时序排列。再使用长短期记忆网络对特征数据进行时序信息的抓取，这可能会丢失一部分原数据的时序信息。鉴于此，设计了如图 8-3 左侧所示的 MP1DCNN-BiLSTM 模块用于转辙机柱塞泵 HI 的构建。该模块通过对 1DCNN 和 BiLSTM 的并行组合以及多尺度特征拼接融合设计，避免了柱塞泵寿命数据的空间特征和时序信息的丢失，构建的 HI 能够准确地反映出柱塞泵的退化趋势。首先，将柱塞泵的多传感器数据按照运行周期数切分样本，将各个传感器数据样本分别输入进模型，进而通过 MP1DCNN 和 BiLSTM 两条路径分别挖掘样本中的空间特征和时序信息。其次，模块将 BiLSTM 捕获到的柱塞泵退化时序信息与 MP1DCNN 输出的融合特征进行拼接，完成了两条并行路径输出的最终融合。最后，经由全连接层映射出柱塞泵的多元 HI。

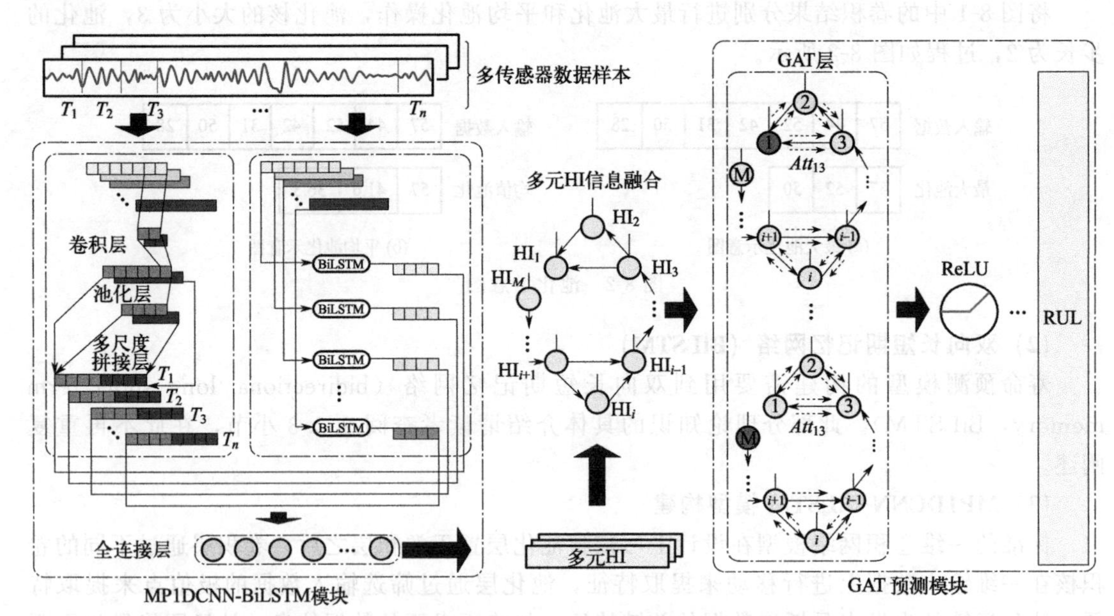

图 8-3 MP1DCNN-BiLSTM-GAT 剩余使用寿命预测模型

8.1.2 图注意力网络

为了使得注意力机制可以和图神经网络结合应用，在实际操作中可以把图中当前节点的向量用 query 来表示，当前节点的邻域节点的向量用 source 来表示，待当前节点聚合邻域信息完毕，生成新的节点向量后，使用 attention value 来表示，称为图注意力网络（graph attention networks，GAT）。它通过注意力机制（attention mechanism）来对邻域节点做聚合操作，实现对不同邻域权重的自适应分配（GCN 中不同邻域的权重是固定的，来自归一化的拉普拉斯矩阵），从而大大提高了图神经网络模型的表达能力[14,15]。

以上描述可以被定义为：设图中任意一个节点 v_i 在第 i 层所对应的特征向量为 $\boldsymbol{h}_i$，$\boldsymbol{h}_i \in \boldsymbol{R}^{d(l)}$，$d^{(l)}$ 为该节点的特征长度，通过注意力机制进行聚合操作之后，得到的是每个节点新的特征向量 $\boldsymbol{h}'_i$，$\boldsymbol{h}'_i \in \boldsymbol{R}^{d(l+1)}$，$d^{(l+1)}$ 为输出特征向量的长度[15]。该聚合操作称为图注意力层（graph attention layer，GAL），如图 8-4 所示。

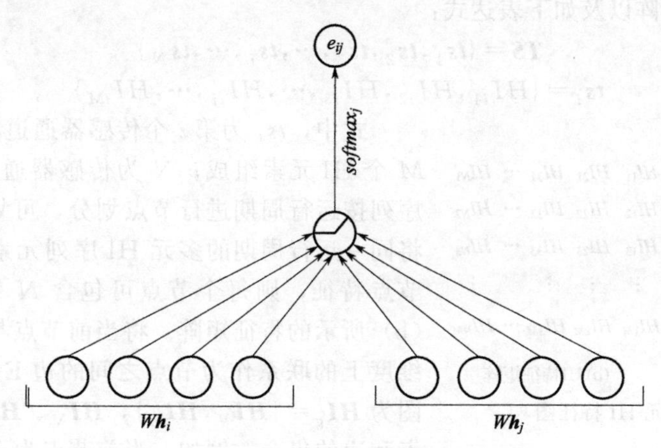

图 8-4　图注意力层

设当前节点为 v_i，则邻域节点 v_j 到 v_i 的权重系数为：

$$e_{ij}=a(\boldsymbol{Wh}_i,\boldsymbol{Wh}_j) \tag{8-3}$$

式中，$W \in \boldsymbol{R}^{d(l+1)*d(l)}$ 是该层节点特征变换的权重参数；$a(\cdot)$是计算两个节点相关系数的函数。在 GAT 中，使用了一个单层的全连接层来计算相关度，如式(8-4) 所示：

$$e_{ij}=LeakyReLU(\boldsymbol{a}^{\mathrm{T}}[\boldsymbol{Wh}_i \| \boldsymbol{Wh}_j]) \tag{8-4}$$

式中，权重向量 $\boldsymbol{a}^{\mathrm{T}}$ 为函数 $a(\cdot)$的具体实现；$LeakyReLU$ 为非线性激活函数；‖表示连接操作。为了使得分配权重的精度更高，当前节点与其邻域节点计算出的相关度需要归一化操作，具体实现使用 $softmax$ 来计算：

$$\alpha_{ij}=softmax_j(e_{ij})=\frac{\exp(e_{ij})}{\sum_{v_k \in \tilde{N}(V_i)} \exp(e_{ik})} \tag{8-5}$$

α 为权重系数，其能够约束当前节点的邻域权重系数加和为 1，计算过程如图 8-4 所示，完整的计算过程如式(8-6) 所示。

$$\alpha_{ij}=\frac{\exp(LeakyReLU(\boldsymbol{a}^{\mathrm{T}}[\boldsymbol{Wh}_i \| \boldsymbol{Wh}_j]))}{\sum_{v_k \in \tilde{N}(V_i)} \exp(LeakyReLU(\boldsymbol{a}^{\mathrm{T}}[\boldsymbol{Wh}_i \| \boldsymbol{Wh}_k]))} \tag{8-6}$$

当权重系数的运算过程执行完毕之后，通过加权求和操作，便可得到当前节点 i 聚合了邻域节点加权后的特征表示，如式(8-7) 所示，即 GAT 的层与层之间的传播过程。

$$\boldsymbol{h}'_i=\sigma\left(\sum_{v_j \in \tilde{N}(v_i)} \alpha_{ij} \boldsymbol{Wh}_j\right) \tag{8-7}$$

使用注意力机制能够让 GCN 在节点特征的变换过程中聚合更加重要的邻域节点信息，将其应用在 RUL 预测任务上更为高效。

8.1.3　K 阶下三角邻接矩阵和 HI 特征图

转辙机柱塞泵的全寿命数据由多个传感器进行采集。各传感器采集的数据通过 MP1DCNN-BiLSTM 模块可构建出多元 HI。由于构建的 HI 在数据结构上属于一维数组，并不具备图数据结构的特点，因此需要对其进行变换。为了充分利用 HI 数列元素在时间维度上的联系以及将多元 HI 的退化信息进行高效融合，提出了图 8-3 所示的 HI 有向特征图、K 阶下三角邻接矩阵以及如下表达式：

$$\boldsymbol{TS}=\{\boldsymbol{ts}_1,\boldsymbol{ts}_2,\boldsymbol{ts}_3,\cdots,\boldsymbol{ts}_i,\cdots,\boldsymbol{ts}_N\} \tag{8-8}$$

$$\boldsymbol{ts}_i=\{HI_{i1},HI_{i2},HI_{i3},\cdots,HI_{ij},\cdots,HI_{iM}\} \tag{8-9}$$

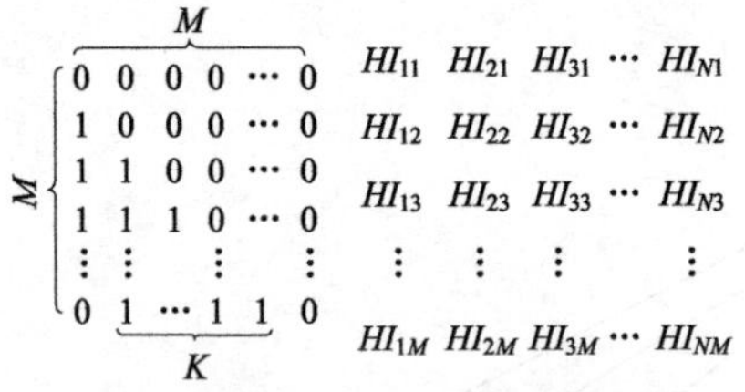

$$M\left\{\overbrace{\begin{matrix}0&0&0&0&\cdots&0\\1&0&0&0&\cdots&0\\1&1&0&0&\cdots&0\\1&1&1&0&\cdots&0\\\vdots&\vdots&&\vdots&&\vdots\\0&\underbrace{1&\cdots&1&1}_{K}&0\end{matrix}}^{M}\right.\qquad\begin{matrix}HI_{11}&HI_{21}&HI_{31}&\cdots&HI_{N1}\\HI_{12}&HI_{22}&HI_{32}&\cdots&HI_{N2}\\HI_{13}&HI_{23}&HI_{33}&\cdots&HI_{N3}\\\vdots&\vdots&\vdots&&\vdots\\HI_{1M}&HI_{2M}&HI_{3M}&\cdots&HI_{NM}\end{matrix}$$

(a) K阶邻接矩阵　　(b) HI特征矩阵

图 8-5　多元 HI 特征图

式中，ts_i 为第 i 个传感器通道的 HI 序列，其由 M 个 HI 元素组成；N 为传感器通道的数量。将 HI 序列按运行周期进行节点划分，可划分为 M 个节点。将同一运行周期的多元 HI 序列元素作为对应周期的节点特征，则每个节点可包含 N 维特征，如图 8-5(b) 所示的特征矩阵。将当前节点与前向节点在时间维度上的联系作为节点之间的边 E，记 HI 有向特征图为 $\boldsymbol{HI}_g=\{\boldsymbol{HI}_V,\boldsymbol{HI}_E\}$，$\boldsymbol{HI}_V$、$\boldsymbol{HI}_E$ 分别为图中节点和边的集合。例如：当前节点为 $HI_{Vj}(j<M)$，则 HI_{Vj} 可与 $HI_{V1}\sim HI_{Vj-1}$ 之间的节点建立边，但不能与 HI_{Vj} 之后的节点建立边，因为之后的节点对 HI_{Vj} 而言属于未来周期的节点，无法与其建立联系。转辙机柱塞泵的寿命周期，即一个 HI 元素对应一个运行周期。

转辙机柱塞泵全寿命数据的采样周期可达上千小时，生成的节点数量繁多，这就导致了当前节点 HI_{Vj} 与前向节点建立边的数量在不断增加。同时，HI_{V1}、$HI_{V2}\cdots HI_{Vj}$ 之间的联系也在不断衰减，即最初的节点对越来越靠后的节点的影响是在逐渐变小的。因此，需要设置一个阈值 K（$K<M$）来阻止 HI_{V1}、$HI_{V2}\cdots$与 HI_{Vj} 建立边，避免引入过多的干扰信息。换言之，就是将 HI_{Vj} 向前顺延 K 个节点建立联系。

从式(5-102) 和图 5-77 可以看到，图卷积网络在信息的传播过程中主要依赖于矩阵相乘来聚合邻域节点的特征信息。使用图 8-5(a) 所示的 K 阶下三角邻接矩阵与图 8-5(b) 所示的 HI 特征矩阵相乘，则每个当前节点都可以聚合前向 K 阶节点所拥有的退化信息。这也恰恰符合了机械设备的当前状态是之前的运转周期不断累积的结果。当 HI 有向特征图构建完成之后，便实现了具有一维时序特征的多元 HI 向图结构数据的转换。

图 8-3 所示为 MP1DCNN-BiLSTM-GAT 剩余使用寿命预测模型，该模型整合了多尺度并行设计和图注意力机制的优势，在 K 阶下三角邻接矩阵构图法起桥梁作用的前提下，高效地融合了多元健康指标信息，构建出 HI 特征图。整个 RUL 预测过程如图 8-3 预测模块所示，通过多层 GAT 模型聚合特征图中的退化信息，实现柱塞泵 RUL 的预测。

8.2　应用实例

8.2.1　寿命数据采集

使用 4.1.1 节所示的实验台采集柱塞泵的寿命周期数据，测点布置如图 4-6 所示，共 3 个测点，采集 5 个通道的振动加速度数据。采样频率设为 5120Hz，每 15min 采集 1min 数据，以 1h 为 1 个运行周期。当在 Dasp 软件上观测到振动信号出现较为明显的波动时，停止采样。实验共采集了两台柱塞泵较为完整的寿命数据。其中 1 号柱塞泵的采样周期为 2200，单个通道的数据长度为 4×5120×60×2200。2 号柱塞泵柱的采样周期为 2000，单个通道的数据长度为 4×5120×60×2000。

8.2.2 RUL 预测区间划分

随着运行周期的增加，柱塞泵会呈现出不同的退化趋势。在对其 RUL 进行预测之前需要划分出不同的退化阶段，寻找出合适的预测区间。在此引入一种机械设备性能衰退节点的划分方法[16]，该方法分为五个步骤。

步骤 1：对设备全寿命数据集中不同运转周期的振动加速度数据样本进行希尔伯特变换，然后计算其功率谱密度曲线 PSD。

步骤 2：求出每个周期样本功率谱密度曲线的最大值，并构建功率谱密度最大值集合。

步骤 3：求出功率谱密度最大值集合的四次多项式拟合曲线。

步骤 4：对功率谱密度的拟合曲线做求导运算得到一条求导曲线。

步骤 5：寻找导数曲线的拐点，将第一个拐点作为设备进入性能退化阶段的划分点，将第二个拐点作为设备进入性能衰退阶段的划分点，从而进一步划定预测区间。

以 1 号泵 1 测点三个通道全周期振动加速度数据为例，按上述步骤进行计算。结果如图 8-6 所示。处于第 500 个周期的时候，柱塞泵进入了性能退化阶段。处于第 1500 个周期时，柱塞泵进入了性能衰退阶段，则令 1500 周期之前为平稳运行阶段，1500 周期之后为可预测区间。2 号泵按照上述方法计算出的可预测区间为 1400～2000 周期。

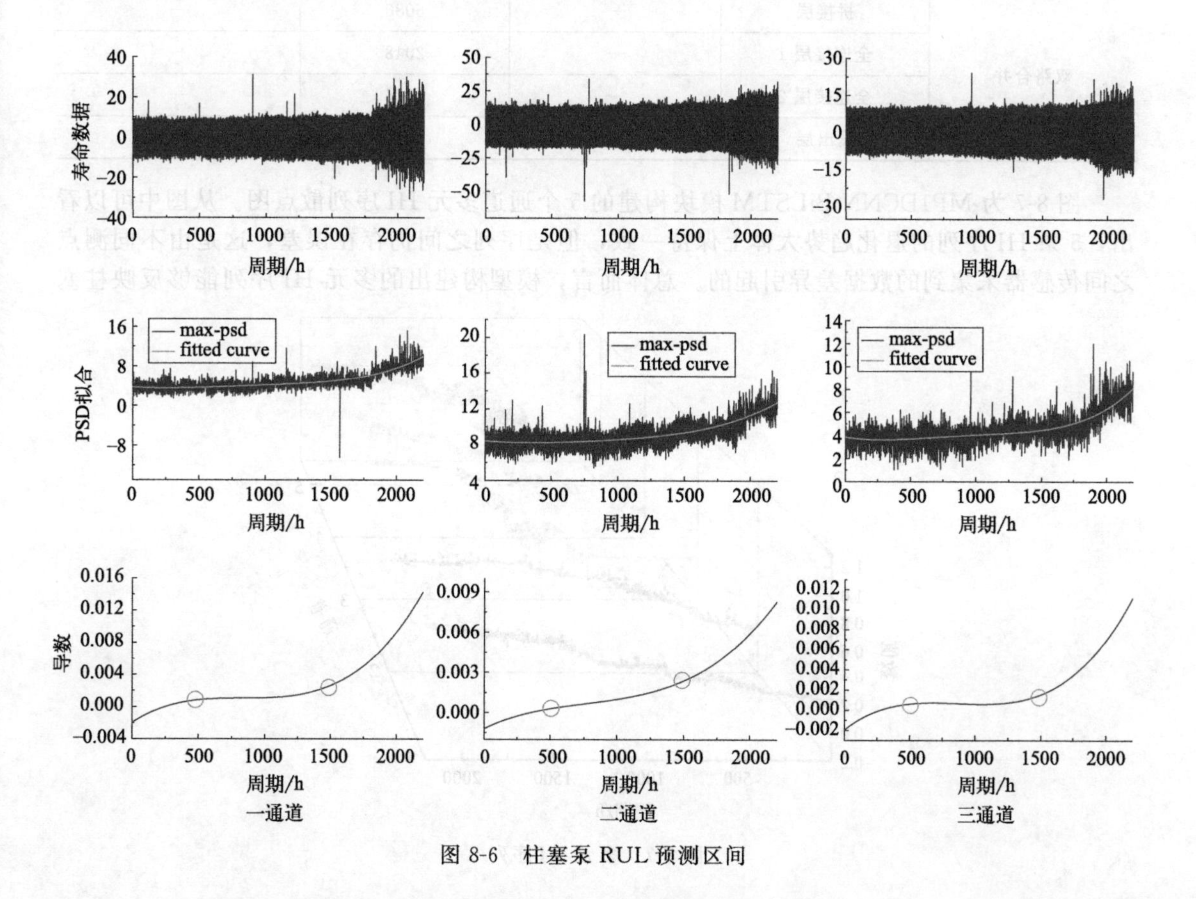

图 8-6　柱塞泵 RUL 预测区间

8.2.3 健康指标构建

以1号柱塞泵为例，将柱塞泵每个运行周期的数据长度使用LTTB（largest triangle three buckets）算法[12] 降维至5120，则MP1DCNN-BiLSTM模块的数据形状为2200×1×5120，模块具体参数如表8-1所示。模块在训练过程中，输入层使用百分率作为柱塞泵退化的标签，损失函数为均方误差MSE。模型在反向传播优化参数时，使用Adam算法，初始学习率为0.001，权重衰减（weight decay）为0.0001，训练轮次为500轮。

表8-1 MP1DCNN-BiLSTM模块参数

模型类型	网络层	核尺寸	通道数(大小)	步长
1DCNN	卷积层1	1×2	128	2
	池化层1	1×2	128	2
	卷积层2	1×3	64	3
	池化层2	1×3	64	3
	卷积层3	1×3	32	3
	池化层3	1×3	32	3
1DCNN	拼接层	—	1984	—
BiLSTM	输入层	—	5120	—
	隐层	—	2048	—
	输出层	—	1024	—
双路合并	拼接层	—	6080	—
	全连接层1	—	2048	—
	全连接层2	—	1024	—
	输出层	—	1	—

图8-7为MP1DCNN-BiLSTM模块构建的5个通道多元HI序列散点图。从图中可以看出，5条HI序列的退化趋势大体上保持一致，但是序列之间仍存在误差，这是由不同测点之间传感器采集到的数据差异引起的。总体而言，模型构建出的多元HI序列能够反映柱塞

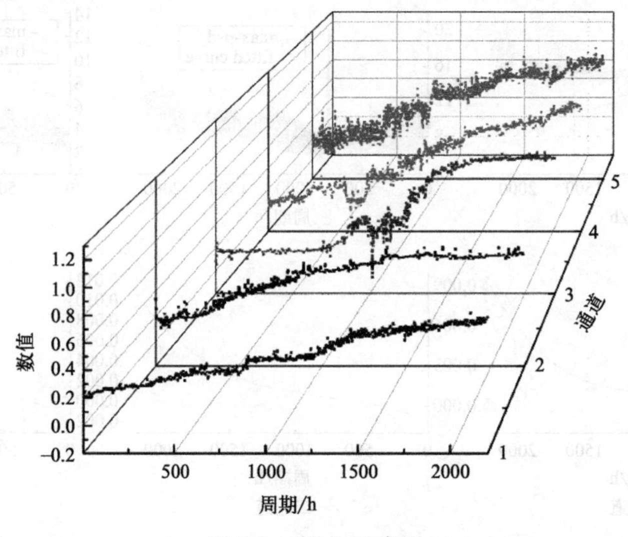

图8-7 多元HI序列

泵的性能退化过程。

为了对 MP1DCNN-BiLST 模块构建的多元 HI 序列有一个客观的评价，引入趋势性和鲁棒性两个评价指标。事实上，HI 的作用是描述柱塞泵的退化过程，通过设计出的模型进行一系列复杂的运算和变化，将原始的、规模庞大的、包含退化信息的寿命数据映射成一条序列。对于此序列的生成过程，M 模块构建的多元 HI 序列有一个客观的评价。引入趋势性和鲁棒性两个评价必须能够克服外界环境的干扰。该序列应当具有较强的鲁棒性和平稳的退化趋势。鲁棒性的计算公式如下：

$$\mathrm{Rob}(X)=\frac{1}{K}\sum_{k=1}^{K}\exp\left(-\left|\frac{x_k-x_k^T}{x_k}\right|\right) \tag{8-10}$$

式中，x_k 为 X 在 t_k 处的指标值；x_k^T 为健康指标 HI 在 t_k 处的平均趋势值，该值可通过平滑方法得到；X 即健康指标序列；K 表示序列的长度。

趋势性的计算公式为：

$$\mathrm{Corr}(X,T)=\frac{\left|K\sum_{k=1}^{K}x_k^T t_k-\sum_{k=1}^{K}x_k^T t_k\right|}{\sqrt{\left[K\sum_{k=1}^{K}(x_k^T)^2-\left(\sum_{k=1}^{K}x_k^T\right)^2\right]\left[K\sum_{k=1}^{K}(t_k)^2-\left(\sum_{k=1}^{K}t_k\right)^2\right]}} \tag{8-11}$$

式中，T 为设备的运行时间；t_k 为当前的监测时间。

将 1DCNN 和 BiLSTM 串/并行组合设计模型，以及将二者分别作为独立的模型去构建柱塞泵 HI。四者对比如表 8-2 所示，MP1DCNN-BiLSTM 模块构建的 HI 在鲁棒性和趋势性上均优于其他三者，更利于 GAT 预测模型挖掘多元 HI 中蕴含的柱塞泵退化特征。

表 8-2　HI 构建模型性能对比

模型类型	鲁棒性	趋势性
M1DCNN	0.8996	0.9024
BiLSTM	0.9204	0.9331
M1DCNN-BiLSTM(串)	0.9323	0.9422
M1DCNN-BiLSTM(并)	0.9583	0.9628

8.2.4 RUL 预测

将柱塞泵多元 HI 序列通过 K 阶下三角邻接矩阵构建 HI 有向特征图，将其输入到由 2 层 GAT 组成的 RUL 预测模型中。模型反向传播更新参数时使用 Adam 算法，初始学习率为 0.01，权重衰减为 0.0005，使用均方误差 MSE 作为损失函数，使用分段式标签计算误差[7]，采用早停机制防止过拟合。为了确定下三角邻接矩阵的 k 值，将其设为 10、100、400、700、1000、1300、1600、1900、2200。使用多元 HI 序列构建 9 种 HI 有向特征图将其输入 RUL 预测模型中进行训练，并以 Score 作为评价标准[式(8-14)]。输出的柱塞泵 RUL 如图 8-8 所示。本章使用 MAE、RMSE、Score 三个指标来评价模型的性能：

$$\mathrm{MAE}=\frac{1}{N}\sum_{i=1}^{N}\left|\hat{r}_i-r_i\right| \tag{8-12}$$

$$\mathrm{RMSE}=\sqrt{\frac{1}{N}\sum_{i=1}^{N}(\hat{r}_i-r_i)^2} \tag{8-13}$$

$$\text{Score}=\frac{1}{N}\sum_{i=1}^{N}(A_i) \tag{8-14}$$

其中，

$$A_i=\begin{cases} e^{-\ln 0.5\times\frac{E_{r_i}}{5}} & E_{r_i}<0 \\ e^{+\ln 0.5\times\frac{E_{r_i}}{20}} & E_{r_i}\geqslant 0 \end{cases} \tag{8-15}$$

$$E_{r_i}\%=\frac{r_i-\hat{r}_i}{r_i}\times 100\% \tag{8-16}$$

式中，MAE 为平均绝对误差；RMSE 为均方根误差；$\hat{r}_i$ 为预测的 RUL 值；r_i 为真实 RUL 值。MAE、RMSE 的值越小，Score 的值越高，代表预测的效果越好。

输出的柱塞泵 RUL 如图 8-8 所示。从图中可以发现，当 $K=100$ 时，Score 的值最大，预测出的 RUL 与实际的 RUL 基本吻合。当 K 超过 700 后，Score 值在变小，预测的 RUL 在偏离真实的 RUL。也就是说 GAT 模型在预测时，当前节点聚合的前向邻域节点退化信息超过一定限度之后反而对 RUL 的预测起到了负面作用。经不断实验，在 $K=125$ 时，预测效果达到最优。

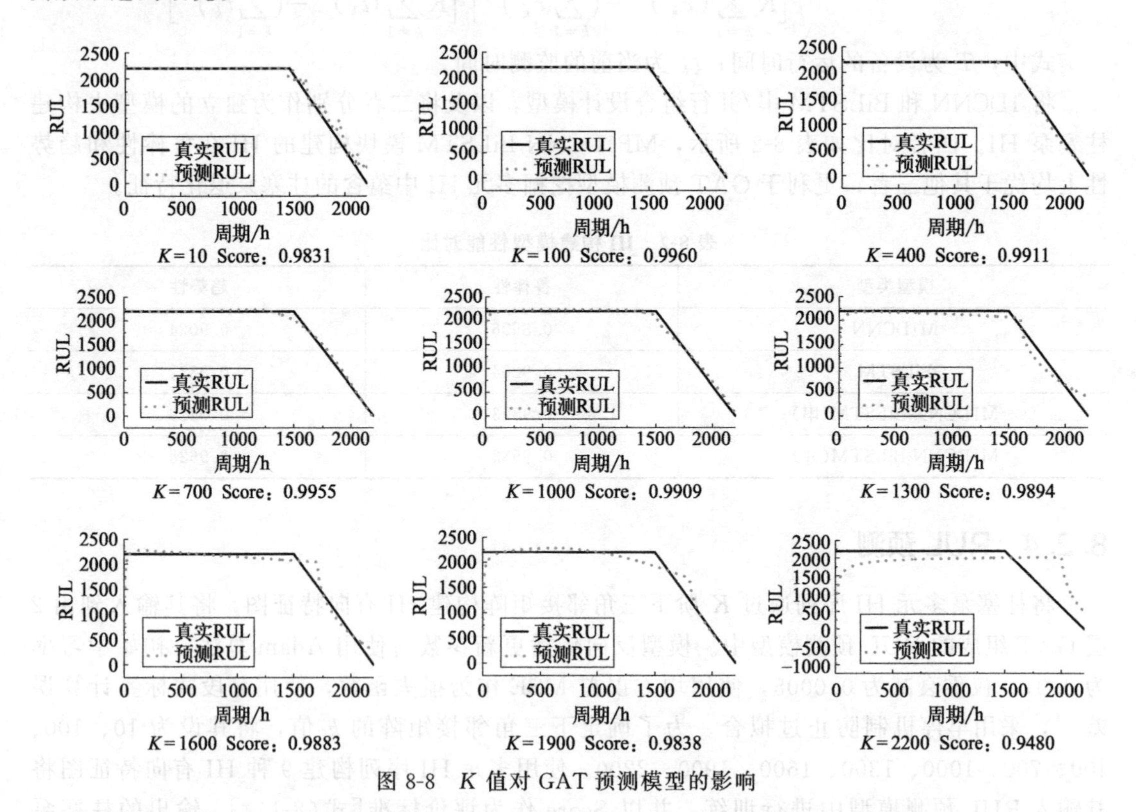

图 8-8 K 值对 GAT 预测模型的影响

由于只采集了 1 号泵和 2 号泵的两组寿命数据。因此采用交叉验证的方式来对 RUL 预测模型进行验证。其中，用 1 号泵数据作为训练集，2 号泵数据作为测试集，记为 1-2；用 2 号泵数据作为训练集，1 号泵数据作为测试集，记为 2-1，结果如图 8-9 所示。

从图 8-9 中可以看出，当柱塞泵处于平稳运行阶段时，2-1 和 1-2 预测出的 RUL 与真实的 RUL 几乎一致。在性能衰退阶段，预测出的 RUL 与真实 RUL 较为接近，无随机波动现

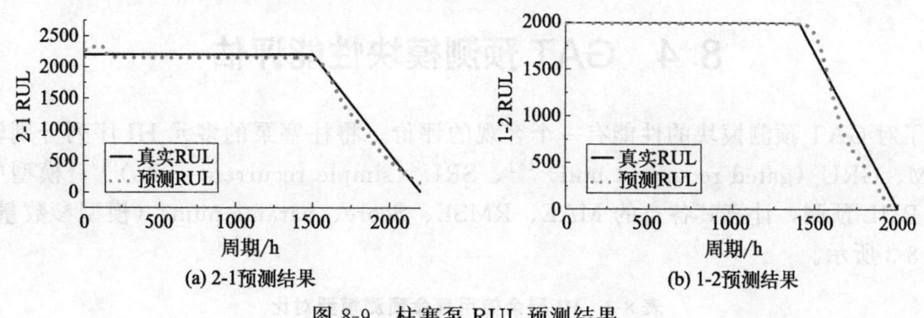

(a) 2-1预测结果 (b) 1-2预测结果

图 8-9 柱塞泵 RUL 预测结果

象，整个衰减过程都十分稳定，其中大部分小于真实的 RUL 值。当预测出的 RUL 小于真实 RUL 值时，能做到提前预警，可有效避免柱塞泵达到失效状态仍旧风险运行的情况，进一步保障转辙机的安全运转。

8.3 不同构图法对 GAT 预测模块的影响

GAT 预测模块的输入为图数据结构，图中节点与节点之间的边联系不同，所蕴含的信息也不相同。构建输入特征图的方法不同，导致 GAT 模型聚合到的退化信息也不同。距离度量算法、皮尔逊相关系数（Pearson correlation coefficient）等常用来衡量节点与节点之间的联系。分别使用欧氏距离（Euclidean distance）、曼哈顿距离（Manhattan distance）、切比雪夫距离（Chebyshev distance）度量节点之间的联系[17]。选择前 125 个距离最近的节点与当前节点（选择与当前节点强相关的节点）建立边，将皮尔逊相关系数的阈值设为 0.6，构建特征图作为 GAT 预测模型的输入。将这四种构图法与 K 阶下三角邻接矩阵构图法在 8.2.4 节中的 2-1 和 1-2 数据集中进行对比，结果如图 8-10 所示。

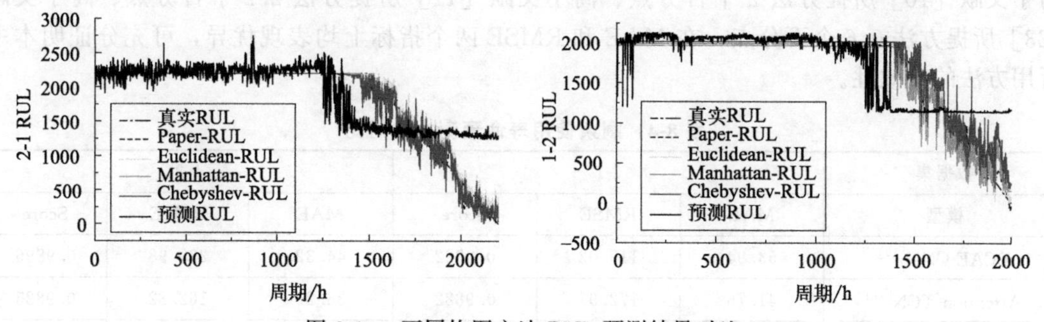

图 8-10 不同构图方法 RUL 预测结果对比

从图 8-10 中可知，根据三种距离度量算法构建的 HI 特征图输入到 GAT 预测模型中，预测的柱塞泵 RUL 在平稳运行阶段都表现出了很高的预测精度，但是在性能衰退阶段却和真实的 RUL 相差较多，且波动较为严重。这是由于通过距离度量算法构建的 HI 特征图节点与节点之间丢失了大量时间维度上的因果联系，GAT 无法有效地聚合到随时间累加而堆叠的柱塞泵关键退化信息。根据相关系数构建的 HI 特征图预测出的 RUL，在柱塞泵两个运行阶段的预测精度都不高，这是因为大量具有强相关性的节点导致了当前节点的邻域不规律节点数量过多，违背了设备的退化规律，引入了大量的干扰信息，影响了 GAT 预测模型的性能。通过上述对比，充分体现了 K 阶下三角邻接矩阵构图法的优越性。

8.4 GAT 预测模块性能评估

为了对 GAT 预测模块的性能有一个客观的评价。将柱塞泵的多元 HI 序列分别输入到 BiLSTM、GRU（gated recurrent unit）[18]、SRU（simple recurrent units）[19] 模型中进行柱塞泵 RUL 预测，计算其各自的 MAE、RMSE、Score、params-nums（模型参数量），结果如表 8-3 所示。

表 8-3 HI 剩余使用寿命预测模型对比

数据集	2-1			1-2			参数
模型	MAE	RMSE	Score	MAE	RMSE	Score	
HI-BiLSTM	42.51	267.69	0.9877	31.74	249.69	0.9856	1285
HI-GRU	31.90	111.12	0.9930	37.62	246.10	0.9884	965
HI-SRU	37.20	152.32	0.9884	43.25	234.21	0.9873	216
HI-GAT	73.01	154.67	0.9910	57.75	76.63	0.9945	20

HI-GAT 在 2-1 数据集上的 Score 仅次于 HI-GRU，在 1-2 数据集上的 Score 和 RMSE 则为最优。从四种模型的参数量上来看，HI-GAT 的参数是最少的，是 HI-BiLSTM 的近 1/64，HI-GRU 的近 1/48，HI-SRU 的近 1/10。但在实际的 RUL 预测中，HI-GAT 并不逊色于其他三种。这就意味着 HI-GAT 模型有着更快的预测速度，更适合实际的工程应用。将参考文献［20］、［21］、［22］中提出的 RUL 预测方法应用于柱塞泵的寿命数据集上，用预测结果与本书所提 MP1DCNN-BiLSTM-GAT 模型在三个指标上进行对比，结果如表 8-4 所示。书中所提出的 RUL 预测方法在 2-1 数据集上的 Score 值高出其他 3 种方法近 2 个百分点，同样在 MAE 和 RMSE 两个指标上也均高于其他 3 种方法；在 1-2 数据集上的 Score 高于文献［10］所提方法 2 个百分点、高于文献［11］所提方法 2.2 个百分点、高于文献［23］所提方法 0.6 个百分点，在 MAE 和 RMSE 两个指标上均表现优异，可充分证明本书所用方法的有效性。

表 8-4 剩余使用寿命预测方法对比

数据集	2-1			1-2		
模型	MAE	RMSE	Score	MAE	RMSE	Score
DCAE-CNN[10]	53.94	115.02	0.9922	44.32	238.98	0.9896
Attention-TCN[11]	41.76	172.97	0.9882	36.20	162.82	0.9825
DCNN[23]	36.14	193.11	0.9889	29.23	80.83	0.9883
书中所用方法	73.01	154.67	0.9910	57.75	76.63	0.9945

参考文献

［1］ Akpudo U E，Hur J W. A Ceemdan-Assisted deep learning model for the RUL estimation of solenoid pumps［J］. Electronics，2021，10（17）：2054.

［2］ Wang C，Jiang W，Yue Y，et al. Research on prediction method of gear pump remaining useful life based on DCAE and Bi-LSTM［J］. Symmetry，2022，14（6）：1111.

［3］ 马济乔，陈均，刘海涛，等．基于加速退化数据的液压泵寿命预测与可靠性分析［J］．计算机与数字工程，2019，47（07）：1613-1617.

[4]　宣元，何琳，陈宗斌，等．基于改进 VMD 算法的液压泵寿命状态检测方法 [J]．液压与气动，2020，No. 350 (10)：69-77.

[5]　王少萍，耿艺璇，石存．失效物理与数据调制融合的航空液压泵寿命估计 [J]．航空学报，2022，43 (10)：257-268.

[6]　胡城豪，胡昌华，司小胜，等．基于 MSCNN-LSTM 的滚动轴承剩余寿命预测方法 [J]．中国测试，2020，46 (09)：103-110.

[7]　牟含笑，郑建飞，胡昌华，等．基于 CDBN 与 BiLSTM 的多元退化设备剩余寿命预测 [J]．航空学报，2022，43 (07)：308-319.

[8]　赵家炜．基于图神经网络的外啮合齿轮泵剩余使用寿命预测研究 [D]．秦皇岛：燕山大学，2021.

[9]　胡孟楠．基于图神经网络的转辙机柱塞泵故障诊断及寿命预测技术研究 [D]．太原：中北大学，2023.

[10]　Lei Y，Li N，Guo L，et al. Machinery health prognostics：A systematic review from data acquisition to RUL prediction [J]．Mechanical Systems and Signal Processing，2018，104：799-834.

[11]　Al-Dulaimi A，Zabihi S，Asif A，et al. NBLSTM：Noisy and hybrid convolutional neural network and BLSTM based deep architecture for remaining useful life estimation [J]．Journal of Computing and Information Science in Engineering，2020，20 (2)：021012.

[12]　Steinarsson S. Down sampling time series for visual representation [D]．University of Iceland，Recykiavik，2013.

[13]　张钢，田福庆，梁伟阁，等．基于多尺度 AlexNet 网络的健康因子构建方法 [J]．系统工程与电子技术，2020，42 (01)：245-252.

[14]　刘忠雨，李彦霖，周洋．深入浅出图神经网络 [M]．北京：机械工业出版社，2019.

[15]　Veličković P，Cucurull G，Casanova A，et al. Graph attention networks [J]．ariv preprint arXiv：1710. 10903，2017.

[16]　赵慧敏，刘浩东，邓武．一种滚动轴承性能退化衰退节点的判定方法．CN110207987A [P].

[17]　熊东尧．基于图神经网络的旋转机械故障诊断方法 [D]．杭州：杭州电子科技大学，2022.

[18]　尹航，梁玉琦，王成龙．基于深度门控循环单元网络的转辙机健康状态评估 [J]．铁道学报，2021，43 (11)：88-96.

[19]　Lei T，Zhang Y，Wang S I，et al. Simple recurrent units for highly parallelizable recurrence [J]．arXiv preprint arXiv：1709. 02755，2017.

[20]　Wang C，Jiang W，Yang X，et al. RUL prediction of rolling bearings based on A DCAE and CNN [J]．Applied Sciences，2021，11 (23)：11516.

[21]　Song Y，Gao S，Li Y，et al. Distributed Attention based temporal convolutional network for remaining useful life prediction [J]．IEEE Internet of Things Journal，2020，8 (12)：9594-9602.

[22]　Yang B，Liu R，Zio E. Remaining useful life prediction based on a double-convolutional neural network architecture [J]．IEEE Transactions on Industrial Electronics，2019，66 (12)：9521-9530.

[23]　何宗博．基于深度学习的铁路道岔转辙机故障诊断 [D]．太原：中北大学，2021.

第9章

基于知识图谱的道岔转辙机故障诊断系统

目前在铁路道岔转辙机设备日常运行中，设备健康状况的保障通常依赖于维护人员在检修期对设备进行维护以及设备故障时的维修。然而这种设备健康维护方式存在着严重的滞后性和被动性，同时维护人员的技术与经验也严重影响着该方式对设备的保障效果。这些问题将会导致无法及时发现转辙机设备的不良状态，进而不良状态有可能会导致严重的设备故障发生，带来更大经济损失。

健康管理系统技术的发展，为解决传统的维护方式存在的弊端提供了一条可行之路。本章引入目前发展迅速的知识图谱技术，以铁路常用的 ZYJ* 型电液式转辙机为研究对象，以故障诊断作为核心手段，构建基于知识图谱的道岔转辙机故障诊断管理系统[1]，可支持自动化、智能化故障诊断，大幅提高铁路车辆运行安全性和故障诊断效率，为道岔转辙机的优化运维决策提供关键依据。

9.1 知识图谱相关技术理论

9.1.1 知识图谱概述

知识图谱是大数据时代催生的一门应用性学科，是知识工程、本体论、自然语言处理技术等相互结合的结果。其本质上是可以被计算机理解的大规模语义网络结构，由节点和边构成。节点表示知识图谱中的实体、概念或属性值，边表示节点之间存在的关系或属性[2]。知识图谱的出现为机器智能化进一步发展提供了可能。

知识图谱宏观上分为两层：数据层和模式层[3]，如图 9-1 所示。数据层以“实体-关系-实体”或“实体-属性-值”三元组的事实为单位进行存储。模式层即领域本体，是对某一领域知识的共同理解，确定该领域共同认可的词汇，从所有实体中抽象出的一般概念及其之间的联系。模式层对数据层起约束作用，类似于集合与个体的关系，数据层中每个实体都是模式层中相应概念之间的某个个体。

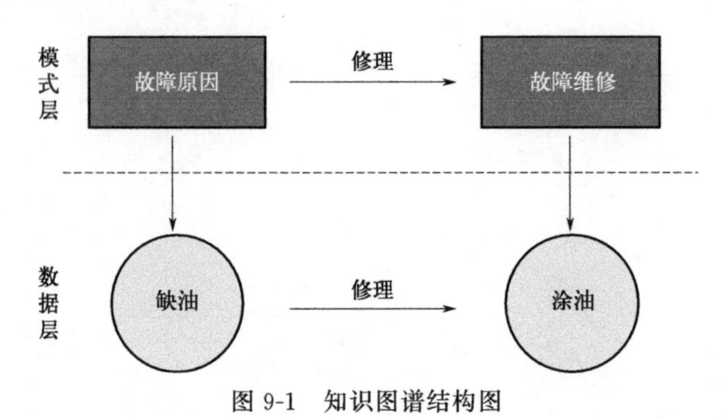

图 9-1　知识图谱结构图

知识图谱为多个商业及科学领域大数据应用提供了全新的思路，在以下几个方面已经成功得到应用[4]。

① 数据分析：许多行业长年积累的数据现已成为一笔可观的财富，如何挖掘、表示数据中隐藏的重要信息成为其需要解决的难题。知识图谱的诞生为大规模数据分析、存储提供了技术支持。知识图谱可以使用其相关技术将积累数据中的重要信息以图的形式进行存储，直观展现信息之间的关联，方便使用者更加直观地进行数据分析与挖掘。

② 辅助搜索：传统搜索引擎针对的是网页的搜索。知识图谱诞生以后提供了互联网中关于事物及其关系的描述，使得面向事物的搜索成为现实。

③ 智能问答：智能问答是实现人与机器进行交流的一种方式，知识图谱的诞生为智能问答提供了相关知识背景。知识图谱中大量的节点、关联信息为智能问答语义理解及快速知识检索提供了条件。

9.1.2　自然语言处理

自然语言处理是让机器能够分析及处理语言信息的一门交叉学科。根据应用场景，其分为信息抽取、语言理解及跨形态组合三个方面。

自然语言处理主要是基于数据驱动的技术领域。人工智能出现之前，基于统计模型和概率模型的方法是自然语言处理领域的主流方法，如隐马尔可夫模型、条件随机场、TF-IDF 等方法[5]。人工智能出现后，与自然语言处理领域形成了新的“交汇点”[6]。人工智能算法如深度学习方法，由于其具有较强的特征表达能力，现已成为自然语言处理领域的主流方法[7]。

自然语言处理与知识图谱的关系如图 9-2 所示。自然语言处理技术的发展，使许多业界的工作人员打破了依赖专家专业知识的限制，使得从大数据中自动获取有效信息成为可能。高质量知识图谱的构建需要大量数据，其中不乏许多非结构化文本数据。自然语言处理技术可以对非结构化文本数据进行解析，以自动化的工作方式从中提取出构建知识图谱所需的有效信息。知识图谱可以为自然语言处理技术提供知识背景。在智能问答等任务中，知识图谱提供了实体之间的结构化联系，可以根据用户的提问返回给用户最精准的答案。

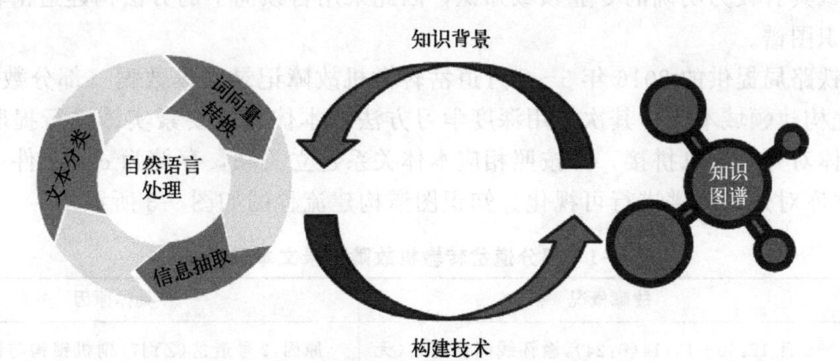

图 9-2　知识图谱与自然语言处理的关系

本章的研究工作中将用到以下自然语言处理技术：

① 词向量转换：文本序列字符不能被计算机直接处理，因此需将字符转化为计算机可以处理的词向量[8]。

② 信息抽取：识别出文本中特定类型的信息[9]。

③ 文本分类：按照一定标准或规则，通过计算机相关技术对文本进行自动分类标记[10]。

9.1.3 深度学习

深度学习是含多个隐藏层的多层感知器深度网络结构，由于其表示学习方面的优势，现已成为机器学习领域的主流方法。深度学习起源于传统人工神经网络，但其在自然语言处理、图像识别等领域的表现明显优于传统人工神经网络[11]。

传统的机器学习模型性能高度依赖数据集的特征表示，因此特征工程一直是机器学习研究的核心领域。但专业领域特征工程的构建需要一定的知识背景，特征提取方法并不通用。深度学习则采用分层的数据表示体系结构，自动进行特征提取，高层次特征由低层次特征空间变换而来。相较于手动提取特征，深度学习打破了专业领域知识的限制，通用性较强。因此深度学习更接近"人工智能"这一目标[12]。

本章中知识图谱构建、智能问答系统及基于数据驱动的故障诊断模型均以深度学习方法作为理论支撑。

9.2 转辙机故障诊断领域知识图谱的构建

本节详细介绍道岔转辙机故障诊断领域知识图谱的构建方法，以转辙机故障记录文本数据为基础，描述了知识图谱构建流程各个阶段的工作，实现从非结构化文本数据中提取故障要素、实体对齐、信息拼接及知识图谱可视化等过程，为后续故障诊断任务提供知识背景。

9.2.1 知识图谱构建流程

知识图谱的构建方法分为两种模式[13]：

① 自底向上：先进行信息抽取等操作，再根据抽取结果进行聚类归纳，抽象出领域本体。这种方法适用于开放领域知识图谱的构建。

② 自顶向下：先构建领域本体模型，再根据本体进行相关信息抽取。由于道岔转辙机故障诊断领域具有较为明确的专业领域知识，因此采用自顶向下的方法构建道岔转辙机故障诊断领域知识图谱。

根据某铁路局提供的 2016 年 5～7 月道岔转辙机故障记录文本数据（部分数据如表 9-1 所示），首先构建领域本体；其次使用深度学习方法对本体故障要素实体进行提取；将提取结果进行实体对齐及信息拼接，并按照相应本体关系建立关联，存储为 csv 文件；最终使用 neo4j 图数据库对知识图谱进行可视化。知识图谱构建流程图如图 9-3 所示。

表 9-1 部分道岔转辙机故障记录文本数据

序号	故障概况	具体原因
1	12 日 12:50—13:14(0:24)，渝怀线同田湾站(无电务值守站)2 号道岔反位操作定位空转	原因:2 号道岔(ZYJ7)副机锁钩与锁闭框卡阻。调整恢复
2	8 时 15 分，清河站排列 S206 次发车进路时，1/3 号挤岔灯报警;8 时 37 分，工务、电务均汇报设备正常，影响 S206 次	1 号道岔副机因温度变化，致使道岔表示杆卡口

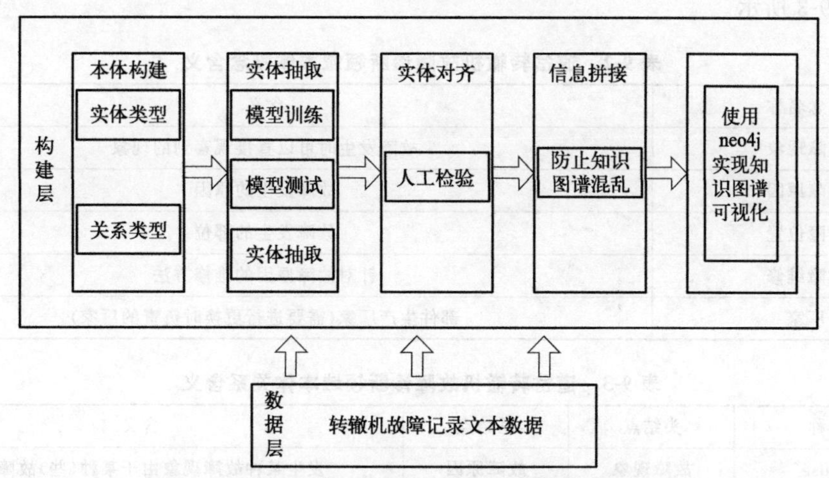

图 9-3 道岔转辙机故障诊断领域知识图谱构建流程

9.2.2 本体构建

本体将概念及概念之间的联系以形式化的方式下定义，是对客观世界的描述和概念建模的规则[14]。本体是哲学中的概念，近年来被引入计算机和人工智能领域，充当着连接哲学与信息系统之间的桥梁。

本体在知识图谱中等同于模式层。本体构建包括确定关系类型和实体类型。其中确定关系类型包括确定两个实体类型之间是否存在关系，两个实体类型之间是什么关系及两个实体类型在关系中的头、尾位置。结合道岔转辙机故障诊断领域的主要概念及对道岔转辙机故障记录文本的分析，建立了道岔转辙机故障诊断领域本体，如图 9-4 所示。

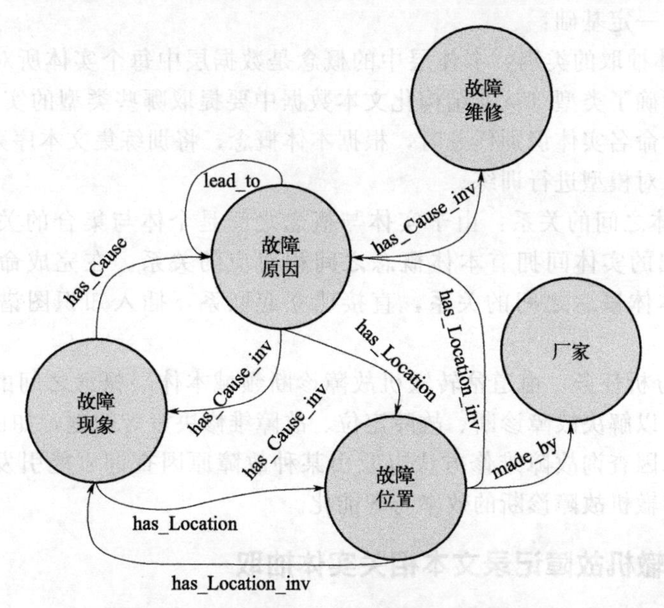

图 9-4 道岔转辙机故障诊断领域本体模型图

本小节将故障现象、故障原因、故障位置、故障维修及厂家作为道岔转辙机故障诊断领域本体的五个概念，即实体类型，并建立了它们之间的联系。概念及其之间的关系含义如

表 9-2、表 9-3 所示。

表 9-2 道岔转辙机故障诊断领域本体概念含义

概念名称	含义
故障现象	故障发生时可以直接观察到的现象
故障原因	故障发生的原因
故障位置	故障发生的部位
故障维修	针对故障原因的维修方法
厂家	部件生产厂家(需要进行更换时负责的厂家)

表 9-3 道岔转辙机故障诊断领域本体关系含义

关系名称	头结点	尾结点	含义
has_Cause	故障现象	故障原因	发生某种故障现象由于某种(些)故障原因
has_Cause_inv	故障原因	故障现象	某种故障原因导致某种(些)故障现象
has_Location	故障原因	故障位置	某种故障原因发生在某个(些)故障位置
has_Location_inv	故障位置	故障原因	某个故障位置会发生某种(些)故障原因
has_Location	故障现象	故障位置	某种故障现象发生在某个(些)故障位置
has_Location_inv	故障位置	故障现象	某个故障位置会发生某种(些)故障现象
has_Cause_inv	故障原因	故障维修	某种故障原因对应某种故障维修方法
made_by	故障位置	厂家	某个部件由某个厂家生产
lead_to	故障原因	故障原因	某个故障原因会引发其他的故障原因

道岔转辙机故障诊断领域本体的建立，为后续知识图谱构建工作及使用知识图谱完成故障诊断任务奠定了一定基础：

① 明确了实体抽取的类别：本体层中的概念是数据层中每个实体所对应的类别，为后续实体识别任务明确了类型（从非结构化文本数据中要提取哪些类型的实体）。本文使用深度学习的方法进行命名实体识别任务时，根据本体概念，将训练集文本序列数据标上相应的实体类别标签后，对模型进行训练。

② 明确了实体之间的关系：由于实体与概念之间是个体与集合的关系，因此从非结构化文本中提取出的实体间拥有本体概念之间相对应的关系。在完成命名实体识别任务以后，可以根据本体概念之间的关系，直接建立起联系，插入知识图谱数据层中形成三元组事实。

③ 进行故障分析任务：由道岔转辙机故障诊断领域本体层概念之间的关系可知，使用此领域知识图谱可以解决故障诊断、故障定位、故障维修决策等问题，如由故障现象查询故障原因、由故障原因查询故障维修方法以及由某种故障原因查询可能引发的其他故障原因等，提高了道岔转辙机故障诊断的效率与智能化。

9.2.3 道岔转辙机故障记录文本相关实体抽取

道岔转辙机故障记录文本相关实体抽取是根据本体层的概念（故障现象、故障原因、故障维修、故障位置及厂家）从非结构化文本数据中提取相关类型的实体，将其作为知识图谱数据层中的节点。

道岔转辙机故障记录文本相关实体抽取是一个垂直领域命名实体识别任务，是自然语言处理技术中的一个分支。早期的命名实体识别方法主要采用人工编写规则的方式进行实体抽取，但规则的编写主要由专家人工构建，规则集的构建周期长，且移植性较差。目前使用较多的命名实体识别方法是基于统计模型和基于深度学习的方法。这一小节将统计模型和基于深度学习的方法相结合，使用 BiLSTM＋CRF 模型进行实体抽取[15]。使用此模型可以直接以文本中字符的向量为输入，完成端到端的命名实体识别任务，不再依赖人工定义的特征。BiLSTM 为双向长短期记忆网络，此网络中某一时刻的输出依赖于其之前及之后的网络输出结果。正是由于这一网络特点，在进行实体抽取任务时，遇到训练集中没有出现过的词汇，可以根据上下文语境完成实体抽取。CRF 为条件随机场概率模型，可以自主学习 BiLSTM 模型输出预测序列的前后关联性，提高识别结果的准确率。CRF 会计算出每一个输出序列的分数，并用所有可能序列的分数之和进行归一化，寻得概率最大的路径作为输入文本序列的预测序列。实验证明，使用 BiLSTM＋CRF 模型对道岔转辙机故障记录文本数据进行命名实体识别，识别准确率达到了82.7%。

(1) 实体抽取整体模型架构

基于 BiLSTM＋CRF 的相关实体抽取模型由文本标注层、词向量转换层、BiLSTM 层、CRF 层构成，如图 9-5 所示。

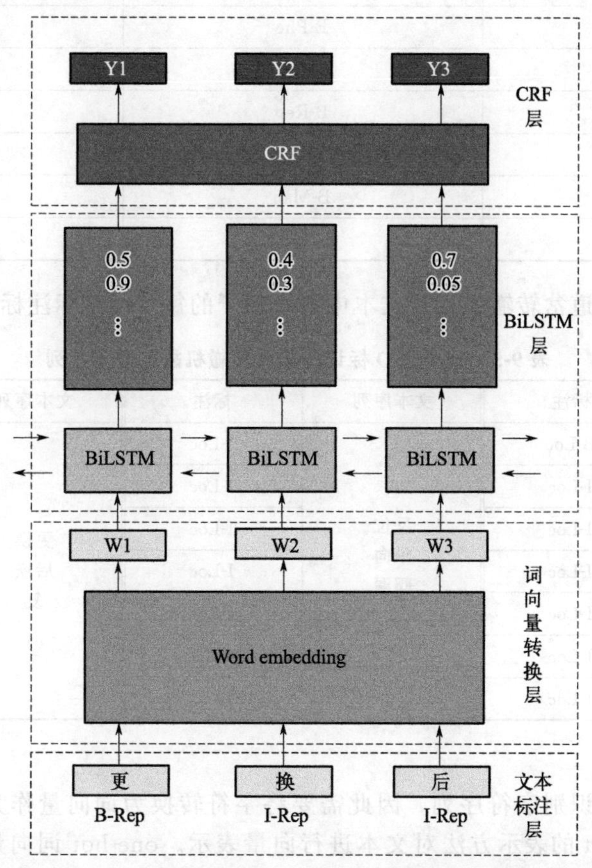

图 9-5 基于 BiLSTM＋CRF 实体抽取整体架构

文本标注层将故障文本序列使用 BIO 的方法进行序列标注；词向量转换层使用 Word embedding 方法对文本序列进行词向量转换；BiLSTM 层使用词向量作为输入进行模型训练，输出发射矩阵，发射矩阵的行数代表标签的种类，每个数字代表目前字符为某个标签类型的概率；CRF 层使用条件随机场模型对 BiLSTM 输出的发射矩阵进行矫正，输出最终的分类标签。

(2) 文本序列标注

使用深度学习方法进行命名实体识别，首先需要明确文本特征的标记符号。文本序列标注是将序列中的每一个元素标注一个标签，从而生成有序列标签的原始语料。系统中的序列是指道岔转辙机故障记录文本中的每一个句子。

使用 BIO 的方法进行文本序列标注[16]。BIO 标记法是将每个字符标注为“B-X”“I-X”或“O”。其中，“B-X”表示此字符所在的实体词属于 X 类型，并且此字符在此实体词的开头；“I-X”表示此字符所在的实体词属于 X 类型，并且此字符在此实体词的非开头位置；“O”表示此字符不属于任何实体类型。

由道岔转辙机故障诊断领域本体概念可知，需要从道岔转辙机故障记录文本中抽取的实体类型为故障现象、故障原因、故障维修、故障位置及厂家。结合 BIO 序列标注法，道岔转辙机故障记录文本中实体类型标签如表 9-4 所示。

表 9-4 道岔转辙机故障记录文本实体类型标签

实体类型	起始标记	中间标记
故障现象	B-Phe	I-Phe
故障原因	B-Cau	I-Cau
故障维修	B-Rep	I-Rep
故障位置	B-Loc	I-Loc
厂家	B-Man	I-Man
其他	O	O

使用上述标签对道岔转辙机故障文本中每个句子的每个字符标注标签，如表 9-5 所示。

表 9-5 基于 BIO 标记的道岔转辙机故障文本序列

<table>
<tr><th>文本序列</th><th>标注</th><th>文本序列</th><th>标注</th><th>文本序列</th><th>标注</th></tr>
<tr><td rowspan="7">道岔转辙机内部</td><td>B-Loc</td><td rowspan="7">反位单向阀漏油</td><td>I-Loc</td><td rowspan="7">更换后恢复</td><td>O</td></tr>
<tr><td>I-Loc</td><td>I-Loc</td><td>B-Rep</td></tr>
<tr><td>I-Loc</td><td>I-Loc</td><td>I-Rep</td></tr>
<tr><td>I-Loc</td><td>I-Loc</td><td>O</td></tr>
<tr><td>I-Loc</td><td>I-Loc</td><td>O</td></tr>
<tr><td>I-Loc</td><td>B-Cas</td><td>O</td></tr>
<tr><td>I-Loc</td><td>I-Cas</td><td>O</td></tr>
</table>

(3) 词向量转换

由于计算机无法识别字符序列，因此需要将字符转换为词向量作为深度学习网络的输入。过去常用 one-hot 的表示方法对文本进行向量表示。one-hot 词向量转换法是将语料中的字符种类作为一维向量的维度。在一维向量中，不同维度分量为 1 代表不同的字符，其余维度分量为 0。这种方法中向量维度等同于语料词典大小，在实际应用中，存在维度过大的缺陷。这种方法也不能表示词与词之间的相似性。

因此，系统使用 word embedding 方法对文本序列进行词向量转换。word embedding 是深度学习中表示文本的一种常见方法。和 one-hot 表示方法不同，word embedding 使用了浮点型稠密矩阵来表示每个字符。根据词典的大小，向量通常使用不同的维度。向量中的每一个值都是一个超参数，其初始值是随机生成的，之后会在模型训练过程中进行更新。

(4) BiLSTM 模型

双向长短期记忆网络（BiLSTM）模型是由两层长短期记忆网络（LSTM）模型组合而成的网络模型[17]。BiLSTM 网络模型结构如图 9-6 所示。

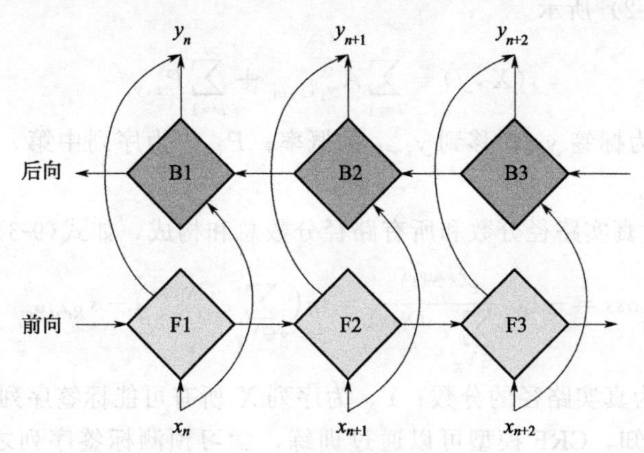

图 9-6　BiLSTM 模型结构

输入序列分别以正序和逆序输入 BiLSTM 模型中进行特征提取，之后对正、反两层 LSTM 模型输出结果进行处理。BiLSTM 模型解决了单向 LSTM 只能依据之前时刻的时序信息来预测下一时刻输出的弊端。因为在命名实体识别任务中，当前时刻的输出不仅和之前的状态有关，还可能和之后的状态有关系[18]。

BiLSTM 模型中每个 LSTM 单元由输入门、遗忘门及输出门三个门控单元构成[19]。输入门控制网络的输入。遗忘门决定哪些知识应该被记住，哪些知识需要被遗忘，是 LSTM 单元的核心，拥有记忆功能。输出门控制网络的输出。

(5) CRF 模型

CRF 模型是一种概率图模型[20]，系统用到的 CRF 模型是指其中的线性链条件随机场模型。其定义为：设 $X=(X_1,X_2,\cdots,X_n)$，$Y=(Y_1,Y_2,\cdots,Y_n)$均为线性链表示的随机变量序列，若在给定随机变量序列 X 的条件下，随机 $P(Y|X)$变量序列 Y 的条件概率分布构成条件随机场，即满足马尔可夫性，则称 $P(Y|X)$为线性链条件随机场，如式(9-1) 所示。线性链条件随机场模型图如图 9-7 所示。

$$P(Y_i|X,Y_1,\cdots,Y_{i-1},\cdots,Y_n)=P(Y_i|X,Y_{i-1},Y_{i+1}),i=1,\cdots,n \tag{9-1}$$

命名实体识别模型中加入 CRF 层可以在序列预测标签之间添加约束条件[21]。例如，句

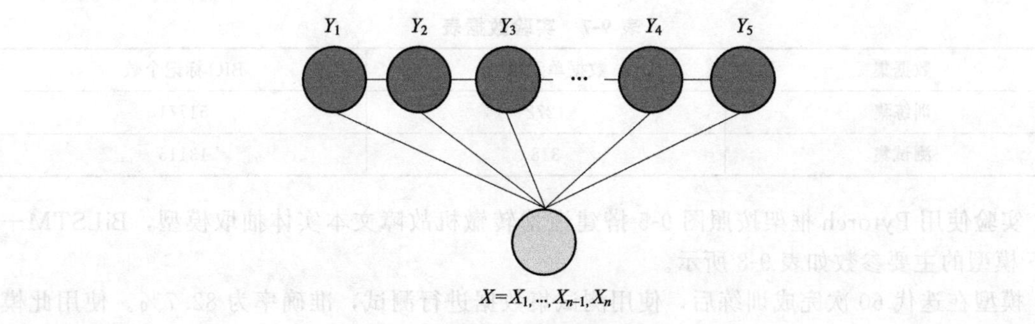

图 9-7　CRF 模型

子中的每个实体词都以“B-”类标签字符开头，而非“I-”类标签字符，“B-Phe”标签字符后不会出现“I-Cau”标签字符等。这些约束可以通过CRF层自主学习获得，从而提高命名实体识别模型预测序列标签的准确性。

对于一个输入序列 X，某条预测标签序列 y 通过CRF模型的分数由发射分数和状态转移分数两部分构成。发射分数由BiLSTM模型输出得到，状态转移分数由CRF转移矩阵决定。分数计算如式(9-2) 所示。

$$s(X,y)=\sum_{i=1}^{n}A_{y_i,y_{i+1}}+\sum_{i=1}^{n}P_{i,y_i} \tag{9-2}$$

式中，$A_{y_i,y_{i+1}}$ 为标签 y_i 转移到 y_{i+1} 的概率；P_{i,y_i} 为序列中第 i 个元素标签为 y_i 的概率；n 为序列长度。

CRF损失函数由真实路径分数和所有路径分数总和构成，如式(9-3) 所示。

$$Loss=-\lg\frac{e^{s_{RealPath}}}{\sum\limits_{y\in Y_X}e^{s(X,y)}}=\lg\Big(\sum_{y\in Y_X}e^{s(X,y)}\Big)-s_{RealPath} \tag{9-3}$$

式中，$s_{RealPath}$ 为真实路径的分数；Y_X 为序列 X 所有可能标签序列的集合。

通过以上公式可知，CRF模型可以通过训练，学习预测标签序列之间约束性规则，进而提高实命名体识别准确率。

(6) 实体抽取实验

使用戴尔PowerEdge C6145服务器进行道岔转辙机故障文本实体抽取实验，实验环境如表9-6所示。

表9-6 实验环境

名称	配置
操作系统	Windows server 2012 R2
CPU	Intel(R)Xeon(R)Gold 6145 CPU@2.00GHz
内存	128GB
GPU	英伟达T4
显存	15GB

采用道岔转辙机故障记录文本数据进行实验。故障记录文本数据以Excel形式存储，故障要素信息存储在“故障概况”“具体原因”两列单元格中，如表9-1所示。选取文本前795行数据进行实验，共1590个单元格，每个单元格内有若干个文本序列。实验按8：2的比例将数据集划分为训练集和测试集，如表9-7所示。

表9-7 实验数据表

数据集	数据单元格数	BIO标记个数
训练集	1272	51771
测试集	318	13115

实验使用Pytorch框架按照图9-5搭建道岔转辙机故障文本实体抽取模型，BiLSTM＋CRF模型的主要参数如表9-8所示。

模型在迭代60次完成训练后，使用测试集数据进行测试，准确率为82.7%。使用此模型对道岔转辙机故障记录文本进行实体抽取，初步得到本体概念的实例结果。由于故障记录文本数据中故障要素信息存储在“故障概况”“具体原因”两列单元格中，逻辑上以每行Excel数据为单位，将提取出的信息进行存储，方便后续信息拼接及制作图数据库导入文件。

表 9-8　BiLSTM+CRF 模型参数

参数名称	取值	参数名称	取值
BiLSTM 层数	1	学习率	0.01
BiLSTM 单元数	256	迭代次数	60
Word embedding 维度	100		

9.2.4　实体对齐

由于初步抽取结果之间存在同义词，例如维修方法“取出”和“捡出”，实为同一实体，因此其不能直接作为实体数据进行后续工作，需将其进行实体对齐之后才可以使用。

考虑到使用相似度算法如余弦相似度算法、Jacrrad 算法等，并不好确定相似度阈值，且抽取出的实体中，有些不同实体之间的相似度也很高，如故障位置“动接点”和“静接点”，所以将抽取出的实体，按照本体概念类别进行归类，相同类别的实体放入一个文件中。将字符完全相同的实体进行合并后，每种类别的实体数目并不是很庞大，因此采用人工检验的方式进行实体对齐，保证知识图谱的准确性。最终将实体对齐后的结果在实体抽取后首次存储的方式中进行替换。

9.2.5　信息拼接

考虑到若将实体对齐后的结果直接插入到知识图谱数据层中，会出现图谱混乱的情况，无法应用其进行后续故障诊断工作（图 9-8）。

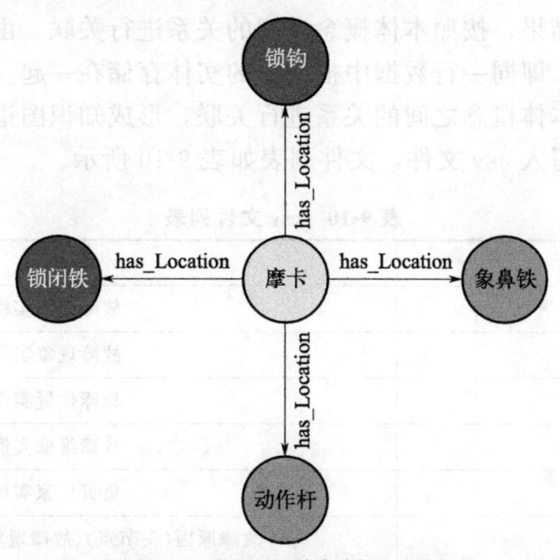

图 9-8　知识图谱实例混乱图

参考相关论文文献[22]，将模型提取后同一句话中的故障位置和故障原因拼接成知识图谱数据层的故障原因，将故障位置逻辑上作为故障原因的属性，以本体层对应的关系相连接。由于属性、关系均是三元组中边的形式，且故障位置为领域本体的一个概念，因此物理上仍以节点、关系三元组的形式在图数据库进行存储，故障现象也是同样操作。结果如

图 9-9 所示。

经过信息拼接后，实体结果如表 9-9 所示。

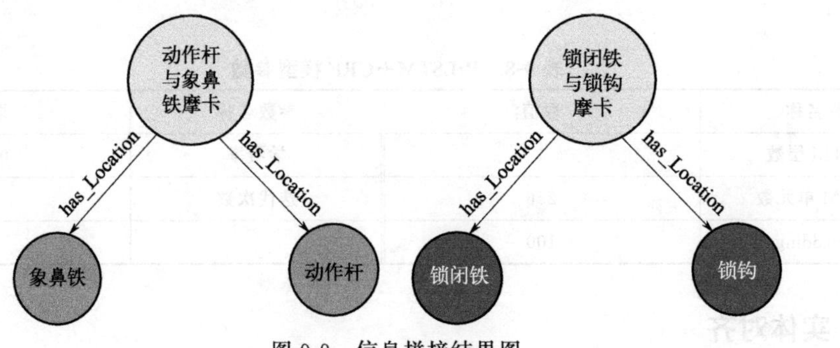

图 9-9 信息拼接结果图

表 9-9 实体结果表

实体类	种类	实体类	种类
故障现象	32	故障位置	42
故障原因	87	厂家	13
故障维修	10		

9.2.6 知识图谱可视化

系统使用 neo4j 图数据库对道岔转辙机故障诊断领域知识图谱进行可视化[23]。neo4j 是一种新型数据库产品，其以数学中的图论为理论基础，除了支持存储、分析、处理数据等数据库传统功能外，更擅长海量数据之间的复杂关系分析，并将实体关系更加直观地呈现给用户。

首先将上述工作的结果，按照本体概念之间的关系进行关联。由于上述操作的结果仍以原数据为单位进行存储，即同一行数据中抽取出的实体存储在一起。因此可以直接将同一行数据中提取的实体按照本体概念之间的关系进行关联，形成知识图谱基本三元组。其次将领域实体及其之间的关联写入 csv 文件，文件列表如表 9-10 所示。

表 9-10 csv 文件列表

文件名	说明
Fault_Cas. csv	故障原因实例表
Fault_Phe. csv	故障现象实例表
Fault_Pos. csv	故障位置实例表
Fault_Rap. csv	故障维修实例表
Fault_Man. csv	负责厂家实例表
Cas_Phe. csv	故障原因(头节点)、故障现象(尾节点)实例表
Cas_Pos. csv	故障原因(头节点)、故障位置(尾节点)实例表
Cas_Rap. csv	故障原因(头节点)、故障维修(尾节点)实例表
Phe_Cas. csv	故障现象(头节点)、故障原因(尾节点)实例表
Phe_Pos. csv	故障现象(头节点)、故障位置(尾节点)实例表
Pos_Cas. csv	故障位置(头节点)、故障原因(尾节点)实例表

续表

文件名	说明
Pos_Phe. csv	故障位置(头节点)、故障现象(尾节点)实例表
Cas_Cas. csv	故障原因(头节点)、故障原因(尾节点)实例表
Pos_Man. csv	故障位置(头节点)、负责厂家(尾节点)实例表

最后使用 neo4j 数据库中的 LOAD 命名，将表 9-10 中所有 csv 文件导入数据库实现知识图谱可视化，如图 9-10 所示。在 neo4j 数据库中，将实体作为节点，本体故障要素类作为节点的类型，实体之间对应本体层之间的关系，作为节点之间的边对其进行关联。因转辙机与道岔联合工作，转辙机的故障原因可能会体现在道岔位置的故障现象上，两者之间也可能会相互作用发生故障。如“枕木与表示杆摩卡”，实体抽取时也将“枕木”作为故障位置进行了抽取，且抽取出的故障位置中含有转辙机基本组成部分的子部件。因此，在 neo4j 图数据库中，在故障位置节点内添加其位置所属信息，标明其属于转辙机或道岔，以及转辙机基本组成结构的哪个部位，方便维修人员进行故障定位工作。

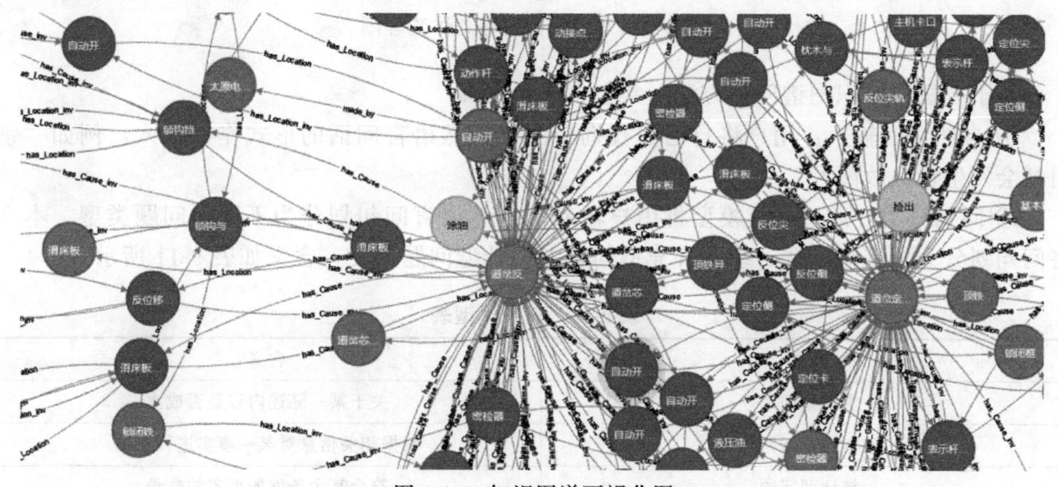

图 9-10　知识图谱可视化图

9.3　基于知识图谱的道岔转辙机故障诊断

基于知识图谱的道岔转辙机故障诊断方法分为线上、线下两种模式，即基于知识图谱的智能问答系统、基于数据驱动与知识图谱相结合的故障诊断。

9.3.1　基于知识图谱的智能问答

道岔转辙机是一个复杂的机械设备，其故障要素之间存在着相互关联、相互影响的耦合关系。9.2 节建立的知识图谱将道岔转辙机各故障要素之间的关系以三元组图的形式进行展现。可以根据知识图谱，实现由故障现象到故障原因、由故障原因到故障位置及已发生的故障可能引发哪些故障等信息的查询。系统以智能问答的形式实现了用户与知识图谱的交互，通过自然语言语句查询的形式帮助工作人员从领域知识图谱中获取相关知识，在道岔转辙机故障数据样本匮乏的情况下，一定程度上完成了道岔转辙机的故障诊断任务。

(1) 基于知识图谱的智能问答流程

系统使用基于模板的方法实现基于知识图谱的智能问答任务。预先定义好知识图谱问答模板，将自然语言问句解析结果生成相对应的 neo4j 数据库查询语言实现知识查询。基于模板的知识图谱问答总体流程如图 9-11 所示。这种方法简化了问题分析的步骤，查询响应速度较快，有效避免了语法解析的脆弱性，在工业中已经得到广泛应用[24]。

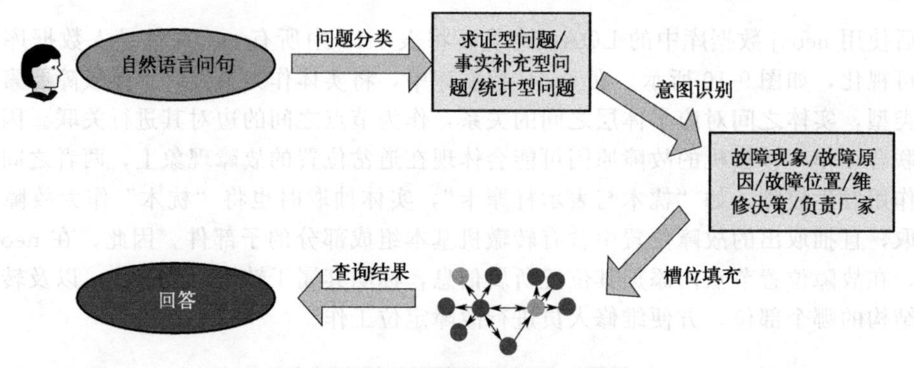

图 9-11 知识图谱问答总体流程图

基于模板的知识图谱问答方法一共包含五个步骤[25]：

① 自然语言输入：用户将自己的查询目的以自然语言问话的形式作为输入，例如“锁闭杆会发生什么故障?”

② 问句分类：通过分类模型将用户输入的自然语言问句划分为不同的问题类型。本文将问句划分为求证型问题、事实补充型问题及统计型问题三类，含义如表 9-11 所示。

表 9-11 问题类型表

名称	含义
求证型问题	关于某一陈述内容是否成立
事实补充型问题	根据相关信息对某一事实进行查询
统计型问题	符合某个条件的事实的数量

③ 意图识别：判断用户是对关于哪方面的知识进行询问，通过分类的方式将问句划分为相应的意图。系统将问题意图按照道岔转辙机故障要素信息划分为故障现象类、故障原因类、故障位置类、故障维修类及负责厂家类五类问题。

④ 槽位填充：识别问句中的故障信息实体和关系类型。基于问题分类和意图识别的结果，可以根据定义好的模板初步形成没有变量值的查询语句。例如，用户输入“油泵漏油的维修决策是什么?”，根据问题分类与意图识别结果，会初步形成“MATCH(m:?)-[r:?]->(n:故障维修)where m.name=? return n”数据库语句，槽位填充的目的就是将问句中的相关信息进行提取，替换数据库语句中的问号。首先，使用开源分词工具 jieba 对用户输入语句进行分词并提取相关实体。为保证分词的准确性，将道岔转辙机故障诊断领域知识图谱实体信息录入到 jieba 词典库中，并创建其与所属故障要素类别相对应的词典。其次，考虑到用户问句中的词汇可能与知识图谱中的词汇存在偏差，并不尽相同。针对此问题，使用编辑距离计算词汇之间的相关性，将知识图谱中编辑距离最小的词语作为问句的替换词语，设定阈值，若最小编辑距离超过阈值则认为此词汇不存在于知识图谱中。阈值设定公式如下：

$$\text{Threshold}=\left[\frac{d}{2}\right]+1 \tag{9-4}$$

式中，d 表示知识图谱中某个词汇的字符数。

最后，将识别出的实体根据词典获得其所属故障要素类别，通过本体层获得关系信息，并将相关信息填入查询语句中的问号处，拼装成完整的 neo4j 数据库 Cypher 语句。

⑤ 将查询结果以对话回答的形式反馈给用户。

(2) 故障原因推荐

对于智能问答系统，用户更多的是通过直接由感官捕获的故障现象查询相关故障原因，进而得知故障位置及维修方法。由于道岔转辙机故障原因与故障现象之间存在若干种故障原因导致同一种故障现象的情况，因此系统采用一种故障原因推荐模型，当用户输入故障现象查询故障原因时，知识图谱会将可能发生的故障原因按概率从高到低进行排序，并将结果反馈给用户。

考虑到使用推荐算法，如协同过滤算法需要以故障现象为行、故障原因为列建立矩阵进行向量化，此方法存在稀疏矩阵的问题，效果较差。根据某铁路局道岔转辙机故障记录，统计每种故障原因在这段时间内发生的次数，以此作为判断某个故障原因发生概率的依据，即这段时间某个故障原因发生次数越多，证明其越容易发生，在返回的原因结果列表中的排名也越靠前。

原因推荐流程如图 9-12 所示。用户使用智能问答系统根据故障现象对故障原因进行询问。首先，知识图谱将输入的故障现象在数据层进行关联，找到导致其发生的所有故障原因；其次根据这些原因的发生次数从高到低进行排序，排名靠前的故障原因证明其发生可能性越大，最终将故障原因查询结果反馈给用户。

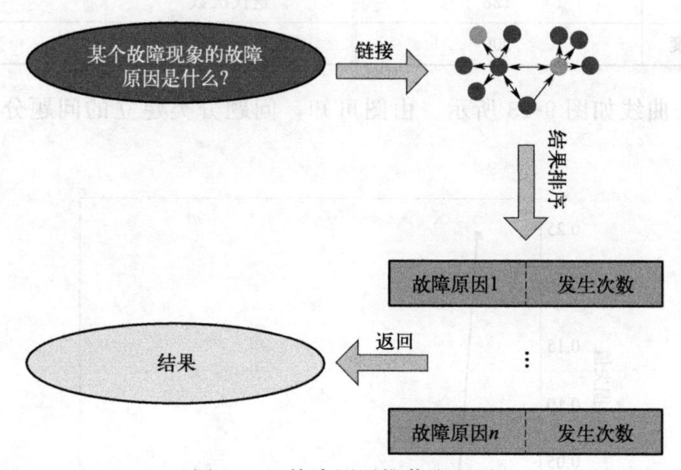

图 9-12　故障原因推荐流程图

(3) 实验测试及分析

建立 LSTM 模型作为问题分类与意图识别的分类模型。考虑到若将问题分类与意图识别作为独立的两个任务，分别为 3 种分类与 5 种分类任务，相较于两者综合的 15 种分类任务难度降低，模型结构更简单、更易收敛。因此对问题分类与意图识别分别建立两个独立的 LSTM 模型进行实验，并收集了同实验室人员根据知识图谱故障要素信息提出的 700 条问题作为数据样本库，部分数据如表 9-12 所示。最后综合使用两个模型，进行智能问答测试实验。

表 9-12 部分实验数据

序号	数据
1	表示杆卡口会导致挤岔灯报警吗
2	油泵组会发生多少种故障原因
3	动作杆与象鼻铁摩擦会导致什么故障现象

① 问题分类：关于问题分类实验，本文根据每种问题类型从数据样本库中选取 100 个样本作为训练数据，20 个样本作为测试数据，共计 360 个样本，如表 9-13 所示。

表 9-13 问题分类数据集

问题类型	训练集	测试集
求证型问题	100	20
事实补充型问题	100	20
统计型问题	100	20

建立 LSTM 模型，模型相关参数如表 9-14 所示。使用训练集数据，经过 Word embedding 转化为词向量后输入 LSTM 模型进行训练。模型训练迭代 20 次后，使用测试集数据对模型进行验证。

表 9-14 问题分类网络模型参数表

参数名称	取值	参数名称	取值
LSTM 层数	1	学习率	0.001
LSTM 单元数	128	迭代次数	20
Word embedding 维度	100	损失函数	交叉熵损失

模型训练损失曲线如图 9-13 所示。由图可知，问题分类建立的问题分类模型收敛速度较快。

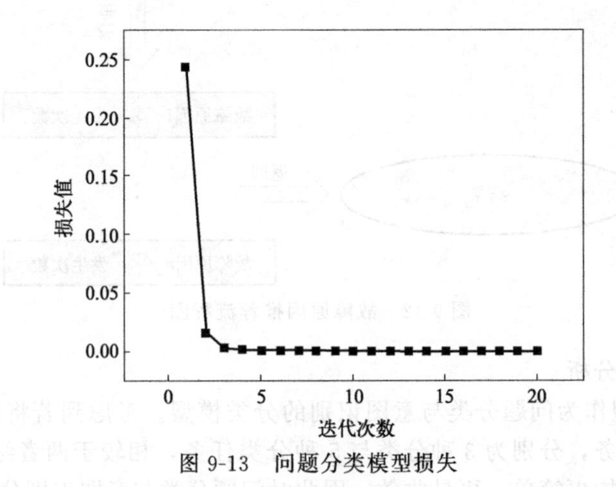

图 9-13 问题分类模型损失

使用准确率对模型性能进行评估，如式(9-5) 所示。

$$acc=\frac{n_1}{n} \tag{9-5}$$

式中，n_1 代表模型预测正确样本数，n 代表测试样本总量。

模型训练结束后，使用测试集数据进行验证的实验结果如图 9-14 所示，准确率为 98.3%，模型性能较好。

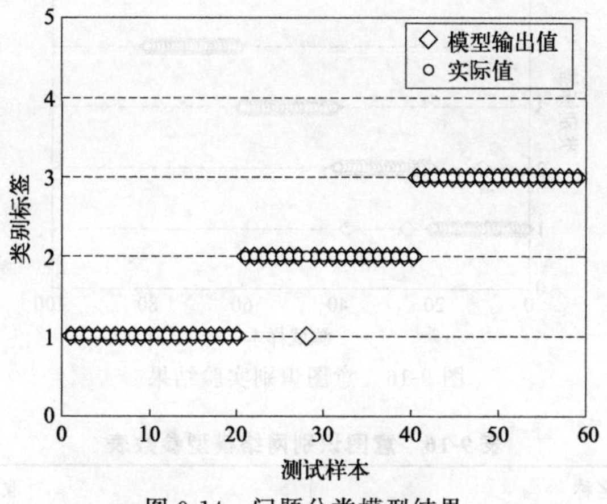

图 9-14 问题分类模型结果

② 意图识别分类：关于意图识别分类实验，根据每种问题类型从数据样本库中选取 100 个样本作为训练数据，20 个样本作为测试数据，共计 600 个样本，如表 9-15 所示。

表 9-15 意图分类数据集

问题类型	训练集	测试集
故障现象	100	20
故障原因	100	20
故障位置	100	20
故障维修	100	20
厂家	100	20

建立 LSTM 模型，模型相关参数如表 9-16 所示。训练、测试过程同问题分类实验。模型训练损失曲线如图 9-15 所示。由图可知，建立的意图识别模型收敛速度较快。意图识别分类实验仍使用准确率作为模型评估标准[式(9-5)]。使用测试集数据进行验证的实验结果如图 9-16 所示，模型准确率为 97%，模型性能较好。

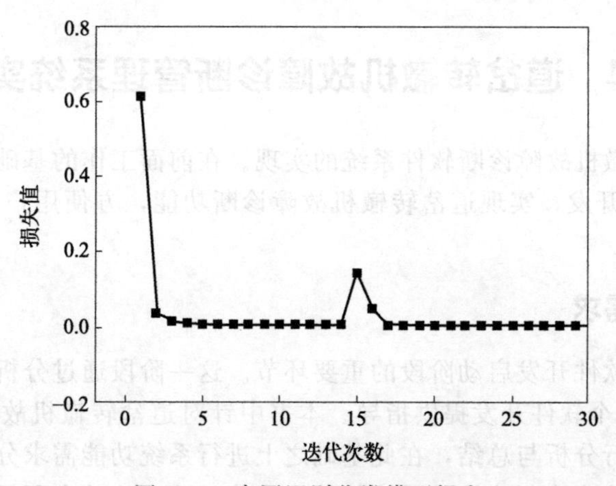

图 9-15 意图识别分类模型损失

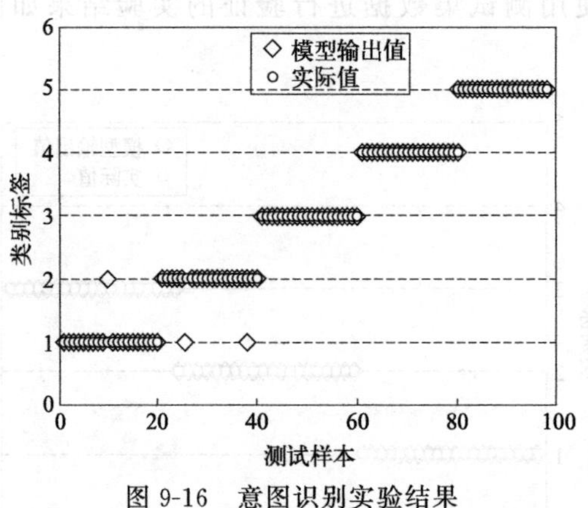

图 9-16　意图识别实验结果

表 9-16　意图识别网络模型参数表

参数名称	取值
LSTM 层数	1
LSTM 单元数	256
Word embedding 维度	100
学习率	0.01
迭代次数	30
损失函数	交叉熵损失

9.3.2　基于知识图谱的故障诊断

道岔转辙机基于知识图谱的两种故障诊断方法分为线上和线下两种模式。线上故障诊断模式为 9.3.1 节所介绍的建立智能问答系统，用户在相关领域知识图谱的基础上可以通过自然语言问答的形式实现故障要素信息查询，针对故障现象到故障原因的查询构建了原因推荐模型。线下模式主要是构建以卷积神经网络为核心的深度学习网络模型，以道岔转辙机油压信号曲线作为输入完成故障模式识别，根据诊断结果，通过知识图谱获得相关故障要素和故障维修决策等信息。基于深度学习网络模型的道岔转辙机故障诊断方法在书中第 5.3 节有详细叙述，读者可以前往查阅。

9.4　道岔转辙机故障诊断管理系统实现

本节介绍道岔转辙机故障诊断软件系统的实现。在前面工作的基础上设计功能模块，并使用 PyQt5 进行系统开发，实现道岔转辙机故障诊断功能，方便用户使用系统完成道岔转辙机的故障诊断任务。

9.4.1　系统功能需求

软件需求分析是软件开发启动阶段的重要环节。这一阶段通过分析软件系统在功能上需要“实现什么”，为整个软件开发提供指导。本书中针对道岔转辙机故障诊断管理系统开发中实际面临的问题进行分析与总结，在此基础之上进行系统功能需求分析。

故障诊断功能：故障诊断功能是系统的核心功能。此功能的主要目的是帮助用户更好地完成道岔转辙机的故障诊断任务。

数据录入功能：系统有基于数据驱动的故障诊断模式功能，需将采集到的转辙机油压信号导入系统，因此系统设计有数据录入功能。

数据库管理功能：已建立好的道岔转辙机故障诊断领域知识图谱存储在 neo4j 图数据库中，对知识图谱进行操作，实质是对底层 neo4j 图数据库进行操作。在系统使用过程中可能会对已有知识图谱进行增添、修改及删除等操作，使其更加完整、准确。

诊断结果存储功能：用户可以将自己所做的故障诊断结果及相关故障要素信息进行存储，并将故障诊断时间作为相关信息一起进行存储，方便用户查阅自己的故障诊断记录。

系统管理功能：道岔转辙机故障诊断管理系统将用户划分为管理员与普通用户两种类型。普通用户可以使用智能问答系统进行故障要素信息查询、导入采集的油压信号进行故障诊断任务及故障诊断记录查询等操作。管理员除了拥有普通用户使用权限以外，还能够对用户的注册申请进行审批、对道岔转辙机故障诊断领域知识图谱进行相关修改等。使用这样的用户分类机制，可以保证系统及底层知识图谱（neo4j）数据库的数据安全性。

9.4.2 系统总体构架

根据道岔转辙机故障诊断管理系统的功能需求分析，结合多用户适用性、操作简易性的系统设计原则，将软件系统分为用户登录模块、用户信息管理模块、知识图谱管理模块、故障诊断模块、故障诊断记录查询模块五个功能模块。其整体构架如图 9-17 所示。

用户登录模块实现用户登录功能，防止非系统注册用户非法使用系统带来的安全隐患。根据登录用户的类型分配其相应的系统使用权限，避免操作人员随意更改系统底层数据库信息造成严重事故。

用户信息管理模块分为用户信息管理和密码修改两个子功能模块。用户信息管理是管理员用户的使用权限，其可以对用户申请信息进行审批。密码修改功能允许所有用户修改自己的账号密码。

知识图谱管理模块允许管理员对道岔转辙机故障诊断领域知识图谱进行修改、增添及删除操作。

故障诊断功能模块包含智能问答和基于数据驱动的故障诊断两种故障诊断模式。用户可以使用智能问答系统，通过自然语言提问的方式获得相应的信息。基于数据驱动的故障诊断模式则使用采集的油压信号转换的图像作为数据输入，使用建立的轻量级深度残差网络进行故障模式识别，并根据知识图谱获得相对应的故障位置及维修决策等信息。

故障诊断记录查询模块允许用户对自己的故障诊断记录进行查询。

9.4.3 数据库构建

道岔转辙机故障诊断系统底层数据库由关系型数据库和图数据库构成。

(1) 关系型数据库

道岔转辙机故障诊断系统的关系型数据库使用 SQLite 数据库。SQLite 数据库是一种轻量级关系型数据库，遵守 ACID 的关系型数据库管理系统，具有占用资源低、处理数据快、能够被多种程序语言调用的优势[26]。

在 SQLite 关系型数据库中主要包含两张表：用户信息表和故障诊断结果表。用户信息表存储系统注册用户的相关信息，包括用户名、密码、用户类型、状态四个字段，如表 9-17 所示。

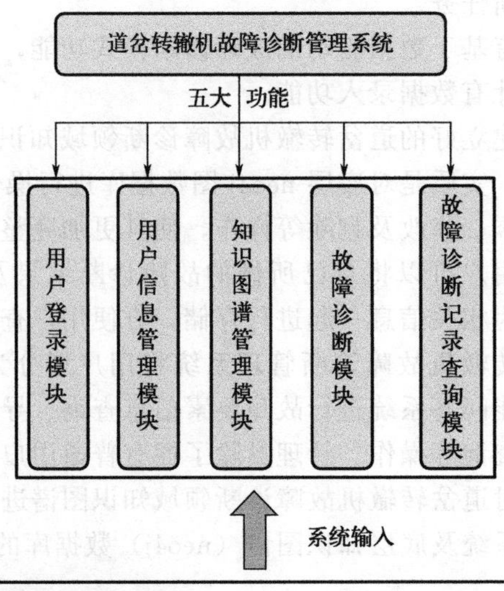

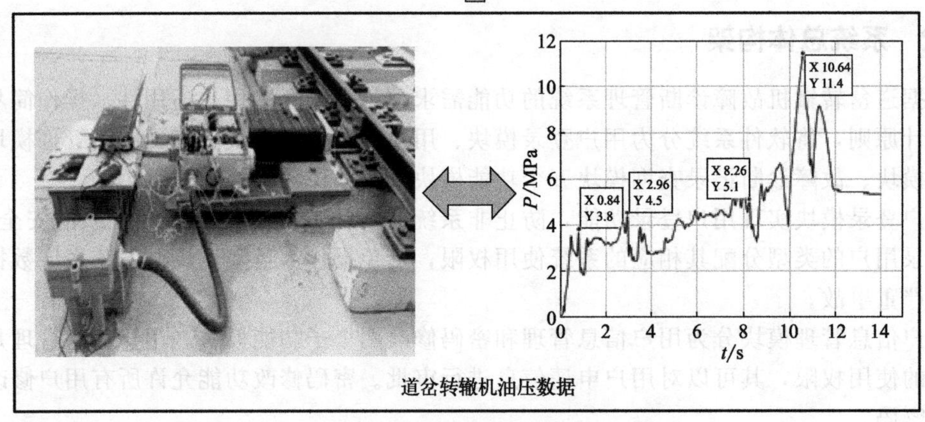

图 9-17 道岔转辙机故障诊断系统功能模块

表 9-17 用户信息表

字段名	字段描述	数据类型	主键	外键	非空	唯一	默认值
username	用户名	VARCHAR(20)	是	否	是	是	无
password	密码	VARCHAR(20)	否	否	是	否	无
type	用户类型	VARCHAR	否	否	是	否	无
status	状态(是否经过审批)	INTEGER	否	否	是	否	0

故障诊断结果表用来存储用户使用模型进行故障诊断的结果及根据知识图谱获得的故障位置、维修决策等信息，包括结果编号、用户名、故障诊断时间、故障原因、故障位置、故障维修、厂家七个字段，如表 9-18 所示。

表 9-18 故障诊断结果表

字段名	字段描述	数据类型	主键	外键	非空	唯一	默认值
index	结果编号	INTEGER	是	否	是	是	无
username	用户名	VARCHAR(20)	否	是	是	否	无
time	故障诊断时间	DATE	否	否	是	否	无
fault cause	故障原因	VARCHAR(20)	否	否	是	否	无

续表

字段名	字段描述	数据类型	主键	外键	非空	唯一	默认值
fault position	故障位置	VARCHAR(20)	否	否	是	否	无
fault repair	故障维修	VARCHAR(20)	否	否	否	否	无
manufacturers	厂家	VARCHAR(20)	否	否	否	否	无

(2) 图数据库

道岔转辙机故障诊断系统底层最关键的数据为知识图谱内的相关知识，是系统的核心。已建立好的道岔转辙机故障诊断领域知识图谱，使用 neo4j 图数据库进行存储。neo4j 图数据库本身属于非关系型数据库的一种，是以数学中图论为基础的一种数据库。其不同于传统关系型数据库将数据存储在关系表中，而是将数据及数据之间的关系存储在节点和边中，如图 9-18 所示。

道岔转辙机故障诊断系统将相关领域知识图谱中各故障要素信息（故障现象、故障原因、故障位置、故障维修、厂家）的实体作为 neo4j 数据库中的节点，将实体之间的关系作为节点之间的边进行存储。

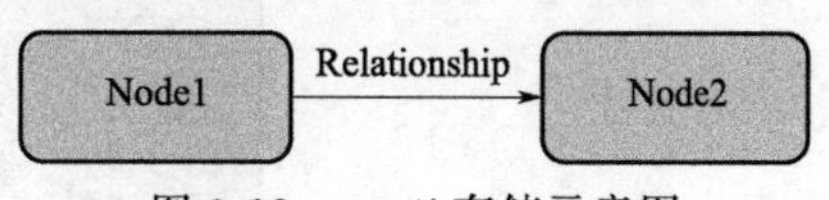

图 9-18　neo4j 存储示意图

9.4.4　系统功能实现

(1) 系统开发环境

系统采用 PyQt5 设计 GUI 系统界面，PyCharm 作为开发工具，Python 作为系统的开发语言。PyQt5 可以更好地将模型整合到系统中，兼容性强。Pycharm 是目前 Python 开发最常用的编辑器，功能强大，具有跨平台性，能很好地融入 PyQt5。系统开发环境如表 9-19 所示。

表 9-19　系统开发环境

名称	配置	名称	配置
操作系统	Windows10	编程语言	Python
CPU	Intel i7-9750H	编辑器	Pycharm
显卡	NVIDIA GeForce GTX 1650	集成平台	Anaconda 2020. 3
内存	16G	数据库	SQLite、neo4j

(2) 功能实现

① 登录界面。系统登录界面如图 9-19(a) 所示。用户在相对应的输入框内输入自己的用户名和密码，单击“登录”按钮以后，系统会根据输入框内的内容转到 SQLite 关系型数据库的用户信息表中查找相关信息。首先，系统会在用户信息表中检索是否存在输入的用户名。若用户名不存在，系统会在登录界面之上弹出“用户不存在，请先注册”的提示对话框，如图 9-19(b) 所示。若用户名存在，系统会核对用户信息表中此用户名对应的密码与输入密码是否一致，若密码不一致则弹出“密码错误，请重新输入”警告对话框，如图 9-19(c) 所示。输入用户名和密码与数据库中的信息一致，系统则跳转至道岔转辙机故障诊断系统主界面。

② 注册界面。用户单击登录界面“注册”按钮，系统会跳转至用户注册界面。用户注册界面如图 9-20 所示。此界面包含用户注册需要填写或选择的用户名、密码、确认密码及用户类型四类信息。用户在完成相关信息填写或申请后，单击“提交”按钮，用户的个人申

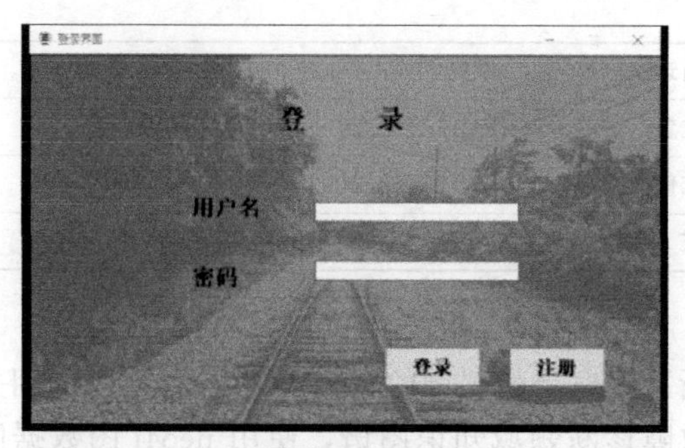

(a) 用户登录界面

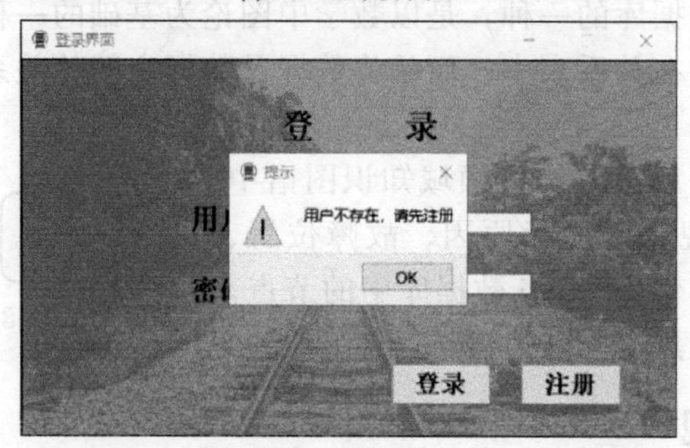

(b) 用户不存在提示

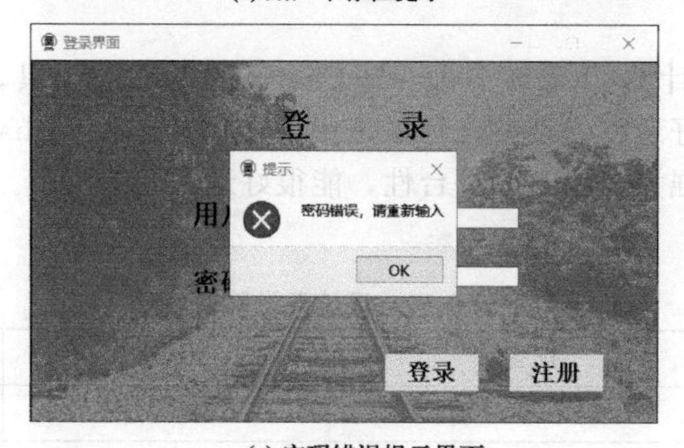

(c) 密码错误提示界面

图 9-19　系统登录界面

请信息会发送至管理员的用户管理界面进行审批，信息也会录入 SQLite 数据库中的用户信息表，此时状态值为 0（审批阶段），管理员同意用户个人申请后，状态值变为 1。申请人可以使用填写的用户名和密码登录系统进行使用，管理员拒绝申请后，相关用户申请信息会从数据库中删除。

③ 系统主界面。为保证系统便于操作，提供给用户友好的人机交互界面，使用户可以清晰地看到界面上所有功能信息，系统主界面将系统具备的所有功能模块集中到上方菜单栏，如图 9-21 所示。

④ 用户管理界面。用户管理界面如图 9-22 所示，界面默认显示数据库用户信息表中所有用户信息。管理员也可以在用户名搜索框内输入相应的用户名进行检索，检索到的用户信息会在下方表格内进行显示。管理员可以在目标用户信息所在那一行单击鼠标右键，在弹出操作菜单后对用户的申请信息进行审批，操作结果会同步更新到 SQLite 关系型数据库用户信息表中。

⑤ 密码修改界面。用户密码修改界面如图 9-23 所示。用户在此界面输入自己的原始密

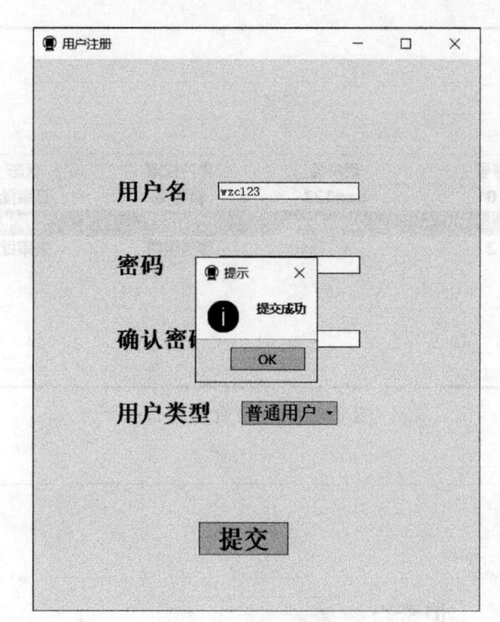

图 9-20　用户注册页面

图 9-21　系统主界面

码和两次相同的新密码，单击“提交”按钮即可完成密码修改。密码修改后，SQLite 关系型数据库用户信息表中会更新该用户的 password 字段信息。

⑥ 知识图谱管理界面。知识图谱管理界面如图 9-24 所示，包含三个子界面，可分别让管理员对已建立的道岔转辙机故障诊断领域知识图谱进行添加、修改及删除操作。子界面使用 PyQt5 中 QTabWidget 控件进行实现，此控件提供若干个选项卡和相对应的界面区域，用户可以点击选项卡名跳转至相应功能界面进行操作。用户按照界面提示信息进行相关信息选择及填写后，单击“修改”按钮，底层 neo4j 数据库会进行相应操作，将修改后的信息同

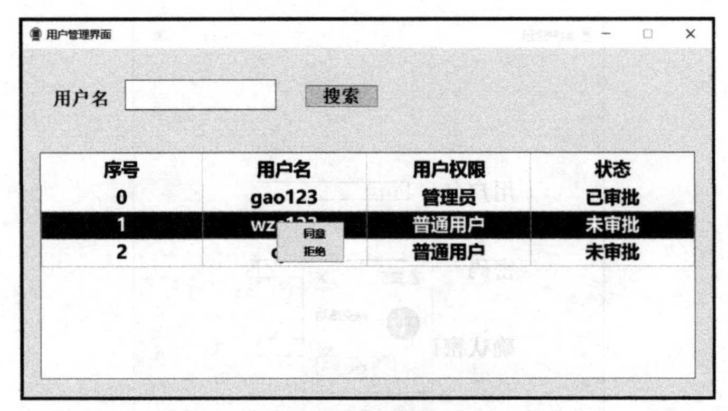

图 9-22 用户管理界面

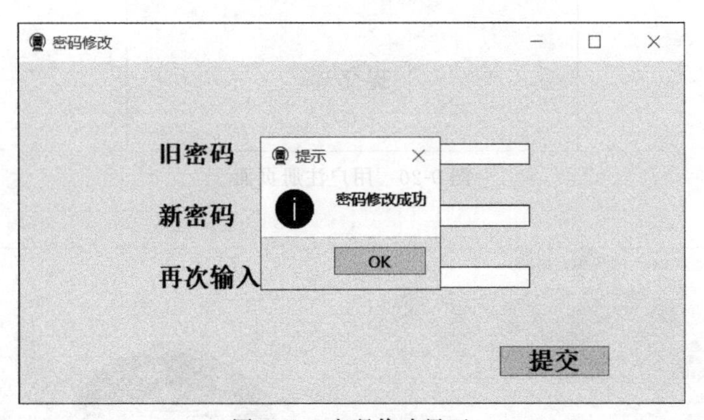

图 9-23 密码修改界面

步至 neo4j 数据库。

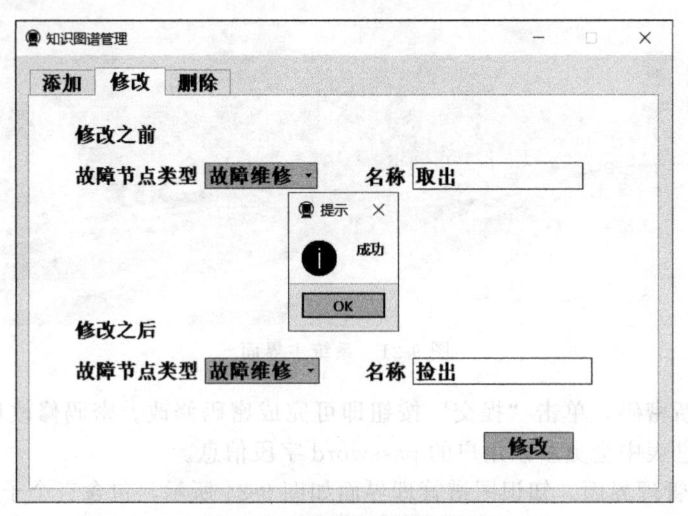

图 9-24 知识图谱管理界面

⑦ 智能问答界面。智能问答界面如图 9-25 所示。此界面中包含两个文本框，用户在第二个文本框内输入自己的问题，单击“发送”按钮，系统会根据知识图谱的相关知识内容生成答案回复用户。问答内容会在第一个文本框内进行显示。

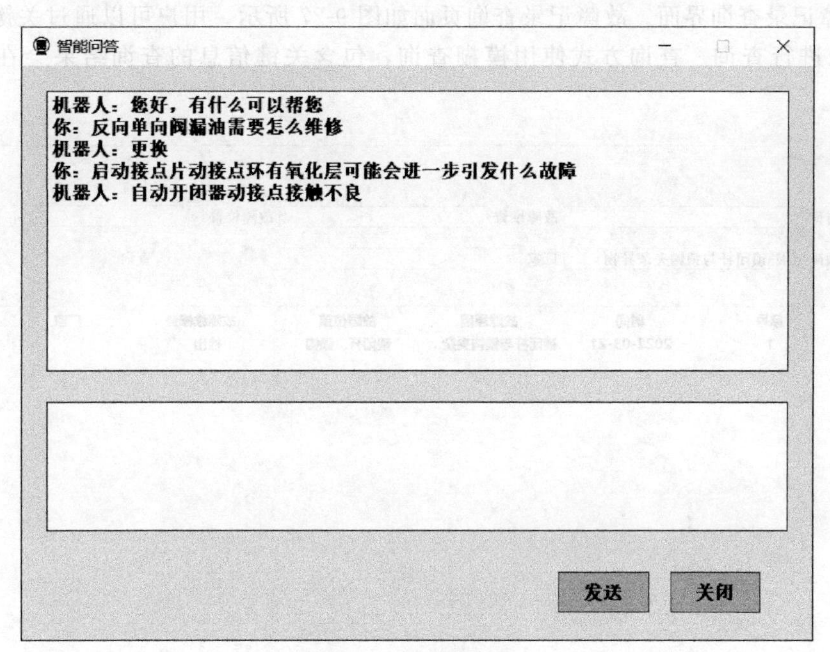

图 9-25　智能问答界面

⑧ 数据驱动故障诊断界面。数据驱动故障诊断界面如图 9-26 所示。用户单击“导入数据”按钮，系统将会弹出文件选择框让用户对道岔转辙机油压信号文件进行选择。数据导入以后系统会根据油压信号数据文件画出相应的油压信息曲线图在界面中央进行显示。

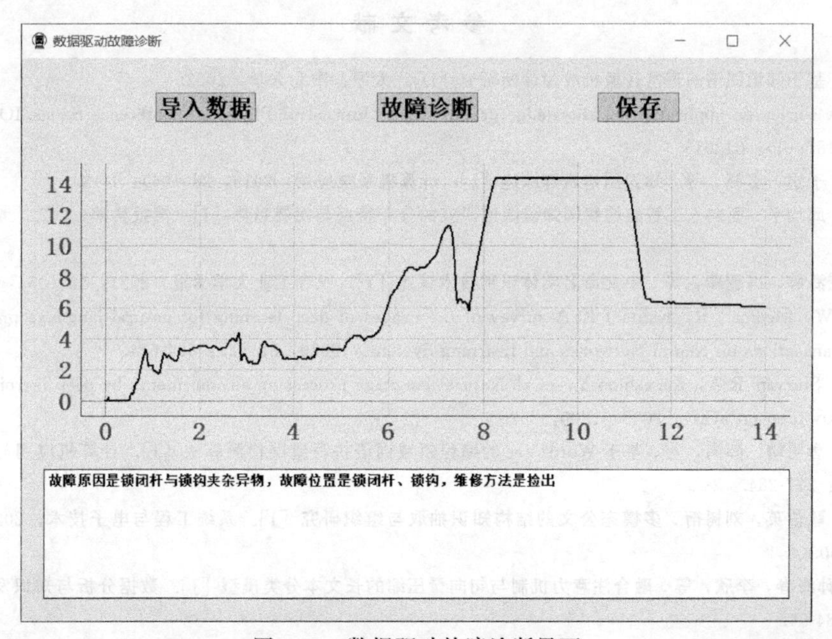

图 9-26　数据驱动故障诊断界面

单击“故障诊断”按钮，系统会对导入数据进行故障模式识别。故障诊断结果及根据结果使用知识图谱查询到的相关故障要素信息会在界面下方文本区进行显示。单击“保存”按钮，系统会将此次故障诊断结果存入 SQLite 数据库故障诊断结果表中。

⑨ 故障记录查询界面。故障记录查询页面如图 9-27 所示。用户可以通过关键信息对故障诊断记录进行查询。查询方式使用模糊查询，包含关键信息的查询结果会在界面下方显示。

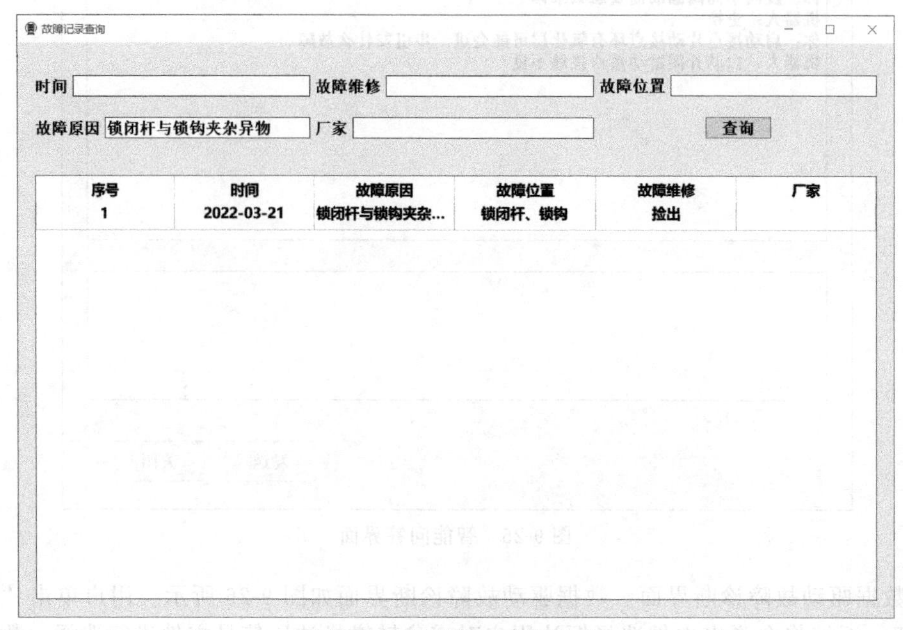

图 9-27 故障记录查询界面

参考文献

[1] 高佳鑫. 基于知识图谱的道岔转辙机故障诊断研究 [D]. 太原：中北大学，2022.

[2] Zou X. A survey on application of knowledge graph [C] //Journal of Physics：Conference Series. IOP Publishing，2020，1487 (1)：012016.

[3] 黄恒琪，于娟，廖晓，等. 知识图谱研究综述 [J]. 计算机系统应用，2019，28 (06)：1-12.

[4] 周贞云，邱均平. 面向人工智能的我国知识图谱研究的分布特点与发展趋势 [J]. 情报科学，2022，40 (01)：184-192.

[5] 赵辉，庞海婷，冯珊珊，等. 中文命名实体识别技术综述 [J]. 长春工业大学学报，2021，42 (05)：444-450.

[6] Otter D W，Medina J R，Kalita J K. A survey of the usages of deep learning for natural language processing [J]. IEEE Transactions on Neural Networks and Learning Systems，2020，32 (2)：604-624.

[7] Torfi A，Shirvani R A，Keneshloo Y，et al. Natural language processing advancements by deep learning：A survey [J]. arXiv preprint arXiv：2003. 01200，2020.

[8] 刘峻松，唐明靖，薛岗，等. 基于 Word2Vec 的编程领域词语拼写错误检测算法 [J]. 计算机应用与软件，2022，39 (03)：277-284.

[9] 徐瑞麟，耿伯英，刘树衎. 多模态公文的结构知识抽取与组织研究 [J]. 系统工程与电子技术，2022，44 (07)：2241-2250.

[10] 叶瀚，孙海春，李欣，等. 融合注意力机制与句向量压缩的长文本分类模型 [J]. 数据分析与知识发现，2022，6 (06)：84-94.

[11] Pouyanfar S，Sadiq S，Yan Y，et al. A survey on deep learning：Algorithms，techniques，and applications [J]. ACM computing surveys，2019，51 (5)：1-36.

[12] 韦坚，刘爱娟，唐剑文. 基于深度学习神经网络技术的数字电视监测平台告警模型的研究 [J]. 有线电视技术，2017 (07)：78-82.

[13] 胡芳槐. 基于多种数据源的中文知识图谱构建方法研究 [D]. 上海：华东理工大学，2015.

[14] Ramos L. Semantic Web for manufacturing，trends and open issues：Toward a state of the art [J]. Computers &

Industrial Engineering，2015，90：444-460.

[15] Huang Z，Wei X，Kai Y. Bidirectional LSTM-CRF models for sequence tagging [J]. arXiv preprint arXiv：1508.01991v1，2015.

[16] 邓依依，邬昌兴，魏永丰，等．基于深度学习的命名实体识别综述 [J]. 中文信息学报，2021，35 (09)：30-45.

[17] Peng Z，Wei S，Tian J，et al. Attention-based bidirectional long short-term memory networks for relation classification [C] // Proceedings of the 54th Annual Meeting of the Association for Computational Linguistics (Volume 2：Short Papers) . 2016.

[18] 冀振燕，孔德焱，刘伟，等．基于深度学习的命名实体识别研究 [J]. 计算机集成制造系统，2022，28 (06)：1603-1615.

[19] Greff K，Srivastava R K，Koutník，et al. LSTM：A search space odyssey [J]. IEEE Transactions on Neural Networks & Learning Systems，2016，28 (10)：2222-2232.

[20] Sutton C，Mccallum A. An introduction to conditional random fields for relational learning [M]. MIT Press. 2007.

[21] 杨秋勇，彭泽武，苏华权，等．基于 Bi-LSTM-CRF 的中文电力实体识别 [J]. 信息技术，2021 (09)：45-50.

[22] 周强．机床故障诊断知识建模和可配置系统构建方法研究 [D]. 重庆：重庆大学，2018.

[23] 王鑫，邹磊，王朝坤，等．知识图谱数据管理研究综述 [J]. 软件学报，2019，30 (07)：2139-2174.

[24] 王智悦，于清，王楠，等．基于知识图谱的智能问答研究综述 [J]. 计算机工程与应用，2020，56 (23)：1-11.

[25] Rao D，Mcnamee P，Dredze M. Entity linking：Finding extracted entities in a knowledge base [J]. Springer Berlin Heidelberg，2013.

[26] 李国伟，寇娟，王录锋．实验室间协同试验数据处理软件设计 [J]. 计算机应用与软件，2022，39 (02)：11-15+54.

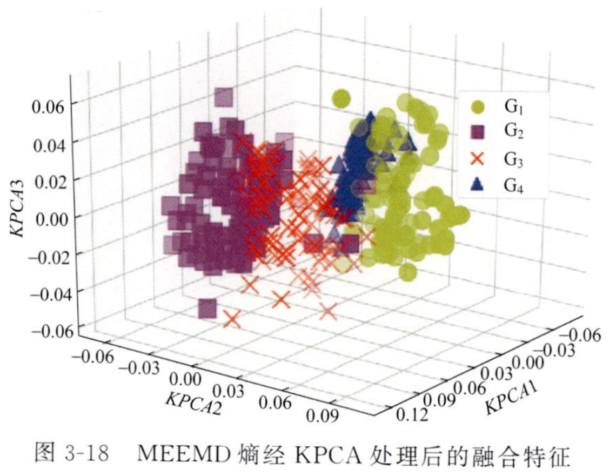

图 3-18 MEEMD 熵经 KPCA 处理后的融合特征

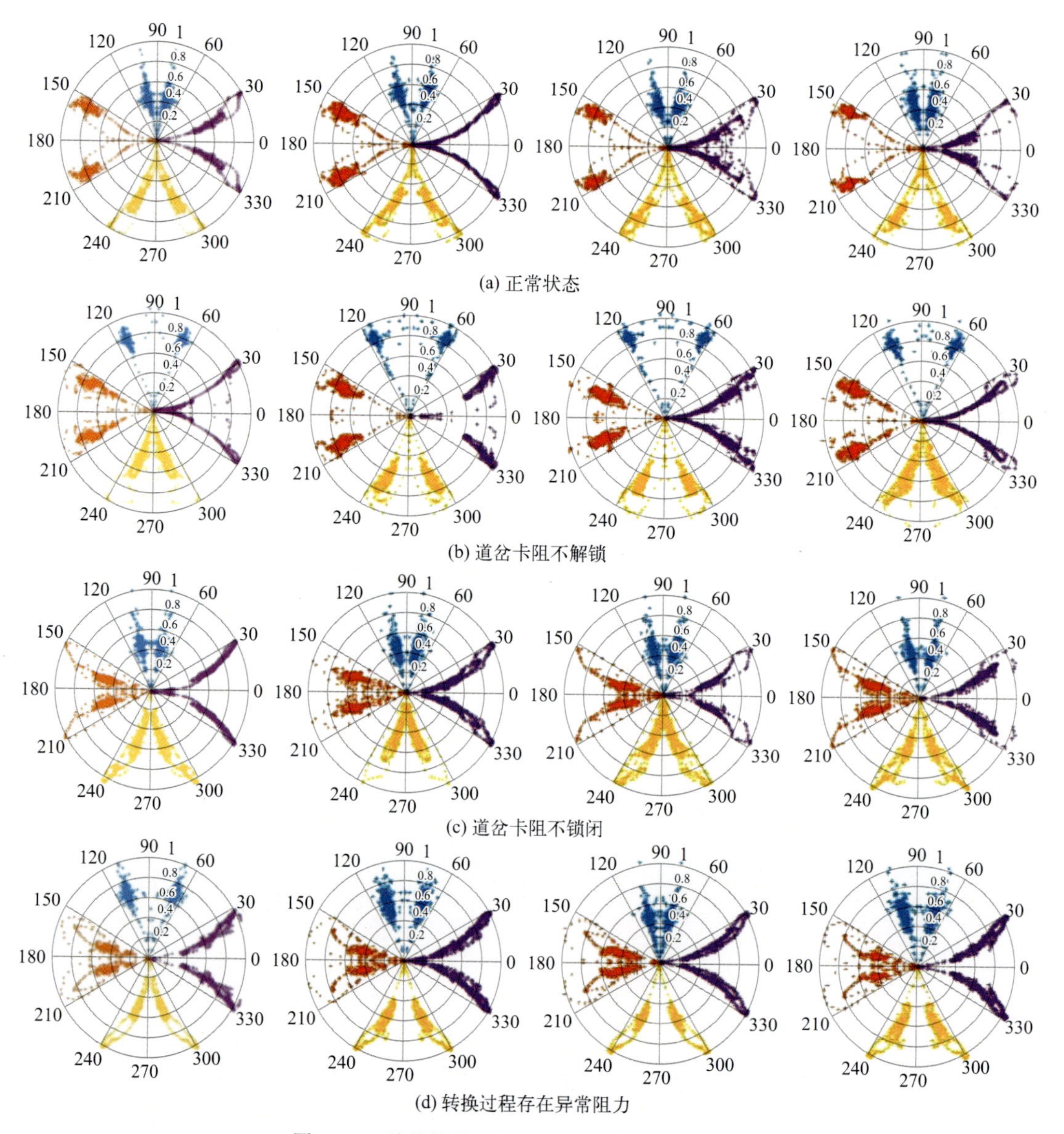

(a) 正常状态

(b) 道岔卡阻不解锁

(c) 道岔卡阻不锁闭

(d) 转换过程存在异常阻力

图 3-21 道岔转辙机四种工作状态的 SDP 图像

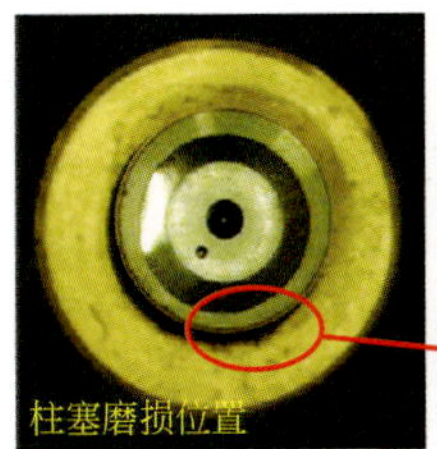

图 4-15　柱塞球头磨损与断裂

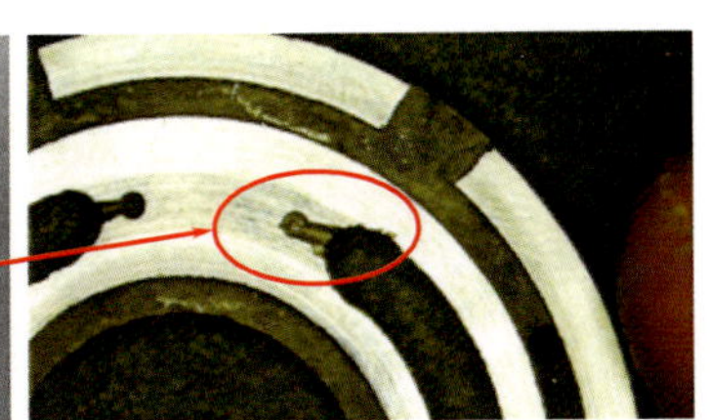

图 4-16　配流盘磨损

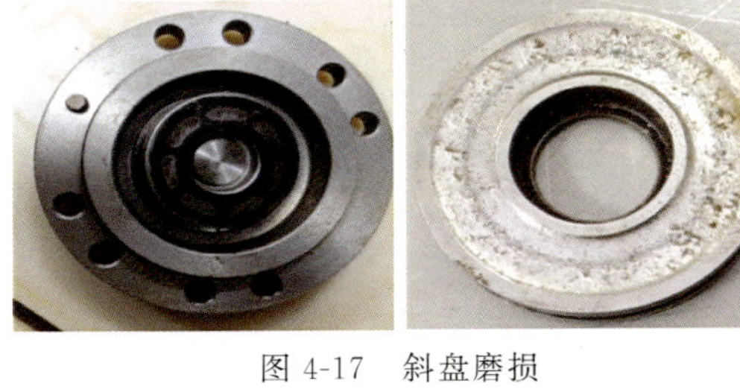

图 4-17　斜盘磨损

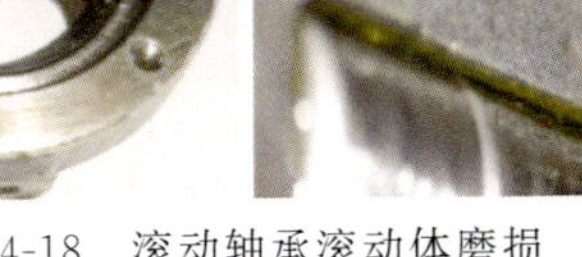

图 4-18　滚动轴承滚动体磨损

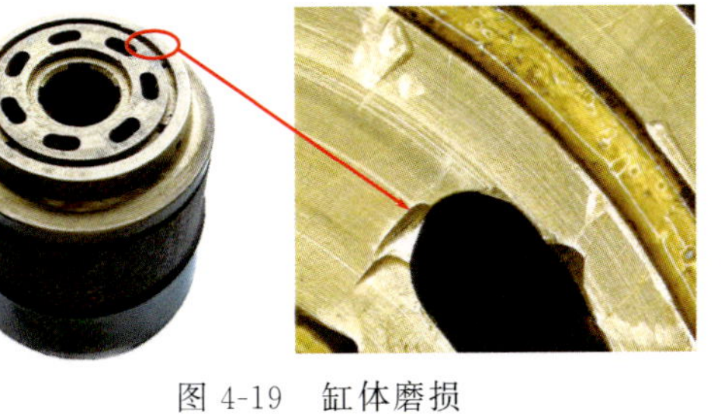
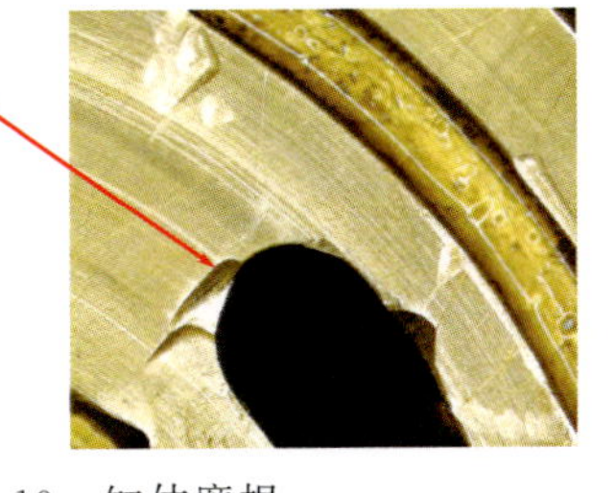

图 4-19　缸体磨损

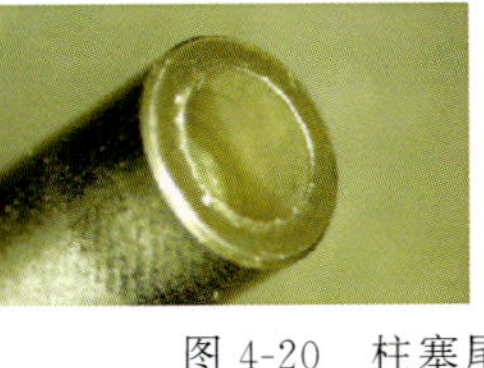

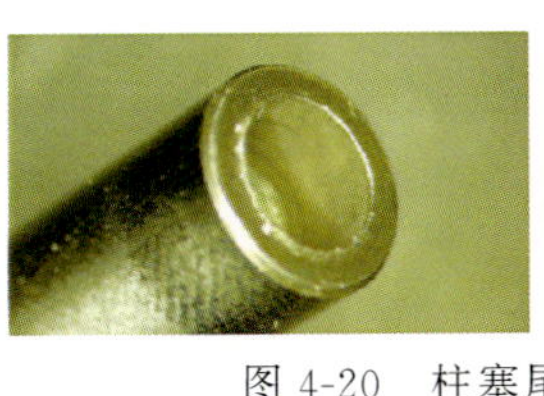
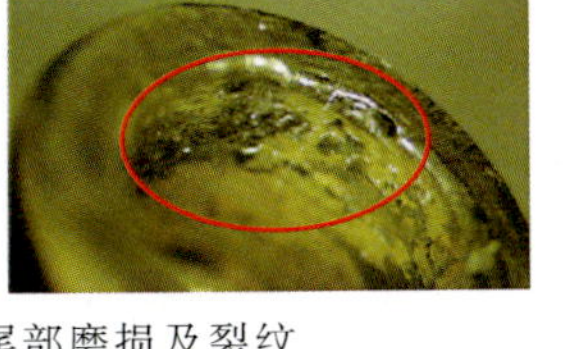

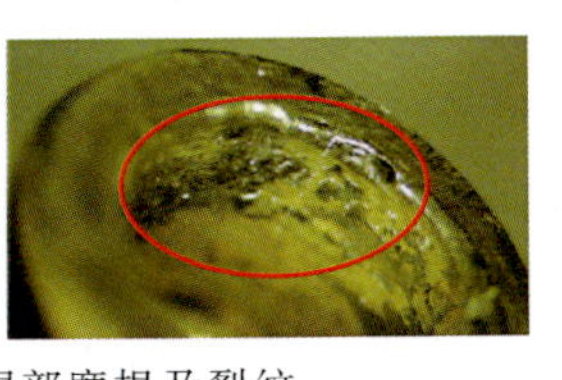

图 4-20　柱塞尾部磨损及裂纹

5#1双谱等高线图
2500
2000
1500
1000
500
0
−500
−1000
−1500
−2000
−2500
频率/Hz
−2000 −1000 0 1000 2000
频率/Hz
35
30
25
20
15
10

5#1双谱瀑布图
双谱/(m^3/s^4)
50
40
30
20
10
0
2000 1000 0 −1000 −2000
频率/Hz
−2000 −1000 0 1000 2000
频率/Hz

(a) 5号柱塞泵—缸体剥落

9#1双谱等高线图
2500
2000
1500
1000
500
0
−500
−1000
−1500
−2000
−2500
频率/Hz
−2000 −1000 0 1000 2000
频率/Hz
50
45
40
35
30
25
20
15

9#1双谱瀑布图
双谱/(m^3/s^4)
60
50
40
30
20
10
0
2000 1000 0 −1000 −2000
频率/Hz
−2000 −1000 0 1000 2000
频率/Hz

(b) 9号柱塞泵—配流盘三角孔阻塞+配流盘表面磨损

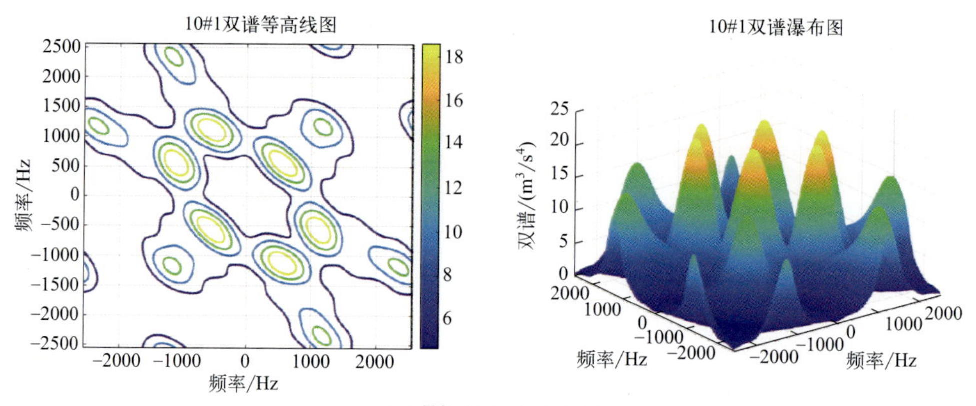

(c) 10号柱塞泵—柱塞壁点蚀

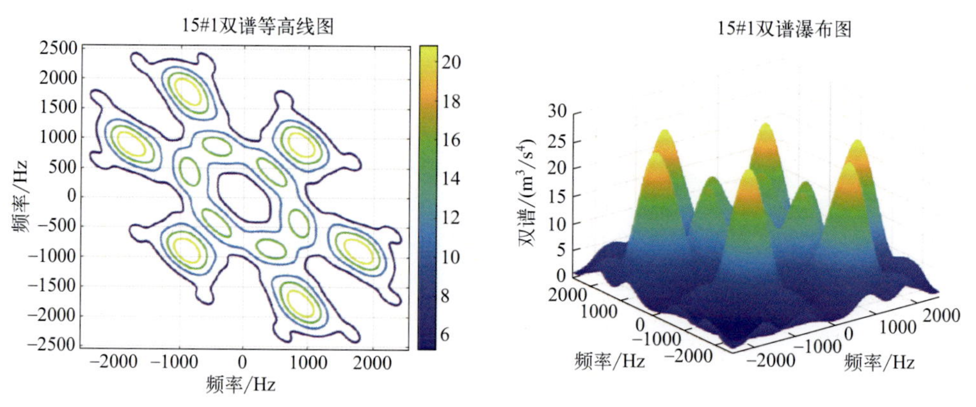

(d) 15号柱塞泵—缸体点蚀+柱塞球头磨损

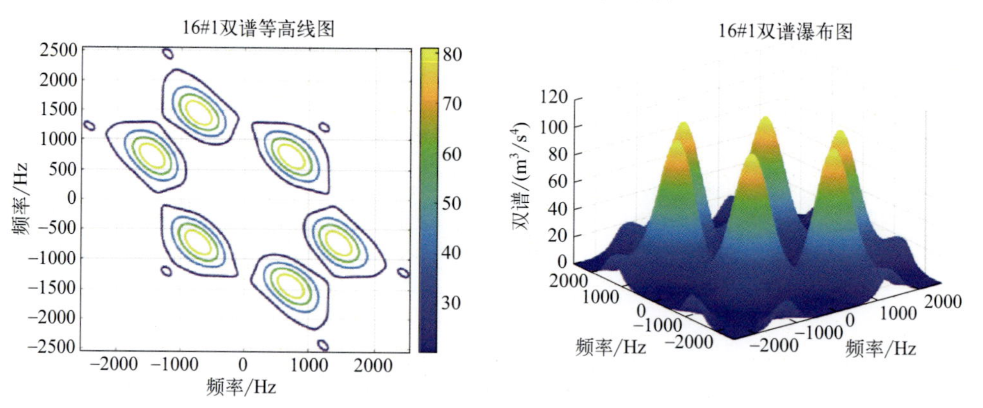

(e) 16号柱塞泵—斜盘裂纹+柱塞球头微裂纹

图 4-28 柱塞泵振动信号双谱等高线图（左）与三维瀑布图（右）

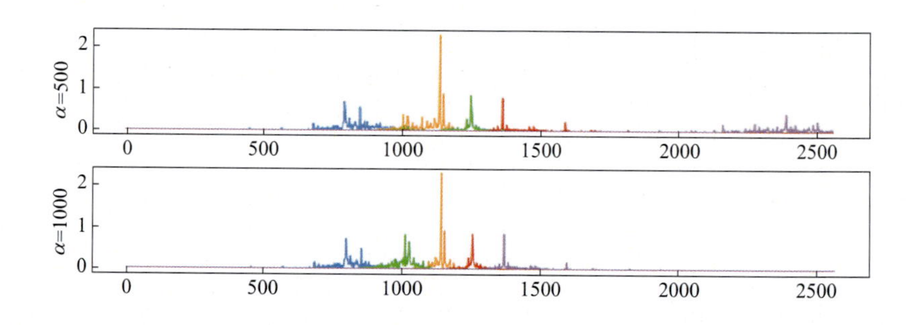

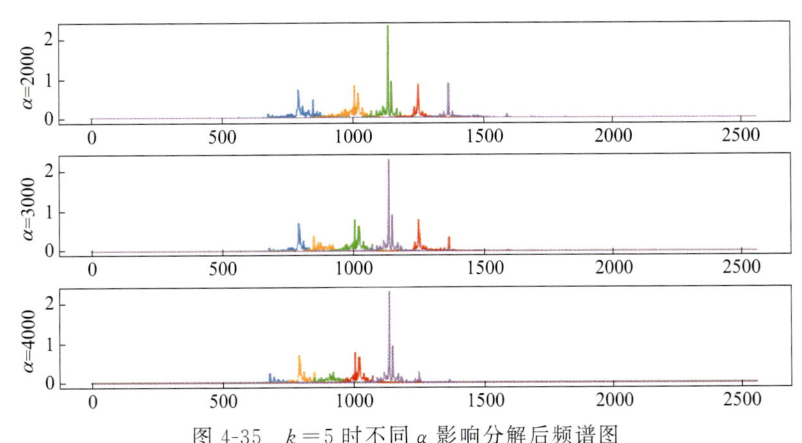

图 4-35　$k=5$ 时不同 α 影响分解后频谱图

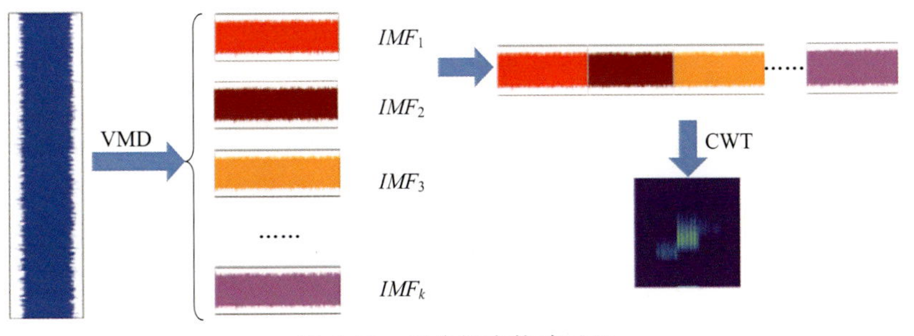

图 4-37　图像样本构建过程

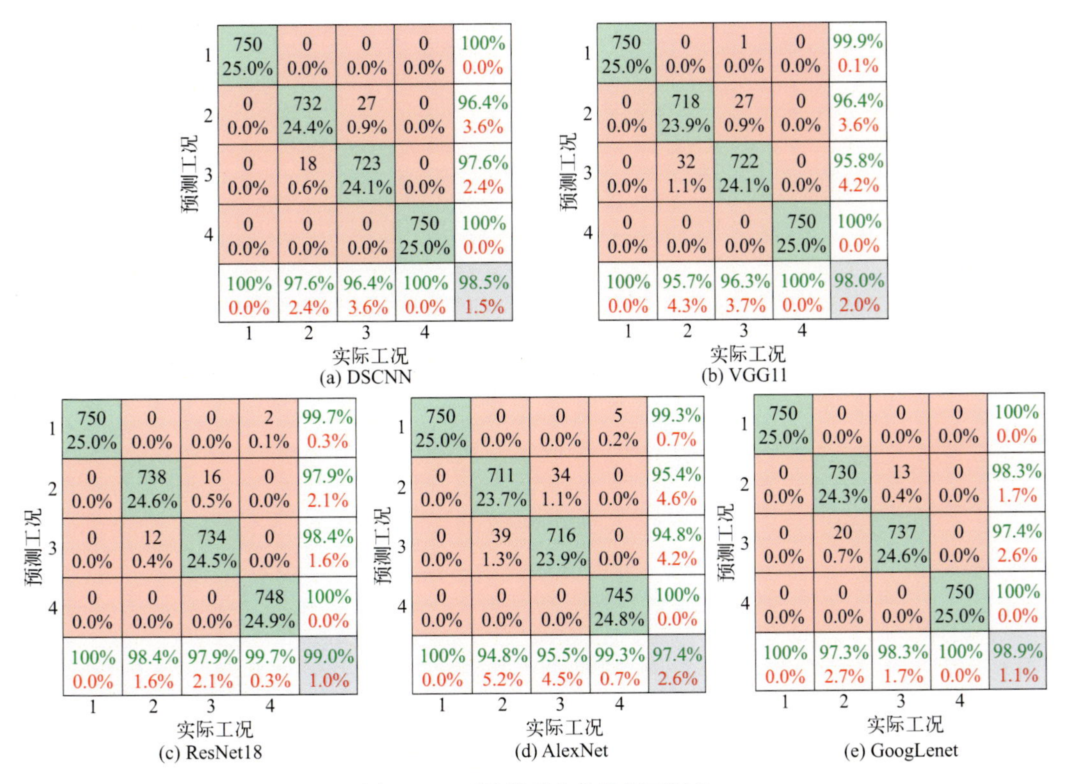

图 5-46　不同模型分类结果可视化

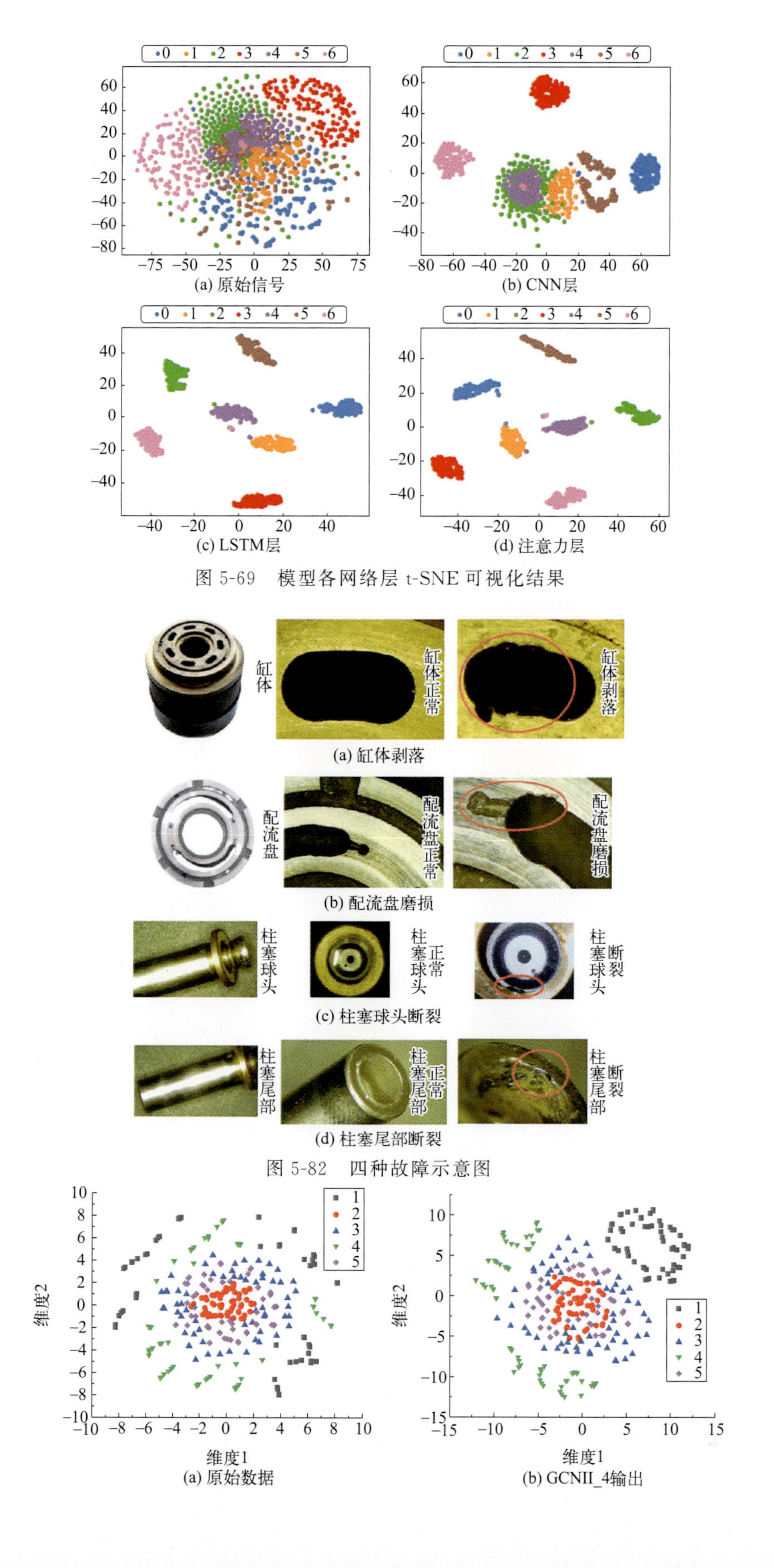

(a) 原始信号　(b) CNN层　(c) LSTM层　(d) 注意力层

图 5-69　模型各网络层 t-SNE 可视化结果

(a) 缸体剥落

(b) 配流盘磨损

(c) 柱塞球头断裂

(d) 柱塞尾部断裂

图 5-82　四种故障示意图

(a) 原始数据　(b) GCNII_4输出

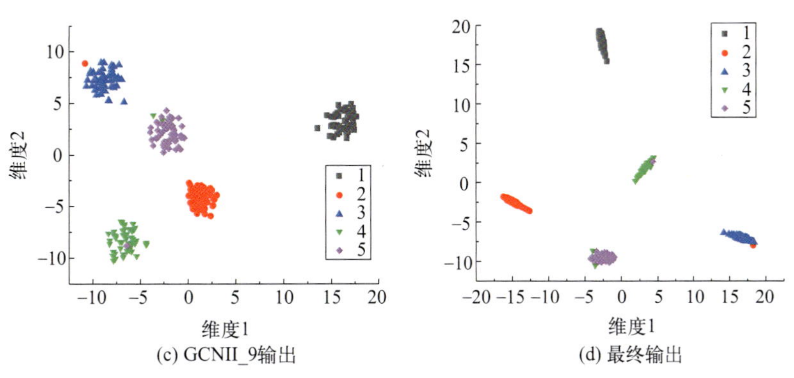

图 5-88　故障特征提取过程

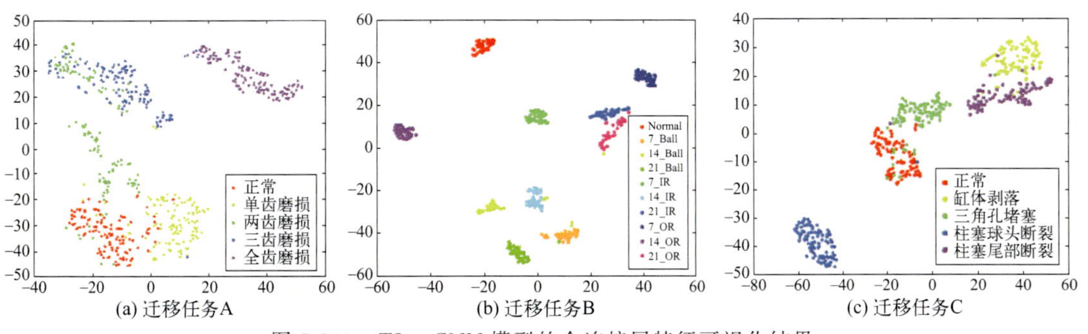

图 5-100　TL _ CNN 模型的全连接层特征可视化结果

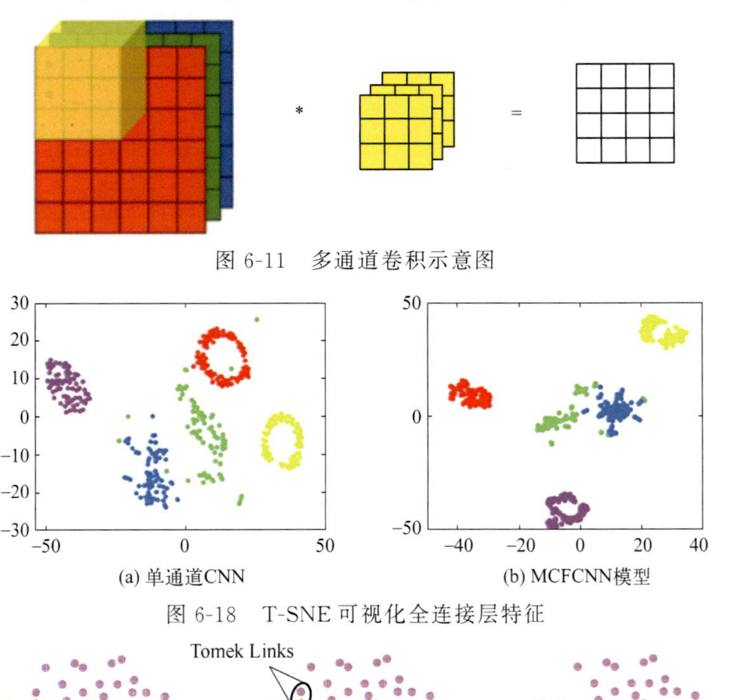

图 6-11　多通道卷积示意图

图 6-18　T-SNE 可视化全连接层特征

图 6-20　Tomek Links 欠采样

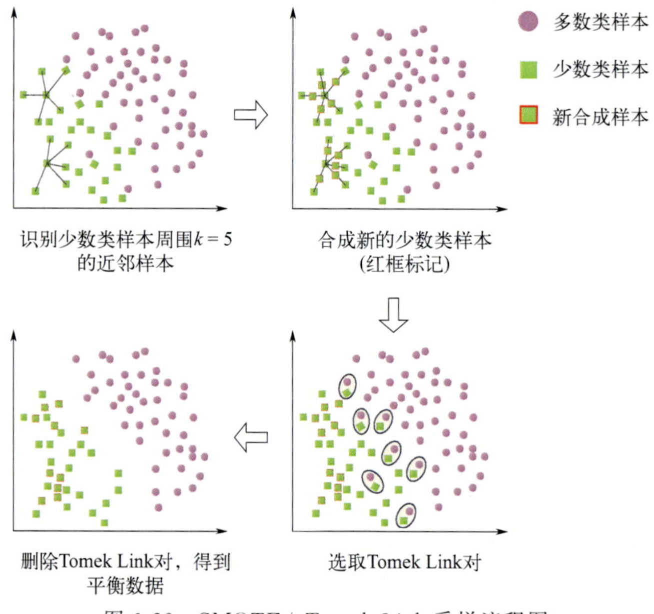

图 6-22　SMOTE＋Tomek Link 采样流程图

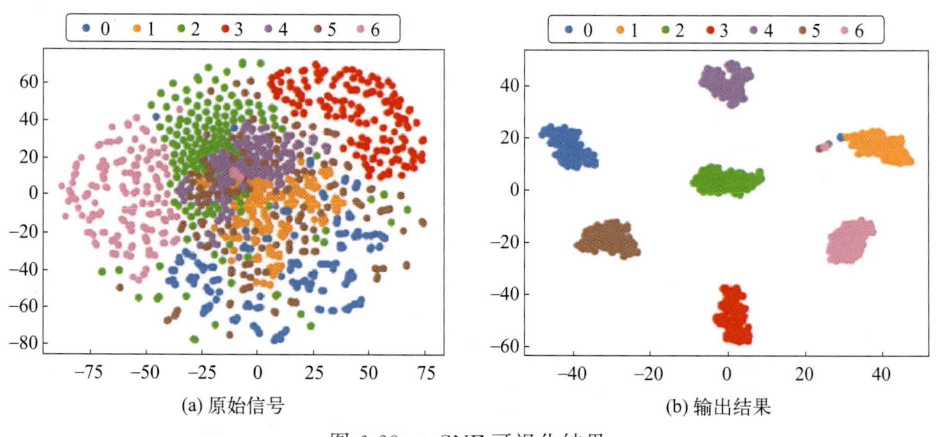

图 6-28　t-SNE 可视化结果

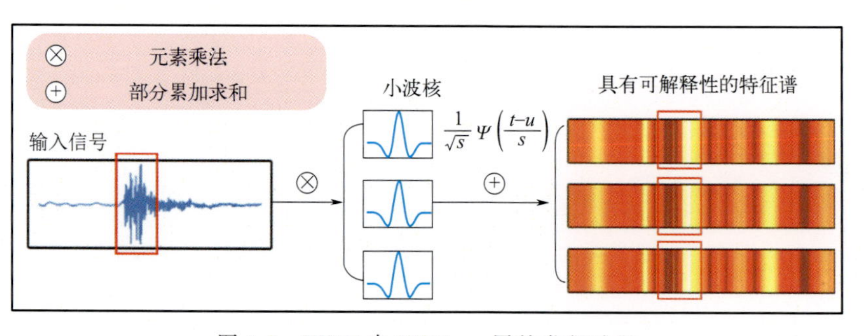

图 7-2　WKN 中 CWConv 层的卷积过程

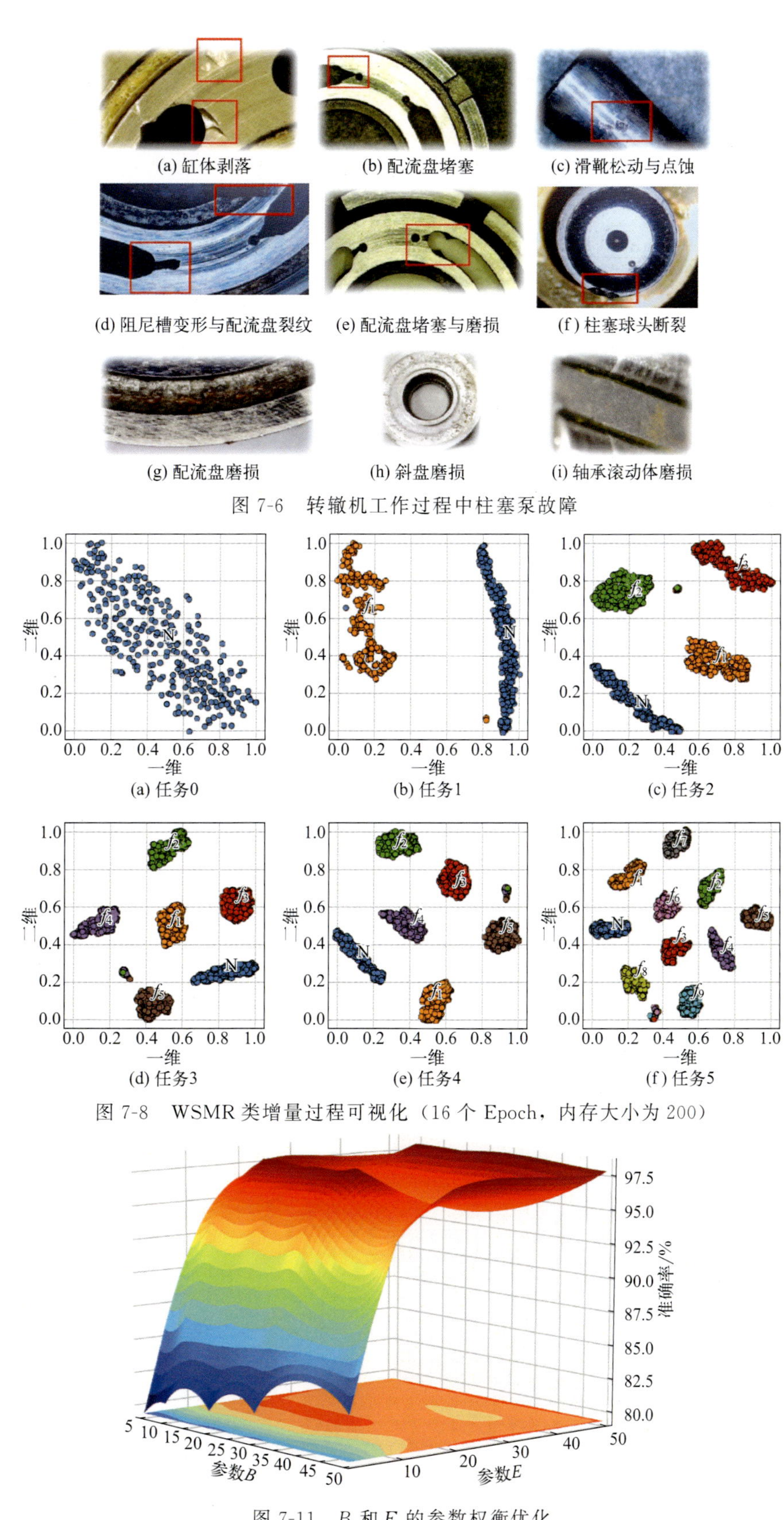

图 7-6 转辙机工作过程中柱塞泵故障

图 7-8 WSMR 类增量过程可视化（16 个 Epoch，内存大小为 200）

图 7-11 B 和 E 的参数权衡优化